孫逸仙在倫敦：1896-1897

三民主義思想探源

黃宇和◎著

獻給

九龍華仁書院
恩師蔡成彭先生、劉敬之先生、江之鈞先生
羅倫士夫人（Mrs. Tessa Laurence）

自序

　　筆者在1968年到英國牛津大學深造，研究葉名琛與第二次鴉片戰爭[1]。1974年到澳洲雪梨大學任教。1979/80年度，又從澳洲雪梨大學休假一年，外出研究和講學。先應廣州市中山大學歷史系代主任胡守爲敎授邀請，到該系講學一個月。再到劍橋大學國際關係研究所，當客座研究員一年。在中山大學講學期間，陳錫祺敎授勸筆者利用行將再度旅居英國的一年時間，分兵研究孫逸仙在英國的活動。筆者認爲有理，對孫逸仙的研究自此開始。1986年由牛津大學出版社用英文出版了筆者第一本有關著作《孫逸仙英雄形象的來源》[2]。此後即繼續自費深入研究其「三民主義之所由完成」（中山先生自語）[3]。待有較紮實的基礎而同時又的確江郎「財」盡之後，即於1996年向蔣經國國際學術交流基金會申請補助研究經費。承該基金會錯愛，慨助美元25000，至以爲感。雪梨大學副校長（Professor Roger Tanner）爲了表示敝校的誠意，亦補助美元五千。特致謝意。

1　在這個領域裡，筆者先後用英文出版了 *Yeh Ming-ch'en: Viceroy of Liang Kuang, 1852-8* (Cambridge University Press, 1976), *Anglo-Chinese Relations, 1839-1860* (Oxford University Press, 1983), and *Deadly Dreams: Opium, Imperialism, and the Arrow War (1856-60) in China* (Cambridge University Press, 1998).

2　原名 *The Origins of an Heroic Image: Sun Yatsen in London, 1896-1897* (Oxford University Press, 1986)。

3　孫逸仙：〈建國方略：孫文學說第八章「有志竟成」〉，載秦孝儀主編：《國父全集》（台北：近代中國出版社，1989），第一冊，頁412。以後簡稱《國父全集》(1989)。筆者把該研究項目定名爲《倫敦與中國革命：三民主義思想探源》。

1996年底，筆者應中央研究院近代史研究所陳三井所長邀請，到該所當訪問學者，並作學術報告。又由該所的呂芳上研究員介紹，到國史館作學術報告。那一趟台北之行，讓筆者深刻地體會到，外國人雖然很領略筆者用英文所寫的東西，但總不及炎黃子孫聽筆者用漢語作報告時，有靈魂上的交往。此事引起筆者亟盼把當時正在研究和構思的《倫敦與中國革命：三民主義思想探源》，用漢文寫出來，以便直接與漢語的讀者神交。筆者的想法得到國史館當時的潘振球館長暨朱重聖副館長支持，既代筆者與蔣經國國際學術交流基金會執行長李亦園院士說項，又鼓勵筆者修書向李亦園院士提出此要求 [4]。承李亦園院士俯允 [5]，至以為感。

1998年，更承台灣政治大學歷史系林能士主任盛情邀請，到該系當國科會客座教授。筆者被該系優美的漢語環境深深地吸引住了，於是就愉快地準備本書的撰寫。承國史館電腦組的朋友們幫忙購進台灣製造的電腦和軟件，筆者興致勃勃地開始了用漢文寫作的生涯。無奈用拼音輸入法寫作，畢生還是頭一趟。首先打入一個由一組英文字母組織而成的聲音，螢幕屏上即出現九個漢字。若其中有筆者所需的漢字，則上上大吉。若沒有，則把小老鼠移往九個漢字末端的箭頭上一按，螢幕屏上再出現九個漢字，若其中包括有筆者所需的漢字，則上吉。若仍沒有，則必須重新操作。當三番四次操作而仍未找到所需漢字時，眼睛已快掉下來了！匆忙間出現同音異字的情況極多，改不勝改，大大拖慢撰寫速度。

此外，當時筆者用以寫作的美國微軟公司設計的英語系統，只是上面附加美式的漢語輸入法而已。該美式的漢語輸入法，剛剛上市，甚為粗劣，所用詞彙充滿美國的價值觀。當筆者用聯想方法輸入詞組之如「故事」的漢語拼音詞組時，螢幕屏上總是出現「股市」等字樣；當筆者輸入「藉機」的漢語拼音詞組時，螢幕屏上肯定出現「劫機」等字樣；輸入「鑑於」的漢語拼音詞組時，螢幕屏上老是出現「監獄」等字樣。這種由

4　J.Y. Wong to Li Yih-yuan, 10 August 1997.
5　Li Yih-yuan to J.Y. Wong, 14 August 1997.

金錢、暴力與地獄所組成的詞組以及其所代表的價值觀，不斷地互相糾纏不清；絲毫沒有筆者夢寐以求的那種具古雅之風的漢語，反而徒增筆者的寫作困難。結果筆者在政治大學當客座的時間飛快地過去了，而拙著距離完成的階段還是遙遠得很！

筆者帶著失望的心情與疲乏的身軀飛返雪梨大學重執教鞭。由於拙著的插圖特別多，為了配合筆者的寫作計畫，承雪梨大學歷史系主任沃特浩思教授（Professor Richard Waterhouse）特別照顧，在1999年向敝校申請到三萬多元澳元，購置一台高級電腦掃描器，讓筆者掃描那些筆者多年以來收集到的珍貴圖片，又不斷支持筆者申請出國研究，銘感於心。文學院電腦技術員約翰‧合夫（John Huff）以及馬寶‧介雅兩位先生鼎力協助，亦致謝忱。筆者堅持在課餘時間默默耕耘之際，2001年4月29日即奉中央研究院近代史研究所前所長陳三井先生同月12日來示，囑筆者撰寫《中山先生與英國》一書，作為中山學術文化基金會叢書的《中山先生與世界》系列之一，至以為榮為幸。但是問題馬上來了：筆者正在撰寫中的《倫敦與中國革命：三民主義思想探源》怎辦？受人之託，忠人之事，只好把手頭工作暫時擱下，自費研究和撰寫《中山先生與英國》一書。

經過三年多的日夜奮戰，以及環球飛行追蹤史料，終於在2004年8月5日星期四早上，筆者隨陳三井先生坐計程車到台北市區的中山學術文化基金會拜會陳志先秘書。筆者把《中山先生與英國》一書的打印件和刻有拙稿全部內容的光碟一張親自交了給陳志先先生，如釋重負。領取了十萬元新臺幣的稿費後，陳三井先生又陪筆者坐計程車到華南商業銀行提款，並全部將之兌換成英鎊，以便筆者在年底重訪英國，為草草寫成的《中山先生與英國》和還未寫完的《倫敦與中國革命：三民主義思想探源》作補充研究。

待從頭收拾舊山河，感慨萬千。筆者既為《倫敦與中國革命》的寫作中斷了三年多而惋惜，同時又因為《中山先生與英國》的研究和思考而對中山先生的一生有了更全面和深刻的認識。進而大大減少了筆者過去在撰

寫《倫敦與中國革命》時那種局部與拘束的感覺。現在反而有鳥瞰之概了。樂哉！

又是一年過去了，拙稿《倫敦與中國革命》終於在2005年9月18日定稿了。拙稿部分章節曾先後承當時澳洲《自立快報》總編輯潘振良先生、廣州市中山大學的胡守爲先生和邱捷教授過目，銘感於心。本書封面，蒙86歲的著名廣州書法家關曉峰先生賜字，並由廣州中山大學外事處的秘書黃小莉小姐就地在穗找人拍照寄給筆者，均誌謝意。聯經出版事業公司總編輯林載爵先生，多年來關心筆者對中山先生的研究，首先在1998刊刻了《孫逸仙倫敦蒙難眞相——從未披露的史實》漢文本，現在又大力支持本書的出版，特致謝忱。林載爵先生畢生致力於造福學林，功德無量。對於李亦園院士暨蔣經國國際學術交流基金會朋友們的海量包涵，耐心地等待拙稿的完成，更是感激不盡。

本書稿投聯經出版公司，承該公司編輯委員會評審通過後，交兩位不具名審稿人評審。蒙兩位審稿人推薦出版，不勝雀躍。兩位審稿人又提出極爲寶貴的修改意見，爲筆者全盤反思本書所牽涉到的學術問題創造良機，進而提高了本書理論層次，讓筆者增寫了第九章「反思」，置於書末，佇候敎益。

筆者在香港中學時代就讀的九龍華仁書院，爲筆者打下了人生基礎。特別要感謝的，有幾位恩師。

蔡師成彭，專職講授數學。筆者之數學根底，皆蔡師所賜。蔡師又是筆者在九龍華仁書院時中一、中二的班主任。他大兒子在同校高我一班，用過的課本贈我，若學校改了課本，蔡師就買新書贈我。他又把大兒子不合穿的校服贈我。蔡師之待我，猶如慈父。在1965年春，舉校華籍老師都誤會我好吃懶做時，只有蔡師成彭，無需我隻字解釋，就清楚了解我是朝著更高的目標奮鬥。待我成功地從預科六級跳班考進香港大學時，所有讒言爛語，不攻自破；各方對我的誤會，方始冰釋。只有蔡師，自始至終沒有絲毫懷疑我的誠意。知我者，莫如蔡師。蔡師仙遊之後，我每次做統計

時，都情不自禁地淒然下淚，懷念恩師不已。

　　恩師羅倫士夫人(Mrs. Tessa Laurence)，1965年1-4月的課餘期間，義務指導筆者閱讀英國歷史。對筆者的治史方法，邏輯辯證，思維方式，敘事論史，影響既深且遠，可說是筆者西洋史的啓蒙老師。筆者終於能跳班考進香港大學，羅師之功至鉅。1968年筆者在香港大學畢業而到英國牛津大學進修，亦是羅師伉儷到機場接機，指點一切。此後筆者重訪英國作科研，必親向羅師請安。

　　劉師敬之，專職講授中國語文。體恤筆者渴望有系統地學習四書、五經等古籍，退休後逢星期日即整天在其府上免費指點筆者，中飯亦熱情招呼筆者共用。筆者之國學基礎，由此而奠定。畢生受用之餘，對劉師永遠感激。劉師仙遊之後，我每次用漢文寫作，都懷念恩師不已。

　　江師之鈞，專職講授英國文學，具英國紳士風度，畢生追求完美：教學時力求盡善，助人時竭力盡美。筆者這窮學生，在九龍華仁書院讀書時，就曾得到江師很大的幫助。當筆者在2006年2月17日，接台北聯經出版公司電郵擲下本書兩位不具名審稿人推薦出版拙稿時，同日噩耗傳來，江師仙遊！五內欲裂之餘，懷念恩師不已。

　　特以此書獻給九龍華仁書院各位恩師，以誌筆者感激之情。

番禺　**黃宇和**　謹識

2006年7月2日星期天

於澳洲雪梨橋畔壯士頓海灣青松院

本書承蔣經國國際學術交流基金會贊助部分研究經費，特此致謝。

凡例

　　本書註解所採用的語文，看所引史料而定。若所引史料原文是英文，則用英文作註。如屬漢文，則用漢文作註。如屬日文，則用日文作註。採取這種註解方式，可以方便讀者追閱所引史料。

　　若本書正文中的引文是漢文，而註釋所引史料乃外文，則說明正文中的漢文引文乃筆者親自翻譯。由於這樣的事例太多，筆者不在註釋中一一說明。

　　全球一體化讓人類的生活節奏急劇加速。當今已甚少人能擠出時間把一本洋洋巨著從頭到尾一字一句地看了，多是抽樣閱讀所需的章節。準此，過去一些慣例也必須相應地修改。過去，在註釋中第一次提到某書時，則詳列作者姓名、該書全名、出版細節(出版地、出版社、出版年份)、頁數等。以後再提，則縮寫書名、略去出版細節。由於目前圖書出版數量與時俱增，縮寫後雷同的書名比比皆是，造成不少混亂。故筆者決定，每次在註釋中提到某種著作時，都列舉全名，但略去出版細節。這樣雖然多費紙張，但相信讀者稱便。

　　中山先生的著作等，首採筆者身邊的、1989年出版的《國父全集》和北京出版的《孫逸仙全集》。

　　至於年譜，則同時採用筆者身邊的、1985年出版的《國父年譜》和1981-6年出版的《孫逸仙年譜長編》。

　　但是，由於筆者在環球蒐集史料的同時，又在晚上寫作。有時迫得改為引用當地圖書館或人士所能提供的《全集》和《年譜》的版本。例如

1985年和1994年出版的《國父年譜》(增訂本)就迫得交替使用。雖然所用的不同版本都逐條在註解中標明，但由於時間緊迫而沒能全書統一之處，敬請讀者海涵。

對英、美人名的翻譯，採中國社會科學院近代史研究所翻譯室所編的《近代來華外國人名辭典》(北京：中國社會科學出版社，1981)。

把英文專有名詞翻譯為中文時，則參考《新英漢辭典》增訂本(香港：三聯書店，1975)。

把世界地名翻譯為漢文時，則參考繆鑫正等(編)：《英漢中外地名辭匯》增訂本(香港：商務印書館，1977)。

目次

London and the Chinese Revolution : Exploring the London Origins of Sun Yatsen's Three Principles 1896-1897

By

J.Y. Wong

B.A. (HKU), D.Phil. (Oxon), F.R.Hist.S., FASSA

Contents

表目次

第一部
重建歷史

倫敦是一個很有意思的地方。馬克思在那裡構思了他的理論。該理論雖然目前已經沒有什麼信徒了，但不能說它未曾有過叱咤風雲的時代。甘地是在倫敦受教育的，他的思想與行動改變了整個南亞的歷史。胡志明也曾旅居倫敦，回到越南就領導獨立運動。目前非洲各國的領導人，不少亦曾經在倫敦唸過書，繼而領導非洲的反殖民地運動。孫逸仙說1896-97年間他在歐洲(其實是倫敦)[1]的所見所聞使他「完成」[2]了他的革命理論三民主義[3]，究竟他見了什麼聞了什麼？這是本書第一部分要探索的問題。

探索的具體辦法，包括實地考察孫逸仙到過的每一個地方，查考他見過的每一個人的生平，翻閱每一天倫敦報紙的報導與評論等等。重建歷史而使用這種辦法，在第一章中衡量其得失。第二章為孫逸仙旅居倫敦時期每一天的活動作一個起居注。孫逸仙自己沒有寫日記，筆者就利用當時負責跟蹤他的私家偵探報告以及與他來往頻繁的人士之日記來為他作日誌。第三章精選一些筆者實地拍攝或精心搜集得來的珍貴圖片，希望讀者利用這些圖片來「神遊冥想」而與孫逸仙「處於同一境界」[4]。第四章搜集了孫逸仙旅居倫敦期間的談話、書信、佚文、著作等[5]，以便讀者「對於其持論所以不得不如是之苦心孤詣，表一種之同情，始能批評其學說之是非得失，而無隔閡膚廓之論」[6]。

用這種辦法來重建歷史，是否恰當，佇候方家指正。

1　見本書第一章第六節。
2　「完成」一詞該作何解釋？見本書第九章第三、四節的討論。
3　孫逸仙，〈建國方略：孫文學說第八章「有志竟成」〉，載秦孝儀主編，《國父全集》(台北：近代中國出版社，1989)，第一冊，頁412。以後簡稱《國父全集》(1989)。
4　陳寅恪，〈馮友蘭中國哲學史上冊審查報告〉，《金明館叢稿二編》(上海：古籍出版社，1982)，頁247。
5　皆英文，由筆者把它們翻譯成漢文而刊刻在本書。
6　陳寅恪，〈馮友蘭中國哲學史上冊審查報告〉，《金明館叢稿二編》(上海：古籍出版社，1982)，頁247。

第一章
緒論：三民主義完成於倫敦

一、導言

孫逸仙嘗言：「倫敦脫險後，則暫留歐洲，以實行考察其政治風俗，並交結其朝野賢豪。兩年之中所見所聞，殊多心得，始知徒致國家富強，民權發達，如歐洲列強者，猶未能登斯民於極樂之鄉也。是以歐洲志士猶有社會革命之運動也。予欲為一勞永逸之計，乃採取民生主義，以與民族、民權問題同時解決，此三民主義之主張所由完成也。」[1]

一語道破了倫敦與中國革命的淵源。

準此，本書探索的時間和空間，是1896年9月30日至1897年7月1日孫逸仙旅英這段時間。當時他對外還未採用孫逸仙這個名字，只是自己稱為孫逸仙。當時他在外國也是用孫逸仙的音譯——Sun Yat Sen。為了更符合歷史原貌，本書正文全部採用孫逸仙而不用孫中山這名字。

三民主義，在中國近代史上，占相當重要地位。首先，它可以說是辛亥革命以前，革命派與保皇派交鋒的支柱，歷次舉事的靈魂。後來，在1920年代國共合作時期，孫逸仙所提倡的民族主義被大力宣傳下，凝聚了澎湃的愛國情緒，發揮了無窮力量。北伐戰爭，就是在這種高漲的愛國主

---

1 孫逸仙，〈建國方略：孫文學說第八章「有志竟成」〉，載《國父全集》(1989)，第一冊，頁412。文中「完成」一詞該作何解釋？見本書第九章第三、四節的討論。

義情緒之下、發動並統一中國的[2]。儘管1927年後國共分家，但是有學者認為，此後中共所作的一切，都可以解釋為複雜的民族主義理論系統當中、一種特殊表現[3]。更有學者認為，民族主義推動了整個20世紀中國的發展[4]。已故的費正清教授曾經說過，「中國民族主義的性質與實況必須搞清楚。」[5]無可否認，中國現代的民族主義這種現象，發軔於孫文學說。其次，孫逸仙的民生主義與民權主義，也在近代中國不同的歷史時期，起過不同的作用。因此，探索孫逸仙「三民主義之主張所由完成」[6]，是一個甚有意義的課題。但是，孫逸仙沒有給後人留下任何日記、遊記、甚至簡單的筆記。誰知道他見過什麼、聞過什麼？更遑論探索他心裡想什麼及如何完成其三民主義的腹稿。這問題是多年以來困擾著史學界的焦點之一。這個難題是否永遠沒法解決？

近世史學大師陳寅恪先生曾說過：「古人著書立說，皆有所為而發。故其所處之環境，所受之背景，非完全明瞭，則其學說不易評論…吾人今日可依據之材料，僅為當時所遺存最小之一部，欲藉此殘餘斷片，以窺測其全部結構，必須備藝術家欣賞古代繪畫雕刻之眼光及精神，然後古人立說之用意與對象，始可以真了解。所謂真了解者，必神遊冥想，與立說之古人處於同一境界，而對於其持論所以不得不如是之苦心孤詣，表一種之同情，始能批評其學說之是非得失，而無隔閡膚廓之論。」[7]

2　C. Martin Wilbur, *The Nationalist Revolution in China, 1923-1928* (Cambridge University Press, 1983), p. 1.

3　Maurice Meisner, *Mao's China: A History of the People's Republic* (New York: The Free Press, 1977), p. 39

4　Mary C. Wright, "The Rising Tide of Change," in Mary C. Wright (ed.), *China in Revolution: The First Phase, 1900-1913* (New Haven: Yale University Press, 1968), p. 3.

5　John King Fairbank, *The United States and China*, 4th edition (Cambridge, Mass: Harvard University Press, 1983), pp. 460-1.

6　載秦孝儀主編，《國父全集》(1989)，第一冊，頁412。

7　陳寅恪，〈馮友蘭中國哲學史上冊審查報告〉，《金明館叢稿二編》(上海：古籍出版社，1982)，頁247。

　　陳寅恪先生的話，曾給予筆者很大的啓發。筆者對此話的理解是：「對古人之立說」，是可以高攀到「眞了解」之境界。而途徑有二。第一，必須「與立說之古人處於同一境界」。第二，必須「神遊冥想」，以便明瞭其「持論之苦心孤詣」。關於第一點的「眞實性」，則古諺有云「讀萬卷書，行萬里路」。至於第二點、即「神遊冥想」的重要性，則牛津大學前皇家近代史敎授(Regius Professor of Modern History)核・特瓦若柏(Hugh Trevor-Roper)說得更直接了當；他說：「沒有想像力的人不配治史。」[8] 陳寅恪先生是中國古代史的大家；特瓦若柏敎授是歐洲近代史的權威。可見，無論對古今或是中外的歷史，若要達到「眞了解」的境界，「神遊冥想」是必經之路。

　　從研究近代史人物之如孫逸仙及其思想來源的角度來說，上述兩個途徑，在具體實踐起來時，如何走法？竊以爲若要達到「與立說之古人處於同一境界」，則最好是親臨孫逸仙活動過的地方，體驗生活，觀察環境，浸淫於接近當時的實際條件當中。再結合文物、文獻等，重建當時的各個歷史細節。然後在這個基礎上，「神遊冥想」，把各個表面上似乎毫無關連的細節，像積木那樣，重新架構起來。所以，在過去的28個寒暑裡，筆者每年都必定重訪倫敦一、兩趟。每趟都一步一腳印地、三番四次地、「跟蹤」孫逸仙走過的地方。在倫敦市區內「跟蹤」孫逸仙，則無論多遠，筆者都是靠兩條腿和一部自行車。市區以外的、當年孫逸仙也要坐火車的，筆者也坐火車。每一次「跟蹤」後所得到的感受，都與前一次不一樣：是一次比一次深刻了。可以說，隨著研究工作的不斷發展，感受與認識的深度和廣度與時俱增。重新架構起來的「積木」，越來越比較像樣了。學問功夫是一點一滴地積累起來的，信焉。

　　接著，在這個「積木」的基礎上，結合孫逸仙後來見諸文字的理論和

8　這是他在牛津大學退休演說會上所說的話，可以說是總結了他一生敎研歷史的經驗。演講全文刊 Hugh Trevor-Roper, *History and Imagination*（Oxford: Clarendon Press, 1980）。

行動，作「神遊冥想」，探索其三民主義思想的淵源。

下面比較具體地談談，在實踐過程中，筆者對上述三個途徑——即實地考察、文獻鑽研和神遊冥想——的體會。

二、實地考察

就以孫逸仙倫敦蒙難這件事情爲例吧。孫逸仙最初以爲必死無疑，後來竟然又能逃出鬼門關。這種與死神擦肩而過的經驗，對他人生觀以至三民主義思想的形成，會有什麼影響？在回答這個問題以前，必須搞清楚他被幽禁的整個過程。而弄清幽禁過程的第一步，又必須查清楚他是如何被綁架的。倫敦這麼大，又人海茫茫，爲什麼孫逸仙在到達倫敦的第十二天早上，就在公使館的正門被綁架進入公使館？孫逸仙別的地方不走，爲什麼偏偏就要走過公使館的正門？公使館的人員，從何得知他們要綁架的這個人，就是孫逸仙？不錯，公使館是僱了一家名叫史雷特的私家偵探社，讓該社派人跟蹤孫逸仙。但是偵探社的報告並沒有爲我們提供任何線索。正如羅家倫教授很早以前已發現的，當孫逸仙被幽禁在公使館後，那飯桶偵探還堅稱，孫逸仙一直足不出戶地留在旅寓睡大覺[9]！

孫逸仙爲什麼偏偏就要走過公使館的正門？如果我們親臨其地，沿著孫逸仙走過的地方，一步一腳印地「跟蹤」他；再結合文獻記載，對於解決這個問題，就很有幫助。孫逸仙到達倫敦當天，已是深夜，入住旅館後，就沒有再外出活動。第二天早上，他去探望恩師康德黎醫生[10]。他從旅館到康家是怎麼走的？筆者經過實地考察，比較各種交通工具和路線

9　Slater to Macartney, 12 October 1896，載羅家倫，《中山先生倫敦蒙難史料考訂》（南京：京華印書館，1935），頁115。以後簡稱《蒙難史料》。

10　Sun Yatsen's statement at the Treasury, 4 November 1896, para. 4, FO17/1718/ p. 119. This is corroborated by Dr. Cantlie's statement at the Treasury, 4 November 1896, para. 3, FO17/1718/p. 121.

等，判斷出孫逸仙是徒步去的[11]。而徒步到康家，則必須由南往北走地經過公使館的正門。正門旁邊有兩道很大的窗戶，通過這兩道大窗，可以看到街上的行人。

同時，該公使館位在缽蘭大街(Portland Place)與娓密夫街(Weymouth Street)交界的西北角。而公使館向南的側面、即面向娓密夫街這一方向的的那部分，每一層樓都有窗戶，讓公使館裡邊的人，有很長的時間，細心觀察由南到北、橫過娓密夫街的行人。而且，公使館每層樓都有三道窗戶、朝著娓密夫街，五層樓共15道窗戶。當孫逸仙沿缽蘭大街西邊、由南往北走而橫過娓密夫街時，公使館裡的眾多人員當中，只要其中有一位從15道窗戶當中的一道窗戶往外望，就會看到孫逸仙。為什麼孫逸仙要在缽蘭大街的西邊走？因為，接著走到下一個街口再往西拐，就是康德黎醫生的寓所。如果孫逸仙早知道公使館的準確位置，他可能會繞道而行。但當時他並不知道。

最後，公使館的華籍員工似乎有個習慣：他們愛在公使館的附近逛街。早在第一任公使郭嵩燾的時代，就有該公使館的華籍員工，因逛街而鬧出事來[12]。這也難怪，當時的英國與滿清統治下的神州，分別是這麼大！任何稍具好奇心的人，都會經常到街上逛逛。孫逸仙只要在街頭遇上公使館眾多華籍員工中任何一位，都會引起懷疑。因為，當時的缽蘭大街，極少華人涉足。其實，整個倫敦，當時也極少華人。有麼也多數在東倫敦部的碼頭區當工人。孫逸仙的突然出現，肯定馬上引起懷疑。

當孫逸仙到達倫敦第二天(即1896年10月1日)的早上，第一次由南往北走過公使館正門時，公使館的人是否已注意到他？我們不知道。當天稍後，康德黎醫生帶著他，前往康德黎自己過去當大學生時、寄居過的格雷

11　見第二章「日誌」1896年10月1日的分析。

12　Demetrius C. Boulger, *The Life of Sir Halliday Macartney, K.C.M.G.* (London: John Lane, 1908), pp. ix-x, 286.同時見郭廷以，《郭嵩燾年譜》(台北：中央研究院近代史研究所，1963)，第二冊，頁694。

法學院坊，爲他找廉宜寓所[13]。經筆者實地考察，他們所走的路線，也必須從北往南地經過公使館大門。這是孫逸仙第二次在鬼門關[14]外晃來晃去。

1896年10月4日星期天，孫逸仙早上再訪康家[15]，第三次走過公使館正門。過了一會，孫逸仙跟康家大小、一道走路上禮拜堂。康家有固定的禮拜堂，那就是聖馬丁教堂[16]。經考證，該教堂位於特拉法加廣場(Trafalgar Square)的東北角，從康家走路去，不遠，但必須路過公使館的正門。如果是坐馬車去，還沒什麼。但是如果徒步去，則一個東方人，在一家洋人當中，還有兩、三個小孩蹦蹦跳跳地[17]，走過公使館正門，怎不引起裡邊的人注意？經筆者考證，當時他們是徒步去的！承康德黎醫生的幼子[18]肯訥夫‧康德黎上校(Colonel Kenneth Cantlie)相告，他爸爸從來沒擁有過一部私人的馬車。如果不是有急事或目的地太遠，無論到倫敦任何別的地方都是走路，很少坐出租馬車。他的外婆，住在倫敦西南部的班斯區(Barnes)，走路去，單程得走上五、六個小時。但是，他媽媽經常都帶著保姆、領著孩子們走路去的。星期六去，星期天回來。聖馬丁教堂近在咫尺，他肯定上教堂時，是走路去的[19]。

在教堂守過禮拜以後，於回家路上，又是這麼一個東方人，親親熱熱地走在一家洋人當中，更有兩、三個小孩蹦蹦跳跳地，走過公使館正門，

13　Dr. Cantlie's statement at the Treasury, 4 November 1896, para. 3, FO17/1718/p. 121.

14　公使館的人員鄧廷鏗，曾對被幽禁的孫逸仙說，如果不能把孫逸仙偷運回國的話，將會在公使館内把他就地正法。故云。見Sun Yatsen's statement at the Treasury, 4 Nov 1896, para. 13, F.O. 17/1718/pp. 119-120.

15　Mrs. Cantlie's diary, 4 October 1896.

16　Mrs. Cantlie's diary, 20 October 1896.

17　當時康德黎醫生的大兒子克夫(Keith)10歲，次子柯林(Colin)8歲，三子倪理(Neil)4歲。

18　筆者在1983年5月21日星期六去拜訪他時，他已經是75歲的老人。不久就去世。

19　據筆者1983年5月21日拜見肯訥夫‧康德黎上校的筆記(In my own bound research notes "Sun Yat-sen, May 1983," pp. 184-9)。

裡邊的人還看了沒有？

　　在康家吃過午餐，暢談過後，孫逸仙在回家途中，第六次走過公使館正門。但這次是單形單影隻的，公使館的人，注意了沒有？

　　1896年10月6日星期二，孫逸仙再訪康家。上午去，下午回[20]。去時第七次走過公使館正門，回時第八次走過公使館正門。翻查公使館檔案，公使館在當天下午15：00時，就給史雷特私家偵探社發了一封電報，要求該社暗中偷拍孫逸仙一張照片。難道這是偶然的？公使館的目的很明顯。如果偵探成功地偷拍了該偵探所跟蹤的目標的照片，就可以用來對照一下。這樣可以證實，這個從10月1日起突然出現的、此後不斷在公使館面前搖來晃去的陌生人，是否就是前一天（9月30日），在該偵探監視下、於利物浦登岸的孫逸仙。因為，偵探社發給公使館的、有關孫逸仙行蹤的報告中，絕口沒提到過該目標曾走近公使館，也沒有提到他曾多次探訪康家！

　　可惜，那偵探社回答說：「待天氣好轉再說吧。」[21]就是不愛想辦法，真沒出息！公使館沒奈何，只好乾焦急。接著，孫逸仙應邀到恩師孟生醫生（Dr. Patrick Manson）家裡晚餐；日期方面，據孟生醫生回憶說，要麼是1896年10月8日星期四，要麼是1896年10月9日星期五[22]。經實地考察，孟家也非常靠近公使館，與公使館和康家大約成品字形。公使館的人，今天又注意了他沒有？1896年10月10日星期六，孫逸仙再訪康家[23]。讓我們可以肯定他第九、第十次走過公使館正門。其他不能肯定的次數不算。

　　1896年10月11日星期天清早，當孫逸仙正要作第十一次（我們能肯定的）路過公使館正門時，公使館裡的人終於採取行動，把他誘騙進去。重建當時公使館人員的心思與布局，是很有趣味的。第一，鉢蘭大街是使館

20　Dr. Cantlie's statement at the Treasury, 4 November 1896, para. 5, FO17/1718/p. 121.

21　Slater's report, 6 October 1896，載羅家倫，《蒙難史料》，頁114。

22　Manson's statement at the Treasury, 4 November 1896, paras. 2-3, FO17/1718/p. 122.

23　Cantlie's statement at the Treasury, 4 November 1896, para. 5, FO17/1718/p. 121.

區，星期天使館人員不辦公，行人極少。儘管有些居民吧，星期天的早上，都睡晚點。清早時分，大家還在夢鄉，外來客就更少。在這個時候採取行動，最適合不過。上個星期天孫逸仙來過一趟，與康家大小上禮拜堂。今天會不會再來？第二，如果再來，預先會有什麼兆頭？承該街一位老居民相告，缽蘭大街南端路中心有一座圓形的教堂，兩旁所有建築物的前部都是半圓形，行人從南到北進入缽蘭大街，必須繞過該教堂。在繞行的過程當中，就會發出回響[24]。如果有人站在缽蘭大街等候，還未見到來人，早已聽到腳步聲，好作準備。缽蘭大街的星期天清晨，平常是靜悄悄的。1896年10月11日的清早，再一次來了腳步聲，九成是這個陌生的東方人重現了。

如果沒有作實地調查，上述的關鍵情節，筆者就無法知道並作聯想，更無從解決爲甚麼孫逸仙會遭到綁架的問題。更重要的是，從探索三民主義淵源的角度來看，則跟蹤了孫逸仙10天，收獲同樣豐富。光以孫逸仙在倫敦活動的第一天(1896年10月1日)爲例，就發人深省。正如前述，當天早上，他徒步往訪康德黎醫生。通過實地考察，筆者發覺，他沿途見到的，是英國建築業輝煌的成就，甚至可以說是無與倫比，是大英帝國鼎盛的象徵；日不落帝國，稱霸全球，到處欺負弱小民族。這些雄偉建築，部分是被剝削民族的血汗。當時的中華民族，就是被踩在地下的民族之一。孫逸仙民族主義的心絃，有沒有被扣住？通過實地考察，又發覺當天康德黎爲孫逸仙找到的旅寓，位置就在格雷法學院的邊上。日後孫逸仙多次跑往一個莫名其妙的地方、叫「南院5號」的，其實就是到該法學院去，與一位唸法律的英國學生討論問題(見第二章「日誌」)。討論甚麼問題？民權的問題？由於實地考察，又發現當天黃昏，孫逸仙參觀了倫敦大學著名的英王書院。教育與民生息息相關[25]。當時的神州大地，還沒有一所現代化的高

---

24 承Austin Coates先生相告，特致謝忱。見Coates to Wong, 4 September 1987, in my own bound research notes "Sun Yat-sen, Feb 1986-Jan 1988," pp. 191-3.

25 見孫逸仙，〈民生主義的教育方針〉和〈民生主義教育的幾個部門〉，載秦孝

等學府！

若嫌參觀大學的例子，還不夠直接了當地、顯示出它與民生的關係，則第二天，孫逸仙在霍爾本區(Holborn)活動。該區既有輝煌的格雷法學院，也有查理斯‧狄更斯(Charles Dickens)所描述的貧民窟。孫逸仙見了沒有？第三天，他跑到老遠的水晶宮(Crystal Palace)，花了一整天參觀由英國皇家園藝協會(Royal Horticultural Society)所舉辦的、全國水果展覽(見本章第七節「本書脈絡」)。第四天(1896年10月4日星期天)，同樣通過實地考察，筆者發覺，孫逸仙與康德黎一家步出教堂時，目睹英國罷工工人示威的盛大、動人場面(見本章第五節「神遊冥想」)。這全都與民生有關(後者當然與民權也有密切關係)。

在短短的四天之內，有關三民主義的例子，就通過實地考察，排山倒海而來。

關於實地考察對三民主義探源的關鍵性，讓筆者再舉一個例子。偵探報告說，孫逸仙逃出生天後，即在「查靈十字的稅氏酒肆接受記者探訪」[26]。這不是一般的記者會，而是轟動世界的「宣言」。這「宣言」，讓孫逸仙從一個落荒而逃的反叛者，搖身一變而成為「當世大英雄」(the hero of the great generation of the day)[27]。它把孫逸仙推上世界性的政治舞台，充實了他的使命感。而作為一位世界性的政治人物，不能沒有自己的政治主張。光有行動，沒有理論，是不能領導革命走向勝利的。對孫逸仙來說，這是一種嶄新的體會。他本來打算在英國逗留10天左右，就赴法國[28]，繼續其環球旅行。但後來又改變了主意，決定暫時留在英國多多學習，終於「完成」了他的三民主義[29]。他之所以改變主意，很可能就是因

(續)————————
　　儀主編，《國父全集》(1989)，第一冊，頁204-214
26　Slater's report, 23-28 October 1896，載羅家倫，《蒙難史料》，頁123。
27　記者的話。見*Sun*, 24 October 1896, p. 3,col.1.
28　龔照瑗致楊儒密電，1896年10月10日，載羅家倫，《蒙難史料》，頁25-6。楊儒乃清朝駐美公使。
29　載秦孝儀主編，《國父全集》(1989)，第一冊，頁412。

爲有了上述那種嶄新的體會。因此，發掘當時他談話的內容固然要緊（筆者
覓到了，見第四章），但是找出記者會舉行的地方——稅氏酒肆——的具體
方位，考察它的外型，研究它的內部布置，則同樣爲重要。因爲，以孫逸
仙當時的政治素養來說，作沒有準備的倉促談話，不可能談出甚麼政治理
論。倒是他在一個陌生的地方，人生第一次地、面對甚有學問的記者輪番
發問時，深刻地體會到有政治主張的必要，儘管當時他在這方面不多說（見
本書第四章）。

　　但是，稅氏酒肆在哪兒？現代倫敦的街道圖，卻沒有查靈十字，只有
查靈十字路。差之毫厘，謬以千里。現代的倫敦電話簿，同樣可惡，根本
沒列上「稅氏酒肆」這名字（偵探報告所用的具體名字是Shades Public
House）[30]。1979/80年度，筆者休假整整一年，在倫敦做研究，沿查靈十字
路反反覆覆地、走了不知多少遍，都屬徒勞。

　　後承英國大律師協會的唐林先生（Mr. A. J. Tomlin）相告，《倫敦郵政
便覽》（*Kelly's London Post Office Directory*）可供參考[31]。筆者追查該《便
覽》，則證實1896年的倫敦，的確有查靈十字這個地方。而稅氏酒肆，就
位於查靈十字27 – 28號[32]。因此，1983年5月，筆者興沖沖地又跑回倫敦，
在《便覽》提及的地區內，即河濱路（Strand）與白廳（Whitehall）大街
之間[33]，把每條街道、每家招牌都仔細看個遍，仍不得要領。但是，有了
一點頭緒：在該區內、某棟高大房子的牆壁上，釘了一道牌子，上邊印了
「查靈十字」等字樣。這牌子雖然與現代街道圖相悖，但證明地區是找對了。

　　後來，探得英國皇家建築設計師協會（Royal Institute of British

30　Slater to Macartney, 12 October 1896，載羅家倫，《蒙難史料》，頁118。

31　Tomlin to Wong, 20 April 1983, Senate of the Inns of Court and the Bar, A452, in
　　my own bound research notes "Sun Yat-sen, 1979-83," pp. 137-8.

32　*Kelly's London Post Office Directory*（1987）, p. 267.該《便覽》稱稅氏酒館爲
　　Shades Tavern.

33　*Kelly's London Post Office Directory*（1987）, p. 267.

Architects），珍藏有稅氏酒肆的銘刻銅片（copper engraving）[34]。夠格被該協會挑選作銘刻銅片珍藏備考的建築物，肯定非等閒之輩，於是引起筆者更大興趣，決定修書向該協會求助。承其不棄，提供了該銘刻銅片的照片，如獲至寶[35]。結果，1987年1月，又興沖沖地再飛倫敦，並把搜索範圍擴大到白廳大街。從北往南地，在白廳大街的東邊慢慢走。一邊走，一邊把馬路對面、即白廳大街西邊的建築物，一座一座地、與手中的圖片比較。走到白廳大街南端盡頭，立即橫過馬路。再從南到北地、在白廳大街西邊慢慢走；一邊走，一邊把馬路對面、即白廳大街東邊的建築物，一座一座地、與手中的圖片比較。在快接近特拉法加廣場時，嘿！筆者不敢相信自己的眼睛。於是，擦擦眼睛再看。對面呈現的一座建築物，與手中圖片雷同！該建築物掛有一道招牌：「古老稅氏加靈頓」（Old Shades Charrington）。名字雖有增加，但仍保留了稅氏二字[36]。正由於它加了「古老」（Old）二字在前面，難怪在現代的電話簿中的S部分找不到Shades（稅氏）！

　　怎麼稅氏酒肆從查靈十字跑到白廳大街了？房子沒腿，跑不動的。很可能白廳大街的北部，過去原叫查靈十字；且看附近就是查靈十字火車總站和查靈十字醫院。為了證實這種推想，連忙跑到大英博物館，查核有關典籍。結果，找到一本書，是倫敦市政廳出版的。其中有一部分，帶有這個標題：「自1929年8月1日，取消了的街道名稱以及其新名字。」查閱之下，證明查靈十字，已改為白廳大街的一部分[37]。這種改動，是符合現代化要求的：同是一條大街，為何南轅北轍呢？接著，筆者迫不及待地、函

34　D.W. Lee to Wong, 23 November 1983, Information Services Ltd., DWL/SCR, in my own bound research notes "Sun Yat-sen, Jun 1983-Feb 1984," pp. 149-50.

35　Robert Elwall to Wong, 19 March 1984, received on 28 June 1984, in my own bound research notes "Sun Yat-sen, Jun-Dec 1984," p. 184ff.

36　2001年夏，筆者再訪倫敦時，舊地重遊，則該酒館的名字又略為Old Shades.

37　London County Council (ed.), *Names and Places in the Administration County of London* (London: London County Council, 1955), p. 851 "Names abolished since 1 August 1929 with present names." Its new address is 37 Whitehall.

請稅氏酒肆的老闆，准許筆者前往考察及拍照。多年宿願，終於得償！

應該重申，筆者寫本章這一節的目標，是要說明：爲了解決有關問題，「實地考察」非常有助於我們「與立說之古人處於同一境界」。

三、文獻鑽研

實地考察，脫離不了文獻鑽研，更代替不了文獻鑽研。應該說，實地考察與文獻鑽研，是相輔相成的，二者不可缺其一。對於這一點，筆者體會是很深的。譬如，偵探報告開頭第一天就說，孫逸仙坐「雄偉」號輪船到達英國，在利物浦的王子碼頭登岸[38]。這王子碼頭是怎生模樣？這不是一般的問題，因爲王子碼頭所給他的，是他對英國的「第一印象」。而第一印象對一個人的總的觀感，有時候會起到決定性的作用。所以，筆者決定親往考察。在1984年，興沖沖地從澳洲再飛回英國，又從倫敦興沖沖地坐火車到利物浦。下了火車，買了利物浦市區的街道圖，按圖找到王子碼頭。好荒涼啊！整個海港沒有一條遠洋船。碼頭靜悄悄的，鬼影也沒有一隻。孫逸仙當年登岸的情景，肯定不是這樣。但當年情景往哪兒找？心中一片茫然。惆悵之餘，情不自禁地在碼頭區不斷地踱方步，直到日落西山而不自覺。突然眼前出現一位中年人，對筆者說：「先生，碼頭區入夜不安全，我開車送您回旅寓。」[39]筆者感激之餘，更深覺出師不利之痛。

退而求其次，第二天查訪所謂railway omnibus。因爲，偵探報告說，孫逸仙是從利物浦的王子碼頭，坐railway omnibus到密德蘭火車站(Midland Railway Station)的[40]。railway omnibus這個名字好古怪！直譯的話，就變成「火車路公共車」。翻閱前人研究成果，則有把它翻譯成「公

---

38 Slater to Macartney, 12 October 1896，載羅家倫，《蒙難史料》，頁111。
39 事後筆者寫信感謝他。見Wong to W.K. Calveley, 27 June 1984, in my own bound research notes "Sun Yat-sen, Jun-Dec, 1984," p. 81.
40 Slater to Macartney, 12 October 1896，載羅家倫，《蒙難史料》，頁111。

共汽車」者[41]。竊以爲這是不準確的。因爲，那個時代，還沒有普遍使用汽油和汽車。筆者在起程前，也曾預先函詢利物浦市立檔案館。該館摸不著頭腦，讓筆者轉向英國的國立火車博物館(National Railway Museum)查詢[42]。筆者照辦，同樣沒有結果。所以，筆者這次親訪，希望多少能找到些頭緒。但是，向當地的專家請教，帶來的都是莫名奇妙的反應。怎麼？在鬧市中架了火車軌道、再用火車頭拉著車箱走？把橫過的馬路通通切斷，不是要天下大亂？筆者本來就覺得這是不太可能的事。但是，無法之餘，還是明知故問。難怪別人以爲筆者瘋了。又是徒勞無功的一天。

第三天，按圖欲找密德蘭火車站(Midland Railway Station)。因爲，偵探報告說，孫逸仙坐「火車路公共車」，到達密德蘭火車站後，就從該站乘火車前往倫敦的[43]。但是，找了大半天，就是沒有密德蘭火車站這個名字。筆者也曾預先函詢利物浦市立檔案館和摩斯賽區政府(Merseyside County Council)檔案部。前者回信說，密德蘭火車站即中央火車站(Central Station)[44]。後者回信說，密德蘭火車站即利物浦當今唯一的火車總站——那著名的萊姆街火車總站(Lime Street Station)[45]。孰是孰非，筆者希望通過這次實地考察，能把問題搞清楚。但是，地圖上沒有密德蘭火車站這個名字，卜一步應該怎麼走？筆者決定下午親訪摩斯賽區政府檔案部主任、格頓・李德先生(Mr. Gordon Read)。見面寒喧，原來他也是牛津舊生，是筆者的學弟，更好說話。哥弟倆一道翻查1896年的利物浦電話簿，證實密德蘭火車站即中央火車站。那位學弟原先搞錯了：粗心大意，以今況古！筆者安慰了那滿臉通紅的學弟幾句後，就忽忽地趕往中央火車站舊址。好

41　吳相湘，《孫逸仙先生傳》(台北：遠東圖書公司，1982)，上冊，頁151。

42　Janet Smith to Wong, 3 March 1983, in my own bound research notes "Sun Yat-sen, 1979-83," p. 103.

43　Slater to Macartney, 12 October 1896，載羅家倫，《蒙難史料》，頁111。

44　Janet Smith to Wong, 3 March 1983, in my own bound research notes "Sun Yat-sen, 1979-83," p. 103.

45　J. Gordon Read to Wong, 23 May 1983, in my own bound research nots "Sun Yat-sen, Jun 1983-Feb 1984," pp. 178-9.

荒涼啊！所有大門窗戶都用木板釘得死死的，牆壁上的污垢黑壓壓的，髒得讓人作嘔。加上時過黃昏，大有鬼影幢幢之慨。惡鬼不足畏，歹徒實堪慮。筆者覺得不宜久留，故拍過照後，就趕快離開。這樣的照片，怎能反映孫逸仙當年看到的景象？又是讓人失望的一天！

窮則變，變則通。鑽研文獻去！經過不斷的探索，多次到利物浦向當地的專家請教，承利物浦各檔案館的眾多好友不厭其煩地幫忙，通過各種途經，找來當年圖片與有關文獻，一步一步地解決了不少疑難：當年王子碼頭的圖片找到了！一看，好熱鬧啊！當年中央火車站的圖片找到了，好帥！當年的街景也找到了，好繁華啊！甚至當年孫逸仙乘坐的、那隻「雄偉」號輪船的圖片也找到了！只有那該死的「火車路公共車」，仍然是踏破鐵鞋無覓處。筆者也不灰心，以後一有機會就請教高明，十年如一日。終於，在1994年3月某天，與同事沃特教授(Dr. John O. Ward)閒談時，承他指引，得閱有關典籍，方知是當年利物浦土話，所指乃有軌馬拉車[46]。於是又請利物浦市立檔案館的朋友幫忙，找到有關圖片，孫逸仙當年所處的環境、氣氛等等，躍然入目，寧不讓人雀躍？可見，光靠實地考察而不作文獻鑽研，是無法重建當年景象的。

四、不能以今況古

上一節的事例，同時說明了歷史學的一個金科玉律，就是不能以今況古。試問，利物浦今天荒涼的海港，了無人煙的王子碼頭，封閉了的中央火車站，怎能代表當年繁華的景象？

為了進一步闡明這個問題，讓筆者再舉一兩個實例。孫逸仙從倫敦公

---

46 Charles Klapper, *The Golden Age of Tramways* (London: Routledge & Kegan Paul, 1961), p. 84.由於這種交通工具很快就被更先進的交通工具所代替(同上，頁87)，所以這種流行一時的土語，很快又從利物浦人的日常詞彙中，消失得無影無蹤；以致現代利物浦的學人，對這怪詞也懵然不知。

使館被釋放後，不久即參觀了在皇家農業館(Royal Agricultural Hall)舉行的耶誕育肥家畜展覽會。因此，該館是筆者重點考察的地方之一。在1984年，筆者第一次親往該館舊址時，則與利物浦的前中央火車站舊址、同樣地被封閉了。其骯髒荒涼的程度，有過之而無不及！1985年舊地重遊，則已開始裝修。1986年再去，則該建築物已修復開放，用途改為長期展出各種電腦的場地。筆者樂不可支，裡裡外外地、團團轉了好幾天。原來筆者初時見到的，只是該館的後門。開放後，筆者可以從後門走到正門，則別有洞天。正門可壯觀！但可惜，筆者所看到的，正門外邊泊的、是小汽車而不是馬車。裡邊擠得滿滿的，是電腦而不是牛羊，更聽不到公雞啼母鴨叫。無論筆者怎麼樣努力地「神遊冥想」，都無法重建當年情況。此路不通，另闢蹊徑。最後皇天不負有心人，終於讓筆者找到19世紀末、皇家農業館展出雞鴨牛羊的圖片！雖然不是1896年12月8日、孫逸仙親眼見過的那批畜牲，但讀者諸君也只好屈就屈就咯！

孫逸仙也參觀過倫敦的水晶宮。該宮是為了1851年在倫敦舉行的第一屆世界博覽會，而在海德公園(Hyde Park)建造起來的。它也是大英帝國向全世界炫耀其工業革命輝煌成就的工具。所用的材料，全部是鋼條和玻璃，故名水晶宮。博覽會舉行過後，全宮拆掉，建築材料搬到郊區悉鼎納姆(Sydenham)地區重建，並有所擴充，作為永久展覽館。新址連花園占地共200英畝，主堂1,608英尺長，300到120英尺寬，175英尺高。從四方八面老遠的地方就能看到，誠壯觀哉[47]！可惜，時到今天，水晶宮早已被火神挾走，只留下青綠的一個大公園，省了筆者徒勞無功地東奔西跑。很幸運，筆者又成功地找來當年水晶宮的照片，外形、內貌都有，如釋重負。

無聲的圖片，在在有力地說明一個問題：「以今況古」，乃「神遊冥想」之大忌！就以皇家農業館和水晶宮為例吧，今天的電腦展銷地與綠油油的草坪，怎能各自況昔日英國革命農業和工業革命的成就？

47　*Queens London* (London: Cassell: 1902), p. 17.

　　爲了讓讀者對孫逸仙當時所處的實際情況，也能得到比較準確的了解，筆者在翻譯外名時，就以反映當時實際情況爲準。這一點特別重要，因爲英國的建制很特別，不是從字面上可以準確地知道其意思。比方說，Inn這個名詞，一般是小型旅舍的意思，因此，不明內裡的人，很容易就把Gray's Inn這麼一個專有名詞，翻譯成格雷旅舍[48]。其實，它是一所法學院，是英國專門教育和培訓大律師(barrister)的學院之一，故筆者就把它翻譯爲格雷法學院。

　　翻譯地名時，也以反映實際情況爲準。譬如，英語中的Place，一般都翻譯作廣場。但經過筆者實地考察，如果發覺面積是小得可憐的話，則把它翻譯成坊，更接近事實。Gray's Inn Place就在此之列，故在本書裡把它翻譯成格雷法學院坊[49]。但如果發現，它其實是一條很直很寬的大街的話，就把它翻譯作大街。Portland Place就在此之列，故在本書裡把它翻譯成缽蘭大街。又英語中的Square，同樣地一般都翻譯作廣場。大名鼎鼎的Trafalgar Square，把它翻譯作特拉法加廣場，就名副其實。但是，格雷法學院裡邊也有一個Square，名叫South Square，就不能翻譯成廣場了；它只不過是該學院裡，兩個院子當中的一個院子；所以，把它翻譯南院，就比較準確地反映了實際情況。至於上述的格雷法學院坊，經調查，只不過是位於該學院外圍西邊的一塊小坊，與該學院毫無關係；只是由於該坊靠近該學院，而以該學院命名而已。孫逸仙之住在該坊邊上的一棟私人房子，與該學院沒有任何正式關係。後來倒是方便了他頻頻往訪探望住在該院宿舍裡的一位學生，向他請教問題。

48　例如《孫逸仙全集》的編者黃彥教授和《孫逸仙先生傳》的作者吳相湘教授，就把它翻譯成葛蘭旅舍(分別見第1卷，頁30，註**和第一冊，頁152)。黃彥教授沒去過英國，有關史料承英國朋友提供。吳相湘教授，自費研究，無法在倫敦多停留，可知老一輩的學者做學問功夫的艱苦。學問，都是由不同時代的人，堅持努力，一點一滴地積累而來。筆者目前這本書，就是在前人經驗與知識的基礎上，建立起來的。關於這一點，本章第六節有進一步說明。

49　格雷法學院坊，位於該學院外圍的西邊，並以該學院命名，但與該學院毫無關係。

　　此外，倫敦街道的名稱，也有其非常特殊的地方。例如，circus這個字，一般指馬戲場。不明內裡的人，看了偵探報告說，孫逸仙某天到了某某circus，因而就說孫逸仙「偶去馬戲場(Regent Circus)消遣」[50]。經考證，這個Regent Circus乃地名，是倫敦的攝政親王街(Regent Street)與牛津街(Oxford Street)交界的十字路口，作圓形，故稱circus[51]。在21世紀的倫敦地圖，再也找不到Regent Circus這個地名；因為，同一個地方，已被改名為Oxford Circus。無他，19世紀時，以該處交界的兩條街之中的、攝政親王街命名該circus。這樣做，是因為當時的確有一位攝政親王(維多利亞女王的丈夫)存在，為了表示對他的尊敬，就以攝政親王街來命名該circus。後來他去世了，當局就改用交界的兩條街之中的另一條街，即以牛津街，來命名該circus而已。據筆者實地考察，離該circus不遠的地方就有一個Cambridge(劍橋)Circus；在首都怎麼可以光有「劍橋Circus」而沒有「牛津Circus」？因此改名也是順理成章的事情。

　　在英國治理時代的香港，把同樣性質的十字路口，翻譯成「迴旋處」，取其交通在該處迴旋的意思[52]，沿用至今。本書在翻譯時，按實際情況而定。如果在某circus的交通，的確是迴旋者，像在Cambridge。Circus那樣，就翻譯作「劍橋迴旋處」；否則就乾脆直呼其為十字路口。參考孫逸仙訪英時期的圖片，則發覺在Oxford Circus的交通並不迴旋，故筆者就把它翻譯成為「牛津十字路口」[53]。

　　又例如在倫敦市中心、沿泰晤士河(River Thames)北岸的某一段河濱(strand)，過去的市民乾脆就為其起名叫The Strand(河濱)。如果不是當地的居民，就無從知道它其實已變成一條路。為了清楚起見，筆者就用「河濱路」(即為它加了一個「路」字)的方式，來反映它的實際情況。同樣

50　吳相湘，《孫逸仙先生傳》，第一冊，頁152。
51　*Queen's London*, p. 189.
52　英裔的美國人不採Circus而採Circle(圓圈)，其意相同。
53　時至今天，在該處的交通同樣不迴旋，固仍應稱為十字路口。

地，Whitehall(白廳)是一條大街，以街旁一棟著名的白色建築物
(Whitehall)命名；故筆者就把它翻譯成「白廳大街」(即爲它加了「大街」
兩個字)的方式，來反映它的實際情況。至於該棟白色建築物本身，其實是
英國外交部辦公的地方，故「白廳」又成了英國外交部的代名詞。準此，
當筆者在文中單單用上「白廳」這詞彙時，意思就是指英國外交部，而不
是指同名的大街。

經過不斷的反覆考察，比較準確地了解了孫逸仙「所處之環境，所受
之背景」後，下一步就是通過「神遊冥想」，去探索孫逸仙「著書立說，
皆有所爲而發」[54]的緣由。

五、神遊冥想

神遊冥想，具體應該怎麼辦？在這方面，近代著名的新詩人、上古歷
史學家郭沫若先生，就曾做過典範性的工作。對郭沫若先生的方法與成
就，當今儒學大師余英時先生作過如下精闢的評價：「郭沫若以新詩人一
變而爲甲骨、金文的專家，大家都說他聰明絕頂。他的聰明自是不在話
下。甲骨、金文在門外漢看來好像是一個一個字地辨認出來的，非日積月
累不能爲功。事實上治此學的人在具備了關於古史和古文字的基礎知識之
後，最重要的是要有豐富的想像力，把初看毫不相關的東西聯繫起來，從
而展示出全新的意義。」[55]

這段引文的最後兩句，最具關鍵性。實踐起來，筆者所憑的，倒不是
郭沫若般的、詩人的想像。而是偵探般的聯想與推斷。同時，在主證嚴重
缺乏的情況下，儘量找旁證，以便充實主證的內容。

54　陳寅恪，〈馮友蘭中國哲學史上冊審查報告〉，《金明館叢稿二編》，頁
　　247。
55　余英時，〈談郭沫若的古史研究〉，香港《明報月刊》，總322期(1992年第十
　　期)，頁28-35中之頁29。

　　就以1896年10月4日星期天爲例吧。有關孫逸仙當天活動的主證，經過
筆者24年不斷地發掘，只獲得下列兩條。第一，康德黎夫人在當天的日記
中寫道：「孫醫生曾來訪。」（原文Dr. Sun here）[56]。第二，康德黎醫生在
一個月後作證時回憶說：「10月4日，我們談及公使館…。」在這裡，負責
問話的財政部首席律師，似乎打斷了他的話，問他是否記憶淸楚是10月
4日[57]。所以康德黎說：「我相信是。」[58]單憑這麼兩條直接的原始史料，
怎麼能跟三民主義連到一起？筆者徵諸旁證，發覺康德黎醫生的第三子倪
理（Neil）與別人合作寫的、有關他父親的《康德黎爵士》傳裡，有這麼一
句話：「某天中午進餐的時候，話題扯到公使館。」[59]這似乎是家傳口
碑，從而可知當天孫逸仙不單造訪過康家，而且曾留下來吃午餐。

　　孫逸仙應邀到康家吃午餐，是什麼時候到達的？從這裡起，筆者偵探
式的「神遊冥想」，就開始馳騁。根據筆者平常閱讀所得到的知識、長時
間在英國生活的經驗[60]、平常與英國師友切磋所得，知道在十九世紀的英
國社會，基督徒在星期天如果不上教堂守禮拜的話，是不可思議的。康家
大小都是基督徒，他們肯定會在星期天上教堂。孫逸仙也是基督徒，旅居
倫敦靠近康家，他是會希望在星期天同樣上教堂的，但人生路不熟（當天是
孫逸仙到達英國之後的第一個星期天）。康德黎在邀請孫逸仙赴家筵的同
時，會不會也很關照地、邀請他一道上教堂？筆者相信是會的。而且，承
香港大學建築設計學系龍炳頤敎授相告，儘管孫逸仙是在香港的公理堂

56　Mrs. Cantlie's diary, 4 October 1896.

57　錄取證詞時，是一問一答。之後去問留答，連起來一氣呵成叫證詞。但從上文
　　下理中，仍可以看出，問話者打斷作證者的地方。

58　Cantlie's statement at the Treasury, 4 November 1896, para. 4, FO17/1718/p. 121.

59　Neil Cantlie and George Seaver, *Sir James Cantlie: A Romance in Medicine*
　　（London：John Murray, 1939）, p. 101.

60　筆者1968年到英國牛津大學唸博士，1971年留校當博士後。1974年到澳大利亞
　　悉尼大學任敎，此後的差不多30年以來，幾乎每年的暑假都回英國研究三個
　　月，有時候寒假也回去，1979/1980年度更應邀到劍橋大學當客座研究員一
　　年。所以在英國生活的時間是比較長的。

（Congregational Church）受洗，但是自從進入香港的西醫學院學習以後，卻深受屬於道濟會（Presbyterian Church[61]）的何啓、康德黎、孟生等恩師的影響，因而改爲在道濟會堂守禮拜[62]。康德黎回到英國後，在倫敦執業，又改在英國國敎——聖公會（Anglican Church）——的敎堂守禮拜。承恩師盛情邀請，相信孫逸仙也樂得順水推舟。

什麼時候上敎堂？按照當時英國社會的狀況，有錢人家，中午以前上敎堂，僕人在家裡準備午餐。僕人在服侍過主人進午餐、再打掃乾淨之後，於黃昏時分上敎堂。筆者有幸看過康德黎夫人日記，知道康家是有僕人的。所以，康家是會在上午之前上敎堂的，因而孫逸仙在10月4日當天，會提前到達康家，以便一道上敎堂。

康家所上的敎堂是那一座？在什麼地方？筆者把康德黎夫人的日記，從頭到尾地反覆看，發覺其中有一句話非常管用。她說他們一家在聖馬丁敎堂 taken sittings[63]。如果用現代英語來理解這個詞彙，肯定摸不著頭腦。但是，如果用十九世紀英國中產社會的英語，這個詞彙就好解釋。原來當時英國聖公會的敎堂，在堂內某區的好幾排木頭長椅座位，靠背的木板都特別高，以至看不到前後的人。進入長椅的地方有一道門，閒人免進。四周圍了「木板牆」，可謂「自成一廂」。高貴人家，會長期在特定的時間、租用固定的「一廂」（英語叫 family pew）。就像戲劇院裡的「包廂」一樣，別的人不能在這特定的時間進入這「廂」，或坐在這固定的一張長椅。所以，taken sittings 這個詞彙，可以勉強翻譯爲「在敎堂裡長期包廂」。從這個事例可以看出，孫逸仙當時所遇到的英國社會，階級界限是非常森嚴。而他通過康德黎醫生所活動的圈子，都是倫敦的中產社會。當英國社會越來越走向自由平等的時候，在聖馬丁敎堂「包廂」這個制度，

61　以現代的習慣，Presbyterian Church 一般翻譯作長老會。在孫逸仙時代的香港，被翻譯作道濟會，可說甚具時代特色。

62　2001 年 6 月 30 日筆者路過香港時，與龍炳頤敎授一席話。龍敎授本人屬道濟會，深諗該會口碑。

63　Mrs. Cantlie's diary, 20 September 1896.

終於在 1914 年被取消[64]。

　　言歸正傳，康家既然在聖馬丁敎堂長期租了固定座位，當然在星期天從倫敦家裡上敎堂時，都會上該敎堂。1896年10月4日的星期天，自然也不會例外。而按照1896年那個時代的規矩，英國聖公會轄下的敎堂之如聖馬丁敎堂，星期天上午的禮拜，會在早上11：00時開始，12：30左右結束[65]。

　　該敎堂位置在什麼地方？經考證，它位於著名的特拉法加廣場（Trafalgar Square）的東北角。該廣場之所以著名，是因爲英國的很多公開活動都在這兒舉行，包括大型的示威行動。在1896年10月4日當天中午時分，該廣場有什麼活動？

　　翻閱倫敦的《泰晤士報》，發覺當天中午在該廣場，果然有大型的示威遊行聚會。超過五千名倫敦市區出租馬車的馬伕，在出租馬車工會的號召下，在當天罷工、遊行到特拉法加廣場，然後在該廣場聚會。工會的領袖在聚會上發表演說。當孫逸仙與康氏一家，從聖馬丁敎堂守禮拜完畢，步出敎堂時，由於敎堂的正門面向廣場，而且正門的平台高過廣場，馬上可以看到廣場上人山人海。同時，還有不少罷工的車伕，在各種奪目的旗幟與銅管樂團的帶領下，從四面八方向廣場進軍[66]。

　　孫逸仙看了這種情景，一定會嚇了一大跳。在滿淸統治下的中國，這麼多人聚會，不是造反了！從孫逸仙在1897年發表的文章：「中國之現狀與未來——改革黨籲請英國善持中立」[67]和「中國之法制改革」[68]，可知孫

64　John Davy, *Parish Work in St. Martin-in-the-Fields*, n.d.

65　感謝敝系退休老敎授Ken Cable博士相告。Cable博士，畢生研究英國聖公會的歷史與禮儀，是這方面的權威。

66　*The Times*, 5 October 1896, p. 6, cols. 5-6.

67　英文原文是 "China's Present and Future: The Reform Party's Plea for British Benevolent Neutrality," *Fortnightly Review* (New series), v. 61, no. 363 (March 1, 1897), pp. 424-440.漢文譯本見秦孝儀主編，《國父全集》(1989)，第二冊，頁223-236。

68　英文原文是 "Judicial Reform in China," *East Asia*, v. 1, no. 1 (July 1897), pp. 3-13.漢文譯本見本書第四章。

逸仙深切了解到並親身經歷過滿清政府的專制和落後。

　　孫逸仙看到這麼多的馬車伕聚集而感到驚訝，並向恩師康德黎請教原委，是必然的。這樣，康師會告訴他，在英國，民權已相當發達，群眾有結社的自由，所以出租馬車伕可以組織起來，成立自己的工會。並爲工會向政府登記註冊，成爲合法的群眾團體。如果某合法的群眾團體需要通過示威，來表達自己的意見或不滿情緒，可以向維持治安的警察總監申請，以便上街遊行示威。申請時，要說明遊行的人數大約多少，遊行的路線是什麼。警察當局經過研究而批准後，還會派出警察陪同示威者遊行，以便維持秩序。警察在沿途也會採取一些應變措施，旣方便遊行者順利地示威，又可以在遊行者遇到困難時(如因勞暈倒等)給予幫助。

　　康師的解說，對孫逸仙來說，肯定引起極大的震盪，讓他對民權主義，有了深刻的認識。親眼目睹，與他過去在香港閱讀過有關遙遠的西方民權主義的書籍，到底是不一樣。

　　接著，孫逸仙肯定會追問，出租馬車伕爲何示威？綜觀康德黎的一生，熱心服務社會，他後來被冊封爲爵士，正是由於他對社會的貢獻。他也是有文化的人，相信他每天都會看報紙；而看的，很可能是當時最著名、最權威的《泰晤士報》。據該報報導，馬車伕的罷工，早在13天以前(即1896年9月22日)就開始。導火線是倫敦各大火車公司，高價賣出執照，讓持照的馬車伕到火車站接客。沒有執照的馬車伕，則只許把他們從外邊接到的客人送到火車站，而不許從火車站接客。售賣這種執照，讓各火車公司發大財，卻增加了馬車伕謀生的困難[69]。罷工以來，雙方衝突與日俱增，報紙天天都有報導。康德黎醫生除了口頭向孫逸仙介紹過罷工的前因與過程之外，相信會把過去13天的舊報紙給他看，並與他討論閱報所得暨英國各方面的國計民生。民生：這不正是民生問題嗎？民生主義的種籽就從這裡破土而出。

69　*The Times*, 23 September 1896, p. 5, col. 3.

　　關於出租馬車伕罷工的事情，本書第七章「民生」會分析。在這裡提到這件事情，主要目的是印證本章開宗明義地引述過的、孫逸仙所說過的話「所見所聞，殊多心得，始知徒致國家富強，民權發達，如歐洲列強者，猶未能登斯民於極樂之鄉也…乃採取民生主義」[70]。並以此作為一個例子，說明筆者探索三民主義淵源的辦法。

　　本章的這一節證明，儘管長期搜集，也只能獲得「殘餘斷片」。但如果能夠耐心地廣集佐證，細心地反覆考證，再通過「神遊冥想」，雖不敢說「窺測其全部結構」[71]，但最低限度能得「出全新的意義」[72]。當然，這種做法，牽涉到某種程度上的主觀判斷。這似乎是無可避免的事情。

　　正因為筆者這種做法，牽涉到某種程度上的主觀判斷，所以自從1979年開始研究《三民主義思想探源》這個課題以來，一直放心不下，怕自己武斷、不夠客觀。而且，儘管找出了孫逸仙的所見所聞，也無從知道他心裡想什麼。但別無他法之餘，筆者只好堅持默默地採取這種方法；同時不斷地告誡自己，不要武斷和過份主觀。待有緣讀到陳寅恪先生的遺作，心頭的壓力稍為減輕，但已經是1999年11月的事情。當時筆者為了應邀參加紀念陳寅恪先生的國際學術研討會，承該會召集人、廣州市中山大學胡守為教授的幫助，才有緣拜讀了陳寅恪先生的宏論，增加了寫作的一點信心。

　　回想1992年10月，筆者已拜讀了余英時先生的鴻文，並通過該文介紹，而追閱了特瓦若柏教授(Hugh Trevor-Roper)的演講詞。但是竊以為他們兩位先生所說的，都是歷史工作者應該具備的想像力和聯想力。不像陳寅恪先生所說的「神遊冥想」走得遠。陳寅恪先生所說的那句話，是在他

70　孫逸仙，〈建國方略：孫文學說第八章「有志竟成」〉，載秦孝儀主編，《國父全集》(1989)，第一冊，頁412。

71　陳寅恪，〈馮友蘭中國哲學史上冊審查報告〉，《金明館叢稿二編》，頁247。

72　余英時，〈談郭沫若的古史研究〉，香港《明報月刊》，總322期(1992年第十期)，頁28-35中之29頁。

的〈馮友蘭中國哲學史上冊審查報告〉中說的。筆者有先例可援，又增加了一點信心。

憑這點滴信心，還是沒法讓筆者安枕。後來拜讀了中央研究院近代史研究所羅久蓉博士的書評[73]，深受啓發。於是修書討敎。承羅博士不棄，建議筆者在把蒐集到與聯想到的史料有系統地擺出來以後，自己就飄然度外，讓讀者們個別地、更進一步地去「神遊冥想」該史料與三民主義的淵源[74]。筆者覺得這是非常高明的主意。就像讀某一首詩歌，不同的人會做出不同的「神遊冥想」。而且，儘管同一個人，在不同的環境下，讀同一首詩歌，也會產生不同的反應。如果把某一個人，在某一個特定環境之下，讀了某一首詩歌後，所產生的思想感情，認爲就是詩人在創作該詩歌時的思想感情，那是不科學的。筆者本人在二十八年當中，每次重蹈孫逸仙腳印時，都有不同的感受。

所以筆者決定，採納羅博士的建議，點到即止：就以本節的史事爲例吧，在重建了1896年10月4日孫逸仙的活動情節(其中的高潮是他親身體會數千馬車伕示威遊行)以後，就不多說了，讓讀者們自己去進一步「神遊冥想」該等情節與「民生主義」的淵源。儘管在本書第二部分「分析歷史」中，標明第五章的題目是「民生思想探源」，這個探源的方式，只限於把第一部分中重建起來的歷史、其中有關民生的事例集中起來，像積木一樣，砌成一幅比較合理的圖案後，再用民生主義產生在西方歷史的背景加以說明，並結合當代學者在英國社會史研究領域裡所取得的最新成果，加以評論。接下來的，就讓讀者諸君自己馳騁豐富的想像力去「探源」了。處理「民族主義」和「民權主義」的方法相同。

73 　羅久蓉評拙著《孫逸仙倫敦蒙難眞相》(台北：聯經，1998)，載台北《中國時報》1998年12月3日〈開卷版，好書榜〉。

74 　這是筆者對羅博士覆函的理解。見羅久蓉覆黃宇和函，2001年5月8日；暨黃宇和再函羅久蓉，2001年7月1日。

六、時空範圍

　　孫逸仙說他在倫敦脫險後，是暫留歐洲兩年之中的所見所聞、讓他完
成了三民主義之主張[75]。筆者要探索他思想的淵源，就必須考證所牽涉到
的時間和空間。孫逸仙「留歐」的時間長了，體會就深。走的地方多了，
見聞就廣。其理至明。

　　孫逸仙那句話的用詞，似乎別具匠心。他用「倫敦」來襯托「歐
洲」，給人的印象是，他從倫敦脫險後，就跑到歐洲去見聞見聞。同時，
他籠統地說「兩年」，具體時間究竟有多少？準此，筆者就在這一節，考
證他「留歐」的時間和空間。

　　從時間上說，《倫敦蒙難記》講孫逸仙是1896年10月1日抵達倫敦的[76]。
因而中文著作，多沿其說。該書原著是英文，1897年在英國出版。因而英
文著作，如史扶鄰教授在1968年出版的《孫逸仙與中國革命的起源》（英文
版）時，亦按此日期[77]。但是，正如上面引述過的，偵探報告說孫逸仙在
1896年9月30日乘「雄偉」號到達利物浦，同日坐火車於晚上到達倫敦[78]。
這條史料，筆者找到兩條佐證。第一，清朝駐華盛頓公使楊儒，在致駐英
公使龔照瑗的密電中，就指明孫逸仙所乘的輪船，名字就叫「雄偉」號，
是從紐約開往利物浦的[79]。因此駐英公使才差人僱請私家偵探，前往利物
浦監視[80]。第二，利物浦的一家報紙，刊登了「雄偉」號在1896年9月30日

75　孫逸仙，〈建國方略：孫文學說第八章「有志竟成」〉，載秦孝儀主編，《國
　　父全集》（1989），第一冊，頁412。
76　載《國父全集》（1989），第二冊，第193-223：頁198。
77　Harold Z. Schiffrin, *Sun Yat-sen and the Origins of the Chinese Revolution*
　　(Berkeley and Los Angeles: University of California Press, 1968), p. 137 n. 127.
78　Slater's report, 1 October 1896，載羅家倫，《蒙難史料》，頁110-111。
79　楊儒致龔照瑗密電，1896年9月23日，載羅家倫，《蒙難史料》，頁16-17。
80　Slater's report, 1 October 1896，載羅家倫，《蒙難史料》，頁110-111。

抵達利物浦的消息[81]。

至於《倫敦蒙難記》爲何弄錯日期(雖只差一日)，則竊以爲與該書的眞正作者有關。經筆者考證，該書的眞正作者並非孫逸仙，而是其恩師、救命恩人康德黎醫生[82]。康德黎醫生之所以弄錯日期，是可以解釋的。孫逸仙在到達倫敦的第二天，即10月1日，就馬上前往拜訪恩師[83]。所以，在康德黎的印象中，錯記孫逸仙是10月1日到達倫敦的，也不足爲奇。

準此，我們可以肯定孫逸仙是1896年9月30日到達英國和倫敦的。

至於孫逸仙是何時離開「歐洲」的問題，則偵探報告沒有說明具體日期[84]。根據偵探1897年7月11日到24日的報告，史扶鄰教授籠統地說，孫逸仙是1897年7月離開英國的[85]。其實，該偵探報告中，有一條很可貴的線索，即孫逸仙所乘的輪船之名字叫「紐米地安」號(S. S. *Numidian*)[86]。另一條線索，是康德黎的一位孫女所寫的一本書。該書說，康德黎夫人在倫敦碼頭送別孫逸仙，但該書沒有標明日期[87]。據此，筆者遍查倫敦各大報章，在1897年6、7、8月，所載輪船啓碇的日期，奈何均屬徒勞。後來改變辦法，終於查出該船所屬公司的名稱，接著追查，方知該船是從利物浦啓航的。於是改爲普查利物浦的報章。終與找到《利物浦信使報》中的一則珍貴新聞。該報在1897年7月1日宣布，「紐米地安」號(S. S. *Numidian*)，

---

81 *Liverpool Echo*, 30 September 1896, p. 3, col. 4.

82 詳見拙著 *The Origins of an Heroic Image: Sun Yatsen in London, 1896-1897* (Oxford University Press, 1986), pp. 185-8 及《孫逸仙倫敦蒙難眞相：從未披露的史實》(台北：聯經出版公司，1998)，第四章。

83 Cantlie's statement at the Treasury, 4 November 1896, para. 2, FO17/1718/p. 121-2.

84 Slater's report, 11-24 July 1897，載羅家倫，《蒙難史料》，頁166。

85 Schiffrin, *Sun Yat-sen and the Origins of the Chinese Revolution*, p. 137 n. 127.

86 Slater's report, 11-24 July 1897，載羅家倫，《蒙難史料》，頁166。Numidia乃古地名，面積包括今天的突尼西亞(Tunisia)暨非洲東北部。過去該地的君主，是羅馬帝國的盟友。該地的居民就叫Numidian。

87 Jean Cantlie Stuart, *The Quality of Mercy: The Lives of Sir James and Lady Cantlie* (London: George Allen and Unwin, 1983), p. 95.

將於當天開往加拿大的蒙特利爾(Montreal)[88]。所載目的地，與偵探的報告脗合[89]。翌日，該報又宣布該船已於昨天開航[90]。因此，我們可以假定，孫逸仙是在1897年7月1日離開英國前往加拿大的。但是，上述史料均屬間接。這個假設不能令人放心。

後來筆者有幸得閱康德黎夫人日記。她在1897年6月30日的日記中寫道：「今天送別孫逸仙，他將暫往日本寄居。」[91]徵諸南方熊楠日記，則說得更具體。南方熊楠在1897年6月30日的日記中說，他清早往孫逸仙寓所，然後陪他往倫敦的聖潘克拉斯火車總站(St Pancras Station)，在那裡惜別[92]。當時駛往利物浦的火車，均從該站起行。九個月以前的1896年9月30日，孫逸仙從利物浦乘火車到倫敦，也是在該總站下車[93]。後來，筆者更在倫敦的《地球報》中，找到孫逸仙簽署的「告別英倫書」，該信的日期是1897年6月29日[94]。看來該船是早上啓碇。如果孫逸仙在啓碇當天，才從倫敦坐火車前往利物浦，就來不及了。所以提前一天到利物浦過夜，翌晨上船。

根據上述各種史料，互相參照，我們可以肯定，孫逸仙是1896年9月30到達英國，從利物浦入境。1897年7月1日離開英國，從利物浦出境。留英時間，是整整的九個月，首尾兩個年頭。

從空間上說，孫逸仙所說的「留歐」，有沒有包括英國以外的的其他歐洲國家？史扶鄰教授認爲沒有。所據乃史雷特私家偵探的報告。因爲，該等報告沒有提及孫逸仙曾經到過歐洲大陸的國家。筆者將該批報告逐字逐句地細讀。可知其中共缺48天的報告，即1897年4月23日到同年6月9日的

88　*Liverpool Mercury*, 1 July 1897，啓碇欄。
89　Slater's report, 11-24 July 1897，載羅家倫，《蒙難史料》，頁166。
90　*Liverpool Mercury*, 2 July 1897，已啓碇欄。
91　Mrs. Cantlie's diary, 30 June 1897.
92　《南方熊楠日記》，1897年6月30日。載《南方熊楠全集》(東京，1975)，別卷2，頁92。
93　Slater's report, 30 Semptember 1896，載羅家倫，《蒙難史料》，頁111。
94　*Globe*, 30 June 1897, p. 3 col. 6。該信的譯文，見第四章。

報告。孫逸仙會不會在這段時候去過歐洲其他國家？

　　徵諸南方熊楠日記，則南方熊楠提到過，在5月8、24日和26日等日子，都見過孫逸仙[95]。這樣就把私家偵探報告中空白出來的48天，分割成幾個小段。即使孫逸仙眞的到過歐洲大陸一遊，也只能是非常短暫的。

　　相反地，南方熊楠和康德黎夫人的日記，都隻字沒有提到孫逸仙曾去過歐洲大陸。孫逸仙經常與他們見面，如果他要到歐洲大陸去，相信他是會跟他們說的。尤其是康德黎伉儷，曾是孫逸仙的救命恩人。如果孫逸仙不吭一聲，就離開倫敦跑往歐洲大陸，於情不合，與理相悖。不要說跑往遙遠的歐洲大陸，就連孫逸仙跑往倫敦東區，康德黎醫生也表示不放心。因爲，該區多碼頭，有不少華人水手寄居在那兒。康德黎怕清使館故伎重施，派人混雜在水手群中，把孫逸仙再度綁架，就地上船回國正法。因此，如果孫逸仙眞的要前往歐洲大陸一遊，肯定會向康氏夫婦打個招呼。而按康德黎夫人日記的內容來判斷，她也會把這類事情寫進她的日記的。筆者把她的日記反反覆覆地看了幾十遍，都沒有找到任何蛛絲馬跡。

　　所以筆者推斷，孫逸仙並沒有到過歐洲大陸[96]。

　　把跨越兩個年度、而實際只得九個月的時間，含糊地說成是兩年，雖然按照中國的傳統習慣是允許的。但是，飽受現代英式教育的孫逸仙，也感到有必要求助於這種保守的中國傳統習慣。我們對於這種現象，可以解釋爲孫逸仙有意誇大他在西方土地上學習的時間，目的是突出他三民主義的份量。同樣地，雖然按照一般習慣，一個人即使只到過英國，但卻說成是到過歐洲，也勉強可以接受。因爲英國本來就是歐洲的一部分，就像外

95　《南方熊楠日記》，1897年5月8、24、26日。載《南方熊楠全集》別卷2，頁74、87等。

96　在這個問題上，筆者到了1986年爲爲止，已收集到足夠的資料，下了一個初步結論。詳見拙著*The Origins of an Heroic Image: Sun Yatsen in London, 1896-1897* (Oxford University Press, 1986)暨拙文〈孫逸仙第一次旅歐的時間和空間的考訂〉，《孫逸仙和他的時代：孫逸仙研究國際學術討論會論文集》（北京：中華書局，1989），頁2298-2303。再經過15個寒暑繼續努力探索與思考，筆者在這兒寫下了更爲肯定的推論。

國人到過廣州也可以說成是到過中國。但孫逸仙的做法，又一次可以被解釋成爲，他希望他的同胞認爲他的學習經驗並不局限於英國，因而進一步突出他三民主義的份量。由於孫逸仙有這種誇大的傾向，讓筆者加倍注意衡量、考證和核對他所說的每一句有關語言。

總的來說，孫逸仙九個月的活動都集中在倫敦。偶爾他也走到倫敦以外不遠（可以當天來回）的地方如溫莎堡（1896年11月1日），牛津大學（1897年1月底），樸資茅斯市附近的斯皮特黑德（1897年6月26日）等[97]。倫敦是當時全世界最大、最重要、最多姿多彩的超級大都會，是全球政治、經濟、文化的中心。在孫逸仙那世代而能夠在那兒自由自在地學習，已是極端難能可貴的機會。同時通過康德黎醫生的關係與康德黎的圈子，加上倫敦蒙難的名氣，孫逸仙會比一般人要學習得更順利。

七、本書脈絡

本章、作爲本書的第一章，重要任務之一、是闡明本書的研究方法。但願這個任務，在本章的第一到六節，已勉強完成。目前這第七節，希望介紹整本書的脈絡。

第二章，把孫逸仙留英九個月當中，每一天的「所見所聞」，都試圖作個日誌。辦法就如第五節中介紹過的，重建1896年10月4日星期天孫逸仙的活動與思考過程那樣：首先收集有關當天的「殘餘斷片」，再通過「神遊冥想」，把表面上似乎毫無關連的史料聯想起來，砌成一幅圖案，結合英國的時代背景和當代研究成果，加以說明，以便讀者用自己的想像力進一步「馳騁」。

用以編寫日誌的史料，主要有五種。

---

97 見本書第二章「日誌」。

　　第一，當然首推史雷特私家偵探社(Slater's Detective Association)所寫的報告。該社受僱於滿清駐倫敦公使館，從孫逸仙抵達利物浦那天開始，就盯上他。羅家倫先生曾將這批報告，附錄於其名著《中山先生倫敦蒙難史料考訂》(南京：京華印書館，1935)，爲研究者提供了很大方便。功德無量。

　　這種千載難逢的第一手資料，對於爲孫逸仙編一個旅英日誌，是極爲珍貴的史料。但必須指出，這批報告有幾個致命的弱點。第一，該社的偵探似乎不是24小時監視孫逸仙的。報告不斷出現一個關鍵詞，就是「恢復監視」。其中有兩篇報告甚至寫明當天九時恢復監察[98]。如果某天，該偵探在孫逸仙出門以後，才到達孫逸仙寓所附近恢復監察的話，當天就要交白卷。結果，在孫逸仙被綁架前的、最具關鍵性的幾天，偵探都沒法具體地、說出孫逸仙每天做過什麼。而是非常籠統地說：「每天都恢復偵察，惜無要聞。目標天天逛大街，不在寓所進膳而在咖啡店吃餐。」[99]這種謊，小學生也會打。相反地，在其他日子，如偵探眞正盯上孫逸仙，其報告就屬可靠，而爲探索孫逸仙三民主義的來源，提供了很豐富的材料：孫逸仙多次探訪其恩師康德黎醫生，參觀了大英博物館、維多利亞‧阿拔工藝館、動物公園、農業展覽，甚至跑到老遠的水晶宮看全國自行車展覽[100]。

　　偵探報告的第二個弱點，則凡是星期天，偵探都偷懶去了。筆者曾經把全部偵探報告逐一研究過，發覺凡是星期天的報告均屬含糊其詞，或是無可奉告[101]。其中最可惡的一個星期天的報告，當然是孫逸仙被綁架的1896年10月11日。當天的偵探報告，信誓旦旦地說目標「沒有離開過寓

98　Slater's reports, 17 March 1897 and 25 March 1897，載羅家倫，《蒙難史料》，頁149-50，152。

99　Slater's report, 6 October 1896，載羅家倫，《蒙難史料》，頁114。

100　見第二章「日誌」。

101　同上。

所，無疑是由於天氣惡劣的緣故」[102]。筆者查過當天的天氣報告，偵探怎能把「曾下過絲微細雨」[103]說成是「天氣惡劣」？難怪公使館的英文參贊馬格里爵士(Sir Halliday Macartney)，於孫逸仙被幽禁在公使館後的翌日(1896年10月12日星期一)即親身跑到該偵探社的辦公室，嚴厲要求該社的負責人交代孫逸仙的行蹤[104]！

偵探的報告的第三個弱點，是用了不少別名土話，讓現代人摸不著頭腦。例如，偵探說某天孫逸仙跑到Stone Buildings(石樓)中的飯堂和圖書館參觀[105]，害得一位學者誤會，以為孫逸仙到了一個名字古怪的石室圖書館讀書[106]。經筆者親到該地採訪，發現石樓是當時林肯法學院的別名。以該學院其中最著名的一座建築物的名字——Stone Buildings(石樓)，以一蓋全而得此別名[107]。

第二章當中、第二種用來編寫日誌的主要材料，是康德黎夫人的日記。康德黎夫人不是政治家。政治家寫日記，有時候懷著政治目標，甚至準備日後出版，藉此標榜自己，或者為自己辯護。故其準確性要打折扣。康德黎夫人寫日記，目標主要是自娛，沒有誇張或隱瞞的必要，因而可靠性很高。但是，私人的日記，本來就是不公開的；女性的日記，更是如此。筆者承英國劍橋大學摰友，米高·勞爾博士(Dr. Michael Lowe)介紹，得以拜會康德黎醫生的第四子，肯訥夫·康德黎上校暨二媳婦，至以為幸。但當筆者提出閱讀該日記的要求時，他們都異口同聲地說，日記屬私隱，不能給外人看。後來大家相處的時間長了，康家後人認為可以信賴筆者，才由康德黎醫生的嫡孫出面，邀請筆者到他家裡小住，以便在他家裡

102　Slater's report, 12 October 1896，載羅家倫，《蒙難史料》，頁115。

103　*The Times*, 12 October 1896, p. 6, col. 2.

104　見第二章「日誌」。

105　Slater's report, 21 November 1896，載羅家倫，《蒙難史料》，頁123。

106　吳相湘，《孫逸仙先生傳》，上冊，頁186。

107　*Records of the Honourable Society of Lincoln's Inn: The Black Books*, v.5, A.D. 1845-A.D. 1914, p. xxxvii.

閱讀。後來更借打字機予筆者，以便加快抄寫的速度。這是讓筆者非常感激的。

康德黎夫人所用的，是現成日記簿。每天能用以填寫的空位不多，所以每句話都非常簡短。但這些簡短的文字，有時可以價值連城，足以推翻鐵案。例如，著名的《倫敦蒙難記》，大家都認爲是孫逸仙所寫的。該書原著是英文，文筆流暢，充滿英國紳士式的幽默。如果是孫逸仙所寫的，那麼憑這樣流利的英語，他對「所見所聞」，當然就理解得既容易又深刻。不然的話，就比較難於測量其深刻的程度。因此，從探索三民主義思想來源這個角度來說，搞清楚該書英文原著的作者是否孫逸仙，就顯得特別重要。康德黎夫人的日記，很清楚地顯示，該書是康德黎醫生代筆的。筆者通過一番考證，更無懷疑的餘地[108]。如果該書的英文水平，不能作爲測量孫逸仙了解留英時期所見所聞的標準，那麼，標準往哪兒找？筆者認爲，孫逸仙的英文手稿，是個非常可靠的標準。筆者在美國的史丹福大學胡佛研究所[109]，和英國的大英博物館裡[110]，都看過大量孫逸仙的手稿。竊以爲按照手稿所顯示的英文標準，孫逸仙要了解其所見所聞，是不成問題的。

第二章當中、第三種用來編寫日誌的主要材料，是日本植物學家、南方熊楠先生的日記。1983年初，筆者在牛津大學的一個學術講座上，承劍橋大學的好友、日本學專家卡門・比力加博士（Dr. Carmen Blacker）相告，南方熊楠的日記經常提到孫逸仙。同年8月，筆者馬上到日本去。承東京大學社會科學研究所的阪野潤治教授幫忙，尋得該日記。填補了偵探報告和康德黎夫人日記中的一些空白。其中一個極其重要的空白，是1897年6月26日孫逸仙的活動。南方熊楠在翌日的日記中寫道：「昨天，孫逸仙與田島

---

108 見拙著 *The Origins of an Heroic Image*, pp. 185-193.
109 其中的 Boothe Papers.
110 編號是 BL Add. MS 39168/138-141.

去看海軍檢閱」[111]。這條資料說明，孫逸仙去過當天在英國皇家海軍總部、樸資茅斯市(Portsmouth)附近的斯皮特黑德(Spithead)觀看海軍檢閱。這個檢閱，是爲了慶祝英國維多利亞女王登基60週年而舉行的盛大慶祝活動。

英國以海軍立國。日不落的大英帝國，是以強大的海軍建立起來，又賴該龐大的海軍維持的。英國著名的炮艦外交，就曾經讓中國吃盡苦頭[112]。而1897年的英國海軍，正是處於鼎盛時期；1897年的大英帝國，也正是該帝國的顛峰。她征服了全球四分之一的人口，占據了全球四分之一的土地，那裡有陽光，那裡就有米字旗在飄揚[113]。孫逸仙所看到的海軍檢閱，正是這顛峰帝國的縮影。「沒有必要強調這個舉世無雙的場面，會在觀眾的心目中產生怎麼樣的印象…海上的絕對優勢屬於大英帝國，而她也絕對不會放棄這個優越地位。這一偉大事實，是任何睜開眼睛的人，不管是不是英國人，都不敢爭辯的。」[114]孫逸仙目睹軍容，心裡起過震盪嗎？趁上維多利亞女王登基60週年而閱兵，讓早已沸騰的盎格魯撒克遜民族主義情緒乘機當場爆炸[115]。熊熊烈火，孫逸仙可曾被灼著？這種爆炸性的民族主義情緒，推動著一波又一波歷史的發展——所謂「新帝國主義」從此開始了。這種「新帝國主義」比過去任何時期的帝國主義更霸道[116]。身處洶湧波濤的孫逸仙，感受又如何？

從孫逸仙日後的行動和著作中，可以看出該震盪是不小的。1911年10月，辛亥革命在武昌爆發時，孫逸仙正在美國的科羅拉多州(Colorado)的

---

111 《南方熊楠日記》，1897年6月27日。載南方熊楠，《南方熊楠全集》，別卷2，頁92。

112 見拙文〈英國對華炮艦政策剖析〉，《近代史研究》，總112期(1999年7月)，頁1-43。

113 James Morris, *Pax Britannica: The Climax of an Empire* (London: Faber and Faber, 1968), p. 21.

114 *The Times*, 28 June 1897, p. 11, cols. 2-3.

115 James Morris, *Pax Britannica: The Climax of an Empire*, p. 22.

116 Ibid..

丹佛市（Denver）。他當然希望盡快回國，而最快捷、最方便的路線，應當是橫渡太平洋。但是，他卻捨近就遠而取道倫敦[117]。爲什麼？他認爲幼嫩的革命政權的生死存亡，決定於英國政府的動向。他必須取道倫敦，爭取英國政府的支持，革命政權才有一線生機。他寫道：「吾之外交關鍵，可以舉足輕重爲我成敗存亡所繫者，厥爲英國；倘英國右我，則日本不能爲患矣。予於是乃起程赴紐約，覓船渡英。」[118]孫逸仙當時看到的，不單是英國海軍儡人的軍威，還有那人山人海的英國觀衆那種如痴如狂的民族主義情緒[119]，對他自己正在構思的民族主義思想的進一步形成，有莫大的推動作用。

這震盪所產生的威懾作用，歷久不衰。孫逸仙逝世前五月（1924年8月底），廣州商團罷市；以孫逸仙爲首的廣州軍政府宣布要用武力鎮壓。英國駐廣州署理總領事，警告孫逸仙說，如果孫動武，英國皇家海軍駐遠東艦隊、將全力對付他。孫逸仙雖然口頭譴責英帝國主義；但實際行動，卻是以北伐爲名、帶了部屬離開廣州，暫駐韶關，並多次電命黃埔軍校校長蔣中正，帶領該校師生到韶關[120]。其動機很明顯：不打商團，會失信而丟臉；打吧，又眞的害怕英國武裝干預。遂藉故北上以避其鋒芒。但考慮到蔣中正暨師生留在黃埔，則萬一英國海軍與商團聯手進攻黃埔軍校，當無倖免。故屢次電催。蔣中正沒受過像孫逸仙1897年6月26日的震盪，所以不像孫逸仙那麼擔憂，因而抗命不從。其實，孫逸仙早就嫌廣州毗鄰香港，在英國皇家海軍的陰影下活動，太不保險。故多年以來，一直希望轉移到

---

117 Harold Z. Schiffrin, *Sun Yat-sen: Reluctant Revolutionary* (Boston: Little Brown, 1980), p. 155.

118 孫逸仙，〈建國方略：孫文學說第八章「有志竟成」〉，載秦孝儀主編，《國父全集》（1989），第一冊，頁421。

119 "[A]ll classes [were] drunk with sightseeing and hysterial loyalty." Quoted in James Morris, *Pax Britannica ： The Climax of an Empire* (London: Faber and Faber, 1968), p. 26.

120 Stephanie Po-yin Chung, *Chinese Business Groups in Hong Kong and Political Change in South China, 1900-25* (London: MacMillan, 1998), pp. 118-9.

中國的西北，以便依重蘇聯，先圖北京，再求統一全國。可惜，蘇聯爲了
自身利益，沒有同意[121]。孫逸仙越是感到自己力量的薄弱，越是羨慕英國
強烈的民族意識，越是不斷豐富和推廣自己三民主義中的民族主義。他的
三民主義，就是在他主持廣州軍政府時期，於1924年1月起，帶著病軀，奮
力以演講形式完成的。他的第一講，就是民族主義[122]。至於商團事件，據
筆者分析，孫逸仙最後發覺英國海軍遲遲沒有行動；這與1923年12月列強
軍艦雲集白鵝潭的景象，大相逕庭。他雖不知英署總領事先時是越權發出
警告、而已遭倫敦譴責，但肯定懷疑其中必有蹊蹺。更逢蘇聯的軍械又在
這個時候運到，英方同樣沒有表示。於是當機立斷，祕密返穗，並立即下
令鎮壓商團。不過此乃後話[123]。

　　第二章當中、第四種用來編日誌的主要材料，是英國的報紙，尤其是
權威的《泰晤士報》。報紙當然不會報導孫逸仙個人的每天活動(除了他被
綁架的消息傳出後轟動了全球的那幾天)。但是，結合文獻、聯想與鑽研，
可以開闢新天地。譬如，偵探報告說，1897年1月13日，孫逸仙跑到倫敦蠟
像院(Madame Tussaud's Waxworks Exhibition)，參觀展覽去了[124]。該院當
天展出甚麼？偵探沒說。徵諸《泰晤士報》，可知是展出約翰王(King
John)簽署《大憲章》(Magna Carta)[125]。這段歷史，發生在1215年，對英
國日後的發展、尤其是民權的發展，有深遠的影響。現在該院決定用蠟像

121　李玉貞，〈孫逸仙外交政策給後人的啓迪——「中德俄聯盟」與「民族國
　　　際」〉，載張磊、王杰(編)，《孫逸仙與中國近代化》(北京：人民出版社，
　　　1999)，下冊，頁609-24。

122　孫逸仙，〈民族主義第一講〉，載秦孝儀主編，《國父全集》(1989)，第一
　　　冊，頁3。

123　關於商團事件，筆者將在拙著《孫逸仙與英國》一書中，作進一步交代。在此
　　　僅說，喜見中國大陸學者、也開始使用英國國家檔案館的原始文獻；並在確鑿
　　　史料面前，毅然挑戰成見：誠民族之福！見張俊義，〈英國政府與1924年廣州
　　　商團叛亂〉，《中國社會科學院近代史研究所青年學術論壇，1999年卷》(北
　　　京：社會科學文獻出版社，2000)，頁48-64。

124　Slater's report, 6 October 1896，載羅家倫，《蒙難史料》，頁137。

125　*The Times*, 13 January 1897, p. 1, col. 5.

的形式，讓歷史重現，具廣大的教育意義。孫逸仙前往參觀，正符合他自言「暫留歐洲」的目標。他看過這栩栩如生的蠟像展覽、閱讀了展覽說明後，肯定會在大英博物館追閱有關典籍。於是，筆者又找來類似的刊物進行鑽研，以便重建當時孫逸仙的心情與知識狀態。同時，把《大憲章》扼要地節譯出來，方便讀者「神遊冥想」。總之，如果沒有《泰晤士報》提供的訊息，這一切就無從著手。

報紙甚至可以幫助我們判斷，孫逸仙到底在那一天進行了那一些活動。以及提供活動的內容。譬如，1896年10月3日星期六，孫逸仙幹了些什麼？偵探報告沒有提供具體的內容。只是在三天以後(1896年10月6日)的報告中，泛稱目標連日以來，只顧天天逛大街。又說他從來不在寓所進膳，只是走到那裡就在那裡的小吃店用餐[126]。康德黎夫人的日記，也沒有提供任何線索。至於南方熊楠日記，則當時南方熊楠還未認識孫逸仙，當然也不會提到他。

徵諸其他原始史料，則發覺一個月後、孫逸仙在財政部首席律師(Treasury Solicitor)[127]面前所作的證詞中，有非常有趣的訊息。孫逸仙說，從10月1日首天在倫敦觀光起，到11日早上被公使館綁架之時止，這10天當中，「某天去了水晶宮(one day I went to the Crystal Palace)」[128]。在這10天當中，頭兩天和第四、第十天的活動，已經查清楚了[129]。餘下的6天當中，孫逸仙是那一天去了水晶宮？偵探報告和康德黎夫人日記，都絕對沒提孫逸仙在這段時候去過水晶宮。

筆者把這6天的《泰晤士報》、其中有關水晶宮內各種活動的廣告都查遍。竊以爲1896年10月3日星期六這一天，在水晶宮，由英國皇家園藝協會(Royal Horticultural Society)所舉辦的英國水果展覽(Show of British Grown

---

126 Slater's report, 6 October 1896，載羅家倫，《蒙難史料》，頁114。
127 過去筆者曾把此詞翻譯作財政部大律師，現在則覺得把它翻譯成財政部首席律師，更爲貼切。
128 Sun's statement at the Treasury, 4 November 1896, para. 5-6, FO17/1718/p. 119
129 見本書第二章「日誌」。

Fruit），應該是最能吸引他的。爲什麼？衆所週知，孫逸仙對農業的興趣是非常濃厚的。他的首篇論文〈農功〉（寫於1891年前後），就是關於如何讓中國農業現代化[130]。現存的、他的最早的三封書信：1890年的〈致鄭藻如陳富強之策書〉[131]；1894年的〈上李鴻章陳救國大計書〉[132]；和1895年的〈成立農學會徵求同志書〉[133]；也是著重談這個問題。所以，去參觀水果展覽，與孫逸仙一直以來關心民生思想，是一致的。後來在1896年12月8日，他參觀了每年一度的、英國最大規模的耶誕育肥家畜展覽；12月11日，他再度到了水晶宮，參觀每年一度的全英國自行車展覽等等[134]，同樣與孫逸仙關心民生的思想，是一致。他前後一致的行動，讓筆者作出判斷：他很可能在1896年10月3日星期六這一天，去了水晶宮參觀全英水果展覽。

　　水晶宮其他日子的活動，有沒有比這個水果展覽更能吸引他的呢？其他日子的活動，絕大部分是音樂會，他不必跑那麼老遠[135]地去聽音樂[136]。而且，這個水果展覽，只舉行兩天。即10月3日這一天和前一天。有關廣告，前一天在《泰晤士報》頭版刊登[137]。前一天中午，孫逸仙跑進文具店時，買了報紙閱讀[138]，從而注意到這頭版新聞。後來邊吃午餐邊看報。吃過午餐後，已是下午13：45[139]，去遙遠的水晶宮是來不及了。只好等到第二天，去逛一整天。這樣反覆推敲，廣爲引徵，讓筆者作出最後判斷：孫

130　載秦孝儀主編，《國父全集》(1989)，第二冊，頁189-91。

131　同上，第四冊，頁1-3。

132　同上，頁3-11。

133　同上，頁11-13。

134　見本書第二章「日誌」。

135　孫逸仙居住在倫敦市中心。他如果要參觀水晶宮的話，必須坐火車去，而且必須在水晶宮停留一整天才值得。

136　在康德黎家的附近，就有著名的皇后大禮堂(Queen's Hall)，那裡經常舉行音樂會，後來孫逸仙也去參觀了(本書第二章「日誌」)。

137　*The Times*, 2 October 1896, p. 1, col. 3.

138　見本書第二章「日誌」。

139　Slater's report, 6 October 1896，載羅家倫，《蒙難史料》，頁113-4。

逸仙在1896年10月3日星期六這一天，去了水晶宮參觀全英水果展覽[140]。

第二章當中、第五種用來編日誌的主要材料，是英國外交部的檔案。在孫逸仙旅英9個月期間，英國外交部有關他的檔案，最豐富的，當然是該部把他從淸朝駐英公使館拯救出來前後那幾天。之後，就消聲匿跡了。筆者曾經把該部9個月當中每一天的檔案都都從頭到尾，又從尾到頭地反覆看了多遍，儘量搜索有關孫逸仙的蛛絲馬跡。但是，除了關乎綁架案的材料以外，斬獲甚微。這也難怪，當時的孫逸仙，只不過是一個微不足道的流亡者。高高在上的英王陛下政府，出於人道與礙於面子，才費了那麼大的勁把他拯救脫險。事完以後，那裡還有空再管他？大英帝國的事務多著呢！

但是，孫逸仙說過的一句話啓發了筆者。他說他在倫敦脫險後，暫留歐洲，除了考察政治風俗以外，還「交結其朝野賢豪」[141]。如果是英國的朝野賢豪，那麼英國政府的檔案裡，肯定有朝野賢豪的蛛絲馬跡可尋。儘管孫逸仙1896/7年間旅英那9個月時間的政府檔案沒有該等線索，日後總會出現的。問題是，英國政府的檔案，可以說是浩瀚如海，要找日後有關孫逸仙暨其英國朋友的史料，有如大海撈針。但是，有一點給了筆者信心：一般的大海撈針，不一定能撈到針；可是在英國國家檔案館撈有關孫逸仙的針，則遲早會撈到。因爲，孫逸仙在中國近代史上，到底不是等閒人物；其一舉一動，都足以影響英國在華的廣大利益，因而深受英國當局關注。孫逸仙如果眞的結交了英國的朝野賢豪，則該等賢豪儘管平常不吭一聲，但於英國在華利益受到影響時，肯定會有所表示。若筆者能耐著性子把英國外交部有關中國的檔案，一天繼一天地把文件一份接一份地看下去，直到1925年3月孫逸仙逝世爲止，肯定有所收穫。

---

140 爲了集思廣益，筆者曾把這個推論，獻諸1994年的一個國際學術研討會。評論人呂實強敎授不以爲然。筆者對這分歧的分析，見本章第八節「本書定位」最後部分。

141 載秦孝儀主編，《國父全集》(1989)，第一冊，頁412。

　　果然，當筆者看到辛亥革命爆發後第三天的檔案，就發現有一位巴卡（J. Ellis Barker）先生，從倫敦的憲法俱樂部（Constitutional Club）寫了一封信給英國首相阿斯區夫（Henry Herbert Asquith），自稱幾個月前才與孫逸仙暨其同僚多次面談過。孫逸仙對自己的革命事業充滿信心，並殷切期待西方列強高抬貴手，不要干預中國革命。巴卡先生接著說，現在革命黨人在武昌起義了，他衷心希望英國駐華部隊的司令，千萬不要對起義軍採取任何軍事行動[142]。

　　回顧1897年1月18日的私家偵探報告，內容說孫逸仙在當天上午11時30分，即從康德黎醫生家裡出來，僱了一部馬車，直趨憲法俱樂部，在那裡停留到黃昏5時30分才離開。孫逸仙在憲法俱樂部裡見了甚麼人？幹了些甚麼事？偵探就無可奉告了。當筆者在24年前，第一次閱讀了這份偵探報告時，就心癢難搔。因為第一，在倫敦，像憲法俱樂部這樣的組織，正是朝野賢豪聚集的地方。當時英國的政要，如果家住在倫敦市區以外的，都參加這樣的俱樂部，以便國家議院開會時，有暫時寄居的地方。筆者也實地考察過這個憲法俱樂部，其建築之高，規模之大，是筆者訪問過的所有俱樂部當中的表表者[143]。第二，憲法俱樂部就在特拉法加廣場（Trafalgar

---

142　J. Ellis Barker to H.H. Asquith, 13 Octobr 1991, FO371/1093, p. 236.

143　筆者有幸，在1960年代後期和1970年代初期，承英國國家檔案館助理館長（Principal Assistant Keeper），白馬俱樂部（White Horse Club）的會員，泰明士先生（Mr. Kenneth Timings）多次邀請到該俱樂部午膳和參觀。1970年代中期，承馬來亞殖民政府前華民政務司司長，英聯邦俱樂部的會員，白拉夫先生（Mr. Wilfred Blythe），多次邀請到該俱樂部午膳和參觀。1980年代則承康德黎醫生的孫女，熱文詩閣俱樂部（Lansdowne Club）的會員，史貂沃女士（Mrs. Jean Cantlie Stewart），到該俱樂部午膳及參觀。2000年代，又承劍橋大學的比利教授（Professor Christopher A. Bayly），政改俱樂部（Reform Club）的會員，多次邀請到該俱樂部晚膳和參觀。像憲法俱樂部一樣，政改俱樂部的古今會員包括英國歷代政要，位置也在特拉法加廣場（Trafalgar Square）附近（東南角）。隨著大英帝國的擴張，這種特權階級的產物也傳到世界各地。新加坡的熱坶斯俱樂部（Raffles Club），承新加坡工業法庭主席陳文章大法官邀請；香港的賽馬會（Hong Kong Jockey Club），承舊同窗劉漢泉先生邀請；澳大利亞悉尼市的塔塔素斯俱樂部（Tattersall's Club），承盍魯博士（Dr. Jim Angel）邀請；均讓筆者大

Square)的東南角附近，從康家走路去，完全沒問題。孫逸仙卻決定破費坐出租馬車前往，可能是要讓該俱樂部的門衛知道，他不是閒雜人等，讓門衛不要當攔路虎。第三，孫逸仙是在午餐前到達，下午茶(英國上流社會有著名的、喝下午茶-afternoon tea-的習慣)以後好一陣子才離開，招呼他午餐暨下午茶的主人，肯定是該俱樂部的會員。他是誰？現在看來，很可能就是這位巴卡(J. Ellis Barker)先生。

至於這位巴卡(J. Ellis Barker)先生到底是何方神聖？經考證[144]，則似乎是[145]巴卡爵士(1840-1914)。他白手興家，創立了巴卡公司。富而從政，在1906-1910年間曾當選為下議院議員，1908年被冊封為從男爵(Baronet)。可見是一位有份量的人物[146]。

第三章「圖籙」，是在第二章「日誌」的基礎上建立起來的。即按照日誌所提供的、有關孫逸仙當天活動的消息，找來有關圖片，以便豐富日誌的內容，重建當時孫逸仙活動的環境和氣氛。讓筆者和讀者，在某個程度上能「與立說之古人處於同一境界」[147]。

(續)────────────────

　　開眼界。

144 He is not listed in Britain's *Dictionary of National Biography* or *Who's Who*. However, a certain Sir John Barker is listed in *Who's Who of British Members of Parliament: A Biographical Dictionary of the House of Commons, based on annual volumes of "Dod's Parliamentary Companion" and other sources*, Four vs, edited by Michael Stenton and Stephen Lees (Hassocks, Sussex: Harvester Press, 1976), v. 2, p. 21. It is plausible that this Sir John Barker is the same person as J. Ellis Barker, as that initial J. may stand for John and some people do change their preferred Christain name when knighted, witness similar changes in the British *Foreign Office List*.

145 筆者用上「似乎是」等字眼，是因為不敢絕對肯定。希望在本書定稿時，能找到多一點頭緒。不然的話，就留待下回分解。再不然的話，就留待後人去進一步考證。學海無涯，人類的知識是一點一滴地積累起來的，也不忙在一時。

146 *Who's Who of British Members of Parliament*, v. 2, p. 21.

147 陳寅恪，〈馮友蘭中國哲學史上冊審查報告〉，《金明館叢稿二編》，頁247。

　　總的來說，筆者儘量發掘孫逸仙那個時代的照片或圖畫。不得已，則退而求其次，找接近那個時代的照片或圖畫。實在沒辦法，才採用筆者自己拍的當代照片。採用當代照片時，有一個標準，就是建築物必須依舊，儘管交通工具和其他細節改變了。遇到這種情況，只好請讀者閉上眼睛，逕把汽車作馬車就是了。有時候筆者較愛採用孫逸仙那個時代的人所繪的圖畫，活靈活現的，比照片更能突出那個時代的精神。

　　筆者在選用舊圖片，和拍攝當代照片時，均以最能代表孫逸仙當時、直線往前看所見到的景象為標準。這樣，當本書讀者看到該等圖片時，就與孫逸仙當時看到的景象，差不多一樣。如此這般，更有利於讀者諸君自己去「神遊冥想」。但是，有兩三張圖片，為了服務於某一個特定目標，而採了別的角度。遇到這種個別情況，筆者會在圖片上加上標籤，說明孫逸仙所在的位置，以及在對該圖片做解說時，作適當的聲明。還有兩三張圖片所代表的景象，是孫逸仙肯定沒有見過的。但是，為了服務於某一個特殊目標，筆者又收進本書。遇到這種情況，筆者也會對圖片加以說明。

　　最後，連圖片也表達不了的，像公使館與康德黎住宅之間的距離與方位，和公使館與馬格里爵士住宅之間的距離與方位等，就用地圖來表達。用當代的街道圖不行！像上述的稅氏酒肆，其所處的街道已改了名字。而馬格里爵士的住宅，更早已被拆掉；連街道也從當代地圖中消失了，因為在原來的短街上已建起了高樓大廈。經過一番努力，找到了十九世紀英國陸軍部為了防衛倫敦而繪的軍用地圖，非常詳細和準確，才解決了本書一個極頭疼的問題。

　　另一個非常要緊，但同樣棘手的問題，是要找出一些具關鍵性的建築物之如公使館的內部，是如何結構的。就以公使館為例吧，孫逸仙被綁架進入該建築物後，往內多走一步，就是與外界多隔絕了一層，生機又少了一線，由此而造成心中的恐懼，又多了一分，對他的人生觀甚至其學說也會產生深遠的影響。因此，搞清楚公使館內部的布局，孫逸仙進入了大門口以後，如何彎彎曲曲地、被帶到幽禁的房間，其重要性自不待言。筆者

有幸，在1969年9月底該建築物還存在時，即應邀參加當時的代辦處舉行的慶祝國慶招待會，在可能範圍內，上上下下、裡裡外外地，參觀過一遍。後來筆者全力研究孫逸仙，又趁上大使館準備把該建築物改建，而依法聘請了英國建築師爲該建築物一層一層地、繪了詳細的平面藍圖；並應筆者要求，複製了一整套藍圖免費送給筆者。筆者如獲至寶，請攝影師拍成照片。現把有關部分收進書裡，很能說明問題。

真的，做研究也講天時、地利、人和。如果遲到今天才開始動手研究這個課題，則原公使館已被全部推倒重建，外貌依舊而內容全非。藍圖也因爲「重建」代替了「改建」而作廢，可能早已失存。同樣地，以21世紀今天的、一切講經濟效益的社會風氣下，筆者也絕對沒有能像過去那樣，購買筆者所發掘到的、現在收入本書的珍貴舊圖片。

在整理圖片準備出版時，由於圖片的數目太多和複雜，筆者必須自己動手用電腦素描。如果在素描前後需要對圖片加工，也親力親爲。有時候爲了對某一張圖片加工，而化上好幾個小時，也在所不惜。因爲，首要任務，是把問題說清楚，讓讀者也有親歷其境的感覺。有必要時，筆者會素描之前，爲一些地圖、藍圖、甚至一兩張特殊照片，加上一兩道漢文標籤，以方便讀者。

整理圖片完畢後，發覺1897年5月整個月、都沒有一幅圖片。主要原因，是因爲偵探報告整月全缺，可能早已失存了。康德黎夫人的日記，對孫逸仙也隻字沒提。只有南方熊楠的日記說，曾在8、24、26日見過他。鑑於孫逸仙曾說過，他的所見所聞，讓他注意到民生問題。所以筆者決定蒐集當時有關民生的圖片，一天一幅地，31日共收入31幅圖片於本書第三章的5月部分。其中有照片、寫實、速寫等。筆者考慮到，儘管孫逸仙在街上見到乞丐，偵探也不會報導。所以，並不由於偵探沒有報導，就認爲孫逸仙沒遇到過乞丐。而且，孫逸仙旅居的霍爾本區(Holborn)，正是19世紀英國大名鼎鼎的寫實小說家，查理斯‧狄更斯(Charles Dickens, 1812-1870)、生前居住過的地區。而他著名的小說《霧都孤兒》(*Oliver Twist,* 1838出

版)，也是以霍爾本區的貧民窟為背景。孫逸仙旅居在狄更斯居住過的同一個區，是天意如此？準此，1897年5月的圖片，就以狄更斯的故居開始。筆者早年在香港的九龍華仁書院唸中學時，已於英國文學的課程中，詳細閱讀過狄更斯的小說。但是，為了讓自己儘量與「立說之古人處於同一境界」[148]，筆者又到圖書館，把狄更斯的小說有系統地全部重讀，別有一番感受！

第四章分析孫逸仙旅英期間的著作、佚文、談話等。目的是探索在這個時期，孫逸仙構思三民主義情況的蛛絲馬跡。到目前為止，筆者已找到26件這樣的文獻，有些是各式《全集》未錄者。

第五、六、七章，把散布在第二、三、四章中(該三章是以時間先後排日誌、圖籙和著作、佚文、談話的)，有關三民主義的材料集中起來，分門別類地按民生、民權、民族等，分別用三章的篇幅進行分析、探索。同時，結合當時倫敦的「大氣候」、「大環境」，進行考察。所謂「大氣候」，包括當時英國的政治和社會氣候。例如，英國的工人運動，方興未艾，當時的《泰晤士報》，對於勞資糾紛，天天都有報導；而跟蹤孫逸仙的偵探，又差不多每天都報告他買了報紙閱讀。所謂「大環境」，包括當時孫逸仙居住和活動的地方和週遭環境。例如，從孫逸仙寄居的格雷法學院坊走不出幾條街道，就是貧民窟，與高貴的法學院成了強烈的對照。雖然沒有一條史料具體地說過，孫逸仙某天去了貧民窟。但是，偵探跟蹤孫逸仙，說他某天從寓所出來，沿甚麼街道，徒步走過甚麼地方，到達甚麼目的地，筆者再依樣畫葫蘆地走一走，就心裡瞭然。筆者也曾在孫逸仙寄居過的地區團團轉了30個寒暑(英國國家檔案館的舊址，就在格雷法學院坊附近)[149]，因而對附近的大街小巷很熟悉。儘管這些貧民窟現在都已被拆

---

148 陳寅恪，〈馮友蘭中國哲學史上冊審查報告〉，《金明館叢稿二編》，頁247。
149 有關筆者與英國國家檔案館舊址(Public Record Office, Chancellery Lane,

掉了。這三章的最終目的，是要砌出一幅內容比較踏實的圖案，讓讀者也去「神遊冥想」，追尋三民主義的淵源。

第八章總結經驗，以本書為例，談談「神遊冥想」對重建歷史的功能，以及其重要性與局限性。

八、本書定位

筆者不是第一個試圖設法追尋三民主義淵源的人。過去，廣州市中山大學的陳錫祺教授，就曾對這個問題作過首創性的探討。他寫道：「孫逸仙留住倫敦的第二年(1897)，倫敦的機器製造工人，因要求八小時工作制宣布罷工遭到企業家們的殘酷打擊。」[150]

這段話對筆者產生很大的啟發，故首先追閱陳教授用過的史料：蘇聯人編的《近代史教程》漢譯本。該教程沒有列出所引用過的原始史料。接著筆者查閱英國方面的有關著述，發覺所謂機器製造工人的罷工，其實就是著名的1897年「工程師吃閉門羹事件」(Engineering Lock-out)。該事件在當年7月才在倫敦開始[151]。而孫逸仙早在6月30日已離開倫敦，翌日更從利物浦坐船離開了英國，所以談不上耳聞目見。

陳錫祺教授又寫道：「在同一年內⋯北威爾斯有石板製造工人罷工。」[152]所據同樣是蘇聯人所編的《近代史教程》。筆者查閱《泰晤士報》，可知當時的確有所謂石板製造工人(slateworkers)罷工，地點僅僅是彭林(Penrhyn)這個地方，而不是整個北威爾斯。罷工開始於1896年12月，

(續)────────────────

London)的淵源，見拙文〈全球一體化旋風中的近代中國：從葉名琛檔案談起〉。該文曾提交中國社會科學院近代史研究所2000年9月在北京舉行的「近代中國與世界」國際學術研討會上討論，並將會被收進該所所編的論文集。

150 陳錫祺，《同盟會成立前的孫逸仙》(廣州：廣東人民出版社，1984第二版)，頁44。

151 H. A. Clegg, Alan Fox and A. F. Thompson, *A History of British Trade Unions since 1889, v. 1, 1889-1919* (Oxford University Press, 1964), p. 163.

152 陳錫祺，《同盟會成立前的孫逸仙》，頁44。

當時孫逸仙已到了英國，罷工直到孫逸仙離開英國時還沒結束。所以時間是脗合了。但是，罷工的原因，不是如蘇聯人所說的、工人們生活艱苦。工人們的工資與生活條件是挺不錯的；罷工的原因是因為彭林勳爵（Lord Penrhyn）認為，工人們所選出來的、代表他們談判的委員會，沒有資格與他談判[153]。因此，這不是民生的問題，而是成立工會的民權問題。過去莫斯科的蘇維埃政權，既為了迴避民權不談，又為了抹黑英國，稍為篡改一下歷史，見怪不怪。

　　吳相湘教授對孫逸仙的倫敦見聞與三民主義的關係，也作過探討。但所據乃陳錫祺教授的書[154]。其實，在言論自由的倫敦報界，每一起工業糾紛都得到充分報導。機器製造工人、石板工人等罷工，還有那馬車伕罷工，在倫敦人眼中，都是司空見慣的現象。孫逸仙正是天天見聞到大大小小的罷工，才決意構思其民生主義。

　　1979年，當筆者準備步陳、吳兩位前輩後塵而作同樣嘗試時，陳錫祺教授及其他先進，就好意提示筆者說，孫逸仙在倫敦的大英博物館非常用功地看書，他的三民主義思想大多數從那兒來。他們建議筆者去追查。吳相湘教授似乎早想到這一點，所以也曾自費放舟英倫，親自到大英博物館調查，但收穫不大，只能按照現存文獻點滴，推測孫逸仙「自然」看過馬克思、亨利喬治、克羅泡特金（Peter Alekseevich Kropotkin, 1847-1921）等人的著作[155]。筆者不願就此罷休，同樣到大英博物館調查。承該館領導面告，所有借書條子，在讀者還書以後，即馬上拋廢紙箱。他又說，如果把所有借書條子都收藏起來的話，則再建幾棟大英博物館也藏不下。筆者聽後，也不禁失笑。這麼簡單的道埋，就是明知故問。都怪自己求知心切，不願意放棄任何一條線索而已。

　　此路不通，另闢蹊徑。猶記1975年，筆者作為澳大利亞、新州華裔學

153　*The Times*, 29 January 1897, p. 9, cols. 4-5.
154　吳相湘，《孫逸仙先生傳》，上冊，頁200-201暨註23。
155　同上，頁200-204。

人協會的成員，曾應中國科學院邀請訪華。在上海參觀孫逸仙故居時，就
注意到玻璃書櫥裡有藏書。願聞其詳時，則發覺其他團員已露不耐，只好
暫時作罷。以後總期舊地重遊，以便考察藏書。惜筆者有幾個研究項目同
時進行[156]，分身乏術。現重拾舊夢，已兩鬢如霜。欣悉復旦大學的姜義華
教授，已爲該等藏書中有關政治理論的部分作疏記[157]。拜讀之下，竊以爲
其中1897年或以前出版的書籍，很有可能是孫逸仙在大英博物館閱讀過以
後，印象深刻，覺得有珍藏價值，於是購置作座右。這些書載有孫逸仙
「用紅藍鉛筆畫下橫線、問號、圈、叉等各種記號」[158]，可見重視程度。
筆者把同名的書籍從敝校圖書館借來慢慢咀嚼，細細思量。有些更是筆者
在牛津大學當研究生時、早已看過的基礎讀物。現在用新的眼光重溫，感
受又深了一層。而對孫逸仙當時的認識水平，又有了進一步的理解。

把學者們強調孫逸仙在大英博物館借書的條子這件事情，結合筆者對
孫逸仙在1896年10月3日曾到水晶宮參觀全英水果展覽的推測[159]，讓筆者
聯想到另一個關鍵問題。爲了集思廣益，筆者曾把孫逸仙參觀水晶宮水果
展覽這個推論，獻諸1994年的一個國際學術研討會[160]。評論人不以爲然。
他認爲水果，「屬於學理的，往往可見諸書本中，屬於現實的，可以見諸
報刊中」，孫逸仙不必花那麼大的勁、跑到水晶宮去觀看各種水果[161]。筆

---

156 該等項目先後出版如下：*Yeh Ming-ch'en: Viceroy of Liang-Kuang, 1852-58*
（Cambridge University Press, 1976）；*Anglo-Chinese Relations*（Oxford University
Press, 1983）；《兩廣總督葉名琛》（北京：中華書局，1984）；*The Origins of
an Heroic Image*（Oxford University Press, 1986）；*Deadly Dreams*（Cambridge
University Press, 1998）；《兩次鴉片戰爭與香港的割讓》（台北：國史館，
1998）；《孫逸仙倫敦蒙難眞相》（台北：聯經出版公司，1998）。

157 姜義華，〈民權主義思想淵源──上海孫逸仙故居部分藏書疏記〉，載姜義
華，《大道之行也──孫逸仙思想發微》（廣州：廣東人民出版社，1996），頁
108-123。

158 同上，頁122。

159 見本章第七節有關「日誌」取材於報章的部分。

160 見拙文〈興中會時期孫逸仙先生革命思想探索〉，載《國父建黨革命一百週年
學術討論集》，（台北：近代中國出版社，1995），第一冊，頁70-93。

161 同上，頁101，呂實強教授的評論。

者聆受教益之餘，再經過多年反覆思考，還是不敢苟同。理由有五。第一，綜觀孫逸仙畢生行事，可知他是個行動家而不是個書呆子。跑到水晶宮，搞清楚各種水果的廬山真面目；買幾種來親手觀摩觀摩；咬幾口嚐嚐其味道；與華南著名的荔枝、龍眼、黃皮等比較比較；跟果農聊聊栽果苦樂，包括氣候、晴雨、土壤、施肥、害蟲、水果的脾氣等等，顯然跟光是讀書看報，有天淵之別。第二，他後來更撰文提倡「行易知難」之說[162]，可見他深信「真知」不能光靠書本的道理。孟子也曾說過，「盡信書則不如無書」[163]，其理相同。第三，如果孫逸仙慣於光靠書本，而不去考察實際，後來他就不會相繼去參觀全英耶誕育肥家畜展覽、全英自行車展覽、約翰王簽署大憲章蠟像展覽、工藝館裡的展覽等等[164]。他之參觀水果展覽，與參觀其他展覽，行動是一致的。與他重視農功，也是一致的。第四，孫逸仙對植物很感興趣，亦是眾所周知的事實，他少年時就曾把一棵酸子樹[165]的樹苗，從夏威夷帶回家鄉翠亨村栽植[166]，正是這種興趣的具體表現，與他後來參觀倫敦的植物公園[167]，亦是一致的。第五，且不要說像孫逸仙那樣、寫過〈農功〉之類論文的人，就是普通遊客吧，到了英國也多數會把參觀展覽列進日程；剛碰上全英水果展覽，去參觀參觀，何樂而不為？為甚麼就是要捨此而改為蹲在圖書館看書報？

　　很多讀書人，得悉孫逸仙曾在大英博物館看書以後，就斷定他的三民主義，像馬克思的理論，都是從大英博物館的藏書中得來的。其實，馬克思的理論，何嘗是光從書本上得來的？他長時間生活在英國工業重鎮曼徹斯特，目睹英國工業革命時期工人的慘狀，再結合書本上的知識，經過思考，昇華為理論，成不世之言。同樣地，孫逸仙在大英博物館看書所得到

---

162 載秦孝儀主編，《國父全集》(1989)，第一冊，頁355。
163 見《孟子・盡心》篇，下，第3章。
164 見本書第二章「日誌」。
165 Tamarindtree.
166 該樹後來雖曾被颱風吹倒，但至今尤健在，供遊人鑑賞。
167 見本書第二章「日誌」。

的知識固然重要，但絕對不能漠視他在倫敦生活時、天天「所見所聞」[168]
而取得的現實經驗。他在大英博物館借書的條子再也找不到了，倒是他每
天的生活情況，大致還有蛛絲馬跡可尋。而這些蛛絲馬跡，正是現存史
料、文物等所容許本書著力的地方。二者缺其一（鑑於上海故居藏書的發
現，雖不能說另一全缺，但總不比「日誌」之較全），屬沒有辦法之中的辦
法。這是本書的長處與不足的地方。

　　倒過來說，如果只有孫逸仙的借書條子，而沒法編就他的活動「日
誌」，筆者反而更不放心。筆者曾按照偵探報告而作過一個粗略的統計：
孫逸仙到大英博物館看書的日子，一共只有68天。即孫逸仙留英九個月，
我們能肯定地說他在大英博物館看書的日子，只有兩個月零八天。其中最
短的一天，停留了只有一個小時。最長的一天，停留了7小時25分（也只有
這一天停留了這麼長時間）。其他日子，停留時間約在3-6小時之間。如果
說，平均每天停留5個小時，68天共340個小時，能看多少書？不錯，1897
年4月23日到6月9日（共48天）的偵探報告全缺。假設在這48天當中，孫逸仙
天天都在大英博物館看書5個小時，則68天加48天共580個小時，能看多少
書？但是，這個假設是很難成立的。試想，七個半月才去了大英博物館68
天，怎麼會在其餘的一個半月就去了48天？孫逸仙還有其他活動！同時，
他閱讀的速度有多快？吸收的能力有多強？在在影響他看書的數量。考慮
到這種種因素，筆者有一種依稀感覺，即孫逸仙在大英博物館裡用心看過
的、有關政治理論的書，很可能就是上海孫逸仙故居所藏的、1897年和之
前出版的那幾本。筆者必須強調，這只是一種感覺，而且是依稀的感覺，
有待進一步考證。

　　從另一個角度看問題，比諸馬克思長年累月地蹲在大英博物館看書與
思考，孫逸仙那麼短時間在哪看書，相形之下，就接近「瀏覽」了。而
且，南方熊楠的日記也曾提到過，他在大英博物館的東方部遇到孫逸

168　載秦孝儀主編，《國父全集》(1989)，第一冊，頁412。

仙[169]。如此說，孫逸仙當時「瀏覽」的書，還包括漢文的書籍。那麼，他同時「瀏覽」的英文書籍的數量，就相對地減少。考慮到這種種因素，筆者認爲，正如孫逸仙自己所說過的，主要是他的「所見所聞」，而不是他在大英博物館看過的書，促成他「三民主義之所由完成」[170]。很多外國學者，批評三民主義缺乏像馬克思主義那種大思想家的深度，竊以爲是用錯了標準。孫逸仙是個大行動家而不是個大思想家，用大思想家的標準來要求一個大行動家，是不恰當的。相反，若以行動家的標準來要求馬克思，同樣是錯誤的。大行動家孫逸仙在中國推翻了千年帝制，建立共和政府，成不世之功。大思想家馬克思，創立馬克思主義，成不世之言。各有千秋。若以行動來衡量馬克思，則他沒有實現過自己主義的片言隻字！

　　筆者希望在陳錫祺教授和吳相湘教授兩位老前輩艱苦耕耘[171]、所取得的成果上，再加點滴。筆者更希望在蒐集和聯想史料以及重建歷史的過程中，具體演繹「神遊冥想」、作爲一種史學方法的重要性。故著是書，佇候賢達指正。

　　且看倫敦是如何啓發和豐富了孫逸仙的三民主義。

169　見第二章「日誌」。
170　載秦孝儀主編，《國父全集》(1989)，第一冊，頁412。
171　陳錫祺教授，在撰寫其大作時，適逢美國圍堵新成立的中共政權，迫使北京政府「一面倒」向蘇聯。史料嚴重缺乏，以致研究孫逸仙也只能取材於蘇聯人所編的《近代史教程》漢譯本，苦心孤詣，可見一斑。至於吳相湘教授，則遭逢當時台灣「白色恐怖」，以致「憤而辭去台灣大學教職，二十餘年來，未任公職、取國庫分文，自無退休金，生活都依賴兒女，尤其購書、影印各費極多，也是兒女供給。而所處的物質精神環境都是冷酷無情」(吳相湘，《孫逸仙先生傳》，上冊，〈自序〉頁12)，艱苦可知。

第二章
孫逸仙旅英日誌
1896 年 9 月 30 日至 1897 年 7 月 1 日

　　本「日誌」的年、月、日皆簡化成純數字。譬如960930，其中首兩個數目字代表年份(96代表1896年)，中間兩個數目字代表月份(09代表9月)，末尾兩個數目字代表日期(30代表30日)。筆者採取這麼一個方式來表達日期，首先是考慮到第三章「圖籙」中，每一幅圖片都必須有一個號碼；例如961030這一天，筆者就總共搜集了11幅圖片，雖然不可能全部刊登，但即使精選其最具關鍵性者，也必須與本書日誌和其他章節溝通。因此為了統一起見，第二章的「日誌」、第三章的「圖籙」、第四章的「著作」，以及書末的中英對照等，全採取960930這麼一個方式。若同一天多過一幅圖片，則採960930.1、960930.2等方式。

　　日誌所據材料，包括史雷特私家偵探社(Slater's Detective Association)派以跟蹤孫逸仙的偵探每天所寫的報告，康德黎夫人(Mabel Cantlie，梅布爾‧康德黎)日記，當時旅英的日本植物學家南方熊楠日記，英國外交部檔案和倫敦各大報章之如《泰晤士報》等，副以其他史料。每條日誌，必註明出處。

　　為了便利讀者深入、細緻地了解孫逸仙每天的活動情況，和分析判斷史料(尤其是史雷特私家偵探社的報告)的可靠程度，每天所誌，都以天氣「後報」開始。所謂後報，是以翌日的天氣後報以誌當天的天氣情況。比方說，961001所誌的天氣，是以961002所記、有關961001的天氣狀況為準。當今習慣，只有天氣預報，沒有天氣後報。天氣預報，不一定準確。天氣後報，紀錄了已發生過的事情，當然比天氣預報準確。由於報紙在星

期天不發行，所以有關星期六的天氣後報，要等到星期一才刊登，而且是省掉了曾下雨多少與太陽露臉時間長短的細節。至於太陽露臉時間長短，是以倫敦市中心、即西敏寺（Westminster）地區為準。孫逸仙一般活動的範圍都靠近西敏寺，所以該等報告對於了解他的活動情況特別有利。

每天所誌，段落安排如下：首段是天氣後報。次段或三段綜合各方史料所提供的線索，為孫逸仙當天的活動描述出一個輪廓。一般日誌，都比較肯定地說主人翁某天幹了甚麼甚麼。本日誌不然。由於本日誌每天的主要消息來自偵探報告，而偵探報告又經常與其他史料衝突；所以，筆者儘量保持各方史料原貌，甚至語氣，以便讀者自己研究比較。尤其是偵探報告，似乎不是同一位偵探自始至終地監視孫逸仙，而是經常換人。讀者可以從報告中不同的用詞可以察覺到，偵探已換了。

接下來的段落，如果是以「按」或「竊」字開始，是筆者按照各種不同史料所提供的線索進行實地考察和「神遊冥想」的結果，以便充實這個輪廓的內容。如果當天的線索牽涉到幾個不同的問題，就重複這個程序：即先列線索，再來充實。

日誌取材，側重那些有助我們探索孫逸仙三民主義之所有完成的資料。如果某天完全沒有任何有關孫逸仙的訊息，就以「待考「一詞代替，而天氣後報一般也不誌了，以省編幅；重要節日如耶誕與元旦則除外。

本日誌反覆提及艾爾伯特路12號，覃文省街46號和格雷法學院坊8號等地址。如果某讀者不是把本日誌從頭到尾地看全，而是作為參考資料抽日翻查，恐怕就記不住裡邊住了甚麼人。筆者曾考慮過每次都用「艾爾伯特路12號柯林斯家」這樣的方式來表達。但是，如果筆者在日誌中寫道：「偵探說他目睹孫逸仙進入艾爾伯特路12號柯林斯家」，那就大錯特錯，因為該偵探社自始至終沒找出裡邊住了何方神聖。為求準確，筆者只好採取一個較笨拙的方式，就是加一個括號和按字，即「偵探說他目睹孫逸仙進入艾爾伯特路12號（按即柯林斯家）」。這樣反覆書寫既花時間又費筆墨更嫌累贅，但想讀者會稱便。

1896年

960930星期三

　　倫敦今天沒下過雨，有過1.5小時陽光（以西敏寺Westminster地區為準），溫度最低華氏49，最高華氏63度，濕度64，陰霾[1]。

　　孫逸仙所坐的、英國白星公司（White Star Company）屬下的蒸氣輪船「雄偉」號（S.S. *Majestic*），自美國的紐約市到達英國的利物浦市，泊在王子碼頭（Prince's Landing Stage）。當天中午時分，孫逸仙踏上了大英帝國本土。滿清政府駐英國公使館所僱的私家偵探，早已埋伏在碼頭，細心觀察每一位登岸的旅客，並頻頻從口袋拿出照片來核對。該私家偵探屬史雷特偵探社（Slater's Detective Association）。而該社當天派到利物浦監視孫逸仙的這位偵探，看來是相當幹練的。因為他查看了乘客登記表，發覺並沒有孫文的名字，只有英文G. S. Sun的名字。名字雖不一樣，但相貌雷同。因此該偵探斷定是同一個人[2]。偵探又查出，孫逸仙所坐的是二等艙[3]。事後更查出，他在船上結交了一些居住在利物浦的洋朋友，而這些洋朋友表示將來會到倫敦探望他[4]。偵探目睹孫逸仙在登岸後，即帶著行李登上一輛有軌馬拉車（railway omnibus），直趨密德蘭火車站。到達該火車站後，即把行李放在行將於下午2時50分開往倫敦的快車。結果他沒坐上這班車，而迫得改坐4時45分的列車赴倫敦的聖潘克拉斯火車總站（St Pancras Station）。抵達時已是晚上9時50分。偵探亦步亦趨地盯著他，目睹他到行

1　*The Times*, 1 October 1896, p. 5 col. 3.

2　Chinese Legation Archives, Slater's report, 1 October 1896，載羅家倫，《中山先生倫敦蒙難史料考訂》（南京：京華印書館，1935），頁110。以後簡稱《蒙難史料考訂》。

3　Chinese Legation Archives, Slater's report, 1 October 1896，載羅家倫，《蒙難史料考訂》，頁111。

4　同上，頁114。

李部領取比他先到的行李[5]。領回行李以後，他登上一部出租馬拉車。偵探趕緊登上另一部出租馬拉車跟蹤，邊走邊登記下孫逸仙所坐馬拉車的車牌是12616。偵探一直跟蹤他到達倫敦泰晤士河(River Thames)北岸的河濱(路)(The Strand)中的赫胥旅館(Haxell's Hotel)，看著他辦了入住手續並入房休息以後，再無其他動靜，才悄然離開[6]。

按偵探報告說，孫逸仙在輪船乘客登記表上，把自己的名字寫為G.S. Sun。孫逸仙在香港醫科學院考試的答卷上署名是Sun Yat Sen[7](孫逸仙)。因此，英文簡寫應作Y.S. Sun但偵探報告打字稿卻把Y作G，則有兩個可能：第一是打字員錯把Y字打作G字，第二是孫逸仙故意把Y字寫成G字，以避朝廷耳目，因為自從1895年他在廣州起義失敗後，已成欽犯，應該儘量隱蔽行蹤為佳。第二種推測的準確性，有繫於孫逸仙當時是否已意識到，他自己雖然已改為短髮西服，但廬山真面目早在三藩市的時候已被清朝的密探識破，並被拍了照片[8]。孫逸仙似乎沒有意識到這種危險，所以第一種可能性較高。

孫逸仙在利物浦錯過了14：50那趟快車，很可能是由於他把行李放在該趟列車以後，就跑到火車站以外觀光。利物浦是當時英國最大的海港之一，貨如輪轉，客似雲來，看本書第三章「圖錄」可見一斑。孫逸仙嘆為觀止之餘，竟忘了時間。結果該趟快車載著他的行李棄他而去。難怪，這是孫逸仙第一次踏足大英帝國的本土，百聞不如一見，爭取時間多看看地方，乃人之常情。但是，丟了行李怎麼辦？很顯然，孫逸仙馬上查詢領回行李的辦法。後來他到達倫敦，就依法領取。英國這種法治的秩序，相信

5　Chinese Legation Archives, Slater's report, 1 October 1896，載羅家倫，《蒙難史料考訂》，頁111。

6　同上，頁111。

7　Sun Yatsen's answer script, 9 October 1887, Hong Kong College of Medicine for Chinese, deposited at the Wellcome Institute for the History of Medicine Western MS2934.

8　Harold Z. Schiffrin, *Sun Yat-sen and the Origins of the Chinese Revolution* (Bekeley: University of California Press, 1968), p. 104

會給他留下深刻的印象。

　　偵探說孫逸仙在船上結交了一些居住在利物浦的洋朋友，當中可包括了後來參加廣東惠州起義的愛爾蘭愛國主義者摩根先生(Rowland J. Mulkern)[9]？有待考證。由於靠近愛爾蘭，利物浦當時居住了不少愛爾蘭人。而這些愛爾蘭人當中，不乏愛爾蘭愛國主義者，固作是想。

961001星期四

　　倫敦今天沒下過雨，沒有過任何陽光(以西敏寺Westminster地區為準)，溫度最低華氏46，最高華氏58度，濕度66，整天大霧[10]。

　　偵探有關今天的報告，劈頭第一句話就是：「目標在下午4時30分離開旅館外出散步，沿河濱(路)、艦隊街(Fleet Street)走到勒門(Ludgate)迴旋處(Circus)，然後折回。邊走邊觀看櫥窗燈色。6時30分回到旅館後，就沒有再見到他了」[11]。那麼在這之前，孫逸仙幹了些什麼？偵探無可奉告。但康德黎醫生卻說，當天孫逸仙到他家探望他，於是他帶了孫逸仙到霍爾本(Holborn)地區的格雷法學院坊(Gray's Inn Place)找到了臨時住處[12]。康德黎醫生的話，是在英國財政部首席律師面前宣誓後作證時說的，可不是隨隨便便地說了算數。而且，他的話有該房東露絲・保勒德小姐(Miss Lucy Pollard)的話作佐證。她說，當天她會見過康、孫二人後，同意租給孫逸仙一個帶家具的房間。每週租金十先令[13]。她的話，也是在英國財政部首席律師面前宣誓後作證時說的，若是打誑的話，會受到法律檢控。康德黎醫生的話還有第二種佐證，那就是孫逸仙的證詞，同樣是在英國財政

9　Schiffrin, *Origins*, p. 128, n. 103.

10　*The Times*, 2 October 1896, p. 9 col. 6.

11　Chinese Legation Archives, Slater's report, 6 October 1896，載羅家倫，《蒙難史料考訂》，頁113。

12　Dr. Cantlie's statement at the Treasury, 4 November 1896, para. 3, FO17/1718/p. 121.

13　Miss. Pollard's statement at the Treasury, 5 November 1896, para. 2, FO17/1718/ p. 123.

部首席律師面前宣誓後作證時說的[14]。為甚麼別的地方不找，偏偏找格雷法學院坊？因為康德黎醫生過去當大學生時，曾在該坊居住過[15]。重建今天孫逸仙的活動，可以說，他早上起來後即往訪康德黎醫生，恩師帶他去找房子，找到房子後他回赫胥旅館休息，到了下午16：30時再出來觀光，18：30時回到旅館休息，以後就沒再出來。至於那位偵探，他在今天下午4時30分以前，一直失掉目標。

為甚麼偵探如此不濟？

把全部偵探報告從頭到尾地看了一遍，則發覺「第二天恢復監視」等字樣頻頻出現。因此，筆者認為，昨天跟蹤孫逸仙的偵探似乎就沒有在孫逸仙的睡房旁邊也租一個房間，以便 24 小時監視。而是回家休息去了。因此，筆者推斷史雷特偵探社所接受的委託，不是 24 小時跟蹤孫逸仙，而類似朝九晚五般的「上班下班」。

昨天負責跟蹤孫逸仙的那位偵探也夠辛苦了。昨天大清早就從倫敦坐火車到利物浦王子碼頭等候。待偵定目標後，就一直緊跟不捨，直到深夜目標休息了才離開，獨自回家休息去了。直到今天早上到了辦公時間，才回到了偵探社匯報。偵探社的負責人聽過匯報以後，再派他或別的偵探趕到赫胥旅館恢復監察時，則整個上午已經過了一半。而且，據筆者按址實地考察，偵探社的辦公室位於倫敦的商業中心（The City），赫胥旅館位於河濱路（The Strand）。從偵探社到赫胥旅館，儘管坐當時市內最快捷的交通工具—出租馬車—也必須走半個小時左右。當偵探到達赫胥旅館時，怎能不是人去樓空？

儘管偵探是在孫逸仙出門後幾秒鐘之內趕到，也很難盯上他。有兩個原因。第一，孫逸仙往看望康德黎醫生，出門後必須往西走。偵探是從東

14　Sun Yatsen's statement at the Treasury, 4 November 1896, para. 4, FO17/1718/p. 119.

15　Neil Cantlie and George Seaver, *Sir James Cantlie: A Romance in Medicine* (London: John Murray, 1919), pp. 9 and 12.

邊來的，兩人不會打照面。第二，偵探從東邊來，若遲了幾秒鐘，也難看出孫逸仙的背影。因爲，筆者查了當天的天氣情況：「大霧」（thick mist）[16]。倫敦乃世界著名的「霧都」，信焉。

　　孫逸仙早上前往康家，如何走法？據筆者實地考察：從赫胥旅館到康家，孫逸仙可以走路。筆者曾多次徒步走過這條路線，以便體驗當時孫逸仙可能取得的感受，漫步大約一個小時就能到達目的地。承康德黎醫生的第四子[17]相告，當時住在倫敦的人，都習慣於走路；康德黎夫人本人，就習慣於週末的時候，帶了孩子和保姆，徒步到倫敦西南區的巴恩斯（Barnes）探望其母親，單程就得走四、五個小時。沿途觀光，自得其樂。所以，如果孫逸仙起程前在旅館問路的話，相信會被勸走路的。

　　當然，他可以坐出租馬車，所走的路線也會與徒步相同。但是，若這樣做，則開支很大。在沒有行李、不趕時間、而又能徒步到達目的地的情況下，相信他沒作開支的必要。

　　當時的倫敦還有另一種交通工具，那就是雙層的馬拉車，可以載幾十名乘客。但從赫胥旅館到康家，沒有直達的公共馬拉車。

　　權衡再三，竊以爲孫逸仙當天早上是徒步從旅館走到康家。沿途有充裕的時間觀摩周遭的雄偉建築與櫥光燈色，而不會像坐山租馬車那樣，名副其實的「走馬看花」。從心理學上講，第一印象（first impression）是非常重要的。如果第一趟是走馬看花，第二趟可能心理上就認爲早已看過而不再留心細看，得到的印象就不那麼深刻。孫逸仙自言其三民主義是由於「所見所聞」而完成的。所以筆者特別注意探求，他是走馬看花地

16　*The Times*, 2 October 1896, p. 9, col. 6.

17　他是肯訥夫・康德黎上校（Colonel Kenneth Cantlie），1899年6月15日生於覃文省街46號。康德黎醫生共有四子：大子克夫（Keith），官至、並封爵士；次子柯林（Colin），官至海軍少將，並封爵士，全名爲 Rear-Admiral Sir Colin Cantlie，KBG, CB, DSC；三子倪理（Neil），官至陸軍中將（lieutenant-general），並封爵士，全名爲 General Sir Neil Cantlie, KCB, KBE。據筆者1983年5月21日實地調查筆記（p. 184）。

「看」，還是漫步細嚼。而這一遭，筆者判斷他是漫步細嚼的。在第三章，筆者會通過圖片重建孫逸仙當時所見到的景象與感受到的氣氛。

如果筆者是赫胥旅館的職員，當孫逸仙向筆者詢問，如何從赫胥旅館往覃文省街46號時，筆者會對他指點如下：走出大門，往右拐，沿著河濱路往西走，直到西端。該西端正是特拉法加廣場(Trafalgar Square)的東南角。朝該廣場的西北角斜過廣場後，即到達咆茂(Pall Mall)大街。走到該大街與攝政親王下街(Lower Regent Street)南端交界時，即往北拐而轉入攝政親王下街。走到盡頭，即皮卡地里(Piccadilly)迴旋處。繞過迴旋處一半，進入攝政親王街(Regent Street)南端，一直走到北端。走過蘭罕廣場(Langham Place)，到達鉢蘭大街(Portland Place)。位於鉢蘭大街49號的那棟房子，正是滿清駐倫敦的公使館！這公使館很特別，既沒有像現代大使館般豎有牌子，也沒掛龍旗，孫逸仙無法知道它的底細。但是公使館裡的人注意了他沒有？

走過公使館的正門，到了下一條街，就是覃文省街(Davonshire Street)。孫逸仙往左拐進這條街，其中第三道門戶就是46號，康德黎醫生的住宅。師生重見，自有一番歡喜。孫逸仙請恩師幫忙解決居住問題[18]。康德黎醫生就帶他到格雷法學院坊(Gray's Inn Place)找住處[19]。格雷法學院坊就在赫胥旅館北邊不遠的地方。筆者步行過該段距離多次，每次所需時間約20分鐘。準此，竊以為康德黎醫生會指點孫逸仙如何橫過霍爾本(Holborn)大街以後，從司法大臣街(Chancery Lane)的北端走到南端，便是河濱(路)的東端。從這河濱(路)的東端往西走不遠，便是赫胥旅館。

當孫逸仙回到旅館時，史雷特私家偵探社今天派來監視他的偵探已經來了沒有？偵探報告上沒說。這好解釋。如果還沒來，當然就不能說什

---

18 Sun Yatsen's statement at the Treasury, 4 November 1896, para. 4, FO17/1718/p. 119.

19 Dr. Cantlie's statement at the Treasury, 4 November 1896, para. 3, FO17/1718/p. 121.

麼。如果已經來了，而且又盯上了孫逸仙，同樣不能說什麼。因為，如果說目睹他什麼時候回來，那就必須交待他什麼時候曾出過去，幹了些什麼什麼。偵探作不出這種交待，就只好不吭聲了。

　　當下午、孫逸仙再度出門時，偵探很容易就盯上他了。旅館的大堂，不受大霧影響，大家都能看清楚對方的臉龐。偵探目睹他出門後，即往東拐。沿河濱(路)往東走。孫逸仙早上出門時曾往西走，現在出門觀光往東走，是順理成章的。

　　偵探報告說，孫逸仙於16：30時出門後，即漫步「沿河濱(路)、艦隊街(Fleet Street)走到勒門(Ludgate)迴旋處(Circus)，然後折回。邊走邊觀看櫥窗燈色。18：30時回到旅館後，就沒有再見到他了」[20]。這樣的一條史料，讀來平平無奇。但若按照這路線走走，就會發覺孫逸仙先後觀摩過倫敦大學著名的英王學院(King's College, London。他往東走時，首先出現在他右邊)，英國皇家公正之殿(Royal Palace of Justice，在他左邊)——其實就是英國最高法院，然後進入報館雲集的艦隊街。難怪孫逸仙花上兩個小時，才來回走完這麼短短的一段路程。

961002星期五

　　倫敦今天沒下過雨，有過0.1小時陽光(以西敏寺地區為準)，溫度最低華氏52，最高華氏63度，濕度67，陰天多雲[21]。

　　早上10時30分，偵探目睹孫逸仙從赫胥旅館搬出來，把行李放上一輛出租的四輪馬拉車，車牌是10850。然後坐該車到達格雷法學院坊8號。車伕為他把行李搬進去，他本人也進去了[22]。到了11：30時，偵探看著孫逸仙又出門了：先往西走進牛津街(Oxford Street)，觀看櫥窗燈色。然後進入

20　Chinese Legation Archives, Slater's report, 6 October 1896，載羅家倫，《蒙難史料考訂》，頁113。

21　*The Times*, 1 October 1896, p. 5 col. 3.

22　Chinese Legation Archives, Slater's report, 6 October 1896，載羅家倫，《蒙難史料考訂》，頁113。

霍爾本大街119號(119 High Holborn)的文具店[23]。從文具店出來後，偵探看著他再到附近的快捷奶品公司(Express Dairy Co.)吃午餐。餐後回到格雷法學院坊8號。時爲下午1時45分[24]。到了黃昏6時45分，偵探看著孫逸仙再度出門，在附近的餐廳晚膳。膳後返回格雷法學院坊8號。時爲晚上8時30分。以後就沒有見到他再出門了[25]。

看來今天負責監視孫逸仙的這位偵探，還是相當認眞的，早上10時30分以前就到了孫逸仙寓所，晚上8時30分以後才離開。孫逸仙在文具店裡幹了什麼？偵探沒說。竊以爲有三個可能。第一是買文具。第二是買報紙。第三是文具報紙都買了。如果是買了報紙，就與他明天的活動很有關聯。

961003星期六

報紙沒有刊登倫敦今天是否下過雨或有過多少陽光(以西敏寺地區爲準)，溫度最低華氏55，最高華氏61度，濕度80[26]。

昨天負責跟蹤孫逸仙的那位偵探所寫的報告，遲到1896年10月6日才由偵探社的文書集合數天以來的報告一起發出[27]。可能今天偵探社的負責人看了昨天的報告，認爲有必要馬上通知清使館，所以就在今天的黃昏6時15分，發了一封電報給清使館。內容說，「目標從赫胥旅館搬到霍爾本(Holborn)區的格雷法學院坊8號」[28]。電文的措詞很巧妙，沒有道出孫逸仙是昨天搬家的。如果說了，恐怕就會被怪責爲何不及早通知。

至於偵探社所寫的有關今天的報告，則沒有具體內容。只是在三天以

23 Chinese Legation Archives, Slater's report, 6 October 1896，載羅家倫，《蒙難史料考訂》，頁113-4。
24 同上。
25 Chinese Legation Archives, Slater's report, 6 October 1896，載羅家倫，《蒙難史料考訂》，頁114。
26 *The Times*, 5 October 1896, p. 7 col. 4.
27 Chinese Legation Archives, Slater's report, 6 October 1896，載羅家倫，《蒙難史料考訂》，頁114。
28 Chinese Legation Archives, Slater to Macartney, Telegram, 3 October 1896 at 6：15 p. m.，載羅家倫，《蒙難史料考訂》，頁112。

後(1896年10月6日)的報告中，泛稱目標連日以來都在逛大街。又說他從來不在寓所進膳，只是走到那裡就在那裡的小吃店用餐[29]。這樣籠統的報告，與前幾天既具體又詳細的報告，成強烈的對照。是偵探社換了一個推搪塞責的懶偵探，還是該社根本沒派偵探因而胡謅一番？

徵諸其他原始史料，則發覺一個月後、孫逸仙在財政部首席律師(Treasury Solicitor)[30]面前所作的證詞中，有非常有趣的訊息。孫逸仙說，從10月1日首天在倫敦觀光起，到11日早上被公使館綁架之時止，這10天當中，「某天去了水晶宮(one day I went to the Crystal Palace)」[31]。在這10天當中，頭兩天的活動，前面已經有了交待。餘下的8天當中，孫逸仙是那一天去了水晶宮？

筆者把這8天的《泰晤士報》有關水晶宮內各種活動的廣告都查遍了。竊以爲今天、1896年10月3日星期六，在水晶宮，由英國皇家園藝協會(Royal Horticultural Society)所舉辦的英國水果展覽(Show of British Grown Fruit)，應該是最能吸引他的[32]。其他日子的水晶宮活動，絕大部分是音樂會，他不必跑那麼老遠[33]地去聽音樂[34]。而且，這個水果展覽，只舉行兩

29　Chinese Legation Archives, Slater's report, 6 October 1896，載羅家倫，《蒙難史料考訂》，頁114。

30　過去筆者曾把此詞翻譯作財政部大律師，現在則覺得把它翻譯成財政部首席律師，更爲貼切。

31　Sun's statement at the Treasury, 4 November 1896, para. 5-6, FO17/1718/p. 119

32　眾所週知，孫逸仙對農業的興趣是非常濃厚的。他的首篇論文就是關於如何讓中國農業現代化。見其〈農功〉，載秦孝儀主編，《國父全集》(台北：近代中國出版社，1989)，第二冊，頁189-91。

33　孫逸仙住倫敦的市中心。水晶宮在1851年最初建成時，位於海德公園(Hyde Park)以便舉行全世界第一屆博覽會。博覽會結束後，水晶宮便被拆除，組成部分被搬到當時的倫敦南部郊區一個名叫思丹林(Sydenham)的地方重建。1896年的孫逸仙，如果要參觀水晶宮的話，必須坐火車去，而且必須在水晶宮停留一整天才值得。

34　在康德黎家的附近，就有著名的皇后大禮堂(Queen's Hall)，那裡經常舉行音樂會，後來孫逸仙也去參觀了(見下文)。

天，即今天和昨天。有關廣告，昨天在《泰晤士報》頭版刊登[35]。昨天中午，孫逸仙跑進文具店時，很可能就是注意到這頭版新聞而買了報紙。後來邊吃午餐邊看報，因而得悉這個消息。吃過午餐時，已是下午13：45時[36]。去遙遠的水晶宮是來不及了。只好等到今天，去逛一整天[37]。

961004星期天

倫敦今天下過0.06英吋的雨，有過0.6小時的陽光（以西敏寺地區為準），溫度最低華氏48，最高華氏63度，濕度72，吹強勁南風[38]。

今天偵探社沒有提供內容具體的報告。只是在兩天後（1896年10月6日）的報告中，泛稱目標連日以來都在逛大街。又說他從來不在寓所進膳，只是走到那裡就在那裡的小吃店用餐[39]。

對這樣籠統的報告，筆者已於昨天的日誌中論及，此處不贅。其實，孫逸仙在今天早上再訪康德黎醫生[40]，因而第三次走過公使館正門。過了一會，孫逸仙跟康德黎的一家大小，一道走路上禮拜堂。康家有固定的禮拜堂，那就是聖馬丁教堂（St Martin-in-the Fields，簡稱St Martin's Church）[41]。經考證，該教堂位於特拉法加廣場（Trafalgar Square）的東北角，從康家走路去，很快就到，但必須路過公使館正門！

據本書第一章考證，守過禮拜以後，孫逸仙與康氏一家等步出教堂正門時，就看到倫敦馬車伕罷工工人在特拉法加廣場示威[42]，激發了他構思民生主義[43]。

---

35 *The Times*, 2 October 1896, p. 1, col. 3.

36 Chinese Legation Archives, Slater's report, 6 October 1896，載羅家倫，《蒙難史料考訂》，頁113-4。

37 同時參照本書第一章的考證。

38 *The Times*, 5 October 1896, p. 7, col. 4.

39 Chinese Legation Archives, Slater's report, 6 October 1896，載羅家倫，《蒙難史料考訂》，頁114。

40 Mrs. Cantlie's diary, 4 October 1896.

41 Mrs. Cantlie's diary, 20 October 1896.

42 見本書第一章「緒論」，第五節「神遊冥想」。

43 見本書第七章「民生」，第七節「猶有社會革命之運動」。

從教堂走路回來，孫逸仙又必須經過公使館正門[44]。

回到康家，僕人擺開午餐，孫逸仙與康德黎醫生等邊進午餐邊暢談。康德黎打趣地對孫逸仙說：「我想你不會到公使館那裡走走吧，嗯？」[45]爲什麼康德黎醫生突然冒出這麼一句話？他的三子倪理(Neil)後來在撰寫父親的傳記時，就解釋道：「有一天吃午餐時，話題扯到公使館就在附近，接著康德黎就打趣地建議孫逸仙往那兒走走。」[46]可能是這樣吧。孫逸仙失笑之餘，回答說：「我不會的。」康德黎夫人不清楚兩人是在說笑還是當眞，又怕弄假成眞，爲了安全起見，還是嚴肅地對孫逸仙說：「你別胡鬧！你別去！他們會用船把你送會中國，殺你的頭！」[47]

向康家道別過後，孫逸仙在回家途中，第六次走過公使館正門。但這次走路，是形單影隻的，公使館的人，注意了沒有？

961005星期一

倫敦今天沒下過雨，有過8.6小時的陽光(以西敏寺地區爲準)，溫度最低華氏45，最高華氏56度，濕度62，有雲[48]。

今天偵探社沒有提供內容具體的報告，只泛稱目標連日以來都在逛大街。又說他從來不在寓所進膳，只是走到那裡就在那裡的小吃店用餐。

對這樣籠統的報告，筆者已於前天和昨天的日誌中論及，此處不贅。綜合分析和比較各方材料，竊以爲今天孫逸仙可能從寓所沿霍爾本大街(Holborn)往東走(到目前爲止他都是沿該街往西走)，由此而參觀了霍爾本關卡(Holborn Bar)、新門監獄(Newgate Prison)外貌，以及倫敦塔(Tower of London)這個名勝[49]。

44　同時參照本書第一章的考證。

45　Cantlie's statement at the Treasury, 4 Nov 1896, para. 4, FO17/1718/pp. 121-122.

46　Cantlie and Seaver, *Sir James Cantlie*, p. 101.

47　Cantlie's statement at the Treasury, 4 Nov 1896, para. 4, FO17/1718/pp. 121-122. See also Cantlie and Seaver, *Sir James Cantlie*, p. 101.

48　*The Times*, 6 October 1896, p. 8, col. 4.

49　見第三章「圖錄」。

961006星期二

倫敦今天下過0.24英吋的雨，未曾有過陽光（以西敏寺地區爲準），溫度最低華氏47，最高華氏57度，濕度87，無風但不斷有毛毛雨[50]。

今天清使館還沒有收到偵探社進一步有關孫逸仙的消息。而據康德黎醫生說，今天孫逸仙一整天（從早上10時到黃昏6時）都在他家（覃文省街46號）裡度過，大部分時間與康德黎醫生暢談[51]。就是說，孫逸仙今天早上在往康家途中，再一次走過清使館的正門。清使館對那位從10月1日起就不斷地在公使館門前搖來晃去的陌生人產生懷疑，懷疑他是否就是孫文。所以亟盼及早收到偵探社的報告。如果報告提到孫逸仙曾多次經過缽蘭大街（Portland Place）到訪覃文省街46號，那麼這個陌生人就必然是孫文無疑。而今早孫逸仙又再一次走過清使館的正門，讓裡邊的工作人員心癢難搔。他們等到下午3時，還沒收到偵探社寄來的報告，就給該社發了一封電報，內容說，「謝謝電報，目標有沒有見過其他華人？可否偷他拍一張照片？」[52]其中提到的電報，當指5日前（1896年10月2日）收到的、有關孫逸仙搬了家的電文。其中問孫逸仙是否見過其他華人，可能顯示孫逸仙已經在路過清使館時，碰見過清使館的工作人員。其中要求偷拍孫逸仙一張照片，表示清使館要證實，偵探社所跟蹤的目標，與這位從10月1日起就不斷地走過公使館門前的陌生人，是否同一個人。

偵探社收到這封電報以後，馬上起草一封信，把1896年10月1日到今天（1896年10月6日）共6天的孫逸仙的活動一起報告。其中1896年10月1日和2日的報告很詳細，筆者已分別在961001與961002中介紹過了。其中1896年10月3日到5日的報告，都很籠統，筆者亦在971003，961004和961005中評論過了。該信接著回答清使館的電報說，目標沒有會見過任何其他華人；

---

50 *The Times*, 7 October 1896, p. 6, col. 3.

51 Cantlie's statement at the Treasury, 4 November 1896, para. 5, FO17/1718/p. 121.

52 Chinese Legation Archives, Macartney to Slater, Telegram, 6 October 1896 at 3 p. m.，載羅家倫，《蒙難史料考訂》，頁115。

至於拍照嘛，等到天氣好轉時再說吧[53]。真是胡說八道。今天太陽沒亮相
屬實，但昨天才有過8.6小時的陽光。如果偵探社屬進取的，語氣不會這麼
消極。這封信給筆者總的印像是，該社在過去三天似乎都沒派人(或派不出
人)跟蹤孫逸仙。而在未來的幾天，似乎都不準備派人(或派不出人)跟蹤孫
逸仙。至於每天的偵察費嘛，當然還是照領。

961007星期三

倫敦今天下過0.55英吋的雨，曾有過1.1小時的陽光(以西敏寺地區為
準)，溫度最低華氏47，最高華氏62度，濕度64，無風[54]。

今天旣然曾有過1.1小時的陽光，偵探應該拍了照。但不。偵探社不單
沒拍照，甚至連那可笑的籠統報告也不寫了，乾脆就捂著嘴巴不說話。綜
合分析比較各方材料，竊以為今天孫逸仙可能去了南肯辛頓區(South
Kensington)的維多利亞・艾伯特博物館(Victoria and Albert Museum)參
觀[55]。

961008星期四

倫敦今天下過0.01英吋的雨，曾有過0.9小時的陽光(以西敏寺地區為
準)，溫度最低華氏55，最高華氏63度，濕度66，多雲[56]。

今天偵探社仍無可奉告。

綜合分析比較各方材料，竊以為今天孫逸仙可能去了大英博物館參
觀[57]。

961009星期五

倫敦今天沒下過雨，曾有過7.4小時的陽光(以西敏寺地區為準)，溫度

53　Chinese Legation Archives, Slater's report, 6 October 1896，載羅家倫，《蒙難史
　　料考訂》，頁114。

54　*The Times*, 8 October 1896, p. 10, col. 4.

55　見第三章「圖錄」。

56　*The Times*, 9 October 1896, p. 5, col. 4.

57　見第三章「圖錄」。

最低華氏52，最高華氏64度，濕度65，晴朗[58]。

今天偵探社仍無可奉告。

綜合分析比較孟生醫生的證詞暨各方材料，竊以爲今天孫逸仙應恩師柏特里克・孟生醫生(Dr. Patrick Manson)的邀請，到他家晚餐[59]。孟生醫生的家在安妮皇后街21號(21 Queen Anne Street)，就在公使館與康德黎家的附近。

961010星期六

報紙沒有刊登倫敦今天是否下過雨或太陽是否露過臉(以西敏寺地區爲準)，溫度最低華氏49，最高華氏62度，濕度79[60]。

今天有關孫逸仙的活動，消息來源共有四種。第一，偵探社說他去了英國的上下議院參觀[61]。第二，孫逸仙本人說他去了攝政親王公園(Regent's Park)暨動物園(Zoological Gardens)[62]。第三，康德黎醫生說孫逸仙曾到過他家，並停留了兩三個小時。但康德黎本人則由於外出而沒有接見孫逸仙[63]。第四，公使館的英文參贊馬格里爵士，說孫逸仙去過公使館[64]。

按後三種資料，有吻合的可能。因爲，三個地方都互相靠近。孫逸仙早上11、12點鐘去上述公園。回程時順道經過康家，在那兒停留了一會。離開康家回旅寓時，路經公使館，在街上遇到公使館的工作人員，寒暄幾句(被馬格里說成是探訪過公使館)[65]。至於當天11點鐘以前，孫逸仙是否像偵探所說的那樣去過上下議院，就很難說。不是沒有可能，時間上勉強

58　*The Times*, 10 October 1896, p. 7, col. 5.
59　Manson's statement at the Treasury, 4 November 1896, paras. 2-3, FO17/1718/p. 122.
60　*The Times*, 12 October 1896, p. 6, col. 2.
61　Chinese Legation Archives, Slater's report, 12 October 1896，載羅家倫，《蒙難史料》，頁115。
62　Sun's statement at the Treasury, 4 November 1896, para. 7, FO17/1718/p. 119.
63　Cantlie's statement at the Treasury, 4 November 1896, para. 5, FO17/1718/p. 121.
64　Macartney's letter to *The Times,* 24 October 1896, p. 6, col. 2.
65　見拙著《孫逸仙倫敦蒙難眞相》，第三章。

來得及。

　　也正是在今天，駐英公使龔照瑗，給駐美公使楊儒發了一封密電，曰：「密，孫文已到英，外部以此間無交犯約，不能代拿。聞將往法，現派人密尾。瑗，支。」[66]這道密電給我們三個啓示。第一，如果孫逸仙眞的準備馬上到法國去，而急於多看地方，那麼他把參觀上下議院的活動擠進今天的日程，也不奇怪。第二，這道密電佐證了筆者關於孫逸仙在今天跟公使館的人員交談過的推斷，孫逸仙並因此而泄漏了行將往法的消息。第三，行將往法的消息，促使了公使館作出決定，第一時間綁架他。結果，第二天公使館就動手了。

961011星期天

　　倫敦今天下過零星的毛毛細雨(a mere trace of rain)雨，雨量少的沒法紀錄下來，所以天文台只能以文字來表達，說是下過「零星的毛毛細雨」。曾有過0.1小時的陽光(以西敏寺地區爲準)，溫度最低華氏38，最高華氏55度，濕度81，無風[67]。

　　今天孫逸仙被幽禁於公使館。

　　偵探社沒有寫有關今天的例行報告。該社有沒有派人跟蹤孫逸仙，或派出的人有沒有偸懶，大曉得！翌日，該社被公使館的英文參贊馬格里爵士(Sir Halliday Macartney)迫得緊了，才寫了一封抵賴的信說，「昨日星期天，恢復監視，持續整日，但不見目標離開[寓所]，無疑是因爲天氣極其惡劣的緣故」[68]，偵探社的老闆史雷特先生，明知馬格里爵士的住宅是在倫敦的，而且離該社辦公室也不算遠，但仍然把「零星的毛毛細雨」(a mere trace of rain)說成是「天氣極其惡劣」(inclement state of the weather)，厚顏可知。

66　龔照瑗致楊儒密電，1896年10月10日，載羅家倫，《蒙難史料》，頁26。
67　*The Times*, 12 October 1896, p. 6, col. 2.
68　Chinese Legation Archives, Slater to Macartney, 12 October 1896，載羅家倫，《蒙難史料》，頁115。

　　孫逸仙是如何進入公使館的？孫逸仙說，當他在早上前往康家的路上，經過公使館正門時，被誘騙進去的[69]。1935年，羅家倫教授倡孫逸仙以大無畏革命精神進入公使館宣傳革命之說[70]，引起學術界「綁架還是自投」的激烈爭論。1968年，史扶鄰(Harold Z. Schiffrin)教授的名著《孫逸仙與中國革命的起源》[71]出版後，獲中外好評。他認為孫逸仙是自投的。1986年，筆者出版了《英雄形象的來源：分析孫逸仙倫敦被難及其影響》[72]，認為孫逸仙是被綁架的。史扶鄰先生閱後，被說服了，在書評中修改了自己過去的看法[73]。這種實事求是的嚴謹態度，讓筆者肅然起敬。台灣海峽兩岸方面，「綁架還是自投」的激烈爭論從大陸持續到台灣。1991年，蔣永敬老先生回憶說，「本人當年…曾經追隨吾師羅家倫先生為了《倫敦蒙難記》的筆墨官司，跟羅先生作過這方面的史料考訂工作…想起我們(包括李雲漢先生)當年在羅家倫先生的指導下，迎接吳相湘和羅剛先生的『挑戰』」。蔣永敬老先生讀了黃宇和的結論，也認為有理[74]。同樣實事求是，胸襟讓人敬佩。

　　進入公使館後的情況，則筆者結合實地考察與公使館的英僕柯耳(George Cole)和孫逸仙的證詞，可作如下簡述：他被帶到四樓(公使館共有五層樓)的一個房間。該房間有一道窗戶，朝內。所謂朝內，即既不朝東

69　詳見《倫敦被難記》

70　詳見羅家倫，《中山先生倫敦蒙難史料考訂》(南京：京華印書館，1935)。

71　Harold Z. Schiffrin, *Sun Yat-sen and the Origins of the Chinese Revolution* (Berkeley: University of California Press, 1968).中譯本，見丘權政、符致興翻譯，《孫逸仙與中國革命的起源》(北京：中國社會科學出版社，1981).

72　英文原著的名字是J. Y. Wong, *The Origins of an Heroic Image: Sun Yatsen in London, 1896-1897* (Oxford Univeristy Press, 1986)。在引用拙著時，《孫逸仙年譜長編》簡化了主題而只引副題，即「分析孫逸仙倫敦被難及其影響」。至於拙著中文修訂版，見《孫逸仙倫敦倫敦蒙難真相：從未披露的史實》(台北：聯經出版公司，1998)。

73　See Harold Schiffrin's review in *Journal of Asian and African Studies*, 24.1-2 (1989)：144-6.

74　蔣永敬先生評黃宇和，《中華民國建國八十年學術討論集》(台北：近代中國出版社，1991)，第一冊，頁67-69.

而看到鉢蘭大街（Portland Place），也不朝南而看到娓密夫街（Weymouth Street），而是朝西，即通過窗戶，可以俯視到與四樓處於同一水平線的天窗；遠眺，可以看到天窗另一邊的、公使館西部五樓的房間。往北斜視，可以看到北鄰那棟房子的屋頂[75]。該窗戶安裝了由五支豎立的鋼條所組成的防盜罩[76]。

世人皆認定公使館的英文參贊馬格里爵士乃綁架孫逸仙的主持人。其實不然。馬格里是在孫逸仙被騙進去了公使館以後，才從家裡被急召返館的[77]，何來主持？或曰，雖非主持，也是主謀。亦不然。綁架孫逸仙對馬格里本人有百害而無一利。而且，綁架孫逸仙違反英國法律，馬格里過去也曾極力反對過公使郭嵩燾違反英國法律。如果他預知現任公使龔照瑗要綁架孫逸仙，同樣會極力反對。看來是龔照瑗下令先把孫逸仙誘騙進了公使館以後，造成米已成炊的局面，軟硬兼施，強迫馬格里善後的。詳見拙著《孫逸仙倫敦被難記》第二章。

孫逸仙與馬格里進入該房間後，馬格里即告訴孫逸仙說，前些時候孫逸仙寫給總理衙門提倡改革的信，很受賞識。現在總理衙門正要找他，所以請他暫時在公使館屈就18個小時[78]。竊以為馬格里故意這麼說，又隻字不提廣州起義之事，是因為馬格里估計18個小時後就會收到北京的覆電，同時估計北京不會同意在倫敦拘禁孫逸仙。這樣，馬格里就可以冠冕堂皇地對孫逸仙說總理衙門暫時還用不上他改革的建議而讓他回家，從而避開

75 據筆者1969年實地考察原來的建築物所得。該建築物後來在1980年代中期被推倒重建，外型模仿過去的樣子，但內部已不復舊觀。

76 中國駐倫敦大使館王鳳長工程師所繪的圖紙，收入筆者的筆記，bound in a volume entitled "Sun Yat-sen, May 1983," p. 43.

77 Cole's statement at the Treasury, 2 Nov. 1896, para. 5，F.O. 17/1718/pp. 116-119. Cole may be described as a disinterested party. With good reason, the Treasury Solicitor commented, "I believe Cole. He impressed me most favourably, and, indeed, it is difficult to see that he can have any object in saying anything that is untrue."（Cuffe to Home Office, 12 Nov. 1896, para. 19, FO 17/1718/pp. 113-116）.

78 Sun Yatsen's statement at the Treasury, 4 November 1896, para. 10, FO17/1718, pp. 119-120.

了拘禁政治犯的嫌疑。這無疑是很聰明的做法。筆者把馬格里談話的內容全文翻譯在本書第四章[79]。謹供讀者參考。

龔照瑗差人幽禁了孫逸仙後，即給總理衙門發了一封密電：「孫文到英，前已電達。頃該犯來使館，洋裝，改姓陳。按使館即中國地，應即扣留。解粵頗不易，當相機設法辦理。祈速示覆。」[80]

961012星期一

倫敦今天下過0.61英吋的雨，太陽沒露過臉（以西敏寺地區爲準），溫度最低華氏38，最高華氏46度，濕度89，從早上9時開始即不斷下毛毛冷雨[81]。孫逸仙朝窗外望，有甚麼感想？最低溫度華氏38度，距離結冰的溫度只有6度。幸虧他的房間有火爐，英僕柯耳在早上7時45分就已爲他生火取暖[82]。

由於時差的關係，龔照瑗在961011發出密電當天，正是北京的961012。總理衙門立刻覆密電說：「望詳商律師，謀定後動，毋令援英例反噬，英又從而庇之，爲害滋大，切望詳慎。魚。」[83]一切都如馬格里所料，18個小時之內就收到北京的覆電，該電讓龔照瑗徵求律師的意見。在英國執業的任何一位律師都肯定勸龔照瑗放人的，不必問都知道答案。問題就出在馬格里低估了龔大人的無知與固執——龔照瑗抗命不從，反而命馬格里僱專船偷運孫逸仙回國。於是馬格里施展拖延戰術，希望拖龔照瑗受不了提心吊膽地過日子而死了這條心[84]。

另一方面，今天偵探社給馬格里寫了一封信說：「承閣下今天垂訪，敝社恭稟如下：……昨日星期天，恢復監視，持續整日，但不見目標離開

79　見本書第四章，第961011條。
80　龔照瑗致總理衙門密電，1896年10月11日，載羅家倫，《蒙難史料》，頁26。
81　*The Times*, 13 October 1896, p. 9, col. 3.
82　Cole's statement at the Treasury, 2 November 1896, para. 12, FO17/1718, pp. 116-119.
83　總理衙門致龔照瑗密電，1896年10月12日，載羅家倫，《蒙難史料》，頁44。
84　詳見拙著《孫逸仙倫敦被難記》第二章。

[寓所]，無疑是因為天氣極其惡劣的緣故。」[85]

重建當時情況，可以想像，馬格里徹夜難眠，擔心公使館的工作人員把孫逸仙綁架入公使館的景象，已被跟蹤孫逸仙的私家偵探目睹。所以天一亮，就馬上坐出租馬車趕到倫敦商業區中心該偵探社的辦公室，詢問該社負責人史雷特先生：其跟蹤目標的下落如何？出乎意料地，史雷特先生竟然堅稱孫逸仙足不曾出戶[86]！馬格里有苦自家知，沒有揭穿這假話。沒想到厚顏的史雷特先生，在馬格里離開後，還書面重複自己的謊話！

至於孫逸仙，今天他要求負責看守他的人、英僕柯耳（George Cole），為他帶信送給一個朋友，或者把該信投出朝大街的窗口。柯耳把該信呈交馬格里。

馬格里更煩躁了！

孫逸仙還與英僕柯耳說了些什麼？孫逸仙終於如何打動了柯耳的心？筆者把此次和後來孫逸仙與柯耳的歷次談話的內容，全文翻譯在本書第四章[87]。謹供讀者參考。

961013星期二

倫敦今天下過0.09英吋的雨，太陽露過2.8小時的臉（以西敏寺地區為準），溫度最低華氏39，最高華氏50度，濕度70，從中午開始轉陰，下午5時開始下雨，直到晚上8時還不止[88]。

孫逸仙再次要求英僕柯耳，為他帶信給一位朋友，並答應事後將來重謝。柯耳又把信呈交馬格里[89]。

孫逸仙又要求見馬格里。可能孫逸仙想起了馬格里曾在10月11日說

85　Chinese Legation Archives, Slater to Macartney, 12 October 1896，載羅家倫，《蒙難史料考訂》，頁115。

86　同上。

87　見本書第四章，第961012-9條。

88　*The Times*, 14 October 1896, p. 5, col. 4.

89　Cole's statement at the Treasury, 2 November 1896, para. 16, FO17/1718/pp. 116-119.

過，18個小時後會收到北京的覆電。現在72小時都過去，應該有回覆了，所以要求見馬格里。但正如前述，覆電是收到了，但龔照瑗拒不放人。所以馬格里只好回話說：「告訴他，我不要見他。」[90]

孫逸仙又對柯耳說，晚上感到很冷[91]。難怪，前夜氣溫降到華氏38度。昨夜也只有39度。馬格里吩咐柯耳爲孫逸仙添一條中國式的棉被[92]。

根據本書第四章考證，今天清使館與英文翻譯鄧廷鏗第一次找孫逸仙談話。筆者把此次和後來兩次孫逸仙與鄧廷鏗的談話的內容，全文翻譯在本書第四章[93]。謹供讀者參考。

961014星期三

倫敦今天下過0.47英吋的雨，太陽露過0.6小時的臉（以西敏寺Westminster地區爲準），溫度最低華氏44，最高華氏56度，濕度78，下午3-5時下雨，之後天氣更不穩定[94]。

今天發生了兩件事情。第一，孫逸仙借故要求柯耳把窗戶打開，然後把手伸到防盜鐵罩以外，奮力將一紙團往外扔。紙團跨過公使館的天窗，落在北鄰房子的平台。可惜被柯耳發現了。柯耳從別的房間爬出窗外，越過天窗，到北鄰房子的平台，把紙團撿回來，交給馬格里[95]。第二，馬格里接觸格蘭輪船公司（Glen Line），冒稱公使館必須把一個神經不正常的人，運回中國。結果雙方議定七千英鎊的船資[96]。

先分析第二件事。偷運人口出境是嚴重違反法律的，馬格里知法犯

90　Cole's statement at the Treasury, 2 November 1896, para. 16, FO17/1718/pp. 116-119.

91　同上。

92　同上。

93　見本書第四章，第961013、961014、961017等條。

94　*The Times*, 15 October 1896, p. 6, col. 2.

95　Cuffe to Home Office, 12 Nov 1896, para. 24, F.O. 17/1718/pp. 116-116; Cole's statement at the Treasury, 2 November 1896, para. 16, FO17/1718/pp. 116-119.

96　龔照瑗致總理衙門密電，1896年10月14日。載羅家倫，《蒙難史料考訂》，頁52–53。

法，難道發了神經？萬一東窗事發，後果不堪設想。馬格里年屆63，在中國官場和英國宦海(他的爵士是英國外交部推薦的)混了幾十年，為什麼會幹這種蠢事？竊以為這是與第一件事是分不開的。孫逸仙不再試圖通過公使館的職員帶字條到外邊，而是瞞著公使館的人員偷偷設法與外界聯繫，如果成功了，馬格里就大禍臨頭。不如先把孫逸仙偷運出倫敦再說。他自知這樣幹，要冒的風險很大。為了避免萬一事發後家人受到各方騷擾，便鎖上住宅，對鄰居們說他一家要到鄉下渡假六個月。然後租了馬車，把一家大小(馬格里有八個孩子)通通送往密德蘭火車總站，買票讓他們坐火車連夜回到遙遠的蘇格蘭老家[97]。送走家人後，他自己就在火車總站大樓樓上的密德蘭大旅店租了一個房間暫住[98]。

　　其次，分析第二件事。《倫敦被難記》說「此星期內」，某天孫逸仙從幽室之窗擲紙到鄰居屋頂，被公使館的人發覺。這「某天」應可定為今天。該書又說，「擲出時誤觸於繩，中道被阻，而徑落於室之窗外，因命一西僕往拾之。此西僕中之少者，非柯爾也」[99]。不確，該僕的確是柯耳，讀其證詞可知[100]。該書作者為了讓讀者對柯耳產生好感，好意地打個小謊話。又說，「彼聞命後，非特不往拾取」[101]。也不確，柯耳是爬到窗外把字條撿回來了。而且，當孫逸仙向他討回字條時，他拒絕了[102]。不過，該書有兩句話值得注意，第一，「自此吾一線僅存之希望亦絕」。第二，「於是使館之防我較前更密，窗上均加螺絲釘，不再能自由啟閉，藐茲一身，真墮落於窮谷中不克自拔矣。惟有一意祈禱，聊以自慰，當時之

97　*Morning Leader,* 23 Oct 1896, p. 5, col. 1.

98　*Daily Telegraph,* 23 Oct 1896, p. 7, col. 6.

99　《倫敦蒙難記》，載《國父全集》(1989)，第二冊，頁193-223：頁204。

100　Cole's statement at the Treasury, 2 November 1896, para.16, FO17/1/18/pp. 116-119.

101　《倫敦蒙難記》，載《國父全集》(1989)，第二冊，頁193-223：頁204。

102　Cole's statement at the Treasury, 2 November 1896, para.16, FO17/1718/pp. 116-119.

所以未成狂者，賴有此耳」[103]。雖然是短短兩句話，當時孫逸仙的心情卻躍然上紙。

他的心情被鄧廷鏗搞得更壞。因為，根據本書第四章考證，今天清使館與英文翻譯鄧廷鏗第二次找孫逸仙談話[104]。鄧廷鏗對孫逸仙之威迫恐嚇，無異落井下石，難怪孫逸仙說真的要瘋了[105]。筆者把此次和之前之後共三次孫逸仙與鄧廷鏗的談話的內容，全文翻譯在本書第四章[106]。謹供讀者參考。

961015星期四

倫敦今天下過0.08英吋的雨，太陽露過0.2小時的臉（以西敏寺Westminster地區為準），溫度最低華氏51，最高華氏58度，濕度71，沒風[107]。

孫逸仙又一次把一封求救信，塞給英僕柯耳，要求他帶出去。柯耳把該信呈交公使的姪子龔心湛[108]。同時，公使館的隨員鄧廷鏗，特別去找孫逸仙談話。他告訴孫逸仙，所有的求救信都已被截獲。他又恐嚇孫逸仙說：「我們會塞著你的嘴，把你五花大綁，放進一隻麻包袋，然後送上一隻我們預先僱好的輪船。在船上，我們會像在這裡一樣，把你鎖在一個房間裡，派大批警衛嚴密地看守著你，不許你跟任何人說話。如果我們不能把你偷運出公使館，我們就把你就地正法。公使館就是中國領土。在公使館裡，我們愛幹什麼就能幹什麼。」[109]為什麼鄧廷鏗把公使館的祕密告訴孫逸仙？區區一個隨員，怎會知道這極度機密的事情？儘管他知道了，但有天大的膽子，也不會擅自泄漏？他是不是奉命行事？如果是，指使他的

---

103 《倫敦蒙難記》，載《國父全集》（1989），第二冊，頁193-223：頁204。
104 見本書第四章，第961014等條。
105 見本書第四章，第961013、961014、961017等條。
106 同上。
107 *The Times*, 16 October 1896, p. 8, col. 4.
108 Cole's statement at the Treasury, 2 November 1896, para.16, FO17/1718/pp. 116-119.這個姪子名字叫龔心湛。
109 Sun Yatsen's statement, 4 November 1896, para. 13, FO17/1718/pp. 119-120.

人是誰？他的目的是甚麼？他的目的在961017暴露出來了，所以筆者將在961017中試圖尋找這些問題的答案。

961016星期五

倫敦今天下過0.12英吋的雨，太陽沒露過臉（以西敏寺Westminster地區為準），溫度最低華氏49，最高華氏56度，濕度90，沿海東岸和南岸有強勁東北風[110]。

孫逸仙憤怒地斥責柯耳說：「你出賣了我。你告訴我把字條扔到街外，但是鄧某告訴我，你其實把字條通通都交了給馬格里！」柯耳大吃一驚，趕快離開孫逸仙的房間，以防不測。之後即對跟他一道看守孫逸仙的華僕說：「鄧先生真壞！他竟然把我將所有求救信呈馬格里爵士的事情，全告訴了囚犯。待囚犯積怨深到發狂時，可能就會把我殺了！早知是這樣，將來如果他再讓我帶信，我就把信帶出去。」但是，當孫逸仙安靜下來後再一次要求柯耳帶信時，柯耳還是拒絕了[111]。

961017星期六

報章沒刊登倫敦今天是否下過雨或太陽有沒有露過臉（以西敏寺Westminster地區為準），溫度最低華氏46，最高華氏54度，濕度70[112]。

孫逸仙改變策略，好言對柯耳說，他之所以被囚禁，是因為他的行動，可以比諸倫敦的社會主義黨派的頭頭。又說，如果英國政府收到這麼一封信，肯定會干涉的。柯耳答應考慮考慮[113]。

似乎也就是今天的深夜，鄧廷鏗再度探訪孫逸仙，對他威逼利誘，讓他親筆寫一封信。筆者憑甚麼說今天就是孫逸仙寫信之時？除了全盤考慮其他日子和有關因素以外，柯耳對英國財政部首席律師所作的證詞起了決

110　*The Times*, 17 October 1896, p. 7, col. 3.
111　Cole's statement at the Treasury, 2 November 1896, para. 18, FO17/1718/pp. 116-119.
112　*The Times*, 19 October 1896, p. 6, col. 3.
113　Cole's statement at the Treasury, 2 November 1896, para. 19, FO17/1718/pp. 116-119.

定性的作用。他說，「關於孫逸仙在被幽禁在公使館期間曾寫過一紙證詞之事，我是聽說過的。記憶所及，那大約是他被幽禁第一個星期的末期，大約是10月17日」[114]。

柯耳對當時的情況記憶得很清楚。他說，「當時鄧先生走來對我說：『裡邊那位先生需要寫點東西，你就到裡邊陪著他，直到他寫完為止。』當時鄧是從裡邊跑出來對我說這些話的。他又說：『當他[孫逸仙]寫完以後，你就把筆墨紙張等通通拿走，並把他所寫的東西交給我』」[115]。證詞作到這裡，似乎首席律師就問柯耳，當鄧廷鏗最初往找他時，是否從孫逸仙的房間中走出來的。柯耳回答說是。柯耳接著說，「當我走進孫逸仙的房間時，筆墨皆在，是早些時候鄧先生送進去的。於是孫開始書寫。孫開始書寫時，鄧還在房裡。但過不了幾分鐘，鄧就離開了。孫繼續書寫，但沒對我說甚麼。因為房門有一位華人把守，我們說甚麼他都能聽到。當孫寫完以後，就要求見鄧。鄧就來了，把孫寫過的東西拿起來唸，並擅自作了些修改。聽孫鄧兩人的交談，語氣是友善的」[116]。

鄧廷鏗讓孫逸仙寫些什麼？讓他否認曾與廣州造反的事情有任何關連，讓他聲稱在美國時曾到過清朝駐華盛頓的公使館向公使說明一切，但該公使聽不進去。所以改為向駐英公使求情[117]。

信寫給誰：鄧廷鏗讓他寫給駐英公使龔照瑗。

用什麼語文寫？鄧廷鏗讓他用英文寫[118]。

這就奇怪了。信是給龔照瑗的，但是必須用英文寫。龔照瑗不懂漢文嗎？其實，龔照瑗也看不懂英文，幹嘛要用英文寫信給他？竊以為那封信有兩個可能的對象。第一是公使館的英文參贊、英國人馬格里爵士。據筆

114　Cole's statement at the Treasury, 2 November 1896, para.26, FO17/1718/p. 118.

115　同上。

116　Cole's statement at the Treasury, 2 November 1896, para.26, FO17/1718/pp. 118-119

117　Sun Yatsen's statement, 4 November 1896, para. 16, FO17/1718/p. 119-120.

118　同上。

者考證，綁架孫逸仙的事，馬格里是被蒙在鼓裡的。待到米已成炊，公使
才命他收拾爛攤子。勸服他收拾爛攤子所用的藉口之一，就是冒稱孫逸仙
自動跑到公使館來的，絕對沒有綁架這回事。現在事情越弄越糟糕，所以
準備在必要時，出示此信，讓馬格里深信不疑，才能讓他安心地繼續處理
這件事情，因此龔照瑗命鄧廷鏗去騙孫逸仙寫這樣古怪的一封信[119]。第二
是英國政府，龔照瑗準備萬一東窗事發，用這封信來證明孫逸仙是自投使
署的。而且，即使僱船把孫逸仙偷運出境成功，事後仍有走漏的可能。又
儘管成功地把他運回中國，清廷大張旗鼓地行刑，龔照瑗依然會被英廷追
究的。至於兩種可能性孰高孰低，則竊以為該函屬備用性質，既可施諸馬
格里，也可用於英廷。

　　孫逸仙在鄧廷鏗連騙帶哄之下，以為這是一線生機，於是就按照鄧廷
鏗的意思，如此這般地就寫了這麼一封信[120]。事實證明，龔照瑗與鄧廷鏗
是庸人自擾。因為，龔照瑗後來沒有機會用上這封信。當東窗事發時（而且
馬上就要發——見本日下文），英廷嚴令龔照瑗放人；龔照瑗照辦後，英廷
不為已甚，沒有追究孫逸仙是被綁架還是自投的問題。所以那封信是閒置了。

　　事後孫逸仙對當時他自己心情寫照是這樣說的：「此舉實躲入鄧某之
奸計，可謂愚極。蓋書中有親至使館籲求昭雪等語，豈非授以口實，謂吾
之至使館，乃出於自願，而非由誘劫耶？雖然，人當陷入深淵之時，苟有
毫髮可以憑藉者，即不惜攀援以登，初不遑從容審擇，更何能辨其為奸偽
耶？」[121]

　　筆者把此次和之前兩次孫逸仙與鄧廷鏗談話的內容，全文翻譯在本書
第四章[122]，謹供讀者參考。全於孫逸仙寫給龔照瑗的那封所謂申冤書，則

119　見拙著《孫逸仙倫敦蒙難真相：從未披露的事實》（台北：聯經出版事業公
　　司，1998），第二章。

120　Sun Yatsen's statement, 4 November 1896, para. 16, FO17/1718/pp. 119-120.

121　孫逸仙，《倫敦蒙難記》，載《國父全集》(1989)，第二冊，頁203；及《孫
　　逸仙全集》，第一卷，頁62。

122　見本書第四章，第961013、961014、961017等條。

有待訪尋。不過，讀者可以從吳宗濂的追憶「鄧翻譯與孫文問答節略」[123]中一窺該申冤書的內容概況。至於所採用的具體文字，則該信原用英文書寫，待訪得原文再翻譯成漢文後才能作準。

當孫逸仙揮筆直書的同時，公使館的女管家郝太太（Mrs. Howe）在當晚11時下班後，換過便服，草草寫了一張字條後，便帶著字條匆匆趕往覃文省街46號康德黎的住所。她把字條從門底輕輕地推了進去。然後大力拉了幾下門鈴，跟著就快步離開[124]。時為晚上11時30分[125]。

該女管家負責為孫逸仙更換床單。他喊冷時，又曾為他加毯子。她多次看過孫逸仙失魂落魄的慘狀之後，惻忍之心大動。終於在英僕柯耳為孫逸仙送信前一天的深夜，一聲不響地，草書數語投康德黎醫生家並按門鈴後，就匆匆離去。第二天，柯耳還在猶豫不決之餘，商諸女管家，女管家就鼓勵柯耳送信。結果柯耳就為孫逸仙送信給康德黎。孫逸仙的親筆信及柯耳親口所述，佐證了女管家前一晚深夜所送過的信，令康德黎更是深信不疑。

話說康德黎接到該女管家的匿名信後，連夜奔走企圖拯救愛徒。可惜蘇格蘭場的值班警官認為事屬外交範圍，無法干預[126]。

961018星期天

倫敦今天下過0.04英吋的雨，太陽露過6.2小時的臉（以西敏寺Westminster地區為準），溫度最低華氏40，最高華氏50度，濕度63，英格蘭東南部天氣轉佳[127]。

今天，公使館的英僕柯耳把孫逸仙的親筆信送到康德黎手裡。由於昨

---

123 載吳宗濂《隋軺筆記四種》（1902）。
124 Cole's statement at the Treasury, 2 November 1896, para. 20-21, FO17/1718/pp. 116-119.
125 Ibid.
126 Chief Inspector Henry Moore's report, 12.30 a.m., 18 October 1896, FO17/1718, pp. 47-48.
127 *The Times*, 19 October 1896, p. 6, col. 3.

晚蘇格蘭場還認爲事屬外交，無法干預。現在多了人證物證(孫逸仙的親筆求救信和柯耳這個證人)，康德黎認爲蘇格蘭場應該重視此案。他可沒料到，當他帶著新的物證，並在孟生醫生的陪同下，重訪蘇格蘭場時，值班警官說，「昨晚深夜已有人來說過同樣的故事，當時值班的同僚可搞不清楚報案的人是個瘋子還是醉漢！」[128]康德黎氣結之餘，直承自己就是那報案的人。於是值班警官勸他回家好好休息[129]。康德黎與孟生共同計議，認爲既然蘇格蘭場不能越權干預，那就直闖外交部可也[130]。外交部的值班司員在黃昏5時接見了兩位醫生，錄取口供，接受證物，並保證在翌日上司一上班時就向他報告[131]。

康德黎還是不放心，深恐公使館當晚把孫逸仙偷運出境。孟生醫生自告奮勇去按淸使館的門鈴。總管讓他進去，接著由英文翻譯鄧廷鏗會見他。

「請問孫逸仙在這嗎？」

「誰？」

「孫逸仙。」

「這裡沒有這樣一個人。」

「算了吧，我知道他在這裡。我掌握到的材料說他在這裡。而且警方和外交部都知道他在這裡。快快帶孫逸仙來見我。」

「孫逸仙不在這兒。」

爲了證明他所言不虛，鄧廷鏗跑到內堂假意詢問了一會，然後回來對孟生醫生說，「孫逸仙眞的不在這裡」。孟生醫生無奈，只好離開。時爲晚上7點鐘[132]。

康德黎回到家裡，坐立不安，越想越害怕，害怕孟生淸使館之行，已

128　Cantlie and Seaver, *Sun Yat-sen*, p. 62.

129　Ibid.

130　Sun Yat-sen, *Kidnapped in London*, pp. 69-70.

131　Ibid.

132　Sun Yat-sen, *Kidnapped in London*, pp. 72-3.

打草驚蛇，以致清使館眞的連夜把孫逸仙轉移或偸運出境。於是康德黎摸黑往僱一私家偵探以便整晚監視公使館。有人介紹了史雷特私家偵探社給康德黎，於是康德黎就按址到倫敦商業中心走。奈何今天是星期天，重門深鎖。康德黎又惱又急，就向該區的警察局求助。警察局把一位退休警員的地址給他。待康德黎摸黑找到這位退休警員時，該警員又說自己去不了，介紹了在商業區一家酒肆守夜(直到晚上11時)的人去，並派人送信給那位守夜人。但遲至半夜，康德黎發覺所僱的那守夜人還沒到達鉢蘭大街，正準備親自監視清使館。這時候，守夜人來了。康德黎便僱了一輛兩輪馬車讓守夜人坐在裡邊，萬一清使館眞的把孫逸仙轉移時，就急起直追[133]。

康德黎在輾轉找人監視清使館的過程中，無意間已走近《泰晤士報》報社，康德黎靈機一觸，就把故事告訴了該社[134]。推測他的意思，可能是恐怕外交部也不管孫逸仙被幽禁的事；那麼，以《泰晤士報》的威望，一鬧起來，英廷就再不能袖手旁觀了。

據本書第四章考證，今天孫逸仙又寫了一紙公開求救信，準備往窗外扔去[135]。該信的內容也保存下來了(見本書第四章·附錄三)。

但更重要的是本書第四章考證出，就是在今天，英僕柯耳答應了爲他帶信給康德黎醫生[136]。書簡的內容說：(一)他已被公使館綁架了。(二)公使館已僱好船隻準備隨時把他偸運回國。兩點都簡明扼要，非常可取。而且又補了一句很有人情味的話：「請照顧信使，他很窮，更可能因帶此信而被解僱。」

961019星期一

倫敦今天下過0.06英吋的雨，太陽露過0.2小時的臉(以西敏寺地區爲

---

133 Sun Yat-sen, *Kidnapped in London*, pp. 78-82.
134 Sun Yat-sen, *Kidnapped in London*, pp. 78-80.
135 見本書第四章，第961018「公開求救信」條。
136 見本書第四章，第961018「致康德黎醫生求救簡之一」條。

準），溫度最低華氏38，最高華氏47度，濕度75，低壓槽濃罩著英格蘭[137]。

　　康德黎早上起來閱報，大為失望，因為《泰晤士報》隻字沒提他的故事。於是康德黎借故再往催促[138]。事後證明，該報還是拒刊其事。該報素以立論公正，不畏權勢，不避艱險著稱，而獨在此時畏葸不前。究其原因，竊以為與8年前發生過的事情不無關係。當年該報曾刊某函被控，結果法庭於1889年審判時，證明該函屬假，《泰晤士報》被判毀譽罪名成立。賠款道歉，元氣大傷[139]。現在矯枉過正之餘，對於報導孫逸仙被公使館幽禁的事情，過度謹慎，以致屢失主動。甚至引起中國史學界重重誤會（見961022）。

　　倒是英國外交部非常重視康德黎的故事，馬上差人趕往首相兼外交大臣沙士勃雷侯爵（Lord Salisbury）的封地哈特菲爾德（Hatfield），向首腦報告其事[140]。沙侯批曰：「管！」準此，外交部馬上咨會內政部（Home Office），請其立即採取行動[141]。內政部派弗里德里克‧喬佛斯探長（Chief Inspector Frederick Jarvis）前往柯耳的寓所盤問柯耳並錄取口供，得知康德黎醫生所言不虛。警方立刻動員起來，從當天晚上10時開始，特別委派了六名警察分三班輪番對公使館作24小時監視[142]。

　　康德黎不知道英廷從大清早已採取了行動，所以自己一早就再度往商業中心史雷特私家偵探社，請其派員監視清使館。康德黎認為，找正規的私家偵探，總比在酒肆守夜的人保險。史雷特先生欣然答應，並馬上派員日夜監視清使館。康德黎如釋重負。

　　康德黎當然不知道史雷特先生一直是應清使館之聘跟蹤孫逸仙的。他

---

137 *The Times*, 20 October 1896, p. 4, col. 5.
138 Sun Yat-sen, *Kidnapped in London*, p. 86.
139 *The History of The Times*, v. 3 (London: Times Books, 1947), chapter 3.
140 Bertie to Salisbury, 19 October 1896, FO17/1718, pp. 6-7.
141 Foreign Office memorandum and Bertie's minute, 19 October 1896, FO17/1718/p. 12.
142 Jarvis's report, 20 October 1896, paras. 2-5, FO17/1718/pp. 38-41.

更發夢也沒想到，當他離開史雷特私家偵探社後，史雷特先生馬上發了一封電報給清使館的馬格里爵士。文曰：「醫生向我們發出了新的指示以便營救目標。」[143]其中那個「新」字用得太奇妙了。過去康德黎並沒有就此案接觸過史雷特先生，今早是首次對其發出指示，何「新」之有？康德黎只有在昨晚對那位守夜人發出過類似的指示。所以，唯一的解釋，就是昨晚那位守夜人本來就是該偵探社的偵探，平常晚上在酒肆兼職守夜，昨晚更在酒肆關門後，兼第三職——整夜看守著清使館。更有可能，昨晚那位守夜人在孫逸仙還未被綁架前本來就曾負責監視過孫逸仙，對此案甚為熟識。所以在今晨向康德黎銷差後[144]，也不回家休息，就到偵探社將此事告訴其老闆史雷特先生。史雷特先生馬上發電報向馬格里邀功。不久，康德黎醫生竟然親自登門召聘，於是史雷特先生向馬格里發第二道電報，說「醫生向我們發出了新的指示以便營救目標」[145]。

重建了這段歷史後，竊以為可作下列總結。

第一，史雷特僱用的這位偵探，身兼兩職甚至三職，如果像昨天晚上那樣整夜兼職，就會出現兩種情況。要麼他乾脆不告訴老闆他昨晚整夜未眠，那麼老闆今天派他去跟蹤甚麼目標，他當然會滿口答應，但實際上一轉身就回家睡大覺。接著所寫的偵探報告，也只能是像961003、961004和961005那樣籠統，甚至是961007、961008和961009那樣一片空白。要麼他坦率地告訴了老闆，然後回家休息。老闆派不出別的人去幹今天該幹的活，就由老闆胡謅一番。對顧客來說，兩種情況的後果都是一樣。

第二，史雷特先生當了「雙重間諜」，把康德黎醫生出賣了，毫無職

---

143 這封電報被後來負責調查此案的財政部首席律師勒令郵局出示。見Cuffe to Home Ofice, 12 November 1896, paras. 23 and 26, FO17/1718/pp. 113-116.

144 參照Cantlie to Foreign Office, 19 October 1896, para. 12, FO17/1718/pp. 8-12：
"This morning, 19 Oct 1896 at 6 a.m., I received a third communication." 看上文下理，似乎正是該守夜人銷差的通知。見拙著*The Origins of an Heroic Image*, p. 31, n. 61.

145 這封電報被後來負責調查此案的財政部首席律師勒令郵局出示。見Cuffe to Home Ofice, 12 November 1896, paras. 23 and 26 FO17/1718/pp. 113-116.

業道德可言。如果說他在961012的表演是厚顏的話，那麼他在今天的表演是無恥的。但可以想像，當孫逸仙被釋放後名噪一時，以及英國報界嚴厲譴責清使館的輿論排山倒海而來時（見961024），史雷特先生只會夸夸其談他曾受康德黎重託，日夜監視清使館以防其把孫逸仙摸黑轉移，而絕口不提自己雙重間諜的身分。善良的康德黎和孫逸仙聽後，可能還會對史雷特先生感激不盡哩！世情險惡，信焉。

　　第三，史雷特先生夸夸其談地自我陶醉，竟然在孫逸仙被釋放後、《倫敦被難記》出版前一週的970113於《泰晤士報》頭版大登廣告，自稱是「當代最偉大的偵探」[146]。只有厚顏無恥的人，才會幹出這種厚顏無恥的事。

　　但從今天晚上10時開始，六名警察就分三班輪番對公使館作24小時監視。史雷特先生所派的偵探，仍在那裡站崗還是早已兼職他往了？

　　孫逸仙對於今天在外邊所發生的一切，當然一無所知。但自從昨天收到康德黎醫生親筆書寫的字條以後，求生的慾望更加迫切。所以今天一大清早，當柯耳跑進他的房間為他生火取暖時，他就要求柯耳再為他帶一張字條給康德黎醫生。柯耳憂心忡忡地回答說，「我會盡力而為，但請您特別小心，因為我恐怕我已被監視了」。但柯耳到底還是應孫逸仙所求而為他把這第二張字條送達。筆者在英國外交部檔案裡找到了該求救簡內容。在該簡中，孫逸仙突出地說：「我出生於香港，四五歲時才回到中國內地。把我當作一名合法的英國子民（British subject），您能不能用這種辦法來救我脫險？」[147]

　　康德黎救徒心切，也不拘泥於內容是否符合事實，就把該簡轉呈英國外交部[148]。消息傳出去後，一倫敦報紙挖苦說：「可能事實最後證明孫逸

146　Slater's advertisement in *The Times*, 13 January 1897, p. 1 col. 3.

147　Sun Yat-sen to Cantlie, n.d. [19 October 1896], FO17/1718/p. 22-23, enclosed in Cantlie to the Under Secretary of Sate for Foreign Affairs, 19 October 1896, FO 17/1718/pp. 19-21.

148　Cantlie to Foreign Office, 19 October 1896, FO17/1718/pp. 19-21.

仙並非是英國籍，因爲很難想像，一位姓孫的人會是英國籍的子民。」[149]

961020星期二

倫敦今天下過0.09英吋的雨，太陽露過0.2小時的臉（以西敏寺地區爲準），溫度最低華氏39，最高華氏48度，濕度76，陰[150]。

喬佛斯探長拜訪康德黎醫生。康德黎醫生把身邊所藏的一張孫逸仙的照片交了給喬佛斯探長，以便探長轉交輪番監視公使館的警察認人[151]。自此，警察便緊緊地盯著從公使館出來的每一張臉孔，頻頻與照片核對。警察的異常舉動，自然引起公使館工作人員的注意。所以柯耳說，就是在今天，公使館的僕人發覺他們被監視了[152]。至於柯耳本人，現在覺得既然有警察「撐腰」，膽子頓壯：他自告奮勇，向康德黎表示願意在當天晚上打開孫逸仙房間的窗戶，讓孫逸仙跳往隔壁的屋頂逃生。康德黎徵諸警方，警方以此舉太不體面，作罷[153]。

警方既已出動，康德黎便於今天撤了史雷特私家偵探社的崗。當史雷特先生爲了失掉這棵搖錢樹而深感沮喪時，康德黎醫生暗自慶幸自己再不被警方目爲瘋子、醉漢。假如康德黎同時知道史雷特暗中搞了甚麼鬼，他一定還會慶幸自己不再像傻瓜一樣被史雷特騙財。

961021星期三

倫敦今天沒下過雨，太陽露過0.6小時的臉（以西敏寺地區爲準），溫度最低華氏41，最高華氏50度，濕度81，多雲[154]。

喬佛斯探長赴倫敦東部碼頭區，東印度巷1號（1 East India Avenue），拜訪格蘭輪船公司（Glen Line）的負責人麥格里格先生（Mr. McGregor）。談話中，麥格里格先生證實，清朝公使館曾經派人與該公司接洽，說是要租

---

149 Editorial, *Sun*, 23 October 1896, p. 2 col. 3.

150 *The Times*, 21 October 1896, p. 4, col. 5.

151 Jarvis's report, 20 October 1896, para. 8, FO17/1718/pp. 38-41.

152 Cole's statement at the Treasury, 2 November 1896, FO17/1718/pp. 116-119, para. 22.

153 Sun Yatsen, *Kidnapped in London*, pp. 92-3.

154 *The Times*, 22 October 1896, p. 8, col. 6.

船把一名瘋子專程送回中國。但是，由於擬出租的那隻船延誤，沒法如期啓程，以致交易沒有成功。麥格里格先生答應，若有進一步消息，將馬上通知警方[155]。

961022星期四

倫敦今天下過毛毛小雨，但數量少得無法紀錄。太陽露過1.3小時的臉（以西敏寺地區爲準），溫度最低華氏38，最高華氏48度，濕度64，天晴[156]。

喬佛斯探長奉命[157]接觸康德黎和孟生兩位醫生，並陪同他們到中央刑事法庭（Central Criminal Court）附近的一家律師事務所，在該所一名律師面前宣誓，說滿清公使館非法幽禁了他們當年的學生孫逸仙[158]。拿了這紙宣誓證詞，三人繼往中央刑事法庭，向法官申請一紙保護人權令（Habeas Corpus），不果[159]。兩位醫生不禁大失所望。奇怪的是，儘管申請失敗，喬佛斯探長還是滿懷高興，讓兩位醫生狐疑不已[160]。喬佛斯探長也不多說，與兩位醫生道別後，馬上趕回蘇格蘭場（Scotland Yard）倫敦警察總部覆命，並把兩位醫生的宣誓證詞呈上司。上司轉呈內政部，內政部轉外交部[161]；外交部據此下令傳馬格里爵士到外交部問話[162]。

黃昏，倫敦一家晚報《地球報》（The Globe）的記者走訪康德黎醫生。這記者從那裡得到風聲？爲了謹慎起見，康德黎反問該記者說，「你已掌握了甚麼材料？」記者當然不甘示弱。結果康德黎說，「好吧，你先把你已書就的故事唸給我聽聽。然後我會指出你是否在吹牛皮」[163]。於是記者把早已擬好的一份新聞稿唸給康德黎醫生聽。文曰：

---

155 Jarvis's report, 23 October 1896, FO17/1718/p. 94.
156 *The Times*, 23 October 1896, p. 8, col. 3.
157 Jarvis's report, 23 October 1896, FO17/1718/p. 94.
158 Affidavits by Cantlie and Manson, 22 October 1896, FO17/1718, pp. 22-32
159 Judge R.S. Wright's minute, 22 October 1896, FO17/1718/p. 32.
160 Mrs. Cantlie's diary, 22 October 1896.
161 Home Office to Foreign Office, 22 October 1896, FO17/1718/pp. 51-3.
162 Sanderson's minute on the Home Office letter of the same day, 22 October 1896.
163 Sun Yatsen, *Kidnapped in London*, pp. 85-6.

日來謠言滿天飛，謂清使館綁架與幽禁某知名華人，遲到今午，
本報方能證實其事，並為此多方走訪。

去歲11月，滿清政府[164]接到廣州有密謀先抓總督後倒朝廷之情
報。密謀者謂國難深重，非去滿無以自救，集四百苦力自香港運
致廣州舉事。祕密由此洩露。主謀15人被捕斬首。孫逸仙為少數
倖免者。孫為醫生，在香港頗知名。既逃美國，復避倫敦，住格
雷法學院路附近。前週天[165]外出後，一去不返。有人指稱其被
清使館綁架，亦有人謂其大膽路過清使館門前，突被兩彪型大漢
扯進使館裡，拘禁至今。惟孫某卻有辦法通知其英國好友，好友
馬上向外交部及蘇格蘭場求救。當局初表懷疑，惟據了解蘇格蘭
場偵探現已把清使館監視起來，以防其將孫某偷運出境。孫某諸
好友甚至認為清使館已預僱專船準備隨時將其運走，故曾向法庭
申請保護人權令，以便向清使館索人。終以清使館享有治外法權
不果。

最令人費解者，乃是當孫某之好友親往清使館查詢時，使館官員
竟然矢口否認其事。惟孫某之好友卻擁有確鑿證據，證明清使館
撒謊。[166]

康德黎聽後，認為情節屬實，可以刊登，但表示不願透露自己姓
名。記者則表示尊重他的意思。[167]

　　至於該記者最初從那裡得到風聲？則從他早已擬好的報導可知他老早
已聽到風聲，因為該文從一開始就說「日來謠言滿天飛，謂清使館綁架與

---

164 原文為「中國」。為區別其他時代起見，本書一直採用「清使館」、「清廷」
　　等詞。故此處亦翻譯作「滿清政府」。
165 不確，應作「前週日」，即1896年10月11日。
166 英文原文由筆者翻譯成漢文。該號外已不復存，惟翌日該報重印這段消息。見
　　The Globe, 23 October 1896, p. 5, col. 2.
167 Sun Yatsen, *Kidnapped in London*, p. 86.

幽禁某知名華人」。謠言從那裡來？竊以爲很可能是從《泰晤士報》社傳
出來的。因爲康德黎在961019深夜已把故事告訴了該社，961020又再往催
促。雖然該社編輯部決定不予刊登，要該社記者都三緘其口是不可能。在
艦隊街（Fleet Street）有記者雲集的酒肆，他們經常於工餘時間在那裡邊喝
酒邊交換意見與訊息。筆者在1960年代就曾親訪過這等酒肆，果見記者噥
噥嘰嘰，交頭接耳。想當年，《泰晤士報》的記者在這種場合說漏了嘴，
大有可能。只是聽者沒法證實其事而已。等到今天康德黎等到中央刑事法
庭申請保護人權令，事情就得到進一步證實。記者群經常穿插在中央刑事
法庭，留意可供報導的新聞。當康德黎等向法官申請保護人權令時，記者
儘管不在場，但申請保護人權令可不是小新聞！法庭的工作人員肯定議論
紛紛。這位記者別具心匠，查出康德黎的地址，並因而追上門來。康德黎
拗不過這位記者，就證實了這則新聞。

　　當天的晚報已經出版了，但《地球報》的編輯部可不輕易放過這條聳
人聽聞的獨家新聞（及其賺錢的機會），決定出版特號。特號一出，全城轟
動。晚報的記者雖已休息，而晨報的記者剛好上班。倫敦各晨報的記者蜂
擁到鉢蘭大街49號清使館、覃文省街46號康德黎家、格雷法學院坊8號孫逸
仙旅寓、哈利坊馬格里住宅等處採訪。轉瞬間，報導和評論舖天蓋地而至。

　　長期以來，中國史學界有一個共識，就是英廷之所以出面拯救孫逸
仙，乃屈於興論壓力[168]。這是一個天大的誤會。理由有三。第一，從本
「日誌」所發掘出來的材料，可見早在興論還沒出現之前，英廷已積極干
預其事[169]。第二，當記者群到達鉢蘭大街49號清使館採訪時，目睹警察早
已在附近虎視眈眈地監視著公使館，誰會怪英廷沒及時採取適當措施？如
果興論要施任何壓力的話，矛頭只會指向清使館。第三，如果各報章的社

168　見趙惠讜，〈攝記總理倫敦蒙難紀念室〉，載《中華民國開國五十年文獻》
　　（台北，1964），第一編，頁199。尚明軒，《孫逸仙》（北京：北京出版社，
　　1981），頁44。邵傳烈，《孫逸仙》（上海：上海人民出版社，1980），頁39。
169　筆者另文對此事有較詳細的處理。見〈分析倫敦報界對孫逸仙被難之報導與評
　　論〉，《孫逸仙研究》（廣東：廣州人民出版社，1986），第一輯，頁10-30。

論是輿論的重要組成部分的話，則筆者遍查了翌日(961023)的社論，大家都是在孫逸仙曾否被清使館綁架或是曾自投使署的問題上爭論不休，而沒有一篇社論是批評英國政府沒有及時採取行動的。因爲英廷也的確及時地採取了適當措施。

更有學者稱《泰晤士報》爲「官方報紙」，並指該「官方報紙保持緘默」，而且因而暗責該報爲了與官方行動一致而拒絕刊登康德黎所提供的消息[170]。皆非也。首先，《泰晤士報》實爲民辦，讀《泰晤士報史》(*The History of The Times*)可知。其次，《泰晤士報》之保持緘默，乃因爲它仍屬驚弓之鳥的緣故(詳見961019)。最後，該報也爲其緘默付出一定的代價。第一，它失去了獨家首先報導這轟動全城的新聞並由此而帶來的暢銷。對於民辦的報章來說，損失匪淺。第二，通過艦隊街記者群的嘎嘎唧唧，誰失掉先機，大家心知肚明，私下指指點點，在所難免。那缺德的《黃昏新聞》，甚至以「是否就是那家報章——？」爲題，盡情譏諷《泰晤士報》畏葸不前，拒刊康德黎醫生向其提供的消息。雖未點名，但大家心照不宣。該段譏諷文字，先刊於961023。但該報意猶未已，961024一字不漏地重登[171]。都怪《泰晤士報》自己的記者，在艦隊街的酒肆多喝了兩杯後，就口沒遮攔。

961023星期五

倫敦今天沒下過雨，太陽露過0.4小時的臉(以西敏寺地區爲準)，溫度最低華氏39，最高華氏49度，濕度68，多雲[172]。

下午約四時半左右，喬佛斯探長與外交部一位特使到達公使館。他們被帶進一間私人房間[173]。稍後，馬格里爵士從公使館後座他的辦公室走出來，招呼喬佛斯探長與該特使進入他自己的辦公室。特使拿出一封外交部

170 尚明軒，《孫逸仙》，頁44。
171 "Was it The, --- ?", *Evening News*, 23 Oct 1896, p. 3 col. 1. "Was it The, --- ?", *Evening News*, 24 October 1896, p. 2 col. 7.
172 *The Times*, 24 October 1896, p. 6, col. 5.
173 *Echo*, 24 October 1896, p. 3, col. 5.

的公文交馬格里。馬格里看後說：「是，一定照辦。」[174]康德黎醫生也應
外交部之邀到達公使館，以便認人[175]。由於公使館正門人山人海，喬佛斯
探長就領著孫逸仙與康德黎及特使從娓密夫街(Weymouth Street)、公使館
的旁門離開。甫出公使館，即以第一時間喚來一部四輪馬車，就此絕塵而
去，希望儘快返蘇格蘭場銷差[176]。但動作還嫌稍慢，有一記者「躍登御人
之側，與御人共坐」[177]。

　　途中，《倫敦蒙難記》說喬佛斯探長「在車中正色危言，向予誥誡，
甚且呼吾爲頑童，謂此後務宜循規蹈矩，不可復入會黨，從事革命」[178]。
徵諸英文原著，可知此處翻譯甚爲準確[179]。但這是否全是喬佛斯探長原
話，則有待考證。竊以爲個人主義至上的盎格魯撒克遜人，最不愛管別人
閒事。當警察的尤其愼言，不會隨便訓人。結合下文又有這麼一段：「警
署之視吾直同一無知少年，觀諸偵探長喬佛斯可見。蓋喬佛斯誠摯之容
色，坦白之言詞，長者之對於卑幼如是也。」[180]這樣的話，與其說全是出
自非親非故的探長，倒不如說是出自對孫逸仙關心得無微不至的恩師康德
黎醫生，更爲貼切。此外，考慮到英文原著的眞正作者是康德黎醫生[181]，
用字遣詞，皆由其全權操縱，故事情節，亦由其全盤安排，讓筆者更傾向
於這種可能性。參之961028，則覺得可能性又增一籌。重建當時情況，似
乎探長曾輕描淡寫地對孫逸仙說過一些關心的話，後來就被恩師借過來婉
轉地勸諭愛徒不要再拿性命來開玩笑。至於眞實情況是否如此，就讓他們

---

174 *Daily Chronicle*, 24 Oct 1896, p. 5, co. 4.

175 *Globe*, 24 October 1896, p. 4, col. 4.

176 *Westminster Gazette*, 24 October 1896, p. 5, col. 1; Sun Yatsen, *Kidnapped in London*, p. 99.

177 《倫敦蒙難記》，載《國父全集》(1989)，第二冊，頁215。

178 同上。

179 同段把"amile"(一英里)翻譯作「半英里有餘」，"restaurant"(餐廳)翻譯作
「旅館」，把"Teng"(鄧廷鏗)翻譯作「唐」，當然都是錯誤的。

180 《倫敦蒙難記》，載《國父全集》(1989)，第二冊，頁215。

181 見本書第一章。

師徒倆在天之靈，繼續抿嘴竊笑吧。後人用他們遺留下來的蛛絲馬跡來神遊冥想，不一定全搔到癢處。

馬車走到白廳(Whitehall)大街(按具體位置是該街北端，而目的地、蘇格蘭場則在該大街南端)，「忽而停輪，吾輩自車中出，立於道旁，瞬息間，各報訪人已繞吾而立。吾儕自波德蘭區(按即Portland Place缽蘭大街)馳騁至此，已半英里[按原文是一英里]有餘。而各訪員又何能突然出現於此？中有一人，躍登御人之側，與御人共坐而來。然此外尚有十餘人，豈盤踞於輩車頂而偕來者耶？」[182]當然不是，康德黎醫生在說笑而已。重建當時情況，則既已有一記者躍登御人之側，其他記者自然會火速兜截其他出租馬車。截得兩輪馬車的，很快就會趕上孫逸仙等所坐的四輪馬車，並與早已躍登御人之側的記者呼喚，相約在途中找家酒館暫停，以便大家採訪孫逸仙。孫逸仙的御人拗不過身邊的記者，詢之偵探長喬佛斯，便決定暫停。

康德黎在撰寫《倫敦蒙難記》時，沒說出暫停在甚麼地方。史雷特私家偵探社這次卻立奇功，道出是稅氏酒館(Shades Public House)[183]。孫逸仙「被圍於眾人之中，有問即答。各訪員隨答隨寫，其速如飛。予觀其所書，心竊異之，蓋予當時猶未知其所用者爲速記法也。予言既窮，無可復語」[184]。孫逸仙說了些甚麼？《倫敦蒙難記》沒有記載。筆者把第二天的倫敦報紙通通找來研究比較研究，選了其中最詳盡的報導，收錄在本書第四章[185]，謹供讀者參考。

從稅氏酒館出來，繼續向蘇格蘭場進發。抵達後，孫逸仙「即將前後所遭，歷述一遍。警官錄畢，向吾宣讀；讀畢，命署名紙末，所歷約一小時」[186]。孫逸仙歷述了甚麼？《倫敦蒙難記》也沒記載。筆者從英國國家

182 《倫敦蒙難記》，載《國父全集》(1989)，第二冊，頁215。
183 Slater's report, 1 October 1896，載羅家倫，《蒙難史料考訂》，頁118。
184 《倫敦蒙難記》，載《國父全集》(1989)，第二冊，頁215。
185 筆者把全文翻譯成漢文後作爲本書第四章的附錄四。
186 同上。

檔案館找來原文，也在本書第四章分析。

「康德黎君挈吾歸，相見之悲喜，接待之殷摯，自不待言。」[187]殷摯之接待，如何具體表達？菠蘿、缽酒、雪茄[188]——這些都是英國上流社會在盛筵之後吃水果、喝甜酒、吸雪茄的習慣，證明當天晚餐是非常正規與豐盛的。至於全部菜單是甚麼，則仍待考證。

「是晚，求見者弗絕，至深夜始得就寢。」[189]這些求見者是誰？－記者。孫逸仙說了些甚麼？《倫敦蒙難記》沒有記載，筆者把第二天的倫敦報紙找來研究比較，鑑定了有關報導，收錄在本書第四章[190]，謹供讀者參考。

總之，孫逸仙成了當時世界中心——倫敦——傳媒的寵兒。難怪一位記者寫道：孫逸仙乃「當世大英雄」（the hero of the great generation of the day）[191]。

961024星期六

報紙沒刊登倫敦今天有沒有下過雨或太陽露過多長時間的臉（以西敏寺地區為準），溫度最低華氏41，最高華氏51度，濕度81[192]。

今天的輿論界可熱鬧了！孫逸仙會從中得到什麼啟示？

首先，《泰晤士報》採訪雖未爭先，立論卻不後人。同行笑其畏葸不前[193]，不獲一顧。其社論刊行後，轉載者卻不少[194]，地位可知。該報在綁架與自投的爭執上，公開宣布孫逸仙可信，由此而奠定了孫逸仙在英國廣大社會的公信力，功績顯赫。《泰晤士報》既然站在孫逸仙這一邊，當然

187　同上。

188　*Daily News*, 24 October 1896, p. 5.

189　同上。

190　筆者把全文翻譯成漢文後作為本書第四章的附錄五。

191　*Sun*, 24 October 1896, p. 3, col. 1.

192　*The Times*, 26 October 1896, p. 8, col. 5.

193　見961022。

194　見《地球報》，1896年10月24日，p. 4 col. 5；《倫敦與中國快報》（*London and China Express*），1896年10月30日，p. 919, cols. a-b。

就嚴厲譴責清使館不該。又認為既然清使館遵英廷之命釋放孫了中山，該報當然稱讚其「懸崖勒馬」；但同時感到「驚魂稍定之餘」，倍覺清使館行為「荒唐」[195]。《每日電訊報》更責清使館行為「乖戾」[196]。《地球報》斥其「野蠻」[197]。《太陽報》表示「痛恨」[198]。《每日新聞》謂「是可忍孰不可忍」[199]。《咆茂志》、《每日紀錄報》等則認為清使館必須向英廷「賠禮道歉」[200]。某些報章更借題發揮，謂華人歷來陰險狡詐，此事即為明證[201]。另一方面，各大報章皆以沙侯當機立斷，給清使來個下馬威，而感到無限自豪。歌功頌德之詞，不勝枚舉。

康德黎夫人說，今天記者仍整天絡驛不絕地到康家採訪孫逸仙。康德黎醫生的朋友們也整天川流不息地來向康德黎道賀[202]。

黃昏時分，晚報出版了。《地球報》刊登了由孫逸仙署名的公開信，鳴謝英廷與倫敦報界給予他的及時幫助和同情[203]。今天的晨報卻沒有刊登同一封鳴謝信。為甚麼？晨報對孫逸仙沒有甚麼成見。可以想像，這封信是今天書寫、發出的，並同日收到。理由如下。第一，昨天，康氏伉儷與孫逸仙忙到深夜才休息。儘管當時想到要寫這樣的一封鳴謝信，也會留待今天早上才寫。甚至寫就並投了郵箱，該信也只能等到今早才有郵差收集。第二，這個年代的倫敦，電話還非常罕有，絕大部分的信息靠郵遞，所以郵遞極為發達，一天之內，郵差送信十來趟。早上在倫敦發信，如果是市區內的郵件，當天就送到。若該信在今早發出，中午以前就收到[204]，

---

195 *The Times*, 24 October 1896, p. 9, cols. 2-3.

196 *Daily Telegraph*, 24 October 1896, p. 6, cols. 6-7.

197 *Globe*, 24 October 1896, p. 4, cols. 2-3.

198 *Sun*, 24 October 1896, p. 3, col. 2.

199 *Daily News*, 24 October 1896, p. 5, col. 5.

200 *Pall Mall Gazette*, 24 October 1896, p. 2, col. 2 ; *Daily Chronicle*, 24 October 1896, p. 4, col. 6.

201 *Sun,* 24 October 1896, p. 3, col. 1; *Evening News*, 23 October 1896, p. 2, cols. 2-3.

202 Mrs. Cantlie's diary, 24 October 1896.

203 *Globe*, 26 October 1896, p. 7, col. 2.

204 1897年5月4日，旅英日人南方熊楠在清早發了一封信，當天早上10時就收到覆

趕得上今天的晚報出版。《地球報》是晚報，看來是趕上了。晨報則早已出版，當然就趕不上，要留待下星期一才能面世。

961025星期天

倫敦今天下過0.17英吋的雨，太陽露過5.6小時的臉（以西敏寺Westminster地區為準），溫度最低華氏39，最高華氏54度，濕度55，中午時分倫敦有過雷雨[205]。

史雷特私家偵探社今天交白卷。

康德黎夫人說，今天早上，孫逸仙與康家大小，共同上聖馬丁教堂禮拜、謝恩。黃昏，孫逸仙又隨康德黎伉儷到米切爾‧布魯斯醫生（Dr. Mitchell Bruce）家吃晚餐。當晚同桌的客人還有一位維伊先生（Mr. Weay），曾是南非戰爭中布魯維奧（Bulowayo）戰役的戰鬥英雄[206]。

南非戰爭是殖民地與反殖民地的戰爭。殖民者的戰鬥英雄，正是反殖民者的蟊賊。孫逸仙正要把中國從次殖民地的枷鎖中解脫出來。他聽了維伊先生的故事，會有什麼感想？筆者將在第五章「民族主義」中探索。

961026星期一

倫敦今天沒下過雨，太陽露過6.5小時的臉（以西敏寺Westminster地區為準），溫度最低華氏45，最高華氏52度，濕度63，天晴[207]。

今天，《泰晤士報》等倫敦各大報紙刊登了由孫逸仙署名的公開信，鳴謝英廷與倫敦報界給予他的及時幫助和同情[208]。正如在961024說過的，《地球報》於1896年10月24日星期六已搶先刊出[209]。因為該信在1896年10月24日星期六就送達各報的。但因為當時各晨報已出版，所以留待今天星

（續）

　　　信。見《南方熊楠日記》，1897年5月4日，載《南方熊楠全集》，別卷2，頁92。

205　*The Times*, 26 October 1896, p. 8, col. 5.
206　Mrs. Cantlie's diary, 25 October 1896.
207　*The Times*, 27 October 1896, p. 11, col. 4.
208　*The Times*, 26 October 1896, p. 8, col. 4.
209　*Globe*, 26 October 1896, p. 7, col. 2.

期一才刊出。而《地球報》是晚報，所以可以在當天刊出。該信的具體內
容，將在第四章中進行分析。

　　中午12時30分，偵探目睹孫逸仙離開覃文省街46號康家，坐出租馬車
回到格雷法學院坊8號旅寓。在那裡停留了15分鐘後，即坐原來的出租馬車
回到康德黎醫生的家[210]。當天，康德黎夫人又說，其丈夫收到不少賀信，
恭賀他成功地拯救了孫逸仙[211]。

961027星期二

　　倫敦今天沒下過雨，太陽露過5.3小時的臉(以西敏寺Westminster地區
爲準)，溫度最低華氏43，最高華氏53度，濕度68[212]。

　　康德黎夫人說，今天的報章還不斷地討論孫逸仙的遭遇，並一致對他
表示好感，及高度讚揚康德黎醫生見義勇爲[213]。

　　下午2時，偵探目睹孫逸仙離開覃文省街46號康家。並看著他到附近郵
箱寄了幾封信後，即步行到動物公園(Zoological Garden)。在那裡停留了一
小時，然後到艾爾伯特路12A號(12 Albert Road)。在那裡停留了一小時零
一刻鐘後，即返回覃文省街46號康家。偵探在康家附近監視一直到晚上10
時，不見孫逸仙再度外出[214]。

　　筆者想，今天值得注意的事情有三。

　　第一，孫逸仙寄出的幾封信當中，很可能就包括了他寫給他漢文老
師、香港道濟會堂區鳳墀牧師的信，報導倫敦脫險的經過[215]。準此，該信
日期是否可以酌定爲今天？理由如下：孫逸仙在961023黃昏被釋後，連日
都非常忙碌，而在今天則遲至下午2時以前，都在室內，似乎是利用這空檔

210　Slater's report, 26 October 1896，載羅家倫，《蒙難史料考訂》，頁118。
211　Mrs. Cantlie's diary, 26 October 1896.
212　*The Times*, 28 October 1896, p. 10, col. 4.
213　Mrs. Cantlie's diary, 27 October 1896.
214　Chinese Legation Archives, Slater's report, 1 October 1896，載羅家倫，《蒙難史
　　　料考訂》，頁118-9。
215　《國父全集》(1989)，第四冊，頁14-5。

寫信[216]。

第二，孫逸仙寫過信發出後，好像暫時該幹的都幹了，於是康氏伉儷就勸他到動物公園散散心。蜀犬吠日，霧都倫敦同樣難得見太陽。今天太陽在倫敦露出笑臉共5.3小時，極為罕有。對曾經在清使館憋了13天的孫逸仙來說，正需要曬曬太陽，呼吸新鮮空氣，因而到公園去是最適合不過。而著名的倫敦攝政親王公園，距離康家也不遠，坐公共馬車約20分鐘就到。而到該公園中的動物園走走，也可增加見識。

第三，孫逸仙在動物園勾留了一小時後，就到艾爾伯特路12A號，並在那裡停留了一小時零一刻鐘。該處是甚麼地方？裡邊住了何方神聖、值得孫逸仙花上一小時零一刻鐘在那裡？而且，以後孫逸仙還不斷地過訪這個地方。

史扶鄰敎授曾寫道：「要是史雷特偵探事務所辦事效率高些，對於孫逸仙在這段時間、除了康德黎醫生之外，還見過甚麼人，我們也許會有更充分的了解，從10月底直到12月，他頻繁地、長時間地造訪艾爾伯特路12號，引起了偵探們的好奇心，但他們沒有能力去滿足這種好奇心。」[217]信焉。

筆者就是不相信這種好奇心沒法滿足，下定決心找個水落石出，重建當時情況。孫逸仙第一次造訪該處是1896年10月27日星期二，也就是他在1896年10月23日黃昏，他從公使館獲釋後的第四天。康德黎夫人在1896年10月24日的日記中，曾提到過記者和朋友們整天川流不息地來訪。其中很可能就包括了艾爾伯特路12A號（離康德黎家不遠）的住客。而孫逸仙很快就在今天回訪了。那麼，這位值得孫逸仙回訪的人又是誰？

筆者翻查了厚厚的、共292頁（含索引）的《倫敦A-Z地圖》，但是裡邊

216 《國父全集》(1989)把該信列為1896年，沒註月日。見該集第四冊，頁14-5。
　　《孫逸仙全集》(北京：中華書局，1981)，第一卷，頁45，酌定為1896年11
　　月。按本日誌發掘出來材料的上文下理，可進一部酌定為1896年10月27日。
217 *Ibid.*, p. 134, no.120.

的索引就是沒有「艾爾伯特路」這麼一條街道的名字。於是筆者親訪倫敦市政廳的檔案部，找來兩種舊地圖；一種印刷於1890年[218]，另一種印刷於1896年[219]。兩種地圖都證實有所謂「艾爾伯特路」(Albert Road)這麼一條路。與現代地圖中「艾爾伯特親王路」(Prince Albert Road)的具體位置比較，可知是同一條路。可能維多利亞女王在1902年去世後，時人為了同時紀念她早已逝世的丈夫(名字叫Albert)[220]把原來就名叫「艾爾伯特」的道路，加以「親王」的字樣。但是由於原來的路名是以A開頭，而改名後是以P開頭，所以在現代地圖的索引中沒法找到，自然也很難把兩個路名聯想起來。

筆者下一步就是親訪該地，發覺是一幢獨立的大型花園洋房。這條路上的房子，幾乎都是同樣大小、同樣款式的，非常高雅；而且全部都面朝綠草如茵、大樹參天的攝政親王公園(Regent's Park，也是以維多利亞女王的丈夫命名，因為他的頭銜是攝政親王——Prince Regent)。這的確是非常高貴的住宅區，比康德黎醫生的房子高貴得多。可以肯定，住在艾爾伯特路12A號的人，不管是房主還是住客，都一定是生活十分富裕的。

接著，筆者查閱《凱利倫敦郵政便覽》。該書的1896年版說，這幢房子空置。1897年版說，住客是羅斯科太太(Mrs. Roscoe)。1898年版說，住客叫埃德溫·柯林斯先生(Edwin Collins)。讓我們分析這三版的內容。

首先，1896年版。很明顯，孫逸仙不會去造訪一間沒人居住的房子。既有住客，為甚麼《凱利倫敦郵政便覽》說沒有？筆者想：該《便覽》列舉倫敦這個大都會、每一個居住單位的地址與住客的名字。它的出版，肯定有其收集、編輯和印刷的過程。這一切都需要時間，待它出版的時候，有些住客可能已經搬走。但這只是筆者的想法，實際情況是否如此，有待考證。求教於《凱利倫敦郵政便覽》當局，他們肯定了筆者的想法：每版

---

218 Greater London Council, Map 1495 J St M 1890.
219 *Ibid.*, Map 2113 J St M 1869.
220 他已於1861年12月14日，因傷寒病(typhoid)英年早逝。

《便覽》都「是在當年夏季編輯，當年最後一天出版，但標著下一年的年份」[221]。這麼說，如果柯林斯在1896秋季搬進上述地址，那麼在1896年夏季已開始編輯的便覽，就不會在1897年版列上他的名字。而且，如果柯林斯在1897年夏季還在上述地址居住的話，那麼在1897年夏季就開始編輯的、1898年版的《便覽》，就會登上他的名字。筆者在上面列出的表一，說明孫逸仙從1986年秋到1897年春，都很有規律地造訪上述地址。因此可以肯定，他看望的人，正是柯林斯先生。

孫逸仙找柯林斯幹甚麼？《國父全集》第十冊所羅列孫逸仙的英文著述當中，有一篇文章在1897年3月1日發表於倫敦的《雙週評論》（*Fortnightly Review*）。這篇題爲「中國的現在和未來」的文章，有柯林斯（Edwin Collins）所寫的卷頭語[222]。又該文的漢文譯本在第二冊出現，但卷頭語被刪掉了[223]，漢文讀者沒法知道該卷頭語內容說甚麼。《孫逸仙全集》把卷頭語的部分內容翻譯成中文，以註解的方式獻給讀者[224]；但卻漏掉了關鍵的一句話，那就是，柯林斯說，該文是由他執筆的。海峽兩岸的編者，似乎都有意無意地迴避一個事實：該文不是孫逸仙自己寫的。槍手是柯林斯。現在水落石出，原來孫逸仙找柯林斯，是要與他合作寫文章，由孫逸仙口述，柯林斯執筆並整理出版。史扶鄰教授的貢獻之一，就是從一開始就說明，該文是「在一位名叫埃德溫・柯林斯的人的協助下」寫成的[225]。並道明出處，讓英文的讀者自己去核對原文；雖然史扶鄰教授他自己同樣地迴避了柯林斯執筆的事實，只是泛稱柯林斯曾協助過孫逸仙撰寫該文。

另外，日本學者中川義教授又發現了另一篇、孫逸仙與柯林斯合作撰

---

221 D.W. Lee to Wong, 23 Nov 1983. Mr. Lee is a Director of Information Services Ltd., which has taken over *Kelly's*.
222 《國父全集》(1989)，第十冊，頁63。
223 《國父全集》(1989)，第二冊，頁223。
224 《孫逸仙全集》第一卷(北京：中華書局，1981)，頁87。
225 Schiffrin, *Origins*, p. 130.

寫的英文文章，在1897年7月1日發表於倫敦的《東亞》(*East Asia*)[226]，當天孫逸仙正坐船離開英國。因此，我們可以斷定這篇文章也是在孫逸仙這次旅英期間，與柯林斯合作寫成的。從偵探報告可知，孫逸仙探訪柯林斯的日期，最後一天是970402。之後可能還去過，可惜此後有一個半月的偵探報告失傳，無法證實這一點。但從偵探報告看，孫逸仙大約每週探訪柯林斯一次。可以想像，每次孫逸仙分期把他的想法告訴柯林斯；柯林斯紀錄下來以後，即進行分析、整理、撰寫。要把一個陌生的政治制度、社會狀況、不平現象、問題癥結等等，寫清楚給英國的讀者看，同時爭取他們的同情與支持，可不是容易的事。柯林斯在每次成文以後，就等到孫逸仙再來時讀給他聽，有必要時作進一步補充、修改。如是者，用上約半年時間寫就兩篇文章，大約是差不多了。

柯林斯是何許人？為何願意花那麼大的勁幫助孫逸仙寫文章？在本章回答這個問題就超越「日誌」的範圍了，且留待筆者在第四章中分析孫逸仙「旅英期間談話、書信、著作」時解決。

961028星期三

倫敦今天沒下過雨，太陽露過3.3小時的臉(以西敏寺Westminster地區為準)，溫度最低華氏41，最高華氏50度，濕度68，天空清藍，部分地區有薄霧[227]。

下午3時30分，偵探目睹孫逸仙坐出租馬車(車牌15027)到查靈十字醫院附屬醫學院(Medical School of Charing Cross Hospital)。他在那兒停留了一小時零一刻鐘以後，即在一位男士的陪同下離開該院，到位於禪多斯街13號(13 Chandos Street)的裁縫店。他們在裁縫店停留一會以後，即到英王威廉街(King William Street)的軋蹄餐廳(Gatti's Restaurant)。從餐廳出來

---

226 中川義，〈論《東亞》〉，載《辛亥革命研究》，第二期(1982年3月)，頁44-48。又見中川義，〈已出版全集未收錄的孫逸仙論文：「中國之司法改革」〉，載《辛亥革命研究》，第三期(1983年3月)，頁99-104。

227 *The Times*, 29 October 1896, p. 4, col. 3.

後，即回覃文省街46號康家，並於6時45分到達。偵探在覃文省街46號監視
到晚上10時，再沒有見到孫逸仙離開[228]。

今天派往監視孫逸仙的這位偵探，看來是相當負責和幹練的。他連孫
逸仙所坐出租馬車的車牌也登記下來。讀他報告的文風，酷似960930派往
利物浦監視孫逸仙的那位。至於陪孫逸仙離開查靈十字醫院附屬醫學院的
那位男士，肯定是康德黎醫生。

據筆者實地考察，禪多斯街13號就在查靈十字醫院附屬醫學院附近，
拐彎即到。而該英王威廉街也就在附近，步行一兩分鐘即到。而且計算一
下時間，他們進入餐廳的時間，應該是下午5點多鐘，他們在該餐廳應是喝
下午茶而不是吃晚餐。他們回程花在路上的事間約45分鐘，應該是走路回
去的。

總結今天孫逸仙的活動，看來又是康德黎醫生的一番好意，特地讓他
參觀一所正規的醫學院，希望他深造，拿到一個世界公認的西醫學位。康
德黎醫生不久前在接受記者採訪時，曾表示對孫逸仙寄以厚望，希望他在
英國的醫學院深造，然後當一位傳教士醫生(missionary doctor)，回到東
方，既醫病軀也救靈魂[229]。接著康德黎醫生帶他到裁縫店，可能是為他度
身添點適合倫敦天氣的趁身新衣服。恩師對他可說是父母心，孫逸仙心裡
會怎麼想？他是接受恩師的拳拳盛意，步另一位恩師何啓的後塵，在英國
專心攻讀醫科，然後在拿到醫學學士學位以後，回到香港當名流？還是不
顧另一位恩師孟生醫生接近命令式的警告，而繼續革命？

961029星期四

倫敦今天沒下過雨，太陽也沒露過臉(以西敏寺Westminster地區為
準)，溫度最低華氏38，最高華氏48度，濕度72，多雲[230]。

偵探社今天交白卷。徵諸其他渠道也沒消息。孫逸仙的活動待考。為

228　Slater's report, 23-28 October 1896，載羅家倫，《蒙難史料考訂》，頁119。
229　*Globe*, 26 October 1896, p. 7, col. 2.
230　*The Times*, 30 October 1896, p. 11, col. 4.

了節省篇幅，以後遇到這種情況，就以「待考」一詞表達。

961030星期五

倫敦今天沒下過雨，太陽露過0.5小時的臉（以西敏寺Westminster地區為準），溫度最低華氏40，最高華氏50度，濕度79，無風[231]。

偵探社今天交白卷。可幸康德黎夫人提供了信息。她說，孫逸仙與康德黎醫生一道，在黃昏時分到查靈十字醫院附屬醫學院，參加該院學生會的特別晚宴（Students' Club Dinner）。宴會由康德黎醫生主持，出席的新、舊學生共222人。當康德黎醫生帶著孫逸仙入場時，同學們都站立起來熱烈鼓掌，給康德黎老師和嘉賓孫逸仙以英雄式的歡迎[232]。

同學們給予英雄式的歡迎，當然與孫逸仙倫敦蒙難有直接關係。當然孫逸仙又再次被邀作公開演說，再一次磨練他領袖式的演說才能。

961031星期六

報章沒有刊登倫敦今天是否下過雨或太陽是否露過臉（以西敏寺Westminster地區為準），溫度最低華氏37，最高華氏47度，濕度78[233]。

偵探社今天交白卷。所幸康德黎夫人提供了信息。她說，孫逸仙今天到了達捷（Datchet）這個地方。她又說，孫逸仙此行，是應柯士賓醫生（Dr. Osborne）的邀請，到他家小住，直到星期一為止[234]。

據考證，達捷這個地方在倫敦西邊遠郊以外。孫逸仙前往達捷，必須坐火車去，從倫敦的培鼎藤（Paddington）火車總站出發。

961101星期天

倫敦今天沒下過雨，太陽也沒露過臉（以西敏寺Westminster地區為準），溫度最低華氏41，最高華氏48度，濕度78，多雲[235]。

偵探社今天交白卷。康德黎夫人日記也沒提供任何訊息。

---

231 *The Times*, 31 October 1896, p. 6, col. 4.
232 Mrs. Cantlie's diary, 30 October 1896.
233 *The Times*, 2 November 1896, p. 11, col. 3.
234 Mrs. Cantlie's diary, 31 October 1896.
235 *The Times*, 2 November 1896, p. 11, col. 3.

　　不過筆者想，達捷這個地方，就在溫莎堡（Windsor Castle，英王行宮）附近，孫逸仙的東道柯士賓醫生（Dr. Osborne）肯定會帶孫逸仙參觀這個名勝。而且，康德黎夫人之提到柯士賓醫生，是條重要線索。因為，孫逸仙曾翻譯過柯士賓醫生所著的《紅十字會救傷法》（First Aid）。若細心探求一下該《救傷法》，或有發現。果然，該《救傷法》的序言中有這麼一句話：「去冬，與柯君往遊英君主雲賽行宮，得觀御蹕之盛。」[236]所謂「雲賽」者，Windsor也，現代多音譯作「溫莎」。所泛指「去冬」者，現可確定為今天、1896年11月1日。所謂「與柯君往游」，其實是孫逸仙應柯士賓醫生的邀請，並作為柯士賓醫生的客人，遨遊溫莎行宮。

　　此外，柯士賓醫生是《紅十字會救傷法》（First Aid）的作者。康德黎醫生是英國「自願救傷團」（Volunteer Medical Corps）的創始人[237]。兩人在救傷（first aid）的領域上，都是同道中人。很明顯，是康德黎醫生把孫逸仙介紹給柯士賓醫生的。同樣明顯的是，兩位醫生都很希望柯士賓醫生所著的《紅十字會救傷法》能被翻譯成漢文，以澤華人。若找翻譯者，則孫逸仙是當時最適當不過的人選了。看來，柯士賓醫生之所以邀請孫逸仙到家裡作客，並帶他遨遊溫莎行宮，目的是要藉此機會，正式邀請孫逸仙把《紅十字會救傷法》翻譯成漢文。

　　看來孫逸仙是欣然答應了，因為在孫逸仙的眾多著作當中，就有《紅十字會救傷法》的漢譯本。孫逸仙並於譯序中說：「柯君道君主仁民愛物之量充溢兩間，因屬代譯是書為華文，以呈君主，為祝六十登極慶典之獻。旋以奏聞，深蒙君主大加獎許，且云華人作挑[桃]源於英藩者以億兆計，則是書之譯，其有裨於寄英宇下之華民，良非淺鮮。柯君更擬印若干部發往南洋、香港各督，俾分派好善華人，以廣英君壽世壽民之意。嗚呼！西人好善之心，可謂無所不用其極。」[238]可見，這個時候的孫逸仙，

---

236 孫逸仙，〈《紅十字會救傷法》譯序〉，載《孫逸仙全集》，第一卷，頁107-8。
237 Cantlie and Seaver, *Sir James Cantlie*, chapter 3.
238 同上，頁118。

是非常仰慕英國的精神文明的。

961102星期一

倫敦今天下過0.18英吋的雨，太陽沒露過臉（以西敏寺Westminster地區爲準），溫度最低華氏43，最高華氏48度，濕度84，沒風[239]。

偵探社今天交白卷。

康德黎夫人日記卻說，今天中午，一位曾經在中國當過海關監督（Commissioner in Chinese Customs）的、名字叫魯特盧先生（Mr. Ludlow），造訪康德黎醫生的家，要求會見孫逸仙。又說，下午，孫逸仙從達捷（Datchet）回到康家，收拾行李，向康氏一家道別，搬回到格雷法學院坊8號（8 Gray's Inn Place）旅寓居住[240]。

魯特盧先生專訪孫逸仙，所爲何事？可惜康德黎夫人的日記沒有紀錄他的來意。看來他是撲了個空，因爲孫逸仙去了達捷還沒回來。以後有沒有見上面，目前還不見經傳。但禮貌上，孫逸仙或康氏伉儷應該會有所表示的。

961103星期二

倫敦今天沒下過雨，太陽露過0.8小時的臉（以西敏寺Westminster地區爲準），溫度最低華氏40，最高華氏47度，濕度74，天清朗[241]。

偵探社今天交白卷。

康德黎夫人日記卻說，今天中午，孫逸仙在康德黎家吃午餐[242]。孫逸仙昨天才搬出去，今日馬上又回來吃午餐，是否康氏伉儷在昨天就面邀了那位過訪不遇的魯特盧先生同來，以便與孫逸仙見面？如果是的話，則餐桌上的話題，自然離不開中國的現狀。而曾經在中國當過海關監督的英國人魯特盧先生，最關心的問題，恐怕還是中國海關在地方的貪官污吏與惡

---

239 *The Times*, 3 November 1896, p. 5, col. 4.
240 Mrs. Cantlie's diary, 2 November 1896.
241 *The Times*, 4 November 1896, p. 10, col. 4.
242 Mrs. Cantlie's diary, 3 November 1896.

警的干擾下，得不到正常運作，嚴重地妨礙了貿易與貨物的運轉。英國在華貿易，執列強牛耳，作爲英國人的魯特盧先生，自然更表關注。

筆者又聯想到，孫逸仙在這個時候正與柯林斯合作寫文章（見961027），而第一篇題爲「中國的現在和未來——革新黨呼籲英國保持善意的中立」[243]的文章，又重點談了海關的問題。讓筆者得出一個結論，就是孫逸仙與魯特盧先生的交往啓發了他。既然他要呼籲英國對他的革新事業保持善意的中立，那麼要說服英國人，自然就必須指出，他要進行的革新事業與英國的利益是一致的。看來，魯特盧先生找孫逸仙，可能是看上這位風雲人物，希望引起他注意中國海關的問題。而孫逸仙順水推舟，倒過來用這些材料來爭取英國當局對他革命事業的同情。可以說，在康家吃這頓午餐，對孫逸仙的幫助是不少的。

961104星期三

倫敦今天沒下過雨，太陽露過0.3小時的臉（以西敏寺Westminster地區爲準），溫度最低華氏36，最高華氏49度，濕度74，天清朗[244]。

關於跟蹤孫逸仙的事，史雷特私家偵探社今天仍然交白卷。另一方面，史雷特先生今天給公使龔照瑗回了一封信，表示第一，公使昨天的信已收到了；第二，對於公使要求偷拍目標一張照片，將盡力而爲[245]。龔照瑗要孫逸仙的照片幹甚麼？耐人尋味。

據英國外交部檔案，則今天孫逸仙與兩位恩師——康德黎醫生和孟生醫生——一道到財政部，在該部首席律師（Treasury Solicitor）面前作證詞[246]。財政部首席律師，受英國政府之命，負責調查孫逸仙被清使館幽禁

---

243 見《孫逸仙全集》（北京：中華書局，1982），第一卷，頁87-106。《國父全集》，第二集，頁223-236。

244 *The Times*, 5 November 1896, p. 7, col. 4.

245 Slater to the Chinese Minister, 4 November 1896，載羅家倫，《蒙難史料考訂》，頁121。

246 See the statements of Sun Yatsen, Dr. James Cantlie and Dr. Patrick Manson, 4 November 1896, FO17/1818/pp. 119-122.

眞相暨孫逸仙是被綁架還是自投之迷，早於兩日前已召過英僕柯耳到財政部來作證詞[247]。並將會於明天傳孫逸仙的房東露絲・保勒德小姐（Miss Lucy Pollard）到財政部來作證詞[248]。

又，按康德黎夫人日記，今天黃昏，孫逸仙隨康德黎醫生應邀到鄧達斯・格蘭特醫生（Dr. Dundas Grant）家吃晚餐[249]。

看來恩師對孫逸仙的確是一片苦心，連日來既帶他參觀醫學院，參加醫學院學生會晚宴，介紹他給柯士賓醫生讓他翻譯《紅十字會救傷法》，今天又帶他到另一位醫生的家晚宴，似乎都是希望對他潛移默化，讓他在醫學上深造，當個出色的傳敎士醫生。

961105星期四

倫敦今天沒下過雨，太陽露過3.7小時的臉（以西敏寺Westminster地區爲準），溫度最低華氏38，最高華氏49度，濕度63，天淸朗[250]。

史雷特私家偵探社今天仍然交白卷。

康德黎夫人卻說，今天中午，孫逸仙在她家吃午餐，接著就隨她們一家走路到倫敦西南部的巴恩斯（Barnes）地方，探望她的媽媽。晚餐也在她媽媽家裡吃，同檯共餐的還有懷特醫生（Dr. White）、安德遜先生（Mr. Anderson）和他的兒子，以及李查森小姐（Miss Richardson）。

又是一位醫生！晚餐後，孫逸仙似乎就與康氏一家大小，在康德黎夫人的媽媽的家裡過夜。

今天，財政部首席律師傳孫逸仙的房東露絲・保勒德小姐（Miss Lucy Pollard）到財政部來作證詞[251]。

---

247 Cole's statement at the Treasury, 2 November 1896, FO17/1718/pp. 116-119.
248 Lucy Pollard's statement at the Treasury, 5 November 1896, pp. 122-123.
249 Mrs. Cantlie's diary, 4 November 1896.
250 *The Times*, 6 November 1896, p. 5, col. 5.
251 Lucy Pollard's statement at the Treasury, 5 November 1896, FO17/1718/pp. 122-123.

961106星期五

待考。

961107星期六

待考。

961108星期天

待考。

961109星期一

倫敦今天沒下過雨，太陽露過2.2小時的臉（以西敏寺Westminster地區為準），溫度最低華氏37，最高華氏47度，濕度71，天清朗[252]。

史雷特私家偵探社今天仍然交白卷。康德黎夫人卻說，今天孫逸仙曾到訪。又說今天是倫敦市長節（Lord Mayor's Day），學校放假，以示慶祝[253]。趁上這個節日，孫逸仙參觀了什麼慶祝活動？後來在1924年，孫逸仙支持其兒子孫科在廣州成立廣州市政府，從廣東省政府中獨立起來，是從今天的見聞引起了他對市政的注意？

961110星期二

待考。

961111星期三

待考。

961112星期四

倫敦今天沒下過雨，太陽也沒露過臉（以西敏寺Westminster地區為準），溫度最低華氏44，最高華氏52度，濕度62，多雲[254]。

今天，史雷特偵探社的偵探，成功地重新盯上孫逸仙。該社失掉目標已經整整14天了，真丟人！現在該社的偵探在下午3時目睹孫逸仙從覃文省街46號康家走出來，徒步到牛津街的公共馬車站，登上一部公共馬車，到

252　*The Times*, 10 November 1896, p. 10, col. 3.

253　Mrs. Cantlie's diary, 9 November 1896.

254　*The Times*, 13 November 1896, p. 9, col. 4.

霍爾本(Holborn)地區後下車，然後走到霍爾本大街40號(40 High Holborn)那家專賣襪子和內衣的商店，在那裡停留了幾分鐘後，即走路到格雷法學院坊8號。在那裡停留了一小時後，又到霍爾本大街48號，在那裡掛了一個電話以後，又坐公共馬車回到覃文省街46號，時為黃昏5時30分。以後就再沒見到他離開了[255]。到郵局打了一個電話，然後再回到覃文省街46號康家。

偵探這份報告，沒頭沒尾。孫逸仙早已於11月2日從康家搬回霍爾本區旅寓居住。所以今天造訪康家，肯定先從霍爾本出發去康家。偵探沒注意到這一點，是因為偵探遲到。造訪完後，晚上還是要回到旅寓休息的。偵探同樣沒注意到這一點，是因為偵探早退。但他的報告有助於重建孫逸仙今天的活動。那就是，他在上午往探望康德黎醫生，吃過午餐後，在3時離開，回到霍爾本地區，在附近買了些襪子、內衣之類的日用品以後，就回到旅寓休息。休息約一小時以後，再度外出，到附近的郵局掛了個電話。當時電話還不普遍，貴如康家也沒有私人電話。孫逸仙要打電話必須到郵局排隊付款登記辦手續。掛電話給誰？竊以為可能與明天孫逸仙的活動有關——明天他參觀林肯法學院和內寺法學院，掛電話似乎是落實明天的約會。掛過電話之後，他再坐公共馬車第二度造訪康家，並與康氏一道吃過晚餐以後才回家。

康德黎夫人的日記，今天沒提孫逸仙曾過訪。但偵探又信誓旦旦地說曾目睹孫逸仙曾兩度造訪過康家。可能的解釋有二：第一，偵探在胡謅。衡量之下，筆者覺得這可能性較低。第二，對康夫人來說，孫逸仙已是常客，幾乎天天都在，於日記中提他，已沒甚麼意思。所以今天乾脆不提了。這種可能性較高。如果是這樣的話，她很快又恢復非常正式地提他造訪之事了(見961122)。但她在日記中提供了重要線索。她說，今天隆亞‧倔塔爵士(Sir Guyer Hunter)來午餐。晚餐是在威特熱斯伉儷(Mr. and Mrs. Wethereds)家裡吃的，同桌共餐的還有格特利斯伉儷(Mr. and Mrs.

---

255 Chinese Legation Archives, Slater to the Chinese Minister, 4 November 1896，載羅家倫：《蒙難史料考訂》，頁122-123。

Godlees)、杜夫醫生暨夫人(Dr. and Mrs. Tooth)，還有一位軍人(a military man)[256]。看來，孫逸仙在康家吃過午餐在下午3時離開後，在5時30分又趕回康家隨同康氏伉儷赴宴。

孫逸仙在今天午餐時候結交的那位隘亞·倔塔爵士，是倫敦大學英王書院(King's College, London)學士，蘇格蘭阿巴顛大學醫學博士(M.D., Aberdeen University, 1867)，曾當過英印度殖民地孟買駐軍首席外科醫官(Surgeon-General, Bombay Army, 1877)，孟買大學校長(Vice-Chancellor, Bombay University, 1880)，以及英國下議院議員(M.P. Central Hackney, 1885-92)[257]。至於晚餐結交的朋友當中，想孫逸仙對那位軍人最感興趣，因為要推翻滿清缺不了武裝力量。而這位軍人是孫逸仙在英國結識的第二位軍人了。第一位是維伊先生(Mr. Weay)——那位南非戰爭中布魯維奧(Bulowayo)戰役的戰鬥英雄(見961025)。

也是在今天，英國財政部首席律師完成了調查任務，並給內政部寫了報告[258]。他的結論是，孫逸仙所言不虛：孫逸仙是被半哄騙半強迫地劫持進入清使館的[259]。換句話說，他是被綁架的，清使館「自投」之說屬謊言。這個結論大大提高孫逸仙在英國上流社會的公信力。

同樣在今天，孫逸仙的次女金琬出生[260]。身在海外的孫逸仙，什麼時候才得到這個消息？

961113星期五

倫敦今天沒下過雨，太陽也沒露過臉(以西敏寺地區為準)，溫度最低華氏41，最高華氏50度，濕度65，無風[261]。

256　Mrs. Cantlie's diary, 12 November 1896.
257　*Who was Who, v.1, 1897-1915,* 5th edition　(London: Adam & Charles Black, 1953), p. 362, col. 1.
258　Cuffe to Home Office, 12 November 1896, FO17/1718, pp. 113-115.
259　Cuffe to Home Office, 12 November 1896, FO17/1718, para. 20, pp. 113-115.
260　《孫逸仙年譜長編》(北京：中華書局，1991)，上冊，頁127。
261　*The Times*, 14 November 1896, p. 13, col. 5.

今天，史雷特偵探社的偵探，成功地恢復盯上孫逸仙，並發覺他在另外一位華人(Chinaman)的陪同下，在早上11時30分從格雷法學院坊8號出來，先到霍爾本郵局，然後到了司法大臣街(Chancery Lane)的白石大樓第7號(No.7 Stone Buildings)，並在那裡逗留了約半個小時[262]。這是林肯法學院(Lincoln's Inn)裡邊的一棟建築物。

據實地考察，司法大臣街就在孫逸仙旅寓附近，走路約五分鐘即到，再走三分鐘，就到達林肯法學院的東門。進院後往西走一分鐘，即到達白石大樓第7號。

帶孫逸仙參觀的這位華人是誰？有待考證。但有一線索，按白石大樓第7號本來是該法學院司庫的辦公室，1880年起改爲該法學院的一組公共活動室(Common Rooms)[263]。所謂活動室，一般是在看報章雜誌與喝咖啡或茶的地方，所以也有翻譯成休息室者。所謂一組活動室，按英國慣例是分敎員活動室(Senior Common Room)和學生活動室(Junior Common Room)。有權到該法學院公共活動室的人，多數是該法學院的老師或學生。當時在林肯法學院還沒有華人的老師，所以帶孫逸仙參觀的華人，多數是該法學院的學生。此外，參觀學生活動室不需要半個小時，孫逸仙等在那裡勾留了30分鐘，可能是在那裡閱讀了有關該法學院的歷史和討論了有關英國法制與培養法律人才的問題。當時在中國還沒有法律這行專業，只有衙門的「師爺」和所謂「訟棍」，與法治的英國有如天淵之別。另外，這個時候孫逸仙與柯林斯合作撰寫的東西之一，就是一篇題爲「中國法制改革」的論文(見本書第四章)。今天孫逸仙參觀法學院，對他有甚麼啓發？

參觀過學生活動室後，接著參觀該法學院的餐堂(Hall)和圖書館(Library)，勾留了也是約半個小時。據實地考察，該學院的餐堂和圖書館

---

262 Chinese Legation Archives, Slater to Chinese Minister, 21 November 1896，載羅家倫，《蒙難史料考訂》，頁123。

263 *The Records of the Honourable Society of Lincoln's Inn: The Black Books, Vol.5, A.D. 1845-A.D.1914*, edited by Sir Ronald Roxburgh (London, 1968), p. xxxvii.

連在一起，成「L」字型。從白石大樓第7號走路前往，需時不出兩分鐘。

　　孫逸仙參觀過林肯法學院的餐堂和圖書館後，繼續往西走，即走出該學院的西門。轉左，即面向南方。朝南方看，前邊不遠就是高等法院（Palace of Justice）的後座。往南走，繞過高等法院，繼續往南走，全程共走約25分鐘，即到達內寺法學院。偵探目睹孫逸仙從林肯法學院出來後，又到內寺法學院（Inner Temple），參觀該法學院的餐堂（Hall）和圖書館（Library）。

　　參觀過內寺法學院後，孫逸仙即回旅寓休息[264]。

961114星期六

　　報章沒有刊登倫敦今天是否下過雨或太陽是否露過臉（以西敏寺Westminster地區為準），溫度最低華氏43，最高華氏48度，濕度88，早晨晴朗，慢慢轉陰，黃昏5時30分開始下雨[265]。

　　今天下午2時15分，偵探目睹孫逸仙從旅寓出來，投寄了一封信[266]。投信給誰？偵探沒查出。據本書第四章考證，他極有可能是覆信給劍橋大學翟理斯教授[267]。至於孫逸仙在今天的其他活動，偵探就無可奉告了。

　　康德黎夫人說，在今天黃昏時分，孫逸仙與康德黎醫生聯袂到野人俱樂部（Savages Club）作客[268]。

　　很明顯，該俱樂部同仁邀請孫逸仙與康德黎醫生作晚餐演講，談談「清使館歷險記」。孫逸仙又再一次有機會磨練他公開演說的才能。筆者喜獲有關報導並把它翻譯成中文，作為本書第四章的附錄六。

---

264 Chinese Legation Archives, Slater to Chinese Minister, 21 November 1896，載羅家倫，《蒙難史料考訂》，頁123。
265 *The Times*, 16 November 1896, p. 10, col. 4.
266 Chinese Legation Archives, Slater to Chinese Minister, 21 November 1896，載羅家倫，《蒙難史料考訂》，頁123。
267 見本書第四章，961114條。
268 Mrs. Cantlie's diary, 14 November 1896.

961115星期天

倫敦今天下過0.18英吋的雨，太陽也露過2.8小時的臉（以西敏寺地區爲準），溫度最低華氏41，最高華氏48度，濕度68，天晴[269]。

偵探說今天沒看到孫逸仙從旅寓出來或造訪覃文省街46號。很難想像，今天孫逸仙整天呆在家裡。看來偵探又一次丟掉了目標。

961116星期一

倫敦今天下過0.10英吋的雨，太陽也露過1.4小時的臉（以西敏寺地區爲準），溫度最低華氏40，最高華氏50度，濕度71，天晴[270]。

偵探目睹孫逸仙在早上10時40分從旅寓出來，坐上一部出租馬車（車牌7140），趕往覃文省街46號康家，11時到達。下午3時，偵探目睹他離開康家，前往艾爾伯特路12號（12 Albert Road），在那裡停留了約半個小時後離開，返回旅寓，之後就再沒見到他外出[271]。

按理孫逸仙破財坐出租馬車而不坐公共馬車，看來是趕時間，更可能是約了甚麼人在康家見面。而從上午11時到下午3時都在康家，則這個會談還包括午餐，應該是個比較要緊的聚會，可惜康德黎夫人的日記沒提及這件事，也沒說午餐時分有甚麼客人。反而提到她自己去看了牙醫，和去探望一些朋友。因此可能她今天不在家裡吃午餐。康家有廚子有僕人，也用不上她親自動手。

至於艾爾伯特路12號，那正是柯林斯（Edwin Collins）居住的地方。看來他倆合夥寫作的計畫從今天開始實踐。筆者甚至有一個想法，就是今天早上孫逸仙坐出租馬車趕往康家會見及長談的這個人，很可能就是柯林斯。會談的內容，正是們要合作撰寫的文章。而康德黎醫生也參加了這個會談。康德黎醫生對孫逸仙關懷備至，當然也關心他交上甚麼朋友，以及

269　*The Times*, 17 November 1896, p. 11, col. 2.

270　同上。

271　Chinese Legation Archives, Slater to Chinese Minister, 21 Nov 1896，載羅家倫，《蒙難史料考訂》，頁123-4。

有甚麼大型寫作計畫。

在康家談過後，孫逸仙柯林斯似乎意猶未已，聯袂到柯家品茗小聚，繼續談談寫作大綱。

961117星期二

倫敦今天沒下過雨，太陽也沒露過臉(以西敏寺地區為準)，溫度最低華氏43，最高華氏47度，濕度83，天陰無風[272]。

早上10時15分，偵探目睹孫逸仙從旅寓出來，坐上一部出租馬車(車牌9127)，趕往艾爾伯特路12號，在那裡停留到下午2時30分才離開，然後坐公共馬車到覃文省街46號[273]。最後回到格雷坊旅寓。至於孫逸仙甚麼時候離開康家，則偵探沒說，很可能在孫逸仙離開康家以前，偵探已收工，所以沒法說出孫逸仙離開康家的具體時間。這意味著孫逸仙留在康家吃晚餐。偵探等得不耐煩，就溜之大吉。

康德黎夫人在今天的日記中寫道：香港公立醫院(Hong Kong Civil Hospital)的兩位護士來訪，其中一位護士還曾經染上瘟疫[274]。

重建今天孫逸仙的活動，則似乎他與柯林斯正式開始寫作了。而且為了爭取時間，孫逸仙不惜花錢坐出租馬車去。至於兩人合作的方式，則好像是孫逸仙口頭提供材料，柯林斯執筆，午餐也在柯家吃，邊吃邊討論。寫作過後，孫逸仙就前往康家向恩師匯報。在康家幸會兩位從香港返英休假的護士，孫逸仙得而進一步了解到當時香港瘟疫的情況。接著孫逸仙留下來吃過晚餐後才離開。

961118星期三

倫敦今天下過0.03英吋的雨，太陽沒露過臉(以西敏寺地區為準)，溫度最低華氏43，最高華氏47度，濕度72，天陰無風[275]。

---

272 *The Times*, 18 November 1896, p. 6, col. 5.

273 Chinese Legation Archives, Slater to Chinese Minister, 21 Nov 1896，載羅家倫，《蒙難史料考訂》，頁124。

274 Mrs. Cantlie's diary, 17 November 1896.

275 *The Times*, 19 November 1896, p. 6, col. 5.

早上10時40分，偵探目睹孫逸仙從旅寓出來，坐上一部出租馬車，趕往罩文省街46號康家。下午3時30分從康家出來，坐公共馬車回到格雷法學院坊8號旅寓。在那裡停留了半個小時後，再趕回康家[276]。

康德黎夫人在今天的日記中寫道：她媽媽送了£50給孫逸仙[277]。

總結今天孫逸仙的活動，有兩點值得注意。第一，他破財坐出租馬車來去匆匆，似乎與康德黎夫人的媽媽過訪康家有關。他趕回旅寓，可能拿甚麼東西給她老人家看。第二，他從早上約11時到下午3時30分都在康家，肯定在那裡吃午餐，但康德黎夫人在今天的日記中卻沒提及孫逸仙曾過訪，讓筆者進一步相信孫逸仙在她的眼中，已經是家裡人因而不再在日記中提他造訪之事。所以從今以後，筆者在運用她的日記時會留意一點，就是儘管她沒提到孫逸仙曾造訪，也不表示孫逸仙並沒這樣做。

961119星期四

倫敦今天沒下過雨，太陽露過1小時的臉（以西敏寺地區為準），溫度最低華氏37，最高華氏47度，濕度78，陰晴不定[278]。

偵探說他目睹孫逸仙從旅寓出來。至於何時出來，則偵探沒說。出來後即往康德黎家，在那裡停留到下午2時30分。從康家出來後，即坐公共馬車到艾爾伯特路12號（12 Albert Road）。在那裡停留1小時後，又回到康德黎家，並在康家呆到晚上才回格雷法學院坊8號旅寓[279]。

這樣的一份偵探報告，引起筆者莫大興趣。孫逸仙在一天之內訪問了康家兩次，第一次停留到下午2時30分離開，那肯定是在康家吃了午餐。第二次在下午4時左右到達，那是喝下午茶的時候。停留到晚上才離開，那是在康家吃了晚餐。為甚麼孫逸仙專門挑吃餐、喝茶的時候過訪康家？

276　Chinese Legation Archives, Slater to Chinese Minister, 21 November 1896，載羅家倫，《蒙難史料考訂》，頁124。

277　Mrs. Cantlie's diary, 18 November 1896.

278　*The Times*, 20 November 1896, p. 10, col. 3.

279　Chinese Legation Archives, Slater to Chinese Minister, 4 December 1896，載羅家倫，《蒙難史料考訂》，頁125。

　　康德黎夫人的日記提供了重要線索。她在今天的日記中寫道：「漢密
什（Hamish，康德黎醫生的蘇格蘭名字、康德黎夫人對其丈夫的愛稱）正在
幫助孫逸仙撰寫他的傳記。」[280]準此，竊以為康德黎醫生是個大忙人，不
會在診治時間幹這種額外的事情。唯一能擠出時間與孫逸仙討論他履歷的
場合，正是吃餐、喝茶的時候，邊吃邊談，不礙正辦。

　　把康德黎夫人昨天和今天的日記連起來讀，再結合偵探的報告，可以
看出情況也許是這樣：康德黎夫人的母親、巴克利‧布朗太太提出，趁英
國全國上下甚至美國、加拿大、澳大利亞、南非和其他英語地區，在轟動
全球的倫敦綁架案還熱呼呼、對孫逸仙的興趣還非常濃厚的時候，出版一
本關於他的傳記。從中得到的版稅，對孫逸仙這個一貧如洗的流亡者，在
經濟上會甚有幫助。這個建議似乎被康德黎醫生和孫逸仙接納了，因此師
徒倆在今天就開始了新的合作。為什麼筆者會作是想？因為巴克利‧布朗
太太是一位很有生意頭腦的人。她的丈夫是格拉斯哥（Glasgow）克萊德河
畔（Clyde）一家造船廠（兼修船）的廠主，非常富有[281]。從她昨天一出手就給
了孫逸仙£50來看，其富有與氣派可知。馬格里爵士的年薪才£100（折白銀
932兩），而龔照瑗以公使之尊，每年才實收白銀814兩[282]。可以說，巴克
利‧布朗太太具備了、康德黎醫生和孫逸仙都缺乏的、那種敏銳的商業眼
光。師徒倆寧不心折？

　　當這本書終於出版時，書名正是大名鼎鼎的《倫敦蒙難記》的英文原
著。

961120星期五

　　倫敦今天下過0.03英吋的雨，太陽露過1.5小時的臉（以西敏寺地區為

280　Mrs. Cantlie's diary, 19 November 1896.

281　感謝康德黎醫生的孫女、奧德麗‧康德黎博士（Dr. Audrey Cantlie），告訴我這
　　段家史。同時見also Cantlie & Seaver, Sir James Cantlie, p. 21, and Stewart,
　　Mercy, p. 26.

282　見拙著《孫逸仙倫敦蒙難真相：從未披露的事實》（台北：聯經出版公司，
　　1998），第二章。

準），溫度最低華氏41，最高華氏51度，濕度61，天晴[283]。

偵探說，孫逸仙今天探訪康德黎醫生的家。之後就回到旅寓[284]。至於孫逸仙何時到達康家，何時回到旅寓，則偵探都沒說。但可以想像，孫逸仙今天的活動規律，酷似昨天，即抓緊在康德黎醫生吃餐喝茶的時間，共同策劃他的自傳應該如何寫法，並由孫逸仙口述，提供材料，康德黎作筆記及撰寫。

961121星期六

報章沒刊登倫敦今天有否下過雨或太陽有否露過臉(以西敏寺地區為準)，溫度最低華氏37，最高華氏50度，濕度76[285]。

偵探說，今天旣沒有見到孫逸仙離開格雷法學院坊8號他的旅寓，也沒見到他到過覃文省街46號康家[286]。如果偵探所言屬實，則可以想像，他先到格雷法學院坊8號偵察，但久久不見孫逸仙蹤影。於是猜想他可能早已去了康家，便趕到覃文省街46號監視，同樣不見孫逸仙蹤影。孫逸仙去了那裡？看孫逸仙連日以來的活動規律，並參照明天的記載，竊以為孫逸仙今天是去了康家。很可能該偵探到達格雷法學院坊8號時，孫逸仙早已離去，才會失掉目標。但在康家外邊久等也沒動靜，不耐煩之餘，溜之大吉。

961122星期天

倫敦今天沒下過雨，太陽也沒有露過臉(以西敏寺地區為準)，溫度最低華氏45，最高華氏51度，濕度63。天陰無風[287]。

像昨天一樣，偵探說，今天旣沒有見到孫逸仙離開格雷法學院坊8號他的旅寓，也沒見到他到過覃文省街46號康家[288]。究竟孫逸仙去那裡？康德

---

283 *The Times*, 21 November 1896, p. 9, col. 5.
284 Chinese Legation Archives, Slater to Chinese Minister, 4 December 1896，載羅家倫，《蒙難史料考訂》，頁126。
285 *The Times*, 23 November 1896, p. 10, col. 3.
286 Chinese Legation Archives, Slater to Chinese Minister, 4 December 1896，載羅家倫，《蒙難史料考訂》，頁126。
287 *The Times*, 23 November 1896, p. 10, col. 3.
288 Chinese Legation Archives, Slater to Chinese Minister, 4 December 1896，載羅家

黎夫人提供了答案，她在今天的日記中寫道：「克特魯先生(Mr. Crow)與
孫逸仙在此午餐。整天大霧。」[289]哦！大霧。康德黎夫人在她的日記中把
但「整天大霧」這句話說了兩遍，證明她對今天這大霧的感受是很深的。
既補充了天文台對今天的天氣候報的不足，也暗示一個問題：偵探今天丟
掉目標，也是因爲大霧的關係？但事實證明，對一位有經驗的偵探來說，
霧再濃，總不至於看不到孫逸仙離開旅寓吧(見961123)。今天偵探社派來
監視孫逸仙的探員，究竟是那路貨色？

961123星期一

　　天文台的紀錄說，倫敦今天沒下過雨，太陽也沒露過臉(以西敏寺地區
爲準)，溫度最低華氏42，最高華氏48度，濕度70，倫敦整天大霧，下午霧
變得更濃[290]。康德黎夫人在的日記中一開始就說：「今天又是大霧(Thick
fog again.)。」這次天文台的紀錄與常人的生活體驗是對上了口徑。

　　今天派來監視孫逸仙的探員似乎幹練得多。儘管是大霧，他仍然發覺
孫逸仙在早上9時30分離開旅寓，到南院5號(5 South Square)停留了10分鐘
後即離開，回到旅寓。中午12時30分，偵探發現孫逸仙再度出來，前往覃
文省街46號康家。在那裡停留到下午2時45分離開，坐公共馬車回旅寓。黃
昏時分，偵探目睹孫逸仙第三次出來，買了一份報紙就回家，以後就沒有
再出來了[291]。

　　先探索孫逸仙在上午的活動。翻查倫敦街道圖，沒有南院5號這個地
址，無從實地考察，怎麼辦？苦苦思索之餘，突然想起在牛津大學唸書的
時後，各學院裡有各個不同的院子，稱court。格雷法學院也是一個學院，
裡邊同樣有不同的院子，可能倫敦法學院裡的院子不稱court而稱square也
說不定。因爲雙方的設計都是一模一樣的，而且都是方型(square)。於是

(續)—————————

　　　倫，《蒙難史料考訂》，頁126。

289　Mrs. Cantlie's diary, 22 November 1896.

290　*The Times*, 24 November 1896, p. 11, col. 5.

291　Chinese Legation Archives, Slater to Chinese Minister, 4 December 1896，載羅家
　　　倫，《蒙難史料考訂》，頁126。

親往拜訪格雷法學院的辦公室主任。果然，南院5號是該法學院裡的第5道
樓梯。按該法學院建築的設計，每道樓梯通往幾個居住單位。

孫逸仙是到該樓梯中的哪一個單位見誰？詢諸格雷法學院當局，則稱
該院檔案，已於第二次世界大戰期間，被德國的空軍轟炸得蕩然無存[292]。
徵諸《法律便覽》，也無補於事[293]。最後再次函《凱利倫敦郵政便覽》當
今的負責人，承其俯覆[294]，方知南院5號樓梯當年的住客有詹姆斯・查理
斯・馬斯（James Charles Marse）、弗雷德里克・德雷德奇（Frederick
Dredge）、亨利・喬治・希伯特（Henry George Hibbert），以及查理斯・
休・霍尼曼（Charles Hugh Horniman）等四人[295]。準此，筆者再次走訪格雷
法學院。承新上任的圖書館長特雷莎・湯姆夫人（Mrs. Teresa Thom）協助，
翻查了無數材料[296]，結果如下：

第一，關於馬斯的訊息，一點也沒有。第二，關於德雷德奇，格雷法
學院的檔案中，保存了兩份有關文獻，都是他申請擴建他辦公室的文件，
他的申請沒獲得批准[297]。第三，至於希伯特，如果收在《律師名錄》和

---

292 I wish to thank Mrs. C. Butters of Gray's Inn Library, for receiving me on 16 May
1983 and offering this information.

293 I am indebted to Mr. J.A. Tomlin and Miss Donna Robinson of the Senate of the
Inns of Court and the Bar for having helped me check the *Law List* of 1896 and
1897.

294 D.W. Lee to Wong, 23 Nov 1983, and encl. For a moment the name Henry George
caused a great deal of excitement in me, because Sun Yatsen is alleged to have been
greatly influenced by him. But unfortunately the surname of this Henry George was
Hibbert.

295 D.W. Lee to Wong, 23 November 1983, and enclosure.

296 These include *The Law List, 1897*; *Gray's Inn Book of Orders, March 1894 to April
1899*; *Admissions Register of Middle Temple*; *Admissions Register of Lincoln's Inn*;
a list of manuscript documents in the custody of the Library of the Honourable
Society of Gray's Inn from *circa* mid-sixteenth century to *circa* 1900, by R.A.
Rontledge, 1975（typescript）; Joseph Foster, *Alumni Oxoniensis (Ser. 2) 1715-
1886*; and *Dictionary of National Biography*, Index 1901-21.

297 Gray's Inn MSS, Pension 4 Nov 1890, Gray's Inn Book of orders Vol.28（May 1888-
Mar 1894）, pp. 284,323.

《劍橋校友錄》的就是這個人的話，那麼他正是56歲的出庭律師
(barrister)[298]。當時孫逸仙沒有甚麼官司要打，儘管要打官司（例如控訴清
使曾非法幽禁過他而要求賠償），也必須先找普通律師(solicitor)不是直接
找出庭律師(barrister)。而且，孫逸仙在以後的日子裡還多次造訪南院5
號，出庭律師的收費像天文數字，孫逸仙那付得起這種價錢？第四，關於
霍尼曼，格雷法學院保存了他的入學申請表。日期是1895年1月16日，霍尼
曼報稱是新聞記者，22歲。準此，竊以爲霍尼曼很可能就是孫逸仙今天和
以後不斷定期拜訪的人。理由如下：霍尼曼是個學生，能夠比較靈活的支
配自己的時間，每次花十來分鐘會見孫逸仙，無傷大雅。其次，霍尼曼當
過記者，對孫逸仙這樣的風雲人物會感興趣。

　　孫逸仙前往探望一位學習法律的學生幹甚麼？很可能是要增加自己對
法律和英國憲法的認識。這與他在1896年11月13日[299]參觀林肯法學院和內
寺法學院的行動是一致的。另外，從他今天和以後造訪時間之短暫——一
般是十來分鐘——這種規律來看，似乎孫逸仙之找霍尼曼，要麼是借書還
書，要麼是讀書時遇到問題就連忙向他請敎。在兩者兼而有之的情況下，
竊以爲請敎的次數可能較多。因爲在上海孫逸仙故居的藏書當中[300]，就有
英國著名記者沃爾特・白哲格特所著的《英國憲法》[301]。該書在英國非常
著名，早在孫逸仙訪英之前已出版。如果孫逸仙要了解英國的憲法，這是
最明顯不過的讀物。但對一位初入門而出生背景又全異的人之如孫逸仙來
說，要讀通這部經典著作，困難是不少的，因此提問也會特別多。

298　Joseph Foster（comp.）*Men-at-the-Bar*, 2nd edition（London, Hazell, Watson and
　　　Viney, 1889）, p. 216.　J.A. Venn（comp.）*Alumni Catabrigiensis*（Cambridge,
　　　Cambridge University Press, 1974）, Part 2, p. 356.

299　Slater to Chinese Minister, 21 November 1896，載羅家倫，《蒙難史料考訂》，
　　　頁123。

300　見姜義華，〈民權思想淵源——上海孫逸仙故居部分藏書疏記〉，《大道之
　　　行——孫逸仙思想發微》（廣州：廣東人民出版社，1996），頁144。

301　Walter Bagehot, *The English Constitution*（London： Thomas Nelson & Sons,
　　　1872）.

961124星期二

據天文台的紀錄，倫敦今天沒下過雨，太陽也沒露過臉(以西敏寺地區為準)，溫度最低華氏41，最高華氏45度，濕度68，倫敦今天仍然是整天大霧，直到黃昏6時，視野才稍為變得清楚一些[302]。康德黎夫人在她的日記中則再沒提大霧之事，反而說了不少其他事情，限於篇幅之故也。

今天早上10時30分，偵探說他目睹孫逸仙從旅寓出來，坐上一部出租馬車(車牌10192)，趕往艾爾伯特路12號，在那裡停留到下午2時30分才離開。接著前往到覃文省街46號，並在那裡停留到黃昏以後才回格雷坊旅寓[303]。

另一方面，康德黎夫人在今天的日記中卻寫道：「哈利·布朗先生(Hary Brown)、高特魯先生(Mr. Crowe)和孫醫生(Dr. Sun)在這兒午餐。」[304]這就奇怪了！偵探說午餐時分，孫逸仙是在爾艾伯特路12號度過的，到了下午2時30分才離開。康德黎夫人卻說他是在她家吃午餐的。難道孫逸仙能分身？當偵探的報告與康德黎夫人的日記有衝突時，筆者比較傾向於相信康德黎夫人，因為她沒有任何動機要說謊話。反觀今天偵探的報告，則與961117的報告雷同，讓筆者懷疑史雷特先生是否把961117的報告搬字過紙了事[305]。

961125星期三：

倫敦今天沒下過雨，太陽也沒露過臉(以西敏寺地區為準)，溫度最低華氏41，最高華氏44度，濕度70[306]。

今天，偵探說他在中午12時目睹孫逸仙從旅寓出來，買了一份報紙後

---

302 *The Times*, 26 November 1896, p. 11, col. 6.

303 Chinese Legation Archives, Slater to Chinese Minister, 4 December 1896，載羅家倫，《蒙難史料考訂》，頁126。

304 Mrs. Cantlie's diary, 24 November 1896.

305 儘管是這樣，但筆者在統計孫逸仙造訪柯林斯的時間時，也只能採用偵探所提供的報告，別無他法，因為偵探的報告是唯一的數據。況且這些統計也只能是約莫的。

306 *The Times*, 25 November 1896, p. 11, col. 6.

就回家，之後就再沒見到他[307]。康德黎夫人今天的日記開頭第一句就說：
「今天很冷！」又說康德黎醫生的午餐是與多申醫生（Dr. Dawson）共進，
晚上則參加了康德黎醫生母校阿巴顚大學舊生會的晚宴，隻字沒提孫逸
仙，所以竊以爲今天偵探的報告可信，孫逸仙可能眞的因爲天氣寒冷而整
天留在室內；的確，今天整天沒太陽，白天的最高溫度只有44度，比深夜
最低溫度才上升了3度。

961126星期四

倫敦今天沒下過雨，太陽也沒露過臉（以西敏寺地區爲準），溫度最低
華氏38，最高華氏42度，濕度72。天陰無風[308]。

今天，偵探說他在下午2時30分目睹孫逸仙從旅寓出來後，即前往覃文
省街46號康家，並在那裡停留到過了黃昏以後才回家[309]。今天比昨天更
冷，白天的最高溫度比昨天還低二度，但孫逸仙還是出來活動了。爲甚
麼？因爲有約會。康德黎夫人在今天的日記中寫道：「接受了威特熱斯夫
人（Mrs. Wethereds）的邀請，今天到她家參加一個小吃聚會，吃得不太開
心，孫也去了。」[310]

這位威特熱斯夫人，住在哈利街（Harley Street）[311]。從覃文省街前往，
拐彎即到。偵探沒報告孫逸仙與康德黎夫人前往，要麼是沒注意到，要麼
是在他們出來前已溜之大吉。對孫逸仙來說，參加英國上流社會這種在黃
昏時分舉行的小吃聚會，似乎還是第一次。

961127星期五

倫敦今天沒下過雨，太陽露過3小時的臉（以西敏寺地區爲準），溫度最

307　Chinese Legation Archives, Slater to Chinese Minister, 4 December 1896，載羅家
　　倫，《蒙難史料考訂》，頁126。
308　*The Times*, 27 November 1896, p. 10, col. 4.
309　Chinese Legation Archives, Slater to Chinese Minister, 4 December 1896，載羅家
　　倫，《蒙難史料考訂》，頁126。
310　Mrs. Cantlie's diary, 26 November 1896.
311　Ibid.

低華氏36，最高華氏44度，濕度81。天陰無風[312]。

偵探說，今天早上10時30分，他目睹孫逸仙從旅寓出來，坐上一部公共馬車，前往艾爾伯特路12號(按即柯林斯家)，在那裡停留到下午3時30分才離開。接著前往到覃文省街46號(按即康德黎家)，之後就回格雷法學院坊旅寓[313]。

961128星期六

報章沒刊登倫敦今天有否下過雨或太陽有否露過臉(以西敏寺地區為準)，溫度最低華氏33，最高華氏37度，濕度65。吹強勁東風[314]。

偵探說，孫逸仙像昨天一樣，造訪了艾爾伯特路12號(按即柯林斯家)，和覃文省街46號(按即康德黎家)。之後就回格雷法學院坊旅寓[315]。

961129星期天

倫敦今天沒下過雨，太陽露過3小時的臉(以西敏寺地區為準)，溫度最低華氏34，最高華氏40度，濕度65。吹強勁東風，天晴乾燥[316]。

偵探說，孫逸仙像昨天一樣，造訪了艾爾伯特路12號(按即柯林斯家)，和覃文省街46號(按即康德黎家)。之後就回格雷法學院坊旅寓[317]。

康德黎夫人說，黃昏時分孫逸仙曾過訪她家[318]。

961130星期一

倫敦今天沒下過雨，太陽是否露過臉則沒紀錄(以西敏寺地區為準)，溫度最低華氏30，最高華氏41度，濕度50。天晴，早晨有急霜(sharp

---

312 *The Times*, 28 November 1896, p. 8, col. 4.
313 Chinese Legation Archives, Slater to Chinese Minister, 4 December 1896，載羅家倫，《蒙難史料考訂》，頁127。
314 *The Times*, 30 November 1896, p. 13, col. 4.
315 Chinese Legation Archives, Slater to Chinese Minister, 4 December 1896，載羅家倫，《蒙難史料考訂》，頁127。
316 *The Times*, 30 November 1896, p. 13, col. 4.
317 Chinese Legation Archives, Slater to Chinese Minister, 4 December 1896，載羅家倫，《蒙難史料考訂》，頁127。
318 Mrs. Cantlie's diary, 29 November 1896.

frost)[319]。

　　偵探說，今天下午2時30分，他目睹孫逸仙從格雷法學院坊（按即孫逸仙旅寓）出來後，即前往艾爾伯特路12號（按即柯林斯家），在那裡停留到下午5時30分才離開，接著就回格雷法學院坊[320]。

961201星期二

　　倫敦今天沒下過雨，太陽也沒露過臉（以西敏寺地區爲準），溫度最低華氏33，最高華氏42度，濕度59。天陰無風[321]。

　　偵探說今天沒見過孫逸仙外出[322]。康德黎夫人的日記也沒提到他。

961202星期三

　　倫敦今天下過0.39英吋的雨，太陽是否露過臉則沒紀錄（以西敏寺地區爲準），溫度最低華氏38，最高華氏45度，濕度77。天陰無風[323]。

　　偵探說，今天中午12時，他目睹孫逸仙從格雷法學院坊（按即孫逸仙旅寓）出來後，先到霍爾本郵局，繼往艾爾伯特路12號（按即柯林斯家），在那裡停留到下午4時15分才離開，接著就回格雷法學院坊[324]。

　　史雷特先生又說，他將會繼續祕密查探艾爾伯特路12號裡邊究竟住了甚麼人，然後回覆[325]。可見清使館讀了有關孫逸仙多次造訪艾爾伯特路12號的報告以後，已顯得不耐煩了，催促史雷特趕快找出裡邊究竟住了何方神聖。但據筆者看過的現存文獻中，沒有任何跡象證明史雷特先生終於找出艾爾伯特路12號的住客是誰。

319　*The Times*, 1 December 1896, p. 13, col. 2.

320　Chinese Legation Archives, Slater to Chinese Minister, 4 December 1896，載羅家倫，《蒙難史料考訂》，頁127。

321　*The Times*, 2 December 1896, p. 14, col. 2.

322　Chinese Legation Archives, Slater to Chinese Minister, 4 December 1896，載羅家倫，《蒙難史料考訂》，頁127。

323　*The Times*, 3 December 1896, p. 10, col. 3.

324　Chinese Legation Archives, Slater to Chinese Minister, 4 December 1896，載羅家倫，《蒙難史料考訂》，頁127。

325　同上。

961203星期四

倫敦今天下過0.45英吋的雨，太陽露過0.2小時的臉（以西敏寺地區爲準），溫度最低華氏42，最高華氏52度，濕度78。天變幻無常[326]。

偵探說，今天孫逸仙到外邊散步後就回家，以後再沒見他出來[327]。

961204星期五

倫敦今天下過0.35英吋的雨，太陽沒露過臉（以西敏寺地區爲準），溫度最低華氏45，最高華氏49度，濕度80。氣壓急速下降[328]。

偵探說，整天沒見孫逸仙出來[329]。

961205星期六

報章沒刊登倫敦今天有否下過雨或太陽有否露過臉（以西敏寺地區爲準），溫度最低華氏44，最高華氏48度，濕度68[330]。

早上11時，偵探目睹孫逸仙離開格雷法學院坊8號（按即孫逸仙旅寓）到霍爾本郵局寄了兩封掛號信。接著到霍爾本大街297號（書店），然後坐公共馬車到大英博物館。在大英博物館停留了1小時零20分鐘後，又坐公共馬車到覃文省街46號（按即康德黎家），下午1時到達。在康德黎家停留到黃昏5時40分即離開，回到格雷法學院坊8號[331]。

今天是偵探第一次提到孫逸仙造訪大英博物館，但沒說他進入閱覽室。可能今天他是排隊辦理申請讀者證的手續。辦好以後，再在館內瀏覽到接近午餐時間再到康家。

---

326 *The Times*, 3 December 1896, p. 10, col. 3.

327 Chinese Legation Archives, Slater to Chinese Minister, 16 December 1896，載羅家倫，《蒙難史料考訂》，頁128。

328 *The Times*, 5 December 1896, p. 13, col. 3.

329 Chinese Legation Archives, Slater to Chinese Minister, 16 December 1896，載羅家倫，《蒙難史料考訂》，頁129。

330 *The Times*, 7 December 1896, p. 12, col. 4.

331 Chinese Legation Archives, Slater to Chinese Minister, 16 December 1896，載羅家倫，《蒙難史料考訂》，頁129。

961206星期天

倫敦今天下過0.21英吋的雨，太陽露過0.7小時的臉（以西敏寺地區為準），溫度最低華氏41，最高華氏48度，濕度75。風雨交加，下午稍緩[332]。

偵探說整天沒見過孫逸仙的臉[333]。

康德黎夫人卻說孫逸仙整天都在她家裡度過。她日記的全文是這樣的：「不太舒服，半天躺在床上。孫醫生整天都在這裡。漢密什（康德黎醫生的蘇格蘭名字、康德黎夫人對其丈夫的愛稱）與孩子們上教堂去。特熱爾教授（Professor Traill）從阿巴顛（Aberdeen）來訪。今天來訪的還有沃黎斯太太（Mrs. Wallace）和她的兒子；還有麥如庫耳先生（Mr. Maclure）。漢密什在布魯斯[醫生]家（Bruces）吃晚餐。」[334]

看來今天孫逸仙在康家又認識了不少新朋友，更可能跟康德黎醫生和他的孩子們一道上了教堂。

961207星期一

倫敦今天下過雨，但份量少得量不出來。太陽也沒亮過相（以西敏寺地區為準），溫度最低華氏39，最高華氏50度，濕度81。多雲[335]。

偵探說他目睹孫逸仙在早上10時20分離開格雷法學院坊8號（按即孫逸仙旅寓），到大英博物館去，並在那裡的閱覽室停留到下午2時30分。然後到覃文省街46號（按即康德黎家）。在那裡停留了20分鐘後，又到了艾爾伯特路12號（按即柯林斯家），在那裡停留到黃昏6時50分，然後回格雷法學院坊8號，之後就沒見到他再出來[336]。

按偵探提到閱覽室，說明孫逸仙今天正式開始在大英博物館讀書了。

---

332 *The Times*, 7 December 1896, p. 12, col. 4.

333 Chinese Legation Archives, Slater to Chinese Minister, 16 December 1896，載羅家倫，《蒙難史料考訂》，頁129。

334 Mrs. Cantlie's diary, 6 December 1896.

335 *The Times*, 8 December 1896, p. 13, col. 5.

336 Chinese Legation Archives, Slater to Chinese Minister, 16 December 1896，載羅家倫，《蒙難史料考訂》，頁129。

讀到不懂的地方，登記下來，找恩師請敎，然後再到柯林斯家與他合作撰文。

961208星期二

倫敦今天下過雨，但份量少得量不出來。太陽也沒亮過相(以西敏寺地區爲準)，溫度最低華氏37，最高華氏48度，濕度73。黃昏5時以後陰雲密布[337]。

偵探說他目睹孫逸仙離開(甚麼時候則沒說)格雷法學院坊8號(按即孫逸仙旅寓)到大英博物館去，並在那裡停留到下午2時。之後他走路到新牛津街66號(66 New Oxford Street)，再從那裡到特洛克德魯餐廳(Trocadero Restaurant)吃午餐。45分鐘後，就出來，到覃文省街46號(按即康德黎家)。在那裡停留了1小時後，即到伊斯靈頓(Islington)地區的皇家農業展覽館(Royal Agricultural Hall)參觀牛類展覽(Cattle Show)[338]。

看來今天孫逸仙在大英博物館看過書後，到康家向恩師請敎時，恩師提到今天的牛類展覽，於是他馬上趕去參觀。至於展覽的內容，筆者將在本書第二部分討論。

961209星期三

倫敦今天下過0.05英吋的雨，太陽沒亮過相(以西敏寺地區爲準)，溫度最低華氏44，最高華氏51度，濕度71。天陰無風[339]。

偵探說他目睹孫逸仙在早上10時45分離開旅寓到大英博物館，之後就到覃文省街46號(按即康德黎家)，在兩個地方分別停留了約兩三個小時[340]。

337　*The Times*, 9 December 1896, p. 13, col. 4.

338　Chinese Legation Archives, Slater to Chinese Minister, 16 December 1896，載羅家倫，《蒙難史料考訂》，頁129-130。

339　*The Times*, 10 December 1896, p. 13, col. 4.

340　Chinese Legation Archives, Slater to Chinese Minister, 16 December 1896，載羅家倫，《蒙難史料考訂》，頁130。

961210星期四

倫敦今天下過0.03英吋的雨，太陽沒亮過相（以西敏寺地區爲準），溫度最低華氏42，最高華氏51度，濕度78[341]。

偵探說他目睹孫逸仙在今天到過大英博物館和覃文省街46號（按即康德黎家），在兩個地方分別停留了約兩三個小時[342]。

961211星期五

倫敦今天下過0.02英吋的雨，太陽沒亮過相（以西敏寺地區爲準），溫度最低華氏42，最高華氏51度，濕度88。天色轉晴[343]。

偵探說他目睹孫逸仙在今天到過大英博物館和覃文省街46號（按即康德黎家）。又說他後來又去了水晶宮（Crystal Palace），黃昏6時30分才回到格雷法學院坊8號（按即孫逸仙旅寓）[344]。

查閱《泰晤士報》，原來「第五屆全國自行車展覽」正在水晶宮舉行，而今天是閉幕前一天了。看來又是康德黎告訴他有關展覽之事，於是他就去了。至於展覽的內容，筆者將在本書第二部分討論[345]。

961212星期六

報章沒刊登倫敦今天有否下過雨或太陽有否露過臉（以西敏寺地區爲準），溫度最低華氏38，最高華氏48度，濕度78[346]。

偵探說他今天中午12時恢復在格雷法學院坊8號附近監視孫逸仙，不久即見到目標走出來，步行到霍爾本大街，在那裡乘坐公共馬車到攝政親王交通迴旋處（Regent's Circus），在那裡轉乘另一路公共馬車到大玻特蘭街（Great Portland Street）。下車後即走路到覃文省街46號（按即康德黎家），並

341 *The Times*, 11 December 1896, p. 7, col. 5.
342 Chinese Legation Archives, Slater to Chinese Minister, 16 December 1896，載羅家倫，《蒙難史料考訂》，頁130。
343 *The Times*, 12 December 1896, p. 8, col. 5.
344 Chinese Legation Archives, Slater to Chinese Minister, 16 December 1896，載羅家倫，《蒙難史料考訂》，頁130。
345 *The Times*, 5 December 1896, p. 13 cols.2-3.
346 *The Times*, 12 December 1896, p. 8, col. 5.

在那裡停留到下午2時15分才離開，乘坐公共馬車回格雷法學院坊。以後就沒見到他再出來了[347]。

準此，我們可以說今天孫逸仙又是趁康德黎醫生中午休息的時候，與他一道吃「工作午餐」——邊進膳邊討論如何撰寫《倫敦蒙難記》。此外，今天的偵探報告特別有意思，它說孫逸仙在攝政親王交通迴旋處附近坐公共馬車沿大玻特蘭街走到覃文省街附近下車。這是現存文獻中第一次描述孫逸仙走這條路線。按大玻特蘭街（Great Portland Street）與鉢蘭大街（Portland Place）平行而就在鉢蘭大街（Portland Place）東邊隔一條街。孫逸仙改為這樣走，就拐了個彎多走了些冤枉路，但同時也避開了位處於鉢蘭大街的清使館。君可知，這屬戰略轉移？蓋孫逸仙近來如此有規律地造訪康家，萬一龔大人氣不過孫帝象總是在他眼皮底下搖來晃去而把心一橫，再度下令將其綁架並在廚房立地正法，則孫文非提前逸去仙境不可。此乃恩師提點還是弟子成長了？另一個可能性是，自從孫逸仙被釋放後，就故意避開這個危險的地方，尤其是在單獨行動的時候。

961213星期天

倫敦今天下過0.01英吋的雨，太陽沒亮過相（以西敏寺地區為準），溫度最低華氏39，最高華氏47度，濕度70。天色清爽，早上尤佳[348]。

偵探說整天沒見到孫逸仙[349]。康德黎夫人也沒提到他。

961214星期一

倫敦今天下過0.35英吋的雨，太陽沒亮過相（以西敏寺地區為準），溫度最低華氏39，最高華氏45度，濕度84。天色清爽[350]。

---

347 Chinese Legation Archives, Slater to Chinese Minister, 4 January 1897，載羅家倫，《蒙難史料考訂》，頁131-2。

348 *The Times*, 14 December 1896, p. 10, col. 4.

349 Chinese Legation Archives, Slater to Chinese Minister, 4 January 1897，載羅家倫，《蒙難史料考訂》，頁132。

350 *The Times*, 15 December 1896, p. 10, col. 5.

偵探說整天沒見到孫逸仙[351]。康德黎夫人也沒提到他。

961215星期二

倫敦今天下過0.03英吋的雨，太陽亮過0.1小時的相（以西敏寺地區為準），溫度最低華氏35，最高華氏41度，濕度83。下午開始天色轉晴，入夜後薄霧越來越濃[352]。

偵探說今天孫逸仙去過南院5號並在那裡停留了15分鐘。至於甚麼時候去，則偵探沒說。之後孫逸仙去了大英博物館，並在那裡停留到下午2時15分才離開。接著孫逸仙去了新牛津街的特洛克德魯餐廳（Trocadero Restaurant）。在那裡停留了45分鐘後，即赴覃文省街46號（按即康德黎家）。後來就回格雷法學院坊。至於甚麼時候離開康家，則偵探也沒說。

按孫逸仙到南院5號，很可能就是去請教查理斯‧休‧霍尼曼（Charles Hugh Horniman）有關英國法制的問題（見961123）。

961216星期三

倫敦今天沒下過雨，太陽沒亮過相（以西敏寺地區為準），溫度最低華氏32，最高華氏40度，濕度78。下午大霧，霧濃到讓白天也變成子夜那麼黑[353]。

今天的偵探報告脫漏[354]。康德黎夫人也沒提到他。

961217星期四

倫敦今天沒下過雨，太陽也沒亮過相（以西敏寺地區為準），溫度最低華氏28，最高華氏37度，濕度77[355]。

偵探說，今天孫逸仙去了大英博物館，並在那裡停留到下午12時15分

---

351 Chinese Legation Archives, Slater to Chinese Minister, 4 January 1897，載羅家倫，《蒙難史料考訂》，頁132。
352 *The Times*, 16 December 1896, p. 7, col. 3.
353 *The Times*, 17 December 1896, p. 8, col. 2.
354 Chinese Legation Archives, Slater to Chinese Minister, 4 January 1897，載羅家倫，《蒙難史料考訂》，頁132。
355 *The Times*, 18 December 1896, p. 11, col. 5.

才離開。接著孫逸仙赴覃文省街46號(按即康德黎家)，並在那裡停留到下午3時才離開。接著就回格雷法學院坊。後來就沒有見到他再外出了[356]。

似乎今天孫逸仙也是與恩師共進午餐，並趁這機會共商《倫敦蒙難記》的寫作問題。

961218星期五

倫敦今天下過毛毛細雨(a mere trace)，太陽也沒亮過相(以西敏寺地區為準)，溫度最低華氏30，最高華氏35度，濕度64。天陰無風[357]。

偵探說，今天孫逸仙坐公共馬車去了河濱路(Strand)的塞西爾酒店(Cecil Hotel)，並在那裡停留了2小時以後才回格雷法學院坊[358]。

孫逸仙到那麼高貴的賓館找誰？有待考證。

961219星期六

報章沒刊登倫敦今天有否下過雨或太陽有否露過臉(以西敏寺地區為準)，溫度最低華氏28，最高華氏37度，濕度85[359]。

偵探說，今天孫逸仙在早上10時30分去了南院5號，在那裡停留了10分鐘就回家。下午2時30分再度外出，坐公共馬車到艾爾伯特路12號，並在那裡停留到黃昏5時才坐公共馬車回格雷法學院坊8號，5時45分到達。以後就沒見到他再外出了[360]。

按孫逸仙到南院5號，很可能就是去請教查理斯‧休‧霍尼曼(Charles Hugh Horniman)有關英國法制的問題(見961123)。到艾爾伯特路12號，正是與柯林斯(Edwin Collins)合作撰寫論文(見961027)。

---

356 Chinese Legation Archives, Slater to Chinese Minister, 4 January 1897，載羅家倫，《蒙難史料考訂》，頁132。

357 *The Times*, 19 December 1896, p. 9, col. 4

358 Chinese Legation Archives, Slater to Chinese Minister, 4 January 1897，載羅家倫，《蒙難史料考訂》，頁132。

359 *The Times*, 12 December 1896, p. 8, col. 5.

360 Chinese Legation Archives, Slater to Chinese Minister, 4 January 1897，載羅家倫，《蒙難史料考訂》，頁132。

961220星期天

倫敦今天下過0.01的溶雪，太陽則沒亮過相(以西敏寺地區為準)，溫度最低華氏34，最高華氏38度，濕度92。天色陰沉大霧[361]。

偵探說孫逸仙整天留在家裡沒有外出[362]。

961221星期一

倫敦今天下過0.05英吋的雨，太陽也沒亮過相(以西敏寺地區為準)，溫度最低華氏34，最高華氏39度，濕度81。天陰無風[363]。

偵探說孫逸仙整天留在家裡沒有外出[364]。

康德黎夫人今天的日記可精彩了！她寫道：「漢密什(Hamish，康德黎醫生的蘇格蘭名字、康德黎夫人對其丈夫的愛稱)剛寫好了孫逸仙的傳記，並送了去印刷廠。」[365]

康德黎醫生的文筆好快啊！11月19日才開始，到今天剛滿一個月零兩天，就把稿子完成了。按該印刷廠正是布里斯托(Bristol)市的阿羅史密斯(J. W. Arrowsmith)出版社。筆者曾去函查詢該書稿的下落，可惜答案是否定的[366]。

961222星期二

倫敦今天沒下過雨，太陽亮過0.3小時的相(以西敏寺地區為準)，溫度最低華氏34，最高華氏43度，濕度65。天陰無風[367]。

偵探說，今天孫逸仙在早上10時30分去了南院5號，在那裡停留了10分

---

361 *The Times*, 21 December 1896, p. 7, col. 4

362 Chinese Legation Archives, Slater to Chinese Minister, 4 January 1897，載羅家倫，《蒙難史料考訂》，頁133。

363 *The Times*, 22 December 1896, p. 5, col. 3

364 Chinese Legation Archives, Slater to Chinese Minister, 4 January 1897，載羅家倫，《蒙難史料考訂》，頁133。

365 Mrs. Cantlie's diary, 19 November 1896.

366 Victoria Arrowsmith-Brown to Wong, 11 December 1984, bound in a volume of my research notes entitled "Sun Yat-sen, Jun-Dec 1984," p. 5.

367 *The Times*, 23 December 1896, p. 5, col. 3

鐘就到南院8號。偵探沒說孫逸仙在南院8號停留了多久，也沒說他甚麼時候回家，反而接著下一句話就說孫逸仙在早上11時30分再度外出。孫逸仙必須先回家(格雷法學院坊8號)才能再度外出啊！因此筆者懷疑所謂南院8號是手民之誤，應該說是回到格雷法學院坊8號。偵探目睹孫逸仙再度出來以後，即到霍爾本郵局(Holborn郵局)。孫逸仙在那裡是買郵票、寄掛號信、還是掛電話，則偵探沒說。竊以爲很可能是寄掛號信。接著偵探說孫逸仙去大英博物館，並在那裡停留到下午3時45分，才到霍爾本的快捷奶品公司(Express Diary Co.)。在該奶品公司幹甚麼？偵探沒說，筆者相信是喝下午茶。接著偵探目睹孫逸仙買了一份報紙就回家[368]。

據筆者在英國生活的經驗，在12月下旬，下午3點天色已黑，孫逸仙在大約4時30分回家到旅寓，在室內休息正差不多，加上氣溫那麼低！

961223星期三

倫敦今天沒下過雨，太陽也沒亮過相(以西敏寺地區爲準)，溫度最低華氏35，最高華氏40度，濕度71。倫敦整天濃霧不散[369]。

偵探說，今天孫逸仙在早上9時45分去了南院5號，在那裡停留了幾分鐘就回家。10時15分他再度外出，先到郵局，再往南肯辛頓(South Kensington)地區的帝國學院(Imperial Institute)，並在那裡停留了一個小時。之後就到南肯辛頓博物館(South Kensington Museum)，並在那裡停留到下午3時30分才離開。離開後就回家，以後再沒見到他外出[370]。

按帝國學院，即倫敦大學最著名的學院之一，以先進的科技聞名寰宇。又按南肯辛頓博物館即維多利亞—艾爾伯特博物館(Victoria and Albert Museum)，展出各種工藝，是魯班聖地，各類工匠的徒子徒孫，非去參觀學習不可。孫逸仙去「朝聖」，並非欲當工匠，關心民生問題是也。

---

368 Chinese Legation Archives, Slater to Chinese Minister, 4 January 1897，載羅家倫，《蒙難史料考訂》，頁133。

369 *The Times*, 24 December 1896, p. 4, col. 3.

370 Chinese Legation Archives, Slater to Chinese Minister, 4 January 1897，載羅家倫，《蒙難史料考訂》，頁133。

耶誕節快到了，康德黎醫生闔府赴倫敦西南部巴恩斯(Barnes)地區康德黎夫人媽媽的家過節日[371]。

961224星期四

倫敦今天沒下過雨，太陽也沒亮過相(以西敏寺地區爲準)，溫度最低華氏35，最高華氏44度，濕度67。整個英國都深深地結了霜[372]。

偵探說，今天孫逸仙在中午12時到覃文省街46號(按即康德黎家)，在那裡停留到下午4時就回到格雷法學院坊8號。以後就沒有見到他再外出了[373]。

既然康德黎醫生全家已去了巴恩斯準備過耶誕(見961223)，孫逸仙還到覃文省街46號幹甚麼？原來康德黎醫生今天上午又趕回倫敦看一位病人，看過後再回到巴恩斯[374]。看來是孫逸仙與恩師約好了在中午到4時那段時候見面。

961225星期五

倫敦今天下過0.3英吋的雨，太陽亮過2.25小時的相(以西敏寺地區爲準)，溫度最低華氏40，最高華氏45度，濕度61。下午1時下過雨，不久轉吹西至西南風，天氣跟著變晴[375]。

今天是耶誕節，偵探的報告缺如[376]。康德黎夫人說她跟媽媽到爸爸墳前獻花，然後一家在她媽媽家裡過了一個愉快的節日[377]。她沒有提到孫逸仙。很可能他是在旅寓中過節日。

371 Mrs. Cantlie's diary, 23 December 1896.

372 *The Times*, 25 December 1896, p. 5, col. 5.

373 Chinese Legation Archives, Slater to Chinese Minister, 4 January 1897，載羅家倫，《蒙難史料考訂》，頁133。

374 Mrs. Cantlie's diary, 24 December 1896.

375 *The Times*, 26 December 1896, p. 5, col. 5.

376 Chinese Legation Archives, Slater to Chinese Minister, 4 January 1897，載羅家倫，《蒙難史料考訂》，頁133。

377 Mrs. Cantlie's diary, 25 December 1896.

961226星期六

報章沒刊登倫敦今天有紀錄下過多少雨或太陽有否露過臉(以西敏寺地區為準)，溫度最低華氏42，最高華氏53度，濕度78。整個英格蘭都在風雨籠罩之下[378]。

今天仍然是公衆假期，偵探的報告缺如[379]。康德黎夫人說，孫逸仙從倫敦來到她媽媽家與他們共進晚餐，而一位姓拉林拔特(Mr. Lambert)的先生特別來看孫逸仙[380]。看來孫逸仙在吃過晚餐後，即從巴恩斯回到倫敦。

961227星期天

倫敦今天沒下過雨，太陽亮過約1.9小時的相(以西敏寺地區為準)，溫度最低華氏43，最高華氏52度，濕度65。一夜之間天氣轉晴[381]。

偵探說，在12月27日與31日之間，孫逸仙除了造訪覃文省街46號和大英博物館以外，沒有別的甚麼活動[382]。康氏一家還留在巴恩斯，但康德黎醫生則每天都回到倫敦去看病人[383]。

961228星期一

倫敦今天下過0.25英吋的雨，太陽沒亮過相(以西敏寺地區為準)，溫度最低華氏44，最高華氏51度，濕度86。吹強勁南風[384]。

偵探說，在12月27日與31日之間，孫逸仙除了造訪覃文省街46號和大英博物館以外，沒有別的甚麼活動[385]。康氏一家還留在巴恩斯，但康德黎

378　*The Times*, 28 December 1896, p. 5, col. 4.

379　Chinese Legation Archives, Slater to Chinese Minister, 4 January 1897，載羅家倫，《蒙難史料考訂》，頁133。

380　Mrs. Cantlie's diary, 26 December 1896.

381　*The Times*, 28 December 1896, p. 5, col. 4.

382　Chinese Legation Archives, Slater to Chinese Minister, 4 January 1897，載羅家倫，《蒙難史料考訂》，頁133。

383　Mrs. Cantlie's diary, 29 December 1896.

384　*The Times*, 29 December 1896, p. 9, col. 5.

385　Chinese Legation Archives, Slater to Chinese Minister, 4 January 1897，載羅家倫，《蒙難史料考訂》，頁133。

醫生則每天都回到倫敦去看病人[386]。

961229星期二

倫敦今天沒下過雨，太陽亮過0.4小時的相（以西敏寺地區爲準），溫度最低華氏37，最高華氏46度，濕度80。天陰無風[387]。

偵探說，在12月27日與31日之間，孫逸仙除了造訪覃文省街46號和大英博物館以外，沒有別的甚麼活動[388]。康氏一家還留在巴恩斯，但康德黎醫生則每天都回到倫敦去看病人[389]。

961230星期三

倫敦今天下過毛毛細雨，但量不出有多少。太陽沒亮過相（以西敏寺地區爲準），溫度最低華氏44，最高華氏52度，濕度78[390]。

偵探說，在12月27日與31日之間，孫逸仙除了造訪覃文省街46號和大英博物館以外，沒有別的甚麼活動[391]。康氏一家還留在巴恩斯，但康德黎醫生則每天都回到倫敦去看病人[392]。

961231星期四

倫敦今天下過0.05英吋的雨，太陽亮過1.5小時的相（以西敏寺地區爲準），溫度最低華氏46，最高華氏52度，濕度78。天陰無風[393]。

偵探說，在12月27日與31日之間，孫逸仙除了造訪覃文省街46號和大英博物館以外，沒有別的甚麼活動[394]。

---

386 Mrs. Cantlie's diary, 29 December 1896.

387 *The Times*, 30 December 1896, p. 5, col. 4.

388 Chinese Legation Archives, Slater to Chinese Minister, 4 January 1897，載羅家倫，《蒙難史料考訂》，頁133。

389 Mrs. Cantlie's diary, 29 December 1896.

390 *The Times*, 31 December 1896, p. 10, col. 4.

391 Chinese Legation Archives, Slater to Chinese Minister, 4 January 1897，載羅家倫，《蒙難史料考訂》，頁133。

392 Mrs. Cantlie's diary, 29 December 1896.

393 *The Times*, 1 January 1897, p. 10, col. 3.

394 Chinese Legation Archives, Slater to Chinese Minister, 4 January 1897，載羅家倫，《蒙難史料考訂》，頁133。

其實，今天孫逸仙去了財政部拜會該部的首席律師，並出示柯耳向他索取500英鎊的發票，作為曾為他通風報信的報酬，其中20英鎊已付過，還欠480英鎊。孫逸仙又說，他本來就答應過給柯耳1,000英鎊，所以他會儘量設法滿足柯耳這500英鎊的要求。孫逸仙繼而詢問首席律師，英國政府有沒有對清使館採取任何行動。首席律師說無可奉告，但勸告孫逸仙可寫信向外交部查詢[395]。

哦！原來孫逸仙曾答應過給柯耳1000英鎊。在此之前，似乎孫逸仙還沒有過這種夸夸其談的紀錄。如果他相信這次能逃出生天是全靠夸夸其談的話，那麼「孫大砲」的作風，很可能是拜倫敦蒙難之賜。回想康德黎醫生差不多每天都與他一塊吃餐以便聆聽他的故事，並以第一時間把《倫敦蒙難記》寫好，看來都與這筆債有關。甚至康德黎夫人的媽媽，也在這方面動了腦筋(見961119)。至於財政部首席律師對孫逸仙的勸告，則筆者查遍了外交部的有關檔案，都沒有孫逸仙寫那封信的紀錄。倒是喜獲他與該首席律師的談話撮要，並把它翻譯成中文，作為本書第四章的附錄七，謹供讀者參考。

1897年

970101星期五

倫敦今天下過0.05英吋的雨，太陽沒亮過相(以西敏寺地區為準)，溫度最低華氏40，最高華氏51度，濕度85。天陰無風[396]。

今天孫逸仙的活動待考。

970102星期六

報章沒刊登倫敦今天有紀錄下過多少雨或太陽有否露過臉(以西敏寺地

---

395 Cuffe to Sanderson (with enclosure), 31 December 1896, FO17/1718/pp. 151-2.
396 *The Times*, 1 January 1897, p. 10, col. 3.

區爲準），溫度最低華氏33，最高華氏41度，濕度92[397]。

今天孫逸仙的活動待考。

970103星期天

倫敦今天沒下過雨，太陽也沒亮過相(以西敏寺地區爲準)，溫度最低華氏33，最高華氏46度，濕度67[398]。

偵探說今天恢復監視格雷法學院坊8號(按即孫逸仙旅寓)，但無甚要聞[399]。

970104星期一

倫敦今天沒下過雨，太陽也沒亮過相(以西敏寺地區爲準)，溫度最低華氏36，最高華氏41度，濕度72。天陰無風[400]。

偵探說，他目睹孫逸仙在早上10時30分從旅寓出來，造訪過南院5號和霍爾本郵局後即回家[401]。至於孫逸仙在南院5號停留了多久，以及在郵局是寄信還是掛電話，則偵探沒說，竊以爲是寄信可能性較高。

偵探又說，他目睹孫逸仙在下午2時從旅寓再度外出，造訪覃文省街46號(按即康德黎家)，並在那裡停留到下午4時30分才回家[402]。

970105星期二

倫敦今天下過0.22英吋的雨，太陽沒亮過相(以西敏寺地區爲準)，溫度最低華氏37，最高華氏44度，濕度78。天陰無風[403]。

偵探說，他目睹孫逸仙在上午10時從旅寓出來後，即到霍爾本郵局，接著造訪覃文省街46號(按即康德黎家)，並在那裡停留到很晚才離開

397　*The Times*, 3 January 1897, p. 9, col. 4.

398　*The Times*, 4 January 1897, p. 9, col. 4.

399　Chinese Legation Archives, Slater to Chinese Minister, 3-21 January 1897，載羅家倫，《蒙難史料考訂》，頁135。

400　*The Times*, 4 January 1897, p. 9, col. 4.

401　Chinese Legation Archives, Slater to Chinese Minister, 3-21 January 1897，載羅家倫，《蒙難史料考訂》，頁135。

402　同上。

403　*The Times*, 6 January 1897, p. 9, col. 3.

（leaving at a late hour），接著就回格雷法學院坊（按即孫逸仙旅寓）[404]。

970106星期三

倫敦今天沒下過雨，太陽也沒亮過相（以西敏寺Westminster地區爲準），溫度最低華氏36，最高華氏48度，濕度72。天陰無風[405]。

偵探說，他目睹孫逸仙在上午11時從旅寓出後，即到大英博物館。在那裡停留到下午2時30分才離開。接著造訪覃文省街46號（按即康德黎家），並在那裡停留到黃昏5時30分才踏上歸途[406]。

970107星期四

倫敦今天下過0.01英吋的雨，太陽沒亮過相（以西敏寺地區爲準），溫度最低華氏42，最高華氏48度，濕度73。天陰無風[407]。

偵探說，他目睹孫逸仙在從旅寓出來，造訪過南院5號和霍爾本郵局後即回家。至於孫逸仙甚麼時候出來，甚麼時候回家，偵探都沒說。竊以爲都應該是上午時分。偵探又說，他目睹孫逸仙在下午5時30分從旅寓再度出來，買了一份報紙後就回家[408]。

970108星期五

倫敦今天下過0.63英吋的雨，太陽沒亮過相（以西敏寺Westminster地區爲準），溫度最低華氏41，最高華氏44度，濕度84。雨天[409]。

偵探說，他目睹孫逸仙在上午11時15分從旅寓出後，先到霍爾本郵局，接著造訪覃文省街46號（按即康德黎家），並在那裡停留到下午4時才踏

---

404 Chinese Legation Archives, Slater to Chinese Minister, 3-21 January 1897，載羅家倫，《蒙難史料考訂》，頁135。

405 *The Times*, 7 January 1897, p. 5, col. 3.

406 Chinese Legation Archives, Slater to Chinese Minister, 3-21 January 1897，載羅家倫，《蒙難史料考訂》，頁135-6。

407 *The Times*, 8 January 1897, p. 6, col. 4.

408 Chinese Legation Archives, Slater to Chinese Minister, 3-21 January 1897，載羅家倫，《蒙難史料考訂》，頁136。

409 *The Times*, 9 January 1897, p. 11, col. 4.

上歸途[410]。

970109星期六

報章沒刊登倫敦今天有紀錄下過多少雨或太陽有否露過臉（以西敏寺地區爲準），溫度最低華氏37，最高華氏44度，濕度75[411]。

偵探說，他目睹孫逸仙在上午11時30分從旅寓出來，造訪過南院5號和霍爾本郵局後即回家[412]。至於孫逸仙在這兩個地方停留了多長時間，幹了些甚麼，偵探都沒說。

偵探又說，他目睹孫逸仙在下午2時從旅寓再度出來，造訪艾爾伯特路12號，並在那裡停留了兩個小時才回家[413]。

970110星期天

倫敦今天下過0.09英吋的雨，太陽沒亮過相（以西敏寺地區爲準），溫度最低華氏37，最高華氏48度，濕度62。天陰無風[414]。

偵探說，孫逸仙今天足不出戶[415]。

970111星期一

倫敦今天沒下過雨，太陽也沒亮過相（以西敏寺地區爲準），溫度最低華氏38，最高華氏40度，濕度90。整天烏雲蓋頂，甚爲陰暗[416]。

偵探說，他目睹孫逸仙在上午11時從旅寓出來，造訪過南院5號後即回家[417]。至於孫逸仙在這個地方停留了多長時間，幹了些甚麼，偵探都沒說。

410 Chinese Legation Archives, Slater to Chinese Minister, 3-21 January 1897，載羅家倫，《蒙難史料考訂》，頁136。

411 *The Times*, 11 January 1897, p. 8, col. 5.

412 Chinese Legation Archives, Slater to Chinese Minister, 3-21 January 1897，載羅家倫，《蒙難史料考訂》，頁136。

413 Slater to Chinese Minister, 3-21 January 1897，載羅家倫，《蒙難史料考訂》，頁136。

414 *The Times*, 11 January 1897, p. 8, col. 5.

415 Chinese Legation Archives, Slater to Chinese Minister, 3-21 January 1897，載羅家倫，《蒙難史料考訂》，頁135-6。

416 *The Times*, 12 January 1897, p. 5, col. 3.

417 Chinese Legation Archives, Slater to Chinese Minister, 3-21 January 1897，載羅家

偵探又說，他目睹孫逸仙在下午1時30分從旅寓再度出來，逕往大英博物館並在那裡停留到下午3時30分才回家。黃昏6時15分三度出來，買了一份報紙後就回旅寓[418]。

970112星期二

倫敦今天沒下過雨，太陽也沒亮過相（以西敏寺地區爲準），溫度最低華氏40，最高華氏44度，濕度84。整天烏雲蓋頂，甚爲陰暗[419]。

偵探說，他目睹孫逸仙在上午10時30分從旅寓出來，造訪過南院5號和霍爾本郵局後即回家[420]。至於孫逸仙在這兩個地方停留了多長時間，幹了些甚麼，偵探都沒說。

偵探又說，他目睹孫逸仙在正午12時從旅寓再度出來，逕往覃文省街46號（按即康德黎家），並在那裡停留到很晚才離開（leaving at a late hour），接著就回格雷法學院坊（按即孫逸仙旅寓）[421]。

970113星期三

倫敦今天下過零星毛毛細雨，但雨量少得無法紀錄下來。太陽沒亮過相（以西敏寺地區爲準），溫度最低華氏37，最高華氏42度，濕度72。天陰無風[422]。

偵探說，他目睹孫逸仙在上午11時15分從旅寓出來後，逕往覃文省街46號（按即康德黎家），並在那裡停留到下午2時30分，接著就到瑪麗龐路的倫敦蠟像館。孫逸仙在該館參觀到下午5時45分才離開，接著就回家，當晚就沒有見到他再出來了[423]。

（續）────────────

　　　倫，《蒙難史料考訂》，頁136。

418 同上。

419 *The Times*, 13 January 1897, p. 4, col. 4.

420 Chinese Legation Archives, Slater to Chinese Minister, 3-21 January 1897，載羅家倫，《蒙難史料考訂》，頁136。

421 Chinese Legation Archives, Slater to Chinese Minister, 3-21 January 1897，載羅家倫，《蒙難史料考訂》，頁137。

422 *The Times*, 14 January 1897, p. 10, col. 3.

423 Chinese Legation Archives, Slater to Chinese Minister, 3-21 January 1897，載羅家

孫逸仙在倫敦蠟像館參觀了些甚麼展覽？偵探沒說。竊以爲孫逸仙先到康家，再到蠟像館，很可能是恩師告訴他蠟像館有甚麼值得參觀的展覽，於是他就去了。恩師從那兒得到展覽的消息？竊以爲很可能是從報章上看到的。於是翻查當天的《泰晤士報》。果然，當天展出英國憲法史上的關鍵時刻，即約翰王(King John)簽署《大憲章》(*Magna Carta*)[424]。這段歷史，對整個世界憲法的發展，有著深遠的影響，孫逸仙去參觀這關鍵時刻的歷史展覽，其重要性自不待言。筆者將會在「民權」一章內作進一步分析。

970114星期四

倫敦今天下過0.01英吋的雨，太陽沒亮過相(以西敏寺地區爲準)，溫度最低華氏36，最高華氏42度，濕度72[425]。

偵探說，他目睹孫逸仙在上午11時15分從旅寓出來後，逕往司法大臣街(Chancery Lane)的里昂小吃館。接著就到大英博物館，並在那裡停留到下午3時，跟著就到覃文省街46號(按即康德黎家)[426]。至於孫逸仙在甚麼時後離開康家，則偵探沒說。

970115星期五

倫敦今天沒下過雨，太陽也沒亮過相(以西敏寺地區爲準)，溫度最低華氏34，最高華氏41度，濕度74。整天烏雲蓋頂[427]。

偵探說，他目睹孫逸仙在下午1時30分從旅寓出來，先到郵局，再往艾爾伯特路12號(按即柯林斯家)，並在那裡停留了到黃昏5時30分才回家[428]。

(續)
　　　倫，《蒙難史料考訂》，頁137。
424　*The Times*, 13 January 1897, p. 1 col.5.
425　*The Times*, 15 January 1897, p. 12, col. 3.
426　Chinese Legation Archives, Slater to Chinese Minister, 3-21 January 1897，載羅家倫，《蒙難史料考訂》，頁137。
427　*The Times*, 16 January 1897, p. 6 col. 4.
428　Chinese Legation Archives, Slater to Chinese Minister, 3-21 January 1897，載羅家倫，《蒙難史料考訂》，頁137。

970116星期六

報章沒刊登倫敦今天有紀錄下過多少雨或太陽有否露過臉（以西敏寺地區爲準），溫度最低華氏31，最高華氏37度，濕度72[429]。

偵探說，他目睹孫逸仙在上午10時45分從旅寓出來，先到郵局，再往大英博物館，並在那裡停留了到下午3時30分，然後到覃文省街46號（按即康德黎家），並在那裡度過黃昏才回家[430]。

所謂度過黃昏者，在康家吃晚餐也。康德黎夫人在今天的日記中寫道：「孫醫生將會在本月底到牛津作一個學術講座（lecture）。他把講義帶來給漢密什看。寫得眞好。」[431]這份講義，看來是孫逸仙與柯林斯合作的初步成果。

970117星期天

倫敦今天下過0.11英吋的雨，太陽沒亮過相（以西敏寺地區爲準），溫度最低華氏31，最高華氏36度，濕度96[432]。

孫逸仙今天的活動待考。

970118星期一

倫敦今天沒下過雨，太陽也沒亮過相（以西敏寺地區爲準），溫度最低華氏27，最高華氏36度，濕度82。早上全國深霜[433]。

偵探說，他目睹孫逸仙在上午10時30分從旅寓出來，造訪過南院5號後，即逕往覃文省街46號（即康德黎家）。在那裡停留到下午1時30分，即坐上一部馬車（車牌13334）到諾森柏蘭街（Northumberland Avenue）的憲法俱樂部，並在那裡停留到黃昏5時30分才踏上歸途[434]。

---

429 *The Times*, 18 January 1897, p. 9, col. 5.

430 Chinese Legation Archives, Slater to Chinese Minister, 3-21 January 1897，載羅家倫，《蒙難史料考訂》，頁137。

431 Mrs. Cantlie's diary, 16 January 2002.

432 *The Times*, 18 January 1897, p. 9, col. 5.

433 *The Times*, 19 January 1897, p. 7, col. 5.

434 Chinese Legation Archives, Slater to Chinese Minister, 3-21 January 1897，載羅家倫，《蒙難史料考訂》，頁137-8。

970119星期二

倫敦今天沒下過雨，太陽也沒亮過相(以西敏寺地區爲準)，溫度最低華氏34，最高華氏39度，濕度81。吹東北風另人精神一爽[435]。

偵探說，他目睹孫逸仙在上午11時30分從旅寓出來，逕往大英博物館，在那裡停留到下午3時30分即往覃文省街46號(按即康德黎家)，並在那裡停留到黃昏過後才回家[436]。

970120星期三

倫敦今天沒下過雨，太陽也沒亮過相(以西敏寺地區爲準)，溫度最低華氏32，最高華氏39度，濕度79。天陰無風，在日間氣溫越來越低[437]。

偵探說，他目睹孫逸仙在上午11時10分從旅寓出來，先到郵局，再往大英博物館，並在那裡停留了到下午3時，然後到覃文省街46號(按即康德黎家)，並在那裡停留到5時30分才回家[438]。

康德黎夫人說，她丈夫今天晚上在查靈十字醫院作一個有關中國的學術講座，所以她整天忙著爲他準備照片作爲教材。她又說，她丈夫所撰寫的有關孫逸仙的書將於明天出版[439]。

竊以爲孫逸仙與康德黎醫生的交情非同小可。既然恩師要做一個有關中國的講座，孫逸仙是會去捧場的。同時，既然《倫敦蒙難記》將於明天正式出版，康德黎醫生也會藉此機會預爲推廣，甚至預先向出版社領了一批在此當場售買，並讓孫逸仙爲購買者簽名留念。

970121星期四

倫敦今天下過0.01英吋的雨(溶雪)，太陽沒亮過相(以西敏寺地區爲

435　*The Times*, 20 January 1897, p. 11, col. 4.
436　Chinese Legation Archives, Slater to Chinese Minister, 3-21 January 1897，載羅家倫，《蒙難史料考訂》，頁138。
437　*The Times*, 21 January 1897, p. 7, col. 4.
438　Chinese Legation Archives, Slater to Chinese Minister, 3-21 January 1897，載羅家倫，《蒙難史料考訂》，頁138。
439　Mrs. Cantlie's diary, 20 January 1897.

準)，溫度最低華氏31，最高華氏36度，濕度79。天陰無風[440]。

偵探說，他目睹孫逸仙在上午11時30分從旅寓出來，先到司法大臣街的里昂小吃館，接著前往大英博物館。在該館停留到下午3時30分才離開。接著就往覃文省街46號(按即康德黎家)，並在那裡停留到黃昏5時30分才回家[441]。

康德黎夫人說，關於孫逸仙的書今天出版，好評如潮[442]。

970122星期五

倫敦今天下過0.06英吋的雨(溶雪)，太陽亮過1小時的相(以西敏寺地區為準)，溫度最低華氏28，最高華氏37度，濕度88。早上雨雪交加，接著太陽出來了——新年以來太陽第一次亮相！然後下雪，但雪還未落地就已溶化[443]。

偵探說，他目睹孫逸仙在下午2時30分從旅寓出來，先到霍爾本郵局，接著前往覃文省街46號(按即康德黎家)，並在那裡停留整個下午才回家[444]。

康德黎夫人說，關於孫逸仙的書，今天的報章刊登了更多的書評，都是讚美之詞。可惜該書的出版社沒有大力推廣這書[445]。

據本書第四章考證，今天孫逸仙很可能與《倫敦蒙難記》俄國譯者第一次舉行談話[446]。筆者是這樣想的：《俄國財富》[447]說，在倫敦報章刊登了孫逸仙被綁架消息後數星期，俄國的一些流亡分子在倫敦會見了孫逸

---

440 *The Times*, 22 January 1897, p. 12, col. 2.

441 Chinese Legation Archives, Slater to Chinese Minister, 3-21 January 1897，載羅家倫，《蒙難史料考訂》，頁138。

442 Mrs. Cantlie's diary, 21 January 1897.

443 *The Times*, 23 January 1897, p. 9, col. 6.

444 Chinese Legation Archives, Slater to Chinese Minister, 22-29 January 1897，載羅家倫，《蒙難史料考訂》，頁139。

445 Mrs. Cantlie's diary, 22 January 1897.

446 見本書第四章第971022條。

447 1897年第12期。

仙。孫逸仙向在場的人士推薦了《倫敦蒙難記》，其中的一位俄國人似乎答應把它翻譯成俄文。後來果然不負所託，俄文版於1897年年底全書發表。所謂「數星期」者，按理應在9個星期之內。《地球報》在10月22日出特刊獨家報導了綁架事件，俄國譯者不一定看到。第二天則所有報紙都有報導，如果從這天起數9個星期，那就是1897年1月1日了。《俄國財富》的底本又說，在晤談中孫逸仙推薦了他的英文著作《倫敦被難記》。該書在1897年1月21日出版，翌日就距離1896年10月23日整整12個星期，是否勉強還可以說是「數星期」之後？再遲就實在不通了。因此，可否就把孫逸仙與《倫敦蒙難記》俄國譯者的談話日期暫時酌定為該書出版後的第二天——即1897年1月22日——以便留待方家教正？至於談話內容的漢文譯本，可見於《國父全集》第二冊，第381-2頁及《孫逸仙全集》第一卷，第86-7頁。

　　至於談話的地點與內容等問題，則見本書第四章之中的「970122與《倫敦蒙難記》俄國譯者的談話」一條。在此不贅了。

970123星期六

　　報章沒刊登倫敦今天有紀錄下過多少雨或太陽有否露過臉（以西敏寺地區為準），溫度最低華氏27，最高華氏31度，濕度81。全國都結厚厚的霜[448]。

　　偵探說，他目睹孫逸仙在上午11時30分從旅寓出來後，逕往河濱路地區（Strand）的阿潤禱爾街6號（6 Arundel Street）。在那裡停留了1小時後，即到司法大臣街的里昂小吃館。在小吃館半小時後即回家。下午4時他再度出來，買了一份報紙後就回家[449]。

　　至於孫逸仙在阿潤禱爾街6號幹了甚麼，則偵探沒說。筆者作實地考察，則該建築物已被推倒重建，幾棟房子合併成一高樓大廈，不復舊觀。

448　*The Times*, 25 January 1897, p. 7, col. 5.

449　Chinese Legation Archives, Slater to Chinese Minister, 22-29 January 1897，載羅家倫，《蒙難史料考訂》，頁139。

查《倫敦郵政便覽》(*Kelly's London Post office Directory*)，則該處有多個商業單位，其中有個時裝展覽。是孫逸仙前往理解「民生」部分的市場經濟嗎？

970124星期天

倫敦今天下過毛毛溶雪，但少得量不出來。太陽露過0.5小時的臉(以西敏寺地區爲準)，溫度最低華氏27，最高華氏35度，濕度67。天陰無風[450]。

偵探說，孫逸仙今天足不出戶[451]。

970125星期一

倫敦今天下過0.04英吋的雨(溶雪)，太陽沒亮過相(以西敏寺地區爲準)，溫度最低華氏32，最高華氏42度，濕度63。早上強風驟起，雨、雪、雹交加[452]。

偵探說，他目睹孫逸仙在上午11時30分從旅寓出來後，逕往霍爾本郵局，然後就回家。下午1時45分他再度出來，前往覃文省街46號(按即康德黎家)，在那裡停留到黃昏4時才踏上歸途。回家後就沒有再出來[453]。

970126星期二

倫敦今天沒下過雨，太陽亮過3小時的相(以西敏寺地區爲準)，溫度最低華氏29，最高華氏36度，濕度63。所有人工湖、人工池等通通結了冰[454]。

偵探說，他目睹孫逸仙在正午12時從旅寓出來後，逕往河濱路地區(Strand)的阿潤禧爾街6號(6 Arundel Street)。在那裡停留了45分鐘後，即

450 *The Times*, 25 January 1897, p. 7, col. 5.
451 Chinese Legation Archives, Slater to Chinese Minister, 22-29 January 1897，載羅家倫，《蒙難史料考訂》，頁139。
452 *The Times*, 26 January 1897, p. 12, col. 2.
453 Chinese Legation Archives, Slater to Chinese Minister, 22-29 January 1897，載羅家倫，《蒙難史料考訂》，頁139-140。
454 *The Times*, 27 January 1897, p. 10, col. 4.

到司法大臣街的里昂小吃館。接著就去大英博物館；1小時後離開，前往攝政親王街(Regent Street)的理工學院(Polytechnic)。後來就去了覃文省街46號(按即康德黎家)，在那裡停留到黃昏5時才回家[455]。

至於孫逸仙在阿潤禱爾街6號幹了甚麼，則偵探沒說。筆者作了些初步考證，見970123。

970127星期三

倫敦今天沒下過雨，太陽亮過2.3小時的相(以西敏寺地區為準)，溫度最低華氏29，最高華氏41度，濕度54[456]。

偵探說，他目睹孫逸仙在上午11時30分從旅寓出來後，逕往霍爾本郵局，然後前往覃文省街46號(按即康德黎家)，在那裡停留到下午3時就去了艾爾伯特路12號(按即柯林斯家)，直到黃昏5時30分才踏上歸途[457]。

970128星期四

倫敦今天沒下過雨，太陽亮過幾秒鐘的相(以西敏寺地區為準)，溫度最低華氏31，最高華氏39度，濕度70。天陰無風[458]。

偵探說，他目睹孫逸仙在上午11時30分從旅寓出來後，逕往霍爾本郵局，然後前往覃文省街46號(按即康德黎家)，在那裡停留到下午3時就就回家。晚上6時40分他再度出來，到司法大臣街的里昂小吃館。之後就回家[459]。

970129星期五

倫敦今天沒下過雨，太陽亮過約1小時的相(以西敏寺地區為準)，溫度最低華氏32，最高華氏40度，濕度63。天陰無風[460]。

---

455 Slater to Chinese Minister, 22-29 January 1897，載羅家倫，《蒙難史料考訂》，頁140。

456 *The Times*, 28 January 1897, p. 12, col. 3.

457 Chinese Legation Archives, Slater to Chinese Minister, 22-29 January 1897，載羅家倫，《蒙難史料考訂》，頁140。

458 *The Times*, 29 January 1897, p. 11, col. 5.

459 Chinese Legation Archives, Slater to Chinese Minister, 22-29 January 1897，載羅家倫，《蒙難史料考訂》，頁140。

460 *The Times*, 30 January 1897, p. 14, col. 2.

偵探說，他目睹孫逸仙在早上9時50分從旅寓出來後，即造訪南院5號，在那裡停留了10分鐘後即回家。下午2時15分再度出來，逕往艾爾伯特路12號(按即柯林斯家)，直到黃昏4時30分才踏上歸途[461]。

970130星期六

報章沒刊登倫敦今天有紀錄下過多少雨或太陽有否露過臉(以西敏寺地區爲準)，溫度最低華氏36，最高華氏39度，濕度68[462]。

偵探說，他目睹孫逸仙在早上12時30分從旅寓出來後，即到司法大臣街的里昂小吃館。在該館停留了半個小時後，逕往大英博物館，直到黃昏6時才回家[463]。

970131星期天

倫敦今天下過0.2英吋的雨，太陽沒亮過相(以西敏寺地區爲準)，溫度最低華氏35，最高華氏39度，濕度72。整日陰暗[464]。

今天偵探沒有寫有關孫逸仙的報告[465]。但由於康德黎夫人970116的日記曾說過，孫逸仙會在1月底到牛津作學術講座，姑且就推測他今天去了牛津吧。至於演講的內容，則有待查訪。

970201星期一

倫敦今天下過0.23英吋的雨，太陽沒亮過相(以西敏寺地區爲準)，溫度最低華氏35，最高華氏40度，濕度86[466]。

偵探說，他目睹孫逸仙在早上10時15分從旅寓出來後，即造訪南院5號，在那裡停留了幾分鐘後即回家。下午1時30分再度出來，先到霍爾本郵

---

461 Chinese Legation Archives, Slater to Chinese Minister, 22-29 January 1897，載羅家倫，《蒙難史料考訂》，頁140。

462 *The Times*, 1 February 1897, p. 7, col. 4.

463 Chinese Legation Archives, Slater to Chinese Minister, 30 January-14 February 1897，載羅家倫，《蒙難史料考訂》，頁141。

464 *The Times*, 1 February 1897, p. 7, col. 4.

465 Slater to Chinese Minister, 30 January-14 February 1897，載羅家倫，《蒙難史料考訂》，頁141。

466 *The Times*, 2 February 1897, p. 12, col. 2.

局，再往覃文省街46號(即康德黎醫生家)直到晚上8時才踏上歸途[467]。

晚上8時才離開康家，應曾在那裡吃過晚餐，但康德黎夫人的日記卻沒提到這事。

970202星期二

倫敦今天下過0.63英吋的雨，太陽沒亮過相(以西敏寺地區爲準)，溫度最低華氏35，最高華氏39度，濕度89。整天不斷地下著毛毛細雨[468]。

偵探說，他目睹孫逸仙在早上10時15分從旅寓出來後，逕往霍爾本郵局，然後回家[469]。下午2時再度出來，到里昂小吃館半個小時後就回家，以後就沒有再出來[470]。

970203星期三

倫敦今天下過0.24英吋的雨，太陽沒亮過相(以西敏寺地區爲準)，溫度最低華氏35，最高華氏44度，濕度85。下午2時開始，毛毛細雨下個不停[471]。

偵探說，他目睹孫逸仙在下午1時30分從旅寓出來後，先到里昂小吃館，然後到蘭罕廣場(Langham Place)的女王音樂廳(Queen's Hall)，在那裡停留了兩個半小時後，即步行到覃文省街46號(按即康德黎醫生家)。後來就回家了[472]。至於孫逸仙在康家停留了多久，則偵探沒說。

970204星期四

倫敦今天下過0.03英吋的雨，太陽沒亮過相(以西敏寺地區爲準)，溫

---

467 Chinese Legation Archives, Slater to Chinese Minister, 30 January-14 February 1897，載羅家倫，《蒙難史料考訂》，頁141。

468 *The Times*, 3 February 1897, p. 13, col. 3.

469 Slater to Chinese Minister, 30 January-14 February 1897，載羅家倫，《蒙難史料考訂》，頁141。

470 同上。

471 *The Times*, 4 February 1897, p. 8, col. 2.

472 Chinese Legation Archives, Slater to Chinese Minister, 30 January-14 February 1897，載羅家倫，《蒙難史料考訂》，頁142。

度最低華氏45，最高華氏49度，濕度78[473]。

偵探說，他目睹孫逸仙在上午11時45分從旅寓出來後，逕往覃文省街46號(按即康德黎醫生家)，並在那裡停留到下午3時30分。接著就去了艾爾伯特路12號(按即柯林斯家)，並停留了一個小時後來就回家了[474]。至於孫逸仙在康家停留了多久，則偵探沒說。

970205星期五

倫敦今天下過0.68英吋的雨，太陽沒亮過相(以西敏寺地區爲準)，溫度最低華氏38，最高華氏48度，濕度85[475]。

偵探說，孫逸仙在上午11時30分從旅寓出來後，逕往霍爾本郵局，然後前往覃文省街46號(按即康德黎醫生家)，並在那裡停留到下午3時才回家了。回家以後就再沒見到他出來了[476]。

970206星期六

報章沒刊登倫敦今天有紀錄下過多少雨或太陽有否露過臉(以西敏寺地區爲準)，溫度最低華氏37，最高華氏40度，濕度76[477]。

偵探說，孫逸仙在上午10時30分從旅寓出來後，逕往霍爾本郵局，然後前往大英博物館，直到下午3時才踏上歸途[478]。

970207星期天

倫敦今天沒下過雨，太陽亮過0.3小時的相(以西敏寺地區爲準)，溫度最低華氏35，最高華氏41度，濕度70[479]。

---

473 *The Times*, 5 February 1897, p. 11, col. 5.

474 Chinese Legation Archives, Slater to Chinese Minister, 30 January-14 February 1897，載羅家倫，《蒙難史料考訂》，頁142。

475 *The Times*, 6 February 1897, p. 14, col. 5.

476 Chinese Legation Archives, Slater to Chinese Minister, 30 January-14 February 1897，載羅家倫，《蒙難史料考訂》，頁142。

477 *The Times*, 8 February 1897, p. 7, col. 5.

478 Chinese Legation Archives, Slater to Chinese Minister, 30 January-14 February 1897，載羅家倫，《蒙難史料考訂》，頁142。

479 *The Times*, 8 February 1897, p. 7, col. 5.

偵探說，今天孫逸仙足不出戶[480]。

凡是星期天，偵探都說孫逸仙足不出戶，已成慣例。要麼孫逸仙眞的足不曾出戶。要麼凡是星期天偵探都偷懶。孰是孰非，有待進一步考證。

970208星期一

倫敦今天沒下過雨，太陽也沒亮過相(以西敏寺地區爲準)，溫度最低華氏34，最高華氏45度，濕度70。天陰無風[481]。

偵探說，孫逸仙在上午10時45分從旅寓出來後，先到里昂小吃館，然後到大英博物館，直到黃昏4時才離開。接著前往覃文省街46號(按即康德黎醫生家)，並在那裡度過了黃昏以後才回家[482]。

970209星期二

倫敦今天下過0.06英吋的雨，太陽沒亮過相(以西敏寺地區爲準)，溫度最低華氏45，最高華氏55度，濕度80。天陰無風[483]。

偵探說，孫逸仙在下午12時30分從旅寓出來後，先到里昂小吃館，然後到大英博物館，直到黃昏6時才回家[484]。

970210星期三

倫敦今天下過0.02英吋的雨，太陽沒亮過相(以西敏寺地區爲準)，溫度最低華氏45，最高華氏51度，濕度79。天陰無風[485]。

偵探說，今天孫逸仙足不出戶[486]。

---

480 Chinese Legation Archives, Slater to Chinese Minister, 30 January-14 February 1897，載羅家倫，《蒙難史料考訂》，頁142。

481 *The Times*, 9 February 1897, p. 12, col. 1.

482 Chinese Legation Archives, Slater to Chinese Minister, 30 January-14 February 1897，載羅家倫，《蒙難史料考訂》，頁142。

483 *The Times*, 10 February 1897, p. 11, col. 3.

484 Chinese Legation Archives, Slater to Chinese Minister, 30 January-14 February 1897，載羅家倫，《蒙難史料考訂》，頁143。

485 *The Times*, 11 February 1897, p. 11, col. 4.

486 Chinese Legation Archives, Slater to Chinese Minister, 30 January-14 February 1897，載羅家倫，《蒙難史料考訂》，頁143。

970211星期四

倫敦今天下過0.21英吋的雨，太陽沒亮過相(以西敏寺地區爲準)，溫度最低華氏41，最高華氏48度，濕度88。天陰無風[487]。

偵探說，孫逸仙在上午11時25分從旅寓出來後，逕往海伯利公園路151號(151 Highbury Park Road)的特熱恩罕屋(Trenthan House)，中午12時15分到達，黃昏6時15分離開，然後回家。偵探又說，該處是海外布道團俱樂部(Foreign Mission's Club)所在地[488]。

筆者到海伯利公園路151號作實地考察，發覺該路最後一個號數是112號，根本沒有151號。於是到該區的警察局(Highbury Police Station)查詢。警察說，該俱樂部仍在，但已搬到阿巴顛公園路26號(26 Aberdeen Park Road)。筆者按照這新的線索前往了解情況，方知該俱樂部是專爲英國到海外傳教的人士在回國而經過倫敦時提供臨時住宿的地方，成立於1893年12月。筆者要求看看「客人留名錄」，承主持人俯允，不勝感謝。可惜當天沒孫逸仙留名。主持人解釋說，只有留宿的人才留名，孫逸仙在當天黃昏6時15分就離開，可見沒有過夜，當然就沒有留名[489]。

筆者一轉念，孫逸仙在其他日子可曾留宿過？於是要求主持人讓我把所有「客人留名錄」都從頭到尾地看全。皇天不負有心人，果然，在1897年2月18日那一部分，有孫逸仙的簽名。此節將在970218中處理。

970212星期五

倫敦今天沒紀錄下過雨，太陽沒亮過相(以西敏寺地區爲準)，溫度最低華氏39，最高華氏44度，濕度84。天陰無風[490]。

偵探說，孫逸仙在上午11時15分從旅寓出來後，先往霍爾本郵局，繼

---

487 *The Times*, 12 February 1897, p. 12, col. 2.

488 Chinese Legation Archives, Slater to Chinese Minister, 30 January-14 February 1897，載羅家倫，《蒙難史料考訂》，頁143。

489 My research notes dated Saturday 15 May 1983, as bound in the volume entitled "Sun Yat-sen, May 1983," p. 51.

490 *The Times*, 13 February 1897, p. 13, col. 3.

往大英博物館，在那裡停留到黃昏6時才離開[491]。

970213星期六

報章沒刊登倫敦今天有紀錄下過多少雨或太陽有否露過臉（以西敏寺地區為準），溫度最低華氏39，最高華氏50度，濕度83[492]。

偵探說，孫逸仙在中午12時15分從旅寓出來後，先往霍爾本郵局，繼往霍爾本大街59號的金禾麵包公司屬下的餐廳，最後往大英博物館，在那裡停留到黃昏6時10分才離開[493]。

970214星期天

倫敦今天沒紀錄下過雨，太陽亮過0.4小時的相（以西敏寺地區為準），溫度最低華氏45，最高華氏53度，濕度93。多雲[494]。

偵探說，孫逸仙今天去過霍爾本郵局[495]。

970215星期一

倫敦今天下過0.02英吋的雨，太陽沒亮過相（以西敏寺地區為準），溫度最低華氏40，最高華氏49度，濕度81。早晨濃霧，陰暗極了[496]。

偵探今天沒有寫報告，康德黎夫人的日記也沒提到孫逸仙。

970216星期二

倫敦今天沒下過雨，太陽也沒亮過相（以西敏寺地區為準），溫度最低華氏39，最高華氏47度，濕度58。天陰無風[497]。

偵探說，孫逸仙在上午11時25分從旅寓出來後，步行到司法大臣街與

---

491 Chinese Legation Archives, Slater to Chinese Minister, 30 January-14 February 1897，載羅家倫，《蒙難史料考訂》，頁143。

492 *The Times*, 15 February 1897, p. 7, col. 5.

493 S Chinese Legation Archives, Slater to Chinese Minister, 30 January-14 February 1897，載羅家倫，《蒙難史料考訂》，頁143。

494 *The Times*, 15 February 1897, p. 7, col. 5.

495 Chinese Legation Archives, Slater to Chinese Minister, 30 January-14 February 1897，載羅家倫，《蒙難史料考訂》，頁143。

496 *The Times*, 16 February 1897.

497 *The Times*, 17 February 1897, p. 5, col. 6.

霍爾本大街交界的商店買了半打報紙回家以後，就沒有見到他再出來[498]。

970217星期三

倫敦今天沒下過雨，太陽亮過2.2小時的相(以西敏寺地區為準)，溫度最低華氏38，最高華氏51度，濕度68。天晴[499]。

偵探說，2月17日到3月1日之間，孫逸仙每天的活動都很有規律，天天都把大部分時間花在大英博物館[500]。

970218星期四

倫敦今天沒下過雨，太陽亮過7小時的相(以西敏寺地區為準)，溫度最低華氏37，最高華氏56度，濕度75。天晴。今天是自從去年10月以來最溫暖的一天[501]。

偵探說，2月17日到3月1日之間，孫逸仙每天的活動都很有規律，天天都把大部分時間花在大英博物館[502]。類似這樣的報告，在史雷特先生的筆下屢見不鮮。到了這個地步，相信不用筆者多說，讀者早已心裡有數：史雷特先生在敷衍塞責！

其實，根據本書第四章的考證，今天孫逸仙重訪位於阿巴顛公園路26號的海外布道團俱樂部，並在那裡留宿。詳見970211。孫逸仙到這個地方拜會誰？值得他這樣大費周章？竊以為他是與著名的傳教士李提摩太秉燭長談。詳見本書第四章第970218條，談話內容則見該章附錄八。

970219星期五

倫敦今天下過0.03英吋的雨，太陽沒亮過相(以西敏寺地區為準)，溫

---

498 Chinese Legation Archives, Slater to Chinese Minister, 16 February-3 March 1897，載羅家倫，《蒙難史料考訂》，頁144。

499 *The Times*, 18 February 1897, p. 11, col. 3.

500 Chinese Legation Archives, Slater to Chinese Minister, 16 February-3 March 1897，載羅家倫，《蒙難史料考訂》，頁144。

501 *The Times*, 19 February 1897, p. 12, col. 3.

502 Chinese Legation Archives, Slater to Chinese Minister, 16 February-3 March 1897，載羅家倫，《蒙難史料考訂》，頁144。

度最低華氏44，最高華氏51度，濕度76。天陰[503]。

偵探說，2月17日到3月1日之間，孫逸仙每天的活動都很有規律，天天都把大部分時間花在大英博物館[504]。

970220星期六

報章沒刊登倫敦今天有紀錄下過多少雨或太陽有否露過臉(以西敏寺地區爲準)，溫度最低華氏46，最高華氏54度，濕度79[505]。

偵探說，2月17日到3月1日之間，孫逸仙每天的活動都很有規律，天天都把大部分時間花在大英博物館[506]。

970221星期天

倫敦今天下過0.15英吋的雨，太陽亮過3.7小時的相(以西敏寺地區爲準)，溫度最低華氏45，最高華氏55度，濕度60。清晨2時到4時間狂風驟雨[507]。

偵探說，2月17日到3月1日之間，孫逸仙每天的活動都很有規律，天天都把大部分時間花在大英博物館[508]。

970222星期一

倫敦今天沒下過雨，太陽亮過1小時的相(以西敏寺地區爲準)，溫度最低華氏52，最高華氏57度，濕度62。晴[509]。

偵探說，2月17日到3月1日之間，孫逸仙每天的活動都很有規律，天天都把大部分時間花在大英博物館[510]。

---

503 *The Times*, 20 February 1897, p. 10, col. 2.

504 Chinese Legation Archives, Slater to Chinese Minister, 16 February-3 March 1897，載羅家倫，《蒙難史料考訂》，頁144。

505 *The Times*, 22 February 1897, p. 7, col. 4.

506 Chinese Legation Archives, Slater to Chinese Minister, 16 February-3 March 1897，載羅家倫，《蒙難史料考訂》，頁144。

507 *The Times*, 22 February 1897, p. 7, col. 4.

508 Chinese Legation Archives, Slater to Chinese Minister, 16 February-3 March 1897, 載羅家倫，《蒙難史料考訂》，頁144。

509 *The Times*, 23 February 1897, p. 12, col. 4.

510 Chinese Legation Archives, Slater to Chinese Minister, 16 February-3 March 1897,

970223星期二

倫敦今天沒下過雨，太陽亮過1.5小時的相(以西敏寺地區爲準)，溫度最低華氏46，最高華氏55度，濕度76。晴[511]。

偵探說，孫逸仙從旅寓出來後，先往位於霍爾本大街49號的霍爾本郵局，繼往大英博物館，在那裡停留到黃昏6時40分才離開[512]。

970224星期三

倫敦今天沒下過雨，太陽也沒亮過相(以西敏寺地區爲準)，溫度最低華氏47，最高華氏51度，濕度63。早上烏雲密佈[513]。

偵探說，2月17日到3月1日之間，孫逸仙每天的活動都很有規律，天天都把大部分時間花在大英博物館[514]。

970225星期四

倫敦今天沒下過雨，太陽也沒亮過相(以西敏寺地區爲準)，溫度最低華氏47，最高華氏52度，濕度70。天陰無風[515]。

偵探說，2月17日到3月1日之間，孫逸仙每天的活動都很有規律，天天都把大部分時間花在大英博物館[516]。

970226星期五

倫敦今天沒下過雨，太陽亮過3.1小時的相(以西敏寺地區爲準)，溫度最低華氏50，最高華氏59度，濕度63。多雲[517]。

偵探說，2月17日到3月1日之間，孫逸仙每天的活動都很有規律，天天

(續)——————————

載羅家倫，《蒙難史料考訂》，頁144。

511　*The Times*, 24 February 1897, p. 11, col. 3.

512　Other than Slater's perfunctory report as described in the footnote for 970217, with the additional claim that he also visited the Holborn(霍爾本)郵局。

513　*The Times*, 25 February 1897, p. 12, col. 4.

514　Chinese Legation Archives, Slater to Chinese Minister, 16 February-3 March 1897，載羅家倫，《蒙難史料考訂》，頁144。

515　*The Times*, 26 February 1897, p. 10, col. 4.

516　Chinese Legation Archives, Slater to Chinese Minister, 16 February-3 March 1897，載羅家倫，《蒙難史料考訂》，頁144。

517　*The Times*, 27 February 1897, p. 14, col. 4.

都把大部分時間花在大英博物館[518]。

970227星期六

倫敦今天沒下過雨，也沒錄得太陽有沒有亮過相(以西敏寺地區為準)，溫度最低華氏43，最高華氏52度，濕度59。黃昏以後大霧[519]。

偵探說，2月17日到3月1日之間，孫逸仙每天的活動都很有規律，天天都把大部分時間花在大英博物館[520]。

970228星期天

倫敦今天下過0.01英吋的雨，太陽沒亮過相(以西敏寺地區為準)，溫度最低華氏37，最高華氏52度，濕度68。霜[521]。

偵探說，2月17日到3月1日之間，孫逸仙每天的活動都很有規律，天天都把大部分時間花在大英博物館[522]。

970301星期一

倫敦今天下過0.07英吋的雨，太陽亮過約4小時的相(以西敏寺地區為準)，溫度最低華氏39，最高華氏51度，濕度58[523]。

偵探說，2月17日到3月1日之間，孫逸仙每天的活動都很有規律，天天都把大部分時間花在大英博物館[524]。

今天，孫逸仙與柯林斯合作撰寫的論文〈中國的現在和未來〉一文，在《雙週論壇》發表[525]。有關考證及該文之重要性，見本書第四章970301

---

518 Chinese Legation Archives, Slater to Chinese Minister, 16 February-3 March 1897，載羅家倫，《蒙難史料考訂》，頁144。
519 *The Times*, 1 March 1897, p. 11, col. 5.
520 Chinese Legation Archives, Slater to Chinese Minister, 16 February-3 March 1897，載羅家倫，《蒙難史料考訂》，頁144。
521 *The Times*, 1 March 1897, p. 11, col. 5.
522 Chinese Legation Archives, Slater to Chinese Minister, 16 February-3 March 1897，載羅家倫，《蒙難史料考訂》，頁144。
523 *The Times*, 2 March 1897, p. 8, col. 2.
524 Chinese Legation Archives, Slater to Chinese Minister, 16 February-3 March 1897，載羅家倫，《蒙難史料考訂》，頁144。
525 Sun Yatsen, 'China's Present and Future : The Reform Party's Plea for British

條。

970302星期二

倫敦今天下過0.34英吋的雨，太陽亮過5小時的相（以西敏寺地區爲準），溫度最低華氏37，最高華氏50度，濕度61[526]。

偵探說，孫逸仙從旅寓出來後，先往霍爾本郵局，然後到覃文省街46號（按即康德黎醫生家），並在那裡度過了黃昏以後才回格雷法學院坊8號（按即孫逸仙旅寓）[527]。

970303星期三

倫敦今天下過0.67英吋的雨，太陽亮過0.6小時的相（以西敏寺地區爲準），溫度最低華氏37，最高華氏49度，濕度93。多雲[528]。

偵探說，孫逸仙在中午12時45分從旅寓出來，步行往司法大臣街76a號的里昂小吃館，在那裡停留到下午1時15分才回家，以後就沒有再外出[529]。

970304星期四

倫敦今天下過0.6英吋的雨，太陽亮過2.9小時的相（以西敏寺地區爲準），溫度最低華氏38，最高華氏51度，濕度85[530]。

偵探說，孫逸仙在上午10時35分從旅寓出來，步行到大英博物館，並在那裡停留到黃昏6時才離開。接著就去了霍爾本郵局一轉，然後回家[531]。

（續）————————————

Benevolent Neutrality', *Fortnightly Review*, new series, vo. 61, no. 363, 1 March 1897, pp. 424-440.

526 *The Times*, 3 March 1897, p. 14, col. 2.

527 Chinese Legation Archives, Slater to Chinese Minister, 16 February-3 March 1897，載羅家倫，《蒙難史料考訂》，頁145。

528 *The Times*, 4 March 1897, p. 11, col. 5.

529 Chinese Legation Archives, Slater to Chinese Minister, 16 February-3 March 1897，載羅家倫，《蒙難史料考訂》，頁145。

530 *The Times*, 5 March 1897, p. 10, col. 4.

531 Chinese Legation Archives, Slater to Chinese Minister, 4-10 March 1897，載羅家倫，《蒙難史料考訂》，頁146。

970305星期五

倫敦今天沒下過雨，太陽亮過7.2小時的相（以西敏寺地區為準），溫度最低華氏37，最高華氏50度，濕度54。晴[532]。

偵探說，孫逸仙在中午12時10分從旅寓出來，步行到霍爾本郵局一轉後，即坐公共馬車到攝政親王迴旋處，下車後步行到覃文省街46號康德黎家（覃文省街），並在那裡停留到晚上8時才踏上歸途[533]。

如果在康家停留到晚上8時，那多數是吃了晚餐才離開，但康德黎夫人的日記卻沒提到這件事。

970306星期六

報章沒刊登倫敦今天有紀錄下過多少雨或太陽有否露過臉（以西敏寺地區為準），溫度最低華氏37，最高華氏45度，濕度96[534]。

偵探說，從3月6日到10日之間，孫逸仙除了造訪大英博物館和霍爾本郵局以外，別無要聞[535]。

970307星期天

倫敦今天下過0.01英吋的雨，太陽亮過0.4小時的相（以西敏寺地區為準），溫度最低華氏34，最高華氏46度，濕度87。天陰無風[536]。

偵探說，從3月6日到10日之間，孫逸仙除了造訪大英博物館和霍爾本郵局以外，別無要聞[537]。

970308星期一

倫敦今天沒下過雨，太陽也沒亮過相（以西敏寺地區為準），溫度最低

---

532 *The Times*, 6 March 1897, p. 13, col. 5.

533 Chinese Legation Archives, Slater to Chinese Minister, 4-10 March 1897，載羅家倫，《蒙難史料考訂》，頁146。

534 *The Times*, 8 March 1897, p. 13, col. 4.

535 Chinese Legation Archives, Slater to Chinese Minister, 4-10 March 1897，載羅家倫，《蒙難史料考訂》，頁146。

536 *The Times*, 8 March 1897, p. 13, col. 4.

537 Slater to Chinese Minister, 4-10 March 1897，載羅家倫，《蒙難史料考訂》，頁146。

華氏34，最高華氏45度，濕度66。晴[538]。

　　偵探說，從3月6日到10日之間，孫逸仙除了造訪大英博物館和霍爾本郵局以外，別無要聞[539]。

970309星期二

　　倫敦今天下過0.01英吋的雨，太陽亮過0.2小時的相（以西敏寺地區為準），溫度最低華氏35，最高華氏50度，濕度65[540]。

　　偵探說，從3月6日到10日之間，孫逸仙除了造訪大英博物館和霍爾本郵局以外，別無要聞[541]。

970310星期三

　　倫敦今天下過0.2英吋的雨，太陽亮過6.1小時的相（以西敏寺地區為準），溫度最低華氏41，最高華氏52度，濕度54。下午2時在西敏寺地區突降了一大場軟冰雹[542]。

　　偵探說：「3月10日星期一…。」不對。今天，3月10日，是星期三。不過，偵探接著提供的消息卻很有意思。他說，在上午11時10分，孫逸仙在另外一位男士的陪同下，離開格雷法學院坊（即孫逸仙旅寓），步行到格雷法學院路，乘坐公共馬車到摩阿給特街（Moorgate Street）下車後，先到柯禾院2a號（2a Copthall Court，E.C.），然後到倫敦東部的皇家艾爾伯特碼頭區（Royal Albert Docks），觀察各種類型的船隻。下午1時20分，他們進入干諾酒肆（Connaught Tavern）。約半小時後，他們即到太度卑鮮車站（Tidal Basin Stations）芬楚街（Fenchurch Street）。下車後步行到柯禾院2a號（2a Copthall Court，E.C.），然後進入電報街（Telegraph Street）的畢特勒核酒肆（Butlers Head Public House）。最後他們坐公共馬車回到格雷法學院坊，以

538　*The Times*, 9 March 1897, p. 8, col. 2.

539　Slater to Chinese Minister, 4-10 March 1897，載羅家倫，《蒙難史料考訂》，頁146。

540　*The Times*, 10 March 1897, p. 12, col. 4.

541　Chinese Legation Archives, Slater to Chinese Minister, 4-10 March 1897，載羅家倫，《蒙難史料考訂》，頁146。

542　*The Times*, 11 March 1897, p. 8, col. 2.

後就沒有再出來了。偵探補充說，那位陪同孫逸仙的男人，28歲，身高5英尺又8英吋，身體輕盈，容光煥發，長了二撇鬍子，穿黑大衣和黑褲子[543]。

　　這份報告有幾點值得注意。第一，當時是英國船運業鼎盛的時候，遠洋輪船雲集倫敦東部的碼頭區，貨如輪轉，對關心民生的孫逸仙來說，自然是非參觀不可的地方。第二，參觀該區，對孫逸仙來說是極度危險的事情。當時有不少華人水手在那裡工作，如果滿清公使館在那裡差人把他綁架上船，可以用最快時間開船把他運回中國。非要參觀但又必須注意安全，最好是找個可靠的人陪同，如果這人是個洋人更好。第三，今天中午那頓餐在酒肆吃，應該喝下午茶的時後又到酒肆喝酒，那都是英國社會某些階層人士的做法，與孫逸仙平常在麵包公司或牛奶公司等屬下的小吃館吃午餐或喝下午茶的習慣是一反常態。所以，筆者認為今天陪同孫逸仙的這位男士是一位洋人。他是誰？有一條線索可尋：南方熊楠的日記說，1897年4月13日，他與孫逸仙到倫敦東部碼頭區的蒂爾伯里碼頭（Tilbury Docks）參觀時，有一位名字叫Mulkern的英國朋友陪行[544]。他正是勞蘭·穆爾肯（Rowland J. Mulkern）。所以，今天陪同孫逸仙的很可能是同一個人。第四，偵探能言之鑿鑿地道出穆爾肯的具體年紀、身高呎吋等，看來是在交通工具上與他們坐得很近，以至他們的談話內容也聽得一清二楚。第五，這些談話內容顯示，孫逸仙與穆爾肯定屬於初步認識的階段。第六，穆爾肯是一位愛爾蘭民族主義者，他大有可能是從報章上看到孫逸仙倫敦蒙難的消息，知是同道中人，所以慕名而來，兩人就交了朋友，後來穆爾肯甚至當了孫逸仙的侍衛。

　　筆者也曾沿著今天他們走過的路線實地考察過。柯禾院2a號已被推倒重建，成了高樓大廈的一部分。到皇家艾爾伯特碼頭區必須坐火車去，因而發覺太度卑鮮車站其實是火車站。碼頭區冷清清的，完全不復舊觀。筆

543　Chinese Legation Archives, Slater to Chinese Minister, 4-10 March 1897，載羅家倫，《蒙難史料考訂》，頁147。

544　《南方熊楠日記》，1897年4月13日，載《南方熊楠全集》，別卷2，頁80。

者找來當年圖片，好繁忙啊！所謂芬楚街是從倫敦市中心到東區的火車總站的簡稱。畢特勒核酒肆仍在，筆者拍照存念。

970311星期四

倫敦今天沒下過雨，太陽亮過2.4小時的相(以西敏寺地區為準)，溫度最低華氏38，最高華氏51度，濕度65。天陰無風[545]。

偵探說，孫逸仙從旅寓出來後，先到霍爾本郵局，繼到司法大臣街與霍爾本大街交界的商店買了些報紙以後就回家。晚上7時40分再度出來，到查靈十字地區的聖馬丁市政廳大堂(St Martin's Town Hall)。後來就回家了[546]。

孫逸仙在晚上到市政廳大堂幹甚麼？康德黎夫人的日記提供了答案。她說：「今天晚上在聖馬丁市政廳大堂舉行『中國講座(Things Chinese)』，目的是為查靈十字醫院籌款。孫逸仙宣讀了一篇有關中國行政的論文，漢密什(康德黎醫生的蘇格蘭名字、康德黎夫人對其丈夫的愛稱)也談了不少。一共有260人參加。」[547]孫逸仙宣讀的那篇論文，很可能正是本月1日已在《雙週評論》發表了的〈中國的現在和未來〉。

這次活動的有關報導和筆者的分析，見本書第四章第970311條。至於其演講內容擇要，則見同章附錄九(a)和附錄九(b)。

970312星期五

倫敦今天下過0.23英吋的雨，太陽亮過3.2小時的相(以西敏寺地區為準)，溫度最低華氏37，最高華氏51度，濕度58。晴[548]。

私家偵探社的經理史雷特先生寫道：「直到收筆當天(應該是970316)，再沒有出現特殊情況，目標每天都很有規律地造訪大英博物館，

---

545 *The Times*, 12 March 1897, p. 11, col. 4.
546 Chinese Legation Archives, Slater to Chinese Minister, 4-10 March 1897，載羅家倫，《蒙難史料考訂》，頁147。
547 Mrs. Cantlie's diary, 11 March 1897.
548 *The Times*, 13 March 1897, p. 13, col. 5.

霍爾本郵局，和覃文省街46號康家。」[549]這麼一句話，就蓋概了孫逸仙970312-970315那4天的活動。

970313星期六

　　報章沒刊登倫敦今天有紀錄下過多少雨或太陽有否露過臉（以西敏寺地區爲準），溫度最低華氏38，最高華氏46度，濕度64[550]。

　　私家偵探社的經理史雷特先生寫道：「直到收筆當天（應該是970316），再沒有出現特殊情況，目標每天都很有規律地造訪大英博物館，霍爾本郵局，和覃文省街46號康家。」[551]這麼一句話，就蓋概了孫逸仙970312-970315那4天的活動。

970314星期天

　　倫敦今天下過0.03英吋的雨，太陽沒亮過相（以西敏寺地區爲準），溫度最低華氏40，最高華氏49度，濕度75。多雲[552]。

　　私家偵探社的經理史雷特先生寫道：「直到收筆當天（應該是970316），再沒有出現特殊情況，目標每天都很有規律地造訪大英博物館，霍爾本郵局，和覃文省街46號康家。」[553]這麼一句話，就蓋概了孫逸仙970312-970315那4天的活動。

970315星期一

　　倫敦今天下過0.41英吋的雨，太陽亮過1.5小時的相（以西敏寺地區爲準），溫度最低華氏40，最高華氏49度，濕度81[554]。

　　私家偵探社的經理史雷特先生寫道：「直到收筆當天（應該是970316），再沒有出現特殊情況，目標每天都很有規律地造訪大英博物館，

---

549 Chinese Legation Archives, Slater to Chinese Minister, 4-10 March 1897，載羅家倫，《蒙難史料考訂》，頁146。

550 *The Times*, 15 March 1897, p. 9, col. 5.

551 Chinese Legation Archives, Slater to Chinese Minister, 4-10 March 1897，載羅家倫，《蒙難史料考訂》，頁146。

552 *The Times*, 15 March 1897, p. 9, col. 5.

553 Slater to Chinese Minister, 4-10 March 1897，載羅家倫，《蒙難史料考訂》，頁146。

554 *The Times*, 16 March 1897, p. 12, col. 5.

霍爾本郵局，和覃文省街46號康家。」[555]這麼一句話，就蓋概了孫逸仙970312-970315那4天的活動。

　　根據本書第四章的考證，今天孫逸仙寫了一封覆函給俄國人伏爾霍夫斯基[556]。原文是英文。漢文譯本見有關《全集》[557]。

970316星期二

　　倫敦今天下過0.06英吋的雨，太陽亮過2.8小時的相(以西敏寺地區為準)，溫度最低華氏41，最高華氏54度，濕度78[558]。

　　偵探說，孫逸仙在中午12時15分從旅寓出來，坐公共馬車(按往東走)到位於價廉物美街4號(4 Cheapside)的登恩書店(J. F. Dunn, Booksellers)。從書店出來後，即往位於維多利亞皇后街97號(97 Queen Victoria Street)的居比列大廈(Jubilee Buildings按當時乃百貨商場)，在那裡停留了20分鐘。接著就到位於維多利亞皇后街105號(105 Queen Victoria Street)的英國茶桌公司(British Tea Table Company)，在那裡停留了30分鐘。最後就到(按該是坐西行的公共馬車)覃文省街46號康家(按即康德黎家)，下午2時45分到達，並在那裡停留到黃昏6時10分才離開，回到格雷法學院坊後就沒有再出來[559]。

　　日本旅英植物學者南方熊楠在今天的日記中寫道：「在道格拉斯(Douglas)的辦公室裡認識了孫文。」[560]如果今天孫逸仙曾到過大英博物館的話，那應該是上午的事情。但是，這位道格拉斯是誰？

　　他是羅伯特・肯納韋・道格拉斯(Robert Kennaway Douglas)。當時他是大英博物館東方典籍部的主任。那是說，孫逸仙今天曾到過大英博物

555　Chinese Legation Archives, Slater to Chinese Minister, 4-10 March 1897，載羅家倫，《蒙難史料考訂》，頁146。

556　見本書第四章第970315條。

557　《國父全集》第四冊，頁15-16；《孫逸仙全集》第一卷，頁197。

558　*The Times*, 17 March 1897, p. 9, col. 4.

559　Chinese Legation Archives, Slater to Chinese Minister, 16-23 March 1897，載羅家倫，《蒙難史料考訂》，頁149。

560　《南方熊楠日記》，1897年3月16日，載《南方熊楠全集》，別卷2，頁77。

館。但是，今天的偵探報告卻沒提到這件事。不過，偵探說孫逸仙在中午12時15分從旅寓出來，所以有可能孫逸仙在上午去過大英博物館回來後再度外出時，遲到的偵探才注意到他。

至於這位道格拉斯主任（後來被冊封為爵士），則似乎孫逸仙自清使館獲釋後不久就認識了他並一直保持聯繫[561]。道格拉斯生於1838年，是一位牧師的兒子[562]。1858年被任命為英國領事部（Consular Service）中國組的翻譯見習生（student interpreter），先在廣州後在北京學習漢語[563]。1858年的廣州當時處於第二次鴉片戰爭中被英法聯軍占領；而統治廣州的實權則掌握在好勇鬥狠的、挑起第二次鴉片戰爭的哈里・巴夏禮（Harry Parkes）手中[564]。於是，20歲的道格拉斯，在巴夏禮的領導下幫助管理一座被英國占領的城市並同時學習一個被征服民族的語言文化。1860年英法聯軍攻占北京後，道格拉斯又轉到北京繼續學習漢語。1861年他被任命為駐天津英軍的翻譯官。1862年他成了駐大沽的代理副領事。1864他因病休假回英國[565]。翌年他被任命為大英博物館東方典籍部的一級助理[566]。終於在1892年遞升為該部負責人[567]。同時，早在1873年他就受聘為倫敦英王學院（King's College, London）的漢語文教授[568]。自此身兼兩職。1903年他被冊

---

561 吳相湘，《孫逸仙先生傳》，第一冊，第195頁。吳先生沒註明出處，筆者在此僅錄載供讀者參考。

562 *Who was Who*, 1897-1916, p. 205.

563 British Museum Central Archives, Establishment Lists, Douglas' application to be First Class Assistant in the Museum's Department of Oriental Printed Books and MSS, 1 Feb 1865. I am most grateful to Miss Janet Wallace for her help in locating this valuable docuoment.

564 見拙著*Deadly Dreams*.

565 King's College London MSS, KA/1C/D60, Douglas' application for the Chair of Chinese, 1 Nov 1896.

566 British Museum Central Archives, Establishment Lists, Douglas' application to be First Class Assistant in the Museum's Department of Oriental Printed Books and MSS, 1 Feb 1865.

567 *Who was Who*, 1897-1916, p. 205.

568 King's College London MSS, KA/1C/D60, Douglas' application for the Chair of

封爲爵士，1907年退休，1913年逝世[569]。

970317星期三

倫敦今天下過0.09英吋的雨，太陽亮過0.5小時的相（以西敏寺地區爲準），溫度最低華氏44，最高華氏53度，濕度69[570]。

偵探說，今天早上9時恢復偵查，發覺孫逸仙在11時15分從格雷法學院坊8號(按即孫逸仙旅寓)出來後，先到霍爾本大街49號的霍爾本郵局，接著乘公共馬車到攝政親王迴旋處轉乘另一路馬車到克敦威爾路（Cromwell Road)的南肯辛頓博物館（South Kensington Museum)。他在該館停留到下午4時10分才踏上歸途[571]。

970318星期四

倫敦今天下過0.45英吋的雨，太陽亮過3.8小時的相（以西敏寺地區爲準），溫度最低華氏44，最高華氏55度，濕度60。晴[572]。

偵探說，孫逸仙在11時40分從格雷法學院坊8號(按即孫逸仙旅寓)出來後，即到大英博物館，直到下午3時15分才離開。接著乘公共馬車到攝政親王迴旋處，下車後即步行到覃文省街46號（按即康德黎家），並在那裡停留了很長時間才回格雷法學院坊8號[573]。

南方熊楠在日記中說，今天他與孫文坐在大英博物館前堂的長椅上暢談[574]。

（續）————————————

    Chinese, 1 Nov 1896; KA/C/M11, Council Minutes 488, p. 270, in which was recorded the decision to elect Douglas to the Chair of Chinese.

569 *Who was Who*, 1897-1916, p. 205.

570 *The Times*, 18 March 1897, p. 11, col. 2.

571 Slater to Chinese Minister, 16-23 March 1897，載羅家倫，《蒙難史料考訂》，頁149-150。

572 *The Times*, 19 March 1897, p. 12, col. 5.

573 Chinese Legation Archives, Slater to Chinese Minister, 16-23 March 1897，載羅家倫，《蒙難史料考訂》，頁150。

574 《南方熊楠日記》，1897年3月18日，載《南方熊楠全集》，別卷2，頁77。

970319星期五

倫敦今天沒下過雨，太陽亮過8.5小時的相(以西敏寺地區爲準)，溫度最低華氏48，最高華氏58度，濕度52。晴[575]。

偵探說，孫逸仙在11時55分從旅寓出來後，即到大英博物館的閱覽室，直到晚上7時30分才離開。接著回格雷法學院坊8號[576]。

南方熊楠卻說，黃昏6時就與孫文聯袂離開大英博物館，往海德公園(Hyde Park)附近的瑪麗亞餐廳(Maria Restaurant)共進晚餐。之後就在海德公園暢談。接著乘坐公共馬車到孫文旅寓談到晚上10時才離開[577]。他們的談話內容待訪[578]。

看來偵探在大英博物館丟掉了目標，就虛構了孫逸仙離開的時間。因爲，沒有理由懷疑南方熊楠不老實。

970320星期六

報章沒刊登倫敦今天有紀錄下過多少雨或太陽有否露過臉(以西敏寺地區爲準)，溫度最低華氏46，最高華氏54度，濕度57[579]。

偵探說，孫逸仙在上午11時40分離開旅寓，先到霍爾本大街49號的霍爾本郵局，再到里昂小吃館20分鐘後，即往大英博物館，並在那裡停留到下午3時25分才離開。接著他乘坐公共馬車到攝政親王迴旋處，下車後步行到覃文省街46號康家，並再那裡停留到黃昏6時30分才回格雷法學院坊8號。之後就沒有再出來了[580]。

南方熊楠卻說，今天他與孫文坐在大英博物館前面的、復活節群島

575 *The Times*, 20 March 1897, p. 13, col. 5.

576 Chinese Legation Archives, Slater to Chinese Minister, 16-23 March 1897，載羅家倫，《蒙難史料考訂》，頁150。

577 《南方熊楠日記》，1897年3月19日，載《南方熊楠全集》，別卷2，頁77。

578 見本書第四章第970319條。

579 *The Times*, 22 March 1897, p. 13, col. 5.

580 Chinese Legation Archives, Slater to Chinese Minister, 16-23 March 1897，載羅家倫，《蒙難史料考訂》，頁150。

(Easter Islands)雕塑人像旁邊的長椅上暢談[581]。

970321星期天

倫敦今天沒下過雨，太陽亮過1.2小時的相(以西敏寺地區爲準)，溫度最低華氏49，最高華氏61度，濕度77。太陽很暖和[582]。

偵探說，孫逸仙今天足不出戶[583]。

970322星期一

倫敦今天下過0.07英吋的雨，太陽沒亮過相(以西敏寺地區爲準)，溫度最低華氏51，最高華氏58度，濕度71。晴[584]。

偵探說，孫逸仙在中午12時35分離開格雷法學院坊8號（按即孫逸仙旅寓），先到霍爾本大街49號的霍爾本郵局，再乘坐公共馬車到攝政親王迴旋處，下車後到覃文省街46號(按即康德黎家)，並再那裡停留到下午3時15分才離開。接著往大英博物館，並在那裡停留到晚上8時才離開，回格雷法學院坊[585]。

很明顯孫逸仙曾在康家吃午餐，但康德黎夫人的日記卻沒提這事。

970323星期二

倫敦今天沒下過雨，太陽也沒亮過相(以西敏寺地區爲準)，溫度最低華氏47，最高華氏58度，濕度54。多雲[586]。

偵探說，孫逸仙在上午11時50分離開格雷法學院坊8號(按即尋逸仙旅寓)，然後到大英博物館。在那裡停留到黃昏6時30分即離開，回家後就沒有再外出[587]。

---

581 《南方熊楠日記》，1897年3月20日，載《南方熊楠全集》，別卷2，頁77。

582 *The Times*, 22 March 1897, p. 13, col. 5.

583 Chinese Legation Archives, Slater to Chinese Minister, 16-23 March 1897，載羅家倫，《蒙難史料考訂》，頁151。

584 *The Times*, 23 March 1897, p. 11, col. 4.

585 Chinese Legation Archives, Slater to Chinese Minister, 16-23 March 1897，載羅家倫，《蒙難史料考訂》，頁151。

586 *The Times*, 24 March 1897, p. 13, col. 4.

587 Chinese Legation Archives, Slater to Chinese Minister, 16-23 March 1897，載羅家

970324星期三

倫敦今天沒下過雨，太陽亮過8.5小時的相(以西敏寺地區爲準)，溫度最低華氏49，最高華氏63度，濕度54。晴[588]。

偵探說，孫逸仙在上午10時30分離開旅寓，先到霍爾本郵局，繼往大英博物館，下午4時15分離開。接著就到價廉物美街4a號(4a Cheapside)的書店勾留了10分鐘。然後赴覃文省街46號康德黎家。他在那裡停留了很長時間才回格雷法學院坊[589]。

970325星期四

倫敦今天沒下過雨，太陽亮過4小時以上的相(以西敏寺地區爲準)，溫度最低華氏48，最高華氏60度，濕度52。多雲[590]。

偵探說，今天早上9時恢復監視格雷法學院坊8號，發覺孫逸仙在上午10時10分離開旅寓後，即坐公共馬車到攝政親王迴旋處。下車後轉乘另一路公共馬車到動物公園(Zoological Garden)，並在那裡勾留到黃昏5時25分。接著步行到奧賓利街(Albany Street)，在那裡登上一部公共馬車回到攝政親王迴旋處，然後步行回格雷法學院坊8號，抵達時間是晚上8時，之後就沒見他再外出了[591]。

970326星期五

倫敦今天沒下過雨，太陽亮過0.2小時的相(以西敏寺地區爲準)，溫度最低華氏50，最高華氏57度，濕度80。多雲[592]。

偵探說，孫逸仙在下午1時40分出來，即到霍爾木大街49號的霍爾本郵局，繼往司法大臣街76a號的里昂小吃館。在那裡停留了約45分鐘後即到大

(續)——————————————
　　倫，《蒙難史料考訂》，頁151。
588　*The Times*, 25 March 1897, p. 11, col. 3.
589　Chinese Legation Archives, Slater to Chinese Minister, 16-23 March 1897，載羅家
　　倫，《蒙難史料考訂》，頁151。
590　*The Times*, 26 March 1897, p. 12, col. 2.
591　Slater to Chinese Minister, 25 March-7 April 1897，載羅家倫，《蒙難史料考
　　訂》，頁152。
592　*The Times*, 27 March 1897, p. 13, col. 3.

英博物館，並在那裡停留到晚上7時20分才回格雷法學院坊8號[593]。

南方熊楠卻說，黃昏時分，他與孫文聯袂到牛津街(Oxford Street)的維也納餐廳(Vienna Restuarant)共進晚餐，孫文作東道。餐後又聯袂造訪日人稅所先生的旅寓。結果三人又一道到大英博物館的阿斯里亞(Assyria)、巴比倫(Babylon)、埃及(Egypt)、祕魯(Peru)等部門參觀展出。繼而孫文離去，而南方熊楠與稅所則去宵夜後才分手[594]。

看來偵探在大英博物館丟掉了目標，就虛構了孫逸仙離開的時間。因為，沒有理由懷疑南方熊楠不老實。

970327星期六[595]

倫敦今天沒下過雨，太陽是否亮過相則沒紀錄可尋(以西敏寺地區為準)，溫度最低華氏49，最高華氏58度，濕度57[596]。

偵探說，今天孫逸仙先到霍爾本大街的霍爾本郵局，然後到同街的鱉佛特書店(B.T. Batford, Bookseller)，接著就去了大英博物館，直到下午4時45分才離開。跟著造訪覃文省街46號康德黎家。離開康家後即回到格雷法學院坊8號，以後就沒有再出來了[597]。

南方熊楠卻說，當他與孫文都在大英博物館分別幹了一天的活以後，即在黃昏時分聯袂到托騰奴肯路(Tottenham Court Road)的一家名叫所熱阿

---

593 Chinese Legation Archives, Slater to Chinese Minister, 25 March-7 April 1897，載羅家倫，《蒙難史料考訂》，頁152-3。

594 《南方熊楠日記》，1897年3月26日，載《南方熊楠全集》，別卷2，頁78。

595 Again Slater's report for this day is contradicted by Kumagusu's diary. Slater claimed that Sun left the British Museum at 4.45 p. m., visited the Cantlies at 46 Devonshire Street（覃文省街）, then went home and was not seen again.（S）However, Kumagusu stated that he and Sun left the British Museum together in the evening and dined at a low class restaurant in Tottenham Road near the British Museum.（K）. On weighing up the probabilities,孫逸仙's activities for this day have been reconstructed as presented here.

596 *The Times*, 29 March 1897, p. 10, col. 3.

597 Chinese Legation Archives, Slater to Chinese Minister, 25 March-7 April 1897，載羅家倫，《蒙難史料考訂》，頁153。

(Shora)的低檔餐廳共進晚餐。餐後又一塊回到孫逸仙的旅寓，直到晚上10時南方熊楠才離開[598]。

偵探報告與南方熊楠日記之間的矛盾如何解釋？很有可能今天這位負責監視孫逸仙的偵探，沒等到目標離開大英博物館就先自離去，然後編了個造訪康家然後回家的故事推搪塞責。

970328星期天

倫敦今天下過0.1英吋的雨，太陽亮過0.5小時的相(以西敏寺地區為準)，溫度最低華氏44，最高華氏55度，濕度92。多雲[599]。

偵探說，孫逸仙今天足不出戶[600]。

970329星期一

倫敦今天下過0.1英吋的雨，太陽亮過7.2小時的相(以西敏寺地區為準)，溫度最低華氏39，最高華氏50度，濕度47。多雲[601]。

偵探說，孫逸仙在下午12時10分離開格雷法學院坊8號(按即孫逸仙旅寓)，即到霍爾本大街的霍爾本郵局，然後造訪覃文省街46號(按即康德黎家)，直到黃昏5時35分才踏上歸途。之後就沒有再出來了[602]。

970330星期二

倫敦今天沒下過雨，太陽亮過6小時以上的相(以西敏寺地區為準)，溫度最低華氏35，最高華氏55度，濕度48。晴[603]。

偵探說，孫逸仙在上午11時45分離開格雷法學院坊8號(按即孫逸仙旅寓)，即到霍爾本大街的霍爾本郵局，然後到大英博物館，直到晚上6時40

---

598 《南方熊楠日記》，1897年3月27日，載《南方熊楠全集》，別卷2，頁78。

599 *The Times*, 29 March 1897, p. 10, col. 3.

600 Chinese Legation Archives, Slater to Chinese Minister, 25 March-7 April 1897，載羅家倫，《蒙難史料考訂》，頁153。

601 *The Times*, 30 March 1897, p. 12, col. 1.

602 Chinese Legation Archives, Slater to Chinese Minister, 25 March-7 April 1897，載羅家倫，《蒙難史料考訂》，頁153。

603 *The Times*, 31 March 1897, p. 10, col. 5.

分才踏上歸途。之後就沒有再出來了[604]。

南方熊楠說，今天下午他與孫文聯袂往見道格拉斯[605]。

道格拉斯乃大英博物館東方典籍部的主任（見970316）。既然偵探說過下午孫逸仙在大英博物館，所以他今天的報告與南方熊楠日記沒有衝突。

970331星期三

倫敦今天下過0.29英吋的雨，太陽亮過0.9小時的相（以西敏寺地區為準），溫度最低華氏39，最高華氏54度，濕度78。多雲[606]。

偵探說，孫逸仙今天足不出戶，但偶而卻到窗戶或門口往外張望[607]。偵探所言可能屬實，對於在夏威夷和香港讀書長大的孫逸仙來說，今天的天氣也實在太寒冷了，沒有要事則不宜外出，以防害病。

970401星期四

倫敦今天下過0.24英吋的雨，太陽亮過0.1小時的相（以西敏寺地區為準），溫度最低華氏35，最高華氏44度，濕度93[608]。

偵探說，孫逸仙今天足不出戶，但偶而卻到窗戶或門口往外張望[609]。偵探所言可能屬實，對於在夏威夷和香港讀書長大的孫逸仙來說，今天的天氣比昨天更寒冷。沒有要事則不宜外出，以防害病。

970402星期五

倫敦今天沒下過雨，太陽亮過2.8小時的相（以西敏寺地區為準），溫度最低華氏38，最高華氏46度，濕度62[610]。

---

604 Chinese Legation Archives, Slater to Chinese Minister, 25 March-7 April 1897，載羅家倫，《蒙難史料考訂》，頁153。

605 《南方熊楠日記》，1897年3月30日，載《南方熊楠全集》，別卷2，頁78。

606 *The Times*, 1 April 1897, p. 7, col. 3.

607 Chinese Legation Archives, Slater to Chinese Minister, 25 March-7 April 1897，載羅家倫，《蒙難史料考訂》，頁154。

608 *The Times*, 2 April 1897, p. 11, col. 3.

609 Chinese Legation Archives, Slater to Chinese Minister, 25 March-7 April 1897，載羅家倫，《蒙難史料考訂》，頁154。

610 *The Times*, 3 April 1897, p. 5, col. 4.

　　偵探說，孫逸仙在上午10時35分離開旅寓，即到霍爾本大街的霍爾本郵局，然後坐公共馬車到攝政親王迴旋處，轉坐另一路公共馬車到艾爾伯特路12號（按即柯林斯家），並在那裡停留到下午1時50分。接著就去了大英博物館，直到晚上6時30分才離開。離開後就步行回格雷法學院坊8號，之後就沒有再出來了[611]。

970403星期六

　　倫敦今天下過零星毛毛細雨，但量少得紀錄不下來。太陽是否亮過相則沒紀錄可尋（以西敏寺地區為準），溫度最低華氏39，最高華氏45度，濕度65[612]。

　　偵探說，孫逸仙在上午11時15分離開旅寓，步行去大英博物館，並在那裡停留到晚上5時25分才踏上歸途，之後就沒有再出來了[613]。

970404星期天

　　倫敦今天沒下過雨，太陽亮過3.3小時的相（以西敏寺地區為準），溫度最低華氏27，最高華氏47度，濕度54。晴[614]。

　　偵探說，孫逸仙今天足不出戶[615]。

　　最近的偵探報告似乎又故態復萌：即凡是星期天，偵探都說孫逸仙足不出戶。

970405星期一

　　倫敦今天沒下過雨，太陽亮過2.1小時的相（以西敏寺地區為準），溫度最低華氏34，最高華氏48度，濕度44。晴[616]。

611　Chinese Legation Archives, Slater to Chinese Minister, 25 March-7 April 1897，載羅家倫，《蒙難史料考訂》，頁154。

612　*The Times*, 5 April 1897, p. 12, col. 3.

613　Chinese Legation Archives, Slater to Chinese Minister, 25 March-7 April 1897，載羅家倫，《蒙難史料考訂》，頁154。

614　*The Times*, 5 April 1897, p. 12, col. 3.

615　Chinese Legation Archives, Slater to Chinese Minister, 25 March-7 April 1897，載羅家倫，《蒙難史料考訂》，頁154。

616　*The Times*, 6 April 1897, p. 12, col. 3.

偵探說，孫逸仙在中午12時40分離開旅寓，即到霍爾本大街的霍爾本郵局，然後到司法大臣街76a號的里昂小吃館約半個小時，接著就去了大英博物館，直到晚上7時15分才離開。離開後就回格雷法學院坊，之後就沒有再出來了[617]。

康德黎夫人的日記卻說，今天孫逸仙在她家吃午餐。其他客人還有柯奧威爾小姐（Miss Caldwell）、熱斯上尉暨夫人（Captain and Mrs. Rose），和克夫太太（Mrs. Keith）[618]。

南方熊楠也說，當在大英博物館幹了一天活以後，即與孫文聯袂到所熱阿餐廳（Shora Restaurant）共進晚餐。孫文當東道。餐後又一塊回到孫逸仙的旅寓，直到晚上9時南方熊楠才離開[619]。

康德黎夫人的日記和南方熊楠的日記之間沒有矛盾，卻都與偵探的報告有嚴重衝突。竊以為康、南都完全沒有說謊的必要。所以，要麼是偵探社的經理史雷特先生搞錯了日期，要麼是他今天派出的偵探編了個故事。

970406星期二

倫敦今天沒下過雨，太陽亮過1.9小時的相（以西敏寺地區為準），溫度最低華氏38，最高華氏49度，濕度42。天陰沒風[620]。

偵探說，孫逸仙在上午11時45分離開格雷法學院坊8號（按即孫逸仙旅寓），即到大英博物館，直到下午4時35分才離開。接著坐公共馬車到攝政親王迴旋處，下車後步行到覃文省街46號（按即康德黎家）。後來就回格雷法學院坊8號（按即孫逸仙旅寓）[621]。

---

617 Chinese Legation Archives, Slater to Chinese Minister, 25 March-7 April 1897，載羅家倫，《蒙難史料考訂》，頁154。

618 Mrs. Cantlie's diary, 5 April 1897.

619 《南方熊楠日記》，1897年4月5日，載《南方熊楠全集》，別卷2，頁79。

620 *The Times*, 7 April 1897, p. 14, col. 5.

621 Chinese Legation Archives, Slater to Chinese Minister, 25 March-7 April 1897，載羅家倫，《蒙難史料考訂》，頁154-155。

970407星期三

倫敦今天下過0.35英吋的雨，太陽亮過0.9小時的相(以西敏寺地區為準)，溫度最低華氏38，最高華氏53度，濕度68。下午3時到4時之間打雷閃電[622]。

關於孫逸仙今天的動，史雷特私家偵探社在不同的日子提供了不的報告。

第一份報告說，孫逸仙在上午11時20分出來，寄了一封信後即到大英博物館，直到黃昏6時10分才回格雷法學院坊(按即孫逸仙旅寓)，到達時間是6時25分。偵探又說，雖然當晚繼續偵察到深夜，但目標沒有再出來[623]。

第二份報告說，孫逸仙在上午11時30分出來，寄了一封信後即步行到大英博物館，直到黃昏6時10分才回格雷法學院坊[624]。

兩份報告，大致相同。

南方熊楠在日記中說，下午到大英博物館後，即與孫文談了一會。談些甚麼？南方熊楠沒說。但他今天的日記卻很詳細的描述他後來在2時15分乘坐日本駐英大使承包的專用火車前往倫敦東區的蒂爾伯里碼頭(Tilbury Docks)，參觀兵艦「富士」(*Fuji*)號。該艦官兵熱情接待來賓，既有戲劇演出，也有茶水小吃等招待。貴賓包括大英博物館東方典籍部主任道格拉斯教授暨夫人。黃昏5時55分興盡而返。吃過晚餐後馬上造訪孫逸仙，不遇[625]。

按「富士」(*Fuji*)號是英國泰晤士鋼鐵廠(Thames Ironworks Company)

622 *The Times*, 8 April 1897, p. 13, col. 4.

623 Chinese Legation Archives, Slater to Chinese Minister, 25 March 7 April 1897，載羅家倫，《蒙難史料考訂》，頁155。

624 Chinese Legation Archives, Slater to Chinese Minister, 7-15 April 1897，載羅家倫，《蒙難史料考訂》，頁157。

625 《南方熊楠日記》，1897年4月7日，載《南方熊楠全集》，別卷2，頁79-80。

剛爲日本新建成的一隻兵艦[626]。今天似乎是該艦舉行下水禮後慶祝一番並招待來賓參觀。可以想像，前往參觀兵艦之前，南方熊楠向孫逸仙談及這件事。參觀後又迫不及待地去找他，目的看來是要向孫逸仙炫耀一番，甚至爭取他成爲泛亞主義的信徒[627]。

970408星期四[628]

倫敦今天沒下過雨，太陽亮過2.8小時的相（以西敏寺地區爲準），溫度最低華氏42，最高華氏52度，濕度68。晴[629]。

偵探說，從早上8時就開始監視孫逸仙的旅寓了，但不見到他出戶[630]。

南方熊楠卻說，今天在大英博物館遇到孫逸仙並與他聊了幾句[631]。可見孫逸仙今天曾讀書去了，偵探再一次丟掉了目標。

970409星期五

倫敦今天下過0.01英吋的雨，太陽亮過0.5小時的相（以西敏寺地區爲準），溫度最低華氏41，最高華氏56度，濕度56。天陰無風[632]。

偵探說，孫逸仙在上午10時30分出來，到霍爾本郵局寄了一封信後即到大英博物館的閱覽室，直到下午2時才出來。接著到貝利街（Bury Street）的金禾麵包公司（Golden Grain Bread Company），不久又回到大英博物館，直到黃昏7時以後才離開，回到旅寓時間是7時25分。以後就沒有再出

---

626 *The Times*, 25 June 1897, p. 15 col.2.

627 見第四章「970319與南方熊楠的談話」一條。

628 Once more, Slater's report is contradicted completely by Minakata Kumagusu's diary. Slater claimed that Sun "was not seen to leave the house although observation was continued from 8 a.m." (S) Minakata Kumagusu stated that he "spoke to Sun briefly in the British Museum." (K) In reconstructing Sun's activities for this day, Slater's report has to be discarded completely.

629 *The Times*, 9 April 1897, p. 11, col. 5.

630 Chinese Legation Archives, Slater to Chinese Minister, 7-15 April 1897，載羅家倫，《蒙難史料考訂》，頁157。

631 《南方熊楠日記》，1897年4月8日，載《南方熊楠全集》，別卷2，頁80。

632 *The Times*, 10 April 1897, p. 11, col. 5.

來了[633]。

康德黎夫人卻說，孫逸仙今天到她家晚膳[634]。看來偵探再一次「提前下班」，然後虛構了孫逸仙在黃昏的活動。

970410星期六

倫敦今天下過0.06英吋的雨，太陽是否亮過相則沒紀錄可尋（以西敏寺地區為準），溫度最低華氏40，最高華氏52度，濕度61[635]。

偵探說，孫逸仙在中午12時15分出來，走到霍爾本郵局時又馬上折回家。下午1時15分再度出來時，手中拿著一隻大（foolscapsize）信封，重到霍爾本郵局，把該信寄出。接著到大英博物館，直到黃昏7時30分以後才走路回家。回家以後就沒有再出來了[636]。

南方熊楠的日記佐證了偵探的部分報告。他說，今天在大英博物館遇到孫逸仙並與他聊了幾句[637]。

970411星期天

倫敦今天沒下過雨，太陽亮過9.1小時的相（以西敏寺地區為準），溫度最低華氏37，最高華氏53度，濕度59。多雲[638]。

偵探說，孫逸仙今天足不出戶，但有好幾次注意到他走近窗戶[639]。

970412星期一

倫敦今天沒下過雨，太陽也沒亮過相（以西敏寺地區為準），溫度最低華氏44，最高華氏53度，濕度61。天陰無風[640]。

---

633 Chinese Legation Archives, Slater to Chinese Minister, 7-15 April 1897，載羅家倫，《蒙難史料考訂》，頁157。

634 Mrs. Cantlie's diary, 9 April 1897.

635 *The Times*, 12 April 1897, p. 13, col. 4.

636 Chinese Legation Archives, Slater to Chinese Minister, 7-15 April 1897，載羅家倫，《蒙難史料考訂》，頁158。

637 《南方熊楠日記》，1897年4月10日，載《南方熊楠全集》，別卷2，頁80。

638 *The Times*, 12 April 1897, p. 13, col. 4.

639 Chinese Legation Archives, Slater to Chinese Minister, 7-15 April 1897，載羅家倫，《蒙難史料考訂》，頁157-159：其中第158頁。

640 *The Times*, 13 April 1897, p. 11, col. 4.

　　偵探說，今天孫逸仙留在旅寓一直到下午2時25分才出來，步行到司法大臣街(與霍爾本大街交接)的角落乘坐共馬車到查靈十字下車，步行到憲法俱樂部(Constitutional Club)，在那兒停留了10分鐘後即離開，然後沿著河濱路漫步，觀看櫥光燈色，最後在里昂小吃館用膳20分鐘後即回家，到達旅寓的時間是黃昏5時30分，以後就沒有再見到他出來了[641]。

970413星期二[642]

　　倫敦今天下過0.01英吋的雨，太陽亮過0.4小時的相(以西敏寺地區為準)，溫度最低華氏47，最高華氏60度，濕度52。天晴[643]。

　　南方熊楠的日記說，今天早上10時，他先造訪孫逸仙的朋友摩根(Mulkern)，然後兩人聯袂坐地下火車造訪孫逸仙。接著三人一道坐公共馬車到芬楚街火車站轉坐火車去蒂爾伯里碼頭(Tilbury Docks)去看望津田。津田是何方神聖？南方熊楠說津田是魚雷砲組組長。甚麼單位的魚雷砲組？南方熊楠沒說。但他說津田親自帶領他們參觀並作詳細介紹。參觀甚麼？介紹甚麼？南方熊楠沒說。但他又說，接著到餐堂用酒水。甚麼性質的餐堂？南方熊楠沒說。但他又說，孫逸仙與摩根觀看了一本有關中日甲午戰爭的照片集。最後他說，三人在下午坐4時零3分的火車回倫敦，在主教街(Bishop Street)握別[644]。

　　偵探的報告說，今天早上11時30分，有一位華人(Chinaman)在一位英人陪同下進入孫逸仙旅寓。正午12時，孫逸仙與其餘兩人一道出來，走路到叟漢敦大廈(Southampton Buildings)裡的伯北克銀行(Birbeck Bank)。當他們離開該銀行時，偵探留意到孫逸仙把一筆現款放進錢包裡。接著他們

---

641 Chinese Legation Archives, Slater to Chinese Minister, 7-15 April 1896，載羅家倫，《蒙難史料考訂》，頁157-159：其中第158頁。

642 羅家倫，《蒙難史料考訂》，第158頁謂「Tuesday, April 15」，不確。該星期二是4月13日而非15日。錯把13作15，有三個可能：(一)原報告手民之誤(二)王寵惠抄錯(三)羅書在排版時出錯。

643 *The Times*, 14 April 1897, p. 7, col. 4

644 《南方熊楠日記》，1897年4月13日，載《南方熊楠全集》，別卷2，頁80。

走下司法大臣街，然後坐上一部公共馬車到芬楚街火車站(Fenchurch Street Station)，坐火車去蒂爾伯里碼頭(Tilbury Docks)。進入該碼頭後，三人即登上「富士」號，並在船上勾留了三個半小時才踏上歸途。回到倫敦後就各自回家。偵探補充說，在船上時，孫逸仙似乎與該船的日本人非常友善[645]。

報告與日記互相參照，很多疑難迎刃而解。報告所說的華人，其實是日人南方熊楠；所說的英人其實是愛爾蘭的反英愛國主義者摩根(Rowland J. Mulkern)。南方熊楠所說的魚雷砲組正是「富士」號上的官兵，因而日記中其他莫名其妙的描述也順理成章地得到答案。而且經考證，該魚雷組組長的官階是少佐[646]。

解決了舊問題，新的問題又來了。君可知：日本向英國購買的這隻兵艦的經費來源是中國在甲午戰敗的賠款？該兵艦新建成，日本政府正準備近水樓台地讓它代表日本參加在6月26日在英國皇家海軍總部舉行的、慶祝維多利亞女王登基60週年的國際海軍檢閱[647]？孫逸仙看了那本有關中日甲午戰爭的照片集以後，是否萬般滋味在心頭？而他對那位極端的泛亞主義者南方熊楠[648]又有什麼感想？

970414星期三

倫敦今天下過0.06英吋的雨，太陽是否亮過相則紀錄不了(以西敏寺地區爲準)，溫度最低華氏48，最高華氏56度，濕度55。天氣清朗[649]。

偵探說，孫逸仙在早上11時從旅寓出來，到霍爾本郵局寄了一封信後即回家。中午12時10分再度出來，到憲法俱樂部詢問了約三分鐘後即離

645　Slater to Chinese Minister, 7-15 April 1897，載羅家倫，《蒙難史料考訂》，頁158-9。

646　《南方熊楠日記》，1897年4月20日，載《南方熊楠全集》，別卷2，頁81。

647　*The Times*, 25 June 1897, p. 15 col. 2.

648　見本書第四章「970319與南方熊楠的談話」一條。

649　*The Times*, 14 April 1897, p. 7, col. 4

開，前往大英博物館，並在那裡逗留到晚上7時才踏上歸途[650]。

970415星期四

倫敦今天下過0.03英吋的雨，太陽亮過11小時的相（以西敏寺地區為準），溫度最低華氏39，最高華氏57度，濕度66。天氣清朗[651]。

偵探說，放假期間（按這個時間放假，應該是復活節假期），無甚要聞，目標有時走近窗戶，有時走到門旁，有時外出作短暫的散步[652]。

南方熊楠在日記中寫道：「前天我帶往參觀兵艦的那位男士名叫R. J. Mulkern，住在倫敦西部荷蘭公園區的格理蘭敦路66號。」[653]看來遲到今天，南方熊楠才找出孫逸仙的朋友摩根的具體名字和住址。他這樣慎重其事地對待孫逸仙的朋友，又如此慎重其事地記下孫逸仙的朋友的具體姓名和地址，很能說明問題：(一)早在1897年4月，日本的泛亞分子已積極物色中國代理人；(二)密切注意候選代理人的朋友圈子，目的似乎是方便將來適當地控制他們；(三)南方熊楠，在倫敦街頭遭到某英婦嘲笑時，可以跟她扭打，繼而跟英國的警察扭打，以至警察實在拿他沒辦法[654]。這種行為給人表面的印象是一個粗魯妄人。但他在結交中國候選代理人及其朋友時，竟然是如此小心翼翼地登記有關細節。日本的泛亞主義者可不簡單！處心積慮要創造大東亞共榮圈的日本人，真不簡單！1897年的孫逸仙，好像還奢望日本朋友能在他的革命事業上助以一臂之力。並在7月1日就迫不及待地趕赴東瀛。唉！

970416星期五

倫敦今天下過0.05英吋的雨，太陽亮過1.4小時的相（以西敏寺地區為

---

650 Chinese Legation Archives, Slater to Chinese Minister, 7-15 April 1897，載羅家倫，《蒙難史料考訂》，頁158-9。

651 *The Times*, 16 April 1897, p. 5, col. 5

652 Slater to Chinese Minister, 7-15 April 1897，載羅家倫，《蒙難史料考訂》，頁158-9。

653 《南方熊楠日記》，1897年4月15日，載《南方熊楠全集》，別卷2，頁81。

654 《南方熊楠日記》，1897年4月28日，載《南方熊楠全集》，別卷2，頁82-83。

準），溫度最低華氏45，最高華氏53度，濕度80[655]。

偵探說，放假期間（按這個時間放假，應該是復活節假期），無甚要聞，目標有時走近窗戶，有時走到門旁，有時外出作短暫的散步[656]。

970417星期六

倫敦今天下過0.16英吋的雨，太陽是否亮過相則沒紀錄可尋（以西敏寺地區爲準），溫度最低華氏47，最高華氏56度，濕度78[657]。

偵探說，放假期間（按這個時間放假，應該是復活節假期），無甚要聞，目標有時走近窗戶，有時走到門旁，有時外出作短暫的散步[658]。

970418星期天

倫敦今天下過0.01英吋的雨，太陽亮過11.2小時的相（以西敏寺地區爲準），溫度最低華氏44，最高華氏56度，濕度51。晴[659]。

從今天開始，現存的偵探報告既籠統又混亂。從日期上說，標著今天日期的報告竟然提到4月22日的事情，但獨此一日，其他都沒有具體的日子，只有籠統的、一筆帶過的內容[660]。緊接著下來的報告所標著的日期是1897年6月24日[661]，而內容則從6月10日說起。就是說，從4月22日到6月10日，共缺了48天的具體內容。值得注意的是：1897年6月24日的報告提到6月16日曾寫過一份報告[662]，而這份報告卻沒有被收進羅書附錄，很可能早

---

655 *The Times*, 17 April 1897, p. 6, col. 5

656 Chinese Legation Archives, Slater to Chinese Minister, 7-15 April 1897，載羅家倫，《蒙難史料考訂》，頁158-9。

657 *The Times*, 19 April 1897, p. 9, col. 3.

658 Chinese Legation Archives, Slater to Chinese Minister, 7-15 April 1897，載羅家倫，《蒙難史料考訂》，頁158-9。

659 *The Times*, 19 April 1897, p. 9, col. 3.

660 Chinese Legation Archives, Slater to Chinese Minister, 18 April 1897，載羅家倫，《蒙難史料考訂》，頁160-161。

661 Chinese Legation Archives, Slater to Chinese Minister, 24 April 1897，載羅家倫，《蒙難史料考訂》，頁162。

662 Chinese Legation Archives, Slater to Chinese Minister, 18 April 1897，載羅家倫，《蒙難史料考訂》，頁160。

已失存。這一事實顯示，從4月22日到6月10日的報告很可能是同樣地失存
了。

　　茲將那籠統的內容翻譯如下：「目標的活動很有規律，幾乎每天都造
訪大英博物館，覃文省街46號[按即康德黎家]，霍爾本郵局。」[663]值得注
意的是：(一)籠統的偵探報告從來沒有提及孫逸仙曾離開過英國而到歐洲
大陸旅行。(二)孫逸仙頻頻到郵局寄信，似乎已引起公使館的注意而吩咐
偵探嘗試找出信件內容。偵探的回答真要命：「若去調查必然會引起懷
疑，所以一直不敢嘗試，但我們會把這件事放在心上。」[664]無能與推搪塞
責之處，令人髮指。而公使館還是繼續僱用史雷特私家偵探社，是同樣地
無能還是無奈？有精明的偵探但公使館有眼無珠是無能，如果所有私家偵
探都是飯桶則屬無奈。福爾摩斯的作者把倫敦的私家偵探都奚落得慘不忍
睹，恐怕是對現實的寫照。

970419星期一

　　倫敦今天沒下過雨，太陽亮過3.5小時的相(以西敏寺地區為準)，溫度
最低華氏43，最高華氏58度，濕度56。陰[665]。

　　這時期籠統的偵探報告說：「目標的活動很有規律，幾乎每天都造訪
大英博物館，覃文省街46號，霍爾本郵局。」[666]

　　南方熊楠說：「今天晚上，我與孫一道到新牛津街的維也納餐廳共進
晚膳，然後到孫的旅寓聊到10時才離開。」[667]按照兩人過去的活動規律，
今天似乎也是在大英博物館逗留到7時左右才一起去吃晚餐。

663　Chinese Legation Archives, Slater to Chinese Minister, 18 April 1897，載羅家倫，
　　　《蒙難史料考訂》，頁160-161。
664　Chinese Legation Archives, Slater to Chinese Minister, 18 April 1897，載羅家倫，
　　　《蒙難史料考訂》，頁161。
665　*The Times*, 20 April 1897, p. 5, col. 4.
666　Chinese Legation Archives, Slater to Chinese Minister, 18 April 1897，載羅家倫，
　　　《蒙難史料考訂》，頁160-161。
667　《南方熊楠日記》，1897年4月19日，載《南方熊楠全集》，別卷2，頁81。

另外，今天滿清駐英國公使龔照瑗卸任。羅豐祿到任[668]。羅豐祿的英語比龔照瑗好得多。又由於曾在倫敦當過龔照瑗的副手，對倫敦的情況也較爲熟悉，但仍然決定繼續僱用史雷特私家偵探社，同樣是出於無能還是無奈？

970420星期二

倫敦今天下過0.16英吋的雨，太陽亮過3.7小時的相（以西敏寺地區爲準），溫度最低華氏43，最高華氏56度，濕度65。晨陰午晴，和暖可愛[669]。

這時期籠統的偵探報告說：「目標的活動很有規律，幾乎每天都造訪大英博物館，覃文省街46號，霍爾本郵局。」[670]

南方熊楠說，今天在大英博物館遇到孫逸仙時，孫逸仙把他的自傳（按即《倫敦蒙難記》英文原著）交南方熊楠以便如約轉交津田少佐[671]（按即「富士」號魚雷組的組長）[672]。

970421星期三

倫敦今天下過0.06英吋的雨，太陽沒亮過相（以西敏寺地區爲準），溫度最低華氏46，最高華氏55度，濕度77。陰暗得讓人難受[673]。

這時期籠統的偵探報告說：「目標的活動很有規律，幾乎每天都造訪大英博物館，覃文省街46號，霍爾本郵局。」[674]

970422星期四

倫敦今天下過0.05英吋的雨，太陽亮過5.2小時的相（以西敏寺地區爲

《清季中外使領年表》（北京：中華書局，1985），頁4。

669 *The Times*, 21 April 1897, p. 10, col. 4.

670 Chinese Legation Archives, Slater to Chinese Minister, 18 April 1897，載羅家倫，《蒙難史料考訂》，頁160-161。

671 《南方熊楠日記》，1897年4月20日，載《南方熊楠全集》，別卷2，頁81。

672 參照970413條目。

673 *The Times*, 22 April 1897, p. 10, col. 3.

674 Chinese Legation Archives, Slater to Chinese Minister, 18 April 1897，載羅家倫，《蒙難史料考訂》，頁160-161。

準)，溫度最低華氏42，最高華氏51度，濕度56。天氣清朗[675]。

偵探說，今天目睹孫逸仙在郵局與一位看來是日本人的男士見面，而
這位男士曾在4月13日於「富士」號上見過面[676]。

竊以爲此人很可能就是南方熊楠。

970423星期五

待考。

970424星期六

待考。

970425星期天

待考。

970426星期一

待考。

970427星期二

待考。

970428星期三

待考。

970429星期四

待考。

970430星期五

待考。

970501星期六

待考。

970502星期天

待考。

---

675 *The Times*, 23 April 1897, p. 5, col. 4.

676 Chinese Legation Archives, Slater to Chinese Minister, 18 April 1897，載羅家倫，
《蒙難史料考訂》，頁161。

970503星期一

待考。

970504星期二

待考。

970505星期三

待考。

970506星期四

待考。

970507星期五

待考。

970508星期六

倫敦今天沒下過，太陽是否亮過相則沒有紀錄（以西敏寺地區爲準），溫度最低華氏48，最高華氏64度，濕度70[677]。

南方熊楠說，今天在大英博物館裡，要求該館的館員里德先生（Mr. Read）帶孫逸仙和一位西班牙老人參觀alum茶和其他展品[678]。按alum者，一般指明礬，但植物學中有alum-root一詞，指各種具備止血功能的植物根莖[679]。南方熊楠是植物學家，其所謂alum茶，可能是指某些有止血功能的茶樹莖。孫逸仙要搞革命，革命難免要流血，所以對具備止血功能的草藥自然很感興趣。

970509星期天

待考。

970510星期一

待考。

677　*The Times*, 10 May 1897, p. 9, col. 4.

678　《南方熊楠日記》，1897年5月8日，載《南方熊楠全集》，別卷2，頁84。

679　*The Shorter English Dictionary on Historical Principles*（Oxford University Press, 1970), p. 51.

970511星期二

　　待考。

970512星期三

　　待考。

970513星期四

　　待考。

970514星期五

　　待考。

970515星期六

　　待考。

970516星期天

　　待考。

970517星期一

　　待考。

970518星期二

　　待考。

970519星期三

　　待考。

970520星期四

　　待考。

970521星期五

　　待考。

970522星期六

　　待考。

970523星期天

　　待考。

970524星期一

倫敦今天沒下過雨，太陽亮過5小時的相（以西敏寺地區爲準），溫度最低華氏46，最高華氏59度，濕度73。晴[680]。

南方熊楠說，黃昏時分與孫逸仙共進晚膳。膳後聯袂到德川世子下榻的旅館，但等了很久，德川世子還未回來。接著去造訪另一位旅英日人鎌田，又不遇。跟著造訪荒川領事，但其寓所烏黑一片。結果兩人走路經過洛廷山（Nottinghill）到達雲石門（Marble Arch）時就分手[681]。

970525星期二

待考。

970526星期三

倫敦今天下過0.09英吋的雨，太陽沒亮過相（以西敏寺地區爲準），溫度最低華氏51，最高華氏60度，濕度67。天陰無風[682]。

南方熊楠說，今天在大英博物館碰到孫逸仙，聊了一會[683]。

970527星期四

待考。

970528星期五

待考。

970529星期六

待考。

970530星期天

待考。

970531星期一

待考。

680　*The Times*, 25 May 1897, p. 10, col. 2.
681　《南方熊楠日記》，1897年5月24日，載《南方熊楠全集》，別卷2，頁87。
682　*The Times*, 27 May 1897, p. 6, col. 5.
683　《南方熊楠日記》，1897年5月26日，載《南方熊楠全集》，別卷2，頁87。

970601星期二

待考。

970602星期三

待考。

970603星期四

待考。

970604星期五

待考。

970605星期六

待考。

970606星期天

待考。

970607星期一

待考。

970608星期二

待考。

970609星期三

待考。

970610星期四

倫敦今天沒下過雨，太陽亮過1.75小時的相(以西敏寺地區爲準)，溫度最低華氏47，最高華氏65度，濕度57。早上陰暗寒冷，後變得暖和潮濕[684]。

偵探說，孫逸仙在早上11時3分出門，一如往日地去大英博物館。黃昏6時離開，坐公共馬車到攝政親王街下車，步行到覃文省街46號(按即康德黎醫生家)，直到很晚才回家[685]。

---

684 *The Times*, 11 June 1897, p. 11, col. 6.

685 Chinese Legation Archives, Slater to Chinese Minister, 24 June 1897，載羅家倫，

970611星期五

倫敦今天沒下過雨，太陽亮過約11小時的相(以西敏寺地區爲準)，溫度最低華氏53，最高華氏76度，濕度49。晴[686]。

今天孫逸仙的活動待考。

970612星期六

倫敦今天沒下過雨，太陽亮過相沒有則無紀錄(以西敏寺地區爲準)，溫度最低華氏58，最高華氏79度，濕度52[687]。

偵探說，今天孫逸仙造訪過覃文省街46號(按即康德黎醫生家)[688]。

970613星期天

倫敦今天沒下過雨，太陽亮過13小時的相(以西敏寺地區爲準)，溫度最低華氏61，最高華氏84度，濕度35。非常乾燥[689]。

今天孫逸仙的活動待考。

970614星期一

倫敦今天沒下過雨，太陽亮過6小時的相(以西敏寺地區爲準)，溫度最低華氏60，最高華氏75度，濕度38。清晨有烏雲，慢慢變晴[690]。

今天孫逸仙的活動待考。

970615星期二

倫敦今天沒下過雨，太陽亮過7.8小時的相(以西敏寺地區爲準)，溫度最低華氏56，最高華氏74度，濕度36。多雲[691]。

今天孫逸仙的活動待考。

(續)————————————

　　《蒙難史料考訂》，頁162。
686　*The Times*, 12 June 1897, p. 11, col. 2.
687　*The Times*, 14 June 1897, p. 12, col. 5.
688　Slater to Chinese Minister, 24 June 1897，載羅家倫，《蒙難史料考訂》，頁162。
689　*The Times*, 14 June 1897, p. 12, col. 5.
690　*The Times*, 15 June 1897, p. 12, col. 4.
691　*The Times*, 16 June 1897, p. 14, col. 5.

970616星期三

倫敦今天下過0.01英吋的雨，太陽亮過6.6小時的相(以西敏寺地區爲準)，溫度最低華氏52，最高華氏67度，濕度61。晴[692]。

偵探說，今天孫逸仙與另外兩位貌似華人的男士一道離開大英博物館，到附近托騰奴肯路(Tottenham Court Road)的一家餐館。在餐館裡，三人談得很投契。離開餐館後，又共同坐公共馬車到伯爵閣(Earl's Court)地區的隆日枝路28號(28 Longridge Road)，並在那裡逗留到晚上9時。之後他們回到托騰奴肯路，接著就分手了[693]。

南方熊楠說，今天在大英博物館裡，先與孫逸仙一道去找鎌田，然後三人一起回到南方熊楠的旅寓。後來田島也來了。隨後南方熊楠與孫逸仙聯袂去一家餐館。接著步行到海德公園，直到半夜才分手[694]。

報告與日記大致吻合。由此可知：(一)偵探所謂「兩位貌似華人的男士」其實是南方熊楠與鎌田；(二)南方熊楠住在隆日枝路28號；(三)孫與南方回到托騰奴肯路是爲了再去他們熟悉的那家便宜餐館；(四)偵探跟蹤孫與南方回到托騰奴肯路後就「下班」了，沒有監視到半夜。

970617星期四

倫敦今天沒下過雨，太陽亮過7.4小時的相(以西敏寺地區爲準)，溫度最低華氏48，最高華氏64度，濕度36。多雲[695]。

偵探說，今天孫逸仙造訪南院5號，接著就回家。下午1時再出來，坐公共馬車到隆日枝路28號。在那裡逗留了一個小時後又坐公共馬車到大英博物館，並在那裡停留到晚上7時。接著就到維也納餐廳，在那裡與那位經常與他見面的人(按即南方熊楠)聚首。離開餐廳後就回家，以後就沒再出

---

692 *The Times*, 17 June 1897, p. 13, col. 4.
693 Chinese Legation Archives, Slater to Chinese Minister, 24 June 1897，載羅家倫，《蒙難史料考訂》，頁163。
694 《南方熊楠日記》，1897年6月16日，載《南方熊楠全集》，別卷2，頁90。
695 *The Times*, 18 June 1897, p. 14, col. 5.

來了[696]。

南方熊楠今天的日記卻隻字沒提到孫逸仙[697]。但孫逸仙今天造訪的隆日枝路28號又分明是南方熊楠的旅寓[698]。而且偵探還說他們一道吃晚餐呢。奇怪！

970618星期五

倫敦今天下過0.21英吋的雨，太陽亮過1.5小時的相（以西敏寺地區為準），溫度最低華氏48，最高華氏65度，濕度70。下午4時以後，氣壓計急遽上升[699]。

南方熊楠說，今天等孫逸仙，但孫逸仙卻沒來，所以到大英博物館去了[700]。

另一方面，公使館對於這位經常與孫逸仙在一起的、貌似華人的南方熊楠越來越重視了，命史雷特私家偵探社把他也監視起來。史雷特忙不迭地答應[701]。

970619星期六

倫敦今天沒下過雨，太陽亮過相沒有則無紀錄（以西敏寺地區為準），溫度最低華氏47，最高華氏64度，濕度45[702]。

南方熊楠說，今天下午孫逸仙來了，於是兩人聯袂到丘園（Kew Gardens——倫敦植物公園），參觀各個不同的部門。南方熊楠是植物學家，由他帶孫逸仙參觀，事半功倍。參觀完畢即坐地下火車到西肯辛頓區（West Kensington）看望田島，並在他那裡聊到晚上9時。離開時下大雨，但

696　Chinese Legation Archives, Slater to Chinese Minister, 24 June 1897，載羅家倫，
　　　《蒙難史料考訂》，頁163。
697　見《南方熊楠日記》，1897年6月17日，載《南方熊楠全集》，別卷2，頁91。
698　見日誌970416。
699　*The Times*, 19 June 1897, p. 5, col, 3,
700　《南方熊楠日記》，1897年6月18日，載《南方熊楠全集》，別卷2，頁91。
701　Chinese Legation Archives, Slater to Chinese Minister, 24 June 1897，載羅家倫，
　　　《蒙難史料考訂》，頁164。
702　*The Times*, 21 June 1897, p. 9, col. 4.

由於公共馬車的票價漲了，從額地遜路（Addison Road）到肯辛頓高街
（Kensington High Street）必須付6便士（6d.），所以兩人決定冒著大雨走路到
高街吃晚餐。餐後孫逸仙坐公共馬車回家去了[703]。

至於史雷特私家偵探社，今天交白卷。該社剛答應過公使館，謂再次
見到孫逸仙與南方熊楠在一起時，就會派人跟蹤後者，所以按理今天應該
派出兩位偵探以便孫、南分手時各自監視兩個不同的目標。但結果該社仍
然交白卷。

970620星期天

倫敦今天下過0.18英吋的雨，太陽亮過0.25小時的相（以西敏寺地區為
準），溫度最低華氏49，最高華氏64度，濕度69。多雲[704]。

南方熊楠說，今天下午孫逸仙來了，於是兩人聯袂前往參觀自然博物
館（Natural History Museum）[705]。有這位植物學家帶孫逸仙參觀，自然又是
事半功倍。

史雷特私家偵探社今天仍然交白卷。

970621星期一

倫敦今天沒下過雨，太陽亮過4.8小時的相（以西敏寺地區為準），溫度
最低華氏50，最高華氏75度，濕度53。天陰無風[706]。

今天孫逸仙的活動待考：南方熊楠說他整天呆在家裡，偵探交白卷，
康德黎夫人也沒提到孫逸仙。

970622星期二

倫敦今天沒下過雨，太陽亮過約6小時的相（以西敏寺地區為準），溫度
最低華氏62，最高華氏78度，濕度53。晴[707]。

今天是維多利亞女王登基60週年，倫敦舉行盛大的慶祝活動，最令人

---

703 《南方熊楠日記》，1897年6月19日，載《南方熊楠全集》，別卷2，頁91。
704 *The Times*, 21 June 1897, p. 9, col. 4.
705 《南方熊楠日記》，1897年6月20日，載《南方熊楠全集》，別卷2，頁91。
706 *The Times*, 22 June 1897, p. 12, col. 5.
707 *The Times*, 23 June 1897, p. 14, col. 5.

矚目當然是皇家大遊行(Royal Procession)，共有46,943官兵參加，除了英國本土的部隊以外，還有來自大英帝國所有屬地的各個兵種。南方熊楠說他去觀看了[708]，竊以為孫逸仙也不會錯過這盛會。而且孫逸仙的旅寓就在大遊行必經之路的附近，去觀看的話比南方熊楠更方便。筆者將在本書「第五章民族思想探源」中介紹這空前盛況，以及探索它可能對孫逸仙所產生的影響。

970623星期三

倫敦今天沒下過雨，太陽亮過超過10小時的相(以西敏寺地區為準)，溫度最低華氏62，最高華氏83度，濕度47。晴[709]。

今天孫逸仙的活動待考。

970624星期四

倫敦今天下過0.35英吋的雨，太陽亮過9小時的相(以西敏寺地區為準)，溫度最低華氏56，最高華氏88度，濕度40。晴。黃昏6時雷雨，以後氣溫急劇下降[710]。

今天孫逸仙的活動待考。

同樣在今天，史雷特私家偵探社給滿清駐英公使羅豐祿回了一封信，說：「閣下今天來示敬悉，承告目標可能在短期內離開英國，敝社將加派人手密切注視其行動。」[711]

這封覆函很能說明問題：(一)公使館的消息比偵探更靈通，可能曾派華人職員假意接近孫逸仙而探聽到口風。(二)1897年7月11-24日的偵探報告說7月2日曾寫過一份報告[712]。這份報告似乎已失存，至低限度在羅家倫

708　《南方熊楠日記》，1897年6月20日，載《南方熊楠全集》，別卷2，頁91。

709　*The Times*, 24 June 1897, p. 12, col. 2.

710　*The Times*, 25 June 1897, p. 7, col. 4.

711　Slater to Chinese Minister, 24 June 1897，載羅家倫，《蒙難史料考訂》，頁165。

712　Chinese Legation Archives, Slater to Chinese Minister, 11-24 July 1897，載羅家倫，《蒙難史料考訂》，頁166。

書附錄裡找不到。所以，從6月24日到7月1日孫逸仙坐船離開英國當天，都沒法從偵探那裡得到任何有關孫逸仙的消息。

970625星期五

倫敦今天下過0.01英吋的雨，太陽沒亮過相（以西敏寺地區為準），溫度最低華氏55，最高華氏64度，濕度71。陰暗得讓人難受[713]。

南方熊楠說，今天當他在大英博物館時，孫逸仙來看他，相約後天再會[714]。

970626星期六

報章沒刊登倫敦今天是否下過雨或太陽有否亮過相（以西敏寺地區為準），溫度最低華氏55，最高華氏68度，濕度64[715]。

南方熊楠說，今天孫逸仙與田島去觀看海軍檢閱[716]。

該海軍檢閱是為了慶祝維多利亞女王登基60週年而舉行的另一盛大活動。筆者將在本書「第五章民族思想探源」中介紹這空前盛況，以及探索它可能對孫逸仙所產生的影響。

970627星期天

倫敦今天下過0.21英吋的雨，太陽亮過0.7小時的相（以西敏寺地區為準），溫度最低華氏62，最高華氏72度，濕度94。早晨下過驟雨[717]。

南方熊楠說，今天孫逸仙在下午4時不到就如約來找他。兩人在晚上7時聯袂造訪田島，田島同意把孫逸仙介紹給菊地謙讓和尾崎行雄[718]。

南方熊楠又說，孫逸仙今天為他離別題詞。詞曰：「海外逢知音。」其中奧妙，見本書第四章970627條的分析。

713　*The Times*, 26 June 1897, p. 8, col. 6.

714　《南方熊楠日記》，1897年6月20日，載《南方熊楠全集》，別卷2，頁91。

715　*The Times*, 28 June 1897, p. 9, col. 4.

716　《南方熊楠日記》，1897年6月27日，載《南方熊楠全集》，別卷2，頁92。南方熊楠是以追憶的方式在今天的日記中補記了昨天的事情。

717　*The Times*, 28 June 1897, p. 9, col. 4.

718　《南方熊楠日記》，1897年6月27日，載《南方熊楠全集》，別卷2，頁92。

970628星期一

倫敦今天沒下過雨，太陽亮過3.9小時的相（以西敏寺地區為準），溫度最低華氏63，最高華氏77度，濕度61。天陰無風[719]。

南方熊楠說，今天早上他造訪鎌田，把一封信交給他，書面要求他為孫逸仙辦一件事。接著到大英博物館，黃昏5時見到孫逸仙，孫逸仙把三本其翻譯的《紅十字會救傷法》交給他：一本送給南方熊楠，一本請轉田島，第三本請轉鎌田。南方熊楠補充說，孫逸仙曾花了一大筆錢把該書其中的兩冊改為非常精緻的釘裝，光是釘裝費每本就花了五英鎊！一本送了給英女王，另外一本送了給首相沙士勃雷侯爵[720]。

按一英鎊有20先令（20s.），一先令有12便士。那是說，一英鎊有240便士，五英鎊就是1,200便士。九天前（6月19日），為了節省6便士（6d.），南方熊楠與孫逸仙兩人決定冒著大雨走路到肯辛頓高街吃晚餐[721]。但為了送書給英女王與英首相，孫逸仙就是願意花1,200便士。而過去為了打動英僕柯耳為他送信，一給就是4,800便士（20英鎊）。該花就花，毫不猶豫，孫逸仙性格可見一斑。

970629星期二

倫敦今天下過0.05英吋的雨，太陽亮過4.8小時的相（以西敏寺地區為準），溫度最低華氏62，最高華氏75度，濕度66。日間西南偏南風吹來了大量烏雲[722]。

南方熊楠說，他今天下午造訪鎌田。鎌田把一封介紹信交了給他，讓他轉給孫逸仙。該信把孫逸仙介紹給岡本柳之助。接著南方熊楠就去大英博物館，黃昏4時過後不久，孫逸仙來找他，他就把那封介紹信交了給孫逸仙。晚上，南方熊楠造訪田島，田島說已經把介紹信直接寄了給孫逸仙。

---

719 *The Times*, 29 June 1897, p. 5, col. 5.
720 《南方熊楠日記》，1897年6月28日，載《南方熊楠全集》，別卷2，頁92。
721 《南方熊楠日記》，1897年6月19日，載《南方熊楠全集》，別卷2，頁91。
722 *The Times*, 30 June 1897, p. 12, col. 5.

該信把孫逸仙介紹給菊地謙讓[723]。

970630星期三

倫敦今天下過0.02英吋的雨，太陽亮過9.4小時的相（以西敏寺地區爲準），溫度最低華氏60，最高華氏76度，濕度50。下午2時以後，大量烏雲濃罩著整個首都，聞有雷聲但沒下雨。接著天氣稍佳，但5時以後又烏雲密布，大有山雨欲來之勢[724]。

南方熊楠說，他今天上午11時以前就坐出租馬車造訪孫逸仙，到達時發覺那位曾經陪同孫逸仙前往參觀「富士」號的那位男士（按即愛爾蘭人摩根）已比他先到。南方熊楠把一封介紹信交給孫逸仙，是南方熊楠自己寫的，收信人是佐藤寅次郎。11時正，南方熊楠與摩根向孫逸仙道別。接著南方熊楠去大英博物館，把孫逸仙的口信傳給東方典籍部的主任道格拉斯[725]。

康德黎夫人說，今天她親往送別孫逸仙。至於她是否像南方熊楠和摩根那樣，到他旅寓道別了事，她就沒說。竊以爲從情理上說，她很可能是坐出租馬車把他一直送到聖潘克拉斯火車總站（St Pancras Station）然後道別。因爲，據筆者考證，孫逸仙是從倫敦坐火車到利物浦，翌日坐船赴加拿大的，出境路線跟他入境路線完全一樣[726]。康德黎夫人又說，「孫逸仙將暫往日本寄居。我們給《地球報》發了一個短簡，告知此事。他們登了出來。」[727]筆者把此短簡翻譯成中文，作爲本書第四章的附錄九。

970701星期四

陽光普照整個英格蘭。太陽的笑臉維持了11個小時[728]。

孫逸仙坐上「籼迷娣安」號汽輪船，從利物浦開往加拿大的蒙特利爾

---

723 《南方熊楠日記》，1897年6月29日，載《南方熊楠全集》，別卷2，頁92。
724 *The Times*, 1 July 1897, p. 6, col. 4.
725 《南方熊楠日記》，1897年6月30日，載《南方熊楠全集》，別卷2，頁92。
726 見拙著*Heroic Image*, chapter 6.
727 Mrs. Cantlie's diary, 30 June 1897.
728 *The Times*, 2 July 1897, p. 7, col. 3.

（Montreal）[729]。

　　孫逸仙與柯林斯合作撰寫的文章〈中國法制改革〉在倫敦的《東亞》雜誌創刊號發表[730]。筆者把該文翻譯成漢文，作為本書第四章的附錄十一，以便在本書第二部分「分析歷史」中應用。

小結

　　把上述重建起來的孫逸仙旅英時期的起居注，我們會注意到下列幾個活動規律：

　　第一、自從孫逸仙被公使館釋放後，他初期的活動規律似乎是在早上靠午時分寄信。準此，我們可以推測他每天清早起來就寫信，靠午寫畢就發信。發信給誰？筆者認為初時最有可能是陳少白和鄭士良。為何筆者作如是想？第一、關於陳少白，則眾所週知，長期以來陳少白保存了大批孫逸仙發給他的信。直到1923年滇軍入粵，隱居鄉間的陳少白避往香港，該批書信才不幸散失[731]。第二，陳少白和鄭士良是孫逸仙當時最親密的、碩果僅存的兩位戰友，1895年廣州起義失敗後，兩人隨孫逸仙逃往日本。當孫逸仙離開日本後，陳少白還是被迫流落在日本，鄭士良則從日本回香港以圖後計。孫逸仙如欲繼續革命，這兩位是不容或缺的助手，必須魚雁常通，保持他們的士氣。後來把發信記錄列了個統計表後，才發覺別有洞天！詳見本書書首之緒論。可見重建歷史時，把每一條史料都處理得越是徹底，重建起來的歷史就越靠近歷史真相。

　　第二、有很長的一段時候，孫逸仙的另一個活動規律是先到大英博物館看書，接著就馬上到康德黎醫生家裡。這種規律應當如何解釋？他是否

729　見拙著 *Heroic Image*, chapter 6.

730　"Judicial Reform in China," *East Asia*, v. 1, no. 1 (July 1897), pp. 3-13.

731　Howard L Boorman, *Biographical Dictionary of Republican China*, v.1 pp. 229-231, 'Ch'en Shao-pai', p. 231 col.1.

帶著看書不明的地方去請敎恩師？極有可能。因爲康德黎醫生事後追憶說，孫逸仙旅居倫敦的時候博覽群書：凡是有關政治、外交、法律、軍事、海事、採礦、農業、畜牧、工程、政治經濟學等等，無不涉獵[732]，說明了孫逸仙經常與其恩師談論這些問題。這一點很重要，筆者在本書第二部分「分析歷史」的時候，尤其是探索孫逸仙民權主義、民生主義的思想時，會作進一步發揮。

　　第三、上述第二種規律，到了孫逸仙旅英下半期有所改變。這種改變似乎從他認識了當時同樣是旅居倫敦並在大英博物館做臨時編目工作的日本植物學家南方熊楠開始。從此，孫逸仙在大英博物館看了一整天的書後，就經常與南方熊楠一起離開大英博物館，到附近的餐館共進晚膳。這種轉變可能有兩個解釋：(1)孫逸仙自學慢慢上了軌道，不必像過去那麼依賴恩師了。(2)他被南方熊楠的泛亞主義吸引住了。泛亞主義是日本人發明的，其精髓是把壓迫亞洲的白種人趕出亞洲，讓亞洲人主宰亞洲；其實骨子裡是日本人欲代替白種人而主宰亞洲的野心。當時孫逸仙有沒有看穿這一點，目前無從得知，但若過去孫逸仙只著眼於推翻滿清的壓迫而不夠充分注重西方帝國主義對中國的壓迫，則南方熊楠那激烈的言論肯定向他提醒了這一點。以致孫逸仙在闡述其民族主義時，就把這一點發揮到淋漓盡致(見本書第五章「民族主義思想探源」)。

　　若把上述各種活動規律的數據按類列出統計表，會很有意思。至於列出統計表後，把它們安置在什麼地方最爲適合？則有兩個選擇：第一、把它們放在這裡，可表明它均適用於全書各章節。但是，讀者閱讀其他各章時必須老是翻來覆去找表格，會感到不便。第二、把各表分配到最有關連之章節，讀者可就近鑽研，但必須牢記該等統計表也適用於本書其他各章：尤其是有關民族、民權、民生各章。最後，筆者作了第二個選擇：即把統計表分配到最有關連之各章。惟把該等統計表的題目在這裡開列清單

---

732 Schiffrin, *Origins*, p. 135, quoting Cantlie & Jones, *Sun Yat Sen*, p. 242.

如下(譬如，表4.1在第四章中找到，表9.1在「反思」章中等等)：

表4.1　孫逸仙在康德黎家度過的時光
表4.2　孫逸仙與南方熊楠見面表
表5.1　孫逸仙訪艾爾伯特路12A時間統計
表6.1　孫逸仙在大英博物館看書時間估計
表6.2　孫逸仙在大英博物館看書與事後同日逗留康家時間約計
表6.3　孫逸仙往訪南院5號的時間統計
表9.1　孫逸仙1896-1897購買報紙統計表
表9.2　孫逸仙寄信統計表

　　最後，本章考證的小小貢獻之一，是希望澄清一樁歷史懸案。孫逸仙說他在：「倫敦脫險後，則暫留歐洲……。兩年之中所見所聞，殊多心得……此三民主義之主張所由完成也。」[733]其中所謂歐洲，其實止於英國，而且絕大部分時間在倫敦。所謂兩年，其實只有九個月。但從一般東方人的習慣看，則英國屬於歐洲的一部分，把留英說成是留歐，不致全錯。又有些東方人的習慣，把首尾兩年說成是兩年，也勉強可以接受。但作為嚴謹的歷史工作者，就不能籠統：該是英國就不要說成是歐洲，該是九個月就不能說成是兩年。在引用孫逸仙的話時，最好還是作如是說明。

[733] 孫逸仙，〈建國方略：孫文學說第八章「有志竟成」〉，載《國父全集》(1989)，第一冊，頁412。

第三章
有關三民主義的倫敦圖錄

　　本章把筆者長期以來所搜集到的、孫逸仙1896/7年間，在旅居倫敦時最能啓發他構思三民主義的舊圖片，挑選出來，在這裡展示。希望藉此通過視覺，讓讀者感受到當時孫逸仙可能也感受過的東西、感受到文字表達不了的東西。

　　本章圖片分爲三組。由於孫逸仙自言其在倫敦的日子裡，最早衝擊到他思想感情的是民生問題，所以第一組的圖片都是關於民生的。他從美國到英國，所坐的英國客輪就代表了民生問題。抵達利物浦後轉往倫敦所坐的火車、翌日所見的鬧市、第三日到水晶宮所參觀的全國水果展覽、第四日所目睹的罷工馬車伕結集示威、耶誕節前參觀農業展覽館內舉行的農牧展覽等等，在在刺激著他在民生的問題上深思。

　　第二組圖片是關於民權主義的。孫逸仙先後參觀了皇家最高法院、英國上下議院大廈、英國政府各行政部門的大樓、後來更參觀了約翰王簽署《大憲章》的蠟像展覽，讓他對英國三權分立的政制與其歷史由來，有所認識。他的反應會是怎樣？後來他比較深入地在大英博物館閱讀有關英國憲法的書籍，向恩師康德黎醫生以及那位在格雷法學院學習的學生請敎。再後來又參觀了林肯法學院、內寺法學院等。他對英國的法律認識了多少？

　　第三組圖片是關於民族主義的。他最先感受到的英國民族主義，是當他被滿淸駐倫敦公使館幽禁的消息傳出以後，倫敦人所表現出來的憤慨，認爲公使館羞辱了大英帝國的尊嚴。這種憤怒在孫逸仙被釋放後仍然在報章上盡情表達，故孫逸仙閱報時也會感受出來。該公使館已被拆除重建，

茲將當時報章的繪圖複製，謹供讀者神遊冥想這座無辜的建築物被千夫所指的情況。另一棟建築物是柯林斯居住的地方。這位英以色列信徒，對孫逸仙民族主義的構想有過一定的影響。筆者追蹤他的照片28年仍屬徒然，幸而查出他當時居住的地方拍照，讓讀者也能神遊冥想這位頗爲富有的英國人之居住環境──優越之至。而對孫逸仙震撼最大的，莫如英國爲了慶祝維多利亞女王登基60週年而舉行的皇家大遊行和海軍檢閱。筆者覓得當時照片數幅，以饗讀者。

每組之內的圖片，筆者都盡量希望創造連貫性。準此，第一、圖片均按時間先後安排；第二、爭取一張圖片的說明盡量爲下一幅圖片埋下伏筆。圖片說明的內容也盡量避免與本書其它章節的內容有所重複，並力求創新，以便讀者尋幽探祕。此外，也希望爲本書整體創造連貫性。準此，圖片也以日期作代號。例如1896年9月30日，孫逸仙坐遠洋客輪抵達英國，該遠洋客輪的圖片就以960930作代號。若同一天多過一幅圖片，則採960930.1、960930.2等方式。這樣，讀者無論是在本書第二章「日誌」中、或在第四章「著作」中閱讀到孫逸仙當天的活動，或在其他章節中閱讀到筆者對這些活動的分析，均可按照這日期或其代號，試圖在本章找尋有關圖片。應該指出，本章的重點是精選有關三民主義範圍內最有代表性的圖片，筆者無法把孫逸仙的每一項活動都提供圖片，尙祈讀者見諒。

第一組
民生主義

960930.1 「雄偉」號客輪（S.S. *Majestic*）

　　1896年9月23日，孫逸仙在紐約登上這艘雄偉的英國客輪赴英，坐二等
艙。同月30日抵達英國的利物浦 [1]。該輪在1889年建成，565.8英尺長，
57.8英尺寬，39.4英尺深，重9,965噸，時速20.1海里。1890年4月2日首次載
客從利物浦駛往紐約，翌年即榮獲該航線西行段全程5天18小時零8分鐘的
世界紀錄 [2]。孫逸仙在1879年初次出洋時所坐的包雇輪船規模甚小，已經
引起他思想極大的震盪。這次坐上世界級的大客輪，對民生有何遐想？圖
示快要進入利物浦港時，由港務處的領航船帶領入港，孫逸仙對於管理及
制度與民生的關係又有何感想？

1　　Slater to Macartney, 1 October 1896, in Luo Jialun, *shiliao*, p. 110-111.
2　　Liverpool Record Office, LS&A/EEO/RR, Smith to Wong, 3 March 1983.

960930.2 倫敦聖潘克拉斯火車總站（St Pancras Station）內景

　　1896年9月30日，晚上9時50分，孫逸仙從利物浦坐火車到達倫敦的聖潘克拉斯火車總站[3]。圖示該總站內景。其屋頂是當時世界上沒柱子支持的屋頂之中面積最大的：243英尺寬、690英尺長，由鋼架與玻璃建成。它蓋住了四個月臺、11條鐵道和一條寬大的馬路，專供出租馬車使用[4]。孫逸仙就在該室內馬路候來一輛出租馬車離開火車站前往旅館[5]。他輪候了多久？自從1896年9月22日起，倫敦的馬車伕就開始罷工了[6]。

3　Slater to Macartney, 1 October 1896, in Luo Jialun, *shiliao*, p. 110-111.
4　*Queen's London*, v.2 p. 368.
5　Slater to Macartney, 1 October 1896, in Luo Jialun, *shiliao*, p. 110-111.
6　*The Times*, 23 September 1896, p. 5 col.3.

960930.3 倫敦聖潘克拉斯火車總站（St Pancras Station）外景

　　1896年9月30日深夜，當孫逸仙的馬車離開倫敦聖潘克拉斯火車總站時，若他回頭一看，就會看到圖示之景象。偉哉！該哥德（Gothic）式的雄偉建築是火車站的酒店，與該站是兩位一體。究竟孫逸仙輪候了多久才登上這輛車牌12616號的馬車[7]，則至今仍是個謎。蓋馬車伕工會曾派員到聖潘克拉斯火車總站及其他車站阻止會員開工[8]。而該站及其他總站的老闆則滿載其他員工到蘇格蘭場註冊當馬車伕[9]。結果是，等到1896年9月30日，孫逸仙到達倫敦時，各老闆歡呼曰：「各總站的出租馬車供應，比罷工以來任何時候都要多！對乘客只是造成非常輕微的不便。[10]」

7　Slater's report, 1 October 1896，載羅家倫，《蒙難史料考訂》，頁111。
8　*The Times*, 23 September 1896, p. 5 col.3.
9　*The Times*, 24 September 1896, p. 10 col.3 and 25 September, p. 3 col.6.
10　*The Times*, 2 October 1896, p. 8 col.6.

960930.4 出租馬車及車伕

　　1896年9月30日深夜，孫逸仙坐著像圖示這樣的一輛出租馬車，從聖潘克拉斯火車總站往南走至泰晤士河（River Thames）北岸的河濱（路）（The Strand）中的赫胥旅館（Haxell's Hotel），偵探看著他辦了入住手續並進房休息以後，再無其他動靜，才悄然離開[11]。筆者騎自行車沿著同一路線走了多次，一邊計算時間，估計馬車踏著碎步所走的時間大約是半個小時。一邊神遊冥想這半個小時內，精力旺盛而又非常好奇的孫逸仙會幹些什麼？很可能他與車伕交談，詢問罷工緣由，並因此而獲悉各大火車公司的老闆為了爭取更多的利潤，宣布把一種特別牌照賣給馬車伕；憑照可以在特定的火車總站接客，否則就只能把客人送到火車總站而不能在同一車站接客[12]！有鑒於此，孫逸仙後來在其民生主義中說：英國「的鐵路多半是人民私有。因為基本實業歸富人所有，所以全國實業都被富人壟斷，社會上便出現貧富不均的大毛病」[13]。圖中之馬車伕，神情多麼憔悴！

11　Slater's report, 1 October 1896，載羅家倫，《蒙難史料考訂》，頁111。
12　The Times, 23 September 1896, p. 5, col. 3.
13　孫逸仙，「民權主義第四講」，1924年4月13日，載《國父全集》(1989)，頁88-99：其中頁96，第13-14行。

961004.1 馬車伕罷工

　　1896年10月4日，是孫逸仙抵達倫敦後的第一個星期天。他清早即往訪康德黎醫生[14]，隨後與康家大小一道走路往聖馬丁教堂(St Martin-in-the Fields，簡稱St Martin's Church)守禮拜[15]。禮畢而步出教堂時，就目睹數以千計的、罷工多時的馬車伕，響應出租馬車工會的號召，在各種奪目的旗幟與銅管樂團的帶領下，從四方八面示威遊行到教堂左側的特拉法加廣場集會，聆聽工會領袖在聚會上發表的演說[16]。孫逸仙吃驚之餘，心中不免嘀咕：「反了！反了！」在他於1895年10月因為廣州起義失敗而逃亡海外之前的中國，若這麼多人集會示威，不是造反了[17]！殊不知這是英國窮人抗議貧富不均。貧富不均後來就變成孫逸仙民生主義的焦點問題[18]。

14　Mrs. Cantlie's diary, 4 October 1896.

15　Mrs. Cantlie's diary, 20 October 1896.

16　*The Times*, 5 October 1896, p. 6, cols. 5-6.

17　不錯，1896年廣州七十二行抗議新郵政章程，多次集會請願，但當時孫逸仙已因為前一年廣州起義失敗而逃亡海外，沒見過這種場面。而該場面的聲勢也絕對不能與倫敦馬車伕示威比擬。

18　見本書第七章「民生」。

961004.2 馬丁教堂與特拉法加廣場示意圖

　　1896年10月4日星期天。筆者憑什麼說孫逸仙當天禮畢而步出聖馬丁教堂時，就看到特拉法加廣場的景象？實地考察所得。誰知道你有沒有撒謊？哈！不要欺人太甚：且讓我找來英國陸軍部為了防衛倫敦而在1864年所繪製的軍用地圖[19]，複製有關部分，加上漢文說明，不由你不相信！若還不相信，則請看本章第三組圖片中第961001圖。聖馬丁教堂，全名「在田野的聖馬丁」（St Martin-in-the Fields），好奇的孫逸仙若詢問過有關這奇怪的名字，便知道該教堂起初專為窮人服務，在本圖右上角的查靈十字醫院(Charing Cross Hospital)，是一所慈善醫院。該教堂和醫院都在河濱區，正如本書第一章和第七章探索所得，河濱區既有輝煌的法學院等，裡邊住了高貴的大律師、大法官等，也有不見天日的貧民窟。該教堂和醫院正是為了照顧赤貧而設的。在同一個區，貧富懸殊近乎極端。熱心的康德黎醫生，就服務於該醫院。他曾對孫逸仙介紹過什麼情況？正是倫敦這種貧富懸殊的景象，啓發了孫逸仙構思其民生主義[20]。

19　Greater London Record Office，Map 143 J.St.M. 1864.

20　孫中山，〈建國方略：孫文學說第八章「有志竟成」〉，載秦孝儀主編，《國

961028.1 查靈十字醫院（Charing Cross Hospital）

CHARING CROSS HOSPITAL AND SCHOOL,
1881.

1896年10月28日，就是孫逸仙從公使館逃出生天後五天，本書第二章「日誌」考證出孫逸仙在當天到了查靈十字醫院附屬醫學院，停留一小時零一刻鐘以後，即在康德黎醫生的陪同下離開[21]。當時康師正熱情鼓勵他深造醫科[22]，他之參觀該醫學院，看來與此有關。每家醫院及其附屬醫學院皆各有特色，專爲富人與專爲赤貧治病的，則除了必修課以外，相信會分別擅長於醫治飽死與餓壞所引起的不同疾病。孫逸仙所參觀的醫學院，專門爲診治那些在飢寒邊緣掙扎的窮人，他的所見所聞，會挑起怎樣的情懷？

（續）————————————

　　父全集》（台北：近代中國出版社，1989），第一冊，頁412。以後簡稱《國父全集》（1989）。

21　見本書第二章「日誌」，第961028條，所據乃Slater's report, 23-28 October 1896，載羅家倫，《蒙難史料考訂》，頁119。

22　見拙著《中山先生與英國》（台北：學生書局，2005），第三章。

961028.2 紳士、貴婦、童乞

　　1896年10月28日，與查靈十字醫院近在咫尺的河濱（路），有穿上毛毯大衣的紳士貴婦，有只穿上破單衣的童乞。

961028.3倫敦橋上露宿

Sleeping on the Bridge. Steel engraving by Gustave Doré, from Blanchard
Jerrold's *London,* 1872.

　　1896年10月28日，倫敦的河濱(路)在泰晤士河北岸。有大橋把河濱
(路)與河南地區連接起來。無家可歸的窮人，就在橋上遊人憩息的石椅上
坐著過夜。英國以寒冷著稱，河面的風又比陸地的大，刺骨否？英國的藝
術家真有意思，把露宿橋上的窮人繪畫然後刻在金屬片上，以茲永記。就
像當時的大作家查理斯‧狄更斯(Charles Dickens)一樣，用小說方式把倫
敦的貧民描述得淋漓盡致。筆者童年在香港唸英語學校，目睹當地英國人
那優越的生活，故每當閱讀到查理斯‧狄更斯的小說時，簡直不能相信在
英國本土，竟然有窮困得那麼凄涼的人！孫逸仙在香港唸書時有沒有讀過
查理斯‧狄更斯的小說，無從考核，但他肯定見過在香港英國人優越的生
活。他的恩師康德黎醫生就住在香港最高貴的維多利亞山頂區[23]！當他到
達倫敦而目睹當地的窮人那凄涼的狀況時，驚駭的程度，肯定比筆者有過
之而無不及。因為他看到的是真人真事，不像筆者通過小說來理解、那麼
隔了一層。難怪他感慨地說：「所見所聞，殊多心得，始知徒致國家富
強，民權發達，如歐洲列強者，猶未能登斯民於極樂之鄉也。是以歐洲志
士猶有社會革命之運動也。予欲為一勞永逸之計，乃採取民生主義，以與
民族、民權問題同時解決，此三民主義之主張所由完成也。」[24]

23　See the diaries of Mrs. Mabel Cantlie, 1887-1895, *passim.*
24　孫中山，〈建國方略：孫文學說第八章「有志竟成」〉，載秦孝儀主編，《國

961208.1 倫敦皇家農展館外景（Royal Agricultural Hall）

　　1896年12月8日星期二，孫逸仙到了倫敦伊斯靈頓(Islington)地區的皇家農業展覽館(Royal Agricultural Hall)參觀牛類展覽(Cattle Show)[25]。「1798年，貝德福德公爵(the Duke of Bedford)等貴族與一班紳士朋友們組織了田野史密斯俱樂部(Smithfield Club)，以便每年都能定期舉辦展覽，展出牲口、農產品、農具等……王夫艾爾伯特殿下也參加了，他在溫莎的模範牧場所畜養的牛贏得多項獎品。……[1861年11月9日]，巴納斯勛爵(Lord Baners)爲農展館奠基……該館占地三英畝，用了一千噸的鋼材。又建了一個水庫，專門爲該館供水。」[26]看！英國的王室貴族都爲國家的農牧業奔走，滿淸的王室貴族在幹什麼？「你們在呈文中頌揚朝廷仁德聖主洪恩，在中國什麼地方有表示這種仁慈與恩惠的事情呢？」孫逸仙曾憤怒地說[27]。然則未來的中華民國臨時大總統又幹了些什麼？捉襟見肘的他，高價參觀了牛類展覽。

(續)──────────

　　　　父全集》（台北：近代中國出版社，1989），第一冊，頁412。

25　Slater to Chinese Minister, 16 December 1896，載羅家倫，《蒙難史料考訂》，
　　　頁129-130。

26　Connell（comp.）*The Royal Agricultural Hall*, p. 5.

27　Paul Linebarger, *Sun Yat Sen and the Chinese Republic*（New York：1925,
　　　Reprinted New York AMS Press, 1969), p. 140.漢文譯本見林百克著，徐植仁翻
　　　譯，《孫逸仙傳記》（上海：商務印書館，1926），頁132。

961208.2 倫敦皇家農展館的牛類展覽（Cattle Show）

　　1896年12月8日星期二，當天下午是展覽頭一天向公衆公開，入場費是5先令，餘下的四天展覽，入場費則只需1先令[28]。結果孫逸仙在頭一天就不惜高價搶先去參觀。爲什麼？可能他在想，哪怕是過了一天，可能畜牲們都因爲疲勞而變得無精打采了，植物也萎靡了。他要爭取看到它們在最佳狀態的時刻！但室內展覽肯定陽光不足，倫敦又以大霧著稱。而今天的太陽也太不合作了，整天沒亮過相，黃昏5時以後更是陰雲密布[29]。孫逸仙能看得清楚嗎？不用擔心：該展覽館內有4,000盞煤氣燈照明，此外還有七組大型星座式的支形吊燈（star chandeliers）照明，每一組吊燈有48支煤氣管點亮了[30]。他看了些什麼？展品的具體內容留待本書第七章「民生」中具體介紹，在此不贅。在這裡可以說的，是本圖攝於展品比賽剛結束、展覽快要開放給公衆參觀前的一刻。而圖中一張一張的告示標明了獲獎牛隻的重量、投標而買得該牛的屠夫名字，以便觀衆追蹤購買他垂涎三尺的牛肉來慶祝耶誕。

28　Idem.
29　*The Times*, 9 December 1896, p. 13, col. 4.
30　Connell（comp.）*The Royal Agricultural Hall*, p. 5.

961208.3 倫敦市內的貨運和客運

　　1896年12月8日，在皇家農展館展出的畜牲和其他展品是如何運到該館的？從英國各地運到倫敦自然是靠火車。到達倫敦各火車總站時再轉往農展館，就必須靠市內的貨運系統了。當時的貨運和客運都靠馬拉車。圖中示所示的雙層交通車、貨車，都是用馬來拉的。下雨不怕泥濘？不怕，馬路都很整齊地鋪了方塊石。君可知，漢文詞彙中的馬路，即源自馬拉車在鋪了方塊石的馬路上行走的時代。後來改爲柏油路，但馬路的名稱一直源用至今。當筆者幼年到達香港時，上環街市附近的馬路還是原來用方麻塊石砌成的。當1974年筆者到達澳大利亞的雪梨大學任教時，雪梨市碼頭區的部分街道也保存了不少用方塊石砌成馬路。孫逸仙從香港的馬路跑到倫敦的馬路，卻猶如進入另外一個世界。「車馬之盛、貿易之繁，而來往道途絕不如東方之喧嘩紛擾，且警察敏活，人民和易，凡此均足使人怦怦嚮往也。」[31]儘管用21世紀的眼光看本圖，雖然覺得它太擁擠，但不感到它喧嘩紛擾，看來孫逸仙之言是中肯的。而且，民生！民生！從1896年角度看問題，馬路擁擠才顯得繁榮昌盛。

31　孫逸仙，《倫敦蒙難記》，載《國父全集》(1989)，第二冊，頁193-223：其中頁198第9行。又見《孫逸仙全集》，第一卷，頁49-86：其中頁55。

961211.1 水晶宮正門外景（Crystal Palace）

　　1896年12月11日，當天是孫逸仙參觀過農展館後的第三天，他坐火車去了倫敦南郊的水晶宮參觀。按水晶宮原來是當時工業最發達的英國，爲了於1851年舉行首屆世界工業博覽會，而在倫敦市中心的海德公園建造的。它是世界上第一座預先製造、當場組合的建築物：全部用玻璃片和鋼框建造而成。其中百分之九十五是玻璃，鋼框只是起著支撐作用。遠看像座水晶宮，故名。博覽會開過以後，當局把鋼框連玻璃一塊一塊地拆卸，搬到倫敦南部郊外一個名叫悉登漢姆（Sydenham）的地區擴大重建，作爲一個永久性的大型展覽館和娛樂場所，1854年竣工。新的水晶宮空間體積比原來的擴大了百分之五十[32]。圖示水晶宮正門外景，壯哉！孫逸仙置身其中，感受如何？其民生主義的構思又如何？其實，根據本書第二章「日誌」的考證，今天是孫逸仙第二趟參觀水晶宮了。第一趟是在1896年10月3日，那一天他之到水晶宮，是爲了參觀英國皇家園藝協會（Royal Horticultural Society）所舉辦的英國水果展覽（Show of British Grown Fruit）[33]。

32　*Everyman's Encyclopaedia*, pp. 750-751.
33　見本書第二章「日誌」，第961003條。

961211.2 水晶宮內景

　　1896年12月11日，根據本書第二章「日誌」考證所得，今天水晶宮舉辦了英國「第五屆全國自行車展覽」[34]。展覽的詳情，將在本書第七章「民生」中交代。在這裡應該指出：最新的工業產品諸如自行車的最新模型通過展覽向公眾介紹，公眾購買後改善了民生。工業、商業、交通等亦相得益彰；人民生活有所該善；國庫增加進帳。故展覽的作用不容忽視，為何當時的中國就沒有一所展覽館？英國則不單有農展館，還有可供工業展覽的水晶宮！而這兩座展覽館還為大眾提供娛樂。例如水晶宮，不少大型音樂會就在那裡舉行：每年一度的「漢德爾音樂節」（Handel Festival），就在水晶宮舉行。該宮內所設的管風琴（organ），有4,384條風管，為世所罕有，光是造價就6,000英鎊[35]。英國人都能愉快地過文娛生活，為什麼中國人就沒這福氣？孫逸仙在沉思，一邊參觀一邊思考，在水晶宮流連忘返地直到黃昏6時30分才回到寓所[36]。

34　*The Times*, 5 December 1896, p. 13 cols.2-3.

35　*The Queen's London* (London: Cassell, 1902), p. 75.

36　Chinese Legation Archives, Slater to Chinese Minister, 16 December 1896，載羅家

961223 帝國協會會所（Imperial Institute）

　　1896年12月23日上午，孫逸仙到了倫敦的帝國協會會所（Imperial Institute）參觀一個多小時。該會所在1887年、英國維多利亞女王登基五十週年之際，由她親自奠基，1893年竣工後又由她親自揭幕[37]。爲何如此隆重？該會所的構思是爲了展示大英帝國強大無比的物質文明。在設計該會所時，建築師T.E.科爾卡特（T. E. Colcutt），從大文豪丁尼遜（Lord Alfred Tennyson）的詩句得到啓發：「建築起一座高貴的紀念館，使之眞正富麗堂皇，用豐富的象徵裝潢，來顯示帝國之強大，教育子孫萬代。」[38]本圖的確顯得它富麗堂皇極了。但如何進行教育？第一、該院設有陳列室，展出了來自大英帝國各自治領和殖民地在製造業和農業，在祖家英國的先進技術指導下所取得的輝煌成就[39]。第二、該所的中央主樓和東翼都租了給倫敦大學，因利乘便地作爲教學之用[40]。大英帝國，當然要比神州大地還要地大物博，大英帝國如此重視民生及有關民生的教育，中國應該如何趕上去才是？

（續）————————————————

倫，《蒙難史料考訂》，頁130。

37　*The Queen's London*（London, 1902），Vol.1, p. 21.

38　同上。

39　W.Francis Aitken, "The Museums and Their Treasures," in *Wonderful London*, Vol.1, p. 1105.

40　*The Queen's London*（London, 1902），Vol.1, p. 21.

970126 攝政王街綜合工藝學院（Regent Street Polytechnic）

　　1897年1月26日，孫逸仙到攝政王街綜合工藝學院參觀[41]。據筆者實地考察，該學院在攝政王街北端。孫逸仙從旅寓往訪恩師康德黎，來回必走過該學院正門。到了1897年1月26日，孫逸仙旅居倫敦已接近三個月，在該學院學院門前已經走過不知多少趟。當他越來越理解到民生的重要性，參觀過越來越多的英國工藝製成品，就會越來越渴望了解英國是如何有系統地培養工匠的。在當時的中國，政府不管這些事情。若某年輕人欲學一門手藝，就跟該行手藝的師傅學習，當幾年的學徒。一個師傅帶幾個學徒，疼愛那個就多教一點，沒有一套正規的學習制度，程度參差不齊。很多學徒甚至是只知其然而不知其所以然。當時的中醫也是這麼一個情況，爲康德黎醫生所深惡痛絕[42]。英國則不一樣，學生首先在工藝學院學理論，再在實驗室做實驗或在學院的工場實習，所以他們都是旣知其然而又知其所以然。畢業後再跟隨有經驗的工匠實習幾年，在工匠的監督下工作，爭取經驗。待有了足夠的獨立工作能力，才能向政府考取工作執照(licence)。若沒有工作執照，是不許獨立操作的。就像西醫必須有行醫執照，駕駛員必須有駕駛執照一樣，這樣才能保證民生質量，並有所提高。這些英國方面的情況，若過去孫逸仙不太了解的話，則通過今天參觀攝政王街綜合工藝學院，他會掌握到比較全面的知識。筆者甚至懷疑，很可能是康德黎醫生鼓勵甚至出面介紹他前往參觀的。圖示該學院的試驗室。該院的其他情況，則留待第七章「民生」中介紹。

41　Chinese Legation Archives, Slater to Chinese Minister, 16 December 1896，載羅家
　　倫，《蒙難史料考訂》，頁140。

42　James Cantlie, "The Dean's Speech," *Hong Kong China Mail*, Monday 25 July
　　1892, p. 3, cols. 1-6).

970310 皇家艾爾伯特碼頭（Royal Albert Dock）

　　1897年3月10日，根據本書第二章「日誌」考證所得，孫逸仙在今天坐火車到倫敦東部碼頭區的皇家艾爾伯特碼頭，細細觀摩停在該區的不同類型的船隻[43]。該等船隻，全部是遠洋貨船。它們從世界各地運來五穀、煙草、凍肉等[44]，以供應倫敦這個世界大都會的日常需要。其中有哪些是從中國運去的？孫逸仙不禁要問。對，肉類。還有五穀。到了1920年代，中國每年有超過一千萬人餓死[45]。但是，列強還是大批地從中國運走五穀、各種肉類、雞蛋等[46]。餓死彼地的人以養肥此處之士。是什麼造成這種情況？孫逸仙認爲是列強對中國的政治壓迫和經濟壓迫所造成的結果[47]。如何讓中國同胞脫離這種困境？這正是孫逸仙民生主義的精髓所在，詳見本書第七章「民生」的論述。列強憑什麼壓迫中國？砲艦政策（見下圖）。

43　Chinese Legation Archives, Slater to the Chinese Minister, 4-10 Mar 1897，載羅家倫，《蒙難史料考訂》，p. 147。

44　*Ibid.*, p. 151.

45　孫逸仙，「民生主義第三講」，1924年8月17日，《國父全集》(1989)，第一冊，頁157-170：其中頁159，第12行。

46　孫逸仙，「民生主義第三講」，1924年8月17日，《國父全集》(1989)，第一冊，頁157-170：其中頁159，第12行到頁160，第1行。

47　孫逸仙，「民生主義第四講」，1924年8月24日，《國父全集》(1989)，第一冊，頁170-181：其中頁173，第11-13行及頁179，第16-18行。

970413 「富士」軍艦(The Fuji)

　　1897年4月13日，孫逸仙重訪倫敦東部的碼頭區，這次是到其中的蒂爾伯里碼頭(Tilbury Dock)[48]。當天停泊在這碼頭的，有一艘剛由泰晤士鋼鐵製造公司(Thames Ironworks Company)建造完成的軍艦。它的款式，是英國軍艦中「君主型」(*Sovereign* class)與「帝王型」(*Majestic* class)的組合[49]。它的武器裝備包括四門12英寸的大砲，十門6英寸的快射火砲，以及二十四門其它類型的火砲[50]。它是日木向英國購買的一艘新隻兵艦，經費來源是中國在甲午戰敗的賠款[51]。該兵艦上每一門大砲，都是爲日本在中國榨取更大的政治和經濟利益而服務的。

48　Chinese Legation Archives, Slater to the Chinese Minister, 7-15 April 1897，載羅家倫，《蒙難史料考訂》，頁157-159：其中頁158。該條史料謂「Tuesday, April15」，不確。該星期二是4月13日而非15日。徵諸南方熊楠，《南方熊楠日記》1897年4月13日，載《南方熊楠全集》，別卷，第二冊，頁80，可知確是1897年4月13日。錯把13作15，有三個可能：(一)，原報告手民之誤(一)王寵惠抄錯(二)羅書在排版時出錯。

49　*The Times*, 25 Jun 1897, p. 15 col.2.

50　同上。

51　同上。

970619 丘園的玻璃溫室（The 'Palm House', Kew Gardens）

　　1897年6月19日，孫逸仙參觀了倫敦的皇家植物公園（Royal Botanic Gardens, Kew）——簡稱丘園（Kew Gardens）。他心裡很清楚，中國嚴重缺糧，列強壓迫還是「其次」，「最大的原因就是農業不進步」[52]，必須學習外國先進的技術。他不認識英國農莊的莊主，無法前往參觀，退而求其次，他去參觀植物公園，並邀請了日本植物學家南方熊楠陪他去[53]。有專家講解，學習效果相信會事半功倍。該園負有非常重要的科研任務，對英國以至大英帝國各屬地的農林業曾做出過重大的貢獻。就以圖示之玻璃溫室爲例，裡邊就栽了棗椰樹、檳榔樹、椰子樹、見血封喉樹、竹子、棉花、咖啡叢、羅望子樹、丁香樹等。這些都是熱帶植物，本來與寒冷的英國本土無關，但有重要的經濟效益，所以英國就重金建築溫室來栽培並作各種實驗。這座溫室真不簡單：早在1845年就建成，耗資33,000英鎊。長362英尺，寬100英尺，高66英尺，所用玻璃的總面積接近一英畝。進入該溫室，恍如置身熱帶森林[54]。

52　孫逸仙，「民生主義第三講」，1924年8月17日，《國父全集》（1989），第一冊，頁157-170：其中頁159，第15-16行。

53　《南方熊楠日記》第一二章有很多沒加書名號，1897年6月19日，載《南方熊楠全集》，別卷2，頁91。

54　*The Queen's London*, p. 50.

970620 倫敦自然博物館（Natural History Museum）

　　1897年6月20日，即孫逸仙在參觀過丘園的第二天，他似乎意猶未已，又參觀了倫敦的自然博物館。無他，在一天當中能看的活植物有限，若到博物館看植物標本，就能看得更多。而且該自然博物館不單藏有植物標本，也有動物和其他標本以及蠟像複製品。該館就在倫敦市中心，比遠在西郊的丘園，交通方便得多。該館原屬大英博物館自然科學部。後來大英博物館太擁擠了，就分了出來，1881建成了自己的自然博物館，看圖可知其壯觀。該館的展品，分為植物學、昆蟲學、動物學、礦物學、地質學等五個部門[55]。參觀的人數眾多，光在1896年就有400,000人來參觀[56]。「在這裡，學生們可以學習到各種花草青苔、飛禽走獸、魚蝦蟹龜、蚊蟲蠅蛭等等的生理構造，生活習慣，以及它們對人類的影響。」[57]蠟像複製品當中，溫文爾雅者自然惹人憐愛，面目猙獰者可把人嚇得魂飛魄散[58]。這樣先進的、有系統的、由國家提供的、直接影響國計民生的公共教育，中國何時才能追上去？

55　W. Francis Aitken, "The Museums and Their Treasures," in *Wonderful London*, Vol.2, p. 1103.

56　*Queen's London*, v.1 p. 11.

57　*Wonderful London*, v.3 pp. 1102-3.

58　同上。

第二組
民權主義

961001 皇家公正之殿（Royal Palace of Justice）

　　1896年10月1日，據本書第二章「日誌」考證所得[59]：今天、孫逸仙抵達倫敦的第二天下午，他參觀了英國皇家公正之殿。其實該殿的具體功能是扮演英國最高法院的角色。但英國人也眞有意思，把它命名爲皇家公正之殿！殿者，宮殿也，皇帝居住的地方。在君權天授（divine right of kings）的時代，若平民百姓的居所僭稱殿者，殺無赦！英國人抗拒帝王專制的著名事例，莫如約翰王被迫簽署《大憲章》（見本書第六章「民權」）。此後英國人不斷奮鬥，終於爭取得1896/7年間孫逸仙訪英時期的君主立憲。到了這個時候，英國的法治精神已經深入人心，以致當局可以明目張膽地把最高法官團辦公及審案的地方稱爲殿，與王宮分庭抗禮。中國諺云：「天子犯法，與民同罪。」但鮮有實例。惟在英國，若英王犯法，也要受到法律制裁[60]。從這個意義上說，公正之殿的權力凌駕於王室之上。法治高於一切的概念，孫逸仙可受用？結果他利用旅居倫敦這段時間，與柯林斯合作而撰寫了〈中國法制改革〉，痛陳中國官吏之無法無天[61]；他是受到今天參觀皇家公正之殿所啓發？

59　見本書第二章「日誌」，第961001條。

60　對於英王曾受法律制裁的歷史，孫逸仙是知道的。他說：「格林威爾殺查理士第一，不是暗殺，是把他拿到法庭公開審判，宣布他了忠於國家和人民的罪狀，所以使把他殺了。」見孫逸仙，「民權主義第一講」，1924年3月9日，《國父全集》（1989），第一冊，頁55-67：其中頁61，第15-16行。對此事之分析，見本書第五章「民權」。

61　詳見本書第四章「著作」，第970701條。

961010.1 查理士一世被殺頭的地方

　　1896年10月10日,偵探說孫逸仙往參觀英國國會[62]。本圖正中的大街叫白廳(大街)。他沿白廳(大街)從北往南走而快要接近國會時,就看到圖中景象。圖左是宴會堂(Banqueting Hall),是查理士一世被殺頭的地方。當時在宴會堂正門外邊用木材架起一道陽臺,高二層。查理士一世就是在1649年月30日從宴會堂的二樓中間的一道窗戶跨出陽臺,在陽臺上被砍頭的[63]。圖中遠處,是英國國會大廈的兩座塔。左邊的鐘塔(Clock Tower)安裝了世界著名的大笨鐘,該鐘是1859年製造和安裝的,當年正值第二次鴉片戰爭中、大沽戰事猶酣之時。當孫逸仙聽到鐘聲,是否會聯想到這是對他敲的警鐘?它提醒他:若滿清的專制獨裁繼續下去,亡國滅種之日不遠矣。右邊是維多利亞塔(Victoria Tower),顧名思義,是以當時在位的英女王名字命名。每年國會辯論年度開始時,她都坐馬車從維多利亞塔的大門進去,發表演說並宣布該辯論年度開始。在演說中,她會闡明政府未來一年的工作重點。她的講辭,當然是由執政黨代筆。統而不治,正是君主立憲的精髓。國會大廈的兩座塔,高入雲霄,遠遠高過近在咫尺的、王室居住的白金漢宮(Buckingham Palace),象徵著國會的權力凌駕於王權之上。這與中國傳統成了鮮明的對照。北京故宮各殿,都必須拾級而登,高過平民百姓的屋頂,表示平民百姓都在天子腳下生活。孫逸仙在這種強烈對照衝擊下,對其民權主義的構思,曾起過什麼作用?

62　見本書第二章「日誌」,第961010條對該分史料的分析。

63　Norman David, *The Isles*, p. 589.

961010.2 英國國會大廈

　　1896年10月10日，孫逸仙參觀了英國國會大廈。圖示該大廈外景。孫逸仙要從該大廈旁邊的西敏寺橋走到泰晤士河南岸，才能看到這幅外景。該大廈又名西敏寺殿(Palace of Westminster)[64]。又是一座宮殿！它像「公正之殿」一樣[65]，權力要比那居住在白金漢宮的王室要大得多。西敏寺殿動土建築的1840年[66]，正是英國正式發動鴉片戰爭之日。在孫逸仙耳邊敲起的警鐘[67]，又多了一重意義：滿清的專制獨裁何時了？英國國會大廈占地8英畝：在倫敦市中心最昂貴的「地王」地區撥出8英畝的土地來建築國會大廈！可見英國人對國會之重視。右邊的鐘塔高318英尺；左邊的維多利亞塔高340英尺。整座大廈的建築費用超過£3,000,000。裡邊有1,100個房間，分別由貴族院(House of Lords又稱上議院)和平民院(House of Commons又稱下議院)使用[68]。國會是立法機關。所謂三權分立者：立法權歸國會，司法權歸法院，行政權歸政府。話雖這麼說，然而由於政黨政治的發展，在大選中取得下議院大多數議席的政黨便可執政。正因為該黨在該院占多數，故立法時便可以大多數的票數通過其動議的議案，故立法和行政兩權有著唇齒相依的關係。

64　*The Queen's London*，p. 2.

65　見圖961001的説明。

66　*The Queen's London*，p. 2.

67　見上圖(編號同是961010)説明。

68　*The Queen's London*，p. 2.

961010.3 英國國會貴族院(上議院)議事堂

　　1896年10月10日,孫逸仙參觀了英國國會大廈。圖示該大廈之內的上議院議事堂,又名鍍了金的議事堂。本圖正中的兩座王位,是維多利亞女王和王夫所專用。御座兩旁各有一寶座,為維多利亞女王兩個兒子——康奧爾公爵(Duke of Cornwall)、約克公爵(Duke of York)專用。御座前面的毛座(Woolsack),是律政大臣(Lord Chancellor)專用。本圖正中最前面是證人欄,貴族議事而需要傳召下議院有關議員來作證時,證人就站在這裡作證。貴族院又是英國以及大英帝國的最高法院,在審判案件時,雙方的辯護大律師也先後應召而站在這裡作證及申辯。兩旁的座位,為貴族專用。御座上邊騎樓所設的座位,為各國大使(當時英國只與法國、美國、俄國和羅馬天主教梵蒂岡教廷有大使級的外交)和國賓專用。兩旁的騎樓座位,為各貴族的夫人專用。議事堂掛滿1066年、諾曼人征服英倫(Norman Conquest)[69]以來的君主和王后的油畫。更有意思的是,那批在1215年6月15日強迫約翰王簽署《大憲章》[70]的貴族,都被後人雕刻了塑像,永遠被放在這貴族院議事堂[71];既供後人瞻仰,又好像在那裡虎視眈眈地監視著歷代英王,防止他再度專制。孫逸仙看了這些塑像後,回想滿清的專制,會有何感想?諷刺的是:到了孫逸仙參觀貴族院的1896年,貴族院已經喪失了立法的權力。因為貴族是世襲的,沒有代表性。平民院是民選的,真正代表民意(見下圖)。

69　Norman Davis, *The Isles: A History* (London: Macmillan, 1999), p. 278.

70　*Ibid.*, p. 352.

71　*The Queen's London*, p. 58.

961010.4 英國國會平民院（下議院）議事堂

　　1896年10月10日，孫逸仙參觀了英國國會大廈。圖示該大廈之內的平民院（下議院）議事堂。正如上圖所述，英國政制發展到了孫逸仙參觀英國國會的1896年，貴族院已經喪失了立法的權力。因爲貴族是世襲的，沒有代表性。平民院是民選的，眞正代表民意，故賦予立法大權。當然，平民院通過的法律必須上呈貴族院覆核。若貴族院投票反對，可將該法律退回平民院重新討論。但若平民院堅持到底，則上呈三次後，貴族院就必須接受。本圖正中的寶座，坐北向南，是平民院主席（Speaker）在主持會議時專用。在這寶座前面的木桌，是祕書專用，也是停放權杖（mace）的地方。坐在平民院主席右邊長椅的，是執政黨，其中的內閣成員、各級大臣，坐在第一排。坐在平民院主席左邊長椅的，是反對黨，其中影子內閣成員、各級影子大臣，坐在第一排。兩批椅子都是綠色的，比起貴族院的鍍金，不愧是平民本色[72]！平民院的所有議員都是選民直接投票選舉出來的。英國1832年的法制大改革把選舉權下放到那些在城市內擁有£10財產的市民和在農村有£2財產的公民，以此而把選民人數從435,000增加到632,000。1884的法制大改革再次增加了選民人數，但總數還是不超過人口的20%[73]。孫逸仙要構思出怎樣的一套民權主義，才適合中國國情？

72　*The Queen's London*, p. 59.
73　Norman Davies, *The Isles: A History* (London: Macmillan, 1999), p. 617.

961010.5 內政部、外交部、財政部、海軍部

　　1896年10月10日，在英國國會大廈、近在咫尺的西北方，本圖中央那組高樓大廈建築群，就是英國行政機關中最重要的部門，包括本圖正中的內政部、左方有方塔的外交部、右方在內政部旁邊的財政部、財政部的北鄰的海軍部。孫逸仙的旅寓在於再往北走的西北方，他到國會大廈參觀，就必須沿白廳(大街)從北往南走。準此，在他的左邊首先是海軍部，繼而是財政部、內政部。宰相府就在這組建築群當中的唐寧街十號(10 Downing Street)。這組建築群代表了英國三權當中的行政權。從本章各圖片看，可知三權各有地盤，各自為政，互不統率，甚至互相制衡。如何制衡？立法方面，有反對黨在立法程序中的國會辯論時提出反對意見及理據；以及修改意見和理據，更有傳媒報導辯論過程及反映公眾意見，政府很難一手遮天。若政府行為出軌甚至違反了法律，若有人提出訴訟，則法庭會依法審判：「政府犯法，與民同罪。」英國政府不能像滿清官吏那樣無法無天[74]。孫逸仙在倫敦參觀學習英國民權真諦，感受如何？若他在1896/7年旅居倫敦時贊成英國式的三權分立、互相制衡的話，則他當時沒說。等到1924年他用演講形式闡述其民權主義時，他主張中國有一個集立法、司法、行政於一身的萬能政府！讓人大吃一驚。究竟是什麼回事？詳見本書第六章「民權」。

74　見本書第四章「著作」，第970701條。

961010.6 白金漢宮（Buckingham Palace）

　　1896年10月10日，孫逸仙參觀過國會大廈之後，很可能因利乘便也到過附近的白金漢宮外邊走走。圖示白金漢宮正面。英國政制發展到1896年，王室已經變得名副其實的孤家寡人，失去了立法、司法、行政各大權，完全是統而不治。當然，皇家傳統的排場，諸如本圖所示，還是不折不扣地保存下來。但這都只是排場，沒有實力了。爲何英國人奪去王室的權力卻保存其排場？這與英國民族主義有密切關係。要提倡民族主義，必須有一個值得民族效忠的焦點，這個焦點必須是長久的，不能像執政黨那樣「來去匆匆」。這個焦點又必須有富麗堂皇的排場，讓國人看了都感到驕傲。如此則只有王室具備這個條件。而且，儘管王權天授的日子已經一去不復返，但在平民百姓的心目中，王室還是保存了一種高不可攀的神祕感。在英國有識人士悉心培養下，「天佑我王」的口號喊得震天價響，在1897年6月慶祝維多利亞女王登基60週年之際，爆發了如痴如狂的民族主義感情——詳細見本書第五章「民族」。

961022.1 康德黎在中央刑事法庭申請保護人權令(*Habeas Corpus*)

　　1896年10月22日，孫逸仙的兩位恩師、康德黎和孟生兩位醫生，在蘇格蘭場喬佛斯探長(Inspector Jarvis)的建議和陪同下，到倫敦中央刑事法庭附近的一家律師事務所，在該所一名律師面前宣誓，說滿清公使館非法幽禁了他們當年的學生孫逸仙[75]。拿了這紙宣誓證詞，三人繼往中央刑事法庭，向法官申請一紙保護人權令(a writ of *Habeas Corpus*)[76]。按保護人權令，乃是為了執行《大憲章》中的第39條，該條規定：只有法庭有權按照法律把一個自由人(freeman)拘捕、禁錮、抄家、放逐或作出任何對他不利的判決[77]。在這之前，英王可以任意抓人。在這之後，若英王故態復萌，也是很棘手的事情。終於在查理士一世治內的1640年，國會就通過了保護人權令這條法律(16Chas.I.c.10)[78]。準此，若甲得悉乙禁錮了丙，甲可在律師面前宣誓說確有其事，然後拿著該宣誓紙到法庭申請保護人權令。法庭接報就必須擱下一切公事，馬上向乙發出命令，命其立即把丙送到法庭，依法審判。孫逸仙在行醫生涯中，碰過不少曾被滿清官吏任意禁錮並苦打成廢人的病例。他憤怒之餘，就在其〈中國法制改革〉中痛陳其事。可見他脫險後肯定從兩位恩師那裡得悉他們曾援英國的保護人權令來拯救他。他會想：若中國也有類似的法律，人民就能安居樂業了！

75　Affidavits by Cantlie and Manson, 22 October 1896, FO17/1718, pp. 22-32

76　Judge R.S. Wright's minute, 22 October 1896, FO17/1718/p. 32.

77　Article 39: "No freeman shall be taken or imprisoned or disseised or exiled or in any way destroyed nor will we go upon him nor send upon him, except by the lawful judgement of his peers or [and] by the law of the land." Geoffrey Hindley, *The Book of Magna Carter* (London: Constable, 1990), p. 206.

78　Eddey to Wong, 1 December 1983. Mr. K.J. Eddey is a lawyer at Oxford.

961022.2 法官對康德黎、孟生申請保護人權令判決

　　1896年10月22日，中央刑事法庭接到申請，馬上受理，並由賴特法官（Judge R.S. Wright，見圖）升堂聆訊。他裁定：由於外國公使享有治外法權，保護人權令不宜施諸於他[79]。但他私下寫信給外相說：誓詞提供了足夠的理據通過外交途徑勒令公使放人[80]。一切都是按法律程序辦事，井井有條！

79　F.O. 17/1718/pp. 64-67, Wright to Salisbury, 23 Oct 1896.
80　F.O. 17/1718/p. 32, Justice Wright's minute, 22 Oct 1896.

961023 獲釋！

　　1896年10月23日，孫逸仙被釋放了。昨天，賴特法官拒發保護人權令，就連康德黎夫人也感到失望[81]。但喬佛斯探長還是滿懷高興回蘇格蘭場覆命，因爲法官的裁判早在意料中；而英國政府這醉翁之意不在酒，他們要的是康德黎、孟生兩位醫生的證詞。喬佛斯探長把兩位醫生的宣誓證詞呈上司，上司轉呈內政部，內政部轉外交部[82]。外交部據此勒令滿清駐英國公使龔照瑗放人，理據也正是兩位醫生的證詞[83]。結果，孫逸仙被釋放了。

81　Mrs. Cantlie's diary, 22 Oct 1896.

82　Home Office to Foreign Office, 22 October 1896, FO17/1718, pp. 51-3.

83　F.O. 17/1718/pp. 24-25, Salisbury to Gong Zhaoyuan〔draft〕, 22 October 1896.

961113.1 林肯法學院圖書館(Library, Lincoln's Inn)內景

　　1896年11月13日，據本書第二章「日誌」考證，今天孫逸仙到了林肯法學院，首先參觀裡邊的白石大樓。接著參觀該法學院的餐堂(Hall)和圖書館(Library)。隨後又到內寺法學院(Inner Temple)，參觀該法學院的餐堂(Hall)和圖書館(Library)[84]。看來孫逸仙獲釋後，決心加緊豐富自己對英國法律界的認識。圖示林肯法學院圖書館內景。

84　據本書第二章「日誌」第961113條考證。

961113.2 林肯法學院圖書館（Library, Lincoln's Inn）外景

　　1896年11月13日，孫逸仙從林肯法學院的圖書館走出來，則法學院內綠草如茵，鳥語花香，英國的學生真幸福。當時中國還沒有一所像樣的高等學府，遑論專業高等學府諸如法學院！中國真的要努力追上去。

961207.1 大英博物館讀者閱讀證登記冊

　　1896年12月7日，光是參觀是不夠的，必須專心閱讀有關書籍。自修的最好去處，自然是大英博物館。圖示1896年12月7日、孫逸仙在大英博物館領取閱讀證後，在讀者閱讀證登記冊上的簽名。他閱讀證的號碼是11898。自從他逃出生天，待一切安定下來以後，就收拾心情，到大英博物館多讀書。其中就包括英國憲法的書。例如，Walter Bagehot 的《英國憲法》；H.R. Gneist 的《英國國會史》；T. E. May的《英國憲法史》；John Stuart Mill的《論自由》和《代議制政府研究》；以及J. E. Stephen的《英國刑法概論》等[85]。這麼多的書，而且凡是有關法律的書都非常枯燥的，必須非常用功地看。本書第六章「民權」表6.1為他到大英博物館看書的時間和次數作了個統計，的確非常用功。他看書到了不懂的時候，就在當天往訪恩師康德黎醫生向其請教。待恩師也解答不了一些專業性極強的東西，他就向一位當時在格雷法學院唸法律的學生(詳見本書第二章「日誌」和第六章「民權」的考證)。

85　所據乃本書第六章「民權」，第二節的考證。

961207.2 大英博物館閱覽室

　　1896年12月7日，當天孫逸仙首次到這裡看書，以後就頻頻到這裡來。法律規定，凡是在英國出版的刊物，出版社都必須免費送一本到大英博物館。光是在這個圓形閱覽室書架上的重要參考書，就超過2,000冊。經過閱讀、思考，慢慢地孫逸仙對三民主義、尤其是民權主義的構思，有了什麼進展？

961207.3 大英博物館鳥瞰

　　1896年12月7日，圖示大英博物館全貌。該館於1823年動工，1852年建成[86]。其中圓頂的是閱覽室。光從這圖片就可以想像該館藏書有多少，因為地下還有多層書庫。孫逸仙在這裡有看不完的書，同時安靜地構思他的三民主義。

86　*The Queen's London*, p. 86.

970113 約翰王簽署《大憲章》(*Magna Carta*)

　　1897年1月13日，今天孫逸仙到倫敦蠟像館[87]參觀約翰王簽署《大憲章》蠟像模型[88]。《大憲章》對整個世界憲法的發展，有著深遠的影響，孫逸仙學了些什麼？本書第六章第四節會作專題分析。

87　Slater to Chinese Minister, 3-21 January 1897，載羅家倫，《蒙難史料考訂》，頁137。

88　*The Times*, 13 January 1897, p. 1 col.5.

970118 憲法俱樂部（Constitutional Club）

　　1897年1月18日，當天下午1時30分，孫逸仙坐上一部出租馬車（車牌13334）到諾森柏蘭街（Northumberland Avenue）的憲法俱樂部（Constitutional Club），並在那裡停留到黃昏5時30分才踏上歸途[89]。在倫敦，像憲法俱樂部這樣的組織，正是朝野賢豪聚集的地方。當時英國的政要，如果家住在倫敦市區以外的，都參加這樣的俱樂部，以便國家議院開會時，有暫時寄居的地方。筆者也實地考察過這個憲法俱樂部，其建築之高，規模之大，是筆者訪問過的所有俱樂部當中的佼佼者[90]。憲法俱樂部是保守派人士集中的地方，由於求過於供，憲法俱樂部就把會員人數限制在6,500之內[91]。孫逸仙在那裡見了什麼人？很可能是巴卡爵士（Sir J. Ellis Barker, 1840-1914）[92]。他白手興家，創立了巴卡公司。富而從政，後來在1906-1910年間曾當選為下議院議員。1908年被冊封為從男爵（Baronet）。可見是一位有份量的人物[93]。從政必須預先有所準備，準此，他可能老早就參加了憲法俱樂部。孫逸仙在這個時候就結交的英國的准議員，對他正在構思中的民權主義，會有什麼啟發？

89　Slater to Chinese Minister, 3-21 January 1897，載羅家倫，《蒙難史料考訂》，頁137-8。

90　詳見本書第六章「民權」．

91　*The Queen's London*, p. 203.

92　見拙著《中山先生與英國》（台北：學生書局，2005），第五章〈求助情切〉，第二節「分析英國外交部的態度」。

93　*Who's Who of British Members of Parliament*, v. 2, p. 21.

970131.1 到牛津大學演講

　　1897年1月31日，據本書第二章「日誌」及第四章「著作」考證，孫逸仙很可能在今天到牛津大學演說[94]。至於邀請他前往演講的，很可能就是該大學的國際法教授賀藍(Professor Holland)先生。他曾就孫逸仙被公使館幽禁而致函倫敦《泰晤士報》論述該案所牽涉到的國際法[95]。他對孫逸仙是感興趣的。圖示賀藍教授的油畫。

94　據本書第二章「日誌」，第970131條，所據乃康德黎夫人970116的日記。

95　T. E. Holland to the Editor of *The Times*, "The Case of Sun Yat Sen," *The Times*, 27 October 1896, p. 12, col. 2.

970131.2 到牛津大學演講

　　1897年1月31日，如果是賀蘭教授邀請孫逸仙，則他會邀請客人到他自己的學院下榻、進晚膳。他是牛津大學諸靈學院(All Soul's College)的院士。該學院是牛津最富有的學院，院士都是絕頂聰明的飽學之士，孫逸仙置身其中，得益匪淺！對他憧憬中國的未來、構思其三民主義，都有著深遠的啓發作用。圖中圓頂那座建築物，是大學圖書館的一部分。緊靠著它西邊的那座尖頂建築物是大學敎堂。緊靠著它南邊的那座有雙塔的方塊建築物就是諸靈學院。

第三組
民族主義

民族主義是一種很複雜的現象，它包含驕傲、憤怒、自豪、
教育、盡忠、愛國、信仰、狂熱、耀武、揚威等等錯綜複雜
的思想感情。本組希望通過圖片，傳達當時英國民族主義各
種要素。

961001 驕傲

　　1896年10月1日，昨天深夜孫逸仙才到達倫敦河濱(路)的赫胥旅館(Haxell's Hotel)，今天早起就按圖索驥般往找恩師康德黎醫生的寓所。本圖朝東南。他沿河濱(路)往西走到盡頭時，視野突然擴大。在他正前方稍為靠右是一柱擎天，該柱頂端站著一位威武的海軍司令塑像。他正是英國民族大夾雄納爾遜勛爵(Lord Nelson)，他在1805年的特拉法加(Trafalgar)海面打敗了準備侵略英國的拿破崙海軍，既保證了英國人不成為亡國奴，也保證了此後的一百多年，英國的海軍可以稱霸海上，並由此而建立日不落的大英帝國，影響深遠。英國人為他而感到極端驕傲的。為了紀念他的功勳，英國人在倫敦市中心的地王闢了一個廣場，把它命名特拉法加廣場，以紀念特拉法加戰役，並在廣場南邊正中樹立了納爾遜紀念碑，作為民族主義教育基地。孫逸仙在倫敦頭一天的活動，就從這儰魄的地方開始，他對英國民族主義的認識，也從這裡開始。

961011 憤怒

　　1896年10月11日星期天，孫逸仙被滿清駐倫敦公使館綁架入內館幽禁起來。東窗事發後，英國人憤怒極了，認為此舉侮辱了英國國家的尊嚴。公使館被千夫所指。圖示該館在淒風苦雨中。到了1980年代，中國政府決定把該館拆掉重建，雖仍撥出一個房間權稱孫逸仙囚室，但新館內外都已不復舊觀。筆者有幸，在1969年9月底就曾裡裡外外地勘查個仔細，並保存了舊照一幅，以饗讀者。

961027.1 自豪

　　1896年10月27日，即孫逸仙從公使館逃出生天後的第四天，他就往艾爾伯特路12號(12 Albert Road)訪問。據本書第二章「日誌」的考證，主人是柯林斯[96]。而據本書第四章「著作」的考證，柯林斯是英以色列信徒(British Israelite)，而且在英以色列信仰(British Israel)方面有所著述[97]。所謂英以色列信仰者，基督教《聖經》認爲「以色列民族」，是上帝特殊挑選的、世界上最優秀的、將來會是世界上最強大的民族。十九世紀的大英帝國，強大無比，所以英國的一些思想家就認爲，這種現象的唯一解釋，就是盎格魯‧撒克遜民族本來就是「以色列民族」的一支，是《聖經》上描述的、迷了途的一支(the lost tribe)。該迷了途的一支慢慢西移，終於定居在英倫，名字也因時間和空間的轉移而變成盎格魯‧撒克遜民族。信仰這種說法的英國人士，自稱爲「英以色列信徒」[98]。孫逸仙與柯林斯一見如故，後來甚至決定合作撰寫論文。因而以後兩人就幾乎天天在一起[99]。這種長期、密切的來往，對孫逸仙正在形成中的民族主義思想會產生甚麼影響？看來影響是較深的，詳見本書第五章「民族」的分析。圖示當時柯林斯的寓所，高貴大方。門窗對著攝政王公園，綠草如茵，大樹參天，恍如世外桃源。生活在這麼優越的環境，自視高人一等的以色列信徒，難怪這樣自豪！

96　見本書第二章「日誌」，第961027條。

97　見本書第四章「著作」，第970301條。

98　Perhaps the best exponent of the views of British Israelites is the book by M.H. Gayer, himself an Israelite, entitled *The Heritage of the Anglo-Saxon Race*, Destiny Publishers, Haverhill, Massachusetts, 1941.

99　見本書第二章「日誌」。

961027.2 教育

　　1896年10月27日，孫逸仙首次拜會的柯林斯，乃倫敦大學之大學學院
(University College, London)畢業生。正是這些高等學府，培養出一批又一
批民族主義高漲的愛國人士。後來德國成功的祕訣之一，就是通過教育而
培養出大批民族主義高漲的愛國人士。孫逸仙要在中國提倡民族主義，不
容忽視教育。正是由於這種考慮，孫逸仙在廣州成立政權後，雖然經費極
度艱苦，還是在1924年爭取成立了國立廣東大學。孫逸仙有沒有參觀過柯
林斯的母校——倫敦大學之大學學院，無從考核。但根據本書第二章「日
誌」考證所得，他在抵達倫敦第二天的1896年10月1日，就參觀了倫敦大學
的另外一家學院——英王學院(King's College, London)[100]。英王學院在河
濱(路)，孫逸仙旅居倫敦時長時間在河濱(路)活動，對圖中所示景象，是
相當熟識的。

---

100 本書第二章「日誌」，第961001條。

961027 盡忠

　　1896年10月27日。孫逸仙之拜會柯林斯，以及後來長期與他來往，相信是得到恩師康德黎醫生的首肯的。若康德黎不贊同柯林斯的爲人及其信仰，出於愛徒心切，他是會阻止孫逸仙的。那麼他自己對於英以色列信仰又持什麼態度？此節留待本書第五章「民族」中分析。無論怎樣，從他畢生行徑來看，他是一位盡心愛國的人。君不見，他甫抵香港，就參加了香港防衛軍，後來更帶領包括孫逸仙在內的一班西醫學院的學生，參加了香港建埠50週年的閱兵典禮[101]。孫逸仙穿起軍服，跟隨恩師步操經過檢閱台時，思想感情會起過什麼變化？無論變化如何，有一條是肯定的：他會被恩師那種盡忠愛國的精神深深地感動。圖示康德黎在香港西醫學院上解剖學的課，可惜孫逸仙在早一年就畢業了，否則這幅圖片更爲珍貴。

101　見拙著《孫逸仙早期思想的成長》（上海：上海書店出版社，2006），第九章「救國救民」。

97062.1 愛國

　　1897年6月22日，維多利亞女王登基60週年。康德黎夫人清晨起來，在她的日記中日記中寫道：「女王登基60週年，主佑我王！」[102]接著施施然地帶了孩子們到查靈十字醫院，居高臨下地觀看皇家大遊行。康德黎醫生則參加了救護隊，先在特拉法加廣場執勤，後又轉到蘇格蘭場倫敦警察總部值班[103]。孫逸仙與康家至親，來往最密，能不受感染？首先，康德黎夫人在今天所寫的日記，雖是寥寥數語，卻發人深省。她不是政客，寫日記不存在給別人或後人閱讀之目的，她祈禱「主佑我王！」應是由衷之言。她是蘇格蘭人，不是盎格魯‧撒克遜人。一個普通的蘇格蘭婦女寫出這由衷之言，是英國政府民族政策的成功；對孫逸仙之民族主義最後定稿時、五族共和這種寬容性很廣大的成分該有很大啓發。不錯，1897年的孫逸仙，為了革命的需要，積極宣傳反滿。但是辛亥革命成功後，他馬上宣布五族共和，大力推行民族團結政策。他沒有步法國、義大利和德國的後塵採取或宣傳高壓的單民族政策，看來是深受英國寬大民族政策的影響。就是說，他效法英國用團結少數民族而不是用打擊少數民族的手段去促進民族主義。在1897年6月22日當天，孫逸仙也擠在人群中觀看皇家大遊行，他看了些什麼？（見下圖）

102　rs Cantlie's diary, 22 June 1897.
103　同上。

970622.2 耀武

　　1897年6月22日，今天是維多利亞女王登基60週年，英國在倫敦舉行了盛大的皇家大遊行(Royal Procession)。對此，本書第五章有詳細的描述，以及它對孫逸仙構思民族主義可能發生過的影響。文字表達不了的，且看本圖。

970622.3 狂熱

　　1897年6月22日，今天是維多利亞女王登基60週年，英國在倫敦舉行了盛大的皇家大遊行（Royal Procession）。特拉法加廣場聚集了數不清的群眾，觀看皇家大遊行經過該廣場。人多自然要出事故，當局組織了救護隊以防萬一。康德黎醫生則參加了救護隊，在特拉法加廣場執勤，又轉到蘇格蘭場倫敦警察總部值班[104]。

---

104 rs Cantlie's diary, 22 June 1897.

970622.4 信仰

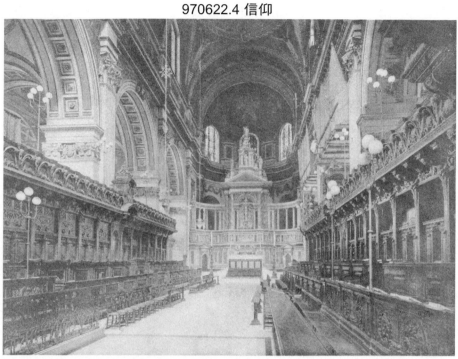

　　1897年6月22日，今天是維多利亞女王登基60週年，英國在倫敦舉行了盛大的皇家大遊行(Royal Procession)。該項活動的高潮是在聖保羅大教堂(St Paul's Cathedral)舉行謝恩典禮。圖示該大教堂內景。在當時的中國，還沒有類似的、這樣有代表性的一個象徵，以凝聚國人的民族主義感情。

970626.1 揚威

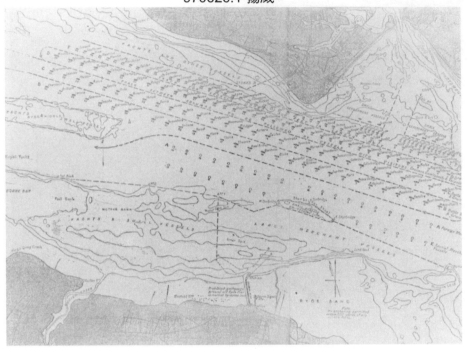

　　1897年6月26日，為了慶祝維多利亞女王登基60週年，英國還在今天在樸資茅斯(Portsmouth)的斯皮特黑德海灣(Spithead)舉行了海軍檢閱。除了英國本土的軍艦以外，還有世界各國派來賀禮的軍艦，比諸過去中國漢、唐鼎盛時期的所謂萬國來朝，有過之而無不及。圖示各兵艦排列的陣勢，等候威爾斯王子駕遊艇來檢閱。

970626.2 不屈

　　1897年6月26日，爲了慶祝維多利亞女王登基60週年，英國還在今天舉行了海軍檢閱。對此，本書第五章有詳細的描述。文字表達不了的，以及它對孫逸仙構思民族主義可能發生過的影響。且看本圖。圖示檢閱過後，某英國兵艦上的官兵合照。打天下、守天下，除了武器以外，還有他們勢不可擋的民族主義熱情。本圖欠奉之處，請回味文字。本章就此結束。

第四章
分析1896/7年間
孫逸仙旅英期間的談話、書信、著作

1896/7旅英期間的談話、書信、著作

孫逸仙在1896/1897年間旅英這段時間的談話、書信、著作等，據筆者考證，目前發現的有下列數種。肯定還有散失及沒有紀錄的，猶待下回分解。本文把已發現的數種按時間先後排列。時間用數目字代表，其中首兩個數目字代表年份，中間兩個數目字代表月份，末尾兩個數目字代表日子。譬如961011就代表1896年10月11日：

961011在清使館與英文參贊馬格里爵士談話
961019在清使館與英僕柯耳談話
961013在清使館與英文翻譯鄧廷鏗第一次談話
961015在清使館與英文翻譯鄧廷鏗第二次談話
961017在清使館與英文翻譯鄧廷鏗第三次談話
961017致清使館龔照瑗公使申冤書
961018公開求救信
961018致康德黎醫生求救簡之一
961019致康德黎醫生求救簡之二
961023在梲氏酒肆回答諸記者的提問
961023在蘇格蘭場倫敦警察總部的證詞
961023在康德黎家回答《每日新聞》記者的提問

961024致倫敦各報主筆的感謝信

961027致區鳳墀函

961104在英國財政部所作的證詞

961114覆翟理斯函

961114在倫敦野人俱樂部所作的演講

961205發了兩封掛號信

961231與英國財政部首席律師的談話

970121《倫敦蒙難記》(英文原著)出版

970122與《倫敦蒙難記》俄國譯者的談話

970131在牛津大學所作的演講

970218與李提摩太的談話

970301〈中國的現在和未來——改革黨呼籲英國善持中立〉一文發表

970311在倫敦聖馬丁市政廳的演講

970315覆伏爾霍夫斯基函

970319與南方熊楠的談話

970622所譯《紅十字會救傷法》出版

970627爲南方熊楠題詞

970630告別英倫書

970701〈中國法制改革〉一文發表

　　上述文獻，如果是各式《全集》已有收錄者，即在本文標明。如還未被收錄者，則在本文末端附錄。如該等未錄文獻原來是外文，即由筆者翻譯後再附錄。

961011在清使館與英文參贊馬格里爵士談話

　　全文見附錄一。

　　資料來自英國外交部檔案FO17/1718, pp. 119-120，對話內容由筆者翻譯，談話情況由筆者參考有關史料重建。這文獻值得注意的有兩點。第

一，這是孫逸仙畢生中第一次（也是唯一的一次）被關起來。驚魂稍定之餘，應對不盡妥善之處，在所難免。第二，馬格里從一開始就對孫逸仙說，前些時候孫逸仙曾寫信給總理衙門提倡改革，很受賞識。現在總理衙門正要找他，所以請他暫時在公使館屈就十八個小時。爲甚麼馬格里這麼說，又隻字不提廣州起義之事？竊以爲是因爲馬格里估計十八個小時後就會收到北京的覆電，同時估計北京不會同意在倫敦拘禁孫逸仙。這樣，馬格里就可以冠冕堂皇地對孫逸仙說：總理衙門暫時還用不上他改革的建議而讓他離開，從而避開了拘禁政治犯的嫌疑。爲何筆者作如是想？因爲據筆者考證，馬格里並非綁架孫逸仙的主謀。只不過是公使龔照瑗差人把孫逸仙綁架進入公使館以後，才把馬格里從家裡召回辦公室（當天是星期天），並強迫他負責處理此事 [1]。

961019在清使館與英僕柯耳談話

全文見附錄二。

從這八天的對話中，可以看出孫逸仙不斷地採取各種方式，希望說服英僕柯耳爲他通風報信。首先是企圖通過宗教信仰打動柯耳的心，孫逸仙知道英國人士大都信仰基督教，而他自己又曾在香港受洗成爲基督徒，所以就以同是基督徒的身分對柯耳說：「您我同是上帝子女，您就救救兄弟一命吧。」

此路不通後，又把自己比諸倫敦的社會主義政黨的首領，並說因此才會被公使館幽禁。又說公使館的人準備把他五花大綁，塞著他的嘴巴，偷運上船，運回中國殺頭。孫逸仙這麼說，很可能是注意到柯耳是窮苦人家，淪爲僕人，捱更抵夜地看守著他。而當時英國由於工業革命而激發的社會主義運動方興未艾。如果柯耳贊成社會主義運動，或會伸出同情之手。可惜此路同樣不通。

最後，孫逸仙答應用金錢酬謝；柯耳終於應允效勞。孫逸仙答應給多

1　詳見拙著《孫逸仙倫敦蒙難眞相：從未披露的史實》（台北：聯經出版公司，1998），第二章。

少？答案見「961231與英國財政部首席律師的談話。」

961013在清使館與英文翻譯鄧廷鏗第一次談話

待考。

英僕柯耳事後於英國財政部首席律師面前宣誓作證詞時說，鄧廷鏗曾於1896年10月13日星期二首次前往看望孫逸仙[2]。兩人相見自然有對話，可惜現存文獻中沒法找到具體對話內容。但這不要緊，因為，竊以為這第一次談話很可能已經容納在孫逸仙後來的的追憶中（見961015在清使館與英文翻譯鄧廷鏗第二次談話）。

961015在清使館與英文翻譯鄧廷鏗第二次談話

全文首見於英國外交部檔案中、孫逸仙在英國財政部首席律師卡夫（Cuffe）面前宣誓所作的證詞[3]。後被譯載於《孫逸仙全集》[4]。在證詞中，孫逸仙似乎把本來是多次的談話混在一起，作為一次性的談話。又說已記不住談話的具體日期，只是泛指是在他的字條被撿回來（按即1896年10月14日星期三）之後的事情[5]。

吳宗濂的追憶——「鄧翻譯與孫文問答節略」——犯了同樣的毛病。即把多次對話混為一談，同時把這混為一談的對話日期列為1896年10月14日星期三[6]。《國父全集》與《孫逸仙全集》把吳宗濂的追憶照錄[7]。

後來孫逸仙在《倫敦蒙難記》的追憶中，又把談話分為前後兩截，說是分別在「被禁之第四日晨」（按即1896年10月14日星期三）的早晨和「是

2　Cole's statement at the Treasury, 2 November 1896, pp. 116-119, para. 16.

3　Sun Yatsen's statement at the Treasury, 4 November 1896, FO17/1718, pp. 119-120, para. 13.

4　見第一卷（北京：中華書局，1981），頁41-42。

5　Sun Yatsen's statement at the Treasury, 4 November 1896, FO17/1718, pp. 119-120, para. 13.

6　承上海科學院吳德鐸教授幫忙，複印了吳宗濂的《隨軺筆記四種》（1902）全書。經研究比較，發覺該筆記存在的問題不少。詳見拙著《孫逸仙倫敦蒙難真相》，第三章。

7　見《國父全集》第二冊，頁367-9；《孫逸仙全集》，第一卷，頁26-29。

夜12點鐘時」進行[8]。

在首半截對話中[9]，鄧廷鏗表現得非常高傲，對孫逸仙說「君在此間實生死所關，君知之乎？」孫逸仙的回答，表示出他對國際法是有一定認識的；他說：「按諸國際交犯之例，公等必先將拘予之事聞於英政府。予意英政府必不能任公等隨意處置也。」鄧廷鏗聽後更高傲，謂已僱妥船隻準備將他偷運回國典以重刑，並舉高麗某志士被戮屍之例嚇唬孫逸仙。孫逸仙的回答證明他臨危不亂。他說，高麗志士之案，即中日開戰原因之一；重治孫某，肯定引起中英交涉，英廷一定要求清廷懲治全部使館中人。又說，革命黨人肯定為他復仇，鄧廷鏗本人暨家族必無倖免。鄧廷鏗聽後為之色變。

在後半截對話中[10]，鄧廷鏗對孫逸仙威逼利誘，讓他用英文親筆寫一封信給馬格里。內容由鄧廷鏗口述，曰：「身係良民，並非亂黨；只以華官誣陷，致被嫌疑，因親到使館，意在籲求昭雪。」孫逸仙以為是一線生機，故照書如儀。事後當然懊悔不已。謂此舉實墮入奸計，「可謂愚極。蓋書中有親至使館籲求昭雪等語，豈非授以口實，謂吾之至使館，乃出於自願，而非由誘劫耶？」[11]

竊以為這後半談話的日期，孫逸仙是記錯了：不是「是夜」（按即1896年10月14日星期三的半夜），而是1896年10月17日星期六。關鍵在於那封籲求昭雪之信。詳見「961017在清使館與英文翻譯鄧廷鏗第三次談話」。

961017在清使館與英文翻譯鄧廷鏗第三次談話

原文見英文原著《倫敦蒙難記》，譯文見有關《全集》[12]

筆者憑甚麼說今天就是鄧廷鏗與孫逸仙第三次談話並誘迫孫逸仙寫那封籲求昭雪之信的時候？除了全盤考慮其他日子和有關因素以外，柯耳對

8　見《孫逸仙全集》，第一卷，頁60。
9　同上，頁59-60。
10　同上，頁60-61。
11　同上，頁62。
12　《國父全集》第二冊，頁201-2；《孫逸仙全集》第一卷，頁60-61。

英國財政部首席律師所作的證詞起了決定性的作用。他說，「關於孫逸仙在被幽禁在公使館期間曾寫過一紙證詞之事，我是聽說過的。記憶所及，那大約是他被幽禁第一個星期的末期，大約是10月17日」[13]。

柯耳對當時的情況記憶得很清楚。他說：「當時鄧先生走來對我說：『裡邊那位先生需要寫點東西，你就到裡邊陪著他，直到他寫完爲止。』當時鄧是從裡邊跑出來對我說這些話的。他又說：『當他[孫逸仙]寫完以後，你就把筆墨紙張等通通拿走，並把他所寫的東西交給我。』」[14]證詞作到這裡，似乎首席律師就問柯耳，當鄧廷鏗最初找他時，是否從孫逸仙的房間中走出來的。柯耳回答說是。柯耳接著說：「當我走進孫逸仙的房間時，筆墨皆在，是早些時候鄧先生送進去的。於是孫開始書寫。孫開始書寫時，鄧還在房裡。但過不了幾分鐘，鄧就離開了。孫繼續書寫，但沒對我說甚麼。因爲房門有一位華人把守，我們說甚麼他都能聽到。當孫寫完以後，就要求見鄧。鄧就來了，把孫寫過的東西拿起來唸，並擅自作了些修改。聽孫鄧兩人的交談，語氣是友善的。」[15]

專門負責調查該案的英國財政部首席律師，聆聽過各方證詞以後，認爲柯耳可靠，同時認爲柯耳給他的印象最佳[16]。筆者經過長期的研究和獨立思考，非常同意該律師的看法。因爲，柯耳作證時，不像孫逸仙那種驚弓之鳥般連談話的具體日期也記不住。柯耳的證詞是相當有條理，而且他沒有任何理由要說謊話，不像鄧廷鏗在處理蒙難事件時欲蓋彌彰地謊話連篇，以致在倫敦報界弄得臭名昭著[17]。

961017致清使館龔照瑗公使申冤書

　　待訪。

13　Cole's statement at the Treasury, 2 November 1896, FO17/1718/p. 118, para. 26.

14　Ibid.

15　Cole's statement at the Treasury, 2 November 1896, FO17/1718/pp. 118-119, para. 26.

16　Cuffe to Home Office, 12 November 1896, FO17/1718, pp. 113-116, para. 19.

17　詳見拙著《孫逸仙倫敦蒙難真相》，第一章。

　　讀者可以從吳宗濂的追憶「鄧翻譯與孫文問答節略」中一窺該申冤書的內容概況。至於所採用的具體文字，則該信原用英文書寫，待訪得原文再翻譯成漢文後才能作準。

　　孫逸仙事後認識到，寫這樣的一封信，「可謂愚極」[18]。因為他一直對恩師及英國當局都說是被公使館人員誘迫進入該館而被幽禁起來的。因此，東窗事發後，他的案件就成了轟動全球的綁架案。當他被釋放後，方知公使館曾堅稱他是自動走進公使館的，所以公使館認為此舉絕對不能構成綁架之罪。如果公使館公開孫逸仙所寫的那封申冤書，在白紙黑字之前，孫逸仙就百詞莫辯，「當世大英雄」[19]馬上就會變成世界級的撒謊者，被打入十八層地獄，永世不得翻身。雖然後來公使館為了避免事情沒完沒了地鬧下去而沒有公開那封申冤書，但孫逸仙還是覺得有必要在《倫敦蒙難記》中交代其事並作自辯說：「人當陷入深淵之時，苟有毫髮可以憑藉者，即不惜攀援以登，初不遑從容審擇，更何能辨其為奸偽耶？」這自辯完全是人性的自然表現；後來孫逸仙被神化了，有謂苦難的中國需要一位英雄來接受膜拜，以壯人心。是耶非耶？總之，神化偶像是中國近代史中的一種特殊現象。

961018公開求救信

　　全文見附錄三。

　　很多記載都說，孫逸仙被幽禁後，寫了不少字條向外界求救。有些字條他交英僕柯耳帶出公使館，有些他請柯耳扔出窗外。但所有字條都被柯耳呈交馬格里。孫逸仙得悉後乾脆自己扔出窗外，字條落在隔壁屋頂上。但被公使館人員發現而由柯耳全部撿回來。這些字條的內容，雖然大家都很容易推測到，但具體文字是怎麼寫的，則一直闕如。後來筆者把倫敦大小報章全看遍了，發覺《每日新聞》（*Daily News*）獨家刊登了其中一張字條的內容。這字條非漏網之魚，而是孫逸仙被釋放後的當天晚上，在康德

18　見《孫逸仙全集》，第一卷，頁62。
19　*Sun,* 24 October 1896, p. 3 col. 1.

黎家接受該報記者訪問時，脫下鞋子拿出一張在幽禁時預先藏在鞋子裡準
備有機會就隨時仍出的字條。於是記者錄下刊出，內容就藉此被保存下來。

　　該字條是孫逸仙從舊報紙撕下一角然後書就的。字條的一面說：「請
看反面。」另一面，就是字條的內容，其中提到「被中國公使館綁架並拘
禁已有七天」，可知日期爲1896年10月18日。

961018致康德黎醫生求救簡之一

　　全文首見於英國外交部檔案[20]。是打字稿，並有附帶說明謂原件已被
合法調走，但沒有說調到那裡。原件的照片首見於1930年出版的、羅家倫
先生所著的《中山先生倫敦蒙難史料考訂》的圖片部分。更清晰的則見後
來1989年台灣出版的《國父全集》第十冊中的圖片部分；漢譯本見有關
《全集》[21]。文件本身沒日期，《孫逸仙全集》的編者既糾正了前人的錯
誤，又由於自身條件限制而酌定爲10月17日，並說「次日送達」[22]；皆不
確。該簡由英僕柯耳讓孫逸仙在10月18日早上寫就，同日偷帶出公使館並
親手交了給康德黎醫生[23]。康德黎醫生在10月19日給外交部所寫的信也證
實了這一點[24]。故竊以爲文件日期可以確定爲1896年10月18日。

　　書簡的內容說：(一)他已被公使館綁架了。(二)公使館已僱好船隻準
備隨時把他偷運回國。兩點都簡明扼要，非常可取。而且又補一句很有人
情味的話：「請照顧信使，他很窮，更可能因帶此信而被解僱。」

961019致康德黎醫生求救簡之二

　　全文首見於英國外交部檔案[25]。文件本身沒日期，但附於康德黎醫生

20　Sun Yat-sen to Cantlie, n.d.〔18 October 1896〕, FO17/1718, p. 30.

21　《孫逸仙全集》第一卷，頁29-30。《國父全集》第四冊，頁14則增加了一些內
　　容，查其註釋可知所據非原件；難怪。

22　見第一卷，頁29，註*。

23　F.O. 17/1718/pp. 116-119, Cole's statement at the Treasury, paragraph.21, 2 Nov
　　1896.

24　Cantlie to the Under Secretary of Sate for Foreign Affairs, 19 October 1896, FO
　　17/1718, pp. 8-10.

25　Sun Yat-sen to Cantlie, n.d.〔19 October 1896〕, FO17/1718, p. 22-23, enclosed in

在10月19日給外交部所寫的信[26]。據此可確定爲1896年10月19日。同樣是打字稿，並有附帶說明謂原件已被外相下令調走，但沒有說調到那裡[27]。漢譯本見有關《全集》[28]。

　　該簡要點有三。(一)重複被綁架事，但增添了細節。(二)重複將被偷運出境事，但增加了「不然的話，將就地正法」的話。(三)在最後一段，他說：「我出生於香港，四五歲時才回到中國內地。把我當作一名合法的英國子民(British subject)，您能不能用這種辦法來救我脫險？」[29]

　　這最後一段話值得注意者有三。第一，他懂得一條英國法律，即規定如果某人是在英國殖民地(包括香港)出生，就是英國的子民，具英國國籍，受英國保護。這種知識，很可能是他在香港唸書時獲得。第二，孫逸仙當然不是在香港出生的，他自己最清楚不過。但是爲了求生，靈活地運用他的知識，而不拘泥於是否符合事實。第三，康德黎醫生，作爲孫逸仙多年的老師，根據孫逸仙的入學紀錄與長期相處，也會知道孫逸仙並非出生於香港。但由於救徒心切，同樣不拘泥於該簡內容是否符合事實，而把該簡轉呈英國外交部[30]。

　　重建當時孫逸仙寫這求救簡最後一段的心情，可以想像，當英僕柯耳成功地爲他帶出第一封求救簡並成功地帶返康德黎的回覆時，自然歡喜若狂，尤其是該覆簡說「勉之！毋自餒！吾政府正爲君盡力。不日即可見

(續)─────────────

　　Cantlie to the Under Secretary of Sate for Foreign Affairs, 19 October 1896, FO 17/1718, pp. 8-10.

26　Cantlie to Foreign Office, 19 October 1896, F.O. 17/1718/pp. 19-21.

27　FO minute, n.d., FO17/1718, p. 21. The minute says, "The card has been taken out by order of the Sceretary of State for Foreign Affairs." (Ref. L1534/1534/402) of 1937.看來是遲到1937年才調走。

28　《孫逸仙全集》第一卷，頁30；《國父全集》第四冊，頁14。

29　Sun Yat-sen to Cantlie, n.d. [19 October 1896], FO17/1718, p. 22-23, enclosed in Cantlie to the Under Secretary of Sate for Foreign Affairs, 19 October 1896, FO 17/1718, pp. 19-21.

30　Cantlie to Foreign Office, 19 October 1896, F.O. 17/1718/pp. 19-21.

釋」[31]。既然英廷干預，孫逸仙認為必能得救。但是，整整一天過去了，卻毫無動靜。可以想像，他患得患失的心情，隨著時間的消逝而上漲，很快達到極點。於是又迫不及待地要求柯耳再為他帶第二封信。並想出一個英廷非干預不可的理由——他自稱是香港出生的英國子民。

孫逸仙從「人治」的概念(英廷下令，誰敢不從？)轉到「法治」的概念(英廷援法律拯救他)，是一種飛躍。事實上，遵從法治的英廷也的確正在採取法律途徑營救他，但不是採用孫逸仙想像中的那種方式。事情是這樣的：英國外交部接受了康德黎和孟生兩位醫生的投訴後即咨內政部，內政部札蘇格蘭場，蘇格蘭場派喬佛斯探長(Inspector Jarvis)去探訪過英僕柯耳和格蘭輪船公司的負責人後，確知真有「幽禁」和「偷運」等情。外交部獲悉後，再通過同樣渠道命喬佛斯探長帶康、孟兩位醫生到律師事務所宣誓作證，並拿著證詞到中央刑事法庭申請「保護人權令」(*Habeas Corpus*)。任何案件都必須排期等候法官聆聽，獨是「保護人權令」的申請屬例外：法庭一接到申請則必須按法律規定馬上派法官聆聽，刻不容緩。法官開庭審訊過後，認為公使館在法律上所享有的外交特權，凌駕於屬內政的「保護人權令」。法官拒絕簽發「保護人權令」之餘，建議外交部通過外交途徑干預其事。關於內政管不了外交這一點，外交部比誰都更清楚。知其不可而為之，是醉翁之意不在酒。拿了康、孟兩位醫生的誓詞後，馬上以此作為行動根據，照會龔照瑗說，有兩位在英國社會地位受人尊敬的人士曾宣誓作證，指控清使館幽禁了孫逸仙。非法禁固屬濫用外交特權，理應馬上釋放。龔照瑗只好俯首就範[32]。

法治，必須有一個按法律辦事的程序。上段描述的細節，正是英廷營救孫逸仙的法律程序具體情況，當時孫逸仙無法知道，但事後肯定會從兩位恩師那裡了解得一清二楚。對於他親身體會法治的真諦，發展並充實他民權主義的內容，都有重大意義。

31 《倫敦蒙難記》，載《國父全集》(1989)，第二冊，頁193-223：頁205。
32 詳見拙著《孫逸仙倫敦蒙難真相》，第一章。

按法律程序辦事，需要時間，不像人治那樣下一道命令就了事。所以，儘管英廷已經馬不停蹄地辦這件事，但等到喬佛斯探長帶康、孟兩位醫生到律師事務所宣誓作證時，已是1896年10月22日，即孫逸仙向康德黎發出第二道求救簡後的第三天。難怪孫逸仙急如鍋上螞蟻。柯耳回憶說：「我知道那字條同前一張差不多，都是求他們趕快行動，因為他認為事情已經到了最後關頭。我想字條上寫著：『事情進行得怎麼樣？阻力在哪裡？我宣稱是英國子民，在香港出生。沙士勃雷侯爵意見如何？』」[33]把柯耳的回憶與求救簡的內容比較，回憶多了不少東西。這多出來的東西，很可能正是孫逸仙發出該簡後與柯耳交談時冒出來的。焦急之情，顯而易見。

961023在稅氏酒肆回答諸記者的提問

全文見附錄四。

孫逸仙回憶當時情景說：「被圍於眾人之中，有問即答。各訪員隨答隨寫，其速如飛。」[34]但《國父全集》[35]與《孫逸仙全集》[36]所譯載者，與其說是有問即答，倒不如說是發表演說，一氣呵成。所據乃《倫敦與中國電訊報》。查該報係週刊，擇錄一週新聞發往遠東，所據多為權威的《泰晤士報》。此則也不例外。筆者不以此為滿足，遍查倫敦其他報章，發現《每日電訊報》把問、答同時刊登，不像《泰晤士報》那樣去問存答而變成發表演說。故決定將該問、答翻譯作附錄四。又《孫逸仙全集》的編者說：「本文最後一段，是他離開蘇格蘭場回到原先寄寓的葛蘭旅店後繼續進行的談話。」[37]該編者沒有註明出處，不知所據為何？查孫逸仙離開蘇格蘭場後就與恩師康德黎一道回康家晚膳。膳後再接受記者訪問[38]。之後

33　Cole's statement at the Treasury, 2 November 1896, F.O. 17/1718/pp. 116-119, para. 21.

34　《倫敦蒙難記》，載《國父全集》(1989)，第二冊，頁215。

35　第二冊，頁370-1。

36　第一卷，頁30-32。

37　見第一卷，頁30，註**。

38　見附錄961023在康德黎家回答《每日新聞》記者的提問。

就在康家過夜[39]，根本沒有回自己的旅寓。

　　記者第一道提問就是：「有人說你是自動跑進公使館的，是嗎？」可見新聞界最關心的問題正是綁架與自投之爭。記者紀錄下來的最後一道提問是：「你可以談談你被控曾造反的事情嗎？」孫逸仙大窘，迫得說：「此事說來話長。容後再談。」恩師康德黎看到愛徒窘境，連忙為他解圍，說：「諸君乎，時至矣！」[40]於是孫逸仙「被擁簇入車，向蘇格蘭場進發」[41]。這最後一道回答，《泰晤士報》就把它刪掉。其目的很明顯：最後一道提問，與其他提問毫無關連，因此答案也是如此。問答同時刊出，還沒甚麼。光是存答而去問，就變得沒頭沒腦，非同時刪掉不可。如果研究者光靠權威的《泰晤士報》那一篇「演說」，就錯過了孫逸仙被窘住的那一幕，因而也就錯過了他這一節「基礎訓練」的過程。

　　更重要的是如下一個問題：這時候的孫逸仙，心思是在推翻滿清還是深造醫科？若心思是在推翻滿清，則相信他會藉此良機痛陳滿清政府的不是。若是在深造醫科，那麼造反云云，就不提也罷。孫逸仙不願意再提此事，是否旁證了他當時的確準備順從恩師之意，在倫敦深造醫科[42]？

961023在蘇格蘭場倫敦警察總部的證詞

　　全文首見於英國外交部檔案[43]。後被譯載於有關《全集》[44]。

　　卡夫律師細緻地研究過孫逸仙的證詞後，認為孫逸仙所言不虛，即孫逸仙是被公使館人員軟硬兼施地誘架進入該館的。卡夫同時認為孫逸仙沒有誇大他曾受到過的傷害，儘管在這種情況下誇大其詞是最自然不過的事情[45]。

39　見《倫敦蒙難記》，載《孫逸仙全集》，第一卷，頁76
40　同上。
41　同上。
42　見拙著《中山先生與英國》(台北：學生書局，2005)，第三章。
43　Sun Yatsen's statement at Scotland Yard, 23 October 1896, FO17/1718, pp. 80-83.
44　《國父全集》第二冊，頁372-4；《孫逸仙全集》第一卷，頁33-35。
45　Cuffe to Home Office, 12 November 1896, FO17/1718, pp. 113-116, para. .

961023在康德黎家回答《每日新聞》記者的提問

見附錄五。

孫逸仙在這次的表現近乎演戲。且看記者的紀錄：

門打開了，一位年青的華人走進來。他身材矮小，但非常英俊，滿面笑容，穿上西裝。康德黎醫生說：「這就是孫醫生。」說著就給我們介紹。孫那種坦誠、開朗的態度，馬上把人吸引住。有些年青的華人的確極好看。只待年紀大了，珠圓玉潤的臉龐變得瘦削嶙峋時才顯得冷酷。見過李鴻章的人都同意，年長的華人並不那麼吸引人。孫逸仙非常愉快。他看來疲乏，需要休息。但我怎能放過採訪他的機會？正在這時，他說話了。孫逸仙：「很抱歉，康德黎醫生並沒有說你是代表哪家報館的。」記者：「《每日新聞》。」孫逸仙笑著說：「那麼，我當然會毫無保留地把所有你想知道的事情全都告訴你。」

看到這裡，讓兩鬢如霜的筆者不禁莞爾。孫逸仙學得真快。如果說幾個小時前他在稅氏酒肆回答諸記者的提問時是笨嘴笨舌的話，現在就顯得很靈活，甚至可以說有點政客般的圓滑了。

記者最後問他：「你是白蓮教分子嗎？」孫逸仙回答說：「不。那完全是另外一回事。我們是一種新的運動，成員都是久居海外、受過教育的華人。」這個回答就比他在稅氏酒肆的回答更高明：他開始為自己的革命黨塑造一個良好的國際形象。

這一切都需要事先深思熟慮，當場愼重處理，難怪他「至深夜始就寢」[46]。

這一現象，是否表示孫逸仙的心思又開始回到革命的問題：以致他再次搖擺於革命與深造醫科之間？要革命，則這個時候的孫逸仙，既受到民生主義的啓發（見本書第七章「民生」），又經過公使館幽禁那種與死神擦肩而過的險狀所洗禮（見本書第二章「日誌」），若說已經是脫胎換骨，也

46　見《倫敦被難記》，載《國父全集》第二冊，頁215及《孫逸仙全集》，第一卷，頁76。

不過分[47]。

961024致倫敦各報主筆的感謝信

全文首見於1896年10月24日的《地球報》。繼見於1896年10月26日的《泰晤士報》和倫敦其他報章。後來附錄在《倫敦蒙難記》[48]。

《地球報》搶先刊登該感謝信，無他；當天是星期六，該報又是晚報，孫逸仙在早上發函，以當時倫敦郵遞快速的程度，能趕上晚報刊登。日報則已出版，只好等到兩天以後的星期一了。

該信分兩部分。上半部感謝英國上下曾給予正義援手，並將該正義援手歸功於英國的立憲政體。下半部則順水推舟地表明自己的救國決心：讓祖國也像英國一樣文明進步。全函簡要得體，可圈可點。領袖風範，已露端倪。

961027致區鳳墀函

全文首見於佚名編《總理遺墨》。原函無日期。《國父全集》酌定為1896年[49]，是一種進步。《孫逸仙全集》酌定為1896年11月[50]，則更上一層樓。但從本書第二章「日誌」可知，1896年10月27日下午2時，他離開覃文省街46號康德黎家(孫逸仙被釋放後一直在康家作客)，到附近郵箱寄了幾封信[51]。孫逸仙連日都非常忙碌，而在當天上午一直在室內，似乎是利用這空檔寫信，並在下午發出。發出的幾封信當中，很可能就包括了他寫給區鳳墀的信，報導倫敦脫險的經過。準此，該信日期是否可以酌定為1896年10月27日？

區鳳墀者，基督教倫敦傳道會在廣州河南福音堂的宣教師(preacher)[52]。

---

47 見拙著《中山先生與英國》(台北：學生書局，2005)，第四章。

48 漢文譯本見《國父全集》第二冊，頁222(又第四冊頁11)及《孫逸仙全集》，第一卷，頁85-6(又頁35-6)。

49 見該集第四冊，頁14-5。

50 第一卷，頁45。

51 Slater's report, 1 October 1896，載羅家倫，《蒙難史料考訂》，頁118-9。

52 Rev. Thomas .W. Pearce (Canton) to Rev. R. Wardlaw Thompson (London, LMS Foreign Secretary), 5 April 1889, CWM, South China, Incoming correspondence

1895年孫逸仙在廣州策劃起義時，區鳳墀暗中給予支持。事敗逃亡香港，受香港政府之聘而當華文祕書，並被倫敦傳道會在香港培養起來的道濟會堂選爲長老。孫逸仙用第一時間發信給他，目的至爲明顯，他希望這位同志繼續支持革命。結果區鳳墀也沒有讓他失望，繼續以敎會作掩護來幫助他的革命事業[53]。

孫逸仙給區鳳墀的信，要點有三。(一)竹報平安。蓋被難之事，「全國震動，歐洲震動，天下各國亦然，想香港當時亦必傳揚其事」[54]。爲免同志掛懷，竹報平安。(二)感謝神恩。蓋「身在牢中，自分必死」，惟有「懇切祈禱」，「日夜不絕」；「至第七日，心中忽然安慰」，「自云此祈禱有應」，因而相信上帝必會進而「感動」英僕柯耳「爲我傳書」。果然得救[55]。孫逸仙絕口不提曾用金錢打動柯耳爲他帶信，並當場就給了他20英鎊[56](以2003年的倫敦生活指數約值1,000英鎊)。可見孫逸仙已學會了講話因人而施：對英國公衆談憲制，朝基督導師謝上帝，往英僕柯耳投金幣。三者之間並不互相排斥：孫逸仙可能眞的仰慕英國憲制，也眞的感謝上帝，亦的確往英僕柯耳投金幣。他只不過是挑對方最愛聽的話來講而已。(三)重申反清之志：「淸虜陰謀，終無我何，適足以揚其無道殘暴而已。虜朝之名，從茲盡喪矣！」[57]孫逸仙曾借助華人基督敎衆在香港和世界各地的進步力量進行革命，此函可見一斑。

961104在英國財政部所作的證詞

英文原件見英國外交部檔案[58]。漢譯本見有關《全集》[59]。

財政部首席律師卡夫奉命調查被難事件，焦點是孫逸仙曾被綁架還是

(續)————

　　　1803-1936, Box 11 (1887-92), Folder 3 (1889).
53　見拙著《中山先生與英國》(台北：學生書局，2005)，第二章「培養之情」。
54　〈致區鳳墀函〉，《孫逸仙全集》，第一卷，頁45。
55　同上。
56　詳見拙著《孫逸仙倫敦蒙難眞相》，第三章。
57　〈致區鳳墀函〉，《孫逸仙全集》，第一卷，頁46。
58　FO17/1718, pp. 119-120.
59　《國父全集》第二冊，第374-381頁；《孫逸仙全集》第一卷，頁37-45。

自投羅網。作證過程是一問一答，紀錄下來的是去問存答。調查結果，卡夫認爲孫逸仙可信。他的結論對於孫逸仙在國際上的形象和公信力，都有深遠影響。如果卡夫作了另外的判斷，認爲孫逸仙曾撒謊，傳媒張揚起來，孫逸仙就會在全球「聲譽掃地」，中國近代史也會改寫。有時候，儘管是老實人說老實話，但不一定能取信於人。孫逸仙能取信於文化背景和思維方法與他不同，知識廣博、經驗豐富的財政部首席律師，可見他與人溝通時有一定的才能。而這次對話，也是爲他上了重要的一課。

961114覆翟理斯函

全文首見於佚名編《總理遺墨》。原函無日期，《孫逸仙全集》酌定爲1896年11月[60]。從本書第二章「日誌」可知，1896年11月14日下午2時15分，孫逸仙從旅寓出來，投寄了一封信[61]。這是自10月27日第一次投信以來，孫逸仙再一次寄信。同時，該函末端有英文註解曰「參見1896年10月26日《倫敦與中國電訊報》」。該報是週報，10月26日是星期四，待看到該週報時，應是11月。更考慮到翟理斯(Herbert A. Giles)這位劍橋大學的漢學教授當時正要編一本《中國名人詞典》(*Chinese Biographical Dictionary*)而約請孫逸仙寫一篇自傳，兩人聯繫以及孫逸仙撰寫都需要一定的時間，故把該覆函日期酌定爲1896年11月14日發信之時。

該自傳最後一段甚有意思：「文早歲志窺遠大，性務新奇，故所學多博而不純。於中學則獨好三代兩漢之文，於西學則雅癖達文之道(Darwinism)；而格致政事，亦常瀏覽。至於教則崇耶穌，於人則仰中華之湯武暨美國華盛頓焉。」在這裡，孫逸仙向全世界宣布，他要當中國未來的領袖！在「弱肉強食」的世界中爲中國爭取「適者生存」的條件。

在1896年那個時代，達文之道剛冒頭即受到全世界的重視。孫逸仙作爲先進的知識分子而接受了最新的思潮，自不待言。對其正在形成中的民

60　第一卷，頁46。

61　Slater to Chinese Minister, 21 November 1896，載羅家倫，《蒙難史料考訂》，頁123。

族主義學說，亦不無影響。但「弱肉強食」這種思潮必然導致列強對世界資源進行激烈的爭奪，後果是慘絕人寰的兩次世界大戰。二戰以後，人類痛定思痛，對達文之道詬病不已，並從競爭儘量改為合作，歐盟是其一例。孫逸仙則在一戰結束時已醒覺到達文之道的危害性而改為鼓吹以合作代替競爭。他在1920年用英文寫成並出版的《實業計畫》[62]，中心思想是鼓勵列強與中國合作，共同開發中國的資源以互利。列強弗聽，還是繼續沉迷於武力競爭。從這點看，孫逸仙比當時列強所有領導人都先知先覺。同樣地，孫逸仙發展了他的民族主義，希望見到「平等待我之民族」。民族平等，是世界和平的先決條件。環視21世紀的今天，不見得以世界最先進國家自居的美國就能平等對待其他民族之如巴勒斯坦，以致中東戰爭連綿。從這點看，孫逸仙比當代美國的領導人都先知先覺。

961114在倫敦野人俱樂部所作的演講

見附錄六。

康德黎夫人在1896年11月14日的日記中說：「今天黃昏時分，漢密什[康德黎夫人對其丈夫的愛稱]與孫逸仙聯袂到野人俱樂部(Savages Club)作客。」[63]

筆者終於在1896年12月24日的香港《德臣西報》(*China Mail*)找到有關報導。報導說，孫逸仙用時斷時續的、不太流利的英語，講述了他從公使館脫身的經過。康德黎醫生對孫醫生的講話作了補充，講到蘇格蘭場不相信他的話時，哄堂大笑。

很明顯，該俱樂部同仁邀請孫逸仙與康德黎醫生作晚餐演講，談談「清使館歷險記」。孫逸仙又再一次有機會磨練他公開演說的才能。恩師輕鬆風趣的言談，更是他學習的榜樣。同樣重要的，是該等俱樂部是倫敦上流社會人士社交的地方，非會員或貴賓不能入內。對來自殖民地香港的

62　Sun Yatsen, *The International Development of China* (Shanghai: Commercial Press, 1920).

63　Mrs Cantlie's diary, 14 November 1896.

孫逸仙，是大開眼界。見多識廣，對領袖來說，是不容或缺的條件。

961205發了兩封掛號信

待查。

受清使館所僱、負責跟蹤孫逸仙的私家偵探說，1896年12月5日早上11時，孫逸仙到霍爾本郵局寄了兩封掛號信[64]。既然是寄掛號，當是要緊的函件。可惜經過20多年的努力找尋，筆者還是交白卷。以後的偵探報告也經常提到孫逸仙頻頻到該郵局寄信，筆者再接再厲同樣是徒勞無功。但是至低限度我們可以這麼推測：孫逸仙不斷寫信，很可能是與革命黨人保持聯繫。

961231與英國財政部首席律師的談話

全文見附錄七。

哦！原來孫逸仙自稱在被幽禁於公使館時除了當場曾給柯耳20英鎊以外，還答應了給他1,000英鎊。這筆錢在當時倫敦生活指數裡是個很大的數字：龔照瑗以公使之尊，每月才實收白銀814兩（約87英鎊）[65]。難怪該僕願意擔當被解僱的風險而為他通風報信！孫逸仙一開口就是1,000英鎊！在21世紀的當代西方國家舉行全國普選時，政客們都大開空頭支票，已屬司空見慣，見怪不怪。沒想到一百多年前的孫逸仙早已來了這麼一套。但是，19世紀的英國政客還不至於這樣啊[66]！從這個角度看，孫逸仙同樣是先知先覺？還是為了求生而逼出來的？在此以前，孫逸仙似乎還沒有這種「夸夸其談」的紀錄。孫逸仙向柯耳「夸夸其談」而旗開得勝，逃出生天。接下來就是在信函中向陳少白編了一個天天跑公使館宣傳革命的故事[67]。

64　Slater to Chinese Minister, 16 December 1896，載羅家倫，《蒙難史料考訂》，頁129。

65　見拙著《孫逸仙倫敦蒙難真相》，第二章。

66　見拙著*Deadly Dreams: Opium, Imperialism and the Arrow War in China, 1856-60* (Cambridge University Press, 1998), chapters 7-10.

67　見下一條，即「970121《倫敦蒙難記》（英文原著）出版」。

赫！陳少白竟然又相信他，並撰文見報[68]。孫逸仙信心倍增，以至後來「夸夸其談」的事例屢見不鮮。

此外，孫逸仙向財政部首席律師出示的、柯耳的發票，只要求孫逸仙付500英鎊（已付過20英鎊，尚欠480英鎊）。孫逸仙卻說曾答應給柯耳1,000英鎊，又問英國政府準備對清使館採取什麼行動。讓人不禁猜想：孫逸仙可能估計英廷或會對清使館採取什麼法律行動。果真如此，則他要乘順風車，以受害人的身分向清使館索賠1,000英鎊。成功的話，就把一半給柯耳，另外一半買軍火。

可惜，財政部首席律師的回答是：無可奉告。孫逸仙說他會轉問外交部。筆者查遍了英國外交部的文獻，似乎孫逸仙沒有如言寫信給外交部。這顆價值1,000英鎊的砲彈落空了。

970121《倫敦蒙難記》（英文原著）出版

英文原著是單行本[69]。轉載於《國父全集》第十一冊。漢文譯本見該集第二冊和《孫逸仙全集》第一卷。

所有有關孫逸仙的著作當中，《倫敦蒙難記》可以說是最著名的作品之一。英文原著出版時，風行英語世界。後來又被翻譯成俄文、日文和漢文。漢譯本出版後，經過革命黨人大力推廣，亦街知巷聞。中國學術界，歷來深信英文原著是孫逸仙親自撰寫的。經考證，不然；槍手正是他的恩師康德黎醫生[70]。其實，英文原著的「序言」已經把該書是否由孫逸仙執筆的問題交代清楚：內容由孫逸仙提供，文字表達則由朋友幫忙。不過譯者把「序言」翻譯得不大清楚，給人的假象正是孫逸仙執筆的。推敲其動機，很可能是要塑造一個「革命領袖精通英文」的形象。果真如此，則出於革命需要，原屬無可厚非。但從學術角度看，則非還歷史原貌不可。

該書既然是由孫逸仙提供內容，康德黎執筆，師徒合作，互相觸發，

68　同上。

69　*Kidnapped in London.*（Bristol: Arrowsith, 1897）。

70　詳見拙著《孫逸仙倫敦蒙難真相》，第四章。

對孫逸仙來說，是個學習過程，因而寫作歷時多久，就成了應該探索的對象。不單如此，每次孫逸仙與恩師見面，都是一個學習機會，所以把孫逸仙整段旅英期間師徒會面的時間粗略地統計一下，也很有意思：

表4.1　孫逸仙在康德黎家度過的時光[71]

日期	星期	到、退	小時	分
961001	四	筆者估計	5	
961004	天	1000-1800	8	
961006	二	1000-1800	8	
961010	六	筆者估計	2	
961023	五	1930-過夜	4	
961024	六	住在康家	24	
961025	天	住在康家	24	
961026	一	住在康家	24	
961027	二	住在康家	24	
961028	三	住在康家	24	
961029	四	住在康家	24	
961030	五	住在康家	24	
961030	六	筆者估計	2	
961102	一	筆者估計	2	
961103	二	午餐	2	
961104	三	同赴晚宴	4	
961105	四	午晚過夜	24	
961112	四	過夜	24	
961114	六	同赴晚宴	4	
961116	一	1100-1500	4	
961117	二	1500-1800	3	

71　據偵探報告和康德黎夫人的日記編成。

日期	星期	到、退	小時	分
961118	三	1130-1530	4	
961119	四	1100-1430	3	30
961119	四	1630-2000	3	30
961120	五	1000-1800	8	
961122	天	1000-1800	8	
961123	一	1315-1445	1	30
961124	二	1500-2030	5	30
961126	四	1500-2000	5	5
961127	五	1545-2000	4	15
961128	六	1500-2000	5	
961129	天	1700-2000	3	
961205	六	1340-1740	4	
961206	天	1000-2000	10	
961207	一	1410-1530	1	20
961208	二	1540-1640	1	
961209	三	1500-1800	3	
961210	四	1500-1800	3	
961212	六	1240-1415	1	35
961215	二	1530-1800	2	30
961217	四	1320-1500	1	40
961224	四	1200-1600	4	
961226	六	1600-過夜	20	
961227	天	1200-1430	2	30
961228	一	1500-1800	3	
961229	二	1500-1800	3	
961230	三	1500-1800	3	
961231	四	1500-1800	3	

日期	星期	到、退	小時	分
970102	六	1210-1500	2	50
970104	一	1440-1630	1	50
970105	二	1100-2200	11	
970106	三	1510-1730	2	20
970108	五	1200-1600	4	
970112	二	1240-2200	9	20
970113	三	1155-1430	2	35
970114	四	1540-2040	5	
970116	六	1540-2040	5	
970118	一	1120-1330	2	10
970119	二	1610-2030	4	20
970120	三	1340-1730	3	50
970121	四	1610-1700		50
970122	五	1510-1700	1	50
970125	一	1425-1600	1	35
970126	二	1600-1700	1	
970127	三	1230-1500	2	30
970128	四	1230-1500	2	30
970201	一	1410-2000	5	50
970203	三	1630-2000	3	30
970204	四	1225-1530	3	5
970204	四	1730-2030	3	
970205	五	1210-1500	2	50
970208	一	1640-2030	3	50
970305	五	1250-2000	7	10
970311	四	中國之夜講座	2	
970312	五	筆者估計	2	

日期	星期	到、退	小時	分
970313	六	筆者估計	2	
970314	天	筆者估計	2	
970315	一	筆者估計	2	
970316	二	1445-1810	3	25
970318	四	1555-2000	4	5
970320	六	1700-1830	1	30
970322	一	1315-1515	2	
970324	三	1700-2000	3	
970327	六	1730-1830	1	
970329	一	1300-1735	4	35
970405	一	1230-1430	2	
970406	二	1715-1800		45
970409	五	1730-2030	3	
970423-970609缺偵探報告				
970610	四	1840-2100	2	20
970612	六	筆者估計	2	
970628	一	同赴晚宴	3	
總　計			500	1100
約　即			513	

康德黎醫生在1896年11月19日開始幫助孫逸仙寫那本書[72]，同年12月21日完成書稿並送去印刷廠付梓[73]。從表一看，在這段時候，孫逸仙造訪康家的次數繁密，而且多在中午吃餐或下午喝茶的時候，想是趁恩師看病小息時分合作。恩師犧牲休息幫助愛徒，情深義重。

另一方面，中國史學界有一場歷時七十載的筆墨官司，在1930年由史

---

72 Mrs Cantlie's diary, 19 November 1896.

73 同上。

學名家羅家倫先生挑起。導火線是他提倡孫逸仙以大無畏革命精神進入公
使館宣傳革命之說，所據主要是陳少白之言[74]。竊以爲該導火線早已埋藏
在1897年出版的《倫敦蒙難記》英文原著當中。該書有一條附錄，說先前
在美國時孫逸仙那「大無畏的愛國者已設法爭取駐美淸使館人員參加革
命，後來到達倫敦而作同樣嘗試時」不幸被幽禁起來[75]。附錄源自香港的
英文報章《德臣西報》（*China Mail*）。查該報又說源自日本的英文報章
《神戶記事報》（*Kobe Chronicle*）。當時誰在日本而又能用流利的英文寫出
一篇對孫逸仙認識深刻、感情深厚、推崇備至的文章？——陳少白[76]。陳
少白所據爲何？「當時孫先生對我說」的，陳少白在他的《興中會革命史
要》中寫道[77]。當時孫先生具體怎麼說？「他早已知道公使館，他故意改
換姓名，天天跑到公使館去宣傳革命。」[78]當筆者在20年前第一次讀到陳
少白的遺作時，是傾向於認爲可能性偏低[79]。經過20年來更深入的研究，
尤其是爲孫逸仙旅英期間的活動編了個日誌以後，發覺他在獲釋後的第五
天——1896年10月27日——寄出了幾封信，其中一封已酌定是給恩師區鳳
墀的，那麼另外的其中一封極有可能就是給他的親密戰友陳少白的。當時
的蒸汽輪船可以在30天內把郵件送到日本。《神戶記事報》的文章是在11
月下旬刊登的，陳少白來得及讀了孫逸仙的信才寫那篇文章。如果陳少白
不是看了孫逸仙的親筆信，在相隔萬里和不明情況的背景下，相信陳少白

74　詳見羅家倫，《中山先生倫敦蒙難史料考訂》（南京：京華印書館，1930初
　　版，1935年再版）。

75　原文是 "The story goes that this indomitable patriot immediately set to work
　　converting the Chinese at the Washington Embassy to the cause of reform, and that
　　afterwards he tried to do the same in London"（Sun Yatsen, *Kidnapped in London*,
　　p. 119.）

76　詳見拙著《孫逸仙倫敦蒙難眞相》，第三章。

77　陳少白，《興中會革命史要》（南京：1935），載柴德賡等編，《辛亥革命》，
　　第一冊，頁35。

78　同上。

79　見拙著The Origtins of an Heroic Image: Sun Yatsen in London, 1896-1897（Oxford
　　University Press, 1986）, chapter 3.

是不會在綁架與自投的爭論上謬然公開與孫逸仙唱對台戲的[80]。

同時，筆者在上文已發覺當時的孫逸仙學會了說話因人而施[81]，那麼他「向英國政府呼綁架，對革命黨人口夸夸」，就不奇怪了。但是，這次因人而施的話是說過頭了。因為兩者是互相排斥的：要麼他是真的曾被綁架；要麼他是自投羅網，兩者不能共存。據筆者考證，他是被綁架的，那麼他對革命同志夸夸其談的只能是假話。觀其動機，不外是為革命黨人打氣：為了革命他自己可以全豁出去了，別人還怕甚麼？真的，只有孫逸仙的革命親信才從他口中聽過這誑話，包括後來的胡漢民、戴季陶和鄧慕韓[82]。

總的來說，《倫敦蒙難記》英文原著暢銷全球的英語世界，漢譯本在革命黨人當中廣為流傳，孫逸仙當時有知，當以革命領袖自重，注意培養他認為是在當時環境下的特殊才幹，包括「夸夸其談」以壯聲威的本領。

970122與《倫敦蒙難記》俄國譯者的談話

俄文原文見《俄國財富》[83]。漢譯本見有關《全集》[84]。本條則按下列範圍探索：(1)談話時間(2)談話地點(3)地點主人(4)談話內容，這幾方面進行探索。

(1)談話時間：根據本書第二章「日誌」考證，談話日期很可能是《倫敦蒙難記》出版後的第二天——即1897年1月22日[85]。

(2)談話地點《俄國財富》[86]的底本說是在一位名叫КРЭГС的英國人的家裡。此人是何方神聖？漢文本把此人的名字音譯作克雷各斯[87]，幫助不

80　奇怪的是，康德黎醫生竟然決定把這篇文章收錄進去。可能他喜歡該文充滿對孫逸仙讚揚之詞，衡量之下，還是覺得利多於弊，就收進去了。

81　見本文「961231與國財政部首席律師的談話」一條。

82　見羅家倫，《中山先生倫敦蒙難史料考訂》，頁42。

83　1897年第12期。

84　《國父全集》第二冊，頁381-2；《孫逸仙全集》第一卷，頁86-7。

85　見根據本書第二章「日誌」，第970122條。

86　1897年第12期。

87　《國父全集》(1989)第二冊，頁382，註1；《孫逸仙全集》第一卷，頁86，註*。

大。筆者的同仁、俄國史敎授Zdenko Zlater敎授幫忙筆者爲這奇怪的名字
倒譯爲英文字母，約得Cregs[88]。英文名字中沒有Creg或其所有格Creg's。
至於Greg則正是英文名字Gregory的簡稱。Greg's在英文用法上表示「在
Greg的家裡」的意思。證明該俄國譯者對英文的用法是有一定認識。無奈
《俄國財富》編者的英文可能不怎麼樣，把Greg's改爲Gregs。又可能是排
印錯誤，總之就讓人摸不著頭腦，因爲在英文詞彙中，沒有Gregs這麼一個
字的。這麼一考證，筆者開始注意孫逸仙的朋友當中可有Gregory這樣的名
字。可惜多年努力，均屬徒然。

(3)地點主人：後來筆者鑽研1895年廣州起義時期、英國外交部的有關
文獻時，發現英國駐廣州領事布倫南(Brron Brenan)的報告很有意思。該報
告說：「似乎有兩位外國人——一個英國人和一個德國人——曾經服務於
試圖在廣州起義的人。那位英國公民的名字叫克特(Crick)。」[89]筆者一看
到克特(Crick)這個名字，眼睛一亮。Crick與Creg音相近。英文名字中沒有
Creg字，卻有Crick字或其所有格Crick's。在英文用法上，「在Crick's」即
「在Crick的家裡」的意思。所以Cregs字應作Crick's字無疑。筆者聯想至
此，不禁歡呼。1897年1月，那位介紹他認識俄國流亡者的英國人，正是
1895年10月參與孫逸仙廣州起義的英國人克特(Crick)先生。他們又在英國
恢復了聯繫。「青山常在，綠水長流」，信焉。

根據英國駐廣州領事的調查報告，克特(Crick)先生：

先前曾捲入三明治島嶼(Sandwich Islands)[按即夏威夷群島]的
政治動亂而被遞解出境。廣州起義前三個月即移居廣州，並租了
一棟房子居住。他的行止沒有引起任何人的注意。直到廣州起義

88　感謝敝系同仁、俄國史敎授Zdenko Zlater敎授幫忙筆者爲這奇怪的名字倒譯爲
　　英文字母，又說俄語沒有G這個字母，所以《俄國財富》的編者把Greg這個名
　　字翻成俄文時馬上走樣。

89　Brenan to O'Conor, 12 November 1895, enclosed in FO to CO, 31 December 1895,
　　CO129/269, pp. 441-446：at pp. 445-446.

的密謀曝光後，人們才回憶起他經常與孫文在一起。數日前他才離開廣州，離開前誰也沒有對他發生懷疑。他離開後，海關人員搜查他曾居住過的房子，發現了一些盛士敏土的空箱。由於盛有士敏土的箱子已被海關發現藏有軍械，故海關人員懷疑該等空箱曾用作偷運軍火給他暫時收藏。海關人員又發現，房子的地下曾被人挖了一個洞，洞裡藏有炸藥、導爆線、化學藥劑等。他是一位化學師，他正是以這種專業為謀反者提供服務[90]。

這位克特(Crick)先生，先捲入了三明治島嶼動亂，後參與了廣州起義，現在又與俄國的流亡分子混在一起並把他們介紹給孫逸仙，可見其行動具有一貫性。

(4)談話內容：孫逸仙(一)認為清廷已絕不能改善，只能加以推翻。(二)希望建立一個負責任的、有代表性的政體。(三)覺得中國應該對歐洲文明開放，但不能全盤照搬，因為中國有自己的文明。(四)知道中國祕密會社的會員眾多，起義只是時間問題。

關於(一)和(四)，後來在1911年見諸行動，成功地推翻了滿清王朝。至於(二)，後來在他的三民主義和五權憲法中得到發揮。至於(三)，則中國自辛亥革命以來不斷左試右探，甚至「兩條腿走路」走了不少冤枉路以後，又走回孫逸仙在1897年已指出的一條路。可以說，他在這方面的見解是經得起時間考驗的。

最後，孫逸仙向在場的人士推薦了《倫敦蒙難記》，其中的一位俄國人似乎答應把它翻譯成俄文。後來果然不負所托，俄文版於1897年年底全書發表。俄文繼英文，不久漢文繼日文[91]，四種語文的版本接踵面世，對

90　Brenan to O'Conor, 12 November 1895, enclosed in FO to CO, 31 December 1895, CO129/269, pp. 441-446: at pp. 445-446.

91　1898年5月，宮崎寅藏開始翻譯《倫敦蒙難記》，並在日本的《九州日報》以連載方式發表。章士釗於1903年又從日文擇要發表於上海。

於孫逸仙早已冒出來的領袖慾[92]，既有催生也促他自重的作用。尤其是對於一個現代的中國政治家應該有自己一套適合國情的政治理論的看法，四種語文銷全球的《倫敦蒙難記》對於催生在他心中剛萌芽的三民主義，會起很大的作用。

970131在牛津大學所作的演講

待查。

康德黎夫人在1897年1月16日中的日記中寫道：「孫醫生將會在本月底到牛津作一個學術講座(lecture)。他把講義帶來給漢密什(康德黎夫人對其丈夫的愛稱)看。寫得真好。」[93]該講義有待訪查，但竊以為不外是孫逸仙旅英期間所寫過的兩篇英文文章中一章的底稿，而以其中的〈中國的現在和未來〉可能性較高，因為該文很快就會在1897年3月1日在倫敦的《雙週論壇》發表，另外的那篇則要遲到1897年7月1日才在倫敦的《東亞》雜誌發表。出版的先後很能反映寫作的先後。而在1月底，〈中國的現在和未來〉應該已定稿了，《雙週論壇》是一份很有份量的期刊，排期一個月而在3月1日刊登，也在乎情理之內。

究竟是牛津那位人物出面邀請孫逸仙到那兒演講？竊以為很可能是該大學的國際法教授賀藍(Professor Holland)先生。因為孫逸仙被清使館幽禁起來的消息傳出後，賀藍教授就致函倫敦《泰晤士報》論述該案所牽涉到的國際法[94]。他對孫逸仙是感興趣的，甚至可能他在孫逸仙被釋放後不久就邀請他到牛津演講。但孫逸仙以毫無準備不便在那嚴肅的學府隨便說話，一直等到他跟柯林斯合作撰寫的第一篇文章定稿後才赴會。

牛津是日不落大英帝國的精英聚集的地方，孫逸仙應邀到那兒公開演講，並回答問題，是罕有的鍛鍊和學習機會。這次孫逸仙單刀赴會，沒有

92　見「961114覆翟理斯函」一條。

93　Mrs Cantlie's diary, 16 January 2002.

94　T. E. Holland to the Editor of *The Times*, "The Case of Sun Yat Sen," *The Times*, 27 October 1896, p. 12, col. 2.

恩師在旁撐腰，他應對得如何？

970218與李提摩太的談話

全文見附錄八。

筆者在編日誌的過程中，發覺孫逸仙在1896年2月11日造訪倫敦的海外布道團俱樂部(Foreign Mission's Club)[95]。實地考察的結果，發覺該俱樂部的「客人留名錄」中，當天孫逸仙沒留名；主持人解釋說，只有留宿的人才留名[96]。孫逸仙在當天黃昏6時15分就離開[97]，可見沒有過夜，當然就沒有留名。筆者把該「名錄」都從頭到尾地看全，有兩個重要發現：(一)在1897年2月18日有孫逸仙的簽名。(二)之前，1896年9月16，有著名傳教士李提摩太(Timothy Richard)的夫人瑪麗的簽名[98]。看來孫逸仙是去看望李提摩太；不單一次而是兩次，第二次甚至留宿了，以便秉燭長談。談話紀錄往那兒找？孫逸仙這方是沒有了，且看李提摩太那方。果然，李提摩太把談話擇要收進他的回憶錄，讓筆者得以翻譯作附錄八。

李提摩太從中國休假回倫敦幾個月，孫逸仙從何得知而往訪？似乎是李提摩太從報章上看到孫逸仙倫敦蒙難的消息，而主動通過康德黎（因為他的地址也刊了出來）函約見面。約見的動機，顯然是李提摩太是希望這位受過西方教育的基督徒醫生能參加傳教事業。這毫不奇怪，恩師康德黎本人就曾表達過同樣的願望[99]。至於孫逸仙願意去拜訪他，則李提摩太在中國作了不少善事，在中國進步人士和基督徒的圈子裡深具影響力。如果能爭

95　Slater to Chinese Minister, 30 January-14 February1897，載羅家倫，《蒙難史料考訂》，頁143。

96　My research notes dated Saturday 15 May 1983, as bound in the volume entitled "Sun Yat-sen, May 1983," p. 51.

97　Slater to Chinese Minister, 30 January-14 February 1897，載羅家倫，《蒙難史料考訂》，頁143。

98　She signed herself as Mary Richard and gave her address as D.M.S. Shanghai (Baptist Missionary Society, Shanghai). Her maiden name was Mary Martins. She went back to England her husband for his second furlough in 1896-7. Timothy Richard, *Forty-Five Years in China* (New York：Stokes, 1916), pp. 141 and 291.

99　*Globe*, 26 October 1896, p. 7 col.2.

取到他的支持，革命力量會聲威大振。

兩人見面時，在談話中，(一)孫逸仙痛斥滿清的苛政和腐敗。他認爲所有的滿洲人都是壞蛋，並說若推翻滿清，由漢人重新執政，就萬事皆吉。(二)李提摩太則認爲，光是改換政權而不進行基本改革，就像把一枚劣幣顛倒到另一面，仍然是一枚劣幣。又說，中國所需要的，不是革命，而是改革。

孫逸仙當然聽不進去，繼續搞革命。

970301〈中國的現在和未來——改革黨呼籲英國善持中立〉一文發表

英文原著見《雙週論壇》[100]。文章發表後10天，即3月11日，執法國傳媒牛耳的*Le Temps*(法國《泰晤士報》)即摘要轉載[101]。12日又由《倫敦與中國快報》摘要轉載並加評論，藉此而傳播到亞洲的英語世界[102]。後來更由俄國人把它全文翻譯成俄文而刊登在《俄國財富》[103]。漢譯本見有關《全集》[104]。

該文由孫逸仙署名，底本說明則謂孫逸仙與一位名叫柯林斯(Edwin Collins)的英國人共同撰寫的：由孫逸仙提供材料和見解，柯林斯取材整理。竊以爲，按照英國學術界那種understatement(十足說八成)[105]的習慣，這底本說明可以換成這麼一句話：孫逸仙口述，柯林斯執筆。這與《倫敦

---

100 Sun Yatsen, "China's Present and Future: The Reform Party's Plea for British Benevolent Neutrality," *Fortnightly Review* (New series), Vol. 61, No. 363 (1 March 1897), pp. 424-440.

101 *Le Temps (Le petit Temps)*, 11 March 1897, p. 34, quoted in Audrey Wells, *The Political Thought of Sun Yat-sen: Development and Impact.* (Basingstoke: Palgrave, 2001), p. 20.

102 *London and China Express*, 12 March 1897, Supplement, p. 2, quoted in Audrey Wells, *The Political Thought of Sun Yat-sen：Development and Impact.* (Basingstoke: Palgrave, 2001), p. 17.

103 1897年第5期。

104 《國父全集》第二冊，頁223-36；《孫逸仙全集》第一卷，頁87-106。

105 諺云：「八成說十足。」英國學術界的作風剛剛相反，所以筆者也把諺語倒過來說。

蒙難記》的寫作方式如出一轍。另外，關於柯林斯是該文槍手的問題，筆者在「日誌961027」中已經從不同的角度分析過，在此不贅。

要寫編幅這麼長的一篇文章，需要很久的一段時間。而且，目前又發現了兩人合作撰寫的第二篇文章[106]。兩篇文章的底本說明又謂該文是兩人合著專書的一部分。

兩人合作撰寫，互相觸發，共同進步。對孫逸仙來說，是一個重要的學習過程。而且，柯林斯本人的世界觀，也會通過這個過程直接地影響到孫逸仙的世界觀。所以，有必要儘量查清楚柯林斯的底細。這樣更有利於我們了解孫逸仙「三民主義之主張所由完成」[107]的背景。

為孫逸仙編了旅英日誌後，發覺他很有規律地經常往造訪四個地方(一)覃文省街46號。那是康德黎醫生的家。(二)大英博物館。孫逸仙與柯林斯不可能在那裡噥噥唧唧。(三)南院5號。但孫逸仙每次在那裡停留都只有幾分鐘，不足以撰寫甚麼。(四)艾爾伯特路12號(12 Albert Road)。造訪既頻繁而每次停留的時間也長，而且在3月1日〈中國的現在和未來〉一文發表後，孫逸仙還一如過往地造訪該地址，目的看來是再接再厲地撰寫第二篇文章？經過一番考證，證明艾爾伯特路12號的住客果然是柯林斯[108]。

柯林斯是何許人、為何願意花那麼大的勁幫助孫逸仙寫文章？筆者接觸過三種有關材料：

說柯林斯是一位新聞記者[109]。筆者對此表示懷疑。理由是：第一，一般記者可住不起艾爾伯特路12A號這樣豪華的房子。第二，記者長期為了趕稿子而養成的職業特性，是速戰速決，一般不會兩篇文章寫上半年。

後來，筆者有緣親自向日本的中村義教授請教。他說，柯林斯是《東亞》雜誌的編輯，這一點就印在該刊物上。筆者找來原件，證明該雜誌的

106 見「970701〈中國法制改革〉一文發表」一條。
107 孫逸仙：〈建國方略：孫文學說第八章「有志竟成」〉，載秦孝儀主編，《國父全集》(1989)，第一冊，頁412。
108 見「日誌961027」。
109 《中山大學學報(社會哲學版)》，1984年第1期，頁7。

編輯不是柯林斯，而是一位名字叫亨利‧福德斯（Henry Faulds）的先生[110]。

說柯林斯是《雙週評論》的編輯[111]。筆者核對該雜誌，發現編輯也不是柯林斯，而是考特尼（W. L. Courtney）[112]。

柯林斯既不是記者也不是編輯，那麼他是幹甚麼的？筆者咬文嚼字地細看他與孫逸仙合作寫過的兩篇文章，希望獲得一些蛛絲馬跡。發覺兩篇文章均有一條說明，道出該文可能最終構成兩人準備合寫的一本書的一部分。讓筆者想到，柯林斯本人可能單獨出版過一些著作。若追閱這些著作，也許會得到更多的線索。於是搜索《大英圖書館藏書目錄》，果然發現有一位作者名叫埃德溫‧柯林斯先生，他曾經：

為《預言不列顛的偉大》一書寫過導言[113]，

翻譯了《心的責任》一書[114]，

翻譯了《以色列民族的智慧》一書[115]。

這些書的出版地（倫敦）和出版日期（1900-1906）顯示，這位埃德溫‧柯林斯，很可能就是筆者踏破鐵鞋無覓處的那位。但果真是他嗎？

筆者找來第一本書研究，發覺裡邊在介紹埃德溫‧柯林斯的時候，說他是〈中國的現在和未來〉等文的作者。正是他！但他是怎樣的一個人呢？

筆者找來第二、三本書研究，發覺裡邊在介紹埃德溫‧柯林斯的時候，說他是「倫敦大學、大學學院的霍利爾希伯來語獎學金的得獎

---

110 *East Asia*, v. 1（1 July 1897），no.1, front cover.

111 吳相湘，《孫逸仙傳》，上冊，頁191。

112 *Fortnightly Review*, new series, v. 61（1March 1897），.no.1, front cover.

113 Introduction to Marie Trevelyan's *Britain's Greatness Foretold*. British Library reference 12631.m.11. Published in London in 1900.

114 *The Duties of the Heart,* by Rabbi Bachye. British Library reference 14003.a.2. Published in London in 1904.

115 The Wisdom of Israel: being extracts from the Babylonian Talmud and Midrash Rabboth. British Library reference 14003.a.10. Published in London around 1906.

者」[116]。追查該學院的檔案，可知埃德溫・柯林斯曾於1876/7年度在文科學院裡唸希伯來語，同年獲霍利爾希伯來語獎學金[117]。檔案裡沒有關於他的年齡、住址、籍貫，或其他家庭情況的資料。但獎學金有明文規定，候選人在7月獎學金考試之後的10月1日，年齡必須小於22週歲[118]。因此，在1876年10月1日，柯林斯不會超過21歲。到了1896年10月1日，不會超過41週歲。換句話說，他大約比孫逸仙大10歲。

此外，上面表一顯示，他經常在一週中的工作日接見孫逸仙並進行寫作，也許表明他沒有固定的職業，而是一位有錢有閒的紳士，付得起昂貴的租金住高尚的地方，並有空長時間地幫助孫逸仙撰寫有關遠東的文章。後來又從阿拉米語(Aramaic)和希伯來語(Hebrew)摘譯出版了猶太聖法經傳和聖經評註(見本條上述第二、三本書)。但最能說明問題的，是他為第三本書所寫的導言。導言的標題是「預言實現了」。內容中心是論證博迪西亞(Boadicea)是維多利亞女王的前身。導言在結尾部分，預言歐美文明終會惠及中國，儘管「英國曾經幫助鎮壓了偉大的太平天國革命，挽救了凶殘腐敗的韃靼皇朝」。

這一切，都說明了柯林斯是一位「英國以色列信徒」(British Israelitc)。「以色列信徒」是怎麼回事？他們信仰些什麼？孫逸仙與一位「英國以色列信徒」長期地、密切地來往，對他的、正在形成中的三民主義思想會產生甚麼影響？這個問題留待本書第五章「民族思想探源」中分解。但可以說，影響已在〈中國的現在和未來〉一文冒出苗頭：孫逸仙呼籲優秀的英國人士幫助他心目中的新中國脫離苦海。

---

116 Hollier Hebrew Scholar of University College London.
117 C.M. Budden to Wong, 8 Nov 1984. University College London Fee Receipt Book, Faculty of Arts and Law, Session 1876-77; *University College London Calendar, 1877-78*, p. 132. I am most grateful to Mrs Budden, Records Officer in Univrsity College London, for her help in my attempts to find out more information about Edwin Collins.
118 *University College Calendar*, 1877/78, p. 64.

970311在倫敦聖馬丁市政廳的演講

演講詞的摘要報導見附錄九(a)和附錄九(b)。

康德黎夫人在1897年3月11日的日記中寫道：「今天晚上在聖馬丁市政廳大堂舉行『中國講座(Things Chinese)』，目的是爲查靈十字醫院籌款。孫逸仙宣讀了一篇有關中國行政的論文，漢密什也談了不少。一共有260人參加。」[119]

當晚也有傳媒出席。《倫敦與中國快報》的記者報導說：「昨天晚上，孫逸仙醫生在康德黎先生的協助下，在聖馬丁市政廳作『中國講座(Things Chinese)』。講座由瓦‧白拉醫生(Dr. Watt Bleich)主持⋯康德黎先生本人則追述了廣東人的社交規矩以及他生活在廣東人當中的種種趣事。講座還加插了大量幻燈片。」[120]該報對演講詞的摘要報導見附錄九(a)。

《紐約時報》的記者報導說：「孫逸仙醫生，這位不久前曾被中國駐倫敦公使差人從街上扯進公使館幽禁起來以便俟機遣送回國殺頭的人，似乎暫時打消了回國的念頭。因爲他目前還在英國並進行公開演說。」[121]該報對演講詞的摘要報導見附錄九(b)。

孫逸仙宣讀過論文以後，也會接受提問並作答覆。對他來說，又是一個鍛鍊口才、習慣應對的機會。

970315覆伏爾霍夫斯基函

原文是英文。漢文譯本見有關《全集》[122]。

該函開宗明義地說：「在回覆你的請求時，我必須承認：沒有一位朋

---

119 Mrs Cantlie's diary, 11 March 1897.

120 *London and China Express*, 12 March 1897, Supplement, p. 232 of 1897 volume, quoted in Audrey Wells, *The Political Thought of Sun Yat-sen: Development and Impact.* (Basingstoke: Palgrave, 2001), p. 17.

121 *The New York Times*, 23 March 1897, p. 6, quoted in Audrey Wells, *The Political Thought of Sun Yat-sen*, p. 18.

122 《國父全集》第四冊，頁15-16；《孫逸仙全集》第一卷，頁197。

友的幫助，我將不能用純熟的英文寫出任何東西。」《倫敦蒙難記》和
「中國的現在和未來」，都是用非常純熟的英語寫成的。孫逸仙這句話，
佐證了筆者對該書和該文等底本說明中那句非常英國氣的、「十足說八
成」的話的判斷[123]。

970319與南方熊楠的談話

待查。

日本植物學家、當時旅居倫敦的南方熊楠，在1897年3月19日的日記中
寫道：「黃昏6時與孫文聯袂離開大英博物館，往海德公園（Hyde Park）附
近的瑪麗亞餐廳（Maria Restaurant）共進晚餐。之後就在海德公園暢談。接
著乘坐公共馬車到孫文旅寓談到晚上10時才離開[124]。

南方熊楠是於三天前在大英博物館東方典籍部主任道格拉斯（Robert
Kennaway Douglas）的辦公室裡認識了孫逸仙的[125]。兩人一見如故，今天暢
談四個小時，內容包括些什麼？孫逸仙這方面似乎沒有談話紀錄，《南方
熊楠全集》也沒有記載，筆者多次到日本訪查也沒結果。

但竊以為談話內容脫離不了「亞洲人的亞洲」及當時日本某些圈子所
提出的「泛亞主義」的其他涵義。因為，在三天前兩人初次見面時，孫逸
仙問他畢生志向，他就說：「我希望我們亞洲人終有天把歐洲人全部趕出
亞洲。」[126]這句話，是在他的上司、英國人道格拉斯把孫逸仙介紹給他時
說的，可謂口不擇言、肆無忌彈。又有一次，當他在街道上被某英婦嘲笑
時，「我跟她扭打起來」，他寫道。「四個警察聞風而至，把我扭到附近
的警署去。我就是不答應，跟他們數度糾纏（大約是黃昏6時左右的事吧），
直到凌晨2時才回家（因為警察們實在拿我沒辦法）。」[127]可見南方熊楠是

123　見「970301〈中國的現在和未來〉一文發表」一條。
124　《南方熊楠日記》，1897年3月16日，載《南方熊楠全集》，別卷2，頁778。
125　《南方熊楠日記》，1897年3月19日，載《南方熊楠全集》，別卷2，頁77。
126　笠井清，《南方熊楠》（東京，1967），頁131，引《南方熊楠全集》第10卷，
　　　南方熊楠致柳田函。
127　《南方熊楠日記》，1897年4月28日，載《南方熊楠全集》，別卷2，頁82-83。

個比較極端的泛亞主義者。

可是，孫逸仙看來被他吸引住了，以後經常跟他見面、長談(見表三)。在當時兩種重要思潮——「英國以色列信仰」與「泛亞主義」——的衝擊下，對於當時正在孫逸仙心中萌芽的民族主義思想，會起甚麼震盪？

表4.2　孫逸仙與南方熊楠見面表[128]

日期	星期	時間	說　　　　明
970316	二	日間	在大英博物館東方典籍部
			道格斯主任的辦公室初會南方熊楠
970318	四	日間	在大英博物館重逢，坐談
970319	五	晚上	一起晚餐，然後到海德公園和孫逸仙旅寓長談到10時
970320	六	日間	在大英博物館相遇，傾談
970326	五	晚上	一起晚餐，然後造訪稅所[稅所篤三]先生，再重返大英博物館參觀
970327	六	晚上	一起晚餐，然後到孫逸仙旅寓長談到10時
970330	二	下午	一起到大英博物館東方典籍部道格拉斯主任的辦公室
970405	一	晚上	一起晚餐，然後到孫逸仙旅寓長談到9時
970407	三	下午	在大英博物館相遇，傾談
		晚上	南方熊楠造訪孫旅寓，不遇
970408	四	日間	在大英博物館相遇，傾談
970410	六	日間	在大英博物館相遇，傾談
970413	二	下午	南方熊楠與摩根(R.J. Mulkern)造訪孫逸仙，然後三人同往蒂爾伯里碼頭(Tilbury Docks)看津田[津田三郎]
970419	一	晚上	一起晚餐，然後到孫逸仙旅寓長談到10時
970420	二	日間	在大英博物館相遇
970508	六	日間	南方熊楠請里德先生(Mr. C.H. Read)向孫逸仙出示
			alumtea[按alum者，一般指明礬，但植物學中有alum-root一詞，指各種具備止血功能的植物根莖[129]。

128　據《南方熊楠日記》編成，資料來自《南方熊楠全集》，別卷2。
129　*The Shorter English Dictionary on Historical Principles* (Oxford University Press,

日期	星期	時間	說　　　明
			南方熊楠是植物學家，其所謂alum茶，可能是指某些有止血功能的茶樹莖。孫逸仙要搞革命，革命難免要流血，所以對具備止血功能的草藥自然很感興趣]。
970524	一	晚上	一起晚餐，然後往訪多人[德川賴倫、鎌田榮吉、荒川巳次]，都不在
970526	三	下午	在大英博物館相遇，傾談
970616	三	下午	一起往訪鎌田，然後回南方熊楠旅寓
		晚上	一起晚餐，然後到海德公園散步閒談
970618	五	日間	南方熊楠等候孫逸仙，不遇
970619	六	下午	孫逸仙訪南方熊楠，聯袂到倫敦植物公園（Kew Gardens）
			再聯袂到西肯辛頓區（West Kensington）看田島[田島担]
970619	六	晚上	9時離開田島家，乘公共馬車到肯辛頓區的高街（High Street）晚餐
970620	日	下午	孫逸仙訪南方熊楠，聯袂到倫敦的自然博物館
970620	日	晚上	一起晚餐
970625	五	日間	孫逸仙訪南方熊楠，安排後天見面
970626	六	日間	孫逸仙與田島聯袂往看海軍檢閱
970627	日	黃昏	孫逸仙訪南方熊楠
		晚上	7時聯袂造訪田島，10時宵夜，11時到海德公園散步。走到雲石拱門（Marble Arch）時依依惜別
970628	一	下午	南方熊楠寫信給鎌田[鎌田榮吉]請為孫逸仙辦一件事
		黃昏	在大英博物館相遇，傾談
970629	二	下午	在大英博物館會面，把一封介紹信親交孫逸仙，以便他到達日本後備用
970630	三	早上	乘出租馬車往訪孫逸仙，把另一封介紹信交他，11時握別

（續）

970622所譯《紅十字會救傷法》出版

全文見有關《全集》[130]。

有認爲該書是「孫先生習醫時之譯作」[131]，不確[132]。《國父全集》的編者把出版日期酌定爲1897年6月前[133]。《孫逸仙全集》的編者則把出版日期酌定爲1897年春夏間，理由是「孫逸仙於是年三月結識南方熊楠，七月離開英國，這期間曾贈該書一冊給南方，可知當時該書已出版故酌定出版時間爲春夏間」[134]。

孫逸仙具體在那一天贈該書予南方？1897年6月28日。給了多少冊？三冊。孫逸仙還說了些甚麼？他說，曾花了一大筆錢把該書其中的兩冊改爲非常精緻的釘裝，光是釘裝費每本就花了五英鎊！幹嗎這樣奢侈？因爲，其中一本送了給英女王，另外一本送了給首相沙士勃雷侯爵[135]。

區區一本《紅十字會救傷法》，幹嗎驚動女王陛下？該書作者「柯君道君主仁民愛物之量充溢兩間，因屬代譯是書爲華文，以呈君主，爲祝六十登極慶典之獻。旋以奏聞，深蒙君主大加獎許」[136]。按維多利亞女王在1897年6月22日正式慶祝六十登極，若把該書酌定爲當天出版以誌慶，是否更爲恰當？蓋譯本的出版，不像某些專著原版面世時由出版社宣布某天爲正式出版日期那種作法。譯本既屬誌慶，預先送達王宮，並以慶典當天爲出版日期，廣爲宣傳，則增色不少。

《紅十字會救傷法》跟維多利亞女王能拉上甚麼關係？該王「云華人作挑[桃]源於英藩者以億兆計，則是書之譯，其有裨於寄英宇下之華民，良非淺鮮。柯君更擬印若干部發往南洋、香港各督，俾分派好善華人，以

---

130 《國父全集》第九冊，頁479-543，圖文並茂；《孫逸仙全集》第一卷，頁107-170，去圖存文。

131 香港《華僑日報》，1984年11月6日，第7張第二頁。

132 見下文和「日誌」。

133 第九冊，頁479。

134 第一卷，第107，註**。

135 《南方熊楠日記》，1897年6月28日，載《南方熊楠全集》，別卷2，頁92。

136 《孫逸仙全集》，第1卷頁108。

廣英君壽世壽民之意」[137]。

該柯君是誰？「英醫柯士賓，倫敦紅十字會總醫員也。著有《救傷第一法》一書，言簡意賅，剖理精當，洵爲濟世之金針，救人之要術。其書已譯有法、德、義、日四國文字。更蒙各國君后大爲嘉獎，鼓勵施行」[138]。

孫逸仙甚麼時候開始翻譯他的書？「去冬，與柯君往遊英君主雲賽行宮，得觀御蹕之盛…屬代譯是書。」[139]

去冬具體那一天？柯士賓的英文名字叫甚麼？康德黎夫人在1896年10月31日星期六的日記中寫道：「孫逸仙今天到了達捷（Datchet）這個地方。此行，是應柯士賓醫生（Dr. Osborne）的邀請，到他家小住，直到星期一爲止。」[140]按達捷（Datchet）這個地方就在溫莎堡（Windsor Castle）——即孫逸仙之所謂「英君主雲賽行宮」——附近。到他家小住，少不了遨遊「雲賽行宮」。

《紅十字會救傷法》篇幅不少。漢譯本轉載在《孫逸仙全集》就有71頁半。如果孫逸仙從1896年11月1日翻譯，1897年6月22日正式出版，中間恐怕還要把譯稿寄到新加坡或香港等漢語地區排版印刷（因爲當時在歐洲還沒有漢文的印刷設備），時間是夠緊張的。而且，這期間孫逸仙還有其他的寫作任務：〈中國的現在和未來〉、《倫敦蒙難記》，以及將在1897年7月1日出版的〈中國法制改革〉。加上他還有很多其他的活動，孫逸仙在英國這九個月[141]——不是他自己說的兩年[142]——當中，爲了翻譯該書犧牲了不少可以用在學習、遊歷和社交的寶貴時間。

孫逸仙花那麼大的勁翻譯《紅十字會救傷法》，除了醫者仁心外，看

137　同上。

138　同上。

139　同上。

140　Mrs Cantlie's diary, 31 October 1896

141　見拙文〈孫逸仙旅英時間和空間考訂〉，《孫逸仙和他的時代》（北京：中華書局，1989），第三冊，頁2300-2305。

142　孫逸仙，〈建國方略：孫文學說第八章「有志竟成」〉，《國父全集》（1989），第一冊，頁412。

來他的政治目標是其主要動機，從他破大財把兩冊改精裝分呈英女王和英首相可見一斑。同時，躋身該書的法、德、義、日的譯者之群，以便該等「國君后」也知道有孫逸仙其人，亦無傷大雅。

970627為南方熊楠題詞

見有關《全集》[143]。

詞曰：「海外逢知音」。孫逸仙心中有不少的弦，而且是多樣化的。南方熊楠赤裸裸的「泛亞主義」只挑起了他其中一條弦的某一個部位，被它吸引住，可能是因為自小就深受英國式教育的孫逸仙覺得它新鮮。但是從他在幾天前送書給英女王和英首相[144]的舉動，可知「英國以色列」與「泛亞主義」兩個概念的鬥爭中，前者暫時是占了上風。

是否因為這樣，孫逸仙才在題詞中採「知音」而不用「知己」？

970630告別英倫書

見附錄九。

康德黎夫人在1897年6月30日的日記中寫道：「今天送別孫逸仙，他將暫往日本寄居。我們給《地球報》發了一個短簡，告知此事。他們登了出來。」[145]又是恩師代筆！

準此，筆者翻閱了《地球報》，並覓得該短間翻譯成漢語作附錄。

970701〈中國法制改革〉一文發表

英文原文見《東亞》[146]。發表後即由《倫敦與中國快報》摘要轉載並加評論，藉此而傳播到亞洲的英語世界[147]。漢譯本見附錄十。

孫逸仙沒正式學過法律，憑什麼對中國法制指指點點？更憑甚麼提出

---

143 《國父全集》第九冊，頁547；《孫逸仙全集》第一卷，頁170。

144 見「970622所譯《紅十字會救傷法》出版」一條。

145 Mrs Cantlie's diary, 30 June 1897.

146 Sun Yatsen, "Judicial Reform in China," *East Asia*, vol. 1, no. 1 (July 1897), pp. 3-13.

147 *London and China Express*, 9 July 1897, Supplement, p. 1, quoted in Audrey Wells, *The Political Thought of Sun Yat-sen*, p. 17.

改革？竊以爲他旅英到了這個時候，可能已經自學了不少法律知識。筆者在編寫他的旅英日誌時，發覺他頻頻地造訪南院5號（5 South Square）。這南院5號非一般的地址，而是格雷法學院裡邊的南院中的第5號樓梯。經考證，竊以爲住在南院5號的、其中的一位學生——查理斯・休・霍尼曼（Charles Hugh Horniman），很可能就是孫逸仙頻頻造訪的對象。他每次造訪時間之短暫——一般是十來分鐘——這種規律來看，似乎孫逸仙之找霍尼曼，要麼是借書還書，要麼是讀書時遇到問題就連忙向他請敎。在兩者兼而有之的情況下，竊以爲請敎的次數可能較多。

　　而更重要的是他的所見所聞。在他被囚於公使館期間，兩位恩師在1896年10月22日曾到律師事務所宣誓，然後拿著誓詞到中央刑事法庭申請保護人權令[148]。該令源自1215年6月15日約翰王簽署的《大憲章》[149]。而孫逸仙後來又曾於1897年1月13日星期三到倫敦蠟像館參觀那些用蠟像重建約翰王簽署《大憲章》的細節[150]，並進而追閱有關資料[151]。由於英國的保護人權令曾與他有過切身關係，故他在撰寫〈中國法制改革〉而談到他行醫時遇到各種曾被滿淸官吏無理拘禁苦打成廢人的案例之際，筆鋒就頗帶感情了。

　　該文出版之日，正是孫逸仙坐船離開英國之時。與柯林斯合作寫書的計畫，就此告吹。

小結

　　處理過目前已找到的、孫逸仙1896/7旅英期間的談話、書信、著作等以後，竊以爲：

148　見本書第二章「日誌」，第961022條，及第二章「圖錄」，圖961022.1和961022.2條。

149　Norman Davies, *The Isles: A History* (London: Macmillan, 1999), p. 352.

150　見本書第二章「日誌」，第970113條；及第三章「圖錄」，圖970113條。

151　見本書第六章「民權」，第四節。

　　(一)倫敦蒙難，孫逸仙轉瞬間成了新聞焦點的風雲人物，萬方矚目，記者爭相採訪。牛津的賀藍敎授請他作講座。劍橋的翟理斯敎授向他索取自傳以便編入《中國名人詞典》。柯林斯主動和他合作寫書。紅十字會首席醫生柯士賓邀他翻譯《救傷法》以呈君主誌慶並澤惠廣大華人。著名的傳敎士李提摩太約見他。俄國的革命志士要求見他並把他的《倫敦蒙難記》譯成俄文出版。他和柯林斯所共同撰寫的〈中國的過去和未來〉與〈中國法制改革〉分別被英國頗有地位的學術雜誌《雙週論壇》和剛創刊的《東亞》雜誌予以刊登，並被《倫敦與中國快報》摘要傳播到東亞。執法國傳媒牛耳的 *Le Temps*(法國《泰晤士報》)也將「中國的過去和未來」一文摘要轉載。而俄國人更把它全文翻譯刊於《俄國財富》。他在倫敦聖馬丁市政廳的公開講座又被《紐約時報》和《倫敦與中國快報》摘要傳播到北美和東亞。如此種種，倍增他的使命感，以至他要當中國未來領袖的理想很快就充分表現出來，並朝這理想不斷努力學習以提高自己。

　　(二)中國與英國之間的差別太大了。要當中國未來的領袖，必須想辦法讓中國盡快趕上去。孫逸仙已經認識到不能全盤照搬西方的東西——中國有自己的文明。但搬些甚麼？留些甚麼？如何制定一套既適合國情而又順應世界潮流的理論，正是他當時著力完成的三民主義思想。

　　(三)筆者聽過一些前輩說，三民主義，是孫逸仙長期在大英博物館專心讀書、構思的結果；就像馬克思長期在大英博物館讀書、深思而創造出馬克思主義那樣。從本文涉及到的材料，可知孫逸仙爲了寫書、撰文、翻譯、演講、社交等等，已忙得不亦樂乎。花在大英博物館的時間具體約多少？列個表統計一下也挺有意思。該表放在本書第六章(表6.1)。

　　從該表看，孫逸仙花在大英博物館裡的時間約共294小時，是可觀的，但也不算太多。有時儘管人在館裡，也有各式各樣的活動，今天去拜會該館東方典籍部的主任，明天坐在館裡的長椅與南方熊楠暢談。專心讀書的時光固然有，瀏覽群書的時候相信也不少。如此說，「三民主義誕生於大英博物館群書」之謂，越來越似神話。竊以爲他從書本上得到的知識固然

重要，但他自稱「所見所聞」對三民主義之所由完成的貢獻，亦不容忽視。

（四）筆者鑑於孫逸仙旅居倫敦九個月都忙得不亦樂乎，因而覺得倫敦瑞晶學院（Regent College）的奧特莉・威奧斯教授（Professor Audrey Wells）的看法值得商榷。她認為，由於《倫敦與中國快報》對孫逸仙在聖馬丁市政廳演講內容的報導有別於〈中國的過去和未來〉與〈中國法制改革〉兩文，可能孫逸仙撰寫了第三篇文章。她更認為，由於《紐約時報》對同一次演講內容的報導又有別於《倫敦與中國快報》，孫逸仙可能寫了第四篇文章[152]。竊以為兩家報紙所報導的演講內容與〈中國的過去和未來〉與〈中國法制改革〉兩文的內容基本上是一致的，只是增加了堯舜讓賢這麼一段，不算甚麼。若她看了本書「日誌」暨本章「著作」所列孫逸仙忙碌的程度，也很難想像孫逸仙有空撰寫了第三、四篇論文。

（五）作為革命領袖，孫逸仙必須具備多種領袖的才能，其中包括創立自己的政治理論，公開演說的口才，應付傳媒的技巧，著書立說的能力以及溝通中西文化的理念。這些本事不是與生俱來的，而是必須有一個基礎鍛鍊的階段。這個階段，正是1896/1897年間他旅英九個月的時間。在這之前，孫逸仙是讀書、行醫、搞革命。讀書、行醫是個人行為；搞革命是祕密進行。至於面對世界，則全無經驗。倫敦蒙難，孫逸仙成了全球最大都會的傳媒的焦點，被推上世界舞台。面對廣大觀眾，身不由己。唯有趕緊自學各種本事，大有「鴨子上架全靠逼」的味道。幸虧在各要緊場合都有貴人相助，所以場面掌握得還好，學習也快。本文通過分析孫逸仙在這段時間的談話、書信、著作等及其發生的背景，在一定程度上探索了他鍛鍊自己的過程。對於我們了解孫逸仙政治思想的成長，尤其是他三民主義之所有完成，會有一定的幫助。

（六）在某些場合，政治家無可避免地要說些不實的話，在中國的政治文化背景下，更不足怪。有趣的是，孫逸仙那種「夸夸其談」的作風，似

152　Audrey Wells, *The Political Thought of Sun Yat-sen*, pp. 17-20.

乎是旅居英國時拜倫敦蒙難之賜。不過，比起他的對手康有爲的彌天謊言——讀其信函可知——那是小巫見大巫。

附錄一

961011在清使館與英文參贊馬格里爵士談話
黃宇和重建並翻譯自孫逸仙證詞[153]

孫逸仙一個人在房裡。馬格里走進來。

馬格里：「這裡就是中國，你懂嗎？」

孫逸仙不作聲。

於是馬格里把他自己的話重複了兩遍。

孫逸仙仍不作聲。

於是馬格里問道：「你的名字叫孫文嗎？」

孫逸仙：「我姓孫。」

馬格里：「我們收到中國駐華盛頓公使發來的電報，說孫文已乘坐『雄偉』號汽輪船到英國來。」

孫逸仙仍不作聲。

馬格里：「船上還有其他華人嗎？」

孫逸仙：「沒有，我是唯一的華人。」

馬格里：「不久前，你曾上書總理衙門。當局非常重視你的建議。總理衙門正要找你，你就在這裡等待回覆吧。」

孫逸仙：「我需要等多長時間？」

馬格里：「我們在18小時內應該會接到回覆。」

孫逸仙不語。馬格里建議孫逸仙把行李弄到使館來以便使用。

孫逸仙：「我的行李存放在一位朋友的地方。」

---

153 Sun Yatsen's statement at the Treasury, 4 November 1896, FO17/1718, pp. 119-120, paras. 8-10

馬格里：「那你寫封信給你的旅館吧。」

孫逸仙：「我不住旅館。」

馬格里：「那你住在甚麼地方？」

孫逸仙：「孟生醫生知道我住在甚麼地方。你可以爲我送封信給孟生醫生嗎？他會把我的行李捎來。」

馬格里：「行，我們可以爲你辦這件事。」

孫逸仙寫道：「我被幽禁在清使館。」

馬格里：「我不喜歡幽禁這詞。」

孫中山：「那我該怎寫？」

馬格里：「乾脆就說：把我的行李送來。」

孫中山：「如果他們不知道我在甚麼地方，是不會把行李打發走的。」於是孫逸仙重新寫道：「我在清使館，請把我的行李送來。」

馬格里：「我必須先請示過公使才能發這封信。」說罷離去。

附錄二

961012-961019在清使館與英僕柯耳談話
黃宇和重建並翻譯自柯耳證詞和其他史料[154]

1896年10月12日星期一

早上7時45分，清使館的英僕柯耳走進孫逸仙的房間爲他生火取暖。孫逸仙向他討些溫水洗臉和一些涼水解渴。當柯耳爲他倒溫水進洗臉盤時，孫逸仙走過來對他說：「你會爲我帶封信給我的朋友嗎？」

柯耳：「我絕對不會幹這種事情。」

孫逸仙：「幹吧，您我同是上帝子女，您就救救兄弟一命吧。」[155]

---

154 George Cole's statement at the Treasury, 2 November 1896, FO17/1718, pp. 116-119.

155 原文是 "Do it, to save a fellow-creature's life." 其中孫逸仙用上creature這字眼，

柯耳：「我不配。」

孫逸仙：「幹吧，看在上帝的分上，我乞求您、我祈求您，幹吧。」說著，就把一張在上面寫了字的、一片從報紙上撕下來的紙塞進柯耳的手裡，然後說：「如果您不能把它帶到外邊，就扔到窗外吧。」[156]

柯耳唯唯諾諾，卻把字條交給馬格里[157]。

柯耳在下午再見到孫逸仙時，被追問得緊了，就推說已扔到窗外了[158]。

1896年10月13日星期二

早上8時，孫逸仙喚柯耳進他房間為他生火取暖，然後給他另一張字條，說：「試試親自把這字條帶出去。如果實在沒辦法就仍出窗外。但是，如果您親自帶了出去而讓我重獲自由的話，我一定會好好報答您。」

柯耳：「我試試看。但我想是不行的。」[159]

1896年10月14日星期三

孫逸仙要求打開窗戶以便呼吸點新鮮空氣。如願已償後，即伸手到窗外把包有一枚硬幣的紙團扔過清使館的天窗，紙團落在鄰居的房頂。可惜他的行動被一名華僕看見了，華僕讓柯耳爬過天窗到鄰居的房頂把紙團撿回來[160]。

孫逸仙從房內看到了，伸手到窗外向柯耳討紙團。

柯耳：「不行。」

（續）─────────────────

大有基督教的味道，聖經謂人類是造物主創造的，故稱為creature.所以筆者把這字翻譯為「同是上帝子女」。

156 Cole's statement at the Treasury, 2 November 1896, FO17/1718, pp. 116-119, para. 12.
157 Cole's statement at the Treasury, 2 November 1896, FO17/1718, pp. 116-119, para. 13.
158 Cole's statement at the Treasury, 2 November 1896, FO17/1718, pp. 116-119, para. 14.
159 Cole's statement at the Treasury, 2 November 1896, FO17/1718, pp. 116-119, para. 16.
160 Cole's statement at the Treasury, 2 November 1896, FO17/1718, pp. 116-119, para. 12.

孫逸仙：「看在上帝的分上，還給我吧。」

柯耳：「不行的，先生，很抱歉。」

後來柯耳再進入孫逸仙的房間時，孫逸仙問他該紙團的下落，柯耳就告訴他說，已交了給馬格里[161]。

馬格里獲悉孫逸仙企圖獨自向外界求救後，馬上發了一封電報給格蘭輪船公司（Glen Line）的麥格里格先生（Mr. McGroger）[162]。傍晚時分，龔照瑗公使發了一封密電給北京說，正在談判租船的問題，租金約7000英鎊[163]。

1896年10月15日星期四

孫逸仙又把一張字條塞給柯耳。柯耳交給龔心湛（隨員，龔照瑗的姪兒）[164]，龔心湛讓他轉交給馬格里[165]。

今天孫逸仙與柯耳兩人的交談紀錄待考。

龔照瑗公使似乎把租船的事告訴了鄧廷鏗，而鄧廷鏗就在今天晚上往見孫逸仙，告以柯耳已把全部字條交了給馬格里，又說已租了船準備運他回國正法（詳見「961017在清使館與英文翻譯鄧廷鏗第三次談話」）。

1896年10月16日星期五

早上，當孫逸仙見到柯耳時，劈頭第一句就是：「你出賣了我！」

柯耳：「此話怎說？」

孫逸仙：「你騙我說字條都仍到窗外了，但鄧先生告訴我，你全部都給了馬格里爵士。[166]」

161　Cole's statement at the Treasury, 2 November 1896, FO17/1718, pp. 116-119, para. 16.

162　Cuffe to Home Office, 12 November 1896, FO17/1718, pp. 113-116, para. 24.

163　龔照瑗致總理衙門密電，1896年10月14日，載羅家倫：《蒙難史料考訂》，頁52-53。

164　羅家倫：《蒙難史料考訂》，頁32。

165　Cole's statement at the Treasury, 2 November 1896, FO17/1718, pp. 116-119, para. 16.

166　Cole's statement at the Treasury, 2 November 1896, FO17/1718, pp. 116-119, para.

柯耳默然而退。

孫逸仙整天繃著臉。但當他再次見到柯耳時，又懇求柯耳爲他帶信。

柯耳：「不，請恕我沒法效勞。」[167]

1896年10月17日星期六

早上，孫逸仙一再懇求柯耳爲他帶信。柯耳事後作證說，孫逸仙把自己比諸倫敦的社會主義政黨的首領（leader of the Socialist Party here in London）。

孫逸仙：「在中國，我是類似這樣的一個政黨的首領，所以他們才把我幽禁在這兒。他們會把我五花大綁，塞著我的嘴巴，偷運上船，運回中國殺頭。」

柯耳：「我需要時間考慮這個問題，讓我想清楚以後再告訴您。」

晚上，當柯耳再度進入孫逸仙的房間時，孫逸仙馬上急切地追問說；「您想好了沒有？」

柯耳：「我一直忙得要命，根本沒空思考問題。不過，明天早上，我會告訴您，我幹不幹。」[168]

1896年10月18日星期天

柯耳向孫逸仙表示願意爲他帶信，但告訴他不要坐在書桌旁寫信，因爲與柯耳結伴看守孫逸仙的華僕會從鎖匙孔中把他書寫的情況偷看得一清二楚。

孫逸仙：「太感謝您了。您是我的救命恩人。當我寫就求救信後，我會藉故叩門請您進來。」

接著孫逸仙在一張自己的名片上疾書數語，然後在名片的另一面則寫上恩師康德黎醫生的地址。書就以後，即藉故喚柯耳進房間，說：「請把

（續）─────────────────

 17.

167 Cole's statement at the Treasury, 2 November 1896, FO17/1718, pp. 116-119, para. 18.

168 Cole's statement at the Treasury, 2 November 1896, FO17/1718, pp. 116-119, para. 19.

這帶出去，我一定會好好報答您。」[169]

孫逸仙表示要給柯耳錢。柯耳婉謝了，說事成以後再算吧[170]。

柯耳在下午1時下班後，即親把孫逸仙的名片帶給康德黎醫生。康德黎醫生看後，即在自己的名片上疾書數語，並邀孟生醫生在上面也簽字，然後交給柯耳。

黃昏時分，柯耳回到清使館恢復看守孫逸仙的工作，一找到適合的機會就偷偷把康德黎醫生的名片塞了給孫逸仙[171]。孫逸仙把兩張面額10英鎊的紙幣塞了給柯耳。柯耳接受了。孫逸仙說以後再多給[172]。

1896年10月19日星期一

早上，柯耳進入孫逸仙的房間為他生火取暖。

柯耳：「您可滿意了？您說我夠不夠朋友？」

孫逸仙：「夠，當然夠。但請您為我再帶一封信，您幹不幹？」

柯耳：「我會盡力而為，但請您特別小心，因為我想我已受到監視。」

當天黃昏柯耳下班後，如約把這第二封求救簡帶給了康德黎醫生[173]。

附錄三

961018公開求救信

黃宇和譯自倫敦《每日新聞》[174]

169　Cole's statement at the Treasury, 2 November 1896, FO17/1718, pp. 116-119, para. 21.

170　Cole's statement at the Treasury, 2 November 1896, FO17/1718, pp. 116-119, para. 31.

171　Cole's statement at the Treasury, 2 November 1896, FO17/1718, pp. 116-119, para. 21.

172　Cole's statement at the Treasury, 2 November 1896, FO17/1718, pp. 116-119, para. 31.

173　Cole's statement at the Treasury, 2 November 1896, FO17/1718, pp. 116-119, para. 21.

174　*Daily News,* 24 October 1896, p. 5, col. 3.

敬請公眾注意：我孫某人，被中國公使館綁架並拘禁已有七天。且將被偷運返回中國斬首。撿得此字條者，請送覃文省街46號康德黎醫生，以便拯救。

[字條的反面則寫道]：請看反面。

附錄四

961023在稅氏酒肆回答諸記者的提問

黃宇和譯自倫敦《每日電訊報》[175]

記者：「有人說你是自動跑進公使館的，是嗎？」

孫逸仙：「不是。我在街上遇到一名華人是他帶我進去的。當時我在公使館附近，碰上此人。他問我是中國人還是日本人。我答曰：『我是中國人。』他又問我籍貫。我答說廣東。他便說：『你是我的同鄉，我也是廣東人。』他和我走了一小段路後，另一華人又出現了。他是從後來我被拘留的那座豪宅走出來的。當時我並不知道該豪宅就是中國的公使館。當這第二個華人出現時，第一個華人就對我說：『這是我們的同鄉。』於是我和他握手。但我發覺他不是廣東人，因爲他不說我的方言。寒暄一會後，他們就說，倫敦有很多華人，並建議改天聯袂前往看望他們。跟我談話的第一個華人，我後來才知道他姓鄧[176]。談話間，第三個華人又[自那豪宅]走出來了，而鄧即在這個時候悄悄離去。當我們漫步走經公使館時，餘下的兩個華人堅邀我進去。我還來不及回答，他們就把我推入門內。我左顧右盼地要找那姓鄧的人。但他已不知所終。大門瞬即關上。那兩人隨即強逼我上樓。」

記者：「跟著怎樣？」

孫逸仙：「他們帶我走上幾層樓——我想是四層——直到房屋的頂

---

175 *Daily Telegraph,* 24 October 1896, pp. 7-8.
176 即鄧廷鏗。

樓，安置我在其中一間房子，然後鎖上門。接著進來一位長了白鬍子的紳士——一位英國人。我記得他們稱他為馬格里。」

記者：「他跟你說話了？」

孫逸仙：「說了。他說：『對你來說，這兒就是中國。』我不太明白他所說的含意。」

記者：「我想他希望你明白到，你身處公使館，就如身在中國領土無異。」

孫逸仙：「可能是吧。但當時我不懂他的意思。他坐下來，問我的名字是否孫文。我回答說，我姓孫。」

記者：「他要找的是孫文，但你的名字卻是孫逸仙。」

孫逸仙：「我又名孫逸仙。他接著說，中國駐美公使曾來電報，聲稱孫文正乘『雄偉』號火輪船往英國。話畢即離去。他走前告訴我，讓我在那兒呆十八個小時，直到中國總理衙門發來覆電。他走後，我又聽到鎖門的聲音。」

記者：「你知道上鎖的人究竟是誰？」

孫逸仙：「說不準。門外人聲嘈雜，不止一人。他們似乎在換新鎖。」

記者：「你什麼時候重見那位長了白鬍子的紳士、就是那位你稱為馬格里的人？」

孫逸仙：「直到今天重逢以前，我沒有再見到他。」

記者：「接著有何要事發生？」

孫逸仙：「翌日，鄧來訪。他說：『昨天抓你，是我的天職，公事公辦。現在我是以朋友的身分與你交談。』他又說：『你還是照實承認你就是孫文好了。否認也沒有用，萬事俱定。』我回答說：『我想現在真的是萬事俱定了，是生死存亡之秋。』找又問：『你能不能告訴我，他們打算把我怎樣處置？』我追問：『我不認為他們能夠把我從英國引渡回國。』」

記者：「他怎麼說？」

孫逸仙：「他說：『噢，我們並不準備這樣做。我們會把你捆綁起來，塞住你的嘴巴，乘夜把你送上我們早已租好的輪船。』」

記者：「他還說了什麼？」

孫逸仙：「他還說：『如果我們不能把你偷運出去，那就把你就地正法，因為這兒就是中國。』我對他說，分屬同鄉，可否留我一條生路。他答應某天晚上趁黑把我放走。微笑著，他走了。我以後再沒有見到他。」

記者：「他們日常待你怎麼樣？妥妥當當地供膳嗎？」

孫逸仙：「我每天要求食物時他們都供應。但一般來說我只要麵包和鮮牛奶。」

另一位記者問：「你可以談談你被控曾造反的事情嗎？」

孫逸仙：「此事說來話長。容後再談。」

附錄五

961023在康德黎家回答《每日新聞》記者的提問
黃宇和譯自倫敦《每日新聞》[177]

門打開了，一位年青的華人走進來。他身材矮小，但非常英俊，滿面笑容，穿上西裝。康德黎醫生說：「這就是孫醫生。」說著就給我們介紹。孫那種坦誠、開朗的態度，馬上把人吸引住。有些年青的華人的確極好看。只待年紀大了，珠圓玉潤的臉龐變得瘦削嶙峋時才顯得冷酷。見過李鴻章的人都同意，年長的華人並不那麼吸引人。

孫逸仙非常愉快。他看來疲乏，需要休息。但我怎能放過採訪他的機會？正在這時，他說話了。

孫逸仙：「很抱歉，康德黎醫生並沒有說你是代表那家報館的。」

記者：「《每日新聞》」

---

177 *Daily News,* 24 October 1896, p. 5.

孫逸仙笑著說：「那麼，我當然會毫無保留地把所有你想知道的事情都告訴你，」

說話間，孫逸仙出示半版新聞紙，上面曾用墨水寫了下列打字：「敬請公眾注意：我孫某人，被中國公使館綁架並拘禁已有七天。且將被偷運返回中國斬首。撿得此字條者，請送覃文省街46號康德黎醫生，以便拯救。」

報紙的另一面則寫道：「請看反面」。

記者：「這就是你在被囚期間所寫的。」

孫逸仙：「對。我把它扔出窗外。但話還須從頭說起。星期日早上，11點鐘左右，我在街上遇到一名華人。他問我是日本人還是中國人。」

康德黎醫生打岔說：「就在缽蘭大街或附近。他自己也不知道身在何方，因為他對倫敦是幾乎完全陌生的。」

孫逸仙繼續說道：「我告訴他我是中國人。『噢，』他說：『我們是同鄉。』我們談了一些有關中國的事情。當我們走近一座房屋時，另一華人又出現了。第一位華人就對介紹說：『這是我們的同鄉。』我們握手，並寒喧數語。第三個華人來了，我們握手寒喧如故。此時我的兩側各有一人。他們堅邀我與他們共同進入公使館。我要找第一位華人時，他已不見蹤影。我跟他們進去後，大門立即上鎖。我知道不妙。開始高呼，大叫『鄧！』——那是第一位華人告訴我他自己的名字。但那管什麼用？我知道我已掉進陷阱。他們要我上樓。因為抗拒是沒用的，我只好隨他們登樓。他們安置我在一間房子裡，而馬格里立即就進房來了。」

記者：「你指哈利地・馬格里？」

孫逸仙：「是。他第一句話就說：『你現在身處中國。這兒就是中國。』我不明白他這句話的含義，並想問他。但他已搶先發問：『你的名字叫孫文？』我答道：『我姓孫。』他說中國駐美公使已發出電報說：『孫文坐「雄偉」號赴英』，並要求就地逮捕他。接著馬格里補充說：『我們已向總理衙門發了電報，所以你必須在此等待回音。』我問我須要等多久。他說18小時。說畢就離去，直到今天與他重逢以前再沒有見過

他。」

記者：「你此後的經歷又如何？」

孫逸仙：「他離去後，房門立即上鎖。並有兩三人日夜站崗，看守著我。」

記者：「在房內？」

孫逸仙：「不。在房外。我開始嘗試請求那些英僕代我帶訊到外邊去。但他們躲避開我。於是我把字條擲向窗外。」

記者：「你的房門是向前或向側，以致條子能掉落街上？」

孫逸仙：「都不是。向後。我要字條掉落鄰屋的屋頂。他們發現後，就把窗戶釘死。把我身邊所有的紙、筆、墨都通通帶走。翌日子夜時分，鄧來訪說：『昨天是公事公辦。今晚我是以朋友的身分來跟你談談。』我便問他有何話說。他說：『我之來訪，與你生死攸關。』他說一切均由公事定奪，又說如果我有什麼冤情，可直言不諱。我說：『我身在英國，我認為我是受英國政府充分保護的。』他便重覆馬格里之言，謂公使館即中國領土，英國政府亦無奈何。我問他，他們準備怎樣處置我。他說他們打算把我偷運出境：先是五花大綁，塞著嘴，放進箱子裡或麻布袋裡，摸黑送上預先租好的火輪船。我說：『那樣風險很大的。在航程中我會求救。』他說我別妄想，因為我將會被關在艙房裡被看守著，一如在公使館那樣。我將沒有機會與任何人通消息。我問他，若公使館沒法把我偷運出境的話，他們下一步將會怎辦？他說，在公使館裡就地處決，將屍體加以防腐，再運回中國斬首。」

記者：「將死屍斬首？」

孫逸仙：「對。按照中國法律，人即使已死，仍要戮屍。我接著對鄧說，你自稱像朋友般來訪，能救我出去嗎？他答應了想法子放我出去，言畢即離去。今天下午當鄧再次來訪，並說是馬格里要見我時，我不知已發生了什麼事。我下樓，即見到康德黎醫生及其他幾位我認識的人，我知道我已得救。」

記者：「你是白蓮教分子嗎？」

孫逸仙：「不。那完全是另外一回事。我們是一種新的運動，成員都是久居海外、受過教育的華人。」

記者：「你們的運動是中日甲午戰爭爆發以前就開始了？」

孫逸仙：「對，戰前不久。」

記者：「你們的一些成員已經遇難了？」

孫逸仙：「是的，大約一打。在中國，他們動輒將人斬首。」

記者祝孫逸仙晚安。

附錄六

961114在倫敦野人俱樂部所作的演講

黃宇和譯自香港《德臣西報》[178]

1896年12月24日

孫逸仙醫生於11月4日為野人俱樂部貴賓。他應在座者的迫切要求，講了最近他在蘇格蘭場、中國公使館裡的經歷。他用時斷時續的、不太流利的英語，講述了他脫身的經過。……康德黎醫生對孫醫生的講話作了補充，講到蘇格蘭場不相信他的話時，哄堂大笑。

附錄七

961231與英國財政部首席律師的談話

黃宇和譯自英國外交部檔案[179]

孫某曾到訪，出示柯耳[180]索取500英鎊報酬的字條。據說是孫自己曾

178　*China Mail* (Hong Kong), 24 December 1896.

179　Cuffe to Sanderson (with enclosure), 31 December 1896, FO17/1718/pp. 151-2.

180　George Cole，原清朝駐英國公使館的英國僕人。為孫逸仙帶求救信給康德黎醫

答應過他的，作爲報答他通風報信的義舉。其中20鎊已付過。

孫逸仙說他曾答應給1000鎊，因此對柯耳的索酬毫無異議。他只是希望知道[英國政府]有沒有對中國公使館採取任何行動[要求賠償]的打算。

我說我對這個問題無可奉告。他說他會寫信詢問外交部。

附錄八

970218與李提摩太的談話
黃宇和譯自《李提摩太自傳》[181]

孫逸仙自中國公使館脫險後不久，就到我當時在倫敦的旅寓來看我。他既感謝我通過拯災和發表文章而爲中國所作的一切，又痛斥滿淸的苛政和腐敗。他認爲所有的滿洲人都是壞蛋，並認爲只要把滿州人趕跑，由漢人重新執政，中國就萬事皆吉。我指出，他這種看法是錯誤的。熟讀中國歷史的人都知道，滿洲人、像漢人一樣，有好有壞。光是改換政權而不進行基本的改革，就像把一枚劣幣顛倒到另一面，仍然是一枚劣幣。我認爲，中國所需要的，不是革命，而是改革。但是，他聽不進去，仍然拚命地宣傳革命。

附錄九

(a)970311在倫敦聖馬丁市政廳的演講
黃宇和譯自《倫敦與中國快報》的摘要報導[182]

孫醫生從中國歷史入手，痛陳官場之腐敗。指出目前的種種苛政與官吏斂財的非法手段。他希望文明國家能拯救中國於水深火熱之中：於內則

(續)————————————————
　　　生而無法在公使館呆下去。
181　Tiimothy Richard, *Forty Years in China* (New York: Stokes, 1916), p. 350.
182　London and China Express, 12 March 1897, Supplement, p. 232 of 1897 volume.

明吏治，於外則免於沙俄魔掌。

(b)970311在倫敦聖馬丁市政廳的演講
黃宇和譯自《紐約時報》的摘要報導[183]

　　孫逸仙醫生對那個我們無以名之而姑且稱之為「中國政府」的怪物，進行嚴厲批判。他說，古代的中國人民都有權參政，豐衣足食。帝位亦非世襲，堯舜讓賢為世景仰。後來發展成為帝王專政，教育徒具虛文，文明裹足不前。但目前那種猛於虎之苛政，則有待1644年滿清入主中原才開始：甚麼地理、法律、歷史、科學等等科目全被禁止。所有學子都被圍於八股文的框框。批評政府是殺頭的罪。官吏課稅足額後對老百姓仍予取予求。孫醫生又以他那東方式的圓滑手段，呼籲英國人幫助中國抵抗沙俄侵略。其嘩眾取寵之處，讓人臊臉。但聽眾之中，肯定有沾沾自喜因而不願深究其誠意者。

附錄十

970630告別英倫書
黃宇和譯自倫敦《地球報》[184]

　　啟者：

　　承貴報歷來關注鄙人之福祉，禮應向貴報與廣大讀者辭行。鄙人將於7月1日星期四乘遠洋汽輪船，從利物浦出發，前往遠東，途經大西洋及美洲。對於貴報在鄙人被清朝公使館囚禁期間，曾迅速採取行動，將永誌不忘。

　　您忠實的孫逸仙
　　西區缽蘭大街

183　同上。
184　Globe, 30 June 1897, p. 3, col. 5.

罩文省街46號

6月29日

附錄十一

970701〈中國法制改革〉一文發表

孫逸仙與埃德溫‧柯林斯(合著)

黃宇和譯自《東亞》雜誌[185]

在目前中國所有政府部門當中，最急需徹底改革者莫如司法制度——如果它還配稱是一種制度的話。該部門藏污納垢，其骯髒程度，不亞於奧吉恩牛圈[186]；其腐敗透頂，令市民幾乎無一倖免。要掃除這種貪污腐敗，則非徹底革新整個官僚制度不可。若要革新整個官僚制度，則除了結束滿清(又稱韃靼)王朝對中國的統治，別無他法。

本文將列舉事實，證明中國上下，均無法治可言：私刑、賄賂、明目張膽的敲詐勒索、猶如內戰般的農村械鬥；凡此種種，皆人民在走投無路的情況下，用以自保身家性命的手段。至於地方官、法官[187]等等，則只會自肥與媚上，層層進貢，直至皇室。在這種情況下，民事訴訟就變成是公開的賄賂競賽；刑事案件則變成是不由分說、嚴刑拷打的代名詞——罪名都是莫須有。

上述是如實的、毫不誇張的中國法制概況。筆者已另文說明[188]，目前

---

185 *East Asia* (July 1897), v. 1, no. 1, pp. 3-13.

186 奧吉恩(Augean)牛圈，見希臘神話。牛糞堆積如山，臭氣薰天。

187 中山先生在文中用了magistrates and judges。前者還可翻譯成地方官(縣令)——見拙著*Yeh Ming-ch'en：Viceroy of Liang Kuang, 1852-8* (Cambridge University Press, 1976),p. 41.後者則只能譯作法官。但是，當時中國還沒有法官這種現代專業，法官都是由地方官如縣令、府尹等兼任。儘管是號稱專職司法的清代臬司，也只不過是省級高官中從漕糧道晉身到藩司的過渡官階，本身並沒有專業的法律知識。看來，中山先生是為了迎合英國的讀者才這樣寫。下同。

188 指英文原著的〈中國的現在和未來〉，載《雙週論壇》，1897年3月號。英文

中國統治者的存在，以及他們填補司法空缺的整套理論與實踐，和司法人員之仕途與生計等等，均有賴於現存制度之一成不變。由此可見，除非改朝換代，否則司法改革將無法進行。而企盼在社會上、商業上、政治上、市政上，及其他方面提高公正與清廉水平以保身家性命者，也屬徒然。

歐洲人的身家性命均有保障，逍遙自在地過活。他們很難想像，在別的地方竟然存在著如此駭人聽聞的慘況。筆者將以鐵一般的事實，並列舉親見親聞，以充實上述概況。有擾清興之處，敬請讀者原諒。

除了貪污，中國積弊的另一大根源，就是人們普遍地被韃靼專制暴君的虛偽和外表的強大所懾服，而變得奴顏婢膝。這同時也是在執行刑事法過程當中，出現嚴重問題的根源。按古例，只要法官確信某人有罪，則在該疑犯高呼冤枉的淒厲聲中，仍可判刑。滿洲人則假仁假義，宣布未經疑犯本人認罪之前，不得判刑。這樣做，表面上是行仁政，其實是為屈打成招大開方便之門。說穿了，是把古例倒行逆施，即先刑後判。

其結果是，目前整個有關刑事的司法制度，都脫離不了酷刑：即不由分說，也不管有無證據，先打一百大板，然後再開始審訊。

中國人對此有何看法？披上文明偽裝的野蠻司法，蒙騙不了多少人。人們說：「生不入衙門，死不進地獄。」

不單有罪的人受刑被罰。在目前那統治集團控制下的中國，一個無財無勢的人，一旦無辜被控輕犯，其命運肯定可怕過財雄勢大的真正重犯。有財的重犯可以逍遙法外，赤貧的輕犯可以無辜入獄。諺云：「儘管罪該斬首，也可用雙足抵償。」[189]

（續）——
　　原著的名稱是 "China's Present and Future：The Reform Party's Plea for British Benevolent Neutrality," Fortnightly Review(New series), Vol.61, No.363(March 1, 1897), pp. 424-440.
189 在英文的用辭上，手、足可以是價格非常昂貴的代名詞。比方說：It costs an arm and a leg.這裡所說的用雙足抵償，意思是用大量金錢行賄，買得無罪釋放的意思。這篇文章是寫給英語世界的讀者看的，合著者又是英國人，因此所用的比方都是英式。

　　舉個例說，數年前有某病人向我求醫。他說他的膝蓋和腳踝僵硬難當。我對他進行診視時，發覺他從肩到肘，自臀到膝，四肢傷痕累累。我問他，關節如何變僵？傷痕從何而來？他回答說：「曾被誣爲海盜，後雖無罪釋放，但在審訊過程中有三次已被死神召喚，結果又讓活下來。」讓他活下來，目的是爲了能對他繼續嚴刑逼供。

　　要治好這種早已僵化的關節，看來是無望的了。但該病人的病例和他的故事卻深深地吸引著我，使我繼續爲他進行護理了一段時間，以便深切了解他所受過的酷刑，對他身體會產生什麼影響，以及聽全他的故事。這個故事，我現在就在本文複述一遍，讓讀者能了解到在中國執「法」（？）[190]究竟是怎麼回事。無辜被控者，又能惹來怎樣的無妄之災。

　　我發覺，該病人雙腳所有的關節，不是腫漲了就是變了型。有些踝骨已經完全黏結成一塊，膝骨組則已腫大到了、或黏結成了、不能個別辨認的程度。如果在一個終於無罪獲釋者的身上，能留下如此怵目驚心的傷痕的話，這個審訊又是怎麼回事？

　　該病人是一個船夫。某天清晨，他在河邊走路時，突然遇到一隊兵勇。該隊兵勇不由分說，硬把他拉到新會縣令那裡受審。受審時，他還來不及開口，屁股已挨了200大板。跟著縣官命他從實招供。招認什麼呢？他如墮入五里霧中。

　　縣官喝道：「大膽海賊，還不招供！」

　　答曰：「小人乃一介船夫，從未爲賊，也從未有過絲毫越軌行爲。」

　　「嘿！」縣官說：「不招認就讓他跪鐵鏈！」

　　船夫雙手被鎖在木枷上[191]。雙膝被迫跪在兩卷尖利的鐵鏈上。整個身

190　中山先生在這個「法」放進引號，接著加一個問號，意思是說，在當時的中國，西方人心目中的法制，並不存在。

191　中山先生在英文原著中所說的wooden framework（木架），其專有名詞應爲cangue，即枷。這種東方特有的刑具，其英文名字cangue在一般的牛津字典（*Concise English-Chinese Dictionary*）裡找不到。這個「枷」字，在筆者早期的中文電腦裡，則無論是臺南系統還是武漢系統，也找不到，其罕可知。難怪柯

體和木枷的重量就積壓著雙膝。跪了一夜另半天，再被帶到縣官面前。

　　縣官問：「受夠了沒有？招認不招認？」

　　答曰：「小人從未犯法，從何招認？」

　　縣官說：「他所受的仍不足以令其招供，給他壓槓杆！」

　　這樣，船夫雙手再次被鎖上枷，雙膝被平放在地上，膝上被壓以一條槓杆。兩名大漢各站在槓杆一頭，你上我下、我上你下地玩蹺蹺板。船夫劇痛得馬上失去知覺，也不知道那蹺蹺板究竟玩了多長時間。恢復知覺後再被關在牢裡十天。稍事喘息後，又被帶到縣官面前審訊。結果仍不得要領。

　　縣官再換一種嚴刑逼供。船夫的雙手被吊起來，足踝即遭板球棒般的硬棍敲打，以致每根踝骨都被打碎。受刑過程中，船夫並未失去知覺，但奇痛難當。致使他雖然已準備自誣，以便結束這場煎熬，但已痛得口舌不靈。結果，又被關進牢裡十多天。

　　再被審訊時，縣官似乎比以往多留心審問，多問了些問題，而不馬上動刑。但階下囚仍然照實供稱他只不過是一介船夫，並聲稱自己是「老街坊」，盡人皆知其品性良好。

　　但縣官不僅不召來人證，反而下令綁著船夫的大拇指和大腳趾。然後把他吊起來，臉朝下。他本已筋疲力盡，經這麼一吊，懸空之時立刻不省人事。如此這般，又避過一次逼供。但次晨，在牢中恢復知覺時，已虛弱不堪。

　　休審三週。縣官估計船夫已恢復得可以承受最後一次審問。於是船夫再次被帶到公堂——不，應該說是地獄。這次縣官也不多說，只是屬聲警告船夫，促他趕快招供。船夫仍拒絕自誣。結果「地獄的程序」又開始

（續）────────

　　林斯只能泛稱為wooden framework（木架）。若華人倒譯過來時也作「木架」，就要鬧笑話。（見《中山大學學報》，1984年第1期；該文後來又被收入《孫逸仙集外集》）。

了。四根「柴枝」[192]（我的病人如此稱呼它們的）被綁在船夫的手臂和大腿上，然後就點上火，讓它們燃燒。

我應該補充說，這些所謂「柴枝」，其實是由壓縮的鋸木屑、木炭碎和其他材料做成的錐形物品。點燃後，燒得很慢，卻發出熾熱，燃盡方息。能抵受這種酷刑者，萬中無一，故不供認者鮮有。但很奇怪，他似乎難受得馬上又失去知覺，對那漫長的劇痛一無所覺。再次逃過一場逼供。

酷刑未奏效，縣官不得已把他釋放了。因為在中國，如果嫌疑犯不認罪，官方是不能判刑的。加以船夫是名窮光蛋，酷刑也榨不出任何油水來。如果長期把他監禁，又太破費。乾脆把他逐出衙門算了。

船夫在如此酷刑折磨之下還能夠活下來，而又不自誣，是罕有的例子。我曾請教過很多年長的官吏，有些更是當過多年縣官的，每年審訊過好幾千嫌疑犯。但他們都未遇過類似的例子。

除了上述幾種酷刑以外，還有各式各樣的其他酷刑；雖然多是不見經傳者，卻在大江南北盛行。這些不合法的、至少是不規則的酷刑不勝枚舉。在這裡姑且再舉一個不尋常的例子。因為這個事例給我留下了極其深刻的印象，是促使我走上拯民於水火的改革道路的原因之一。談談這個事例，就足以說明壓迫我們的人，是如何像魔鬼般地草菅人命，以殘忍自娛。

有一次，我到某縣衙拜訪縣官。他邀我共同觀摩一種「新發明」的刑訊，美其名曰「白鳥再造」[193]。犯人被剝光衣服後，全身貼上兩吋寬、六吋長的紙條。如此裝扮過後，疑犯看來就像隻白鳥。接著，各紙條被點火燃燒。只要身體不起疱，便可把紙條燃而復貼，貼而復燃。最後，疑犯全身被擦上濃鹽水，其痛楚之烈，非筆墨所能形容。

---

192 原文是 four pieces of stick。有將其翻譯為四根「棍子」者（見《近代史研究》，1984年第2期），嫌體積太大。

193 原文是 transformation，譯作改造、再造，均可。有譯作變形者（見《近代史研究》，1984年第2期），不確。

目睹這種慘狀，我心中的痛楚不亞於受害者。情不自禁之餘，藉故暫退，於無人處咽淚水。

稍後，施刑的衙役來告：「擦鹽水這個主意真妙！既令疑犯痛楚難當而自招，又可避免由於燒傷而引起敗血症。」[194]

當這種既不合法、又不規則的酷刑導致死亡時，或許會給當官者帶來麻煩。但這種情況，只有上司發覺出了人命而追究，或死者的親屬花錢憑勢上訴時，才會出現。而這種情況是極為罕見的，因為越軌官吏總是有後台撐腰。

正如上述，按大清律例[195]，若犯人不認罪，則不能判刑。這種規定的原意，是為了避免形成嚴刑迫供這種陋習。但是，一種常見的現象是，被屈打成招的犯人，在其被判死刑後，就否認控罪。於是上司就發還縣官重審。縣官認為不能故技重施，就不斷地創新酷刑。上述的所謂「白鳥再造」，就是這類創新的一種。說來也奇怪，犯人竟然如此愚蠢，不認識到立刻招認可免除林林總總、比死更慘的苦楚。

誘捕我進入中國公使館的人，曾經對我說過：「你否認曾謀反是沒用的，徒招酷刑。」此話不假。中國人都很清楚，一旦惹上官司，第一個念頭不是清白與有罪的問題——那是無關痛癢的——而是有否足夠的金錢，去買個公道。或者，是否有足夠的權勢使自己無罪獲釋。儘管是罪行確鑿的犯人，也可以使財或用勢而獲釋。相反地，無財無勢的人，儘管清白如雪，還是盡早招認為妙。

194　中山先生在英文原文中所說的blood poisoning，在醫學上的專有名詞是septicaemia，中譯應作敗血症。有把blood poisoning翻譯為血中毒者（《中山大學學報》，1984年第1期），也有把它翻譯為血液中毒者（《近代史研究》，1984年第2期），均不確。

195　原文作Chinese law，這辭嫌太泛。既然中山先生已說過，這種做法是滿清政權搞起來的，則譯作大清律例更符合中山先生的原意而又能避免誤會，姑勿論其原意正確與否。看來，要讓柯林斯寫出Qing Code（大清律例）這樣的專有名詞，是早了一個世紀。

當我被囚禁在缽蘭大街[196]中國公使館時，因為與外界隔絕，所以絲毫不知道我能獲釋的可能性[197]。因此，我狠下決心：[如果公使館成功地把我偷運上船，密運回中國的話，我就從船上跳海！葬身於英倫海峽，或地中海、或印度洋、或中國海。如跳海失敗，而不幸遭押抵達廣州的話，我已決意馬上招認，以免卻頭一輪毒打。儘管如此，我恐怕難免仍會遭酷刑迫供同黨的名字。出賣同志，我是寧死不幹的。我情願抵受慘絕人寰的酷刑，也不會出賣同志。

我們必須緊記，上述的恐怖事例，都不是在犯人被判有罪後所應得的懲罰，而只是在被捕以後及判罪以前，所遭到的韃靼統治下特有的審判方式。其在法律程序的先後來說，只相當於西方的肇事人在警察局作證詞，和跟進的陪審團聆訊這樣的階段。

至於真正被判罪後所遭到的懲罰，更是野蠻不堪。尤其是對政治犯的懲罰！不過，這就需要另文敘述了。

審訊時的嚴刑逼供，與獲罪後的恐怖刑罰，絲毫阻嚇不了壞人作案。因為，有財有勢者即使犯了法，仍可逍遙法外。而真正清白的人，則仍免不了酷刑與枉死。

據估計，每個縣城每年約處決一百到兩百名犯人。光是廣東省就有72個縣城。以此類推，全國每年被貪官污吏處死的人肯定很多。而這批死者，很可能大部分是無辜的。有些是無辜代人受過，有些是無辜被屈打成

---

196 原文是Portland Place，是一條很寬敞的大街。有譯作波德蘭區者（《中山大學學報》，1984年第1期；《近代史研究》，1984年第2期），不確。全句是：When I was imprisoned by the Chinese Legation in Portland Place...這樣的一句話，意思模糊，但倫敦人能看得懂。由於公使館就在缽蘭大街49號，故倫敦人會準確地將此句的意思理解為「當我被囚禁在那所位於缽蘭大街的中國公使館時」。有將此句翻譯成「當我被中國公使館囚禁在波德蘭區」者（《近代史研究》，1984年第2期），不確。

197 中山先生於1896年10月23日被釋放。其實，在10月18日，康德黎醫生到英國外交部告發以後，中山先生已獲釋在望。只是中山先生由於被囚禁而不知情，因而他在文中才這樣寫。見拙著《孫逸仙倫敦蒙難真相：從未披露的史實》（台北：聯經，1998），第一章。

招，有些是無辜因富惹禍——因爲某大官欲侵吞他的財產，而羅織罪名誣告他。

如果某人向封疆大吏或朝廷打小報告，說某地有若干人數的作奸犯科者——比如說是海盜吧，該地的高官就會被責成如數拘捕與正法。如果小報告說有二十、五十、一百、甚至一千名不法分子，該官也得如數正法，濫竽充數，在所不計。因爲確犯有能耐逍遙法外，該官就迫得找無辜者當替死鬼。若某地有人公開鬧事，高官則往往乘機大撈一筆。其辦法是，把當地有財有勢的人出具名單，然後按戶敲詐。順我者生，逆我者亡。廣東水師提督方耀，就是個中能手。此人貪得無厭，而且嗜殺成性。他經常以這種手段掠劫富人，濫殺無辜。即使像中國那樣酷吏橫行、見怪不怪的國家，方耀的行徑仍然令人髮指。

相信讀者還記得，大約在6年前，汽船「納摩雅」（Namoa）號從香港沿中國海岸北駛的時候，突然被藏身在船上的海盜奪船；船長與四人被殺，船被洗劫。總督[198]下令追捕四十人，由方耀執行。方耀只抓到十八名海盜，卻捕殺了二十二名無辜者來補足。再舉一個例子：大約在十年前，距離香港約五十英里的惠州地區有一個徵收釐金的關卡，被一伙鹽梟打劫。抗衡中有卡員被殺。卡官卻把此事上報爲造反，結果官兵雲集，鹽梟早已逃之夭夭，當地居民卻成了代罪羔羊。四座大農鄉被夷爲平地，鄉民不分男女老幼，數千人被屠殺。尤有甚者，因連坐法而引致不少無辜的人被抄家滅族。如果某人是政治犯，則不但要抄家，遠房親戚亦遭殺戮；而且要挖祖墳、暴屍骨。即使抓到的政治犯已經死亡，仍要碎屍萬段。

除了在正規司法制度下種種合法或非法的刑罰以外，近年更湧現了所謂「軍法從事」。準此辦理，大批所謂「肅罪特使」便橫行鄉里。他們操生殺大權，不由分說，濫殺無辜。方耀正是這種特使。據估計，每年由他未訊即戮的冤魂，大約有1000之眾。正因爲這樣，近年廣東省和長江流域

198　此指兩廣總督。

各省的文官，已懶得升堂審訊。他們索性把所有刑事犯交給營務處[199]，就地正法。

猶記某天，筆者曾往該提督行轅拜訪他。當天傍晚，筆者目睹約有十二名新犯被帶過堂，以便翌晨斬首。他們當中不少人，邊走邊高呼：「大人開恩！」師爺即斥曰：「住口！汝等若是良民，則不會對簿公堂了！事到如今，萬事俱定，休想寬大！」筆者問師爺，該等人犯是否已經訊定，並已判刑。師爺答曰：「該等人犯均由鄉紳擄解，無疑皆爲確犯。不必再費神審訊，通通軍法從事可也。」諸如此類的事例，已不必置評。平鋪直敘也已能充分說明，在韃靼統治下的中國，「司法」與「刑罰」是怎麼回事。

酷刑雖烈，卻無法抑制累累罪案。即以廣東爲例，每年至少有數千人頭落地，罪名不外是賊匪或海盜。但數以千計的、名副其實的海盜和劫匪，卻橫行無忌。以致行商坐賈，地主廠商，都情願向其買通，而不願向貪官求助。其實，此類貪官只會魚肉良民，卻絕對不敢與真正的梁山好漢交鋒。

殘酷的現實是，在中國遇事休想得到法律保護。結果是無法無天。在窮鄉僻壤尤其如此。若求助於官府，則不單勞民傷財，也保證不了罪犯不會買通官府，而逍遙法外。這種例子，光是筆者目睹過的就爲數不少。

就以澳門附近的鄉村爲例吧。該處經常有攔路打劫的盜匪出沒，村民如抓到這種盜匪，過去的做法是動用公款，買通香山縣令，以求將其繩之於法。但後來，縣令卻乘機雙管齊下，既向村民、也向盜匪的家屬同時敲詐。待雙方都被榨乾後，盜匪卻往往莫名其妙地溜之大吉。對村民來說，送官究治既勞民傷財，又遏抑不了盜匪；於是把心一橫，乾脆把抓到的盜匪，馬上私自將其活埋。因爲盜匪均爲外地人，將其偷偷地活埋了也神不知鬼不覺。若把他砍了頭，而棄屍荒野，反會招來官府無休無止的勒索。

---

199 原文是military court，即軍事法庭。

村民的這種做法，對陌生人來說固然是危險之至，但卻能有效地使攔路的強盜消聲匿跡。

這種私刑，同時也用來對付其他罪行。偶爾錯殺良民，在所難免。但是，在貪官橫行的情況下，村民爲求公道，只能出此下策。

至於民事訴訟，也不比刑事案件好多少。當兩村或兩族的人民發生爭執時，在英國當然是法庭見面，在中國就會變成械鬥。械鬥的規模不亞於局部內戰，因爲雙方都會各邀匪幫當僱傭兵。這種械鬥，在中國無日無之。

上述幾個例子，概括了目前的中國，在滿洲人統治下司法與公道究竟是怎麼回事。該等官僚，草菅人命，宰殺一千人無異於踩死數百螞蟻。如果中國像土耳其一樣與歐洲近在咫尺的話，各個信奉基督教的國家，早已聯手將那個比緬甸的錫袍(Thebaw)王更殘酷、比古代暴君更苛刻的統治集團摧毀。

不久前，在福州附近有十二名英國傳教士被害，男女老幼無一倖免。但此慘劇，似乎已被英倫諸島的人民淡忘了。不單如此，英國政府和舉國上下似乎仍未認識到，他們所贊許和支持的大清律例，是害群之馬，是人類的恥辱。如果英國能認識到這一點，則少年中國改革黨(Reform Party of Young China)在其努力把中國司法制度歐洲化的過程中，至少能希望免受干擾。

第二部
分析歷史

　　本書第一部分重建了孫逸仙旅居倫敦時期的歷史。那麼他在倫敦所見所聞，對他的思想起過什麼震盪？他說，「此三民主義之主張所由完成也」[1]。

　　準此，本書第二部分的第五、六、七章就分別探索其民族、民權、民生等主義的淵源。筆者發現，他在倫敦所見所聞，固然在很大程度上促使他構思了三民主義並大大地豐富了其內容。但在此之前，他在檀香山尤其是香港所受過的英式教育以及英國人在當地辦事方式對他的潛移默化，甚至他童年時代在鄉塾所受過的傳統教育以及他離鄉後不斷私下進修國學的心得，都絕對不容忽視。他的三民主義，其實是融會貫通了當時古今中外的思潮，並針對當時中國的具體情況而對症下藥的一種理論。

　　正因為如此，三民主義既有其時代的局限性(例如他鼓吹人口的增長無疑是受到達爾文的影響，而目前中國需要的不是人口增長而是節育)；但也有其永恒的價值(例如他繼承中國儒家的大同思想而提倡國與國之間應該平等互信而不應該互相殺戮)。民族主義的發源地歐洲，經過兩千多年以來的互相殺戮，已經感到這樣長期下去不是辦法，因而成立了歐洲共同體。這種做法，與孫逸仙在其民族主義中所提出的做法，有異曲同工之妙。

　　而本書的第八章，也以此作為結論。

1　孫中山：〈建國方略：孫文學說第八章「有志竟成」〉，載秦孝儀主編：《國父全集》(台北：近代中國出版社，1989)，第一冊，頁412。以後簡稱《國父全集》(1989)。

第五章
民族主義思想探源

一、緒論

　　孫逸仙旅居倫敦九個月，對其民族主義的構思起到什麼作用？須知民族主義這種思想，過去中國是沒有的；有的是夷夏之辨，性質是不一樣的。現代民族主義發源於歐洲，然後向世界各地傳播，孫逸仙正是它傳往中國的首要媒介！但由於它是一種思想感情，因人因地因時而異，很難捉摸。孫逸仙直接從英國和間接從歐洲所學到的民族主義思想，經過他消化後，會是怎生樣子？

　　歸根結底，孫逸仙民族主義所指的是甚麼？如果是英語所說的nationalism，那問題就複雜。因為到目前為止，西方學術界的有關著作雖然浩瀚如海，但對nationalism的定義還是眾說紛紜，莫衷一是[1]。孫逸仙在闡明他自己的那套「民族主義」時說「民族」的英語原文是「哪遜」──nation[2]。因此，他所指的「民族主義」的英文原文果然是nationalism。那麼，這課題該如何處理？筆者沒選擇之餘，只好效法前賢，在自己幾十年教研所獲一點心得的基礎上，談談自己的看法。

　　筆者要邁出的第一步就是正名，即以後本文凡是用上「民族主義」這

---

[1]　在筆者看過的有關著作中，幾乎沒有一位作者是完全同意其他作者的見解的。同時見George Schopflin, *Nations, Identity, Power* (London: Hurst, 1999).

[2]　孫中山，「民族主義第一講」，1924年1月27日，載《國父全集》(1989)，第一冊，頁3，第20行。

名詞時，所指都是西方所謂的nationalism。兩詞互通。第二步是溯源：旣
然孫逸仙說他所用的「民族」這名詞的原文是「哪遜」（nation）[3]，可知他
的民族主義思想源自西方思想界。孫逸仙的小學、中學和大學所受的教育
都是用英語上課，他自己從英文的書籍了解到西方民族主義思潮，是很自
然的事。至於英語「哪遜」這個名詞的根源是甚麼？孫逸仙沒作進一步解
釋。

按「哪遜」這個名詞最初出現在歐洲中世紀時代大學的圈子，當時是
用natio（「哪西奧」）這個字。中世紀時代的大學已有外國留學生，各種不
同的外國留學生所構成的小團體，大學當局爲了行政方便就稱之爲「哪西
奧」。比方說，在巴黎大學唸書的葡萄牙學生，大學當局就稱之爲葡萄牙
「哪西奧」，安排他們住在一起，以便管理和讓他們互相照顧。目前，蘇
格蘭的古老大學如格拉斯哥（Glasgow）大學和阿巴顚（Aberdeen）大學，仍把
這個名詞保存至今，但只於選舉校長時把舊生分組才用上[4]。隨著時間的
轉移，「哪西奧」的涵義慢慢就擴大到指更大的群體，而名稱也從「哪西
奧」（natio）演變成「哪遜」（nation）[5]。

那麼，「哪遜」（nation）所指的群體有多大？是甚麼性質？拿甚麼標準
來說某某人是某一個群體的一個成員？在這些問題上，筆者獨鍾人類學家
濱乃迪‧安德遜（Benedict Anderson）的見解。他說，「哪遜」是人們空想
出來的一個虛體（imagined community）[6]。這麼說，難道佛蘭西民族是一個
實際上不存在的、「空想出來的一個虛體」？哲學名詞一般玄乎其玄。在
此，筆者先談談他自己對這個名詞的理解。

3　孫中山，「民族主義第一講」，《國父全集》（1989），第一冊，頁3，第20行。

4　*The Shorter Oxford English Dictionary on Historical Principles*, 3rd edition
　　（Oxford: Clarendon Press, 1970）, p. 1311.

5　Hugh Seton-Watson, *Nations and States: An Enquiry into the Origins of Nations and
　　the Politics of Nationalism*（Voulder, Colorado: West View Press, 1977）.

6　Benedict Anderson, *Imagined Communities: Reflections on the Origin and Spread of
　　Nationalism*（London: Verso, 1983）.

　　虛體的反面就是實體。比方說，一個核心家庭就是實體，因爲核心家庭的所有成員都有密切的關係與感情。而一個理想的、傳統式的、中國家庭更是夫妻恩愛、父慈子孝、兄愛弟敬、姊妹和睦等等。一句話，家庭成員之間都是骨肉相連而一般是感情深厚的，故名爲實體。爲甚麼說「哪遜」是個虛體？因爲該群體中的個別成員絕大部分都是互相不認識的。比方說，某一個英國人，他一生中所認識的其他英國人，會有多少？他所認識的其他英國人，與全國人口比例又有多少？另外，該群體的大多數成員之間，平常也沒來往，某個別成員的生老病死也不會得到其他不認識的、個別成員的關心。比方說，某居住在東北的、一個寂寂無聞的人死掉了，不會引起在一個他不認識的、住在廣州的人的哀思。但是，所有公認同屬於、並擁護某一個「哪遜」的個別成員心中都有一個概念，即深信他們所屬的那個群體是獨一無二的、神聖不可侵犯的、所有個別成員之間都是血肉相連共命運的[7]。

　　換一句話說，「哪遜」之存在，在完全是一種心理狀態，也可以說是心理在作祟。心理狀態不是手能摸到的實物，而既然「哪遜」只是一種心理狀態，所以說「哪遜」是虛體。

　　難怪英國史學家額日·霍布斯班(Eric Hobsbawn)，在研究十八世紀以來的歐洲民族主義時認為，「哪遜」──民族──這個東西，「是由國家(state)和民族主義(nationalism)所炮製(make)出來的」[8]。這種解釋表面上似乎不合邏輯：因爲按道理應該是先有民族才能有民族主義：主義是人的一種思想，思想是人想出來──製造出來──的，怎能倒過來說思想製造了人呢？可以：因爲通過洗腦可以把一個人的思想改變，把他塑造成另外一個人。霍布斯班那句話的意思是，國家領導人，通過國家所掌握的宣傳

7　Benedict Anderson, *Imagined Communities: Reflections on the Origin and Spread of Nationalism* (London: Verso, 1983).

8　Eric Hobsbawn, *Nations and Nationalism since 1780* (Cambridge University Press, 1992), p. 10.

機器，向國人宣傳民族主義，國人才產生了「民族」這個概念。

那麼國家領導人所宣傳的內容——民族主義——又是甚麼？則前面已經說過，西方學術界對民族主義的定義至今眾說紛紜，莫衷一是。但筆者經過幾十年閱讀有關著作和用英語教授這門課，得出一個簡略易懂的英文定義——devotion to nation——為了民族利益而勇於犧牲自己的那種精神。

準此，我們回頭看看孫逸仙對民族主義的定義。

二、孫逸仙給予民族主義的定義

孫逸仙在他的「民族主義」第一講中的第一句話就是：「用最簡單的定義說，三民主義就是救國主義。」[9]由此可見，三民主義之中的「民族主義」也是救國主義。就是說，用「民族主義」來救國。在這裡孫逸仙只說明「民族主義」的功用——救國，但沒給予定義。孫逸仙接下來解釋說：「民族主義就是國族主義」。嚴格來說，這只是用另一名詞代替這個名詞，同樣不是定義。但孫逸仙的兩個說法已給了筆者足夠的線索進行「神遊冥想」[10]。

首先，國族是甚麼？孫逸仙同樣沒給予定義。但據筆者閱讀其以「民族主義」為題的六次演講[11]而得出的理解是：一個國家之內所有的人所共

9　孫逸仙，「民族主義第一講」，《國父全集》(1989)，第一冊，頁3第4行。

10　關這詞所牽涉到的歷史方法，見史學大師陳寅恪先生所言：「吾人今日可依據之材料，僅為當時所遺存最小之一部，欲藉此殘餘斷片，以窺測其全部結構，必須備藝術家欣賞古代繪畫雕刻之眼光及精神，然後古人立說之用意與對象，始可以真了解。所謂真了解者，必神遊冥想。」見陳寅恪，〈馮友蘭中國哲學史上冊審查報告〉，《金明館叢稿二編》(上海：古籍出版社，1982)，頁247。牛津大學前皇家近代史教授(Regius Professor of Modern History)核‧特瓦若柏(Hugh Trevor-Roper)說得更直接了當。他說：「沒有想像力的人不配治史。」見Hugh Trevor-Roper, *History and Imagination* (Oxford: Clarendon Press, 1980)。所以筆者就作大膽的遐想，想出來的東西不一定對，但若能在史學界引起一些討論，於願足矣。

11　他的三民主義都是以演講的形式面世的，而民族主義用了六次演講。

同組成的一「族」。他這個「族」字不能以「種族」（race）的觀念來理解，而必須以「群體」（community）的意思來領略。他採用「國族」這個名詞的邏輯似乎是這樣：如果同一個祖宗的群體可以稱之為宗族，而同屬一個大家庭的群體又可以稱為家族，那麼把同屬一個國家的群體稱之為國族，有何不可？因此他把他在1912年創建的中華民國所管轄的國民、這個群體稱之為中華民族。這個中華民族包括不同「種族」的人：漢、滿、蒙、回、藏暨幾十個少數民族。若把孫逸仙的話提升到學術理論的層次，則可見美國歷史學家濱乃迪・安德遜（Bennedict Anderson）和英國歷史學家霍布斯班（Eric J. Hobsbawn）所言不虛。安德遜說：「民族是一個虛構的群體。」[12]孫逸仙正是在構思中華民族的成員應該包括誰：結果他把所有居住在中國國境之內的人都容納了。而霍布斯班又說：「先有民族主義，然後才有民族。」[13]孫逸仙正是先構思好了他心目中的民族主義的涵義，最後才向國人宣傳這中國式的民族主義。這一點證明孫逸仙最遲在1912年創建民國的時候已經把問題想通了，不待後來的安德遜在1983年和霍布斯班在1992年道出其中奧祕，孫逸仙老早已經這麼做了。

　　至於1896/7年孫逸仙旅英期間所構思完成的民族主義的內涵，是否就是辛亥革命成功後他所提倡的五族（漢、滿、蒙、回、藏）共和的內涵？竊以為可能不一樣：從本書第四章所發掘出孫逸仙旅英期間的談話、書信、著作等，隱隱約約可以感覺出他全是反滿情緒，大有與清廷誓不兩立之概而絲毫沒有五族共和的味道；尤其是他與李提摩太的談話，這種情緒更為明顯。談話中（一）孫逸仙痛斥滿清的苛政和腐敗。他認為所有的滿洲人都是壞蛋，並說若推翻滿清，由漢人重新執政，就萬事皆吉。（二）李提摩太則認為，光是改換政權而不進行基本改革，就像把一枚劣幣顛倒到另一

12　Anderson, Benedict. *Imagined Communities: Reflections on the Origin and Spread of Nationalism* (London: Verso, 1983).

13　"Nationalism comes before nations," Eric J. Hobsbawn, *Nations and Nationalism since 1780* (Cambridge University Press, 1992), p. 10.

面，仍然是一枚劣幣。又說，中國所需要的，不是革命，而是改革[14]。兩人針鋒相對之處，躍然紙上。孫逸仙之專程前往拜訪李提摩太，原意無疑是要爭取他同情革命，但到了話不投機之際，看來也不惜與他鬧翻。當時他反滿情緒之高漲，可見一斑。

孫逸仙旅居倫敦期間所遇到的一些事情，也足以加劇他的反滿情緒。例如，滿清駐倫敦公使館的人員把他綁架入內並關禁起來，以及被關押期間他在心靈上所遭受的重大創傷，並因此而讓他聯想到千萬同胞在滿清苛政下所受的苦難，本書第二章「日誌」及第四章「著作」附錄十一〈中國法制改革〉中，已經重建了一幅詳細圖畫，供讀者神遊冥想。此外，第二章「日誌」又考證出，1897年4月13日，孫逸仙隨日本朋友南方熊楠參觀了一艘日本政府向英國訂造的兵艦「富士」號。購買該艦的經費來源正是中國在甲午戰敗的賠款，孫逸仙得悉後能不對滿清政府咬牙切齒？該艦上有本中日甲午戰爭的照片集，孫逸仙看後，其推翻滿清的決心是否會更加堅定[15]？

歸根結底，辛亥革命以前孫逸仙力倡反滿，竊以爲只是一種革命手段；當時急務是推翻滿清政權，孫逸仙可能認爲提倡反滿更能調動革命力量的積極性。在那個時候提倡五族共和是不適合的，當時若提倡與滿族共和就不能呼籲人民推翻滿清政權了。但是，一旦滿清倒了台，他馬上就提倡五族共和。孫逸仙的做法，與1999年的南斯拉夫總統米魯索維奇（Slobadan Milosavich），不設法團結國內搞分裂的阿爾巴尼亞族人，反而把其排擠而導致民族分裂、外強干預的愚蠢做法，成了強烈的對照。因此筆者認爲，孫逸仙在1896/7年旅居英國間於所見所聞，可能已經把中華民族五族共和這個概念想通了，只是由於革命需要而暫時仍倡反滿而已。

其次，「民族主義」怎能救國？孫逸仙說：「中國只有家族主義和宗

14　見本書第四章，其中翻譯了李提摩太的回憶錄：Tiimothy Richard, *Forty Years in China* (New York: Stokes, 1916), p. 350.

15　見本書第二章「日誌」，第970413條。

族主義，沒有國族主義。」[16]結果「中國人對於家族和宗族的團結力非常
強大，往往因為保護宗族起見，寧肯犧牲身家性命。」[17]但由於沒有國族
主義，因此「對於國家，從沒有一次具極大精神去犧牲的。」[18]以至外國
人認為「中國人是一片散沙」[19]，中國瀕臨於亡國滅種的地步。所以如果
要救國則必須發展「國族主義」──即「民族主義」──讓國人都願意犧
牲身家性命去救國救民。為何推翻滿清以後，孫逸仙仍然提倡「民族主
義」以救國？因為滿清雖然早已在1912年倒了台，中國仍受列強壓迫也。

　　準此，筆者認為，據孫逸仙自己的意思，民族主義的定義應該是「肯
犧牲身家性命」去救國的精神。因此，筆者認為孫逸仙對西方民族主義精
髓的理解是比較準確的。民族主義這個名詞，最初是西方學者為了解釋歐
洲過去的一些歷史現象而創造的。1924年孫逸仙以民族主義為題而作六次
演講時，有關西方民族主義的學術著作還非常罕有，但他當時已經能夠準
確地抓住西方民族主義的精髓，讓筆者聯想到兩點：(1)他的民族主義思想
並不是一般學者所說的、在大英博物館看書得來的，而是正如他自己說
的，是1896/7年旅英期間「所見所聞」體會出來的。(2)芸芸眾生當中，孫
逸仙從日常生活中的「所見所聞」而能夠準確地抓住當時西方世界這麼重
要而又複雜的歷史現象的精髓，證明他的確是全心全意地思考當時中國所
面對的問題和對策，也證明他頭腦非常敏捷。

　　同時筆者相信，很多中國學者都同意孫逸仙用民族主義來救國的意
圖。因為大部分漢文的、有關孫逸仙民族主義的論文與專著都圍繞著救亡
的問題來發揮。

　　但筆者則希望從另外一個角度來探索孫逸仙的民族主義，即先從理論
上考察歐洲的、特別是英國的民族主義的起源與性質，以及孫逸仙旅英期

16　孫逸仙，「民族主義第一講」，《國父全集》(1989)，第一冊，頁3，第14行。
17　同上，第16行。
18　同上，第18行。
19　同上，第15行。

間接觸過那些與民族主義有關的具體事例，以及這些事例對他可能發生的
影響。最終目的是希望藉此了解孫逸仙自己那套民族主義所產生的歷史背
景與理論根據。

三、略論歐洲民族主義的起源與發展

　　上面說過，有心人(包括國家、宗教、思想界、文化界的領導人)可以
用宣傳(洗腦)方式灌輸民族主義以便塑造一個具備某種特殊性格的民族。
這種手段，在人類發展史上，是甚麼時候開始的？在這個問題上，西方史
學界的意見倒是一致的——從1789年爆發的法國大革命。在這以前的法
國，「朕即國家」，君主向老百姓灌輸「忠君愛國」思想。現在老百姓起
來革命，把君主殺了，以後革命派就再不可能提倡「忠君」。至於「愛
國」，則不能改變，但「國」屬誰？法國的思想家認爲，應該屬於國境之
內所有的老百姓。「老百姓」這個名詞的涵義本來是中性的，泛指具各種
姓氏的人士。但由於「老百姓」這名詞在君主帝皇時代就用上了，結果就
包涵了「臣民」(subject)的意思。現在老百姓當了國家的主人翁，地位上
有了根本的改變，所以法國的思想家就認爲再不能稱之爲老百姓，而應該
稱爲國民——國境之內的人民——或公民(citizen)[20]。公民與公民之間的
關係是「自由(liberty)、平等、(equality)、博愛(fraternity)」，廢除過去
君主帝皇時代貴族與農奴的從屬關係和貴族與平民的階級界限。

　　這一切，當時都是法國思想家們的構思與口號，如何把這種構思與口
號變成事實，則必須有一個行動過程。這個過程就是民族主義思想教育。
普通的法國群眾，不像法國思想家那樣想得深遠，同時由於積習和其他原
因也不會全部同意思想家們的想法，所以必須有一個教育的過程。更重要
的是，法國皇室暨貴族與歐洲其他皇室與貴族都有不同程度的姻親關係。

20　Eugene Kamenka, "Political Nationalism-The Evolution of An Idea," in Eugene
　　Kamenka (ed.), *Nationalism* (London: Edward Arnond, 1976), pp. 5-6.

法國群眾殺了皇帝皇后的頭，又宰了大部分貴族，歐洲其他皇室與貴族恨之入骨：他們更害怕自己的老百姓模仿法國的群眾起來造反，所以大有聯手鎮壓法國大革命的趨勢。法國的革命派深感威脅，他們的對策之一，就是要最大程度地團結國境之內所有的「公民」以便一致對外。團結的辦法是推行民族主義宣傳教育，目標是把國境之內各個不同種族(race)、不同語言、不同背景、不同風俗習慣的群體熔鑄成爲單獨的、一個只說一種語言(巴黎語)、接受同一種價值觀、遵從一種風俗習慣、認同一個歷史淵源、過同一種生活方式等等的「民族」(nation)。不服從嗎？斷頭台等著你！法國大革命期間，在斷頭台上喪生的無辜數不勝數。到了1799年拿破崙以軍事政變奪取政權後，更是雷厲風行地推行這種「統一」政策。拿破崙是大獨裁者，誰不服從誰遭殃。高壓之下，法國境內各少數民族迫得完全被同化，法國可以說達到了「單民族國家」(nation-state)的理想。而拿破崙領導下的「單民族法國」，把強鄰通通打敗，英國也岌岌可危，只由於法國的海軍不濟事，在西班牙的特拉法加(Trafalgar)海面被英國皇家海軍打敗了，英國才得倖免[21]。

　　法國這種翻天覆地的變化，對歐洲思想界產生深遠的影響，與本文有關的要端大致有三：

　　(1)法國的自由主義(liberalism)，啓發了歐洲其他國家的思想家，慢慢造成一種勢力，導致各國自由派紛紛向自己的專制國王要求更多的自由——這就是1848年橫掃歐洲的所謂「1848革命運動」。各國的專制國君及支持他們的保守勢力馬上進行反撲。他們把革命運動鎮壓下去後，驚魂稍定之餘，努力要讓自己的統治合法化。辦法是把當時各自由派高漲的民族主義情緒引導向忠君愛國這方面，讓這股強大力量的矛頭轉移向國土以外的

21　這一段文字，是筆者自1959年在香港唸耶穌會士辦的、英國課程的英語中學而
　　開始學習歐洲史開始，到澳洲雪梨大學執教30年不斷閱讀、思考與教研的一點
　　心得。46年來看過的書，沒法一一枚舉，尚祈讀者鑑諒。

地方[22]。

(2)把矛頭指向國土以外就是向外擴張了——像拿破崙引導了如火如荼的法國民族主義走向侵略戰爭一樣——把民族主義變成帝國主義。成功地步法國後塵的是小王國匹芒(Piedmont)和普魯士(Prussia)。他們都是利用國內高漲的民族主義情緒去攻打和併吞鄰近的小王國，先後建立起嶄新的國家——義大利(1861)和德意志(1871)[23]。難怪歐洲史學界盛行這麼一種看法：拿破崙以前的法國民族主義和1848年以前歐洲其他國家的民族主義是「進步」的，1848年以後歐洲的民族主義通通是「反動」的。

(3)法國對「單民族國家」追求的成功以至拿破崙般的強大，啟發了其他國家對「單民族國家」的追求。匹芒王國通過併吞鄰近其他小王國而成立了義大利以後，前匹芒王國的首相就說：「我們已經成功地創立了義大利國，下一步就是創造義大利人。」[24]義大利半島地方雖小，卻有不少少數民族在那兒定居，口語、風俗習慣、歷史背景等等都不一樣，要把他們通通同化為單一民族，談何容易？而且，義大利缺乏法國大革命時期最厲害的武器——斷頭台，也沒有一個拿破崙，沒法消融各少數民族的抵抗。所以，義大利要創造單一民族的努力，都沒有顯著的成效。小小一個義大利，至今仍然南轅北轍，而筆者的義大利朋友當中，不乏互相不能對話者。

德意志對「單民族國家」的追求更切。雖然它沒有斷頭台，卻有個鐵

22 Sir Louis Namier, *1848: The Revolution of the Intellectuals*, The Raleigh Lecture on History, British Academy 1944（London: Oxford Universtiy Press, 1946），Reprinted from the British Academy Proceedings, vol. 30. See also Robert Gildea, *Barricades and Borders: Europe 1800-1914*, 2nd edition（Oxford: Oxford University Press, 1996），pp. 165-7.

23 Robert Gildea, *Barricades and Borders: Europe 1800-1914*, 2nd edition（Oxford: Oxford University Press, 1996），pp. 283-6.

24 Christopher Seton-Watson, *Italy: From Liberalism to Fascism*（London: Methuen, 1967），p. 13.這話是1860年馬斯墨·達塞利奧伯爵(Marquis Massimo D'Azeglio, 1798-1866)所說的。他是義大利半島其中一個王國Piedmont的首相(1849-52)，是統一該半島以創建新興的義大利國的大功臣之一。

血宰相俾斯麥。他用強硬手段把一切典章、制度、人事、文化等通通集權和統一起來，同時刻意推行民族主義宣傳教育。德國教育事業之發達，遠遠超過法國，義大利更是望塵莫及。可以說，德國教育興旺發達的程度，在歐洲是首屈一指的。正由於德國有最先進的教育事業，所以民族主義的宣傳也是最成功的，士兵都知道為甚麼打仗。後來在第一和第二次世界大戰初期，德軍所向披靡，都與其極為成功的民族主義教育有關。

但是，德意志對「單民族國家」的追求，離開不了德國人的問題。孫逸仙說，「他們的民族叫做條頓民族」[25]。筆者初遇「條頓民族」這名詞時，覺得很新鮮，因為從現代文獻中很少見到這名詞。後來想到孫逸仙大多數是在1896/7年旅英時碰到這名詞，於是鑽研這個時期的典籍，方知(1)其英語原文是Teuton，(2)此詞是當時英國人用來取笑德國人的用語。為甚麼說取笑？因為此詞是德意志立國前後——1860-1880年代——德國思想家虛構出來的名詞。為了宣傳民族主義的需要，並讓聽眾相信德國人是一個歷史悠久的民族，就虛構了這麼一個故事：一千年前已有條頓這民族在德國這地方居住，並且是一直連綿不斷地居住在這神聖的土地上；德國人一脈相承，正是條頓這民族的後裔[26]。

事實剛剛相反。早在羅馬帝國時代已記載了化外各部落不斷打鬥遷徙，羅馬帝國衰落以後更是天下大亂，戰爭連綿——歐洲史就是戰爭史——強者征服弱者成立小王國，小王國國境之內除了勝利者還有被征服的其他民族，通通都是多民族國家。

這眾多的小王國，其中強盛的進一步征服了弱小的王國而成為大王國。法蘭西、奧地利是顯著的例子。在這個意義上，遲到1861年匹芒這個小王國才把義大利半島的其他小王國征服而建立的義大利國，以及1871年普魯士小王國才把鄰近講德語的其他小王國征服而建立起來的德意志國，

25　孫中山，「民族主義第一講」，《國父全集》(1989)，第一冊，頁9，第14行。
26　George L. Mosse, *Toward the Final Solution: A History of European Racism* (London: Dent, 1978).

都是後起之秀。義大利以地域（半島）立國，德意志以語言（德語）立國，各有所據，但國境之內都包括了原來都是由不同的部落進化而成並經過不斷遷徙而最後分別定居在義大利和德意志國土之內的各個不同民族。混雜與經歷過的變亂可知。

　　儘管是英倫這個離島的原住民，也逃不了一波接一波的、來自歐洲大陸的各民族的侵略。孫逸仙說：英國「民族的本位是盎格魯撒克遜人」[27]。它的英語原文名字是Anglo-Saxon，顧名思義就知道至低限度是由Angles（盎格魯）和Saxons（撒克遜）兩個民族混合而成。這兩個民族都不是英國的原住民。原住民是塞爾特人（Celts）。盎格魯‧撒克遜人原來住在目前德國的地方，六世紀時在本土待不下去而入侵英格蘭（England）。同時入侵英格蘭的還有第三個民族，名字叫朱特人（Jutes）[28]。簡單說，波浪式入侵英倫的民族，其中顯著的例子先後包括羅馬帝國的軍隊（即羅馬人）、盎格魯‧撒克遜人、朱特人、維京人（Danes or Vikings）、諾曼人（Normans）等。1066年諾曼人的入侵，是英格蘭本土最後一次被來自歐洲各不同民族的侵略。有天然障屏的島國尚且有如此眾多的民族入侵以至不斷遷徙，更何況是歐洲大陸？

　　所以，英國人對於新秀德國思想家們虛構歷史，都認為是很可笑的，故經常用「條頓民族」這名詞來取笑他們。但是，取笑由他取笑，德國的學生倒是挺認真地接受了這謊言。後來德國的思想家又虛構了一個更大的謊言——條頓民族是世界上最優秀的民族，源自印度西北部、黑海南端的高加索山脈（Caucasus Mountains）。並認為高加索人（Caucasian）是人類的始祖，條頓民族與高加索人是一脈相承[29]。

　　指高加索人是人類的始祖的說法，並沒有任何科學根據。在20世紀八

27　孫中山，「民族主義第一講」，《國父全集》(1989)，第一冊，頁6，第15-17行。

28　Norman Davis, *The Isles: A History* (London: Macmillan, 1999), Chapter 4: "The Germainco-Celtic Isles."

29　George L. Mosse, *Toward the Final Solution: A History of European Racism* (London: Dent, 1978).

十年代，人類學家們在非洲發掘出最古老的人類骨頭，就完全推翻有關高加索人是人類始祖的說法。不過此乃後話。19世紀下半葉德國的思想家們，我行我素。20世紀上半葉的德國納粹黨更把高加索地區觸目皆是的印度教（Hinduism）教徽——那十字型加小尾巴的徽章（swastika）——稍作更改後就採納為自己的黨徽。又除了自命條頓民族是世界上最優秀的民族以外，更進一步把世界上各民族按人種分等級：最優秀人種是雅利安人（Aryans）——納粹黨人暨他們認為是純血種的德國人當然是雅利安人！沿這等級往下走，比最低等的人種更低的是「次人」（sub-human）。既屬「次人」——即不是人——於是就可以當畜牲一般任意屠殺。這些「次人」包括猶太人、斯拉夫人（Slavs——當時蘇聯國境內的俄羅斯、烏克蘭、白俄羅斯等主要民族都是斯拉夫族）等民族。另一方面，他們又認為一個民族的血統越純粹越會強大。於是就把他們認為不是雅利安人種的其他德國公民諸如猶太人或猶太混血兒屠殺。可見歐洲民族主義發展到極端時，就變成徹頭徹尾的「種族歧視」（racism），失掉理性了[30]。

　　19世紀歐洲民族主義氾濫的後果，是新興國家諸如德意志和義大利等，加入老大帝國諸如英國和法國的行列，向歐洲以外的地方擴張[31]——1896/98年間瓜分非洲[32]，同年間在中國劃分勢力範圍。孫逸仙正是在1896/97年間到達英國的。列強欺負中國，孫逸仙知道不少。列強瓜分非洲的消息，他到達英國後，天天耳聞目染。就在他被公使館釋放後的第三天（即1896年10月25日）黃昏，隨康德黎伉儷到米切爾・布魯斯醫生（Dr.

30　George L. Mosse, *Toward the Final Solution: A History of European Racism* (London: Dent, 1978). For a more recent publication, see Mathew Bernard Levinger, *Enlightened Nationalism: The Transformation of Prussian Political Culture, 1806-1848* (Oxford University Press, 2002).

31　Robert Gildea, *Barricades and Borders: Europe 1800-1914*, 2nd edition (Oxford: Oxford University Press, 1996), pp. 283-6.

32　M.E. Chamberlain, *The Scramble for Africa* (Harlow: Longman, 1999). See also Angel Smith and Emme Davils-Cox(eds.), *The Crisis of 1898: Colonial Redistribution and Nationalist Mobilization* (London: Macmillan, 1999).

Mitchell Bruce)家作客時，同桌共餐的客人就有一位維伊先生(Mr.
Weay)，曾是南非戰爭中布魯維奧(Bulowayo)戰役的「戰鬥英雄」[33]。當
這位戰鬥英雄眉飛色舞地描述英軍如何攻打出生於南非的歐洲人
(Afrikaners)之家園時，孫逸仙會有何反應？像所有具備求知慾望的人一
樣，至低限度他的好奇心會被挑起，然後通過閱讀、向別人請教等途徑，
在一定程度上了解到本節所及要旨，因爲從他的民族主義六講中，我們可
以看出，他深切地體會到，歐洲各國之所以強大，民族主義是重要的因素
之一。所以，要救中國就必須讓中國強大，要讓中國強大就必須大力宣傳
民族主義。

　　上述歐洲民族主義的起源與發展事略，是孫逸仙旅英時期歐洲民族主
義的大氣候。他能更直接了當地、較細緻地體會到的民族主義的精神，自
然是他從日常生活中，隨時隨地都感覺到的英國民族主義情緒並由此而反
映出來的理論。這就離不開當時轟動英倫的達爾文學說。

四、達爾文學說與英國民族主義

　　本書第四章考證出，在孫逸仙被公使館釋放後三個星期，即1896年11
月14日[34]，孫逸仙發了一封覆信給翟理斯(Herbert Giles)。他在該覆函中寫
道：「於西學則雅癖達文之道(Darwinism)。」[35]那是說，孫逸仙寫該覆函
時，已看過達爾文(Charles Darwin, 1809-1882)的書。他是否在1896年10月
25日的晚餐上聽了南非戰爭中布魯維奧(Bulowayo)戰役的「戰鬥英雄」維
伊先生的經歷(見上文)、而有所啓發並開始看達爾文的書，或在此之前已
看過，就不知道了。達爾文學說當時風靡歐美，上述德國的思想家都深受

33　Mrs Cantlie's diary, 25 October 1896.

34　見本書第四章961114條。

35　孫中山，〈覆翟理斯函〉，載《孫中山全集》第一卷(北京：中華書局，1981)，
　　頁46-48：頁48。

其影響，在英國更是膾炙人口。孫逸仙在達爾文學說鼎盛、也是爭論最烈的時期到達英國，自然身不由己地被牽進這場激烈爭論的漩渦。可以想像，當天的晚餐，由於有這戰鬥英雄在座並說故事，話題很快會轉到當時最熱門的話題──達爾文學說。爲甚麼？

在這裡必須先分清楚兩個問題：(1)自然科學的達爾文學說(Darwinism)；(2)社會科學的達爾文學說(Social Darwinism)。

先談談自然科學的達爾文學說。達爾文是英國著名的生物學家。生物學，作爲一專門科學，始自19世紀初。1802年法國科學家拉馬克(Jean Baptiste de Lamarck, 1744-1829)創造了生物學(Biology)這個名詞。從那個時候開始，人類的身體就成爲英國科學家努力研究的對象。到了19世紀中，達爾文經過環球實地考察和鑽研後在1859年推出其進化論。他認爲物競天擇，適者生存。人類能夠生存下來，主要是因爲戰勝了其他動物。而戰勝的原因，是因爲人類是高等動物(higher organism)[36]。

社會科學家們把達爾文的進化論引用到社會科學的領域並加以演繹時，就得出幾個結論。其中與本文有關的要端有二：第一、他們認爲進化論挑戰了基督教關於人類起源的說法。基督教認爲，人類是上主特別創造的，因而從這個意義來說，人類與大自然是分開來的(apart from nature)。進化論則暗示(達爾文自己沒明確地說)人類只不過是天地萬物當中的一種動物進化而來，因而從這個意義來說，人類只不過是大自然的一部分(part of nature)。第二、他們認爲，儘管在人類當中，也有高等與低等民族之分。高等民族，征服全球；低等民族，只有被征服、被統治的分兒。這第二個結論被德國的思想家採納以後得到進一步發揮，越發揮越走向極端，從追求「單民族國家」(nation state)到追求「純血統的單民族國家」，以至終於發展成爲失掉理性的「種族歧視」(見上節)。

被社會科學家們演繹了的進化論挑戰基督教教義，基督教會當局自然

36　Charles Darwin, *The Origin of Species of Natural Selection; or the Preservation of Favoured Races in the Struggle for Life* (London: John Murray, 1859).

憤然反擊達爾文，英國國敎聖公會(Anglican Church)牛津敎區的主敎就點
名攻擊達爾文本人。這有點冤枉：達爾文本人沒挑戰基督敎；只是別人運
用他的學說挑戰基督敎而已。但結果是達爾文越受到攻擊，他本人就越是
努力完善他的進化論，並於1871年發表了他的《人類的遺傳》[37]，如此又
推動英國知識界更激烈的辯論。孫逸仙是基督徒，怎能雅癖那挑戰基督敎
的「達文之道」[38]？當時英國所有基督徒都必須面對同樣的難題，包括孫
逸仙的恩師康德黎，和當天晚餐的東道米切爾‧布魯斯醫生(Dr. Mitchell
Bruce)。另一方面，旣然當天晚餐的東道是醫生，而康德黎和孫逸仙同樣
是醫生；醫生儘管有宗敎信仰——他們三位都是基督徒——但同時是相信
自然科學的。醫學本身就是自然科學中的一門學問，而且是與達爾文的專
業——生物學(Biology)——關係最密切的專業。在這場大辯論中，他們採
取什麼態度？

先談挑戰基督敎的問題。筆者把康德黎夫人的日記，能看到的都看全
了，[39]也看過康德黎醫生的手稿[40]與孫逸仙的著作：他們似乎對這個問題都
避而不談。其次是民族分優劣的問題。在這個問題上，那怕是從基督敎的
角度看，則《聖經》也說過，「以色列民族」是上帝特殊挑選的、世界上
最優秀的民族。有「最優秀」的自然就有「不那麼優秀」的民族。就是
說，《聖經》也把世界上各民族分等級，以致當時社會科學家們運用達爾
文學說把各民族分等級，大家也認爲兩者沒有矛盾。甚至可以說，《聖
經》加強了醫生們對達爾文學說的信服。而且從心理上說，那個民族不願
意相信自己是優秀的民族？盎格魯‧撒克遜民族南征北戰，打敗了其他民
族而建立了當時最龐大的、所謂「日不落」大英帝國，不言而喻是最優秀

---

37 Charles Darwin, *The Descent of Man, and Selection in Relation to Sex* (London: John Murray, 1871).

38 孫中山，〈覆翟理斯函〉，載《孫中山全集》第一卷(北京：中華書局，1981)，頁46-48：頁48。

39 康德黎夫人的日記並沒有全部被保存下來，但康家保存下來的，筆者都看過了。

40 藏倫敦醫學史圖書館(Wellcome Institute for the History of Medicine, London)。

的民族。當時英國在南非征戰，從戰場上回來了一位布魯維奧（Bulowayo）戰役的「戰鬥英雄」——從康德黎夫人的用詞「戰鬥英雄」多少可以看出當晚在場英國人的民族自豪感。可以想像，康德黎醫生和他的老同學布魯斯醫生暨夫人們，都興高采烈地圍繞著南非征戰、達爾文學說、《聖經》有關「以色列民族」的記載而談得非常投入。

　　從本書第二章「日誌」中可知，晚餐過後兩天，即1896年10月27日，孫逸仙就前往拜訪「英以色列信徒」（British Israelite）柯林斯。「英以色列信仰」（British Israel），像達爾文學說，在19世紀末20世紀初風靡英國。很可能在1896年10月25晚餐上的話題就從《聖經》上的「以色列民族」轉到「以色列信仰」。「以色列」這個名詞，不能以當今「以色列國」這麼一個概念來理解，而應該以基督教《聖經》中的「以色列民族」來理解。因為在1896年並沒有一個以色列國；過去的以色列國早已滅亡；而20世紀的以色列國，則有待第二次世界大戰結束以後才由猶太復國主義者（Zionists）重建。

　　基督教《聖經》認為「以色列民族」，是上帝特殊挑選的、世界上最優秀的、將來會是世界上最強大的民族。19世紀的大英帝國，強大無比，所以英國的一些思想家就認為，這種現象的唯一解釋，就是盎格魯・撒克遜民族本來就是「以色列民族」的一支，是《聖經》上描述的、迷了途的一支（the lost tribe）。該迷了途的一支慢慢西移，終於定居在英倫，名字也因時間和地域的轉移而變成盎格魯・撒克遜民族。信仰這種說法的英國人士，自稱為「英國以色列信徒」（British Israelite）[41]。

　　既然民族有分優劣，那麼優秀的民族就不能與劣等民族通婚，否則就會削弱那優良的質素；所以「英國以色列信徒」們暨「社會達爾文學說」的信奉者，都強調「純血統民族是強大之由」。

41　Perhaps the best exponent of the views of British Israelites is the book by M.H. Gayer, himself an Israelite, entitled *The Heritage of the Anglo-Saxon Race*, Destiny Publishers, Haverhill, Massachusetts, 1941.

這些思潮，對孫逸仙來說，都是很新鮮的，尤其是其中關乎一個民族的興衰。他要救國救民，當然渴望多了解其中奧妙；他似乎把這個要求在餐桌上提出來了，結果就有人把他介紹了給這方面的專家柯林斯。而晚餐過後兩天，即1896年10月27日，孫逸仙就前往拜訪「英以色列信徒」(British Israelite)柯林斯了。介紹人是誰？目前還說不準。但據筆者實地考察，柯林斯的住址離康家不遠，坐短程的公共馬車即到。

孫逸仙與柯林斯一見如故，後來甚至決定合作撰寫論文，因而以後兩人就幾乎天天在一起。[42]這種長期、密切的來往，對孫逸仙正在形成中的民族主義思想又會產生甚麼影響？看來影響是較深的。孫逸仙的「民族主義」雖然要等到1924年才以六次演講的形式面世，而這漫長的歲月肯定有別的因素豐富或改變了他原來對民族主義的某些看法。儘管這樣，柯林斯的影響還是在孫逸仙那六次演講中清晰可見，尤其是關於「純血統是民族強大之源」的說法，的確在孫逸仙的思想中打下烙印[43]。

此外，從表5.1中我們可以看出，初期孫逸仙在造訪柯林斯之後往往就馬上再訪康家，好像是向恩師匯報。後期則似乎是在柯林斯家待得太晚了，再拜訪恩師不太方便，就改為造訪柯林斯之前在中午時分先拜訪恩師，把前一兩次與柯林斯交談的結果跟恩師交換過意見後再去柯家。所以，竊以為，孫逸仙之與柯林斯來往是得到康德黎醫生贊同的。

康德黎不是盎格魯‧撒克遜人，他是蘇格蘭人。孫逸仙當然也不是盎格魯‧撒克遜人。兩位醫生對以色列信徒之認為盎格魯‧撒克遜人本來就是以色列民族的一支、因而是世界上最優秀的民族這種提法，會有甚麼反應？此外，他們對「英國以色列信徒」們暨「社會達爾文學說」的信奉者之強調「純血統民族是強大之由」，又有何感想？

---

42 見本書第二章「日誌」。
43 見下節引述孫中山對於中華民族的宏論。

表5.1　孫逸仙訪艾爾伯特路12A時間統計

日期	星期	康德黎家	柯林斯家	康德黎家
961027	二	24小時	1小時	24小時
961116	一	1100-1500	30分鐘	
961117	二		1030-1430	1500-1800
961119	四	1100-1430	1500-1600	
961124	二		1050-1230	1500-2030
961127	五		1115-1500	1545-2000
961128	六		時間不詳	1500-2000
961129	天		時間不詳	1700-2000
961130	一		1500-1730	
961202	三		1300-1615	
961207	一	1410-1530	1550-1850	
961219	六		1315-1700	
970102	六	1210-1500	1520-1800	
970109	六		1445-1645	
970115	五		1430-1730	
970127	三	1230-1500	1520-1730	
970129	五		1500-1630	
970204	四	1225-1530	1550-1650	1730-2030
970402	五		1120-1350	
970423-970609缺偵探報告				

五、孫逸仙的「民族主義」所受當時英國思潮的影響

　　孫逸仙的「民族主義」，讀來有讓人費解的地方。例如他說：

　　就中國的民族說，總數是四萬萬人，當中摻雜的不過是幾百萬蒙古
人、百多萬滿洲人、幾百萬西藏人、百幾十萬回教的突厥人。外來的總數

不過一千萬人。所以就大多數說，四萬萬中國人可以說完全是漢人[44]。

怎能把滿、蒙、回、藏都說成是漢人呢？線索不難找，因爲接著他又說：

> 英國發達，所用民族的本位是盎格魯撒克遜人，所用地方的本位
> 是英格蘭和威爾斯，人數只有三千八百萬，可以叫做純粹［著重
> 號爲本書作者所加］英國的民族。這種民族在目前世界上是最強
> 盛的民族，所造成的國家是世界上最強盛的國家。[45]

把兩段引文比較，可見牽強的論據如出一轍。故竊以爲他是受了某種英國民族主義的說法所影響而借用到中華民族來了。爲何說第二段引文同樣牽強？

第一，「盎格魯撒克遜人」不是一個純粹的民族。正如前述，它所指乃盎格魯（Angles）和撒克遜（Saxons）兩個不同的民族。他們都不是英國的原住民，只是在六世紀時從歐洲大陸入侵英格蘭然後在那裡定居的。其他先後從歐洲大陸入侵英格蘭定居的還有朱特人、丹人、羅門人等。諸移民及原來的土著塞爾特人不斷互相通婚，血統早已是混得不能再混了，何來純粹？

第二，至於居地問題，如果說住在英格蘭（England）的，大多數是盎格魯‧撒克遜人的話，那麼住在威爾斯（Wales）的，則大多數是威爾斯人（Welsh，即原住民Celts的後代）。1282-4年，英格蘭王愛德華一世（King Edward I）揮軍征服威爾斯。1301年，爲了收買威爾斯人的心，就把他剛在北威爾斯的卡蘭凡（Carnarvon）出生的兒子冊封爲威爾斯親王（Prince of Wales）[46]。據說當時愛德華一世在卡蘭凡城頭，把這位剛出生的嬰兒高高

44　孫中山，「民族主義第一講」，《國父全集》(1989)，第一冊，頁6，第4-6行。
45　同上，第15-17行。
46　Hugh Seton-Watson, *Nations and States: An Enquiry into the Origins of Nations*

舉起，對被征服的威爾斯群眾說：「他就是你們的王子，他一句英語也不
會說。」[47]自此英國王室的長子，被立爲儲君的必然程序，就是在卡蘭凡
被冊封爲威爾斯親王[48]。

　　威爾斯人是一個截然不同的民族，有自己的語言威爾斯語（Welsh）。
當然，他們被盎格魯・撒克遜人征服了，爲了生存，只好也學英語
（English），但至今還刻意保存了自己的語言——威爾斯語，其民族意識之
強烈可知。更有不少威爾斯民族主義分子不斷要求獨立。在倫敦的中央政
府爲了息事寧人，終於在1998年於國會通過法案，讓威爾斯成立自己的議
會（Assembly），進行有限度的地方自治[49]。

　　而且，儘管在威爾斯本土，還有別的少數民族如克翰人（Cornish），他
們是原住民塞爾特人（Celts）的另一支遺民，血統接近威爾斯人（Welsh），
但不是同一族人。他們像威爾斯人一樣，至今仍保存了自己的語言
（Cornish）。1968年，筆者在牛津大學開始研究生生涯時，就曾就英國民族
的問題向恩師核遜先生（Mr. G. F. Hudson）請教。他的回答就包括下面這麼
一段個人經歷。他說前不久，他夫人駕車載他從牛津到威爾斯渡假。汽車
壞了，他們到修車站求助。修車的人冷冷地說，問題嚴重，要很長時間才

（續）————————————

and the Politics of Nationalism (Voulder, Colorado: West View Presps, 1977), p.
28. See also George Macaulay Trevelyan, *History of England* (London: Longmans,
Green and Co., 1926), p. 211.

47　原文是：This is your prince, who does not speak a word of English.

48　當今的查理士王子，1969年21歲成年。英女王就按傳統，特別舉家移駕到卡蘭
　　凡（Carnarvon）古堡，在那裡冊封查里士王子爲威爾斯親王。當時筆者正在牛
　　津大學當研究生，特別跑到卡蘭凡體驗這歷史時刻。

49　議會（Assembly）的權力僅次於國會（Parliament）。國會能立法（primary
　　legislation），所立之法稱爲國會法案（Acts of Parliament）。議會則只能在國會法
　　案的基礎上寫訂出具體規則（regulations）。儘管如此，威爾斯人被英格蘭人統
　　治了七百多年後，終於取得有限度的自治權，選舉自己的議員，自己管理自
　　己，進行有限度的地方自治。該威爾斯地方議會進行辯論時，可以用自己的威
　　爾斯語。當然，國家大事如稅收、財政預算、外交和國防等等，還是由位於倫
　　敦的中央政府處理。

能修好；並讓他們把車留下來，過一個星期後再來取。恩師馬上改用克翰語跟修車站的人對話，技工立即熱情起來，優先處理。不出一個小時，汽車就恢復上路。這段經歷，有幾點值得注意：(1)恩師所受的教育，中學是英格蘭高貴的盧敦中學(Luton Public School)[50]，大學和研究院是英格蘭的牛津大學，滿口是正統的牛津音，打扮是英格蘭紳士，他若不改說克翰話，誰也沒法猜出他是克翰人。(2)儘管他畢生所受的正統教育與師友之間的潛移默化都是英格蘭的文化，但他沒有因此而放棄了母語。(3)從身為克翰人的修車技工對恩師前倨後親的態度看，可知克翰人對於自己曾被盎格魯‧撒克遜人征服之事，至今依然耿耿於懷。同化了的克翰人在英格蘭沒有受到盎格魯‧撒克遜人歧視，倒是盎格魯‧撒克遜人到了克翰人原居地時要受點鳥氣。

至於蘇格蘭(Scotland)，則1969年筆者初到該地參觀時，發覺所用的紙幣是由蘇格蘭銀行發行的，圖案設計等都與英格蘭銀行所發行的紙幣不一樣。法律固然是由位在英格蘭的倫敦國會制訂與頒布，但賴以執行法律的法制(legal system)，卻是蘇格蘭法制；而蘇格蘭的法制是有別於英格蘭法制的。這種現象有其法律根據：蘇格蘭本來是一個獨立王國，1707年1月16日蘇格蘭國會通過議案[51]，內容包括(1)蘇格蘭與英格蘭合併為一個王國；(2)蘇格蘭國會就此結束；(3)保存蘇格蘭法律與法制[52]。

蘇格蘭雖然被併吞了，但始終保存著強烈的民族主義意識，只是不像愛爾蘭共和軍那麼走向極端而已。但獨立的呼聲還是不絕於耳。結果在1998年，在倫敦的國會(Parliament)終於通過了法案，讓蘇格蘭恢復自己的國會(Parliament)，自己立法，自己管理自己，進行比威爾斯更大程度的地方自治。當然，重大事情如國防、外交、經濟等，還是由中央政府決定。

---

50 關於英國的公學(public school)為何如此高貴的一些情況，見金禾，〈英國的公學〉，《抖擻》第2期(1969)。金禾是當時筆者的筆名。

51 *Act of Union*, 16 January 1707, Scottish Parliament. See next note.

52 Hugh Seton-Watson, *Nations and States,* p. 33.

蘇格蘭能取得比威爾斯更大程度的自主權，除了歷史的因素以外，還有地域和經濟的原因。地域方面，威爾斯就在英格蘭枕邊，英格蘭隨時伸拳都能打到它；又地小人稀，沒還手之力。蘇格蘭則「山高皇帝遠」，歷來都很難打，所以蘇格蘭人保持更高的獨立性。經濟方面，蘇格蘭過去一直很窮，受過專業訓練的人士諸如康德黎和他的老同學布魯斯、孟生等，都在醫科畢業後跑到倫敦進修然後在倫敦行醫。康德黎和孟生甚至跑到大英帝國的殖民地香港執業而當上了孫逸仙的老師。但1970年代初期，在北海（North Sea）發現了石油和天然氣，北海的西部屬蘇格蘭領海，所以蘇格蘭人馬上富起來，態度也比過去更強硬。2002年英國王室把王儲威廉士王子送到蘇格蘭的聖安德魯斯大學(St Andrew's University)唸書，是破天荒之舉，目的不外是想團結蘇格蘭人而已。不管是過去如何貧窮還是現在如何富有，蘇格蘭人(Scots)從來不會自稱是英格蘭人(English)。

　　上述這些事實證明了「純粹英國民族」的說法不正確，但這些說法不可能是孫逸仙自己發明的，他只是如實地報導了「所見所聞」[53]而已。他從哪裡聽到過這些說法？很可能從柯林斯那裡而不是從恩師康德黎醫生那裡。康德黎這位蘇格蘭人(Scots)不會自命是「純粹英國民族」（pure English)的一分子。因此，有必要進一步了解柯林斯的「英以色列信仰」(British Israel)是怎麼回事。

　　承敝系來訪學者羅蘭士・佛斯達教授(Professor Lawrence Foster)指引，筆者先閱讀了基亞所著的《盎格魯・撒克遜種族所承受的遺產》[54]。基亞是身體力行的以色列信徒，現身說法，娓娓道來，很有真實感。「英以色列信仰」是一種非常複雜的歷史現象，現代學者還在努力不懈地研究，成果迭出[55]。但在此可以簡述與孫逸仙民族主義有關的幾個側面：

53　孫中山，〈建國方略：孫文學說第八章「有志竟成」〉，《國父全集》
　　(1989)，第一冊，頁412。

54　M. H. Gayer, *The Heritage of the Anglo-Saxon Race* (Haverhill, Mass.: Destiny Publishers, 1941).

55　See, for example, O. Michael Friedman, *Origins of the British Israelites: The Lost*

　　第一、用這批信徒最著名的一位代言人的話來說：「除了英以色列眞理以外，沒有別的什麼道理能解釋大英帝國的成長、強大與霸權。」[56]他們認爲，盎格魯・撒克遜民族是以色列民族的後裔，是上帝特別精選、特別眷顧的、最優秀的民族，是上帝預定它是世界上最強大的、領袖群雄的民族[57]。

　　第二、這批信徒最初自稱是「英國以色列民族(British Israelite)，後來則因爲當時在美國占絕對優勢的民族也是盎格魯・撒克遜人，於是把自我稱呼改爲「盎格魯・撒克遜以色列民族(Anglo-Saxon Israelite)」，表示英、美兩國會共同接受那由於與以色列民族認同而帶來的一切責任和利益[58]。

　　第三、一個民族必須血統純潔才能健康成長。有一位英國「以色列信徒」寫了一本小冊子，題爲《聖經回答了有關種族的問題》(The Bible Answers the Race Question)。他斷言異族通婚，後果堪慮，包括種族弱化在內[59]。

　　這就奇怪了，正如上面說過的，盎格魯・撒克遜人只是在所謂「英倫」上居住的、衆多的民族其中之一，而且老早已經與其他民族長期通婚，血統早已混得不能再混，怎能說是純血統的民族？但是，英國以色列信徒認爲這好解釋。古代以色列民族之移民到英倫三島，不是一次完成的，而是一波復一波的。無論是早到的原住民，或後到的盎格魯・撒克遜人、朱特人、丹人、羅門人等，通通都是以色列民族的後裔，只是在不同時間到達「預先選定的地方」[60]而已。信徒們還列舉聖經中的有關片斷以

(續)────────

Tribes (New York: Edwin Mellen Press, 1993); Antony Kamm, The Israelites: An Introduction (London: Routledge, 1998).

56　Gayer, The Heritage of the Anglo-Saxon Race, pp. 139-42.
57　Charles Braden, These also Believe (New York: Macmillan, 1957), p. 357.
58　Gayer, The Heritage of the Anglo-Saxon Race, pp. 139-42.
59　Ibid., p. 398.
60　Gayer, The Heritage of the Anglo-Saxon Race, pp. 397-8.

證其言。例如，上帝對亞伯拉罕說：「我必使你的後裔極其繁多。」（舊約・創17：6)他對雅各說：「你必得新名的稱呼。」（舊約・賽62：2)「因此你們要在東方榮耀耶和華，在眾海島榮耀耶和華以色列神的名。」（舊約・賽24：15)信徒們深信，所有這些預言，還有更多的，已經「在英國人即盎格魯・撒克遜民族中」應驗了[61]。

　　竊以爲造成英國強大的原因眾多，其領先搞工業革命是主要原因之一。偏偏當時是大部分英國人對基督教《聖經》仍然深信不移的時代，故有些英國人拚命希望從《聖經》中找到爲甚麼英國強大的答案，以至出現了上述那些主觀臆說。孫逸仙這個基督徒對《聖經》信賴到甚麼程度？誰也不知道。但從他畢生行事看，他把救國救民放在基督教所宣傳的「救靈魂」之上，否則他早聽康德黎醫生的勸告而當傳教士醫生去了。可見他是不迷《聖經》的。又因爲他是醫生，更「雅癖達文之道」[62]，所以更不會迷。準此，竊以爲他對英以色列信徒完全以《聖經》爲依歸所提出的說法，是不敢苟同的。而身爲中國民族主義者的孫逸仙，有自己中國人應有的驕傲，所以也不會苟同。正因爲如此，故他在他自己那套「民族主義」理論裡，絕口不提某些盎格魯・撒克遜人自命是以色列人因而是最優秀的民族這種觀點。但他似乎接受了「純民族」的重要性，因爲無論是達爾文、《聖經》、英國人、德國人——甚至可以說當時所有的白種人——都強調這一點。孫逸仙受到那個時代的影響，反應似乎是：既然英國人說自己是純粹的民族，所以他自己也不甘示弱地說中華民族也是純粹的民族。

　　上面這分析是否合理地解釋了孫逸仙那套「民族主義」其中費解的地方？就是說，英國人用牽強的辦法說自己是純粹的民族，孫逸仙就如法炮製地說中華民族也是純粹的民族，以振奮人心，如此而已？須知孫逸仙那

61　Gayer, *The Heritage of the Anglo-Saxon Race*, p. 390.
62　孫中山，〈覆翟理斯函〉，載《孫中山全集》第一卷(北京：中華書局，1981)，頁46-48：頁48。

費解的話是在1924年1月27日講的[63]，而在1923年12月英國聯合美、法等列強派了共16艘兵艦到廣州阻嚇孫逸仙，防止他收回粵海關。既讓孫逸仙在國際舞台上丟盡了臉，又讓他護法政權那燃眉的經濟困難又得不到解決[64]。

在事後的1924年1月27日鬥嘴是一回事。1896/7年間孫逸仙旅居倫敦時天天耳聞目染到英國的強大，又不容否認：從本書的「日誌」、「圖錄」兩章，可以神遊冥想到當時英國那威懾人心的強大可能在孫逸仙心中打下的深深烙印。但從目睹英國的強大，到認為民族主義能救國，中間有一個飛躍的認識過程。這個過程就是孫逸仙親身體驗了英國民族主義感情爆發時的強大威力。

六、英國民族主義感情大爆發之一
——1897年6月22日的皇家大遊行

本書第二章「日誌」，發掘出一樁鮮為人知的事實：孫逸仙親身經歷了英國為了祝賀維多利亞女王登基60週年而舉行的慶典中所爆發出來的、排山倒海般的民族主義情緒。

慶祝活動有兩大主要項目：1897年6月22日皇家大遊行（The Queen's Procession）和同月26日舉行的海軍檢閱（Naval Review）。先處理前者。

孫逸仙旅居的格雷法學院坊，就在皇家大遊行必經之路的艦隊街邊緣。從旅寓步行到艦隊街只需大約10分鐘。艦隊街很窄，站在路邊可以把遊行經過的每一個細節都看得很清楚。如果他事先沿艦隊街往東走約20分鐘，就會到達聖保羅大教堂（St Paul's Cathedral）。大遊行的高潮就在這兒發生——皇室暨貴賓就是在該教堂內舉行謝恩典禮。孫逸仙是一介遊子，不會得到許可在教堂內觀禮的。但如果他是早到的話，則有可能站在該教堂前面的廣場觀看皇室等到達和離開時的壯景，甚至可能聽到從教堂內傳

63 孫中山，「民族主義第一講」，載《國父全集》(1989)，第一冊，頁3第3行。
64 見拙著《中山先生與英國》（台北：學生書局）第八章。

出來的管樂與歌聲。當然也會聽到21響禮炮、千萬群衆的歡呼、以及該教堂內數不清的鐘聲。但如果孫逸仙事先朝反方向往西走約15分鐘，就會到達特拉法加廣場(Trafalgar Square)。那是倫敦最大的廣場。再往西走約半個小時，就是皇室居住的白金漢宮(Buckingham Palace)。

　　筆者無法知道孫逸仙是站在艦隊街邊上、還是站在聖保羅大教堂廣場、或是站在特拉法加廣場或白金漢宮前面或在別的什麼地方觀看皇家大遊行。但無論他站在那裡，筆者都必須重點指出他是置身在人山人海當中而親自感受到從千萬群衆爆發出來的、高漲的民族主義情緒。有心理學家曾指出，這種感受是扣人心弦的。爲了讓讀者比較全面地了解當時情況，筆者就文獻所載把盛況握要地報導，以便讀者自己去神遊冥想。

　　慶祝活動的籌備工作在好幾個月前就展開了。全國上下各地區的人都動員起來，熱情地投入籌備工作。例如康德黎夫人就參加了倫敦查靈十字(Charing Cross)醫院(她丈夫執教和行醫的地方)的籌備委員會，並被其他委員選爲榮譽秘書。該委員會開會的地方正是聖馬丁教堂主理牧師的家[65]。大遊行的路線也在數週以來就重複地在各大報章刊登。大遊行前五天，康德黎夫人就到查靈十字醫院幫忙裝飾，而整個倫敦也打扮一新[66]。大遊行前三天，康德黎一家大小特別坐公共馬車到倫敦西南部巴恩斯地區(Barnes)看望康德黎夫人的媽媽，以便沿途欣賞各種慶祝裝飾[67]。前一個晚上從初更開始，已有大批群衆連綿不斷地從四方八面步行往倫敦市中心，邊走便談笑風生，害得沿途居民沒法入睡。從半夜開始，當倫敦橋封閉了車輛交通後，群衆就馬上坐在路旁等候。到了黎明時分，特拉法加廣場已擠得連針也插不進去[68]。康家大小很幸運，他們就住在市中心。早上起來，洗漱用餐後，康德黎夫人就在日記中寫道：「女王登基60週年，主

65　Mrs. Cantlie's diary, 5 and 24 May, 4 and 10 June 1897.
66　Mrs. Cantlie's diary, 17 June 1897.
67　Mrs. Cantlie's diary, 26 June 1897.
68　*The Times*, 23 June 1897, p. 9. col. 1.

佑我王！」[69]接著施施然地帶了孩子們到查靈十字醫院，居高臨下地觀看大遊行。康德黎醫生則參加了救護隊，先在特拉法加廣場執勤，後又轉到蘇格蘭場倫敦警察總部值班[70]。

　　孫逸仙與康家至親，來往最密，能不受感染？首先，康德黎夫人在今天所寫的日記，雖是寥寥數語，卻發人深省。她不是政客，寫日記不存在給別人或後人閱讀之目的，她祈禱「主佑我王！」應是由衷之言。她是蘇格蘭人，不是盎格魯・撒克遜人。一個普通的蘇格蘭婦女寫出這由衷之言，是英國政府民族政策的成功。對孫逸仙民族主義最後定稿時、五族共和這種寬容性很廣大的成分該有很大啓發。不錯，1897年的孫逸仙，爲了革命的需要，積極宣傳反滿。但是辛亥革命成功後，他馬上宣布五族共和，大力推行民族團結政策。他沒有步法國、義大利和德國的後塵採取或宣傳高壓的單民族政策，看來是深受英國寬大民族政策的影響。就是說，他效法英國用團結少數民族而不是用打擊少數民族的手段去促進民族主義。

　　大遊行當天共有46,943位軍人參加，其中包括沿途站崗的士兵。早上九時的鐘聲剛響過不久，大遊行就從白金漢宮開始了[71]。帶頭的是皇家近衛騎兵團(Royal Horse Guards)，並由該團的軍樂隊開路。接著是那11個自治殖民地的首長與他們的騎兵團：加拿大輕騎兵(Canadian Hussars)、重騎兵(Dragoons)、騎警(Mounted Police)；澳大利亞新南威爾斯州的矛騎兵(New South Wales Lancers)和步槍騎兵(Mounted Rifles)；澳大利亞維多利亞州的步槍騎兵；澳大利亞昆士蘭州的步槍騎兵；南澳大利亞州的矛騎兵和步槍騎兵；紐西蘭騎兵；南非的好望角騎兵(Cape Mounted Rifles)和納塔爾帶槍騎兵(Natal Carabiniers)；南非的烏姆沃蒂(Umvoti)、納塔爾(Natal)、和邊防(Border)步槍騎兵(Mounted Rifles)；直轄殖民地(Crown

---

69　Mrs. Cantlie's diary, 22 June 1897.

70　Ibid.

71　*The Times*, 23 June 1897, p. 9. col. 4.

Colonies)騎兵；塞浦路斯騎警(Zaptiehs from Cyprus)；特立尼達(Trinidad)步槍騎兵；以及羅德西亞騎兵(Rhodesian Horse)[72]。

後面是來自各殖民地的步兵團。他們由英國中塞克斯郡(Middlesex)第一兵團的軍樂隊開路。先後步操過來的是馬爾他(Malta)義勇軍和馬爾他砲兵團；加拿大現役義勇軍；加拿大第48高地兵團；西澳大利亞志願軍砲兵團；特立尼達(Trinidad)野戰砲兵；西澳大利亞步兵；特立尼達步兵；婆羅洲(Borneo)警察；以及特立尼達警察[73]。

接著由駐倫敦的蘇格蘭兵團之軍樂隊帶領而步操過來的是：牙買加(Jamaica)砲兵團；塞拉利昂(Sierra Leone)砲兵團和塞拉利昂邊防警察；非洲英屬皇家乃格(Niger)豪薩族兵團(Hausas)；非洲英屬皇家黃金海岸(Gold Coast)豪薩族兵團(Hausas)；英屬圭亞那(Guiana)警察；錫蘭(Ceylon)輕步兵團和錫蘭砲兵志願隊；香港華人警察隊；以及海峽殖民地(包括新加坡)警察隊[74]。

上午9時45分，慶典本身正式開始。由來自第二近衛騎兵旅的四位騎兵開路；接著是該旅的騎兵軍樂團：邊走邊高奏英國國歌，帶領著該騎兵旅操過來；騎兵後面是水兵；重騎兵後面是砲兵；豪薩騎兵後面是矛騎兵；鮮艷奪目的軍服讓人看得眼花撩亂。「當一隊接一隊的士兵步操過時，一陣接一陣的禮炮聲從西邊的海德公園傳過來，一輪接一輪的鐘聲從東邊的聖保羅大教堂飄過去，把懶惰的太陽也吵醒了。它像接到信號一樣，馬上升起來，此後就整天盡忠職守，照耀著下面波濤般的巨大歡呼此起彼伏，照耀著下面千千萬萬潔白的手帕揮舞時讓其無限燦爛！」[75]照耀著那數不清的國旗：或是飄揚在高樓上的國旗，或是從窗戶中垂下來的國旗，或是由千萬少年兒童揮動的國旗[76]。

---

72 *The Times*, 23 June 1897, p. 9, col. 1.

73 *Ibid.*

74 *Ibid.*, p. 9, cols. 1-2.

75 *Ibid.*, p. 9, cols. 2-3.

76 Quoted in James Morris, *Pax Britannica: The Climax of an Empire* (London:

筆者在翻譯過這一段甚富詩意的、《泰晤士報》的描述後，不禁失笑：太陽也聽大英帝國的指揮！孫逸仙讀後會有甚麼感想？但孫逸仙也的確曾被該波濤般的巨大歡呼聲連綿不斷地衝擊得東歪西倒，也的確曾在雲海洋般的潔白手帕雲層上飄飄蕩蕩到不知身在何方！也的確曾被那到處飄揚和不斷揮動的國旗弄得眼花撩亂。這空前的景象正是民族主義的無窮威力的體現。

隨後是一列接一列的高貴馬車，載著一國接一國的公使。新到任的清朝公使羅豐祿，與羅馬教宗的特使共坐一輛馬車，手中拿著紙扇，與其他公使顯得極不協調。公使馬車隊後面是從世界各地來賀禮的皇族女賓馬車隊。她們當中有奧地利‧匈牙利帝國（Austral-Hungarian Empire）的斐特烈皇后、丹麥的查爾斯公主、德國漢諾瓦王族的費德列卡郡主、保加利亞的公主和義大利那普勒斯王族的郡主。接下來是從世界各王國來賀禮的王子馬車隊，共有40位王子，該來的都來了[77]！

11時，維多利亞女王在白金漢宮內移步到電報室。她一按電鈕，一個信號馬上傳到中央郵局。幾秒鐘之內，她的登基60週年賀詞就傳到大英帝國的每一個角落。賀詞曰：「朕由衷謝我子民，主佑他們。」[78]同樣的信號傳到參加大遊行的每一個單位，大家都知道女王陛下快要從白金漢宮出發了！即時萬砲齊發，所有軍樂團齊奏國歌如雷鳴，群眾的歡呼一浪比一浪高。女王戴了一頂無邊而有帶的帽子，帽子上邊插了一條鴕鳥羽毛，有一把純絲造的白色羅傘為她遮陰。她的座駕走到那裡，那裡的群眾就轟然雷動[79]。當她到達聖保羅大教堂時，比她先到的兒子——王儲威爾斯親王——就騎著高頭大馬恭迎[80]。王親國戚、上下貴族暨嘉賓等則早已在大教堂內恭候。她到達後謝恩儀式就正式開始。禮成，遊行隊伍繼續往東走

（續）————————————
Harmsworth, 1979), p. 32.
77　*The Times*, 23 June 1897, p. 9, col. 4.
78　James Morris, *Pax Britannica: The Climax of an Empire*, p. 21.
79　*The Times*, 23 June 1897, p. 9, col. 5.
80　James Morris, *Pax Britannica: The Climax of an Empire,* p. 32.

一程後轉南橫過倫敦橋，然後在泰晤士河南岸轉西再拐北回白金漢宮。故留戀在北岸諸大街的群衆還能聽到不斷從南邊傳來的歡呼聲[81]。

　　群衆自發的、洶湧的民族主義情緒，給孫逸仙打下多深的烙印？若筆者在本章用文字不足以表達當時壯景絲毫的話，請讀者參看本書第三章中的有關圖錄。竊以爲該等圖錄也只能顯示冰山一角，所以也只好請讀者努力去神遊冥想了。

　　第二天，孫逸仙少不了閱讀各大報章對該慶典的報導與評論以便總結經驗。執諸報牛耳的《泰晤士報》說：「有這麼多的、各式各樣人種共同組成的龐大隊伍一道表忠，摯誠之處，足以驚天地而泣鬼神。威力之強，澤及之廣，皆史無前例。」[82]參加遊行的紀律部隊，從人種說有紅、黃、棕、白、黑，但通通都是由白人的英國長官率領。頭戴尖頂草帽的香港華人警察隊當然也是由英國長官率領。參加遊行的還有非紀律部隊的人，其中一位達雅克土著(Dyak)號稱曾獵取過13個人頭；一位紐西蘭的毛利(Maorie)土著體重392英磅，蔚爲奇觀。「像羅馬帝國時代，萬邦來朝的，當然包括文明的市民以及野蠻民族。」[83]《每日郵報》(*Daily Mail*)說，大遊行「見證了英國民族的偉大(GREATNESS OF THE BRITISH RACE)」[84]。當時的英國人認爲，他們有權利、甚至有義務、去統治四分之一個地球，去改造人類的將來[85]。「達爾文，這位家喻戶曉的聖人，早已證明有些民族進化得比其他民族要快要好，故與生俱來了那種領袖群雄、擁有萬邦的資格。」[86]

　　如果過去孫逸仙只是從言談中聽英國人說過英國民族的偉大與英國民族土義的威力，而印象還不夠深刻的話；那麼大遊行讓他親眼看到了、親

81　大遊行路線圖, *The Times,* 12 June 1897, p. 17 cols. 1-4.

82　Quoted in James Morris, *Pax Britannica: The Climax of an Empire,* p. 31.

83　James Morris, *Pax Britannica: The Climax of an Empire,* p. 31.

84　Quoted in James Morris, *Pax Britannica: The Climax of an Empire,* p. 31.

85　James Morris, *Pax Britannica: The Climax of an Empire,* p. 26.

86　James Morris, *Pax Britannica: The Climax of an Empire,* p. 23.

身體驗了它的偉大與威力。當天晚上康德黎伉儷留連忘返地到處看燈彩，遲到11時才入寢[87]。孫逸仙是否也被這空前的燈色深深地吸引住了？他肯定要比康氏想得更多更遠。像《每日郵報》（*Daily Mail*）所說的，「壯哉大遊行！妙哉絃外之音！」[88]絃外之音是什麼？孫逸仙想通了沒有？設若還沒有的話，那麼英國人馬上要給他上民族主義第二課：那就是海軍檢閱。

七、英國民族主義感情大爆發之二 ——1897年6月26日的海軍檢閱

英國藉海軍稱霸全球，慶祝維多利亞女王登基60週年大典少不了讓海軍耀武揚威一番。在皇家大遊行後的第四天，即1897年6月26日星期六，當局就於英國皇家海軍總部——樸資茅斯(Portsmouth)港附近的斯皮特黑德(Spithead)海灣——舉行海軍檢閱。樸資茅斯港距離倫敦很遠，在倫敦西南偏西，必須坐長途火車才能到達。孫逸仙去了沒有？去了。南方熊楠在1897年6月27日的日記中寫道：「昨天孫[中山]與田島去看海軍檢閱。」看了些甚麼？「孫[中山]說，由於下大雨，甚麼也看不到。」[89]真的？核對《泰晤士報》，則該報說：「上天特別眷顧我王登基60週年慶典……星期六陽光普照，輝煌燦爛，直到海軍檢閱完畢後才降傾盤雷雨。」[90]就是說，在場的孫逸仙觀看了海軍檢閱的整個過程以後才下大雨。那麼，爲什麼南方熊楠說孫逸仙自稱「由於下大雨，甚麼也看不到」[91]？這好解釋：南方熊楠不講漢語，孫逸仙不說日語，兩人用蹩腳的英語交談。孫逸仙在說，雨下得很大，大到什麼也看不見，他所指的是大雨而不是檢閱。

87　Mrs. Cantlie's diary, 22 June 1897.
88　原文是「It was a pageant which for splendour of appearance and especially for splendour of suggestion has never been paralleled in the history of the world.」Quoted in James Morris, *Pax Britannica：The Climax of an Empire,* p. 31.
89　《南方熊楠日記》，1897年6月27日，載《南方熊楠全集》，別卷2，頁77。
90　*The Times,* 28 June 1897, p. 11, col. 3.
91　《南方熊楠日記》，1897年6月27日，載《南方熊楠全集》，別卷2，頁77。

　　當局似乎刻意照顧從倫敦坐長途火車到樸資茅斯觀禮的嘉賓與群眾，所以海軍檢閱在下午2時才開始。威爾斯親王代表維多利亞女王檢閱海軍。他住在倫敦，所以也必須坐長途火車前往，除非他先一晚到達然後在樸資茅斯市甚至在斯皮特黑德海軍總部過夜。孫逸仙就是隨著人流在倫敦的火車總站排長長的隊買票，擠火車，到達後又是在隨著人流擠到人山人海的現場，觀看165艘軍艦接受檢閱，其中包括了14艘外國來的、「代表了世界各海上強國」[92]的軍艦。按英文字母先後排是：奧地利・匈牙利帝國、丹麥、法國、義大利、日本、荷蘭、挪威、葡萄牙、西班牙、瑞典和美國[93]。檢閱前一天，《泰晤士報》就刊出一張官方公佈的圖表，詳細說明每一艘軍艦的名字、來歷、位置等。並按照斯皮特黑德(Spithead)海灣的地形、面積等，把165隻軍艦排成5行[94]。檢閱當天，「場面一望無際，五行軍艦所占的面積，長約五海里，寬約一海里。五平方海里的海面密密麻麻地停泊了、在安全條例下儘量靠攏的軍艦，讓人眼花撩亂之處。除了受過特殊訓練的眼睛以外，誰也搞不清楚甲、乙、丙、丁」[95]。如果把五行軍艦平列的話，會延伸30英里。但五行軍艦並列的整齊之處，可比美最優秀的近衛軍儀仗隊在節日時於海德公園接受檢閱般排列對稱。而各軍艦均塗漆一新，加上鮮豔奪目的裝飾，戎裝威武之處，更是奪人。各軍艦共同組成的旗海，益添節日氣氛[96]。

　　下午2時，「維多利亞・艾爾伯特」號遊艇，飄揚著皇家旗幟，載著威爾斯親王，離開樸資茅斯港而駛往皮特黑德海灣。威爾斯親王代表女王檢閱艦隊。當他的遊艇駛進某特定區域時，該區的軍艦就齊放禮砲致敬。當他的遊艇駛過某一艘軍艦時，該艦上的官兵就山呼萬歲；如該艦有軍樂隊的話，則高奏國歌。檢閱過後，親王的遊艇就停下來，下碇以後，主艦

92　*The Times*, 25 June 1897, p. 15, col. 2.
93　*Ibid.,* cols. 2-3.
94　*The Times*, 25 June 1897, p. 13, right across the top of the page.
95　*The Times*, 26 June 1897, p. 11, 3.
96　*The Times*, 28 June 1897, p. 15, col. 1.

「美譽」（H.M.S *Renown*）號就發出信號，馬上所有軍艦的、共約四萬的官兵就齊聲山呼，可謂地動山搖。渾厚的呼聲，象徵著國家強大，民族團結[97]。此情此景，是孫逸仙過去聞所未聞見所未見者。

當時的情景，若筆者在用文字不足以完整地表達實際的話，請讀者參看本書第三章中的有關圖錄。但竊以為該等圖錄同樣是極為不足，所以也只好請讀者自己努力去神遊冥想了。

事後閱報，孫逸仙會再學到甚麼東西？他所看到過的英國艦隊，「無論從質量、性能、或什麼角度看，都是空前優越的。儘管把全世界其他航海強國的艦隊加起來都無法與它匹敵。立竿見影：它的拳頭可打到世界任何一個角落。它象徵著無與倫比的國力、技術、聰明才智。它是英國人的驕傲」[98]。應該指出，參加檢閱的軍艦雖多，「其中沒有一艘是臨時從駐在海外各艦隊中抽調回國湊數的。相反地，最近倒有兩艘軍艦奉命出洋去了」，《泰晤士報》非常自豪地寫道。「參加檢閱的軍艦甚至不是國內海軍的全部力量：論船隻，則隨時能征用的船隻眾多；論水手，則很多參加檢閱的船隻上水手的人數遠遠超過定員。」這一切說明了甚麼？「目睹這場面，列強派來賀禮軍艦上的官兵應該吸收了適當的教訓…其他觀眾也應聽到那嘹喨的絃外之音。[99]」又是一句絃外之音：孫逸仙聽到了沒有？

八、總結經驗

聽到了：因為，後來當辛亥革命在武昌爆發時，孫逸仙正在美國科羅拉多州（Colorado）的丹佛市（Denver）。他當然希望盡快回國，而最快捷、最方便的路線，應該是橫渡太平洋。但是，他卻捨近就遠而取道倫敦[100]。

97　*The Times*, 28 June 1897, p. 11, col. 2.
98　*The Times*, 25 June 1897, p. 13, col.1.
99　*The Times*, 28 June 1897, p. 15, col.1.
100　Harold Z. Schiffrin, *Sun Yat-sen: Reluctant Revolutionary*（Boston: Little Brown, 1980）, p. 155.

爲什麼？他認爲幼嫩之革命政權的生死存亡，決定於英國政府的動向。他
必須取道倫敦，爭取英國政府的支持，革命政權才有一線生機。他寫道：
「吾之外交關鍵，可以舉足輕重爲我成敗存亡所繫者，厥爲英國；倘英國
右我，則日本不能爲患矣。予於是乃起程赴紐約，覓船渡英」[101]。

　　渡英前，孫逸仙打電報給他的美國朋友荷馬李(Homer Lea)，說中國各
地革命派都希望他回國領導他們[102]。當時荷馬李在德國，孫逸仙電催他到
倫敦相會[103]。1911年11月10日，孫逸仙本人到達倫敦[104]。抵達後馬上往訪
康德黎伉儷。康德黎夫人就把一份電報轉交給他。是中國革命黨人發來
的，內容是邀請他當臨時大總統[105]。於是他對英國記者說，倘國人召彼前
往組織中央政府，以總統一席屬之，彼必樂爲效力[106]。言猶在耳，他卻在
1911年11月16日覆電革命黨人推薦袁世凱爲臨時大總統[107]。當時他仍在倫
敦[108]。這種突變該如何解釋？

101　孫中山，〈建國方略：孫文學說第八章「有志竟成」〉，《國父全集》(1989)，
　　　第一冊，頁421，第3-4行。

102　Sun Yatsento Homer Lee, Telegram, 31 October 1911, JoshuaB. Powers Papers,
　　　Hoover Institutionon War, Revolutionand Peace, Stanford University.按英文原件藏
　　　史丹福大學胡佛研究所。英文原件影印本存國史館。譯文見呂芳上：〈荷馬李
　　　檔案簡述〉，載李雲漢(編)，《研究孫中山先生的史料與史學》，轉載於《國
　　　父全集》(1989)，第四冊，頁168，第1-4行。《孫中山全集》亦予轉載，但把
　　　荷馬李之譯名改爲咸馬里，見該集第一卷頁544。

103　Eugene Anschel, *Homer Lea, Sun Yat-sen and the Chinese Revolution* (New York:
　　　Praeger, 1984), p. 155.

104　關於孫中山具體哪一天到達倫敦，《國父全集》(1898)只說11月中旬－見該集
　　　第二冊，頁420，第17-18行。荷馬李的文書卻說孫中山是於11月10日到達倫
　　　敦，應爲信史，見Eugene Anschel, *Homer Lea*, p. 159.

105　Cantlie and Seaver, *Sir James Cantlie,* pp. 108-9.

106　《孫中山歸國始末紀》(上海：景新書社，1912石印本)譯錄英國報紙，譯文轉
　　　載於《孫中山全集》第一卷頁559。此處照錄。

107　孫中山電《民立報》轉民國政府，1911年11月16日。該報註曰：「本館接孫君
　　　逸仙自巴黎來電。」見《孫中山全集》第一卷頁547。正如該集所說，當時孫
　　　中山尚在倫敦，爲何該報卻說「自巴黎來電」，待考。

108　孫中山在倫敦居留到11月21日才赴巴黎。見《國父全集》(1989)，第二冊，頁
　　　420，第17-18行。

原來，通過荷馬李的關係[109]，英國軍火製造廠維克斯遜斯、馬克沁(Vickers Sons & Maxim)的負責人之一，特瓦·多遜爵士(Sir Trevor Dawson)，在11月13日把孫逸仙與荷馬李共同簽署的一份文件送呈英國外相愛德華·格雷爵士(Sir Edward Grey)，並於翌日晚上拜訪了他[110]。目的是遊說英國政府支持孫逸仙。外相不為所動，甚至表示希望見到袁世凱組織新政府[111]。孫逸仙在15日接到這個消息後，就接受多遜爵士的建議改為懇求外相取消香港政府禁止他踏足香港的命令[112]。他自己則在16日就覆電革命黨人推薦袁世凱為臨時大總統[113]。而當他從倫敦到達香港後，又希望說服自粵來迎的革命黨人胡漢民等，暫時讓袁世凱執政，以便盡快結束滿清的統治，儘管袁氏並不可信、甚至會濫用權力[114]。事後證明，孫逸仙當了臨時大總統不出三個月，就把位置讓了給袁世凱。孫逸仙這樣做，有謂是其大公無私的表現；這當然不容否認。又有謂迫於形勢，因為孫逸仙手下的兵力無法與袁世凱匹敵；這也是實情。但筆者認為，英國政府的意圖，及孫逸仙對這意圖的重視，也不應忽略，因為，他認為英國是「舉足輕重為我成敗存亡所繫者」[115]。

因此可以說，孫逸仙是充分地領略了1897年6月22日的皇家大遊行和1897年6月26日的海軍檢閱所特意發出的絃外之音。他不但親眼看到了英國外表的強大，同時也親身體會了英國內在的強大——英國民族主義的威

109 Anschel, *Homer Lea,* p. 160.
110 Dawson to Grey, 15 November 1911, FO371/1095, p. 188. See also Edward Grey to Sir John Jordan, 14 November 1911, FO371/1095.
111 Edward Grey to Sir John Jordan, 14 November 1911, FO371/1095.
112 Dawson to Grey, 15 November 1911, FO371/1095, p. 188. 該禁令是在1895年孫中山廣州起義失敗後，香港政府應兩廣總督要求而發的。See Banishment order, 4 March 1896, enclosed in Henry Blake to CO, CO129/283, p. 138.
113 孫中山電《民立報》轉民國政府，1911年11月16日。
114 〈胡漢民自傳〉，載《革命文獻》第三輯。轉載於《孫中山全集》，第一卷，頁569。
115 孫中山，〈建國方略：孫文學說第八章「有志竟成」〉，《國父全集》(1989)，第一冊，頁421，第3-4行。

力。準此，他又得到啟發：要拯救中國，他必須構思一套適合中國國情的民族主義。至於他在訪英之前，既有的民族主義概念的內涵是什麼，則筆者在研究過他早期思想形成的過程中[116]，發覺其主要內容是漢族被滿族所征服而產生的反感，是一種強烈的反滿情緒。

這種反滿情緒，隨著孫逸仙目睹滿清政府對內則政治腐敗，外則喪權辱國，而與時俱增。內政方面：則他童年在翠亨村就親眼見過清吏橫行，而自己家庭又因白契的事情而飽受稅吏敲詐，以致他嚮往洪秀全反清的歷史[117]。外交方面：就在孫逸仙於香港中央書院唸書時的1884年，滿清的軍隊又在中法戰爭被打敗了。正因為香港的報章享有新聞自由，能衝破滿清政府對消息的封鎖，以致孫逸仙能從香港的中、英報章裡得知實情，因而痛心疾首。

更能激發他反滿情緒的，是1884年8至10月在香港本土發生的事情：在中法戰爭中，攻打台灣受創的法國軍艦開到香港，華工拒絕為其修理。法國商船開到香港，艇工拒絕為其卸貨，這些行動都是香港華人自發的、愛國主義思想的表露。後來香港政府對該等工人罰款，導致全港苦力大罷工。罷工工人與警察摩擦之餘又導致警察開槍射殺罷工工人，造成不少傷亡[118]。香港的《循環日報》評論說：「中法自開仗之後，華人心存敵愾，無論商賈役夫，亦義切同仇…此可見我華人一心為國，眾志成城，各具折衝禦侮之才，大有滅此朝吃之勢。」[119]孫逸仙耳聞目染，能不熱血沸騰？

116 見拙著：《孫逸仙早期思想的成長》（上海：上海書店出版社，2006）。
117 同上，第二章。
118 Tsai Jung-fang, *Hong Kong in Chinese History: Community and Social Unrest in the British Colony, 1842-1913* (New York: Columbia University Press, 1993), pp. 142-146.
119 香港《循環日報》1884年10月9日。所謂「滅此朝吃」者，源自「滅此而朝食」：《左傳·成公二年》載：晉軍在早晨前來進攻齊國，「齊侯曰：『余姑翦滅此而朝食。』不介馬而馳之」。又，朝食：吃早飯；消滅掉這些敵人再吃早飯。形容急於取勝的心情和高昂的鬥志。《漢語成語詞典》（成都：四川辭書出版社2000年10月再版）。

　　翌年清朝在中法戰爭中戰敗，屈辱求和，對孫逸仙更是一個很大的衝擊。事後他回憶說：「予自乙酉中法戰敗之年，始決傾清廷，創建民國之志。」[120]十年人事幾番新，十年之後的1894年，中日甲午戰爭快要爆發時，孫逸仙的愛國主義情緒又曾一度有過振興現有政府——即滿清政府——的想法而上書李鴻章。上書遭拒的同時又遇中日甲午戰爭清軍節節敗退，孫逸仙的愛國主義情緒重新回到推翻滿清的道路上。以致他在檀香山成立興中會時，入會的誓詞是「驅除韃虜，恢復中國」[121]。而1895年的廣州起義，更是孫逸仙與少數心腹同志不惜灑鮮血斷頭顱以把這誓詞付諸實踐的明證。

　　1895年的廣州起義失敗後，孫逸仙倉猝逃亡時簡單的隨身行李就包括明末清初反清志士黃梨洲所著《明夷待訪錄》中著名的「原君、原臣」兩章和明末王秀楚為記述滿清軍隊在1645年5月攻陷揚州後屠城十日而寫的《揚州十日記》。待他到達日本橫濱後又把它們交馮鏡如印刷萬份作為宣傳品[122]。1896年夏，孫逸仙到達美國三藩市，清朝派駐該市的總領事馮詠薇差人祕密搜查他的行李時，同樣是發現了「原君、原臣」兩篇[123]。可以說，1896年秋孫逸仙訪英前的民族主義思想是比較狹隘的反滿情緒。它是中國傳統式的、大部分時間侷限於先知先覺的士大夫那種忠君愛國思想。孫逸仙的上書李鴻章正是這種傳統忠君愛國思想的表現。這種傳統的忠君愛國思想也包括抵抗外族侵略和推翻任何征服了漢族的外族政權。乙未廣州起義正是這種傳統思想中推翻那征服了漢族的外族政權的表現。不同的是，它是由幾位受過西方教育和基督教洗禮的血性男女(陳粹芬雖未深受西

120　孫中山，〈孫文學說，第八章：「有志竟成」〉，《國父全集》(1989)，第一冊，頁409。《孫中山全集》，第六卷，頁229。

121　馮自由，《華僑革命開國史》(台北：商務印書館，1953)，頁26。

122　馮自由，《中國革命運動二十六年組織史》(上海：商務印書館，1948)，頁24。

123　中國駐倫敦公使館檔案，卷名《廣東要犯孫文逃往倫敦扣留查辦卷》，其中楊儒致駐英公使龔照瑗公函，1896年7月18日，附件2：〈攝敘金山馮總領事(詠薇)稟函電報詳細節略〉，無日期。轉載於《中山先生倫敦蒙難史料考訂》(南京：京華印書館，1935年重版)，頁8-10：其中頁10。

方教育卻是熱血教徒）聯合少數傳統會黨人士（諸如朱貴全和丘四）去撼大樹。故筆者認爲，在1896年秋抵達英國之前的孫逸仙，其行動無論是上書李鴻章還是發動廣州起義，其指導思想仍跳不出中國古諺「國家興亡，匹夫有責」的範疇。而發明此諺的人，本身就是士大夫，廣大的凡夫俗子哪裡能說出這種文謅謅的話？

但在倫敦，孫逸仙所親身體驗到的是一種嶄新的現象——近代歐洲民族主義。這種民族主義是全國性的總動員：在慶祝維多利亞女王登基六十週年的盛大慶典中，無論是爲數極少的精英還是廣大的民衆，差不多通通都動員起來。而光是在皇家大遊行，就共有46,943名士兵參加（包括在遊行隊伍中的和站立在街道兩旁維持秩序的）[124]。這種場面，對孫逸仙來說，不至於完全陌生，因爲在1891年，香港殖民政府爲了慶祝開埠五十週年而舉行閱兵典禮時，孫逸仙作爲西醫學院的學生就極有可能曾經見過甚而接受過檢閱[125]。只是在人數和規模等方面是小巫見大巫而已。但是觀衆方面就不一樣了。香港的閱兵典禮在黃泥湧的跑馬地進行，而當時居住在香港的英國人爲數不多，故英人觀衆亦相應地少。而少數在場的華人觀衆也不會流露出英國人那種愛國熱情。但1897年在倫敦的觀衆就完全不一樣了。在人數方面，則凡是能插針的地方都站了人。太陽「照耀著下面波濤般的巨大歡呼此起彼伏，照耀著下面千千萬萬潔白的手帕揮舞時讓其無比燦爛！」[126]照耀著那數不清的國旗：或是飄揚在高樓上的國旗，或是從窗戶中垂下來的國旗，或是由千萬少年兒童揮舞的國旗[127]。壯哉！使1891年香港跑馬地的情況顯得相形見絀！

親身體會了英國爲慶祝維多利亞女王登基六十週年盛典中群衆那種如痴如醉的熱情並由此而發出的強大感染力，孫逸仙會得到什麼啓發？竊以

124　*The Times*, 23 June 1897, p. 9, col. 2.

125　見拙著《孫逸仙早期思想的成長》（上海：上海書店出版社，2006），第九章。

126　*The Times*, 23 June 1897, p. 9, cols. 2-3.

127　Quoted in James Morris, *Pax Britannica: The Climax of an Empire*, p. 32.

爲他會認識到，滿族以少數民族而能征服龐大的漢族，武力自有其過人之處。孫逸仙自己隻手空拳，如何對付滿清王朝的千軍萬馬？不怕，若所有漢族同胞都充滿像英國人那種強烈的民族主義情緒，衆志成城，就肯定能打敗滿清！一想通這點，他對革命的前景會馬上變得無比樂觀，以致他在觀看過海軍檢閱之後第五天的1897年7月1日，就迫不及待地放舟東歸了[128]。可以說，孫逸仙由於觀看皇家大遊行和海軍檢閱所得到關於民族主義無比威力的啓發，是他旅居倫敦最大的收穫之一。

九、小結

本章暨之前各章所述種種，可以歸納爲兩大要端：1896/7年間孫逸仙旅居英國時期所親身體驗到的(1)精神力量和(2)物質力量，大有泰山壓頂之勢，壓得他喘不過氣來。爲甚麼？因爲他深深地感覺到，列強正是利用這兩股強大的力量把中國重重地壓下去。中國一天不相應地具備這兩股力量，就一天休想翻身。孫逸仙急於拯救中國，如何著手？若在物質方面追上列強，需要很長的時間、大量金錢的投資、進的科技設備等等，急忙間很難辦到。但若從精神力量方面追上去，則大力宣傳敎育民族主義便可。

但是，民族主義的內涵是甚麼？則當時沒有現成的敎科書。英、法、德、義等國的民族主義內涵各異。但總的來說，適逢孫逸仙旅居英國的十九世紀末期，正是西歐自從1848年各國自由派挑起民族主義情緒並藉此企圖革各自王朝的命而失敗以後，保守勢力進行反撲的高峰[129]。該等保守勢力，接過自由派的民族主義旗幟和高漲的民族主義情緒以後，即加以利用，並在這幌子之下進行大規模的帝國主義侵略戰爭。通過這種侵略戰爭，首先是在西歐本土內湧現了德意志和義大利兩個新興國家；繼而向歐

128　見本書第二章「日誌」，第1897年7月1日條。

129　Robert Gildea, *Barricades and Borders: Europe 1800-1914*, 2nd edition（Oxford: Oxford University Press, 1996）, pp. 165-7.

洲以外的地方擴張，與老大帝國諸如英國和法國爭地盤。這種歐洲帝國主
義的對外擴張，由於達爾文的進化論被演繹到社會科學的領域裡，變得有
理論根據而理直氣壯。另一方面，這個時期西歐科技的飛躍發展，更把西
歐以外地區的科技顯得遠遠落後：鋼鐵之先後在英國和德國的製造和應
用，新能源諸如石油和電力的發現，不斷改良的機器和新的交通工具諸如
蒸汽火車和蒸汽輪船，新的通訊系統諸如有線電報和後來的有線電話[130]，
新式武器諸如馬克沁機關槍和大砲，處處使西歐列強侵略亞非地區時如入
無人之境。

　　日本明治維新的志士，似乎也看準了歐洲強大的兩個主要原因：即(1)
無比的精神力量和(2)堅厚的物質基礎。因此，他們維新的努力也是朝著這
兩個方向邁進，他們亦具備朝這兩個方向邁進的條件。因爲，首先他們武
力推翻了當時已經統治了日本近三百年的幕府政權[131]，繼而結束了日本有
史以來諸侯(大名)[132]割據的局面，集政治、財務、軍隊等一切權力於中
央。有了這無上權力，他們就可以著手創造物質和精神文明。物質方面，
首先是沒收了各大名的封地，實行土地徵稅。有了稅收，則既可實踐諾言
補償各大名的經濟損失，又有財力進行各種建設。各大名拿到補償金後就
大量投資於實業建設，目前日本各大財閥，皆源於此。各大財閥投資實業
的成功，既增加國家的稅收，又建設了大型的企業，國力益彰。政府有了
雄厚的經濟來源後，除了整軍經武以外，就大量投資於全民教育[133]。

　　教育些什麼呢？焦點是民族主義。該民族主義的內涵是什麼？創立一
個所有日本人都認同的共識(identity)。建立這個共識的第一步，是把「神
道」(Shinto)奉爲國教。該「神道」重點教導國民說：「日本全國的國民

130　Robert Gildea, *Barricades and Borders: Europe 1800-1914*, 2nd edition（Oxford: Oxford University Press, 1996）, pp. 283-6.

131　Tokugawa Shuganate.

132　Daimyos.

133　See W.G. Beasley, The Meiji Restoration（Stanford: Stanford University Press, 1973）.

本來就是一個大家庭，有一個共同的祖先，而日本的天王正是這祖先的嫡傳。」[134]既然同是一個祖先的後代，那麼所有日本人的血統都是純粹的，是世界上獨一無二的民族[135]。

　　若從二十一世紀的今天回顧十九世紀日本明治維新志士這種宣傳，大家都知道是毫無科學根據的。現代遺傳因子的測試（DNA analysis），證明日本人本來就是從中國、高麗、太平洋諸島等地移民到日本定居的人的後裔。哪怕是日本的所謂「原住民」（Ainu）的祖先也是從這些地區移居日本的[136]。為何日本明治維新的志士用國教的形式宣傳這種謊言？其目的不外是要虛構一套有日本特色的民族主義。在這裡，我們可以看到社會科學達爾文學說（Social Darwinism）與「英以色列信仰」（British Israel）的深遠影響。

　　為了有效地向全國推廣這種虛構而成的民族主義，日本政府成立一個特殊部門[137]來把全國各地的神社、佛寺等統一起來，排班論位，以別高低，並把所有禮拜儀式都劃一起來[138]。目的是把國家這個概念凌駕於所有地方性的崇拜或忠誠[139]。接著，日本政府把這個目標制度化，即於1890年

---

134 The Japanese people "were one family descended from a single original ancestor, with the emperor as the closest descendant." Julia Howell, "Religious Traditions in Asia," in Colin Mackerras (ed.), *Eastern Asia* (Melbourne: Longman, 1995), pp. 61-78：at p. 65.

135 Sandra Wilson, "Rethinking Nation and Nationalism in Japan," in Sandra Wilson (ed.), *Nation and Nationalism in Japan* (London: Routledge Curzon, 2002), p. 10. The result was to brand the Ainu, Okinawans and Burakumin as barbarians. See Michael Weiner, *Japan's Minorities: The Illusion of Homogeneity* (London and New York, 1997).

136 Curtis Andressen, *A Short History of Japan from Samurai to Sony* (Harcourt, 2002), p. 22.

137 Department of Divinity.

138 Elise K. Tipton, *Modern Japan: A Social and Political History* (London and New York: Routledge, 2002), p. 67.

139 "The aim was to privilege the state above all ethnical convictions and commitments." -Brian J. McVeigh, *Nationalism of Japan* (New York: Rowman and Littlefield, 2004), p. 43.

頒布有關教育的天皇制誥[140]中，訓令國民曰：國家高於一切。這道制誥的精神成為日本所有教科書的指導思想。政府又下令所有學生在上課前，必須在天皇的掛像前齊唸該天皇制誥[141]。

再接下來，日本政府就把日本傳統「武士道」[142]的精神，由效忠於傳統封建諸侯（大名）改為效忠於國家，並雷厲風行地鼓催敢死的愛國精神[143]。其目的無疑是培養極端的軍國主義。為了達到這個目的，日本政府後來還成立了各種神社，以紀念那些在中日甲午戰爭(1894-5)和日俄戰爭(1904-5)中陣亡的將士。其中最著名的當然是靖國神社[144]，裡邊供奉了自1853年以來為國捐軀的日本人；並製造了一個神話說：「為國捐軀者將成為祖國的天神，被供奉在靖國神社，享受萬世香火。」[145]在這麼濃厚的極端軍國主義氣氛籠罩下，難怪日本政府總是傾向於用武力解決一切國際糾紛[146]。最後竟以「消滅西方帝國主義對日本的威脅」為藉口而發動侵略亞洲的戰爭了[147]！

相形之下，孫逸仙對歐洲強大的兩個主要原因的反應就截然不同。首

140　Imperial Rescript on Education.

141　Elise K. Tipton, *Modern Japan: A Social and Political History* (London and New York: Routledge, 2002), p. 65.

142　Bushido.

143　"Unifying all rites" -Nitobe Inazo, "Bushido, The Way of the Warrior," in Theodore McNelly (ed.), *Sources in Modern East Asian History and Politics* (New York: Appleton Century Crofts, 1967), pp. 51-31: at p. 51.

144　Yasukuni Shrine.

145　"[T]he soldiers who died will become gods of the fatherland and worshipped in the Yasukuni Shrine" -Beatrice Trefalt, "War, Commemoration and National Identity in Japan," in Sandra Wilson (ed.), *Nation and Nationalism in Japan* (London: Routledge Curzon, 2002), pp. 114-134: at p. 119.

146　Beatrice Trefalt, "War, Commemoration and National Identity in Japan," in Sandra Wilson (ed.), *Nation and Nationalism in Japan* (London: Routledge Curzon, 2002), pp. 114-134: at p. 117.

147　"[A] pragmatic nationalist response by a rejuvenated elite to the threat that Western imperial power constituted for the Japanese state." -Kenneth B. Pyle, *The Making of Modern Japan*, 2nd edition (Lexington MA: D.C. Heath, 1996), p. 130.

先，他還沒有像日本維新志士那樣推翻了現有政府而掌握政權，無從進行
物質建設與推行民族主義教育。所以他的當前急務是推翻滿清。其次，他
所構思的民族主義，與日本維新志士所構思的、以追求極端軍國主義爲目
的的民族主義，更有天淵之別。他說：

> 中國古時常講「濟弱扶傾」，因爲中國有了這個好政策，所以強
> 了幾千年，安南、緬甸、高麗、暹羅那些小國，還能保持獨立。
> 現在歐風東漸，安南便被法國滅了，緬甸被英國滅了，高麗被日
> 本滅了。所以如果中國強盛起來，我們不但是要恢復民族的地
> 位，還要對於世界負一個大責任。如果中國不能夠擔負這個責
> 任，那末中國強盛了，對於世界便有大害，沒有大利。中國對於
> 世界究竟要負什麼責任呢？現在世界列強所走的路是滅人國家
> 的；如果中國強盛起來，也要去滅人國家，也去學列強的帝國主
> 義，走相同的路，便是蹈他們的覆轍。所以我們要先決定一種政
> 策，要濟弱扶傾，才是我們民族的天職。我們對於弱小民族要扶
> 持他，對於世界列強要抵抗他。[148]

孫逸仙這種思想源自哪裡？中國傳統價值觀總代表的「大同思想」，
曰：

> 大道之行也，天下爲公[149]。選賢與能，講信脩睦[150]。故人不獨
> 親其親，不獨子其子[151]，使老有所終，壯有所用，幼有所長，

---

148 孫逸仙，「民族主義第六講」，1924年3月2日，《國父全集》(1989)，第一冊
　　頁45-54：其中頁53，第12-17行。又見《孫中山全集》一套11卷(北京：中華書
　　局，1981-6)，第九卷，頁241-254：其中頁253。
149 公猶共也。
150 禪位授聖，不家之睦親也。
151 孝慈之道廣也。

矜寡孤獨廢疾者，皆有所養[152]。男有分[153]，女有歸[154]。貨惡其棄於地也，不必藏於己。力惡其不出於身也，不必爲己[155]。是故謀閉而不興，盜竊亂賊而不作[156]，故外戶而不閉[157]，是謂大同[158]。[159]

　　由此可知孫逸仙民族思想所受中國傳統儒家價值觀影響之深。中外學術界恆指孫逸仙國學根底淺，實在是低估了他衷心接受這種價值觀的程度。

　　那麼，新的問題來了。日本也曾深受中國儒家思想的影響，爲何日本的維新志士的行徑卻與儒家的精髓「大同思想」背道而馳？竊以爲過去日本接受儒家思想之日，正是中國鼎盛之時，故日本力求模仿以自強。到了十九世紀，西方強大而中國積弱，日本轉而模仿西方的物質建設與精神文明，尤其是以強凌弱的做法，故放棄大同思想而採取帝國主義。另一方面，孫逸仙也接受了西方的精神文明，但不是西方的帝國主義而是基督教慈悲爲懷的教義，以致他對這種教義的熱情到了寧願捨棄乃兄所給予的豐厚財產而去當傳教士的程度[160]。可以說，基督教的教義鞏固了孫逸仙原來已經接受了的儒家大同思想。兩者相得益彰，以致他的民族主義思想和畢生行事都貫徹了儒家的他同思想與基督教拯救全人類的熱情，且看他是如何鼓勵中國人民看待民族主義的：

152　無匱乏也。
153　分猶職也。
154　皆得良奧之家。
155　勞事不憚，施無吝心，仁厚之敎也。
156　尚辭讓之故也。
157　御風氣而已。
158　同猶和也平也。
159　《禮運·大同篇》，載《十三經注疏》，阮元刻本（北京：中華書局1987年），下冊，第1414：禮記注疏/禮運/卷二十一。
160　見拙著《孫逸仙早期思想的成長》（上海：上海書店出版社，2006），第八章，其中Paul Linegarber, Sun Yat-sen and the Chinese Republic, pp. 195-196。

> 我們要將來能夠治國平天下，便先要恢復民族主義和民族地位。
> 用固有的道德和平做基礎，去統一世界，成一個大同之治，這便
> 是我們四萬萬人的大責任。諸君都是四萬萬人的一分子，都應該
> 擔負這個責任，便是我們民族的真精神。[161]

在這裡，孫逸仙把四書中的《大學》所說的「格物、致知、誠意、正心、修身、齊家、治國、平天下」的古代理想，從中土擴展到全世界，這抱負真不簡單。

準此，竊以為孫逸仙模仿英國民族主義的某些特點而創造了適合中國國情的民族主義。這種中國國情的特色之一，是崇尚王道而摒棄霸道，深具儒家「不獨親其親，不獨子其子」[162]的大同思想。就是說，用互相關心愛護的原則來處理世界上各民族之間的關係，而不是用「強權即是公理」的態度去解決各民族之間的矛盾。互相殺戮何時了？倒不如從根本上解決問題。

所以，孫逸仙提出這種理論時，有人譏笑他迂腐。但時至今日，回顧歐洲的歷史可以說是一本戰爭史，壹千幾百年來互相侵略，戰事連綿，而且越演越烈，終於把全世界也牽涉進去，造成慘絕人寰的兩次世界大戰。現在歐洲省悟了，組織歐洲共同體以圖互助互利以代替互相殺戮。能不說孫逸仙有先見之明？而且孫逸仙身體力行。他在1919年撰寫的《實業計畫》，正是由於他深感歐洲列強為了爭奪資源而發動第一次世界大戰之不智，於是建議列強和平合作，共同開發中國的資源，互助互利，避免發生第二次世界大戰。

歐洲的民族主義傳播到歐洲以外的地方，遺害匪淺。過去日本之發動

---

161 孫逸仙，「民族主義第六講」，1924年3月2日，《國父全集》，第一冊頁45-54：其中第53頁第20行到54頁第2行。又見《孫中山全集》，第九卷，頁241-254：其中頁253-4。

162 《十三經注疏》（阮元刻本）/禮記注疏/禮運/卷二十一（1987年），下冊，頁1414。

太平洋戰爭，當前中東地區的動亂，以至當前全球性的恐怖活動，追源禍始，都怪十九世紀中葉、歐洲大陸的保守勢力在撲滅1848年的自由革命後把高漲的民族主義情緒煽動到了失掉理性的階段。過去的歐洲人因為民族主義走向極端而失掉理性，目前的恐怖分子無論是由於民族主義或宗教信仰走向極端而同樣是失掉理性。美國的布殊總統（President George W. Bush）只曉得用強大的武力鋪天蓋地般打擊恐怖分子，而全不懂用耐心細緻的方法與他們溝通，更不願意用平等的態度對待他們。「民不畏死，奈何以死懼之」[163]！若雙方都細心閱讀孫逸仙的民族主義中堅持各族平等的精髓，可能會大有收穫。若因此而和平地解決了當前恐怖主義這個對人類最大的威脅，相信全世界的人都會舉雙手贊成諾貝爾獎金應將和平獎破例地頒發給已經魂歸天國的孫逸仙！

　　附帶說明一點：1896/7年間孫逸仙旅居英國時期所構思的民族主義，與1924年初他用演講形式闡述的民族主義可有重大分別？這個問題無法回答，因為1896/7年間孫逸仙沒有把他當時的想法寫出來，故無從比較。但把1924年他闡述的民族主義來分析，印證一下1896/7年間孫逸仙旅居英國時期所見所聞，則處處可以看到英國民族主義的烙印。其中最突出的地方，當然是他認為那個由漢、滿、蒙、回、藏暨幾十個少數民族所組成的中華民族「完全是漢人」[164]的宏論。無他，孫逸仙在牽強附會英以色列信徒認為純血統是民族強大之源的說法，以鼓舞人心而已。

　　至於這些深刻烙印在孫逸仙本人身上所造成的效應，初期表現在他似乎被英國的國威鎮住了，故1911年辛亥革命爆發後他馬上前往倫敦爭取英國政府的支持；而當英國政府表示支持袁世凱而不支持他的革命派時，他又改弦易轍。後期則表現在有恃無恐。例如，1923年底，由於列強拒絕把中國海關盈餘分配給孫逸仙的廣東政權，孫逸仙就揚言要收回粵海關。列

---

163 《老子道德經》，制惑第七十四，載《文淵閣四庫全書》（台北：商務印書館影印）。

164 孫中山，「民族主義第一講」，《國父全集》（1989），第一冊，頁6，第4-6行。

強慌忙派出內河砲艇浩浩蕩蕩地開到廣州河面保護粵海關，最後的總數是16艘[165]。孫逸仙的反應可圈可點。他在1923年12月17日命特派員傅秉常致函駐穗英領事，質問爲何外艦雲集廣州河面，函曰：「奉大本營外交部長諭，現聞本口岸，泊有英國兵艦五艘，美國兵艦六艘，法國兵艦二艘，日本兵艦二艘，葡國兵艦一艘。查外國軍艦駛泊通商口岸，原爲條約所許。惟現在粵垣地方安堵，洋商貿易如常，無特別加派艦隊保護之必要。現駛進口岸者不下十餘艘之多，爲從來所未有。市民睹此情形，不無疑訝，仰轉函問理由等因。相應函達貴領袖領事官[166]，即希將現在各國軍艦駐泊廣州口是何理由，明以見告爲荷。」[167]不慌不忙之處，把各國領袖之急派軍艦兵臨城下顯得慌張忙亂。又明知故問之處，等同兒戲，直把各國元首當頑童。爲何孫逸仙如此鎮靜？165艘大型遠洋軍艦[168]雲集一起的場面他都見過了，區區16艘[169]內河砲艇算甚麼？

此外，在1924年8月的廣東扣械潮當中，當時的廣東警衛軍司令吳鐵城就連夜把家人送到香港去[170]。警衛軍是負責維持治安的，故外人把警衛軍司令翻譯爲Police Commissioner[171]。連警衛軍司令也把家人送去香港，當時的緊張局面可知。爲何吳鐵城這麼緊張？因爲他怕英國駐廣州總領事向香港電召兵艦到穗。但孫逸仙就是不怕：曾經滄海難爲水，怕甚麼？儘管

---

165 C. Martin Wilbur, *Sun Yat-sen: Frustrated Patriot* (New York: Columbia University Press, 1976), p. 135. Wilbur, *Sun Yat-sen*, p. 186.

166 按即Senior Consul.

167 《國父年譜》(1994)，下冊，頁1419-20，1923年12月17日條，引《國民週刊》，1923年12月30日，第3版。

168 *The Times*, 25 June 1897, p. 13, right across the top of the page.

169 C. Martin Wilbur, *Sun Yat-sen: Frustrated Patriot* (New York: Columbia University Press, 1976), p. 135. Wilbur, *Sun Yat-sen*, p. 186.

170 Bertram Giles to Sir Ronald Macleay, Despatch 140, Very Confidential, Canton 21 August 1924, enclosed in MacLeay to MacDonald, Desp. 561 (5592/24), Very Confidential, 6 September 1924, in FO371/10240, *pp.* 44-88 [Reg. No. 3443/15/10, 16 Oct 1924]：at pp. 76-83, paragraph 17.

171 同上。

他深知「英艦所注意者，必大本營、永豐、黃埔三處，數十分鐘便可粉碎，吾人對彼絕無抵抗之力」[172]。但他仍然命令「寶壁艦架砲嚴陣制止」[173]商團從偷運軍火到廣州的挪威輪船「哈佛」號上卸貨，另派三艦從旁監視[174]。英國消息說孫逸仙隨即命砲艦強迫「哈佛」號離開廣州回到黃埔[175]。中方材料則除佐證了英方消息以外還點出了該艦正是「永豐」號[176]，其餘各艦撤退[177]。可以想像，當時孫逸仙力排眾議而堅決採取強硬手段對付「哈佛」號和廣州商團。但當他溫言安慰吳鐵城之流不要怕時，他們會有甚麼反應？不知我者譏我孫大砲！所謂人生得一知己無憾，當時孫逸仙的同志當中有多少人像他那樣深切地了解到，大力宣傳民族主義的他，必須以身作則，為了中華民族而「寧肯犧牲身家性命」[178]。若沒有孫逸仙那種不畏強權的精神，則當那位矢志推翻孫逸仙政府的廣州商團團長陳廉伯拿到「哈佛」號上近一萬支槍和三百多萬發子彈時，後果會是怎麼樣[179]？

172 孫中山，〈復蔣中正告在粵有三死因亟宜北伐謀出路函〉，1924年9月9日《國父全集》(1989)，第五冊，頁528。

173 天仁，〈扣留商團軍械之趨勢〉，香港《華字日報》，1924年8月13日，頁3。

174 香港《華字日報》，1924年8月15日，頁3第3欄。

175 Bertram Giles to Sir Ronald Macleay, Despatch 140, Very Confidential, Canton 21 August 1924, enclosed in MacLeay to MacDonald, Desp. 561 (5592/24), Very Confidential, 6 September 1924, in FO371/10240, pp. 44-88 [Reg. No. 3443/15/10, 16 Oct 1924]: at pp. 53-61, paragraph 10.

176 厥初，〈孫政府圖攫商團槍彈之解剖〉，香港《華字日報》，1924年8月14日，頁3。

177 香港《華字日報》，1924年8月13日，頁12第1欄。

178 孫逸仙，「民族主義第一講」，《國父全集》(1989)，第一冊，頁3第16行。

179 關於廣東扣械潮此歷史片段中孫中山的表現，見拙著《中山先生與英國》(台北：學生書局，2005)，第八章。

第六章
民權主義思想探源

一、緒論

孫逸仙說：「中國人的民權思想，都是從歐美傳進來的。」[1]西方的民權，離不開憲制。孫逸仙旅居倫敦九個月，從英國那裡學到什麼有關憲制的知識？一提起英國的憲制，馬上讓人想起英國的議會（或稱國會）制度（Parliamentary system）和三權分立（the division of Powers）：即行政（the Executive）、立法（the Legislature）、司法（the Judiciary）這三權各不相統，並且互相制衡的制度。

有個非常有趣的問題是：在倫敦期間他具體讀過那些有關憲制的書籍？

二、讀書

孫逸仙在英國時，究竟讀過那些有關憲制的書？本書第一章第五節曾提到1979年，當筆者開始嘗試探索三民主義思想來源時，陳錫祺先生及其他先進，提示筆者說，孫逸仙在倫敦的大英博物館非常用功地看書，他的三民主義思想大多數從那兒來。

1　孫中山，「民權主義第五講」，1924年4月20日，載《國父全集》，載秦孝儀（編），《國父全集》（台北：近代中國出版社，1989），第一冊，頁99-113：其中頁99第14行。

　　大英博物館的藏書，浩瀚如海，從本書第三章中的有關圖錄，即見其
建築外形之壯觀，從而可以想象裡邊藏書多少。

　　陳錫祺等先生建議筆者追查孫逸仙在該館借書的登記條子，這樣可以
知道他看過什麼書。當時筆者已估計此路不通。據筆者過去在該館看書的
經驗，每天借書的白色條子，多如雪片紛飛。還書以後，雪片都必須熔化
得無影無蹤；否則，再多建幾座博物館也藏不下這些條子。但筆者不願有
拂老人家好意；而且，未經實地調查，不能妄下定論，故還是親向該館的
有關人員詢問了。果如所料，該館不藏借書條子。但是，儘管是知其不可
而爲之，也有好處。因爲，普查舊檔，發掘了當年孫逸仙向大英博物館申
請閱讀證的簽名，至低限度證明了他的確曾是該館的讀者。

　　此路不通，另闢蹊徑。孫逸仙的上海故居，藏有他生前珍藏過的書
籍。上海復旦大學的姜義華教授，曾把這批藏書中、有關民權政治的圖
書，列了一個表[2]。竊以爲其中很可能就包括了孫逸仙曾在大英博物館閱
讀過的書。不是說他從該館借了出來不還：大英博物館的書是不許借到外
邊閱讀的。而是說，如果他讀過某書而又認爲是非常有價值的，他後來很
可能就會購買該書，帶在身邊，以便隨手翻閱。筆者之有這種想法，是鑑
於很多追隨過孫逸仙的人所寫的回憶錄，都說孫逸仙每當遭到革命失敗或
挫折時，就潛心細讀帶在身邊的著作，並用紅、藍鉛筆劃下橫線、問號、
圈、叉等記號[3]。可見他是非常重視這批書的。孫逸仙是在1896年12月到
1897年6月間，在大英博物館看書的。因此，在上海故居這批書當中，如果
出版日期在1897年暨以前的，有可能就是孫逸仙過去在大英博物館看過的
一種。準此，筆者按照姜義華教授這個表，抽出其中出版日期在1897年暨
以前的，按作者名字先後排列如下[4]：

2　姜義華，〈民權主義思想淵源——上海孫中山故居部分藏書疏記〉，原載台灣
　　高雄《中山社會科學季刊》第6卷，1991年第2期。後收入姜義華，《大道之
　　行——孫中山思想發微》（廣州：廣東人民出版社，1996），頁108-123。
3　同上，其中頁122。
4　其中部分書名由筆者重新翻譯。名字只具縮寫者，補上全名。

1. Bagehot, Walter. *The English Constitution*. New York, 1908.[5](《英國憲法》)。

2. Bluntschli, John Kasper. *The Theory of the State*. 1895.(《關於國家的概念》)。

3. Broom, Herbert. *A Selection of Legal Maxims*. London, 1884.(《法律格言選集》)。

4. Burgess, John William. *Political Science and Comparative Constitutional Law*. 1890.(《政治學與有關憲法的不同法律比較》)。

5. Gneist, Heinrich Rudolf Hermann Friedrich von (1816-1895). *History of the English Constitution*. 2 vs. Translated by P. A. Ashworth. London, 1891.(《英國憲法史》)。

6. Gneist, Heinrich Rudolf Hermann Friedrich von (1816-1895). *History of the English Parliament*. London, 1895.(《英國國會史》)。

7. Goodnow, Frank Johnson. *Comparative Administrative Law*. New York, 1893.(《比較行政法》)。

8. Holst, Hermann Eduard von. *The Constitution and Political History of the U.S*. 8 vs. Chicago, 1885-1892.(《美國憲法史暨政治史》)。

9. Levi, Leone. *International Law-with materials for a code of international law*. London, 1887.(《國際法》)。

10. May, Thomas Erskine. *The Constitutional History of England, 1760-1860*. 3 vs. London, 1875-1878.(《英國憲法史》)。

11. Mill, John Stuart. *On Liberty*. London, 1878(《論自由》)。

12. Mill, John Stuart. *Considerations on Representative Government*. London：Longmans and Green, 1860.(《代議制政府研究》)。

13. Pollock, Frederick. *Essays in Jurisprudence and Ethics*. London,

---

5　雖然孫中山所擁有的版本是1908年的美國版本，但該書早在1867年已在英國出版。故仍收入本表。

1882.(《法理學與倫理學論文集》)。

14. Stephen, James Fitzjames. *A General View of the Criminal Law of England*. London, 1890.(《英國刑法概論》)。

15. Woolsey, Theodore Dwight. *Political Science*. New York, 1886.(《政治學》)。

　　上述書籍，絕大部分都能在敝校圖書館裡找到，筆者都看了。在敝校找不到的，也在英國看了。有幾點值得注意。第一，從篇幅上說，除了第11種、《論自由》，篇幅較小外，其他都是洋洋巨著。孫逸仙的閱讀能力，應該是沒問題。問題在速度。上述15種圖書，孫逸仙在旅英期間，都看完嗎？第二，從概念上說，西方法治的概念，與中國傳統的人治概念，是背道而馳的。孫逸仙十三歲出洋以前，翠亨村生活所受的熏陶和十歲入鄉塾所受的教育，都是中國傳統的人治概念。到了檀香山進入英國聖公會韋禮士主教開辦的意奧蘭尼學校讀書並寄宿時，開始接觸到法治的觀念。該校仿照英國的公學(public school)制度，故宿生必須遵守的紀律就多了：何時早起何時夜寢，何時進膳何時勞動，何時洗澡何時操練，何時上課何時自修，何時上教堂早經晚課等等，像鐵一般的紀律。大英帝國就是靠這種寄宿學校鐵一般的紀律所訓練出一批又一批高效率的人才打天下、守天下的[6]。孫逸仙自言在意奧蘭尼中學三年所受的教育引起他身心變化最大，其中最重要者莫如學校中紀律嚴明的好處，讓他感到必須竭誠遵守校中紀律，並準此而渴望中國同樣醒覺到遵守紀律的重要性[7]。

　　因此，孫逸仙在閱讀上述有關憲法、法律、政治學等書籍時，對其精神應該不會感到太陌生。但憲法、法律等專著比諸一所寄宿學校的規則，自然要深奧和複雜得多。所以孫逸仙在閱讀這些專著時就必須有一個學習

6　見拙著，《孫逸仙早期思想的成長》(上海：上海書店出版社，2006)，第四章〈孫逸仙在夏威夷所受到英國文化的啟蒙〉。

7　林百克(著)，徐植仁(譯)，《孫中山傳記》(上海：商務印書館，1926)，頁121。

與適應的過程。第三，從寫作的語言來說，法律的書，既有其專業性非常強的一面，也有其枯燥乏味的一面。這一切，都足以影響初入門的孫逸仙閱讀時的速度與理解的深度。

　　還有一個因素：孫逸仙大約花了多少時間在大英博物館看書？從本書第二章「日誌」中所提供的資料，我們可以列一個表，並準此作一個粗略的估計：

表6.1　孫逸仙在大英博物館看書時間估計 [8]

日期	星期	到、退	小時	分
961205	六	1140-1300	1	20
961207	一	1030-1430	4	
961208	二	1030-1430	4	
961209	三	1155-不詳	3	
961210	四	按平均估計	3	
961211	五	按平均估計	3	
961215	二	不詳-1415	3	
961217	四	不詳-1240	2	
961222	二	1145-1545	4	
961227	日	按平均估計	3	
961228	一	按平均估計	3	
961229	二	按平均估計	3	
961230	三	按平均估計	3	
961231	四	按平均估計	3	
970101	五	按平均估計	3	
970106	三	1110-1430	3	20
970111	一	1340 1530	1	50

8　本表用第二章「日誌」所提供的資料而編成。其中「康記」代表「康德黎夫人日記」，「南記」代表「《南方熊楠日記》」。

日期	星期	到、退	小時	分
970114	四	1200-1500	3	
970116	六	1100-1500	4	
970119	二	1140-1530	3	50
970120	三	1200-1500	3	
970121	四	1200-1500	3	
970126	二	偵探不詳	1	
970130	六	1300-1800	5	
970206	六	1050-1500	4	10
970208	一	1130-1600	4	30
970209	二	1300-1800	5	
970212	五	1130-1800	6	30
970213	六	1300-1810	5	10
970217	三	按平均估計	4	
970218	四	按平均估計	4	
970219	五	按平均估計	4	
970220	六	按平均估計	4	
970221	日	按平均估計	4	
970222	一	按平均估計	4	
970223	二	不詳-1840	4	
970304	四	1100-1800	7	
970306	六	按平均估計	4	
970307	日	按平均估計	4	
970308	一	按平均估計	4	
970309	二	按平均估計	4	
970318	四	1150-1515	3	25
970319	五	探報與南記衝突	6	
970320	六	1215-1525	3	10
970322	一	1545-2000	4	15

日期	星期	到、退	小時	分
970323	二	1200-1830	6	30
970324	三	1045-1615	5	30
970326	五	1410-1930	5	20
970327	六	不詳-1645	5	
970330	二	1200-1840	6	40
970402	五	1420-1830	4	10
970403	六	1130-1730	6	
970405	一	探報與康記衝突	0	
970406	二	1200-1635	4	35
970407	三	1135-1810	6	35
970408	四	探報與南記衝突	4	
970409	五	1145-1400	2	15
		探報與康記衝突	0	
970410	六	1330-1930	6	
970414	三	1330-1900	5	30
970423-970609缺偵探報告				
970610	四	1140-1800	6	20
970616	三	按平均估計	5	
970617	四	1500-1900	4	
970618	五	按平均估計	4	
970619	六	按平均估計	4	
970620	日	按平均估計	4	
970621	一	按平均估計	4	
970622	二	按平均估計	4	
970623	三	按平均估計	4	
970624	四	按平均估計	4	
總　計			269	535
約　即			279	

關於這個表，有幾點必須說明。第一，其中「按平均估計」者，表示跟蹤孫逸仙的偵探，既沒有說明孫逸仙什麼時候到達和離開大英博物館，也沒有說明他在那兒停留了多長時間。筆者按前後幾天孫逸仙在那兒看書的時間長短，作出一個大約的平均數字、而填上這個大約時間。這個大約平均是靠寬的一面，實際時間可能要比這個短。而儘管是從寬計算，孫逸仙在大英博物館閱讀的時間，總共大約只有279個小時。

第二，其中「探報與康記衝突」者，表示跟蹤孫逸仙的偵探說孫逸仙在大英博物館看書；而康德黎夫人日記，卻說孫逸仙到她家午餐。在這種情況下，筆者寧願相信康德黎夫人日記。因為，她沒有任何撒謊的必要。而事實證明偵探經常推搪塞責[9]。因此，偵探聲稱孫逸仙在大英博物館看書的這段時間，予以取消。

同時，偵探報告不但與康德黎夫人的日記有衝突，與南方熊楠的日記同樣有衝突。例如，1897年3月19日星期天的報告中，偵探聲稱目擊孫逸仙在黃昏7時30分離開大英博物館，回家休息[10]。言之鑿鑿。而南方熊楠當天的日記卻說，當天6時稍後，即與孫逸仙聯袂離開大英博物館。然後到海德公園附近的瑪利亞餐廳，共進晚膳。餐後又在海德公園散步長談。再共同坐公共馬車到孫逸仙的寓所，長談到晚上10時[11]。準此，計算當天孫逸仙在大英博物館看書的時間，就必須減少一個半小時。偵探提供這種虛假情報，手法也太笨。孫逸仙所寄居的旅寓，只提供早餐。那就是為什麼午餐與晚餐，孫逸仙都必須在外邊吃。偵探的報告也經常提到這一點。現在反過來聲稱孫逸仙在7時30分離開大英博物館回家休息，而不進一步虛構他在某某餐廳吃晚餐，就等於說他餓著肚子上床了！

又例如，1897年4月8日的偵探報告聲稱，從早上8時起，即在孫逸仙寓

9　見第一章。

10　Slater's report, 16-23 March 1897，載羅家倫，《蒙難史料》，頁150。

11　《南方熊楠日記》，1897年3月19日。載《南方熊楠全集》別卷2，頁77。

所處監察，但不見目標出戶[12]。但是，南方熊楠卻在當天的日記中寫道：「在大英博物館中與孫氏短談。[13]」南方熊楠當天整篇日記，就這麼短短的一句話。偵探還是南方熊楠可信？筆者寧願相信南方熊楠。因爲，像康德黎夫人一樣，南方熊楠沒有任何撒謊的動機。而偵探在失職或偷懶之餘，就不惜謊話連篇了。如果我們相信南方熊楠，則孫逸仙早已出戶，並在大英博物館看書。因此，計算當天孫逸仙在大英博物館看書的時間，就應該增加按平均計的4個小時[14]。

總的來說，偵探報告是唯一可供計算孫逸仙在大英博物館看書時間的資料。儘管不太準確，也只好予以利用。幸虧我們需要的，不是絕對準確的時間。大約計算一下就差不多了。

計算孫逸仙在大英博物館看書的時間長短，有一個目的。就是大約估計一下，他可能看了多少本書？按上述表6.1中的粗略估計，總共大約只有279個小時。至於在這279個小時當中孫逸仙能看了多少書，則只好請讀者各自去神遊冥想。竊以爲他若讀通了上列書目第一種，即《英國憲法》，已經很了不起了。

三、學問

學習而遇到困難時就提問，故「學問」與「知識」是同義詞。孫逸仙在學習而遇到困難時向誰請教？最明顯的老師是康德黎醫生。從本書第二章「日誌」中，我們可以看出孫逸仙旅居倫敦時的一個活動規律：即他在大英博物館看書看了一段時間以後，接著就到康家勾留另一段時候，目的很明顯是向恩師請教。茲將負責跟蹤孫逸仙的偵探所寫的報告和康德黎夫人的日記各自提供的數據，作一個粗略的估計，且看孫逸仙在大英博物館

12　Slater's report, 7-15 April 1897，載羅家倫，《蒙難史料》，頁150。
13　《南方熊楠日記》，1897年4月8日，載《南方熊楠全集》別卷2，頁80。
14　見第一章。

看書後即於當天到康家勾留的時間分別有多久。

表6.2　孫逸仙在大英博物館看書與事後同日逗留康家時間約計[15]

日期	星期	大英博物館	小時	分	康家	小時	分
961205	六	1140-1300	1	20	1340-1740	4	
961207	一	1030-1430	4		1410-1530	1	20
961208	二	1030-1430	4		1540-1640	1	
961209	三	1155-不詳	3		1500-1800	3	
961210	四	按平均估計	3		1500-1800	3	
961211	五	按平均估計	3				
961215	二	不詳-1415	3		1530-1800	2	30
961217	四	不詳-1240	2		1320-1500	1	40
961222	二	1145-1545	4				
961227	日	按平均估計	3		1200-1430	2	30
961228	一	按平均估計	3		1500-1800	3	
961229	二	按平均估計	3		1500-1800	3	
961230	三	按平均估計	3		1500-1800	3	
961231	四	按平均估計	3		1500-1800	3	
970101	五	按平均估計	3				
970106	三	1110-1430	3	20	1510-1730	2	20
970111	一	1340-1530	1	50			
970114	四	1200-1500	3		1540-2040	5	
970116	六	1100-1500	4		1540-2040	5	
970119	二	1140-1530	3	50	1610-2030	4	20
970120	三	1200-1500	3		1340-1730	1	50

15　本表是將負責跟蹤孫中山的偵探所寫的報告和康德黎夫人的日記各自提供的數據編寫而成。

日期	星期	大英博物館	小時	分	康家	小時	分
970121	四	1200-1500	3		1610-1700		50
970126	二	偵探不詳	1		1600-1700	1	
970130	六	1300-1800	5				
970206	六	1050-1500	4	10			
970208	一	1130-1600	4	30	1640-2030	3	50
970209	二	1300-1800	5				
970212	五	1130-1800	6	30			
970212	六	1300-1810	5	10			
970217	三	按平均估計	4				
970218	四	按平均估計	4				
970219	五	按平均估計	4				
970220	六	按平均估計	4				
970221	日	按平均估計	4				
970222	一	按平均估計	4				
970223	二	不詳-1840	4				
970304	四	1100-1800	7				
970306	六	按平均估計	4				
970307	日	按平均估計	4				
970308	一	按平均估計	4				
970309	二	按平均估計	4		筆者估計	2	
970318	四	1150-1515	3	25	1555-2000	4	5
970319		探報與南記衝突	6				
970320	六	1215-1525	3	10	1700-1830	1	30
970322	一	1545-2000	4	15	1315-1515	2	
970323	一	1200-1830	6	30			
970324	三	1045-1615	5	30	1700-2000	3	
970326	五	1410-1930	5	20			

日期	星期	大英博物館	小時	分	康家	小時	分
970327	六	不詳-1645	5		1730-1830	1	
970330	二	1200-1840	6	40			
970402	五	1420-1830	4	10			
970403	六	1130-1730	6				
970405	一	探報與康記衝突			1230-1430	2	
970406	二	1200-1635	4	35	1715-1800		
970407	三	1135-1810	6	35			
970408	四	探報與南記衝突	4				
970409	五	1145-1400	2	15			
		探報與康記衝突			1730-2030	3	
970410	六	1330-1930	6				
970414	三	1330-1900	5	30			
970423-970609		缺偵探報告					
970610	四	1140-1800	6	20			
970616	三	按平均估計	5				
970617	四	1500-1900	4				
970618	五	按平均估計	4				
970619	六	按平均估計	4				
970620	日	按平均估計	4				
970621	一	按平均估計	4				
970622	二	按平均估計	4				
970623	三	按平均估計	4				
970624	四	按平均估計	4				
970628					同赴晚宴	3	
總　　計			269	535		71	345
約　　即			279			77	

　　就是說，孫逸仙每讀大約三個半小時的書，就向恩師請教約一個小時。孫逸仙眞幸運，有這麼耐心的一位義務老師！

　　康德黎醫生固然見多識廣，但他沒有受過正規法律訓練，有些極爲專業的問題，恐怕他也解答不了。遇到這種情況時，怎辦？在本書第二章「日誌」的探索中，筆者發現孫逸仙旅居倫敦時另外一個生活規律，就是經常往訪一個名叫南院5號(5 South Square)的地方。經考證，該地正是格雷法學院(Gray's Inn)裡的第5道樓梯。從本書第三章中的有關圖錄，可見該建築的外形，從而可以想像其英國學院式的安排。至於孫逸仙要探訪的人，似乎是住在該樓梯各單位當中的查理斯・休・霍尼曼(Charles Hugh Horniman)。此人是在格雷法學院唸法律的學生。孫逸仙每次拜訪他，爲時都止於十來分鐘[16]。這種現象好解釋。孫逸仙每次拜訪霍尼曼，都有一個非常明確的難題要解決。一解決了，就馬上離開，以免不必要地多占用這位勤修法律的學生。準此，筆者決定按偵探報告所提供的資料，再列一個表，開列孫逸仙拜訪霍尼曼的日期、時間、次數等，茲作統計：

表6.3　孫逸仙往訪南院5號的時間統計

日期	星期	到、退	小時	分
961123	一	0930		10
961219	六	1030		10
961222	二	上午		10
961223	三	0945		幾分鐘
970102	六	不詳		不詳
970104	一	1030		不詳
970107	四	不詳		不詳
970109	六	1130		不詳

16　見本書第二章「日誌」，第961123條。

970111	一	1100	不詳
970112	二	1030	不詳
970118	一	1030	不詳
970129	五	0950	10
970201	一	1015	幾分鐘
970423-970609缺偵探報告			
970617	四	不詳	不詳
確知次數：			14
每次平均停留時間(分鐘)			10
約計總共停留時間(分鐘)			140

　　孫逸仙同樣幸運，有一位具備法律專業知識的義務老師指點迷津！

四、《大憲章》（*King John's Magna Carter*）

　　從本書第二章「日誌」中可知，孫逸仙於1897年1月13日星期三，在下午大約2時45分左右到瑪麗龐路的倫敦蠟像館參觀，直到下午5時45分才離開，參觀時間總共約三個小時[17]。

　　孫逸仙在倫敦蠟像館參觀了些甚麼展覽？筆者查閱當天的《泰晤士報》，可知當天展出英國憲法史上的關鍵時刻，即約翰王（King John）簽署《大憲章》（*Magna Carta*）[18]。這段歷史，對整個世界憲法的發展，有著深遠的影響，孫逸仙去參觀這關鍵性的歷史展覽，其重要性自不待言。那麼他學了些什麼？

　　首先，爲了讓讀者有效地神遊冥想約翰王簽署《大憲章》的當時情況，筆者在本書第三章中複製了一幅後人根據各種史料而重新建立起來的

17　Slater to Chinese Minister, 3-21 January 1897，載羅家倫，《蒙難史料考訂》，
　　頁137。
18　*The Time*s, 13 January 1897, p. 1 col.5.

壁畫，活靈活現。

　　凡是展覽，都有講解說明。而這些講解說明，其準確性必須是權威的，以免貽笑大方。但又不能太深奧，以免普通人如處五里霧中。故其標準應該是雅俗共賞。這樣的一個標準，正中初入門的孫逸仙下懷。但是，筆者如何重建當時展覽的講解說明？費煞思量之餘，忽發奇想。當時的《大英百科全書》(Encyclopaedia Britannica)，正符合這種要求。於是找來最接近1897年孫逸仙參觀該展覽時期的、費時共15年(1875-1889)才出版齊全的《大英百科全書》第九版，且看該書是如何介紹《大憲章》的。以下是筆者對該書有關內容的理解並作撮要。

　　英國初期是由非常專制的君主統治的。到了十二世紀，情況起了基本變化。李察王(King Richard)愛武，在位期間把大部分時間花在歐洲大陸南征北戰。征戰需要金錢，那就只得伸手向英國本土的兩大階層——(1)貴族(包括主教bishops)和(2)貴族以外的各種自由民(包括爵士knights自由人而又擁有產業者free holders和自治市選出來的議員burgesses)要。在這以前，英王只召集貴族到一起要錢或與其商討國事，這樣的聚會慢慢演變成英國國會之貴族院(或稱上議院，House of Lords)。現在要錢的對象包括了貴族以外的各種自由民，而人數眾多的自由民不可能全都到會，只能通過選舉或委任來派出代表參加。這些代表應英王之召而聚首一堂，就成了英國下議院(House of Commons)的雛形。兩院各自聚集，對國王提出的要求，各自投票接受或拒絕，正是議院式的民主政治的開始[19]。

　　李察王在外，其弟約翰王攝政。約翰王簽署《大憲章》，既肯定了過去的法律，又賦予民眾法定權力以推翻任何違反法律的君主。代議制甚至上下議院議政的制度雖未正式確立，但已具雛形[20]。

19　"Beginnings of Representation in Parliament" *Encyclopaedia Britannica,* nineth edition (Edinburgh: Adam and Charles Black, 1875-1889), v. 8, p. 307 col. 2 to p. 308, col. 1.

20　"The Great Charter," *Encyclopaedia Britannica,* nineth edition (Edinburgh: Adam and Charles Black, 1875-1889), v. 8, p. 308, cols. 1-2.

　　按照孫逸仙旅英時期已出版的《大英百科全書》而重建起來的、孫逸仙於1897年1月13日星期三到倫敦蠟像館參觀那些用蠟像重建約翰王簽署《大憲章》這具關鍵性歷史時刻之展覽暨講解說明，孫逸仙看後會似懂非懂。最令他費解的，可能是下列這樣的一個問題：為何約翰王要簽署那份限制他自己專制權力的《大憲章》？英國的觀眾對這個問題都很了解，因為《大憲章》的故事，在英國民眾當中可以說是家喻戶曉。所以館方以至《大英百科全書》都不用多費筆墨。孫逸仙可不一樣。不懂的地方他會追問，追問還是得不到滿意答覆時他會回到大英博物館追閱。

　　追問和追閱的結果是：李察王(King Richard, 1157-1199, reg. 1189-1199)愛武，在位期間(1189-1199)把大部分時間花在第三次十字軍東征以及在歐洲大陸南征北戰，故長期讓其弟約翰王(King John,1167-1216, reg.1199-1216)攝政[21]。約翰王是英國歷史上臭名彰著的專制暴君之一，橫徵暴斂導致英國貴族群起造反，終於用武力強迫約翰王在1215年6月15日簽署《大憲章》[22]。難怪該憲章絕大部分的條款是點名廢除各式各樣的苛捐雜稅。這些具體細節，到了孫逸仙那個時代，已經全部過時而沒有什麼意義了。但是，有永恒意義，並永遠是英國人津津樂道的條款，則至低限度有三條：第38條禁止英王的官員在缺乏可靠人證的情況下逮捕任何人[23]。第39條規定，只有法庭有權按照法律把一個自由人(freeman)拘捕、禁錮、抄家、放逐或作出任何對他不利的判決[24]。第45條規定，只有熟識並矢志

21　The dates of the two kings are taken from Appendix 19: "The Plantagenêt Dynasty," in Norman Davies, *The Isles: A History* (London: Macmillan, 1999), p. 1114.

22　Norman Davies, *The Isles: A History* (London: Macmillan, 1999), p. 352.

23　Article 38: This clause forbids royal officials to put a man to his "law" on their own unsupported complaint and requires themt o back it up with dredible witnesses. Geoffrey Hindley, *The Book of Magna Carter* (London: Constable, 1990), p. 206.

24　Article 39: "No freeman shall be taken or imprisoned or disseised or exiled or in any way destroyed nor will we go upon him nor send upon him, except by the lawful judgement of his peers or [and] by the law of the land," Geoffrey Hindley, *The Book of Magna Carter* (London: Constable, 1990), p. 206.

遵守英國法律的人才能被委任爲法官（justices）、警察（constables）、行政司法長官（sheriffs）、法警（bailiffs）等[25]。

　　光從這三項條款，就完全可以想象出約翰王那種無法無天的程度。後來孫逸仙於1923年在香港大學演講時說：「英國及歐洲之良政治，並非固有者，乃經營而改變之耳。從前英國政治亦復腐敗惡劣，顧英人愛自由，僉曰：『吾人不復能忍耐此等事，必有以更張之。』卒達目的。」[26]在這裡，孫逸仙所稱的、過去英國政治腐敗惡劣，明顯是指約翰王的專制與暴政。所稱「吾人不復能忍耐」，自然是複述那些拿起武器準備造反的英國貴族。所謂「卒達目的」，無疑是指諸貴族強迫約翰王簽署了《大憲章》。

　　孫逸仙這段評論與《大憲章》是如此之貼切，可否因此就被視爲其參觀過約翰王簽署《大憲章》後、曾追閱有關資料的明證？

五、三權分立

　　若果說約翰王簽署《大憲章》那個時代，見證了英國國會上下議院的源起；則到了孫逸仙在1896/7年間旅英的時候，上下議院議政的制度，早已完全建立起來，並且有了自己雄偉的建築物——國會大廈（Houses of Parliament）——巍然聳立在倫敦市中心、泰晤士河的北岸，成爲世界上最著名的風景地點之一[27]。從本書第三章中的有關圖錄，即見其建築外形之壯觀，從而可以想像英國人對該建築物的重大投資以及其所代表的重要意義。

---

25 Article 45: "Only men who know the law of the realm and mean to observe it well shall henceforth be appointed as justices, constables, sheriffs or bailiffs." Geoffrey Hindley, *The Book of Magna Carter* (London: Constable, 1990), p. 206.
26 孫逸仙，〈在香港大學的演說〉，1923年2月19日，《孫中山全集》第七卷（北京：中華，1981），第115-117：其中頁116。
27 見本書第三章「圖錄」。

　　孫逸仙甫抵倫敦，就曾親往一睹風采[28]。由於該國會大廈位於倫敦的西敏寺地區（Westminster），以致國會議政這種政治制度，被稱爲西敏寺制度（Westminster system）。

　　而西敏寺制度的政治內涵，又由國會議政而發展成爲三權分立（separation of powers）——即立法、行政、司法這三個權力機關各自獨立，互相制衡。國會成了立法機關。在國會內經過提案、辯論、三讀而投票通過的議案，若屬於重大國策性質的，由行政機關落實；若屬於法律性質的，則除了由政府執行以外，還作爲司法機關審判有關案件時的依據。

　　所謂三權分立之中的行政機關，從英國西敏寺制度的角度來看，其實就是政府。政府平常無權作出國策式的重大決定，例如增加賦稅、每年的財政預算案等。該等政策，政府可以在國會開會時提出來並要求國會通過，是爲提案。經過國會開會辯論、三讀並投票通過的話，政府就得償所願。但若國會不通過該等提案，政府就必須修訂後再提案。

　　至於制定法律，一般也是由政府爲了應付某一種需要而起草法律，作爲草案在國會內經過提案、辯論、三讀而投票。若投票通過，即成爲法律。若政府行爲違反了法律而傷害了某些人的利益，受害人可以向法庭控訴政府。若法庭根據正反雙方提出的證據和申辯而終於宣判政府敗訴，政府就必須承擔一切後果，包括賠償受害人所遭受到的損失。

　　總的來說，英國西敏寺制度下的政府不是萬能的，它受到立法和司法兩個權力機關的制衡。這一點毫不奇怪。《大憲章》的出現，就是爲了制衡當時的政府（國王）隨意侵犯個人利益的專制和無法無天的橫徵暴斂！

　　在倫敦西敏寺地區，除了著名的國會大廈以外，政府的各個部門，包括首相府、財政部、外交部、內政部、殖民地部等政府部門，分立在白廳（White Hall）這條通衢大道的兩旁。孫逸仙從旅寓到國會大廈參觀，就必須從北往南地走完白廳全程。回程時也是這麼走，讓他有機會細細觀摩各政

28　見本書第二章「日誌」第961010（星期六）條。

府部門的雄偉建築，慢慢咀嚼行政與立法這兩大權力機關之間的關係。儘管從表面上看，孫逸仙就可以得出一個結論，所有行政機關建築物的規模，比起國會大廈，都遠遠遜色！（見本書第三章中的有關圖錄）

　　至於英國的司法機關，則孫逸仙參觀得更早。在他到達英國的第二天，負責跟蹤他的偵探就報告說，孫逸仙於16：30時出門，隨即漫步「沿河濱（路）、艦隊街［Fleet Street］走到勒門［Ludgate］迴旋處［Circus］，然後折回」[29]。筆者沿著同樣的途徑走走，發覺英國皇家最高法院（Royal Palace of Justice），就在他左邊。同樣是一所占地極廣，高大雄偉的大石頭建築物[30]。其占地面積之廣，建築物之雄偉，也遠遠超過任何英國行政機關辦公的地方。（見本書第三章中的有關圖錄）

六、憲法俱樂部

　　位處於國會大廈與皇家最高法院之間的諾森柏蘭街（Northumberland Avenue），也有一座規模相當大的建築物，它就是憲法俱樂部（Constitutional Club）。（見本書第三章中的有關圖錄）

　　從本書第二章「日誌」中可知，1897年1月18日星期一，偵探目睹孫逸仙在下午1時30分，從康德黎家出來後就坐上一部馬車（車牌13334）到諾森柏蘭街（Northumberland Avenue）的憲法俱樂部，並在那裡停留到黃昏5時30分才踏上歸途[31]。

　　孫逸仙在憲法俱樂部裡見了甚麼人？幹了些甚麼事？偵探就無可奉告了。當筆者在25年前，第一次閱讀了這份偵探報告時，就心癢難搔。因為第一，在倫敦，像憲法俱樂部這樣的組織，正是朝野賢豪聚集的地方。當

29　Slater's report, 6 October 1896，載羅家倫，《蒙難史料考訂》，頁113。

30　見本書第三章「圖錄」。

31　Slaterto Chinese Minister, 3-21 January 1897，載羅家倫，《蒙難史料考訂》，頁137-8。

時英國的政要，如果家住在倫敦市區以外的，都參加這樣的俱樂部，以便國家議院開會時，有暫時寄居的地方。筆者也實地考察過這個憲法俱樂部，其建築之高，規模之大，是筆者訪問過的所有俱樂部當中的佼佼者[32]。第二，憲法俱樂部就在特拉法加廣場(Trafalgar Square)的東南角附近，從康德黎的住宅走路去，完全沒問題。孫逸仙卻決定破費坐出租馬車前往，可能是要讓該俱樂部的門衛知道，他不是閒雜人等，讓門衛不要當攔路虎。第三，孫逸仙是在午餐後不久到達，下午茶(英國上流社會有著名的喝下午茶[afternoon tea]的習慣)以後好一陣子才離開，招呼他喝下午茶的主人，肯定是該俱樂部的會員。他是誰？

後來筆者的研究慢慢擴展到辛亥革命期間孫逸仙在倫敦的活動時，在英國外交部的檔案中找到各種蛛絲馬跡，懷疑這個人很可能就是巴卡爵士(Sir J. Ellis Barker, 1840-1914)[33]。他白手興家，創立了巴卡公司。富而從政，在1906-1910年間曾當選為下議院議員。後來在1908年被冊封為從男爵(Baronet)。可見是一位有份量的人物[34]。辛亥革命爆發後，他更在1911年

---

32 筆者有幸，在1960年代後期和1970年代初期，承英國國家檔案館助理館長(Principal Assistant Keeper)，白馬俱樂部(White Horse Club)的會員，泰明士先生(Mr Kenneth Timings)多次邀請到該俱樂部午膳和參觀。1970年代中期，承馬來亞殖民政府前華民政務司司長，英聯邦俱樂部的會員，白拉夫先生(Mr Wilfred Blythe)，多次邀請到該俱樂部午膳和參觀。1980年代則承康德黎醫生的孫女，熱文詩閣俱樂部(Lansdowne Club)的會員，史貂沃女士(Mrs Jean Cantlie Stewart)，到該俱樂部午膳及參觀。2000年代，又承劍橋大學的比利教授(Professor Christopher A. Bayly)，政改俱樂部(Reform Club)的會員，多次邀請到該俱樂部晚膳和參觀。像憲法俱樂部一樣，政改俱樂部的古今會員包括英國歷代政要，位置也在特拉法加廣場(Trafalgar Square)附近(東南角)。隨著大英帝國的擴張，這種特權階級的產物也傳到世界各地。新加坡的熱埠斯俱樂部(Raffles Club)–承新加坡工業法庭主席陳文章大法官邀請；香港的賽馬會(Hong Kong Jockey Club)–承舊同窗劉漢泉先生邀請；澳大利亞悉尼市的塔塔素斯俱樂部(Tattersall's Club)–承盎魯博士(Dr. Jim Angel)邀請；均讓筆者大開眼界。

33 見拙著《中山先生與英國》(台北：學生書局，2005)，第五章〈求助情切〉，第二節「分析英國外交部的態度」。

34 *Who's Who of British Members of Parliament*, v. 2, p. 21.

10月13日寫了一封信給英國首相阿斯區夫（Henry Herbert Asquith）。文曰：

閣下：

中國的革命

幾個月前，我與孫逸仙醫生和他的朋友們有過多次詳盡細緻的談話，他們給我留下的深刻印象，可以總括為下列數點：

1. 正義在革命黨人那邊；

2. 他們的運動，是有廣大民眾支持的民主運動，值得我們同情；

3. 革命成功的機會極高；

4. 歐洲列強絕對不宜干預中國革命，因為廣大中國人民將永遠不會饒恕一個支持他們立志推翻的腐敗政府

我希望我國駐華各軍事單位的指揮官不要對革命黨人採取任何敵對行動，否則本國在華利益將會遭到深遠與永恆的傷害。

若閣下需要任何情報，我都樂意提供。

您忠實的僕人，

巴卡

1911年10月13日於憲法俱樂部。

再者：由於時間緊迫，用打字機打了這封信。不恭之處，海涵為禱。[35]

從這封信之內容來看，可知巴卡爵士是一位同情中國爭取民主獨立的有心人。

果真如此，則1896年10月孫逸仙被滿清駐倫敦公使館人員綁架的事情震驚之餘，在知道孫逸仙之被綁架是因為他曾於1895年試圖推翻滿清專制政權之後，即慕名而約孫逸仙在1897年1月18日到憲法俱樂部詳談，是極有

35　J. Ellis Barker to H.H. Asquith, 13 Octobr 1991, enclosed in F.W. Keith-Ross to H. Montgomery, 13 October 1911, Reg. No. 40311, FO371/1093, pp. 234-236: at p. 234. I have not been able to identify what the initials WAS stand for.

可能的事。他們談些什麼呢？當時的巴卡先生雖然還未當上國會議員；但富而從政是英國社會的特徵。為了做好從政準備，他會努力熟識英國政制以及其運作規律。他可以為孫逸仙介紹很多知識，包括當時英國的選舉制度及有關的重大發展。

他會向孫逸仙介紹說，自從約翰王簽署《大憲章》以後所發生歷次民主改革的結果是，到了1897年，英國的民主進程已經在兩個方面取得了重大成就：第一、大約有百分之二十的成年人(婦女除外)已經取得了選舉權[36]。第二、英國已經慢慢形成了兩大政黨：自由黨和保守黨，並輪流執政。如何才能執政？在定期舉行的大選時，選民投兩個政黨的票，那一個政黨得票最多，就有權組閣。英王必須任命該得勝黨的黨魁任首相，並由該首相任命大臣。過去由英王隨意任命或罷黜首相或大臣的獨裁日子一去不復返[37]。只有選民，在定期的大選中拒絕投執政黨的票，才能罷免由該黨所組成的政府。

一句話，1896/7年孫逸仙旅居倫敦時所認識的英國，其選民已經取得直接選舉或罷免一個政府的權力。而這個政府只不過是英國三大權力之中的一個，受到其他兩個權力——立法和司法——的制衡。英國政府絕對不是一個能夠為所欲為的萬能政府。孫逸仙會認為這樣的一個政治制度值得效法？

七、萬能政府

不。孫逸仙要建立一個萬能政府[38]！

這句讓人吃驚的話馬上帶出兩個問題：第一、孫逸仙要建立的萬能政

---

36 Norman Davies, *The Isles: A History* (London: Macmillan, 1999), p. 617.

37 J.C.D. Clark, *English Society 1660-1832: Religion, Ideology and Politics during the Ancien Regime* (Cambridge University Press, 2000), p. 551.

38 見下文。

府，到底萬能到什麼程度？第二、孫逸仙不怕這個萬能政府變得專制獨裁？他旅居倫敦這個時期，不是與柯林斯合作寫了一篇重要文章，題爲〈中國法制改革〉，痛陳滿清政府由於專制而變得無法無天(見本書第四章「著作」)嗎？

　　先探索第一個問題：即這個萬能政府萬能到什麼程度？答案是：它不但掌握了行政、立法、司法等三權，還掌握考試、監察等權，一共是五種大權[39]！他說：「政府有了這樣的能力，……才可以發出無限的威力，纔是萬能政府。」[40]後來國民政府把他的理論付諸實踐時，就成立了行政院、立法院、司法院，考試院、監察院等五個政府機關。

　　按考試制度，是中國過去中央政府六個行政部門(吏、戶、禮、兵、刑、工)之中禮部職權的一部分，現在孫逸仙把它升格爲中央政府五院當中的一院。監察的職能是過去皇帝賴以監督其宰相暨其轄下六個行政部門的工具，其作用就是監督政府。現在孫逸仙把它變成是政府的一部分，無形中是由政府自己監督自己。難怪這個政府是萬能的！

　　第二、孫逸仙不怕這個萬能政府變得專制獨裁？不怕：實行民權主義後，人民將會掌握到四種權力：選舉、罷免、創制、複決。即選舉能幹的人來當政府官員，罷免不稱職的政府官員，制訂法律讓政府去執行，修改不合時宜的法律[41]。他說：「能夠實行這四個權，才算是徹底的直接民權。」[42]這就是他對民權的定義。那麼，民衆如何實行這四個權？由全國大小地區一級一級選舉遞升而組成的國民大會。問題來了：國民大會有立法的權力，立法院又有立法的權力，究竟誰是眞正的「國會」？孫逸仙沒有回答這個問題，結果後來國民政府把他的理論付諸實踐時，引起不少乎

39　孫中山，「民權主義第六講」，1924年4月26日，《國父全集》(1989)，第一
　　冊，頁126，第7行。
40　同上，頁128，第3-4行。
41　同上，頁124，第16行到頁125第4行。
42　同上，頁125，第5行。

論[43]。

　　不過此乃後話。本書當前急務是，設法解答下列問題：為何1896/7年間孫逸仙在倫敦參觀了約翰王簽署《大憲章》的展覽和追閱有關資料，並了解到英國人為什麼積極限制政府的權力後，他自己卻背道而馳，要在中國成立一個萬能政府？他不害怕這個萬能政府倒過頭來，像約翰王那樣，限制人民的自由？

　　答案是：孫逸仙認為，中國人歷來享受到的自由不是太少，而是太多了；以致外國人批評中國人是一片散沙[44]。正「因為是一片散沙，所以受外國帝國主義的侵略，受列強經濟商戰的壓迫，我們現在便不能抵抗。要將來能夠抵抗外國的壓迫，就要打破各人的自由，結成很堅固的團體，像把士敏土參加到散沙裡頭，結成一塊堅固石頭一樣。」[45]又說：「因為中國受列強的壓迫，失去了國家的地位……做各國的奴隸……所以現在的國家是很不自由的。要把我們國家的自由恢復起來，就要集合自由，成一個很堅固的團體。……這一個大團體能夠自由，中國國家當然是自由，中國民族才真能自由。」[46]

　　一句話，他希望中國人犧牲個人自由，以爭取國家自由。因為國家有了自由，該國的人民才有真正的個人自由。他繼續發揮說：德國當時之所以強，全由俾斯麥一手造成。之前，德國原是二十幾個小邦。民族雖同，但各自為政，「加以被拿破崙征服之後，人民更是窮苦不堪」。俾斯麥把它們聯合起來，造成一個大聯邦，「整軍經武，刷新內政」[47]。成立強有

43　吳明德，〈我國現行憲政體制中國會發展之取向——以五權憲法理論為基礎〉，國立台灣師範大學三民主義研究所碩士論文(1997年6月)，頁1。

44　孫中山，「民權主義第二講」，1924年3月16日，《國父全集》(1989)，第一冊，頁68，第2-3行。

45　同上，頁74，第12-13行。

46　同上，頁75，第11-16行。

47　孫中山，「民權主義第四講」，1924年4月13日，《國父全集》(1989)，第一冊，頁95，第3-8行。

力的中央政府，又一反英國的辦法，阻止民權發達[48]，結果成爲歐洲強國。

　　準此，竊以爲孫逸仙1896/7年旅居倫敦期間，英國民主制度對他所發生的影響，並沒有促使他爲中國人民爭取更大的民主。而是讓他反思，讓他結合當時中國的悲慘命運，構思出一套呼籲中國人民犧牲小我自由以爭取大我自由的、限制民權的民權主義！竊又以爲，孫逸仙鼓吹萬能政府的思想來源有自。來自哪裡？竊以爲並非來自德國，而是他自己的親身經歷。

八、萬能政府這主意源自何方？

　　孫逸仙之仰慕並希望效法俾斯麥那萬能政府，可能是由於他於1883-1892年間在香港唸書時已看過有關德國歷史的書籍。但更有可能是由於他與那位曾到過柏林教授漢語的區鳳墀交往而在茶餘飯後的一些交談中吸取的心得。但那到底還是書本上的知識和口碑；而擺在他眼前的，卻是活生生的、更有說服力的實例：香港政府的穩定、廉潔和高效率。關於這一點，從他在1923年2月20日於香港大學用英語所作的演說[49]可見一斑：

　　　　我之思想發源地即爲香港。至於如何得之，則三十年前在香港讀
　　　　書，暇時輒閒步市街，見秩序整齊，建築宏美，工作進步不斷，
　　　　腦海中留有甚深之印象。我每年回故里香山二次，兩地相較，情

48　同上，頁94，第19行致頁95第1行。

49　*Hong Kong Daily Press*, Wednesday 21 February 1923.這是一篇報導，文字非全
　　部都是演講詞原文，語氣也非第一人稱。上海《國民日報》1923年3月7日把該
　　報導換成第　身的語氣刊登後，《孫中山全集》第七卷頁115-117轉載如儀。
　　該報的《國民週刊》第一卷第一號把該報導重載，《國父全集》(1989)第三冊
　　頁323-325亦據此轉載如儀。但爲了避免重新翻譯，筆者下面的引文，就姑且
　　採用這現成的譯稿。見下注。

> 形迴異。香港整齊而安穩，香山反是。我在里中時竟須自作警察
> 以自衛，時時留意防身之器完好否？恒默念香山、香港相距僅五
> 十英里，何以如此不同？外人能在七、八十年間在荒島上成此偉
> 績，中國以四千年之文化，乃無一地如香港，其故安在？[50]

筆者特別重視這段引文最後的一句話，蓋有鑑於孫逸仙「一片散沙」
之說也。同時筆者希望鄭重指出，1883年──1892年間孫逸仙在香港求學
時期的香港政制，絕對不是像英國本土般三權分立、互相制衡的。香港總
督幾乎是集三權於一身。他的權力，來源自兩份文件。第一份文件是〈英
王制誥〉(Letters Patent)[51]，1843年4月5日維多利亞女王親自簽署，並蓋上
聯合王國(United Kingdom)的國徽(Great Seal)[52]。第二份文件是〈皇家訓
令〉(Royal Instructions)[53]，1843年4月6日維多利亞女王親自簽署，並蓋上
女王的私章(personal seal)[54]。兩份文件都採取這種形式，目的是在彰顯英
王正在使用君主特權(royal prerogative)的意思[55]。爲何採取這種形式？據
筆者了解，這與英國長期以來在海外奪取殖民地的悠久歷史有關。當英國
最初在海外奪取殖民地時，都是以英王的名義奪取。這種形式就一直被保
留下來。

而兩份文件的內容也蠻有意思。〈英王制誥〉建立了香港總督這個職
位並對他的權力範圍作了原則性的規定。其中最重要者有四。第一、立法

---

50 孫逸仙，〈革命思想之產生──1923年2月19日在香港大學演講〉，載《國父
    全集》(1989)第三冊頁323-325：其中頁323第17-20行。《孫中山全集》第七卷
    頁115-117：其中頁115。

51 Patent(制誥)者，公開也，即非機密的意思。

52 Stephen Davies with Elfed Roberts, *Political Dictionary for Hong Kong* (Hong
    Kong: MacMillan, 1990), p. 270, col. 1.

53 *Royal Instructions,* 6 April 1843, CO381/35, pp. 17-52.

54 Stephen Davies with Elfed Roberts, *Political Dictionary for Hong Kong* (Hong
    Kong: MacMillan, 1990), p. 270, col. 1.

55 *Ibid.*

權：經諮詢立法局後，總督有制訂香港法律和法例的全權。第二、行政
權：總督有權召開行政局會議，而該局的任務是向總督提供諮詢，以便決
定行政政策。第三、總督掌有任命最高法院和地區法院法官的全權；而且
在必要時，經過規定程序後，有權停職和罷免該等法官。第四、軍權：總
督是香港駐軍的總司令[56]。就在這些大前提下，第二道文件、〈皇家訓
令〉填補了各種有關細節。例如，規定立法局和行政局的議員皆由總督任
命等。可以說，香港總督享有「絕對權力」（absolute power）[57]。兩份文件
共同組成了管治香港的「憲法」。

　　而這「憲法」的理論基礎是：英國以武力奪走了別國的土地和人民以
成立一個殖民地，受害國家的政府和人民以致該殖民地內之原住民肯定非
常敵視這殖民地政府，所以該殖民政府的領導人必須擁有絕對的權力來調
動一切人力物力以應變，藉此保證殖民地的安全[58]。

　　香港這種獨裁政制，正是孫逸仙所嚮往並提倡的「萬能政府」。其理
論基礎，也與孫逸仙對中華民族「一片散沙」不能自保而瀕臨亡國滅種的
看法有異曲同工之妙。當孫逸仙在香港西醫學院唸三年級的時候，他的恩
師之一、何啓，被香港總督任命爲立法局議員[59]。此事對香港的華人社會
來說固然是一件大事，對西醫學院來說更是無限光榮，在該院華人學生團
體當中所起的轟動及所挑起他們對香港政治制度的極大興趣可知。而何啓
更是向孫逸仙等同學們解釋香港政制的上佳人選，因爲他除了有醫生執照
以外，同時又是英國倫敦林肯法學院的畢業生，是在香港執業的大律師。
孫逸仙那「萬能政府」的構思，相信很大程度是來自他對香港管治架構的

56　Norman Miners, *The Government and Politics of Hong Kong*, 5th edition（Hong Kong: Oxford University Press, 1991）, p. 56.

57　Stephen Davies with Elfed Roberts, *Political Dictionary for Hong Kong*（Hong Kong: MacMillan, 1990）, p. 270, col. 1.

58　*Ibid.*

59　G.H. Choa, *The Life and Times of Sir Kai Ho Kai*（Hong Kong: Chinese University Press, 1981）, pp. 16-17.

認識和管治效率的仰慕。關於這一點，他在上述香港大學演講詞中就表露無遺[60]。

在1896/1897年間，孫逸仙在英國遇到的是三權分立的政治制度。並由此通過學習而了解到三權分立的理論基礎是讓三權互相制衡以避免獨裁政治。這樣的一個制度和理論，與他先前在香港學習到的管治模式和理論是極端矛盾的。他該作何選擇？他決定英國的憲法「是不能學的」。因爲其「行政權、立法權、裁判權各不相統」[61]，因而解決不了中國「一片散沙」的問題。他還是屬意香港那個「萬能政府」。但作爲一個民族領袖，他不能標榜英國在中國土地上成立的殖民政府，故只好顧左右而言德國俾斯麥的「萬能政府」。其實，他從沒有在俾斯麥的「萬能政府」之下生活過，但對香港的「萬能政府」的運作卻有超過十年親身的深切體會而說出了肺腑之言。

既然孫逸仙不贊成西方式的民權[62]，那麼他的「民權主義」在說甚麼？他提出了「政權」與「治權」分家的概念。「政權」屬於人民，這就是「民權」[63]。這「民權」包括選舉、罷免、創制和複決等四權[64]。「治權」則包括立法、司法、行政、考試和監察等五權[65]；把這五權「完全交到政府的機關之內，要政府有很大的力量，治理全國事務」[66]。換句話

60　孫中山，〈革命思想之產生──1923年2月19日在香港大學演講〉，載《國父全集》(1989)第三冊頁323-325：其中頁323，第17-20行。《孫中山全集》第七卷頁115-117：其中頁115。

61　孫中山，〈三民主義與中國民族之前途──在東京《民報》創刊週年慶祝大會的演說，1906年12月2日〉，載《國父全集》(1989)，第三冊，頁8-16：其中頁13，第4-5行。又見《孫中山全集》，第一卷，頁323-331：其中頁329。

62　孫逸仙，「民權主義第五講」，《國父全集》(1989)，第一冊，頁99-113：其中頁104第9-10行。又見《孫中山全集》，第九卷，頁314-333：其中頁321。

63　孫逸仙，「民權主義第六講」，《國父全集》(1989)，第一冊，頁113-128：其中頁123第1-2行。又見《孫中山全集》，第九卷，頁334-355：其中頁347。

64　同上，其中頁126之圖案。又見《孫中山全集》，第九卷，頁334-355：其中頁352之圖案。

65　同上。

66　孫逸仙，「民權主義第六講」，《國父全集》(1989)，第一冊，頁113-128：

說，這是「權」與「能」分家的概念。他闡明道：

> 我們現在分開權與能，說人民是工程師，政府是機器。在一方面
> 要政府的機器是萬能，無論甚麼事都可以做。又在他一方面，要
> 人民的工程師也有大力量，可以管理萬能的機器。[67]

人民憑甚麼去駕馭這「甚麼事都可以做」的「萬能政府」以避免其獨攬大
權而流於專制？孫逸仙認為人民可以依靠選舉、罷免、創制和複決之權來
進行[68]。

　　竊以為這種想法太天真了。一個集五權於一身而又控制了軍權的萬能
政府，人民就可以如此輕而易舉地把它罷免？而這種天真的想法，似乎又
是在孫逸仙天真年紀的時候先入為主而變得根深蒂固。他在西醫學院唸書
的時代，通過恩師何啓會認識到，香港那個萬能總督，雖然名義上是由英
王委任，實質上是從英國政府中的殖民地部裡的有關文官中挑選出來的。
他的一切行動，都必須向殖民地部大臣直接負責。如果政績不佳，殖民地
部大臣有權隨時罷免他。就連那著名的〈英王制誥〉和〈皇家訓令〉，都
是殖民地部裡的有關文官起草的，英土只不過是蓋個「橡皮圖章」而已[69]。
年輕的孫逸仙靈機一觸，似乎認為若把殖民地大臣換作人民，把委任換作
選舉，把萬能總督換作萬能政府，那不就萬事皆吉？

　　孫逸仙有這種不成熟的想法，看來是受了兩個因素影響。第一、孫逸

（續）
　　　其中頁123第2-3行。又見《孫中山全集》，第九卷，頁334-355：其中頁347。
67　孫逸仙，「民權主義第六講」，《國父全集》(1989)，第一冊，頁113-128：
　　　其中頁126，第4-5行。又見《孫中山全集》，第九卷，頁334-355：其中頁351-
　　　352。
68　孫逸仙，「民權主義第六講」，《國父全集》(1989)，第　冊，頁113-128：
　　　其中頁126之圖案。又見《孫中山全集》，第九卷，頁334-355：其中頁352之
　　　圖案。
69　這個結論，是筆者36年來不斷鑽研英國殖民地部、外交部等檔案以及英國政
　　　制、香港歷史所得。

仙有生之年的中國，都亟需一個強有力的政府來收拾那檔爛攤子。在成立
「萬能政府」壓倒一切的大前提下，追求這個「萬能政府」成了當前急
務。至於用甚麼方法來制衡這個萬能政府，就成了次要的問題。救亡要
緊！如此這般，他沒把問題想通，是很自然的事。第二、孫逸仙在香港唸
書的時節，或在課堂上學習中國語文或自修國學，按當時習慣，他看的都
是儒家的經典著作。當然，他十三歲出國以前在翠亨村唸私塾時讀三字經
之類的書籍，也全是儒家範疇。儒家主張人治：「選賢與能，講信修
睦。」[70]只要找到聖賢來為政府掌舵，則萬事皆吉。以致他在「民權主
義」的演講中，不斷地提及堯、舜、禹、湯、文、武[71]，又按儒家的思維
方法把人類分成聖、賢、才、智、平、庸、愚、劣等級別[72]。以致他把他
那理想中的「萬能政府」建築在聖賢掌舵的空中樓閣，忽略了法治的重要
性。

　　應該指出。施諸香港的〈英王制誥〉和〈皇家訓令〉在1917年有過一
些修改，但「行政主導」的精神不變[73]，種下了1992年香港最後一任總督
彭定康(Chris Patten)民主化香港的過程中、中英爭拗的禍根[74]。1992年尚
且如此，1924年孫逸仙演講三民主義的時候，香港總督仍然是那麼獨裁的
程度可知。

　　除了香港這個大環境以外，他就讀的西醫學院這個小圈子裡所發生的
事情，也會讓他傾向於「萬能政府」式的管理方式。該院甫成立，他就進

70　《禮記・禮運》
71　孫逸仙，「民權主義第五講」，《國父全集》(1989)，第一冊，頁99-113：其
　　中頁104，105，107。又見《孫中山全集》，第九卷，頁314-333：其中頁
　　322，325。
72　孫逸仙，「民權主義第三講」，《國父全集》(1989)，第一冊，頁76-88：其
　　中頁79。又見《孫中山全集》，第九卷，頁283-299：其中頁287。
73　Stephen Davies with Elfed Roberts, *Political Dictionary for Hong Kong* (Hong
　　Kong: MacMillan, 1990), p. 270, col. 1.
74　見拙文 "The Future of Hong Kong," in J. E. Hunter (ed.), *Hong Kong and the
　　People's Republic of China* (London: London School of Economics, 1996), pp. 1-
　　36.

去讀書了。該院沒有自己的校舍,所有課程都在雅麗氏醫院講授,學生也在該醫院裡寄吃寄宿,所以該醫院裡所發生的一切,都直接影響了他。事源該醫院是所慈善機關,經費必須向社會人士募捐,辦法是每年舉行園遊會進行義賣,所以經費來源很不穩定。又由於該醫院的行政工作全由該院的義務醫生兼顧,左支右絀之餘,每年的工作報告也搞不出來。後來該醫院來了一位全職院長,獨攬大權,一舉廢掉諸義務醫生過去用開會討論、表決的方式來制定政策的做法。一方面他的行事方式讓(包括孫逸仙的恩師康德黎在內的)醫生群非常難堪,因而令孫逸仙也反感。但另一方面,這位院長也的確大大地改善了該醫院的行政和經濟基礎,並因而備受社會上下讚揚。從「萬能政府」這個角度看問題,孫逸仙從該院長的行事方式中得到啓發[75]?

倒數時日,在香港以前孫逸仙到過夏威夷讀書。所唸第一所學校乃英國聖公會韋禮士主教創辦的意奧蘭尼學校。該主教也是一位很獨裁的人。由於他自己家產頗豐,要創辦學校就乾脆自己掏錢來買地建房,不必要求社會上的善長仁翁成立籌款委員會再向社會募捐,也不成立什麼校董會來管理學校。要教什麼科目也不受任何人掣肘。學校的一切都按照他自己的理想來進行。更由於這位主教非常慈愛,極得學生的敬仰。孫逸仙從翠亨村的鄉塾出洋讀書所唸的第一所正規學校就是這位主教所創辦的意奧蘭尼學校,並在那裡寄宿三年,他會得到什麼啓發[76]?

再倒數時日,孫逸仙對自己童年時代在翠亨村所過家庭生活的體會,同樣是讓他傾向於一個萬能政府的想法。他認爲乃父「處理家事井井有條」[77]。這是可信的,而可信的原因,不是因爲筆者有任何證據證明孫父

---

75 見拙著《孫逸仙早期思想的成長》(上海:上海書店出版社,2006),第九章〈救靈魂?救肉體?孫逸仙走向救國救民的道路(下):西醫學院時代〉。

76 同上,第四章〈孫逸仙在夏威夷所受到英國文化的啓蒙〉。

77 "[O]rderly management of his home" Paul Linebarger, *Sun Yat-sen and the Chinese Republic*, p. 56. 林百克(著),徐植仁(譯),《孫逸仙傳記》(上海:商務印書館,1926),頁59。

很有管理才幹，而是考慮到孫氏一家六口，擁擠在一斗室[78]，不是互相頭碰頭就是腳踢腳，若不是所有成員都刻意熟識其他家庭成員的脾氣和習慣，造就一種互相禮讓的良好氣氛，將會家無寧日。若發生什麼糾紛，孫達成是一家之主，排難解紛，責無旁貸。看來他是個公道的人，所以大家都服了他。孫逸仙誕生之日，正是孫達成53歲之年。孔子說：「三十而立，四十而不惑，五十而知天命。」[79]孫達成過了「不惑」之年十而有三，待孫逸仙稍懂人事之際，孫達成那種「不惑」的慎重態度，自然讓孫逸仙肅然起敬。愛思考的孫逸仙繼而遐想：他自己的家庭，「各人互相尊重他人的權利，接受家長的規則，可以自治。那麼，由許多、許多這樣的家庭而組成的國家，則管理這個國家的政府，只要各個家庭互相尊重其他家庭的權利、對其他家庭盡其義務，同樣能把這個國家管理得井井有條」[80]。孫逸仙後來發表的那種充滿家長色彩的民權主義，似乎深受這種想法的影響。看來孕育孫逸仙童年時代思想的社會學校，也不容忽視！

孫逸仙在1897年1月13日於倫敦蠟像館[81]參觀了約翰王（King John）簽署《大憲章》（*Magna Carta*）[82]以及後來追閱有關資料後，當時得出的結論是什麼，後人無法得悉。但如果他在1924年用演講方式闡述他的民權主義內涵與他1897年的想法是一樣的話，則竊以爲孫逸仙到達倫敦之前的三十個

78　見拙著《孫逸仙早期思想的成長》（上海：上海書店出版社，2006），第二章〈幼年教育〉。

79　《論語》第二‧爲政，第三章。載James Legge, *The Chinese Classics* (Originally published by Oxford University Press, Reprinted in Taipei by SMC, 1991), v. 1, p. 146.

80　"[I]f a large household such as his father's could be governed from within, each member respecting the rights of the others and accepting the house-governing rules of the head of the household, likewise a government as between such families could be run by respecting and enforcing respect, each family holding to its duty to the otheres" -Paul Linebarger, *Sun Yat-sen and the Chinese Republic,* p. 56.林百克（著），徐植仁（譯），《孫逸仙傳記》（上海：商務印書館，1926），頁59。

81　Slater to Chinese Minister, 3-21 January 1897，載羅家倫：《蒙難史料考訂》，頁137。

82　*The Times,*13 January 1897,p. 1col.5.

寒暑，幾乎天天浸淫在「萬能政府」的氣氛與追求。到了英國以後，他旅居倫敦只有九個月。九個月的參觀學習似乎並沒有動搖他那先入爲主的、三十年積漸所致。

九、古希臘羅馬、英王查理士一世被判死刑、美國獨立戰爭、法國大革命

孫逸仙可知道，古希臘羅馬時代的共和政體、1649年英王查理士一世被判處死刑、1776年美國的獨立戰爭、1789年的法國大革命，都是人類民主進程的里程碑？知道。強烈的跡象顯示，他在1884-1886年於香港中央書院所上的歷史課，就包括這些課題[83]。若他嫌中學課程稍欠深度的話，那麼當他旅居倫敦九個月並經常到大英博物館看書的時候，就有機會博覽群書，深入思考。結果這些歷史事例對他民權主義的構思起過什麼作用？

首先，他學習古希臘、古羅馬歷史的心得是這樣的：

> 講到民權的來歷，發源是很遠的，不是近來才發生的，兩千年以前，希臘、羅馬便老早有了這種思想。當時希臘、羅馬都是共和國。……[它們]雖然是共和國，但是事實上還沒有達到真正的平等自由，因爲那個時候，民權還沒有實行。譬如希臘國內便有奴隸制度，所有貴族都是畜很多的奴隸，全國人民差不多有三分之二是奴隸。斯巴達的一個武士，國家定例要給五個奴隸去服侍他，所以希臘有民權的人是少數，沒民權的人是大多數。羅馬也是一樣的情形。[84]

83　見拙著《孫逸仙早期思想的成長》（上海：上海書店出版社，2006），第六章〈孫逸仙在香港中央書院讀書時的情況探索〉。

84　孫中山，「民權主義第三講」，未註演講年月日，《國父全集》（1989），第一冊，頁76-88：其中頁84，第10-15行。

　　由於古希臘、羅馬文化在政治上最重要的貢獻之一是共和政體，而孫逸仙自己是擁護共和政體而反對君主政體的，而在民權方面他提出所有人民都擁有選舉、罷免、創制、複決等四權，已經比古希臘、羅馬要進步了。

　　第二、英國歷史中、英王查理士一世被殺頭的歷史，他的學習心得如下：

> 近代事實上的民權，頭一次發生是在英國，[當時]正當中國的明末清初[85]。當時革命黨的首領叫格林威爾[86]，把英國皇帝查理士第一[87]殺了。此事發生以後，便驚動歐美，一般人以爲這是自有歷史以來所沒有的，應該當作謀反叛逆看待。暗中弑君，各國是常有的，但是格林威爾殺查理士第一，不是暗殺，是把他拿到法庭公開審判，宣布他不忠於國家和人民的罪狀，所以便把他殺了。當時歐洲以爲英國人民應該贊成民權，從此民權便可以發達。誰知英國人民還歡迎君權，不歡迎民權；查理士第一雖然是死了，人們還是思慕君主，不到十年，英國便發生復辟，把查理士第二迎回去做皇帝。[88]

最後一句話，孫逸仙說錯了。繼查理士一世當英王者，固然是他的兒子，但該兒子登基時並不叫查理士二世，而是叫詹姆士二世[89]。他說錯的原

85　按1649年1月30日，英王查理士一世受審後被殺頭。見Norman Davis, *The Isles: A History* (London: Macmillan, 1999), p. 589. 滿清於1644年定都北京。可見孫中山的記憶是相當準確的。

86　按即Oliver Cromwell.

87　按即Charles I，一般翻譯作查理士一世。

88　見孫中山，「民權主義第一講」，1924年3月9日，《國父全集》(1989)，第一冊，頁55-67：其中頁61，第13-18行。

89　See J.R. Green, *A Short History of the English* (First published in England in 1874. Reprinted in New York: Harper & Brothers, 1879), pp. 644-661.

因，可能是他記憶有誤，也可能是他故意把詹姆士二世說成是查理士二世。因為當時他在演說，而聽衆大都對英國歷史一無所知；若他把查理士一世的兒子說成是查理士二世，大家就會明白。但若他把查理士一世的兒子說成是詹姆士二世，大家就會摸不著頭腦。不過此乃枝節問題。孫逸仙這段話的中心思想似乎是，1649年查理士一世被殺頭時英國英國雖然暫停君主政體，但約十年後就復辟了。復辟後到了1897年他旅居英國時，英國還是君主政體，到了1924年他演講民權主義時英國仍然是君主政體；而中國已於1912年推翻了千年帝制，所以在民權進程上不必學習英國。

至於法國大革命，他的評價是這樣的：

> 法國人民，當時拿充分的民權去做頭一次的試驗，全國人都不敢說，民衆沒有知識、沒有能力，若果有人敢說那話，大家便說他是反革命，馬上要上斷頭臺。所以那個時候，便成暴民專制，弄到無政府，社會上極爲恐慌，人人朝不保夕。就是眞革命黨，也有時因爲一言不愼，和大衆的意見不對，便要受死刑。故當法國試驗充分民權的時候，不但王公貴族被人殺了的很多，就是平常很熱心的革命志士像丹頓一流人物一樣，因爲一言不合，被人們殺了的也是很不少。後來法國人民看到這樣的行爲是過於暴虐，於是從前贊成民權的人，反變成心灰意冷，來反對民權，擁護拿破崙做皇帝。[90]

針對這種現象，孫逸仙認爲民權必須有一定的限制，而限制的辦法是國家集權[91]。說來說去，還是利用法國大革命中最黑暗的一面，來間接支持他所主張的「萬能政府」的構思。

90　孫中山，「民權主義第四講」，1924年4月13日，《國父全集》(1989)，第一冊，頁88-99：其中頁93，第10-15行。
91　同上。

對於美國反抗英國的獨立戰爭，他是充分肯定的。他在1896年11月甚至說：「於人則仰中華之湯武暨美國華盛頓。」[92]把華盛頓比諸中國的傳統的萬世聖王湯武，讚揚不可謂不高。無他，當時他要推翻壓迫中國人民的滿清政權，華盛頓則推翻了壓迫美國人民的英國殖民政府，故讚揚華盛頓，正合時宜。到了1924年他演講民權主義時，雖然也提到華盛頓，但焦點已轉移到美國獨立後漢彌爾頓(Hamilton)與傑佛遜(Jefferson)之間對於美國政制應該是中央集權還是各州分治的爭論。結果主張中央集權的漢彌爾頓的一派得勝，而中央集權的結果是美國的強大和富裕[93]。在這裡，孫逸仙還是借美國之強大來推銷他的「萬能政府」。

十、小結

孫逸仙在1896/7年間旅居倫敦時所見所聞而讓他構思出來的民權主義當時之具體內容，現在無從得知，因爲他當時沒有寫日記或讀書札記之類的東西。但從從本書第四章所發掘出來的、孫逸仙旅英期間的談話、書信、著作等，處處痛陳滿清政府無法無天的弊端，似乎當時他當時不一定熱衷於一個萬能政府。而且，當時他日思夜想的是如何推翻滿清，相信無暇顧及革命成功後、新政府的具體結構。在他到處奔跑宣傳革命的時候，談到民權之時都是很籠統的，給人的印象是：似乎他在說，打倒專制的滿清就爭取到民權，很容易讓人誤認爲他所說的民權就是西方的民主。

可是，在推翻了滿清政府之後第十三個年頭的1924年，他在通過演講所闡述的民權主義來看，則與其說是提倡中國民權倒不如說他是在鼓吹限制中國民權、各人犧牲小我的自由以成全大我。爭取到大我(國家)的獨立自主以後，各個小我才有眞正的自由，否則永遠當列強的奴隸，個人自由

---

92 孫中山，〈覆翟理斯函〉，載《孫中山全集》，第一卷，頁46-48：其中頁48。

93 孫中山，「民權主義第四講」，1924年4月13日，《國父全集》(1989)，第一冊，頁88-99：其中頁89，第7行到頁90，第18行。

也是無從談起。孫逸仙這種論調，與其對他自己的民族主義的詮釋有異曲同工之妙。他說民族主義「就是救國主義」[94]。「民族主義」怎能救國？他說：「中國人是一片散沙。」[95]中國瀕臨於亡國滅種的地步。所以如果要救國則必須發展「國族主義」——即「民族主義」——讓國人都願意犧牲身家性命去救國救民。關於之一點，本書第五章已有所論述。筆者在此舊事重提，目的在指出孫逸仙思想的一貫性。

但如何解釋孫逸仙在1896/7與1924年這可能是前後不一致的矛盾？竊以爲孫逸仙闡述其民權主義的1924年，可以說是中國非常黑暗的時代：第一、辛亥革命成功後而選舉出一批國會議員，其中大部分人很快就變成了豬仔議員，「有錢就賣身，分贓貪利，爲全國人民所不齒」[96]。第二、軍閥混戰經年，社會動盪不安之處，比晚清尤甚。第三、列強對中國的壓迫無休無止，在廣州成立政府的孫逸仙更是吃盡軍閥和列強所給他的苦頭[97]。痛定思痛，他認爲造成這種局面的原因是中國人太自由了，流於「放蕩不羈」[98]。就連他自己國民黨內的黨員，他也認爲是自由泛濫：「從前推倒滿清之後，至今無法建設民國，就是錯用了自由之過。」[99]因此他呼籲黨員自己也要限制個人自由。

不要忘記：孫逸仙在闡述其三民主義時，曾開宗明義地說過：「用最簡單的定義說，三民主義就是救國主義。」[100]由此可見，三民主義之中的「民權主義」也是救國主義。就是說，用「民權主義」來救國。而從當時

94 孫中山，「民族主義第一講」，《國父全集》(1989)，第一冊，頁3，第4行。
95 同上，第15行。
96 孫中山，「民權主義第四講」，1924年4月13日，《國父全集》(1989)，第一冊，頁88-99：其中頁98，第7-12行。
97 見拙著《中山先生與英國》(台北：學生書局，2005)，第6-9章。
98 孫逸仙，「民權主義第二講」，《國父全集》(1989)，第一冊，頁67-76：其中頁68，第7行。
99 孫中山，「民權主義第二講」，《國父全集》(1989)，第一冊，頁67-76：其中頁74，第14-15行。
100 孫逸仙，「民族主義第一講」，《國父全集》(1989)，第一冊，頁3，第4行。

的實際情況出發，他認爲救國必須犧牲小我以成全大我。

在此同時有一批矢志救國的知識分子，成立另外一個政黨並規定所有黨員必須絕對服從黨的命令：理由似乎是中國已經到了極端危險的地步，在極端的形勢下只能採取極端的辦法去救國。這個政黨就是中國共產黨。

因此從這種意義上說，孫逸仙與當時中國共產黨的創始人是想到一塊了：任何革命黨若希望有所作爲，其黨員都必須犧牲小我自由並服從於黨的奮鬥目標。分別是：孫逸仙主張溫和地限制自由，中國共產黨則主張極端地限制自由。中國共產黨這種極端的辦法果然奏效，爲中國重新奪回獨立自主。

中共爲中國奪回獨立自主之後，中國已經再不處於極端危險的狀態。但中共仍然要求黨員絕對服從，並進而要求全國人民也絕對服從，結果又爲中國人民帶來反右、大躍進、人民公社、文化大革命等等災難。孫逸仙所倡議的「萬能政府」，若原意是先用於他在廣州所成立的政府然後在奪取全國政權以後就施於全國，則這樣一個爲所欲爲的萬能政府恐怕同樣會爲中國人民帶來無窮災難。而他認爲中國人應該享有的四種民權：選舉、罷免、創制、複決等權力，恐怕都是紙老虎，嚇唬不了誰。

第七章
民生主義思想探源

一、緒論

在本書第五章「民族主義思想探源」當中，筆者論及孫逸仙1896/7年間旅居英國時期親身體驗到英國(1)精神力量和(2)物質條件兩股強大威力，有如泰山壓頂，壓得他喘不過氣來。該章探索了他對第一種力量的反應：他模仿英國民族主義的某些特點而創造了適合中國國情的中國民族主義。中國國情的特色之一，是崇尚王道而摒棄霸道，深具儒家「不獨親其親，不獨子其子」[1]的大同思想。就是說，他把神州固有的思想放諸四海，用互相關心愛護的原則來處理世界上各民族之間的關係，而不是用「強權即是公理」的態度去解決各民族之間的矛盾。

在這一章、民生主義思想探源，筆者希望探討孫逸仙對上述第二股強大力量、即先進物質條件的反應。列強利用他們先進物質條件壓迫中國。日本亦步亦趨，在先一兩年(1894-5)就侵略朝鮮和中國，結果既控制了朝鮮又強迫中國簽訂喪權辱國的馬關條約。可以預料，孫逸仙在提倡學習西方先進物質條件的同時，會強調兩點：即中國在取得像西方那樣的物質繁榮時，不要像西方那樣：(1)對外則利用這物質繁榮去侵略弱少民族；(2)對內則利用這物質繁榮去欺負弱少群體。前者他已經在民族主義當中反覆強調過了，因此他在民生主義當中就不再贅述。後者則正是他民生主義的

1　《禮記・禮運》，載《十三經注疏》(阮元刻本)/禮記注疏/禮運/卷二十一(北京：中華書局，1987年)，下冊，第1414。

精髓，用他自己的話說：「徒致國家富強，民權發達，如歐洲列強者，猶未能登斯民於極樂之鄉也。是以歐洲志士猶有社會革命之運動也。予欲爲一勞永逸之計，乃採取民生主義。」[2] 準此，竊以爲孫逸仙民生主義的精神，像他的民族主義一樣，中心還是那天下爲公的思想。

孫逸仙的民生主義思想是否到了英國以後才萌芽？竊以爲不是。嚴格來說，孫逸仙之關心民生，不待1896年他到達倫敦時已經開始。因爲他在1890年所寫的〈致鄭藻如書〉[3]、1891年前後所寫的〈農功〉[4]、1894年撰寫的〈上李鴻章書〉[5]和1895年草擬的〈擬創立農學會書〉[6]，均可視爲孫逸仙關心民生的明證。但把關心民生這種心情提升爲一種主義來構思和提倡，則似乎是在倫敦所見所聞啓發了他。

當然，過去學術界對於孫逸仙的出身是貧是富有所爭論，以至有人對「貧窮出身的孫逸仙自小關心民生」之說抱懷疑態度。抱懷疑態度的表表者，莫如已故中山大學敎授羅香林先生。他在1942於重慶出版了《國父家世源流考》[7]，爲孫逸仙建立了一個耕讀傳家、祖先參加過反清鬥爭、遠祖當過大官的世系[8]。此說在1986年被中山大學的另一位敎授邱捷所推翻[9]。而後來對邱捷敎授所提出的種種質疑，雖然猶如排山倒海[10]，但亦被邱捷

---

2 孫逸仙，〈建國方略：孫文學說第八章「有志竟成」〉，載秦孝儀主編，《國父全集》（台北：近代中國出版社，1989），第一冊，頁412。以後簡稱《國父全集》(1989)。

3 孫中山，〈致鄭藻如書〉，1890年，《孫中山全集》，第一卷，頁1-3。

4 孫中山，〈農功〉，1891年前後，《孫中山全集》，第一卷，頁3-6。

5 孫中山，〈上李鴻章書〉，1894年6月，《孫中山全集》，第一卷，頁8-18。

6 孫中山，〈擬創立農學會書〉，1985年10月6日，《孫中山全集》，第一卷，頁24-26。

7 羅香林，《國父家世源流考》（重慶：商務印書館，1942年）。

8 該書後來在1954年又在台灣出版了修訂本。

9 邱捷、李伯新，〈關於孫中山的祖籍問題–羅香林敎授《國父家世源流考》辯誤〉，廣州市《中山大學學報》（哲社版），1986年第6期。

10 舒斯華、王延、張祝強、蔣作紹，〈孫中山先生家世源流考證〉，載紫金縣各界人士紀念孫中山先生誕辰120週年大會秘書組編：載《紫金縣各界人士紀念孫中山先生誕辰120週年會刊》，1986年11月12日鉛印本。轉載於孫中山故居

教授一一駁倒[11]，應爲信史[12]。相反地，羅香林教授的做法，讓筆者聯想到十九世紀末期英國的英以色列信徒。該等信徒爲了解釋大英帝國的強大，把盎格魯、撒克遜民族說成是以色列民族之中迷了途的一支[13]。羅香林先生爲了解釋孫逸仙爲何能成爲一代偉人，就爲他編寫了一個足以令人景仰的世系表。羅先生與英以色列信徒的，都是他們那個時代的產物。其實，孫逸仙自己曾多次坦誠地說出自己困苦的出生，例如，他在1895年草擬的〈擬創立農學會書〉中就寫道：「某也，農家子弟也，生於畎畝，早知稼

(續)────────────

　　紀念館編，《孫中山的家世──資料與研究》（北京：大百科全書出版社，2001），頁465-470。洪永珊、舒斯華，〈翠亨孫氏源出東莞之說不能成立──與李伯新、邱捷同志商榷〉，南昌《爭鳴》，1987年第4期，轉載於同上頁471-478。薛翅、劉勁峰，〈孫中山先生家世源流續考〉，《江西社會科學》，1987年第4期，轉載於同上頁479-487。張方，〈「紫金説」與「東莞説」孰是孰非─孫中山祖籍何處？〉，香港《新晚報》，1987年10月18日，轉載於同上頁488-489。潘汝瑤、李虹冉，〈孫中山是客家人、祖籍在紫金─評「關於孫中山的祖籍問題」〉，《客家史與客家人研究》，第1期，華東師範大學出版社，1989版，轉載於同上頁519-550。潘汝瑤，〈再論孫中山是客家人、祖籍在紫金─並答「再談關於孫中山的祖籍問題」〉，閩西客家研究會編《客家縱橫》，第2期，1993年版，轉載於同上頁596-626。潘汝瑤，〈孫中山祖籍問題爭論的始末〉，廣州《嶺南文史》，1993年第2期，轉載於同上頁627-643。

11　邱捷，〈關於孫中山家世源流的資料問題〉，中山大學學報編輯部編，《孫中山研究論叢》，第5集1987年版。邱捷，〈「孫中山先生家世源流續考」所考證的並非孫中山的先世〉，《江西社會科學》，1987年第6期。邱捷，〈再談關於孫中山的祖籍問題─兼答「孫中山是客家人、祖籍在紫金」一文〉，廣州市中《山大學學報》（哲社版），1990年第3期。邱捷，〈也談關於孫中山祖籍問題的爭論〉，廣州《嶺南文史》，1993年第4期。邱捷，〈中山先生祖籍問題爭論的由來〉，台北國立國父紀念館編，《第二屆孫中山與現代中國學術研討會論文集》（台北：國立國父紀念館，1999年）。以上各文，分別轉載於孫中山故居紀念館編，《孫中山的家世──資料與研究》（北京：大百科全書出版社，2001），頁490-508，509-511，560-578，644-657和670-681等。

12　戰後羅香林先生執教於香港大學中文系，1965-1968年間筆者在該校歷史系唸書時曾聽過羅先生的課，故與羅先生有師生之誼。當時也拜讀過羅先生的大作，故羅說有先入爲主的優勢。但後來筆者對比過羅、邱兩位賴以立論的史料以後，只有一個選擇，就是服膺確鑿的證據。

13　見本書第五章。

稽之艱難。」[14]羅香林先生何苦刻意為他掩飾？

　　邱捷教授這項超乎前人越乎同儕的研究成果，直接影響到學術界對中山先生思想來源的探索。以本章為例，他的結論就讓筆者傾向於相信孫逸仙的民生主義思想發源於孫逸仙家居鄉間的童年時代。

二、童年孫逸仙的「民生」

　　翠亨村中山故居紀念館第一任館長李伯新長期耐心細緻的採訪紀錄[15]值得注意。該採訪紀錄以及李館長所搜集到的文獻和文物對於我們重建孫逸仙的童年生活，提供了非常珍貴的資料。

　　該批文獻當中，有一組是孫逸仙姊姊孫妙茜一直珍藏的，最後由她的孫子楊連合、楊連逢兄弟，在1956年無償捐獻給故居紀念館[16]；其中包括《孫氏家譜》生白宣紙抄本、《列祖生沒紀念簿》線裝抄本、《安樂堂記事簿》和契據幾張。契據當中，有孫逸仙的爸爸孫達成、叔叔孫觀成和孫學成開荒圍園種植的合約，是他們以嗣孫身分承墾本族瑞英祖遺留下來的荒地，簽約日期是1864年3月19日(約孫逸仙出生前兩年半)[17]。此約很能說明問題，茲全文抄錄如下：

　　　立明合約：今有瑞英祖遺下土名逕仔崗稅山埔一段，嗣孫達成、
　　　學成、觀成與房長尊賢同眾叔姪酌議，將此山埔批與達成、學
　　　成、觀成開荒圍園，無庸丈量稅畝，任達成、學成、觀成圍築以

14　孫中山，〈擬創立農學會書〉，1985年10月6日，《孫中山全集》，第一卷，頁24-26。
15　李伯新，《孫逸仙史蹟憶訪錄》中山文史第38輯(中國人民政治協商會議廣東省中山市委員會文史學習委員會，1996)。
16　見李伯新，《孫逸仙史蹟憶訪錄》，頁10。兄弟倆雖然都有大專文化程度，但仍在家鄉務農，1956年政府安排楊連合在廣州市中山圖書館工作，後來當上副館長。楊連逢則安排在翠亨村的故居紀念工作。
17　見李伯新，《孫逸仙史蹟憶訪錄》，頁10-11。

種果物，限以五十年爲期。今圍園及種果物等項費用，本銀若
干，乃係達成、學成、觀成自出。眾議願拋荒伍年，任達成、學
成、觀成種植，所出利息，乃係達成、學成、觀成收回自用。如
拋荒期滿者，此園每年所出果物、利息若干，俱要登明，大部當
祖爐前算數，貳八均份[分]，每兩銀瑞英祖份下該得貳錢，種植
嗣孫達成、學成、觀成三人份下共該得八錢。或園內所種些瓜菜
等物，乃係達成、學成、觀成收自用，眾無得淺見，多生異言；
又不得強霸佔此園，須待至五拾年期滿之日，達成、學成、觀成
將此園及所種果物等項送還瑞英祖管理爲業後，集眾再議，另行
發批開投，以價高者得。前達成、學成、觀成費用本銀，亦不得
追究填還，化爲烏有矣。恐口無憑，今立合約貳紙，房長尊賢執
壹紙，種植嗣孫達成、學成、觀成執壹紙，永遠爲據。

合約：同治三年貳月十二日立[1864年3月19日]

房長：國賢、尊賢、業賢、茂成

種植嗣孫：達成、學成、觀成[18]

　　從這份文件可以看出幾個問題：(1)兄弟二人，決意同心協力，開荒種
植經濟作物。(2)他們要開墾的荒地，不是平白得來的，而是屬於孫氏家族
共同擁有的財產。若開墾成功，五年有成，則必須把作物的百分之二十作
爲租金一樣獻給祖嘗。(3)爲何要開荒？因爲孫氏以及其他家族定居翠亨村
以來，經過好幾代的繁殖，能耕種的土地都已經是名花有主，孫氏兄弟沒
有自己田地，只好把自己孫氏家族所擁有的荒地租來開墾種植，以資糊
口。(4)當時能提供開墾的荒地只是山埔，不適宜種禾稻，只能栽些果樹之

18　批墾合約，1864年3月19日。原件藏中山市翠亨村中山故居紀念館。曾鑣於澪
　　古仲(遺稿)，〈關於孫中山家族的兩件地契約文書釋文〉，中山大學歷史系
　　編，《中山大學史學集刊》第2輯(廣州：廣東人民出版社，1994)，轉載於孫
　　中山故居紀念館編，《孫中山的家世——資料與研究》(北京：大百科全書出
　　版社，2001)，第663-667。

類的東西。

　　這個計畫一般來是說應該是可行的：兄弟三人有的是氣力，他們可以把荒山上的雜樹砍下來用作圍園，再買些果樹苗來種植，頻頻澆水，五年應有所成。同時種些蔬菜幫補經濟，熬過五年，就會有收入。可惜他們的雄圖偉略，很快就夭折。因爲孫達成的兩位弟弟——學成和觀成——在簽約稍後、等不了開荒就離開翠亨村到外地謀生。其中學成甚至在簽訂合約的同一年(1864)就在外地早逝，孫觀成也於1867年客死異鄉[19]。剩下孫逸仙的爸爸孫達成(1813-1888)，年紀分別比他們各大13和18歲，到了孫逸仙出生的1866年已經是53歲，哪來的氣力幹三個人的活？

　　不開荒，生活怎辦？等待出生的嬰兒可不管：時候到了，不管有吃沒吃的，他還是降臨到這世上！1866年11月12日，孫逸仙誕生了。誕生的地方是一所泥巴屋。該泥巴屋的牆壁，是用未烘烤過的泥巴方塊砌成的[20]。天氣潮濕的時候，在室內活動而揩上牆壁時，衣服都全是泥巴。牆壁上沒有窗戶，只在較高的地方留了幾個洞透氣。當颱風下大雨時，大風會把雨點通過這些洞颳到室內[21]。該屋的屋頂，是用瓦砌成的，共17坑瓦，約即4米[22]，這是該屋的寬度；該屋的長度則約8.68米[23]。全屋面積約共34.72平方

19　孫氏《列祖生沒紀念簿》，原件藏中山市翠亨村中山故居紀念館。曾錄於《孫中山年譜長編》，上冊，頁4。

20　黃彥，〈孫中山的家庭出身和早期事跡〉，《廣東文史資料》第25輯，頁287-290。

21　孫逸仙出生的泥巴屋早已拆掉。該等用泥巴方塊砌成的房子，在廣東窮苦的山區仍然能找到。2004年2月20日筆者到開平訪問時，汽車經過山區時就親眼見過這樣的一棟所謂「一開間」。廣東省、江門市、五邑大學的張國雄教授就曾爲這樣的「一開間」拍就一幅照片並收進其參加編寫的：《老房子：開平碉樓與民居》(南京：江蘇美術出版社，2002)，圖228。本圖就是該圖的複製品。

22　李伯新訪問陸天祥，1962年3月31日，載李伯新，《孫逸仙史蹟憶訪錄》中山文史第38輯(中山市：中國人民政治協商會議廣東省中山市委員會文史學習委員會，1996)，頁65-68：其中頁66。

23　據孫逸仙的姊姊孫妙茜及翠亨村耆老陸天祥回憶說，則該屋長約二丈六尺，寬一丈二尺。見黃彥、李伯新，〈孫中山的家庭出身和早期事跡〉，《廣東文史資料》第25輯：孫中山史料專輯(廣州：廣東人民出版社，1979)，第274-

米(square metres)。

孫逸仙排行第五[24]。大哥孫眉，1854年生。二姊三哥早夭。四姊妙茜，1863年生。母親楊氏(1828-1910)，還有祖母黃氏(1792-1869)[25]，加上父親一家共六口，就擁擠在這34.72平方米的、幾乎密不透風的泥巴屋過活。1871年，孫逸仙添了妹妹孫秋綺[26]，就變成一家七口了。實在擠不過來，姊姊妙茜稍長就迫得搬到屋背後楊成發家中寄居[27]。

孫逸仙的母親楊氏，小腳，不能下田；只能養些豬、雞、狗等小量禽畜[28]。它們在哪棲身，才免被盜？孫達成就在泥巴屋的門口或屋旁用泥巴建起豬圈、雞窩。結果它們的糞便也在住人的斗室之旁亂撒，臭氣燻天。加上豬叫、雞鳴、狗吠，讓人不得安寧。孫逸仙就是在這樣的環境誕生的！

孩子幼小，嗷嗷待哺。一家七口的生活，主要靠父親孫達成佃來祖嘗瘦地二畝半[29]及乃弟孫學成的寡婦程氏所擁有的劣田四畝，合共六畝餘，

(續)————

　290：其中頁279。該文轉載於孫中山故居紀念館(編)，《孫中山的家世》(北京：中國大百科全書出版社，2001)，頁151-155：其中頁154。筆者將該屋的長度和寬度折算爲米，則分別約爲8.68米和4米。

24　李伯新訪問陸天祥(83歲)，1959年無月日，載李伯新，《孫中山史蹟憶訪錄》中山文史第38輯(中山市：中國人民政治協商會議廣東省中山市委員會文史學習委員會，1996)，頁59-64：其中頁59。

25　孫氏《列祖生沒紀念簿》，廣東省中山市翠亨村孫中山紀念館藏。該文轉載於孫中山故居紀念館(編)，《孫中山的家世》(北京：中國大百科全書出版社，2001)，頁10-11：其中頁153。

26　孫滿(編)《翠亨孫氏達成祖家譜》，該文轉載於孫中山故居紀念館(編)，《孫中山的家世》(北京：中國大百科全書出版社，2001)，頁12-28：其中頁18。

27　孫妙茜言，見黃彥、李伯新，〈孫中山的家庭出身和早期事跡〉，《廣東文史資料》第25輯：孫中山史料專輯(廣州：廣東人民出版社，1979)，第274-290：其中頁279，註3。又見李伯新採訪楊珍(68歲)，1965年8月15日，載李伯新，《孫中山史蹟憶訪錄》中山文史第38輯(中山市：中國人民政治協商會議廣東省中山市委員會文史學習委員會，1996)，頁96-97：其中頁97。

28　李伯新採訪陸天祥(88歲)，1964年5月13日，載李伯新，《孫逸仙史蹟憶訪錄》中山文史第38輯(中山市：中國人民政治協商會議廣東省中山市委員會文史學習委員會，1996)，頁73-78：其中頁76。

29　李伯新訪問陸天祥(83歲)，1959年無月日，載李伯新，《孫逸仙史蹟憶訪錄》

即約2,667平方米(square metres)[30]的土地來耕種。然該地土質瘠薄，無論是種水稻或雜糧，產量都甚低[31]。孫達成既種水稻也種番薯。但一家大小平常吃的都是番薯[32]。爲何如此？他種植水稻，是因爲白米能賣好價錢；他種植番薯，是以其不用施肥也能生長。白米太珍貴了，捨不得吃，賣了好換點錢以應付日常開支諸如孩子或老人害病時看醫生買藥物等費用[33]。

儘管如此，孫家還是無法糊口，以致孫達成必須在晚上爲村中打更賺點外快[34]。白天種地晚上看更，日夜不得休息，辛苦可知。該村正是廣東省香山縣[35]翠亨村。全村居民總共大約只六七十人，雜姓：有楊、陸、馮、孫、蘇、譚、麥、陳、錢、梁等十姓。人數最多者爲楊姓，而村中大部分土地均爲楊姓地主占有，陸姓次之。孫姓則只有六、七戶。孫達成更是早年家境已極貧窮，1829年他只有16歲時就被迫到澳門一家鞋店當學徒；三年期滿後在澳門板障堂街一家葡萄牙人開設的鞋店當鞋匠，每月工

(續)————————————

中山文史第38輯(中山市：中國人民政治協商會議廣東省中山市委員會文史學習委員會，1996)，頁59-64：其中第59頁。

30 見《漢語大詞典》縮印本，一套三冊(上海：漢語大詞典出版社，1997)，中卷，頁4632第3欄，其中所說的公畝即平方米，見《現代漢語詞典》修訂本(北京：商務印書館，1996)，頁901第二欄。

31 陳錫祺主編，《孫中山年譜長編》，一套兩冊(北京：中華書局，1991)，上冊，頁4。

32 黃彥、李伯新，〈孫中山的家庭出身和早期事跡〉，《廣東文史資料》第25輯：孫中山史料專輯，頁274-290。

33 這種天天只能吃番薯而不能吃米飯的情況，讓筆者想起幼年在出生地番禺縣芡塘鄉聽到的口碑。家祖父及他的兩位妹妹還非常幼小的時候，他的父親就去世了，他的母親背著最年幼的妹妹在鄉前的石礦崗開荒種番薯。一家四口天天只能吃番薯。後來家祖父和兩位妹妹成長後，年富力強，賺來的錢足夠吃米飯，但每次看到煮熟的番薯就必然情不自禁地淒然落淚。孫家的情況比他們稍好，因爲至低限度他有種稻穀，過年過節時可能還能吃上一頓白米飯。

34 訪問陸天祥(83歲)，1959年無月日，載李伯新，《孫逸仙史蹟憶訪錄》中山文史第38輯(中山市：中國人民政治協商會議廣東省中山市委員會文史學習委員會，1996)，頁59-64：其中頁59。

35 該縣在1925年孫中山逝世時改名爲中山縣，以茲紀念。1983年又改爲中山市至今。

資四元[36]。由於他爲人勤儉，不肯花用分文，故待工作到32歲已稍有積儲，於是回鄉，在村邊建就泥巴屋然後成親，並租地耕種維持生計，又爲村人修補鞋類業爲副業[37]。等到孫逸仙出生的1866年，孫達成已經是53歲的人了。到了那個時候，耕種與補鞋已經維持不了生計，孫達成還必須在晚上打更幫補[38]。

　　孫逸仙六歲的時候，就隨九歲的四姊妙茜，經常到附近的金檳榔山打柴，及採野菜回家餵豬。四姊妙茜幼時即被纏小足，上下山坡時非常痛苦，孫逸仙感同身受[39]，備受家境貧窮之苦。他每年還替人牧牛幾個月，以取得牛主同意用牛爲孫家犁田。其他時間就幫助家中做零活。經常勞動當然讓他身體鍛煉得特別結實[40]。再大一兩歲，就跟隨父親下田插秧、挑水、除草。有時候還隨外祖父楊勝輝駕小艇海邊採蠔(牡蠣)[41]。至於上學

36　黃彥、李伯新，〈孫中山的家庭出身和早期事跡〉，《廣東文史資料》第25輯：孫中山史料專輯，頁287-290。

37　李伯新採訪楊連合(48歲)，1962年5月24日，載李伯新，《孫逸仙史蹟憶訪錄》中山文史第38輯(中山市：中國人民政治協商會議廣東省中山市委員會文史學習委員會，1996)，頁82-85：其中頁82。在該採訪中楊連合復述其祖母孫妙茜(孫逸仙姊姊)經常對其說過的話。筆者回顧童年在番禺茭塘鄉的生活，則絕大多數鄉民都是赤腳，富貴人家可能有皮鞋。翠亨村楊姓在香港、澳門等地有生意，在那些地方穿慣了皮鞋，回翠亨村居住時若皮鞋破了就要找人修。但這些人屬極少數，故筆者相信孫達成不會生意興隆。

38　訪問陸天祥(83歲)，1959年無月日，載李伯新，《孫逸仙史蹟憶訪錄》中山文史第38輯(中山市：中國人民政治協商會議廣東省中山市委員會文史學習委員會，1996)，頁59-64：其中頁59。

39　1912年1月1日孫逸仙就任中華民國臨時大總統後，不久即通令禁止婦女纏足，責其「殘毀肢體，阻關血脈；害雖加於一人，病實施於子姓」。見孫逸仙，〈令內務部通飭各省勸禁纏足文〉，1912年3月13日，《臨時政府公佈》第37號，轉載於《孫中山全集》第二卷(北京：中華書局，1982)，頁232-3：其中頁232。

40　陸天祥，〈孫中山先生在翠亨〉，《廣東文史料》，第25輯：孫中山史料專輯(廣州：廣東人民出版社，1979)，頁454-459：其中頁454。

41　見李伯新採訪楊連合(48歲)，1962年5月24日，載李伯新，《孫中山史蹟憶訪錄》中山文史第38輯(中山市：中國人民政治協商會議廣東省中山市委員會文史學習委員會，1996)，頁82-85：其中頁84。當時是楊連合楊帝賀說過的話。

讀書，則只有望門興嘆了。任何一個孩子，眼巴巴地看著別的小朋友上學，誰不羨慕得要命！孫逸仙無可奈何之際，變得沉默深思。他回憶說：「幼時的境遇刺激我，……我如果沒出生在貧農家庭，我或不會關心這個重大問題(按：指民生問題)。」[42]又說：「當我達到獨自思索的時候，在我腦海中首先疑問，就是我自身處境的問題，亦即我是否將一輩子在此種境遇不可，以及怎樣才能脫離這種境遇的問題。」[43]

孫逸仙不但要為自己擺脫這種困境，他還要讓中國人民也脫離這困境，以致他還在香港唸大學的的時候就(1887-1892)撰寫了關乎國計民生的〈致鄭藻如書〉[44]和〈農功〉[45]。畢業後又寫了同類的〈上李鴻章書〉[46]。在〈上李鴻章書〉中，孫逸仙要求發給他護照一紙，以便他出洋學習外國最先進的農業技術。英國是當時世界上最先進的國家之一，孫逸仙在英國學到了那些先進的農業知識。

三、先進的英國農牧業

從本書第二章「日誌」中，可知孫逸仙在1896年12月8日星期二去了倫敦伊斯靈頓(Islington)地區的皇家農業展覽館(Royal Agricultural Hall)參觀牛類展覽(Cattle Show)[47]。關於該展覽館的壯觀之處，見本書第三章的有關圖錄。至於當天所舉行的特殊展覽，則雖然名為牛類展覽，其實是展出了英國農、牧業最先進的成果和技術。為了讓讀者一睹全豹，以便對孫逸仙當時參觀心得更有效地神遊冥想，筆者在此不厭其詳地介紹展出情況。

---

42 孫逸仙語，載宮崎寅藏著，陳鵬仁譯，《宮崎滔天論孫中山黃興》(台北，1977)，頁6。

43 同上。

44 孫中山，〈致鄭藻如書〉，1890年，《孫中山全集》，第一卷，頁1-3。

45 孫中山，〈農功〉，1891年前後，《孫中山全集》，第一卷，頁3-6。

46 孫中山，〈上李鴻章書〉，1894年6月，《孫中山全集》，第一卷，頁8-18。

47 Slater to Chinese Minister, 16 December 1896，載羅家倫，《蒙難史料考訂》，頁129-130。

　　該展覽有悠久的歷史，1896年所舉行的已經是第99屆。為該屆展覽所舉行的各項競賽而提供的獎金共3,822英鎊。參加競賽畜牲的數目，則共有334頭牛、320圈羊和102圈豬。還有23頭已經被宰了的牛和33隻被宰了的羊參加競賽[48]。參加競賽牛隻的品種，則有德文（Devon）、赫里福德（Hereford）、短角（Shorthorn）、塞斯克斯（Sussex）、紅色去角（RedPolled）、阿伯丁（Aberdeen）、蓋諾威（Galloway）、威爾士（Welsh）、蘇格蘭高原（Higland）、雜交（Cross-bred）等品種。

　　參加競賽羊隻的品種，則有萊斯特（Leicester）、邊界萊斯特（Border Leicester）、科茨沃爾德（Cotswold）、林肯（Lincoln）、羅姆尼沼澤（RomneyMarsh）、德文（Devon）、紹斯唐（Southdown）、漢普郡（Hampshire）、薩福克（Suffolk）、什洛普郡（Shropshire）、牛津（Oxford）、雜交（Cross-bred）、切維厄特（Chevlot）、山地（Mountain）、多塞特（Dorset），等等。

　　豬的品種有小白（Small White）、中白（MiddleWhite）、黑種（Black）、塔姆沃思（Tamworth）、伯克郡（Berkshire）、雜交（Cross-bred）等[49]。

　　孫逸仙可謂大開眼界！

　　家禽、家畜方面（已宰殺並拔了毛的），則共有884隻雞、138隻鴨、102隻鵝、54隻火雞、16隻珠雞、40隻鴿子、15隻兔子。這些展品當中，有229隻是屬於英國本土生產的，165隻是從法國和比利時送來參加比賽的。其中153隻來自法國的家禽品種包括著名的法弗羅爾（Faverolles）、弗萊什（LaFleche）、布勒斯（Bresse）、烏丹（Houdan）、加斯科涅（Gascogue）、加蒂奈（Gatinais）等品種。來自比利時的主要是馬琳柯康（Coucon de Malines）品種的24種樣本。光是家禽類展覽的獎金總值就有187英鎊。《泰晤士報》評論說：「有外國展品參賽，對我們來說是既新鮮又富啟發性。」[50]

48　*The Times*, 7 Dec 1896, p. 4 col.1.

49　*Ibid.*, 8 Dec 1896, p. 12 cols.1-2.

50　*Ibid.*, col.2.

這句話肯定在孫逸仙心中起到共鳴！

在該農展館的的綜合展出部門，則主要有兩類展品：第一是植物類；第二是農業機械類。先談植物類：這方面的展品也是種類繁多，其中以根莖植物、種籽兩個攤位最吸引人。成堆成堆的甜菜、蕪菁甘藍、馬鈴薯、穀種、各式各樣的菜籽，令人目不暇接。次談機械展品：該等產品皆用於農牧。而其中的各種重型機器，包括包裝牛奶、製造乳脂和乳酪的各種機器，則在該農展館的一樓展出。所有名牌工廠都有展示了他們的產品。光是在該農展館的的綜合展出部門參加展出的企業就有250家[51]。

孫逸仙所看到的具體展品，不一定全都適合當時中國國情。例如牧牛以取其肉，則當時中國南方的水牛和北方的黃牛，皆用於耕種，待老得差不多走不動了才宰了吃用，故其肉堅韌難吃。但能否變通模仿？他的哥哥孫眉，就是從檀香山正埠跑到當時還是頗為荒涼的茂宜島開闢牧場，中國有否可供開闢為牧場的地方？1980年代澳洲的新南威爾斯州就曾幫助其友好省份廣東在海南島的海邊那些不能耕種的沙地培植了一種澳洲特有的荒草，藉此開闢了牧牛場專門提供牛肉[52]。海南島成為一個獨立省份以後，新南威爾斯州又幫助廣東省在其北部山區不能耕種的瘦地培植了另一種澳洲特有的荒草，藉此開闢了另一所牧牛場專門提供牛肉和牛奶。

不過，此乃後話。當時孫逸仙最關心的，相信不是具體那種展品能否適用於中國的問題，而是籌辦農展會這麼一個主意。因為，當時中國還沒有農展館、農展會這樣的新生事物。因此總的來說，這次他參觀了的這個展覽，顯示出英國先進的農牧業為國家生產了巨大財富。而英國人又並不因此而自滿，故設立農展館以便定期舉行各式各樣的農展，推廣新觀念和

---

51 *Idem*.

52 See J. Y. Wong and D. L. Michalk, "Sino-Australian Relations: A Study of the Sister State/Province Relationships, with Special Reference to New South Wales and Guangdong," in H. A. Dunn and E. S. K. Fung(eds), *Sino-Australian Relations: The Record, 1972-1985*.(Griffith University: Centre for the Study of Australian-Asian Relations, 1985), pp. 262-271.

新技術，並藉此交流經驗。同時爲了精益求精，當局又設立了巨額獎金以刺激進步和創新。凡此種種，對那位出生於窮苦農村而又一直關心中國農畜業的孫逸仙來說，肯定留下深刻的印象，並從中吸取教訓。他欲參觀該農展的迫切心情，也可以從如下事例看出來：該農展在開放給公衆參觀的前一天，即1896年12月7日，就宣布展覽共舉行五天。頭一天在1896年12月8日下午開始，入場費是5先令。餘下的四天，入場費則只需1先令[53]。但孫逸仙在頭一天就不惜高價搶先去參觀。爲什麼？可能他在想，哪怕是過了一天，可能畜牲們都因爲疲勞而變得無精打彩了，植物也萎靡了。他要爭取看到它們在最佳狀態的時刻！

　　孫逸仙對英國先進的農牧業狀況，可以從該展覽中見到一斑。就此一斑？不，根據本書第二章「日誌」考證所得，他在1897年6月19日參觀了位於倫敦西郊丘(Kew)地區的皇家植物公園(Royal Botanic Gardens, Kew)——簡稱丘園(Kew Gardens)。爲何遲至離開英國前的十一天才去參觀？竊以爲可能有兩個原因。第一、孫逸仙過去參觀過的植物公園，似乎只有香港的那個植物公園，規模很小，純粹供遊人賞樂，不帶科研。孫逸仙可能先入爲主，誤認爲倫敦的丘園也不外如是。他有比賞樂更重要的事情趕著要辦，沒必要跑到遙遠的丘園，故沒予重視。第二、他之終於去了丘園，是日本植物學家南方熊楠陪著他去的[54]。作爲植物學家，南方熊楠當然知道丘園負有非常重要的科研任務，對英國以致大英帝國各屬地的農林業做出過重大的貢獻。所以孫逸仙雖然臨別匆匆，還是跟南方熊楠去了大半天，詳細參觀丘園內各個不同的部門。有南方熊楠這位專家作介紹，孫逸仙的學習效果相信會事半功倍。

　　就此二斑？不。在參觀過丘園之後，孫逸仙似乎意猶未已，於第二天，即1897年6月20日，又參觀了倫敦的自然博物館(The Natural History Museum)。該館原屬大英博物館自然科學部，後來大英博物館太擁擠了，

53　*Idem.*
54　《南方熊楠日記》，1897年6月19日，載《南方熊楠全集》，別卷2，頁91。

就分了出來，1881建成了自己的自然博物館，非常壯觀（見本書第三章「圖錄」的有關部分）。該館的展品，分爲植物學、昆蟲學、動物學、礦物學、地質學等五個部門[55]。

就此三斑？不，還有兩條珍貴線索。

第一、1897年3月25日星期四，孫逸仙去了倫敦動物園參觀了一整天[56]。該動物園座落於於攝政王公園（Regent's Park）。猶記他曾天天去看望的好朋友柯林斯的寓所就在該公園北緣[57]。至於該動物園本身，1828年開始對公衆開放，裡邊飼養了超過4,000頭動物和禽鳥。而建立該動物園的主要目的，是爲了向英國動物學會（Zoological Society）提供一座活生生的動物圖書館！看來孫逸仙花了一整天的時間充分地利用了該「圖書館」。

第二、根據本書第二章「日誌」考證所得，孫逸仙甫抵倫敦的第三天，即1896年10月3日星期六，已經到過倫敦南郊的水晶宮參觀過由英國皇家園藝協會（Royal Horticultural Society）所舉辦的英國水果展覽（Show of British Grown Fruit）。這水晶宮是什麼玩意？準此，話題就轉到英國的先進工業。

四、先進的英國工業

按水晶宮原來是當時工業最發達的英國，爲了於1851年舉行首屆世界工業博覽會，而在倫敦市中心的海德公園建造的。它是世界上第一座預製件組裝（prefabricated）的建築物：全部用玻璃片和鋼框建造而成。其中百分之九十五是玻璃，鋼框只是起著支撐作用。每一片玻璃長124.4公分，寬25.4公分，是當時技術水平能製造的、面積最大的玻璃片。用以製造水晶

---

55 W. Francis Aitken, "The Museums and Their Treasures," in *Wonderful London*, Vol.2, p. 1103.

56 Chinese Legation Archives, Slater to Chinese Minister, 25 Mar 1897，載羅家倫，《蒙難史料考訂》，頁152。

57 見本書第二章「日誌」第961027條的考證。

宮的玻璃片總共是83,612平方公尺，水晶宮的宮頂當然也是用這樣的玻璃片切成，宮頂蓋地的總面積是7.2公頃(hectares)。其造價之低廉、建築時操作之輕便、外貌之優美，皆可稱是建築史上的里程碑。整棟建築物遠看像座水晶宮，故以此命名。這龐然大物只需七個月(1850年7月到1851年1月)就建築起來。這般神速，是由於各個組成部分的規格全部劃一：每一片玻璃的面積、每一道鋼框的大小，都是一樣，由工廠大批製造；組合時各個專業分工、互相配合；並用蒸汽機把建築材料凌空吊起來組合；以當時的生產技術來說，蔚為奇觀[58]。

在籌備該博覽會過程中，英國政府邀請中國政府參加展覽[59]。但總理五口通商事務的欽差大臣兩廣總督徐廣縉卻回覆說，這些屬於工匠的事情，政府從來不管，並據此拒絕公布英國之邀請，聲稱中國工匠如欲前往參加，那是他們自己的事情[60]。儘管中國缺席，但來自世界各地參展的約共5,000多家企業，它們帶來了約100,000件物品展出[61]。

博覽會開過以後，英國當局既為保存一個永久性的大型展覽館和娛樂場所，但又不宜永久占用海德公園的地方，故決定把鋼框連玻璃一塊一塊地拆卸，搬到倫敦南部郊外一個名叫悉登漢姆(Sydenham)的地區擴大重建，1854年竣工。新的水晶宮空間體積比原來的擴大了百分之五十[62]。其壯觀之處，非筆墨所能形容。若要神遊冥想當時孫逸仙的感受，最佳辦法莫如親臨參觀。可惜水晶宮在1936的一場大火中化為灰燼。退而求其次，

58　*Everyman's Encyclopaedia,* pp. 750-751.

59　F.0.677/26, Bonham to Xu Guangjin, 11 June 1850, assummarisedin J.Y.Wong, *Anglo-Chinese Relations, 1839-1860* (London, Oxford University Press, 1983), p. 207.該件的中文撮要見本人編著之《兩次鴉片戰爭與香港的割讓——史實和史料》(台北：國史館，1998)，頁259。

60　F.0.677/26, Xu Guangjin to Bonham, 22 June 1850, as summarised in *ibid.*, p. 208. 該件的中文撮要見本人編著之《兩次鴉片戰爭與香港的割讓——史實和史料》(台北：國史館，1998)，頁260。

61　*Everyman's Encyclopadia,* (ed.) D.A. Girling. 6th edition. London, J.M. Dent & Sons, 1978. Vol.3 pp. 750-751.

62　*Everyman's Encyclopaedia,* pp. 750-751.

筆者找來水晶宮的舊照片，複印在本書第三章「圖錄」之中，謹供讀者參考。

1850年的欽差大臣徐廣縉拒絕了英國的好意。四十六年後的1896年10月3日星期六，布衣的孫逸仙主動地前往水晶宮參觀英國皇家園藝協會(Royal Horticultural Society)所舉辦的英國水果展覽(Show of British Grown Fruit)[63]。究竟是時代不同了。其實，早在十年之前，孫逸仙在香港中央書院讀書時，就學習過有關世界博覽會及首屆展館的信息。何以見得？1886年1月該校考試的英語作文試題是：「描述世界博覽會的緣起、目標和成就。」[64]竊以爲有關訊息，學生肯定在課堂上從課本學過，否則無從回答該問題。聞名不如見面，結果後來孫逸仙甫到倫敦，就跑到水晶宮去參觀了。而且1896年12月11日星期五，又再度重遊，流連忘返之餘，黃昏6時30分才回到寓所[65]。

爲什麼他再度去了？當天水晶宮有什麼活動？筆者查閱當天的《泰晤士報》，原來是「第五屆全國自行車展覽」[66]。

據報導，展覽非常出色。在展品規模的大小和展品種類的繁多，前幾屆皆無出其右。水晶宮的主廊擺滿了各式各樣的自行車。希臘廳、羅馬廳、埃及廳則展出各式各樣自行車的橡皮輪胎。大戲台前面擺滿了配在輪胎之內的橡皮軟管、車鏈、變速器等。在遊廊則展出了自行車的鞍座和其他零件，還有自行車不斷運轉的示範。一種專門設計在人群擠擁的街道上行走的新產品吸引力不少觀衆。一種經改良過的、不用頻頻加潤滑油的輪

63　見本書第二章「日誌」中，961003條。

64　"Describe the origin, object, and results of International Exhibitions" -Composition Examination Question, Tables and Papers connected with the examination of the First Class held at the Government Central School during the week 9-16 January 1886, Government Notification No. 24, *Hong Kong Government Gazette,* 23 January 1886, pp. 48-52: atp. 52.

65　Slater to Chinese Minister, 16 December 1896，載羅家倫，《蒙難史料考訂》，頁130。

66　*The Times*, 5 December 1896, p. 13 cols.2-3.

轂，還有一種新設計的、能防止意外時受傷的自行車扶手，備受注目。一種按照解剖學原理而設計的鞍座受到醫學界的稱讚，被稱爲特別適合女裝自行車使用[67]。

當時還未發明汽車，自行車在歐洲是極爲重要的交通工具。例如康德黎夫人隨夫從香港回到倫敦後，就爲了學習騎自行車而參加了這方面的培訓班[68]。後來她的母親還送了她五英鎊，以便她買一部新的自行車[69]；結果她在1897年4月17日就買了[70]。她見了孫逸仙，肯定很自豪地炫耀一番。孫逸仙會有什麼感受？當時中國絕大部分地區的人民還是以步當車！

水晶宮之建築和自行車之製造，當然脫離不了工藝。工藝在中國自古即有，但政府絕大部分時間都不管，由它自生自滅，而把精力主要集中在文官考試制度。但在英國可不一樣，官方有系統地鼓勵、贊助、培養工藝，辦法包括教育和展覽。這應該是孫逸仙在倫敦參觀學習九個月不可避免的結論。如何見得？據本書第二章「日誌」探求所得，他在1896年12月23日上午，到了倫敦的帝國協會會所(Imperial Institute)參觀一個多小時，接著又馬上到鄰近的南肯辛頓工藝博物館(South Kensington Museum)參觀，直到下午三時半才離開[71]。1897年1月26日，他又參觀了攝政王街綜合工藝學院(Regent Street Polytechnic)[72]。

其中的帝國協會會所，於1887年、英國維多利亞女王登基五十週年之際，由她親自奠基，1893年竣工後又由她親自揭幕[73]。爲何如此隆重？該會所的構思是爲了展示大英帝國強大無比的物質文明。在設計該會所時，建築師T.E.科爾卡特(T. E. Colcutt)，從大文豪丁尼遜(Lord Alfred

67　*The Times*, 5 December 1896, p. 13 cols.2-3.
68　Mrs Cantlie's diary, 30-31 December 1896 and 1-5 January 1897.
69　*Ibid.*, 31 Mar 1896.
70　*Ibid.*, 17 Apr 1896.
71　Chinese Legation Archives, Slater to Macartney, 23 Dec 1896，載羅家倫，《蒙難史料考訂》，頁133。
72　*Ibid.*, p. 140.
73　*The Queen's London* (London, 1902), p. 21.

Tennyson)的詩句得到啓發：「建築起一座高貴的紀念館，使之眞正富麗堂皇，用豐富的象徵、裝潢，來顯示帝國之強大，教育子孫萬代。」[74]看了本書第三章「圖錄」第一組中帝國協會會所的圖片，可知的確富麗堂皇極了。但如何進行教育？該院設有陳列室，展出了來自大英帝國各自治領和殖民地在製造業和農業，在祖家英國的先進技術指導下所取得的輝煌成就[75]。

至於南肯辛頓博物館，其正式名稱是維多利亞‧艾爾伯特博物館。用英女王暨王夫的名字來命名該博物館，就能看出國家隆重其事之處。其成立之目的，類似帝國協會會所之內的陳列室。不同的是，它的展品全部來自英國本土。它建於1857年，「專門供裝潢藝術(decorative art)與應用美術(applied art)展覽之用，特別是爲了啓發工匠和學生」。該館有145個展室，裡邊展品雖然繁多，但都各自有說明、或手冊、甚至專著等。這145個展室分爲八個部門：(1)建築和雕塑(2)陶瓷、玻璃、琺瑯(3)雕刻、插圖、裝潢設計(4)圖書管理和圖書出版(5)金屬工藝品(6)繪畫(7)紡織品(8)木工、家具、皮篋。論者曰：「藝術之實際應用於工業製成品者，其成就之大，以此爲最。」[76]孫逸仙看得像入了迷，1896年12月23日參觀了一次還不夠，1897年3月17日又舊地重遊[77]。

至於攝政王街綜合工藝學院，則筆者在1984年4月3日親往採訪時，承其圖書館長熱情接待，並預先收集了一大批有關該院的史料讓筆者參考，從而得悉其另有一段有趣的歷史[78]。1938年，喬治‧凱利爵士(Sir Geroge

74 *The Queen's London* (London, 1902), p. 21.

75 W.Francis Aitken, "The Museums and Their Treasures," in *Wonderful London*, Vol.1, p. 1105.

76 *Ibid.*, Vol.3 pp. 1104-1105.

77 Chinese Legation Archives, Slater to Chinese Minister, 16-23 Mar 1897，載羅家倫，《蒙難史料考訂》，頁149-150。

78 I am grateful to Mr M. Collier, Deputy Head of Library Services of the Polytechnic, for receiving me on 3 April 1984, and for drawing my attention to some relevant literature which is not commonly known.

Cayley)在攝政王街309號創立了一所綜合工藝學院，乾脆就以該街道的名字命名。一位作者在翌年寫道：「這個真正有價值的學院之目標，是要推進應用科學與農業、工藝、製造業之間的結合：以最簡單和有趣的方法來說明各門科學的基本原理，以及各種工藝和製造業必須採用的程序。」[79]該院把各行各業的創新在公眾中傳播，辦法是以這些創新作爲教材，並經常舉行公共講座。到了1881年，昆廷‧霍格(Quintin Hogg)把該院買下來，以便進一步發展他早於1864年已經在倫敦市中心開始了的、教育貧苦年輕人手藝的事業[80]。

　　孫逸仙回顧當時中國有數千萬計「無田可耕、無業可就」的青壯年，則難免想到若中國能像英國那樣給予適當的工藝教育，一定會像英國那樣國富民強！

五、先進的英國交通、運輸業

　　根據本書第二章「日誌」考證所得，1897年3月10日，孫逸仙坐火車到倫敦東部碼頭區的皇家艾爾伯特碼頭(Royal Albert Dock)，細細觀摩停在該區的不同類型的船隻[81]。艾爾伯特者，英國維多利亞女王丈夫的名字，又是一個以王族命名的地方！該碼頭是沿泰晤士河下游興建的許多碼頭之一。其中最先建造的是西印度碼頭(West India Dock)，1802年落成，既用於客運也用於貨運，並因此而設有貨倉。原有的布魯溫瑟碼頭(Brunswick Basin)，本來是東印度公司的造船廠，接著也改成類似的碼頭。以後相繼落成的包括倫敦碼頭(London Dock)、聖凱瑟琳碼頭(St Katharine's Dock)、酥爾利商業碼頭(Surrey Commercial Dock)、皇家維多利亞碼頭

79　Ethel M. Wood. *A History of the Polytechnic*, London, MacDonald, 1965(hereafter cited as *Polytechnic*) p. 17.

80　Ethel M. Wood. *A History of the Polytechnic*(London, MacDonald, 1965).

81　Chinese Legation Archives, Slater to the Chinese Minister, 4-10 Mar 1897, in Luo Jialun, *shiliao*, p. 147.

（Royal Victoria Dock）、米爾沃碼頭（Millwall Dock）、皇家艾爾伯特碼頭（Royal Albert Dock）、蒂爾伯里碼頭（Tilbury Dock）、最後是英王喬治五世碼頭。幾十年之間，一口氣建成了這麼多的碼頭，反映了這個以航海起家的英國，到了十九世紀稱霸全球時，其航海業之繁榮昌盛，物流之洶湧澎湃。由所有這些碼頭所組成的碼頭區，外圍都建了高高的一道圍牆，把碼頭區封閉起來，以防盜竊[82]。

停泊在孫逸仙集中參觀的皇家艾爾伯特碼頭，全部是遠洋貨船。它們從世界各地運來五穀、煙草、凍肉[83]，以供應倫敦這個世界大都會的需要。

至於海路客運，則從本書第二章「日誌」中，可知孫逸仙在1897年9月30日星期三，乘坐英國白星公司（White Star Company）屬下的蒸氣輪船《雄偉》號（S.S. *Majestic*），自美國的紐約市到達英國的利物浦市，泊在王子碼頭（Prince's Landing Stage）[84]。他是在1896年9月23日星期三從美國的紐約市啓程的[85]。就是說，他有整整一個星期的時間觀摩這艘豪華的英國客輪。筆者踏破鐵鞋，找來該船照片，可見雄姿。他所坐的是二等艙[86]。有資格參觀二等艙的全部設施。其實，這不是他第一次坐英國人製造的客輪了，他在1879年畢生第一次出國所坐的客輪，就是英國製造的，並給他留下極其深刻的印象。那是一艘「二千噸的英國鐵汽船」[87]一啓動後，孫逸仙馬上驚奇不已：

82　H.M Tomlinson, "Down in Dockland," in *Wonderful London*,（ed.）John Adcock. Vol.1, p. 148.

83　*Ibid.*, p. 151.

84　Slater's report, 1 October 1896，羅家倫，《中山先生倫敦蒙難史料考訂》（南京：京華印書館，1935），頁110。以後簡稱《蒙難史料考訂》。

85　駐美公使楊儒致駐英公使龔照瑗密電，1896年9月25日，載羅家倫，《蒙難史料考訂》，頁16-17。

86　Slater's report, 1 October 1896，羅家倫，《蒙難史料考訂》，頁111。

87　Inebarger, *Sun Yat Sen and the Chinese Republic*, p. 104.

噢！實在太偉大了！那機器的奇妙！那蒸汽機的火焰！而比這兩
樣東西讓我更驚奇的，是那橫架在輪船的鐵樑。這麼長、這麼重
的鐵樑，需要多少人才能把它安裝上去？我忽然想到，就是那位
發明並製造了這大鐵樑及其的妙用的天才，同時也發明了一種足
以調動這鐵樑而又揮灑自如的機器。這一發現，馬上讓我感覺
到，中國不對勁！外國人能做得到的事情，為甚麼我們就是做不
到？[88]

　　此後孫逸仙坐英國人的客輪從香港到檀香山多次往返，一定佩服英國
海運業雄霸全球的事實，以及其對英國民生之重要性。

　　1897年4月13日，孫逸仙重訪倫敦東部的碼頭區，這次是到其中的蒂爾
伯里碼頭(Tilbury Dock)[89]。當天停泊在這碼頭的，有一艘剛由泰晤士鋼鐵
製造公司(Thames Ironworks Company)建造完成的軍艦。它的款式，是英
國軍艦中「君主型」(*Sovereign* class)與「帝王型」(*Majestic* class)的組
合[90]。它的武器裝備包括四門12英寸的大砲，十門6英寸的快射火砲，以及
二十四門其它類型的火砲[91]。孫中山受到該軍艦魚雷砲組組長熱情接待，
詳細地參觀該艦每一個部分，參觀結束前又被邀請到該艦的餐堂用酒
水[92]。孫逸仙真有福氣，一個月前才參觀了同一個碼頭區的英國民用遠洋

88　*Ibid.*, p. 106-107，此段為筆者所譯。另有譯文見徐植仁(譯)，《孫逸仙傳》
　　(上海：商務印書館，1926)，頁97-98。

89　Chinese Legation Archives, Slater to the Chinese Minister, 7-15 April 1897，載羅
　　家倫：《蒙難史料考訂》，頁157-159：其中頁158。該條史料謂「Tuesday,
　　April 15」，不確。該星期二是4月13日而非15日。徵諸南方熊楠，《南方熊楠
　　日記》1897年4月13日，載《南方熊楠全集》，別卷，第二冊，頁80，可知確
　　是1897年4月13日。錯把13作15，有三個可能：(一)原報告手民之誤(二)王寵
　　惠抄錯(三)羅書在排版時出錯。

90　*The Times,* 25 Jun 1897, p. 15 col.2.

91　*The Times,* 25 Jun 1897, p. 15 col.2.

92　南方熊楠，《南方熊楠日記》1897年4月13日，載《南方熊楠全集》，別卷，
　　第二冊，頁80。

船(見本節上兩段)，現在又參觀了英國製造的軍用遠洋船，豐富了他對英國航運業和造船業的認識。該軍艦的船名叫什麼？它正是本書第二章「日誌」中介紹過的、第六章「孫逸仙民族主義思想探源」中分析過的「富士」(*Fuji*)號[93]。

至於陸路長途交通，則孫逸仙在1896年9月30日抵達利物浦而轉倫敦的旅程，跟蹤他的偵探說是坐火車的。1897年3月10日和1897年4月13日他兩度從倫敦市中心到倫敦東部碼頭區，偵探也是說坐火車的。1896年10月3日到倫敦南郊的水晶宮、1896年10月31日他去達捷(Datchet)小住、1897年1月31日他往牛津演講、1897年6月19日到倫敦西郊的植物公園、1897年6月26日他往樸資茅斯(Portsmouth)港附近的斯皮特黑德(Spithead)海灣參觀海軍檢閱，偵探均交白卷；但據筆者實地考察所得，結論是他也必須坐火車來回。當時英國國內的火車四通八達，中國望塵莫及。孫逸仙完全理解鐵路對一個國家繁榮昌盛的重要性。他在1912年辭退臨時大總統的職位後，就誓言集中精神建設中國的鐵路網，以改善中國的國計民生[94]。這個主意，是否可以溯源到1896/7年間，他接觸到英國那四通八達的鐵路網所啟發？

至於市內交通，則孫逸仙住在倫敦的九個月，出入坐的不是專用出租馬車就是公共馬拉車。載貨的也是大型馬拉車。他甫抵倫敦，馬上深深地感覺到其「車馬之盛、貿易之繁，而來往道途絕不如東方之喧嘩紛擾，且警察敏活，人民和易，凡此均足使人怦怦嚮往也」[95]。當時最能顯示倫敦街道「車馬之盛、貿易之繁」者，莫如艦隊街(Fleet Street)。孫逸仙在倫

93　Chinese Legation Archives, Slater to the Chinese Minister, 7-15 April 1897，載羅家倫，《蒙難史料考訂》，頁157-159：其中頁158。See also *The Times*, 25 Jun 1897, p. 15 col.2.

94　袁世凱特授孫文「籌劃全國鐵路全權」，1912年9月9日，《政府公佈》民國元年134號。

95　孫逸仙，《倫敦蒙難記》，載《國父全集》(1989)，第二冊，頁193-223：其中頁198第9行。又見《孫中山全集》，第一卷，頁49-86：其中頁55。

敦生活的第一天（見本書第二章「日誌」第961001條），就在黃昏沿著該街漫步。其心目中「車馬之盛、貿易之繁」者，可能正是指艦隊街，故筆者特別挑選了艦隊街一景，收進本書第三章「圖錄」，謹供讀者神遊冥想。

六、讀書

除了參觀英國有關國計民生的種種成就和設施，作為借鏡以外，孫逸仙當然還依靠博覽群書來豐富自己對民生的知識。他的恩師康德黎醫生曾說過，孫逸仙看的書很廣，凡是有關政治、外交、法律、軍事、海事、採礦、農業、畜牧、工程、政治經濟學等等，無不涉獵[96]。恩師從何得知？本書第二章「日誌」考證出孫逸仙旅居倫敦時的一個活動規律，即他頻頻在大英博物館看書看了大約半天之後，馬上坐公共馬車到恩師家裡。本書第六章「民權」甚至為孫逸仙在大英博物館看書的時間以及馬上到康家逗留的時間作了一個統計（見表6.2）。筆者對這種現象的解釋是：孫逸仙在大英博物館看書看到不明白的地方，就把問題記錄下來，在當天適當的時候就去請教恩師。所以恩師知道他看過什麼書。

綜上所述，筆者發覺孫逸仙認識英國各種先進行業的途徑，主要是通過參觀展覽和看書。他並沒有實地參觀過英國工業革命的幾大支柱：例如（1）棉紡業：該等工廠都在英國的中部重鎮諸如曼徹斯特（Manchester）、蘭開夏（Lancashire）等地。（2）煉鋼業：該等工廠在英國的中部重鎮諸如設菲爾德（Sheffield）。（3）造船廠：康德黎夫人的爸爸就在格拉斯哥（Glasgow）開設了一所很成功的造船廠。（4）煤礦：不少礦井都在威爾斯（Wales）。所有這些，孫逸仙似乎都沒有實地考察過，可說是美中不足。但要到這些地方參觀，必須有熟人介紹。他沒有這方面的熟人，就只能充分利用倫敦的優厚條件，盡量提高自己的知識水平。

96　Schiffrin, *Origins*, p. 135, quoting Cantlie & Jones, *Sun Yat Sen*, p. 242.

　　筆者曾在本書第六章將孫逸仙在大英博物館看書的次數和時間做個組略的統計，謹供讀者神遊冥想。該表也適用於本章，敬請讀者參考[97]。

七、中國民生

　　孫逸仙在英國參觀學習的心得，在其後來於1924年8月闡述中國民生問題時，發揮得淋漓盡致。他說：「中國現在正是民窮財盡。……全國人口現在都不夠飯吃，每年餓死的人數大概過千萬，這還是平時估算的數目。如果遇著水旱天災的時候，餓死的人數更是不止千萬了。照外國確實的調查，今年中國的人數只有三萬萬一千萬。中國的人數在十年以前是四萬萬，現在只有三萬萬一千萬，這十年之中便少了九千萬，這是一件很可怕的事。[98]」應該指出，孫逸仙在這裡所引用的數字，並非科學調查的結果，而只是他粗略的估計。儘管如此，這樣的數字哪怕是非常粗略，也是極為可怕的。

　　如何解決餓死人的問題？辦法之一是增加生產。準此，他提出七個方案：(1)農業機械化，尤其是抽水灌溉高地，讓高地也能開闢出良田。(2)使用化肥：中國向來所用的肥料，都是人與動物的糞料，和各種腐敗的植物，沒有用過化學肥料。他建議多用智利硝(Chilean Nitrate)、海中各種甲殼動物的燐質(phosphate)、礦上岩石中的鉀質。(3)在耕地上輪流種植不同的植物，讓土壤交替休息。(4)消除害蟲野草，尤其是蝗蟲、毛蟲等，必須由國家設立專門研究機關來對付。(5)食物製成品：中國傳統保存食物的方法限於曬乾、鹽腌等，應該學習外國將食物煮熟或烘熟然後裝入罐頭封存。(6)建立健全的運輸系統，拿此地的有餘去補彼地之不足。中國運輸歷來靠水道及運河，現在應該多修鐵路、車路，多建大輪船。(7)防天災：尤

97　見本書第六章，表6.1。
98　孫逸仙，「民生主義第三講」，1924年8月17日，《國父全集》(1989)，第一冊，頁157-170：其中頁159第11-14行。

其是水災，故應該由國家疏通河道，加固河堤、種植森林。造林還可以預防旱災[99]。孫逸仙民生主義四講中的第三講，都集中闡述解決中國人吃飯的問題。

他的第四講，就集中講穿衣的問題。製衣材料絲和麻都是中國發明的。過去生絲更是出口的一大宗，後來終於失敗了。原因是「生產方法不好。中國所養的蠶，很多都是有病的。一萬條蠶蟲裡頭，大半都是結果不良，半途死去；就是幸而不死，這些病蠶所結的繭，也是品質不良，色澤不好。」[100]中國的農民沒有用科學方法去研究問題，便歸咎於命運。法國的科學家就不一樣，他們用顯微鏡觀察，發現了微生物，進而治好了蠶蟲的病，絲業就很成功了。他建議養蠶家學習外國的方法爲蠶蟲治病，並「改良桑葉、蠶種，改良養蠶和紡絲的方法來造成很好的絲，還要學外國用機器來織造綢緞，才可以造成頂華美的絲織品，來供大眾使用。等到大眾需要充足之後，才把有餘的絲織品運到外國去換別種貨物」[101]。

英國並沒有養蠶業，而1896/7年間孫逸仙似乎沒有到過法國，他又不懂法文，所以，竊以爲他對於法國養蠶業的知識，若是在1896/7年間獲得的，那很可能是在大英圖書館通過英文書籍學來。否則就是日後通過別的途徑獲取，須知孫逸仙說這句話時，已是1924年8月24日[102]。

至於麻布，雖然也是中國古人發明的，但「到今日還是沿用那種舊方法」，所以製麻工業，「近來也被外國奪去了」。他建議用一種大計畫，「先從農業起首來研究，自種植起以至於製造麻布，每步功夫都採用科學的新方法」[103]。這段空泛的陳述，益顯那位在大英博物館讀者的書生氣！

99　孫逸仙，「民生主義第三講」，1924年8月17日，《國父全集》(1989)，第一冊，頁157-170：其中頁162，第8行到頁168，第7行。

100　孫逸仙，「民生主義第四講」，1924年8月24日，《國父全集》(1989)，第一冊，頁170-181：其中頁173第17-18行。

101　同上，其中頁174，第1-18行。

102　同上。

103　孫逸仙，「民生主義第四講」，1924年8月24日，《國父全集》(1989)，第一冊，頁170-181：其中頁175，第1-9行。

除了農業中生產衣、食這兩項以外，孫逸仙還建議大力發展實業，包括(1)鐵路(2)工業(3)礦產。但是他也很清楚，「要發達這三種大實業，照我們中國現在的資本、學問和經驗，都是做不到的，便不能不靠外國」[104]。「其他建造輪船、發展航業和建設種種工業的大規模工廠，都是非借助外國資本不可。」[105]如此種種，似乎皆孫逸仙參觀過倫敦東部碼頭區、水晶宮、維多利亞艾爾伯特博物館等等的心得。

本書寫到這裡，筆者發覺孫逸仙無疑從英國學到不少有關民生的知識。但是，從知識到理論，有一個昇華的過程。他的民生主義是一種理論，是什麼觸發他構思民生主義？他自己提供了答案：「倫敦脫險後，則暫留歐洲，以實行考察其政治風俗，並交結其朝野賢豪。兩年之中所見所聞，殊多心得，始知徒致國家富強，民權發達，如歐洲列強者，猶未能登斯民於極樂之鄉也。是以歐洲志士猶有社會革命之運動也。予欲為一勞永逸之計，乃採取民生主義。」[106]英國「國家富強」之處，從本章到此為止所描述種種，可知大概。那麼，英國人民猶未達「極樂之鄉」，以致「猶有社會革命之運動」，則從何見得？

八、「猶有社會革命之運動」

據本書第一章考證所得，孫逸仙甫抵倫敦的第四天，即1896年10月4日星期日，就隨康德黎一家同到聖馬丁禮拜堂(St Martin-in-the-Fields)守禮拜。該教堂位於著名的特拉法加廣場(Trafalgar Square)的東北角，英國的很多公開活動都在那裡舉行。當天禮拜結束，孫逸仙與康德黎一家步出教

---

104 孫逸仙，「民生主義第二講」，1924年8月10日，《國父全集》(1989)，第一冊，頁145-157：其中頁156，第19-20行。

105 同上，其中頁157第5行。

106 孫中山，〈建國方略：孫文學說第八章「有志竟成」〉，載秦孝儀主編，《國父全集》(台北：近代中國出版社，1989)，第一冊，頁412。

堂時，英國馬車伕罷工人正在那裡舉行盛大的示威集會[107]。超過五千名倫敦市區出租馬車的馬伕，在出租馬車工會的號召下，在當天罷工、遊行到特拉法加廣場，然後在該廣場聚會。工會的領袖在聚會上發表演說。當孫逸仙與康氏一家，從聖馬丁教堂守禮拜完畢，步出教堂時，由於教堂的正門面向廣場，而且正門的平台高過廣場，馬上可以看到廣場上人山人海。同時，還有不少罷工的車伕，在各種奪目的旗幟與銅管樂團的帶領下，從四面八方向廣場進軍[108]。

　　孫逸仙看了這種情景，一定會嚇了一大跳。在1896/7年滿清統治下的中國，這麼一個場面，不是造反了[109]！驚訝之餘，他向恩師康德黎請教原委，是必然的。綜觀康德黎的一生，熱心服務社會，他後來被冊封爲爵士，正是由於他對社會的貢獻。他也是有文化的人，相信他每天都會看報紙。而看的，很可能是當時最著名、最權威的《泰晤士報》。據該報報導，馬車伕的罷工，早在13天以前(即1896年9月22日)就開始。導火線是倫敦各大火車公司，高價賣出執照，讓持照的馬車伕到火車站接客。沒有執照的馬車伕，則只許把他們從外邊接到的客人送到火車站，而不許從火車站接客。售賣這種執照，讓各火車公司發大財，卻增加了馬車伕謀生的困難[110]。罷工以來，雙方衝突與日俱增，報紙天天都有報導。康德黎醫生除了口頭向孫逸仙介紹過罷工的前因與過程以後，相信會把過去13天的舊報紙給他看。並與他討論閱報所得暨英國各方面的國計民生。民生：這不正是民生問題嗎？民生主義的種籽就從這裡破土而出。

　　這種籽到了1924年孫逸仙用演講形式發表他的三民主義時，已是大樹

---

107 見本書第一章「緒論」，其中第五節(五)「神遊冥想」。

108 *The Times*, 5 October 1896, p. 6, cols. 5-6.

109 滿清入關初期，屬行禁止集會和結社。著名士人金聖嘆因爲抗議科舉考官不公而帶了多名考生到孔廟哭訴，觸犯了禁止集會的法令而被殺頭。到了1896/7年，滿清的威信已大不如前，但作爲社會精英的士人還是噤若寒蟬。1900年八國聯軍打進北京，清帝再度蒙塵，滿清威信掃地，此後民間請願的事情才頻頻出現。

110 *The Times*, 23 September 1896, p. 5, col. 3.

成蔭。他演講說：英國「的鐵路多半是人民私有。因為基本實業歸富人所有，所以全國實業都被富人壟斷，社會上便出現貧富不均的大毛病」[111]。

其實，該種籽很快地在1896年10月、孫逸仙被滿清駐倫敦公使館幽禁起來的時候，就長出嫩葉了。當時孫逸仙天天懇求看管他的英僕柯耳為他帶信往外求救，皆不果。後來孫逸仙發覺這位白種人，有時通宵達旦地輪番看守他，苦不堪言；看來是非常貧窮的英人。於是到1896年10月17日，孫逸仙就改變策略，好言對柯耳說，他之所以被囚禁，是因為他的行動，可以比諸倫敦的社會主義黨派的頭頭[112]。希望藉此打動該英僕的心。

孫逸仙被釋放後，天天看報，就天天接觸到英國工潮的報導：除了馬車伕工人的罷工，還有從1896年12月開始的、北威爾斯之盆日內(Penrhyn)地區石板工人的罷工，該工潮一直維持到孫逸仙離開英國之時還未結束[113]。此外，威爾斯的煤礦工人、英國北部造船廠工程師和工人，倫敦的鐵道工人等，相繼罷工，工潮此起彼伏。當時的倫敦報章，差不多天天都有報導，讓孫逸仙目不暇給。

孫逸仙旅居的格雷法學院坊，屬於霍爾本區(Holborn)。寓所旁邊當然是那富麗堂皇的格雷法學院，但不遠就是查理斯‧狄更斯(Charles Dickens)所描述的貧民窟。該區有些街道據說是倫敦最糟糕的，充滿下賤的公共宿舍與妓院，住客都是些流浪漢之類的閒雜人等，整夜吵吵嚷嚷，

---

111 孫逸仙，「民權主義第四講」，1924年4月13日，載《國父全集》(1989)，第一冊，頁88-99：其中第96頁，第13-14行。

112 Cole's statement at the Treasury, 2 November 1896, para. 19, FO17/1718/pp. 116-119.

113 *The Times*, 29 Dec 1896, p. 4 cols.1-2; 1 Jan 1897, p. 8 cols.4-5; 4 Jan 1897, p. 8 col.3; 5 Jan 1897, p. 8 cols. 1-3 and p. 9 cols.4-5; 6 Jan 1897, p. 9 cols.1-2; 9 Jan 1897, p. 6 col.6; 16 Jan 1897, p. 10 cols.5-6; 18 Jan 1897, p. 9 col.6; 29 Jan 1897, p. 9 cols.2-3 and cols.4-5; 15 Feb 1897, p. 11 col.1; 1 Mar 1897, p. 7 col.6; 19 Mar 1897, p. 11 col.6; 20 Mar 1897, p. 12 col.6; 22 Mar 1897, p. 9 col.5; 5 Apr 1897, p. 3 col.4; 18 May 1897, p. 10 col.3; 29 May 1897, p. 11 col.6; 31 May 1897, p. 10 col.1

酗酒鬧事[114]。政府把該區最窮最髒的房子拆掉，結果是「本來只住一家貧民的房子卻住了兩家甚至三家！而貧民還是不斷地湧進該區」[115]。

孫逸仙從寓所往南走十分鐘就是他經常在那兒活動的河濱區（Strand）。該區同樣人口混雜擁擠，而從愛爾蘭進口貧窮勞工所占的比例相當大。在後街陋巷處處是貧窮的跡象。那兒住著許多廉價勞工、小販、苦力、排字工人和車夫。很多房子年久失修卻租金昂貴[116]。

這些現象，不斷刺激孫逸仙去構思解決貧富懸殊的難題，他的民生主義由是而生。

九、民生主義

一個國家之內，有貧富懸殊的現象。在地球上的國際大家庭裡，也有貧富懸殊的現象。富欺貧，非常普遍。孫逸仙在闡述其三民主義時，開宗明義地說：「用最簡單的定義說，三民主義就是救國主義。」[117]由此可見，他認為他的三民主義之中的「民生主義」也是救國主義。就是說，他要用「民生主義」來拯救中國。

民生主義怎麼能救中國？他認為，中國每年有超過一千萬人餓死[118]，除了由於農業不發達以外，「就是由於受外國經濟的壓迫」。列強「每年掠奪中國的利權，現在有十二萬萬元」，其中部分是用糧食運走的。「照

---

114 Charles Booth (ed.), *Labour and Life of the People in London* (London: Williams and Norgate, 1891-1902), 8 vs., v. 2, pp. 1-2 and 18-19. For a good description of poverty in Central London and of the common lodging houses, see the text of v. 2 itself (pp. 293-304 and 335-339).

115 Charles Booth (ed.), *Labour and Life of the People in London* (London: Williams and Norgate, 1891-1902), 8 vs., v. 2, p. 303.

116 Charles Booth (ed.), *Labour and Life of the People in London* (London: Williams and Norgate, 1891-1902), 8 vs., v. 2, pp. 1-2 and 18-19.

117 孫逸仙，「民族主義第一講」，《國父全集》(1989)，第一冊，頁3，第4行。

118 孫逸仙，「民生主義第三講」，1924年8月17日，《國父全集》(1989)，第一冊，頁157-170：其中頁159，第12行。

前幾天外國的報告，中國出口貨中，以雞蛋一項，除了製成蛋白質者不算，只就有殼的雞蛋而論，每年運進美國的便有十萬萬個，而運進日本及英國的也很多。」[119]當時還沒有發明養雞場，中國養的雞遠遠不如今天的多，雞蛋非常珍貴，十萬萬個雞蛋可是個了不起的數目！

筆者神遊冥想之際，不禁想到1897年3月10日孫逸仙集中參觀皇家艾爾伯特碼頭時[120]，看到停泊在該處的遠洋貨船從世界各地運來五穀、煙草、凍肉[121]。其中有哪些是從中國運去的？孫中山不禁要問？對，肉類。1924年的孫逸仙說：「大家如果是到過了南京的，一抵下關，便見有一所很宏偉的建築，那所建築，是外國人所辦的製肉廠，把中國的豬、雞、鵝、鴨各種家畜，都在那個製肉廠內製成肉類，運送到外國。」[122]該等豬、雞、鵝、鴨，當時在中國都是很珍貴的。就以雞為例，母雞是捨不得宰的，用來生蛋。公雞則用作報時，不準備用作報時的則先閹割了再養了整整一年，到了年底才算成長，宰來過年。至於豬，則直到2005年夏，四川幾十名農民死於豬典球菌，皆由於他們所養的豬害病甚至死掉仍宰來吃，可見珍貴！開一所製肉廠供應外國，天天要宰多少豬、雞、鵝、鴨才敷應用？

至於五穀，1924年的孫逸仙說：「中國北方的大小麥和黃豆，每年運出口的也是不少。前三年中國北方大旱，沿京漢、京奉鐵路一帶，餓死的人本來是很多；但是當年牛莊、大連還有很多的麥、豆運出外國。這是什麼緣故呢？就是由於受外國經濟壓迫。因為受了外國經濟的壓迫，沒有金錢送到外國，所以寧可自己餓死，還要把糧食送到外國去。這就是中國吃

---

119 孫逸仙，「民生主義第三講」，1924年8月17日，《國父全集》(1989)，第一冊，頁157-170：其中頁159，第12行到頁160，第1行。

120 Chinese Legation Archives, Slater to the Chinese Minister, 4-10 Mar 1897，載羅家倫，《蒙難史料考訂》，頁147。

121 H.M Tomlinson, "Down in Dockland," in *Wonderful London*, (ed.) John Adcock. Vol.1, p, 151.

122 孫逸仙，「民生主義第三講」，1924年8月17日，《國父全集》(1989)，第一冊，頁157-170：其中頁160，第1-2行。

飯問題還不能夠解決。」[123]應該指出，不是中國人願意自己餓死，而是外國人在中國賺了錢，於是把錢用來買了中國窮人買不起的麥、豆運到外國再賺錢。孫逸仙的意思，是怪中國喪失了主權，在路有餓死骨的情況下，還沒法禁止糧食出口！

　　外國人是如何在中國賺了錢的？主要是由於進口貨的總值遠遠超過於出口貨的總值。「照這兩年海關冊的報告，出口貨比進口貨要少三萬萬餘兩……折合廣東毫銀便有六萬萬元。」[124]在進口貨中，「頂大的是洋紗洋布」[125]；歐戰期間，洋布供應緊張，上海馬上設立幾十家紡織廠，都賺大錢。歐戰結束，洋布重新泛濫中國市場，上海的紡織廠通通倒閉。追源禍始，孫逸仙說這是由於列強對中國的「政治壓迫」[126]。如何壓迫？「從前中國滿清政府和外國戰爭，中國失敗後，外國便強迫中國，立了許多不平等的條約，外國至今都是用那些條約來束縛中國。」[127]以棉業為例，洋紗洋布進入中國，條約規定只須納5%的關稅。再納2.5%的釐金，便可通行全國。稅率之低，世所罕見，中國的棉紡業絕對不是其對手。「歐美平等的獨立國家，彼此的關稅都是自由，都沒有條約的束縛，各國政府都是可以自由加稅。」若外國貨侵奪本國貨，馬上便可以加極重的稅來壓外護內[128]。過去美國以農立國，「所有的小工業，完全被英國壓迫，不能夠發達」。後來決定對英國貨抽50%到100%的進口稅，美國本土的工業才有機會發展，最後駕乎英國之上。德國發展的途徑也一樣[129]。孫逸仙的結論是：

---

123 孫逸仙，「民生主義第三講」，1924年8月17日，《國父全集》(1989)，第一冊，頁157-170：其中頁160，第2-5行。
124 孫逸仙，「民生主義第四講」，1924年8月24日，《國父全集》(1989)，第一冊，頁170-181：其中頁176，第12-13行。
125 同上，其中頁176第14行。
126 同上，其中頁177，第18行。
127 同上，其中頁178，第2-3行。
128 同上，其中頁178，第16-18行。
129 同上，其中頁179，第10-14行。

由此可見我麼們要發達中國的工業，便應該仿效德國、美國的保護政策……現在歐美列強，都是把中國當做殖民地市場，中國的主權和金融，都是在他們掌握之中。我們要解決民生問題，如果專從經濟範圍來著手，一定是解決不通的。要民生問題能夠得到解決得通，便要先從政治上來著手，打破一切不平等條約，收回外人管理的海關。[130]

外人管理的海關？對。自從滿清在第二次鴉片戰爭中戰敗以後，就讓英國人來管理中國的海關。所以歷任總海關監督都是英國人，高級海關人員也是英國人，此外還有美國、法國、日本等人當高級關員，低級的關員才由華人來擔當。外籍的關員，無論職位如何高，名義上都是中國政府的雇員。但中國積弱，當時洋人在中國又高人一等，很快就出現尾大不掉的局面[131]。所以孫逸仙提出「收回外人管理的海關，我們才可以自由加稅，實行保護政策。能夠實行保護政策，外國貨不能侵入，本國的工業自然可以發達。」[132]

以上是孫逸仙民生主義中對外的政策。那麼對內又如何？重心是節制資本、平均地權。

十、節制資本、平均地權

先談節制資本。

130 孫逸仙，「民生主義第四講」，1924年8月24日，《國父全集》(1989)，第一冊，頁170-181：其中頁179，第14-17行。

131 見拙文 "Imperial Maritimes Customs, China," *Encyclopedia of World Trade Since 1450* (London: Macmillan, forthcoming). 又見拙著 *Deadly Dreams ： Opium, Imperialism, and the Arrow War (1856-1860) in China* (Cambridge University Press, 1998).

132 孫逸仙，「民生主義第四講」，1924年8月24日，《國父全集》(1989)，第一冊，頁170-181：其中頁179，第17-18行。

　　孫逸仙說：「現在歐美的商業進步到很快，資本發達到極高，資本家專制到了極點，一般人民都不能忍受。社會黨想爲人民解除這種專制的痛苦，去解決社會問題，無論是採用和平的辦法或者是激烈的辦法，都被資本家反對。」[133]「現在資本家保守權利的情形，好像從前專制皇帝要保守他們的皇位一樣。專制皇帝要保守他們的皇位，恐怕反對黨來動搖，便用很專制的威權，極殘忍的手段，來打消他們的反對黨。現在資本家要保守自己的私利，也是用種種專制的方法來反對社會黨，橫行無道。」[134]

　　這段話反映出孫逸仙甫抵倫敦所碰上馬車伕罷工事件對他的衝擊之大。1896年10月4日星期日，超過五千名倫敦市區出租馬車的馬伕，在出租馬車工會的號召下，在當天罷工、遊行到特拉法加廣場（Trafalgar Square），然後在該廣場聚會。工會的領袖在聚會上發表演說[135]。這種場面他是目睹了。以後天天閱讀報章，他會知道，各火車公司的老闆爲了追尋更大的利潤，堅決拒絕讓步，罷工工人很快就糧絕，婦叫兒哭。在吃過很大的苦頭後，馬車伕就復工，接受比過去更不平等的待遇，生活比過去更困難了[136]。

　　爲了防止這種貧富懸殊的情況在中國發生，孫逸仙認爲必須節制資本。首先，「中國人大家都是貧，並沒有大富的特殊階級」。「中國人所謂貧富不均，不過在貧的階級之中，分出大貧與小貧。其實中國的頂大資本家，和外國資本家比較，不過是個小貧。」[137]由於中國還沒有出現大資本家，所以事情比較好解決，辦法有二：第一是發達國家資本，第二是平均地權。

133 孫逸仙，「民生主義第二講」，1924年8月10日，《國父全集》（1989），第一冊，頁145-157：其中頁146，第17-19行。
134 同上，其中頁147，第4-6行。
135 *The Times*, 5 October 1896, p. 6, cols. 5-6.
136 See *The Times,* October 1896, *passim.*
137 孫逸仙，「民生主義第二講」，1924年8月10日，《國父全集》（1989），第一冊，頁145-157：其中頁148第12-13行。

如何發達國家資本？

利用國家的力量振興實業，包括(1)交通事業：「像鐵路、運河，都要興大規模的建築。」在這裡，筆者可以看到英國四通八達的鐵路和運河之影子在孫逸仙腦海中打轉轉[138]。(2)礦產：「中國礦產極其豐富，貨藏於地，實在可惜，一定要開闢的。」在這裡，筆者可以看到《禮運‧大同篇》中「貨惡其棄於地也」[139]之句子在孫逸仙腦海中縈繞。(3)工業：「中國的工業，非要趕快振興不可。中國工人雖多，但是沒有機器，不能和外國競爭。全國所用的貨物，都是靠外國製造運輸而來，所以利權總是外溢。我們要挽回這種利權，便要趕快用國家的力量來振興工業，用機器來生產，令全國的工人都有工作。」[140]爲何要國家來經營而不發展私人資本？他說：非此則「將來的結果，也不過是私人的資本發達，也要生出大富階級的不平均」[141]。

如何平均地權？

孫逸仙說，一塊土地，本來價錢非常廉宜的，由於交通的改善，或城市的建設，或商業的發展，而價錢暴漲。地主什麼也沒做，就坐享其成。究竟那暴漲了的價值應該歸功於誰？是誰的功勞就應該賞給誰。孫逸仙認爲是大家的功勞，所以應該賞給大家。他說「中國的工商業，幾千年都沒有大進步。所以土地價值常常經過許多年代，都沒有改變。如果一有進步，一經改良，像現在的新都市一樣，日日有變動，那種地價便要增加幾千倍，或者是幾萬倍了。推到這種進步和改良的功勞，還是由衆人的力量經營而來的。所以由這種改良和進步之後，所漲高的地價，應該歸之大

---

138 見本章第五節。

139 《禮記‧禮運》，載《十三經注疏》（阮元刻本）（北京：中華書局1987年），下冊，頁1414：禮記注疏/禮運/卷二十一。

140 孫逸仙，「民生主義第二講」，1924年8月10日，《國父全集》(1989)，第一冊，頁145-157：其中頁155第11-15行。

141 同上，其中頁155，第16行。

衆，不應該歸之私人所有。」[142]政府收取了這暴漲了的地價後，行政經費便有著落，可以整頓地方，免除苛捐雜稅，修橋整路，給養警察，甚至爲人們免費供應水電[143]。

政府如何能收取暴漲了的地價？地價由地主自己去決定，然後申報政府。政府則立例三條：(1)政府可按價抽稅；(2)政府可按價強買。如此則地主的報價肯定合理。(3)定價那年起，以後所加之價完全歸爲公有[144]。

孫逸仙說：平均地權「這種民生主義，就是共產主義」[145]。他這句話把筆者嚇了一大跳，究竟什麼回事？

十一、「民生主義就是社會主義，又名共產主義，即是大同主義。」[146]

其實，孫逸仙在其「民生主義第一講」中，開宗明義就說過：「什麼叫民生主義呢？……民生主義就是社會主義、又名共產主義、即是大同主義。」[147]他這句話曾引起過國共雙方無休無止的爭論，國外學術界對其所說的話更是莫名其妙。

據筆者對該等「主義」的理解，則社會主義的精髓在「各盡所能，按勞分配」；共產主義的精髓在「各盡所能，各取所需」。嚴格來說是兩種截然不同理想，不能混爲一談。至於大同主義，看來是孫逸仙是把《禮運・大同篇》[148]中大同二字，加上主義兩個字而已。《禮運・大同篇》代

142 孫逸仙，「民生主義第二講」，1924年8月10日，《國父全集》(1989)，第一冊，頁145-157：其中頁154，第3-5行。
143 同上，其中頁154，第14-15行。
144 同上，其中頁153，第12行到頁154，第2行。
145 同上，其中頁153，第12行到頁154，第8行。
146 孫中山：「民生主義第一講」，1924年8月3日《國父全集》(1989)，第一冊，頁129-145：其中頁129，第9行。
147 同上。
148 《禮記・禮運》，載《十三經注疏》(阮元刻本)(北京：中華書局1987年)，下

表了中國古人的一種理想，與十九世紀末孫逸仙在英國所接觸到的社會主義、共產主義，更是風馬牛不相及。筆者曾在本書第五章「民族」中，全文引述過《禮運・大同篇》，竊以爲其精髓在「天下爲公」四個字。若孫逸仙醉翁之意不在酒、不再斤斤計較該等主義之學術內容，而只是執意「天下爲公」這種精神，則其所提到之三種主義，在某種程度上都具備這種精神。從這個角度去理解孫逸仙的用意，則勉強來說，自有其一貫性。

就以平均地權爲例，他認爲民生主義之「大目的就是要衆人能夠共產，不過我們所主張的共產，是共將來不是共現在。這種將來的共產，是很公道的辦法，以前有了產業的人，決不吃虧，和歐美所謂收歸國有，把人民已有的產業都搶去政府裡頭，是大不相同。地主明白了我們平均地權辦法的道理，便不至害怕。因爲照我們的辦法，把現在所定的地價，還是歸地主私有。」[149]

有些學者死死抓住逸仙所說的、民生主義即共產主義的話，就認爲孫逸仙是支持共產主義的。其實不然。他說：「中國今是患貧，不是患不均。」馬克思的階級戰爭辦法是針對貧富不均的社會；中國不存在這種問題，「所以我們用馬克思之意則可，用馬克思之法則不可」。但爲了防範將來中國出現「貧富不均的大毛病」，避免被迫採用馬克思的激烈辦法，現在就必須「阻止私人的大資本」[150]。

應該指出，孫逸仙之說出民生主義即共產主義這種話，亦與該話的1924年之時代背景有關。1924年1月，中國國民黨第一次全國代表大會在廣州召開，孫逸仙提出國共合作，但遭到部分國民黨員反對。孫逸仙說：「這次國民黨改組，許多同志因爲反對共產黨，便居然說共產主義和三民主義不同，在中國只要行三民主義便夠了，共產主義是決不能容納

（續）────────────────

　　冊，頁1414：禮記注疏/禮運/卷二十一。
149 孫逸仙，「民生主義第二講」，1924年8月10日，《國父全集》(1989)，第一冊，頁145-157：其中頁153第12行到頁154第9-12。
150 同上，其中頁153，第12行到頁156，第8-11行。

的。」[151]孫逸仙似乎是迫於這種形勢，而說出下面的話：「民生主義究竟是什麼東西呢？民生主義就是共產主義，就是社會主義。所以我們對於共產主義，不但不能說是民生主義衝突，並且是一個好朋友。」[152]此話可謂勉強得很。無他，孫逸仙在苦心孤詣地希望兩黨和諧合作，迫得強詞奪理而已。

爲了進一步調和兩黨的衝突，他甚至爲共產黨開脫，說：「爲什麼國民黨員要去反對共產黨員呢？這個原因，或者是由於共產黨員也不明白共產主義爲何物，而嘗有反對三民主義之言論，所以激成國民黨之反感。但是，這種無知妄作的黨員，不得歸咎於全黨及其黨之主義，只可說是他們的個人行爲。所以我們決不能夠以共產黨員個人不好的行爲，便拿他們來做標準去反對共產黨。」[153]

他更進而讚揚中國共產黨說：「到底贊成馬克思主義的那般青年志士，用心是什麼樣呢？他們的用心是很好的，他們的主張是從根本上解決；以爲政治社會問題要正本清源，非從根本上解決不可。所以他們便極力組織共產黨。[154]」最後他說：「人類最先所成的社會，就是共產社會……我們祖先的社會，一定也是共產的。[155]」孫逸仙爲了維護兩黨合作，連說話都過了頭。過頭的話是不能當眞。

十二、小結

到了孫逸仙用公開演講形式闡述其民生主義的1924年，比諸他旅居倫敦的1896/7年，情況已經有了很大的轉變。儘管如此，他在倫敦所學得的

---

151 孫逸仙：「民生主義第二講」，1924年8月10日，《國父全集》(1989)，第一冊，頁145-157；其中頁151，第18-19行。

152 同上，其中頁152，第3-4行。

153 同上，其中頁152，第5-7行。

154 同上，其中頁150，第12-14行。

155 同上，其中頁152，第11-14行。

知識和所受到的影響，在其民生主義的演講中，還是清晰可見。1924年是孫逸仙非常兇險的一年[156]，以致他的演講多少有點過頭的成分。若排除了那些過頭的話，則其民生主義自有其一貫性和邏輯性。

---

156 見拙著《中山先生與英國》，第八、九章。

第八章
結論：倫敦與中國革命的關係

　　環顧與孫逸仙同時代的人，當中不乏聰明才智之士，救國熱情亦不亞於孫逸仙。但只有孫逸仙構思出一套政治理論，作爲革命的靈魂，並畢生身體力行。他之超越同儕者，以此最爲顯著。準此，學術界對於孫逸仙自言其三民主義乃完成於倫敦之語[1]，是相當重視的。本書發掘所得，充分說明了倫敦曾啓發過革命領袖孫逸仙的政治思想、倫敦與中國革命有著深厚的淵源。不過，由於中國自鴉片戰爭以降，長期飽受英帝國主義的欺負，以致中國學者不太願意在這個問題上多花筆墨而已。而且，要大花筆墨也有一定的困難：跑倫敦大小檔案館、圖書館，實地考察，在時間、經費、語言、人脈關係等等，都是難題。筆者從1979年開始研究孫逸仙在倫敦的活動，至今不覺28載，每年大小假期差不多都在倫敦度過。光陰似箭，令人唏噓！

　　筆者在研究過程當中，聽了不少先進說，如果能找出孫逸仙在大英博物館裡，看過什麼書，一定就能探索出三民主義的淵源。孫逸仙看過什麼書，當然重要，筆者也找出了其中一些。但是，從本書探索所得，其比重是較少的。比諸什麼？大家似乎都忽略了更重要的一點：孫逸仙並沒有說，他的三民主義是從書本上得來的。而是說，從「所見所聞」[2]中得來的，是從倫敦的社會大學之中學習得來的。本書所發掘出來的材料，充分

1　孫中山，〈建國方略：孫文學說第八章「有志竟成」〉，載秦孝儀主編，《國父全集》（台北：近代中國出版社，1989），第一冊，頁412。以後簡稱《國父全集》(1989)。

2　孫中山，〈建國方略：孫文學說第八章「有志竟成」〉，載《國父全集》，第一冊，頁412。

證明了這一點。

其中民族主義，似乎受英國的影響最深。無論孫逸仙在大英博物館看了多少書、在家裡想穿了腦袋，都無法比擬他親自觀看英國為慶祝維多利亞女王登基60週年所舉行的皇家大遊行與海軍檢閱時，置身於人山人海之中、以及其所爆發出來的愛國狂熱而得到的感受。既然英國民族主義的強大力量可以促使英國雄霸全球，然則中國若能發動同樣的民族主義，就必能自救。所以孫逸仙說他因此而構思的三民主義就是救國主義。在1896/7年，他構思三民主義時談救國，那就等同漢族推翻滿清，沒有違反當時英國民族主義強調單民族國家（nation-state）的論調。但到了1924年他發表三民主義時講救國，他的民族主義已經從反對滿清改為五族共和。孫逸仙就相應地把那個由漢、滿、蒙、回、藏及少數民族共同組成的中華民族，曲意說成是一個純粹的單一民族，理由是漢族占絕大多數，以此企圖符合英國民族主義者那種、純粹民族是國家強大之由的說法。可謂牽強極了。但孫逸仙的說法越是牽強，越能證明其受英國民族主義思潮影響之深！至於當時英國民族主義之充滿英以色列信仰色彩，硬是說盎格魯・撒克遜民族是以色列民族中迷了途的一支，則孫逸仙無論如何曲意也無法逢迎這一點，於是乎就乾脆絕口不提[3]。

至於民權主義，本書發覺1896年10月4日星期四，孫逸仙目睹超過五千名倫敦市區出租馬車的馬伕，在出租馬車工會的號召下，在當天罷工、遊行到特拉法加廣場，然後在該廣場聚會[4]，而嚇了一大跳。在滿清統治下的中國，這麼多人聚會，不是造反了！從目前已經發掘出來的、兩篇孫逸仙在1897年發表的文章：〈中國之現狀與未來——改革黨籲請英國善持中立〉[5]和〈中國法制改革〉[6]來看，可知孫逸仙深切了解到、並親身經歷過

3　詳見本書第五章「民族。」
4　*The Times*, 5 October 1896, p. 6, cols. 5-6.
5　英文原文是 "China's Present and Future: The Reform Party's Plea for British Benevolent Neutrality," *Fortnightly Review* (New series), v. 61, no. 363 (March 1, 1897), pp. 424-440.漢文譯本見秦孝儀主編：《國父全集》(1989)，第二冊，頁

滿清政府的專制和落後。孫逸仙向恩師康德黎請教的結果是，在英國，民權已相當發達。群眾有結社的自由，所以出租馬車伕可以組織起來，成立自己的工會。並爲工會向政府登記註冊，成爲合法的群眾團體。如果某合法的群眾團體需要通過示威，來表達自己的意見或不滿情緒，可以向維持治安的警察總監申請，以便上街遊行示威。申請時，要說明遊行的人數大約多少，遊行的路線是什麼。警察當局經過研究而批准後，還會派出警察陪同示威者遊行，以便維持秩序。警察在沿途也會採取一些應變措施，既方便遊行者順利地示威，又可以在遊行者遇到困難時(如因勞暈倒等)給予幫助。

康師的解說，對1896年的孫逸仙來說，肯定引起極大的震盪，讓他對英國的民權主義，有了深刻的認識。可能在那個時候，他憧憬革命成功以後，中國人民會享受到同樣的自由！但那只限於憧憬，因爲他革命事業第一砲的1895年廣州舉義，未舉先敗。1896年的當前急務，是凝聚革命黨人的全部精力。如何凝聚？犧牲小我，成全大我，直到革命成功！殘酷的現實是，直到1924年孫逸仙公開闡述其民權主義時，革命尚未成功，他在廣州成立的政府，財政頻臨破產，全靠苛捐雜稅度日。苛捐雜稅又導致各行各業天天罷工[7]。孫逸仙焦頭爛額之際，不禁責怪各行各業不顧大局。這就難免他在闡述民權主義時，力竭聲嘶地呼籲國人犧牲小我以拯救大我。覆巢之下，焉有完卵？其理至明。可惜不是所有人都像孫逸仙那樣，全心全意地把自己的一切貢獻於救國救民的事業！曲高和寡，信焉。

1896/7年間孫逸仙旅居倫敦時期的英國朋友肯定曾告訴他，英國強大的緣由之一，是政制三權分立。孫逸仙在參觀過約翰王簽署《大憲章》的蠟像展覽後，很可能也憧憬過、終有一天中國該有英國式的民主政制。但

(續)—————————

223-236。

6　英文原文是 "Judicial Reform in China," *East Asia*, v. 1, no. 1 (July 1897), pp. 3-13. 漢文譯本見本書第四章。

7　詳見拙著《中山先生與英國》(台北：學生書局，2005)，第7-9章。

那同樣地止於憧憬。因為，他必須推翻滿清以後，這種憧憬纔有實現的希望。而要推翻滿清，就必須集中火力攻打，不能「三權分立」。因此，竊以為1896/7年間，孫逸仙對權力的看法，可能是集中多於分立；直到革命成功，辛亥革命迫使清帝退位以後，中國曾模仿西敏寺制度而成立的中國國會。可惜很快地，絕大部分議員都變成了豬仔議員，「有錢就賣身，分贓貪利，為全國人民所不齒」[8]。一方面是革命尚未成功，另一方面是後來孫逸仙在廣東成立的政府，處處受到客軍的掣肘而無所施其技[9]。孫逸仙無法自由施政之餘，哪不會繼續拚命追求一個萬能政府？可以說，孫逸仙那限制民權的「民權主義」，從1896/7年的構思到1924年的演講，似乎是一脈相承的。指導思想並沒有改變。

不是說孫逸仙刻意限制民權——他三番四次地說，民權必須發展，只是殘酷的現實迫使他呼籲國人暫時犧牲小我的自由以成全大我的自由。這種呼籲，從1896/7年到1924年，都由於實際需要而沒有停止過。他認為，國家自由了，國內的民眾才能得到個人的自由。不打倒軍閥、打倒帝國主義，中國哪來自由；國家不自主，人民又哪來個人自由？其理至明。可惜1924年的孫逸仙，仍苦於曲高和寡！

有現代外國學者評論說，孫逸仙之拒絕馬上實行民主、甚至待他逝世幾十年以後中國還無法實行民主，必須歸咎於中國急需一個強有力的政府來有效地處理嚴重的積弱、分裂、軍閥、落後、龐大的文盲人口等等所帶來的各種問題[10]。有些學者甚至認為，在農民占人口絕大多數的中國，幾乎是沒可能實行民主的。因為，若他們拿到一人一票的選舉權利，肯定會

8　孫中山：「民權主義第四講」，1924年4月13日，《國父全集》(1989)，第一冊，頁88-99：其中頁98，第7-12行。

9　詳見拙著《中山先生與英國》(台北：學生書局，2005)，第7-9章。

10　For a good exposition of this line of argument, see Andrew Nathan, *China's Transition, Chinese Democracy: The Lessons of Failure* (New York: Columbia University Press, 1997).

利用其選票來遏制自由派並恢復專制[11]。1924年的孫逸仙是否存有同樣的戒心，從目前史學界能掌握到的史料來看，我們無從得知。但他不提普選，也是事實。

至於民生主義，孫逸仙在倫敦目睹的貧富不均，的確震撼了他。之前他在香港求學期間，恩師康德黎有華人和日本人的僕人。日傭甚至陪他一家返英，以便沿途照顧孩子[12]。準此，孫逸仙一定以爲，在英國老家的人肯定大家都有外國傭人。到了倫敦的第二天，孫逸仙在他旅居的霍爾本區(Holborn)活動。該區既有輝煌的格雷法學院，也有查理斯·狄更斯(Charles Dickens)所描述的貧民窟[13]。第三天，他跑到老遠的水晶宮(Crystal Palace)，花了一整天參觀由英國皇家園藝協會(Royal Horticultural Society)所舉辦的、全國水果展覽，這都是勞動人民的血汗。第四天(1896年10月4日星期天)，孫逸仙與康德黎一家步出教堂時，就目睹英國罷工工人示威的盛大、動人場面[14]。後來孫逸仙被囚公使館，日夜輪番看守他的也是兩位地地道道的英國人：看門的佐治·柯耳(George Cole)和跑腿的亨利·慕連納(Henry Muller)。孫逸仙日夜與他們相處，最後更說服了柯耳爲他傳遞訊息給康德黎。在這些求救紙條之一的後面，孫中山寫道：「請照顧這位信差，他很窮，而且很可能因爲替我傳遞訊息而遭解雇。」[15]柯耳作證詞時自稱住在小阿賓尼街36號(36 Little Albany Road)。筆者按址往

11　Quoted in Juan J. Linz, "Totalitarian and Authoritarian Regimes," in Fred I. Greenstein and Nelson W. Poslby (eds.), *Handbook of Political Science, Volume 3* (Reading: Addison-Wesley), 1975.

12　Neil Cantlie and George Seaver, *Sir James Cantlie: A Romance in Medicine* (London: John Murray, 1939), p. 100.

13　見筆者目前正在撰寫的《孫中山三民主義倫敦探源》第三章「圖錄」中的5月部分。

14　據筆者目前正在撰寫的《孫中山三民主義倫敦探源》第二章「日誌」。爲了在該書出版前集思廣益，筆者已將該日誌交台北的《近代中國》季刊第152期開始連載。

15　Sun Yatsen to Cantlie, n.d., enclosed in Cantlie's affidavit of 22 October 1896, FO17/1718, p. 30.

訪，則舊房已被拆掉；代之而起的是高狹的公共樓宇，狹街狹巷之間仍有一兩所廢工廠的煙窗。說明這個地區過去是個貧民窟。

就在英國皇室居處、倫敦市中心的白金漢宮（Buckingham Palace）旁邊：

> 如果你在清晨六時左右快步在青園（Green Park）北邊，自列茲（Ritz）往立憲山（Constitution Hill）的方向走，你會遇到很多人。他們從黑暗中冒出來，駝著背，聳肩達耳，帽蓋眼睛，半死不活的像幽靈。[16]

他們就是那批無家可歸的倫敦人。實在餓不過來時，會在垃圾堆中找廢食。看慣了香港殖民地英國人那種奢侈生活的孫逸仙，尤其是回想到那位用手杖把華人像趕狗般趕離公共長椅的英霸[17]，做夢也沒想過在英國老家的盎格魯・撒克遜人，會貧窮到那麼悲哀[18]。

總之，孫逸仙在倫敦日常生活中所見到的貧富懸殊，觸動了他的靈魂深處，於是構思了民生主義，其精髓是(1)節制資本，由國家經營各種關乎國計民生的重大企業諸如鐵路、礦業等，避免出現私人資本所產生貧富不均的「大毛病」[19]。(2)平均地權，徵收增了值的土地稅以直接幫助國家發展，間接幫助窮人。但是，這一切一切，都與英國以資本主義立國的理論剛剛相反。這種現象，有力地說明孫逸仙對他所受到的英國影響，是經過深思熟慮然後有所取捨的。取捨的標準是中國的國情。他絕對不會盲從。

16　Edwin Pugh, "Outcasts of the Great City," in St John Adcock (ed.)*Wonderful London: The world's greatest city described by its best writers and picture by its finest photographers.* 3 volumes (London, Fleetway House, n.d.), pp. 1089-1096.

17　Carl T. Smith, *Chinese Christians,* p. 91.

18　詳見拙著《孫逸仙早期思想的成長》（上海：上海書店出版社，2006）。

19　孫逸仙，「民權主義第四講」，1924年4月13日，載《國父全集》(1989)，第一冊，頁88-99：其中頁96，第13-14行。

　　寫到這裡，筆者忽發奇想：既然孫逸仙坦言其三民主義乃救國主義[20]，則救亡乃治標不治本的措施，有時甚至兵行險著。從這個角度看問題，則過去搞宣傳的人力言三民主義乃萬年大計，可以休矣？那浩瀚如海的、不求甚解而只會歌功頌德的文章，亦可休矣？另一方面，在全球一體化的今天，孫逸仙的「民族主義」是否已經過時？在爭取民主呼聲震天的今天，其限制民權的「民權主義」是否應該摒棄？在一切往「錢」看的今天，其民生主義是否顯得迂腐？毛澤東說過：「千秋功罪，誰人曾與評說？」[21]竊以爲千秋功罪，必須千秋評說。目前蓋棺定論，恐怕爲時尚早！

　　本書在鑽研檔案與實地考察的基礎上，運用神遊冥想——不，還有聯想——的辦法重建了一幅倫敦與中國革命的歷史藍圖。若用同樣的方法憧憬將來，則將是如何景象？可惜將來還未發生，筆者無法重建！

　　本書從歷史方法談起[22]。故本書在結束之前，也該談談歷史學的有關問題。

　　歷史是歷史工作者寫出來的東西。某件事情發生了，事後大家想知道究竟，於是歷史工作者就去搜集史料。史料搜集得越是齊全，對事件的來龍去脈就了解得越是全面，對前因後果的解釋就越有說服力。但史料本身就是人爲的，例如目擊記、當事人的公文來往或私人信件、事後的調查報告等等。諺曰：人無完人。人，是有缺陷的。人爲的東西，當然也有缺陷，像偏見、掛一漏萬等。如此則儘管把所有能找到的史料都發掘出來了，但是用這些有缺陷的史料重建起來的歷史，注定是有缺陷的。而所有能找到的史料都不可能全面地反映事實眞相，更何況歷史工作者在重建歷史的過程中，又滲進了人性的弱點諸如像偏見、錯漏等。又更何況在重建歷史的過程中，必須通過「神遊冥想」這種屬於個人行爲的途徑！所以，

20　孫逸仙，「民族主義第一講」，《國父全集》(1989)，第一冊，頁3，第4行。
21　毛澤東，〈念奴嬌・崑崙〉，1935年10月。
22　見本書第一章。

無論怎樣認真、嚴肅、公正的歷史學家，都沒可能掌握歷史事件——所謂史實——的全部真相。只可能達到「接近史實」的境界。

有關後現代史學的理論，我拜讀過一些。用後現代史學理論來撰寫的歷史著作，也拜讀過不少。對其創新之處，甚為讚許；蓋推陳出新，乃史家本份。對其過頭之處，則甚為驚訝。譬如，某些後現代史學家認為「史實」是不存在的。誠然，後人不可能完全掌握史實，但絕對有可能達到「接近史實」的境界，全看用功之勤而已。而史實的存在有否，並不決定於後人是否知道它。事情發生了，就是說史實已經存在過。後人不知道它，或知道得不全面，那是受了客觀條件所限制。

可惜有些日本人，運用後現代史學中這種認為「史實並不存在」的觀點著書立說，堅稱南京大屠殺屬子虛烏有，全是中國史學界一派胡言。果真如此，則難道珍藏在耶魯大學神學院諸美國傳教士當時的目擊記，都是謊言？

在哲學界有一種觀點說：若某人瞪著眼睛看見一朵花，這朵花在他心目中是存在的。若他閉上眼睛而看不見這朵花，這朵花在他心目中就不再存在了。若他瞪著眼睛卻視而不見，這朵花在他心目中同樣是不存在。竊以為這種說法，純粹是某人主觀地認為該花是否存在，絲毫不影響該花的客觀存在。無論某人主觀地認為該花存在與否，該花仍然在那裡開得燦爛，讓千萬人觀賞，絕對不會因為某人認為它不存在而稍微遜色。

後現代學者的一些觀點與此雷同。他們說，無論把眼睛瞪得多麼大，都看不見他們要看的「史實」，所以「史實」是不存在的。但是，這類後現代學者的人數，占世界人口總和的比例是多少？他們看不到的東西，奈何其他人都能看到。

後現代史學之在二十世紀七十年代於歐洲崛起，像民族主義之在十九世紀中葉於歐洲驟起一樣[23]，自有其本身的特殊背景。歐洲極端的民族主

23　見本書第五章「民族主義」。

義發展成為德國的納粹主義，其罪惡罄竹難書；傳到日本後發展為軍國主義，其罪行同樣是駭人聽聞。第一次和第二次世界大戰，都可以直接溯源到歐洲民族主義。歐洲各國飽嘗民族主義的弊端以後，積極組織歐洲共同體，藉此淡化各國的民族主義，以求和平共存。亞洲地區接受了民族主義以後，至今還有不少人為此拚個你死我活。而某些日本人試圖復辟軍國主義、更可能引發第三次世界大戰。亞洲人如何看待後現代史學，那就看他們是否接受歷史教訓。

對歷史工作者來說，發掘史料以便重建最「接近史實」的歷史，只是個開始。接下來必須分析歷史，從中吸取教訓，以便後人以史為鑑，「溫古知今」[24]，而避免重蹈前人覆轍。所謂「以史載道」，是中國傳統史學極為重視的概念，比西方史學界更為要緊。從這個角度看問題，則西方後現代史學的觀點，恐怕與中國傳統史學的價值觀更為格格不入。

歷史工作者若只事空談，而不能提供歷史教訓以避免人類重蹈前人覆轍，那麼人類為何要養活他？歸根結底，歷史工作者的存在價值在哪裡？在中國漫長的歷史中，也有過魏晉南北朝之空談時代[25]，到底風光不再！在中國史學界甚至世界史學界，「以史載道」是否應屬千古不易之理？而要達到「以史載道」之目標，是否必須找出最接近史實的真相，以便後人以史為鑑？如此治史，是否有「萬變不離其宗」之義？

然則本書載了什麼道？對1896/7年間的孫逸仙來說，當前急務是推翻滿清，故他先後構思了民族主義和民權主義，作為革命之號召。但儘管如此，1896/7年的他，仍念念不忘民生。蓋革命之最終目的，是為人民謀福

24　(宋)司馬光，《資治通鑑》記十六國時後秦主姚萇之語。而姚萇又是在轉引孔子之言。子曰：「溫故而知新，可以為師矣。」見《論語‧為政》。

25　魏晉南北朝時玄風一般稱「清談」，因其所談玄之又玄，脫離實際，故被目為空談，且有「清談誤國」之說。陳寅恪先生則認為清談之前期(約指魏晉之際)談論的內容與黨系政治主張實有關係，純為實際性質，幷非空談。後期則純是抽象性質，可視若空談矣。見陳寅恪，〈書《世說新語》文學類鍾會撰《四本論始》畢條後〉，載陳寅恪(著)，《金明館叢稿初編》(北京：三聯書店，2001)，頁47。

利。而他要推翻滿清的重要原因之一，是因爲滿清只顧一己之私、不理人民死活也[26]。這個道理，當政者豈容忽視？治史者，能不三思？

26 Paul Linebarger, *Sun Yat-sen and the Chinese Republic*（New York: 1925, Reprinted New York: AMS Press, 1969), chapter 9. 林百克(著)，徐植仁(譯)，《孫逸仙傳記》(上海：商務印書館，1926)，頁62-63。

第三部
反思

　　2005年9月22日，我將本書稿交澳洲雪梨的快遞公司，轉台北聯經出版公司林載爵先生。林載爵先生即交該公司編輯委員會各委員輪流閱讀。

　　2006年1月12日接林載爵先生覆示曰：「尊著出版計畫已獲聯經編輯委員會接受，現在進入審查程序，我們按照辦法，找了兩位學者擔任這項工作，給他們的期限是一個月。他們的審查意見我會寄給你，請你參考。」

　　2006年2月17日接聯經出版公司電郵：「兩份審查報告均已來，現在要寄給您看。」我即日覆曰：「為了節省時間，爭取高質量早日出書。」請把審查報告的電子檔，用電郵附件方式擲下。聯經出版公司馬上把審查報告打字輸入電腦，同日發來，並加按語曰：「針對二份審查報告，還請您作一個答覆。」閱讀審查報告，欣悉兩位不具名審稿人均推薦出版，但他們也提出不少問題，要求我回答。我馬上放下手頭工作，草擬答覆。兩份匿名審查報告，促使我對本書進行全盤反思。所擬答覆，初稿24,972字。三稿精簡後濃縮為17,847字。2006年3月9日近凌晨，用電郵附件方式寄聯經出版公司。

　　2006年5月17日接聯經出版公司電郵：「編輯委員會議已經召開。」通過了我的答覆，是為本書第三部分第九章。

　　從上述簡單日誌，可知聯經出版公司在學術上要求之嚴、工作效率之高；以及本書第三部分第九章的來源。

第九章
對本書的反思

一、導言

　　本章是定稿後方作全盤反思的結果，所得讓人驚喜。美味甘嘗，願與讀者共享。

　　史料，是人類活動紀錄。歷史，乃據史料撰寫而成。世上無完整之史料，因而沒完美之歷史。史家可勉力探求史料，惟不必因其欠完整導致著作有瑕疵，而過度失望。總之，在發掘史料時全力以赴，著書立說時力求不偏不倚，即可頂天立地矣。

　　歷史有多種。其中思想史極為難治，蓋思想不易捉摸也。哪怕是已經用文字表達出來了的思想，作為史料而對其解釋時，所引起的爭論恐怕要比其他史料要多要烈，倍增撰史之困難以及失望之痛楚。

　　本書屬晚清思想史，筆者戰戰兢兢之餘，在研究伊始即誠惶誠恐般，向一位專治晚清思想史頗有成就之年輕學者請教。蓋學無先後，達者為師。答曰：搞思想史不能脫離史料。筆者深感此話背後之意味，荒唐已極。思想史也是歷史，脫離史料的思想史怎算是歷史？惟治思想史而天馬行空者，大有人在。其故弄玄虛之處，識者噴飯。倒是中央研究院近代史研究所羅久蓉博士的忠告，加強了筆者逆流而上之決心。她建議筆者把蒐集到的史料系統地擺出來，之後就飄然度外，讓讀者個別進行「神遊冥

想」該史料與三民主義的淵源[1]。本書第一部分「重建歷史」之寫作，得以順利展開，筆者至今感激。

完成第一部分之後，壯志凌雲，決定進而開拓第二部分「分析歷史」，結果吃盡苦頭。因為三民主義思想的源頭極難捉摸，筆者經常摸到五里霧中，以致徹夜難眠。為何幹此蠢事？因為，重建了歷史之後，不對它進行分析而得出那怕是粗淺的結論，後人無從「以史為鑑」，就有失「以史載道」之責。經過多年奮戰，終於成稿，如釋重負之餘，難免憂心忡忡：取何書名適合？為何最初稱之為《倫敦與中國革命》而後來有改為《孫逸仙在倫敦》？《探源》一詞是否恰當？為何對那似乎已是陳腔濫調的三民主義進行研究？甚至為其探源？萬能政府與民權主義是兩個嚴重衝突的概念：為何孫逸仙在其民權主義裡倡議萬能政府？孫逸仙在大英博物館究竟看了多少書？若天天躲在大英博物館看書，又怎能廣結英國的「朝野賢豪」[2]？為何全書採孫逸仙之名而不採孫中山？如此種種，就試圖在此淺釋，並藉此機會，對本書可能衍生的問題，作全盤反思。

二、姓名及書名

1.「孫逸仙」或「孫中山」

在漢語世界，「孫中山」之名遠遠普遍過「孫逸仙」。故用孫中山做書名，讀者心中就會起共鳴；而用孫逸仙做書名，就顯得彆扭。但本書主人翁在這個時期不叫孫中山而叫孫逸仙。自從他在1887年進入香港西醫書院讀書那個時候開始，在英語世界就一律簽名曰Sun Yat Sen(孫逸仙)。因

1　這是筆者對羅博士覆函的理解。見羅久蓉覆黃宇和函，2001年5月8日；暨黃宇和再函羅久蓉，2001年7月1日。

2　孫中山，〈建國方略：孫文學說第八章「有志竟成」〉，載秦孝儀主編，《國父全集》(台北：近代中國出版社，1989)，第一冊，頁412。文中「完成」一詞該作何解釋？見本書論壇第三、四節的討論。

此，所有英語文獻都稱他爲孫逸仙。他在《倫敦蒙難記》漢譯本上也自署
孫逸仙之名。

至於孫中山這名字，源自「中山樵」。而「中山樵」這名字，又源自
日本人平山周回憶他與孫逸仙在日本最初交往的片段。他說：「1896年
秋……總理來京曰：『昨夜熟慮，欲且留日本。』即同車訪犬養，歸途過
日比谷中山侯爵邸前，投宿寄屋橋外對鶴館，掌櫃不知總理爲中國人，出
宿泊帖求署名。弟想到中山侯爵門標，乃執筆書[姓]中山，未書名；總理
忽奪筆自署[名]樵。曰：『是中國山樵之意也。』總理號中山蓋源於此。」[3]
竊以爲平山周把事發時間說成是1896年秋，是記憶錯誤了。1896年初秋，
孫逸仙在美國。1896年9月23日星期三從紐約坐船往英國[4]，1896年9月30
日抵達[5]。1896年10月11日被滿清駐倫敦公使館人員綁架[6]。被釋後一直留
在英國，直到1897年7月1日才離開，取道加拿大前往日本[7]。1897年8月16

<hr>

3　據《總理年譜長編初稿各方簽註彙編》（中國國民黨中央執行委員會黨史資料
　　編纂委員會編，油印本）。該文是平山周在「追懷孫中山先生座談會」上的發
　　言。後來全文收錄在陳固亭編，《國父與日本友人》（台北：幼獅1977年再
　　版）。後來又轉錄於尚明軒、王學莊、陳松等編，《孫中山生平事業追憶錄》
　　（北京：人民出版社，1986），頁528-529。

4　駐美公使楊儒致駐英公使龔照瑗密電，1896年9月25日，原藏倫敦公使館，羅
　　家倫先生引用於其《中山先生倫敦蒙難史料考訂》（南京：京華印書館1935年
　　重版），頁16-17。

5　Chinese Legation Archives, Slater to Halliday, 1 October 1896，羅家倫先生引用於
　　其《中山先生倫敦蒙難史料考訂》（南京：京華印書館1935年重版），頁110-
　　111：其中頁110。

6　見拙著The Origins of an Heroic Image: Sun Yatsen in London, 1896-1897 (Oxford
　　University Press, 1986)。漢文修訂本見《孫逸仙倫敦蒙難真相：從未披露的史
　　實》（台北：聯經出版事業公司，1998年）。簡體字修訂本見《孫逸仙倫敦蒙
　　難》黃宇和院士系列之二(上海：上海書店出版社，2004年)。

7　見本書第二章「孫逸仙旅英日誌」。又見拙文〈孫中山第一次旅歐的時間和空
　　間考訂〉，《孫中山和他的時代：孫中山研究國際學術討論會》（北京：中華
　　書局，1989），第三冊，頁2298-2303。嚴格來說，當時世界上還沒孫中山之名
　　字，但商諸中華書局的編審，則爲了全書統一起見，他們認爲還是用孫中山這
　　名字較爲恰當。筆者從之。待筆者撰寫本書時，就有絕對自由按照史實而通稱

日抵達橫濱[8]。接下來才發生平山周所回憶之事，即孫逸仙取名「中山樵」。竊以爲平山周雖然錯把1897年發生的事情記憶爲1896年，但不影響他回憶主體的準確性。

2004年10、11月間，有人在香港報章上打筆戰。爭論的問題之一，就是1895年孫文究竟是以孫逸仙或孫中山之名示人。結果筆戰越打越烈，以致爭論的一方竟然花了幾十萬港元在香港八大報章，以廣告形式表達自己的看法，臉紅耳熱可知。最後有人請我出面排難解紛，我就寫了一篇文章（包括上述一段文字），權充和事老[9]。

2.《倫敦與中國革命》

三民主義是孫逸仙革命一生之靈魂。而從孫逸仙之曾鄭重地說過：「三民主義之所由完成」於倫敦[10]（關於此句下文還必須作進一步闡明），則倫敦又似乎是三民主義思想最具關鍵性的源頭。最初我把拙稿暫定名爲《倫敦與中國革命》，就是這個原因，並認爲此名較爲吸引那些愛思考的讀書人。

至於革命一詞，竊以爲流血革命是很可怕的事情，凡是讀過法國大革命中那些暴烈行動的人，恐怕聽到革命一詞就發抖。哪怕是文化大革命吧，噩耗不減。但是，在人類發展史上，的確發生過革命；這幅圖片是塗改不了的。若強行塗改，人類就會忘掉流血革命的可怕，歷史還會重演。我不否定辛亥革命，且肯定它推翻千年帝制的重要性。但到底屬意和平演變。爲了爭取和平演變，則絕對不能迴避過去曾發生過革命的事實。要積極面對這事實，就必須研究革命史及革命思想的源頭。

但是，當今之世，革命一詞可能引起普遍的反感，也是事實，不必以

（續）————————————
　　他爲孫逸仙了。
8　明治30年8月18日神奈川縣知事中野繼明致外務大臣大隈重信，秘甲第403號。
9　見拙文，〈孫逸仙曾被囚香港域多利監獄？〉，《九州學林》，2006年第1期。
10　孫中山，〈建國方略：孫文學說第八章「有志竟成」〉，載秦孝儀主編：《國父全集》（台北：近代中國出版社，1989），第一冊，頁412。

名害書。結果最後我聽從林載爵先生的高見，把書名主題定爲「孫逸仙在倫敦」，副題則仍採「三民主義思想探源」。

3.《三民主義》

現在已經沒有什麼人理會三民主義了，據悉台灣各大學的三民主義研究所亦已通通改名。爲何我還在固執地，不單研究三民主義，還研究三民主義的源頭？道理與研究革命史相同。三民主義道出了過去中國問題癥結所在。這些問題現在都徹底解決了沒有？譬如說，民權的問題徹底解決了沒有？民生的問題徹底解決了沒有？大家心中有數。至於民族主義，則國內若處理得不好，中國會面臨四分五裂的慘局。若國際間處理得不好，則世界永無寧日，戰爭連綿，人類又將大難臨頭。在二十世紀七十年代和八十年代，民族主義在西方國家是熱門的學科，現在也被冷落了。這是一種錯誤，目前美國在中東弄得焦頭爛額，很大程度就是由於錯誤地漠視當地的民族主義與宗教狂熱。中國人能漠視三民主義及其牽涉到的一應問題？

因此，我心安理得地採取三民主義作爲書名之副標題。應該是先知先覺的讀書人引導社會，不能讓庸俗的潮流左右學術的發展。有日本人譏笑中國人搞三民主義搞了幾十年，而總弄不出個名堂。竊以爲過去的毛病是把三民主義政治化，因而表面化甚至僵化，以致在學術上不夠嚴謹。

4.「探源」

孫逸仙在大英博物館看過那些書？數目多少？

相信這是讀者最感興趣的問題。很遺憾，筆者雖然付出了近三十年的血汗來追蹤，惜至今徒勞無功，誠畢生憾事。爲何如此不濟？

非懶也！大英博物館的制度，本來是可以讓後人查出前人看過什麼書的。因爲該館的圖書屬閉架式，禁止讀者進入書庫，遑論從書庫的書架上隨意拿書翻閱。閉架式藏書，就有借書記錄。因爲，某讀者要看書，必須首先在閱覽室找到一個座位預訂下來，然後從圖書目錄中找出某書的編

號、作者姓名、書名、出版社名稱、出版年份等，再把該等細節以及讀者座位編號、借書證號碼、當天日期等一併填寫在一張借書申請表格上，交圖書管理員，讓該等管理員去把書取來。然後讀者在預訂下來的座位上看書，不能把書帶出閱覽室。若大英博物館保存了該等填寫過的借書申請表格，並按讀者的姓名依A、B、C、D等字母順序排列，則不難找出當時孫逸仙看過什麼書。可惜該館並沒有保存這些借書申請表格，遑論順序排列。爲何該館不保存這些珍貴史料？當局的理由是：後來孫逸仙成名了，他填寫過的借書申請表格當然非常珍貴。但從圖書管理的角度看，則誰曉得哪位讀者將來會成名？若把所有讀者的借書申請表格都保存下來，該等借書申請表格每年成千上萬，再多建幾座藏書大樓也放不下。

　　竊以爲這種圖書管理的角度沒遠見。若該館眞的保存了所有讀者的借書申請表格，則蘇聯在其勢力鼎盛的時候，該館若把馬克思的借書申請表格複印存案後，拿出來公開邀請蘇聯購買，無論如何漫天討價，想蘇聯老大哥也會落地還錢。但無情的現實是，該館高層缺乏這種發財眼光，我也只好望洋興嘆。

　　現在，大英博物館的圖書部分已經另起爐灶，並有了自己的館址，改名大英圖書館，借書程序也改爲電腦操作。讀者必須通過電腦填寫上述的借書細節。故後人若要查出黃宇和在該館曾看過什麼書，電腦都有記錄。但有一個漏洞：我好心腸的英國朋友可憐我時間奇缺，經常在我抵達英國之前一兩天，就應我所求而用他們自己的名字和借書號碼爲我預借書籍，以便我甫下飛機就能看書。這些漏網之魚，後人恐怕永遠捕捉不到。在孫逸仙那個時代，可有類似的漏網之魚？如此這般地神遊冥想，可知追查孫逸仙曾在大英博物館看過什麼書，恐怕永遠不會得到一個完滿的答案。

　　令人欣慰的是：筆者在上海孫中山故居所藏的一批英文書之中，推測其中那些在1897或以前出版的書，很可能是孫逸仙過去在大英博物館看過後，認爲內容價值連城而斥鉅資購買，以便帶在身邊隨手翻閱者。筆者把該等書籍在本書第六章第二節開列清單，聊勝於無，總算近三十年的追

蹤，沒有空手而歸。因此探源一詞，似乎仍然適用。

該清單開列了共15本書，其中14本都是洋洋鉅著，內容都是抽象的政治理論。以孫逸仙的出生、教育背景、英語水平、對一種陌生學理的理解能力等等因素一一考慮進去，則竊以爲他在大英博物館讀書那大約279小時的閱讀時間[11]，若能讀通其中的《英國憲法》一書，已經非常難得。若進而有效地涉獵其它14本書，就更是了不起[12]。因爲這些書籍所用的語言並非孫逸仙的母語，所用的邏輯亦大異於中國的思維方法，所表達的概念也甚爲抽象，而且充滿陌生的專有名詞，對他來說，相信讀來會特別吃力。

不錯，孫逸仙在夏威夷的時候，曾在英國人辦的意奧蘭尼學校讀過三年書（1879-1882），但他是從a,b,c,d學起者。之後又在夏威夷美國人辦的奧阿厚書院讀書，但只讀了大約一個學期（1883），就被乃兄勒令回鄉[13]。接著到香港的英文中學讀書，名義上是讀了三年（1883-1886），眞正上課的時間則大約只有兩年[14]。因爲其間回鄉成親並應孫眉急召再度赴檀而停了很長時間的學。在檀期間更因爲曾領洗進入基督敎之事而與乃兄決裂，感情衝動之處，嚴重地影響了他學習的心情和專注的能力[15]。法國學者白潔爾敎授譏諷他說：這位未來的中國大總統，沒拿到畢業證書就離校[16]。此話雖嫌刻薄，但誰能否認其眞實性？接著孫逸仙到廣州博濟醫院（1886-1887）和香港西醫書院（1887-1892）讀書，所唸的都是醫科而非社會科學。以他當時英語和社會科學之知識水平，來閱讀上述那些艱深的政治理論，進度有

11　見本書第六章，表6.1「孫逸仙在大英博物館看書時間估計」。
12　見本書第六章第二節。
13　見目前筆者正在邊研究邊草擬的《孫逸仙的成長，1866-1895：翠亨、檀島、香港》第四章〈孫逸仙在夏威夷所受到英國文化的啟蒙〉。
14　見目前筆者正在邊研究邊草擬的《孫逸仙的成長，1866-1895》第五章〈孫逸仙曾否在香港拔萃書院讀書的問題探索〉和第六章〈孫逸仙在香港中央書院讀書時的情況探索〉。
15　見目前筆者正在邊研究邊草擬的《孫逸仙的成長，1866-1895》第八章〈救國救民（上）〉。
16　Marie-Claire Bergere, *Sun Yat-sen*(Paris, 1994), translated by Janet Lloyd (Stanford: Stanford University Press, 1998)，p. 26ff.

多快？則筆者不揣冒昧，願意現身說法。

第一、筆者在香港牛頭角天主教庇護十二小學讀了小四、小五(1957-1959)兩年英文。第二、在天主教耶穌會士開辦的九龍華仁書院讀了小六(1859-60)一年，中學(1960-1964)五年，預科(1964-1965)一年。其間只有中國語文和中國歷史的課本是漢語；其他課本諸如文科的歷史、文學等，理科的數學、物理、化學等，全是英語；老師在課堂上講解也是用英語，向老師發問也必須用英語，作業當然用英語書寫，考試也是用英語作答。第三、在當時培養香港精英的香港大學(1965-1968)三年，讀歷史本科的閱讀書目全是英文，連中國近代史那部分也沒有一本漢文專著。兼修英語課的課本當然是英文，教授也是外籍老師。學生會之大小組織開會時，通通用英語進行，連宿生在宿舍開會也如此。第四、1968年筆者拿到牛津大學聖安東尼研究院的獎學金前往唸博士學位，則全院只有我一個華人；不單學習時用英語，日常生活也必須說英語，就連談戀愛也說英語，結果晚上做夢時當然也說英語。

有一天，牛津附近發生一宗刑事案件，被告是香港新界村民到當地一所華人餐館當侍應生的華僑。由於案情嚴重，法庭讓我去當翻譯。我義不容辭，放下書本就去了。結果突然發覺自己對英國那無論是不明文的憲法、明文的法律、法理學、在法庭上論證的程序等等的知識，嚴重不足。驚駭之餘，除了戰戰兢兢地在日間專心致志在法庭作翻譯以外，每晚都堅持閱讀有關專著到深夜。由於該等書籍專有名詞太多，總是拿著法律辭典苦苦思索。終於，法官宣判被告無罪釋放，我始如釋重負。此後不敢怠慢，每天抽出一定時間閱讀這方面的專著，不懂的地方就請教牛津大學的師友。到再發生第二宗刑事案件而應召到法庭做翻譯工作時，就比較得心應手。待被告又是無罪釋放，就不勝雀躍。再接再勵之餘，仍不斷努力。這段經歷，有一個意外收穫，它直接影響到筆者的研究方法和撰寫技巧。以致後來王賡武先生為拙著《孫逸仙倫敦蒙難》寫〈前言〉時說：筆者在考證史料和論證該案時，既是偵探、主控官、辯護律師、法官，但同時沒

有忘記自己是治史者[17]。的確，史家收集及檢驗證據，必須像偵探般慎密；　述史事，條理必須像主控官在法庭上陳詞般清晰；論證史實，必須像辯護律師般能服人；定得失，必須像法官般客觀公正；最後，歷史歸歷史：治史者還有「以史載道」的責任，便利後人以史爲鑒。

當年筆者孤燈讀法之際，不禁聯想到孫逸仙1896/7年間在大英博物館閱讀同類書籍的苦況。他正規學習英語的時間比我短，學習條件比我差，心情比我壞，環境比我苦[18]，但他仍以無比毅力，埋頭啃書，能不讓人肅然起敬！但無情的事實是：他進度應該比我慢。所以我設身處地般作估計後，認爲他在那大約279個小時當中[19]，若能讀通上述15本書之中的《英國憲法》，已經非常難得[20]。若進而有效地涉獵其它14本有關政治理論的書籍，就更是難得[21]。

所以，竊以爲不必因爲筆者推測出孫逸仙所看過的有關政治理論的書，數目太少——僅僅15本——而過度失望。孫逸仙是位偉人，所以大家都普遍認爲，他留歐「兩年」，專心在大英博物館讀書，肯定看過無數書籍，不少嚴肅的學者甚至說他一目十行。但經筆者考證，他「留歐」的實際時間只有九個月[22]，在大英博物館讀書的光陰也大約只有279個小時[23]。閱讀的速度更不是一目十行。在這人約279個小時之內，能看懂多少對他來說是旣陌生又艱深的政治理論？須知孫逸仙過去在學校裡，並沒有上過政治理論的課程[24]！

17　Wang Gungwu, "Foreword," in J.Y. Wong, *The Origins of an Heroic Image: Sun Yatsen in London, 1896-1897* (Oxford University Press, 1986).
18　當時1895年的廣州起義新敗，清廷全球通緝。1896年身陷倫敦公使館，脫離魔掌後如驚弓之鳥。但他仍矢志推翻滿清，又不知從何著手。遠離家園，眼前荊棘滿途，心情如何能好？
19　見本書第六章，表6.1「孫逸仙在大英博物館看書時間估計」。
20　這本書我讀過，難矣哉！
21　見本書第六章第二節。
22　見本書第二章「孫逸仙旅英日誌」。
23　見本書第六章，表6.1「孫逸仙在大英博物館看書時間估計」。
24　見拙稿《孫逸仙的成長，1866-1895：翠亨、檀島、香港》，第六章，表6.3

　　康德黎醫生說，孫逸仙旅居倫敦期間，凡是有關政治、外交、法律、軍事、海事、採礦、農業、畜牧、工程、政治經濟學等等，亦無不涉獵[25]。康德黎所提供的訊息非常珍貴，它說明了至少四個問題：第一、除了政治理論的書籍以外，孫逸仙還涉獵其他領域的學理，分薄了他在大英博物館閱讀政治理論的時間。在這種情況下，他還能瀏覽了大約15本有關政治理論的書，眞了不起。第二、他在短短大約279個小時內能博覽有關政治、外交、法律、軍事、海事、採礦、農業、畜牧、工程、政治經濟學等領域這麼廣的書，更是了不起。第三、同樣道理，他的閱讀方式只能是瀏覽，我們不能苛求他對該等書籍理解的深度。第四、目前筆者只推斷出他看過的、有關政治理論的書，其他方面的書籍，仍然束手無策，奈何！

　　但是，探源不盡在書本：孫逸仙在倫敦的時候，除了讀書以外還看報。「讀書看報」，似乎成了現代慣用術語。因爲在平常生活中，讀書和看報是兩個重要的知識來源。孫逸仙在倫敦所讀過的書，雖然目前只能推斷出共15本有關政治理論的書，但他所看過報章的報導，則已找出不少，詳見見本書第二章「日誌」。想到這裡，乾脆在該「日誌」的基礎上，再做兩個統計表。第一是統計他購買報紙的紀錄；第二是統計他的寄信記錄，蓋筆友也是一個知識來源也。

　　表9.1令人吃驚：爲何買報次數，少得如此可憐？若孫逸仙旅英期間所看過的報紙，止此寥寥數份，上述「讀書看報」云云，就全盤垮了！不用驚慌。表9.1有幾個特點：第一、孫逸仙所買的，大部分是晚報。第二、買報後就回家關門讀報，只有最後一次是在晚上再度出來，與恩師在聖馬丁市政廳大堂做公開講座[26]。

（續）

　　「1884年中央書院用英語講授的課程」和表6.4「1888年中央書院用英語講授的課程」。

25　James Cantlie and C. Sheridan Jones, *Sun Yat-sen and the Awakening of China* (London: John Murray, 1912), p. 242.

26　見本書第二章「日誌」，第970311條。

表9.1　孫逸仙1896-1897購買報紙統計表

日期	時間	出發地	目的	數量	前往	之　後
961123	黃昏	旅寓	買報紙	1份	旅寓	沒再出門
961125	12：00	旅寓	買報紙	1份	旅寓	沒再出門
961222	16：45	餐店	買報紙	1份	旅寓	沒再出門
970107	17：30	旅寓	買報紙	1份	旅寓	沒再出門
970111	18：15	旅寓	買報紙	1份	旅寓	沒再出門
970123	16：00	旅寓	買報紙	1份	旅寓	沒再出門
970216	11：25	旅寓	買報紙	6份	旅寓	沒再出門
970311	上午	旅寓	買報紙	數份	旅寓	晚上與恩師同做講座

　　這種現象，該作何解釋？竊以為日報，恩師康德黎醫生天天都訂購了。孫逸仙經常探訪恩師，若某天不去而看不到當天的報紙，可以留待下次去時一口氣看兩三天的報紙。孫逸仙當時經濟拮据，看報又沒有急切性，買重了反而浪費有限的資源。買晚報的情況似乎就不一樣：若某天他聽到什麼要聞，並亟欲立即讀報，又不便馬上去打擾恩師，他就去買報回家閱讀。若晚報已有售，就買晚報，留待日後再看恩師的日報。表9.1顯示，在八次買報記錄中，只有三次是在上午買報，故筆者猜測這三次買的都是日報。最後兩次甚至買了數份，看來他是要參考各種報章對同一要聞的不同報導或評論。那兩天發生了什麼事，則有待將來重訪英倫時探討。

　　既然孫逸仙在經濟拮据的情況下，哪怕出資也要讀報，可知其對讀報之欣。能在恩師家裡免費讀報，更是求之不得。故筆者的結論是，孫逸仙旅英期間，應該是把每天的報章都看全。

　　表9.1所帶來的重大收獲，鼓舞著筆者再接再勵，為孫逸仙旅英期間發信的次數做個統計。結果如下：

表9.2 孫逸仙寄信統計表

日期	時間	出發地	目的地	目的	數量	前　　往
961023	16.30	孫逸仙被公使館釋放				
961024-26		偵探交白卷				
961027	1400	康德黎家	附近郵局	寄信	數封	柯林斯家
961029-1111		偵探交白卷				
961112	不詳	康德黎家	霍爾本郵局	打電話	1	康德黎家
961114	14.15	旅寓	霍爾本郵局	寄信	1	旅寓
961121-22		偵探交白卷				
961202	12.00	旅寓	霍爾本郵局	[寄信]	不詳	柯林斯家
961203-04		偵探交白卷				
961205	11.00	旅寓	霍爾本郵局	寄信	2掛號	大英博物館
961214-15		偵探交白卷				
961222	11.30	旅寓	霍爾本郵局	[寄信]	不詳	大英博物館
961223	10.15	旅寓	霍爾本郵局	[寄信]	不詳	帝國會館
961225-0101		偵探交白卷				
970104	10.30	旅寓	霍爾本郵局	[寄信]	不詳	旅寓
970105	10.00	旅寓	霍爾本郵局	[寄信]	不詳	康德黎家
970107	不詳	旅寓	霍爾本郵局	[寄信]	不詳	旅寓
970108	11.15	旅寓	霍爾本郵局	[寄信]	不詳	康德黎家
970109	11.30	旅寓	霍爾本郵局	[寄信]	不詳	旅寓
970112	10.30	旅寓	霍爾本郵局	[寄信]	不詳	旅寓
970115	13.30	旅寓	霍爾本郵局	[寄信]	不詳	柯林斯家
970116	10.45	旅寓	霍爾本郵局	[寄信]	不詳	大英博物館
970120	11.40	旅寓	霍爾本郵局	[寄信]	不詳	大英博物館
970122	14.30	旅寓	霍爾本郵局	[寄信]	不詳	康德黎家
940125	11.30	旅寓	霍爾本郵局	[寄信]	不詳	旅寓
970127	11.30	旅寓	霍爾本郵局	[寄信]	不詳	康德黎家
970128	11.30	旅寓	霍爾本郵局	[寄信]	不詳	康德黎家
970201	13.30	旅寓	霍爾本郵局	[寄信]	不詳	康德黎家
970202	11.30	旅寓	霍爾本郵局	[寄信]	不詳	旅寓

日期	時間	出發地	目的地	目的	數量	前　往
970205	11.45	旅寓	霍爾本郵局	[寄信]	不詳	康德黎家
970206	11.45	旅寓	霍爾本郵局	[寄信]	不詳	大英博物館
970212	11.15	旅寓	霍爾本郵局	[寄信]	不詳	大英博物館
970214-15		偵探交白卷				
970219-28		偵探交白卷				
970304	18.00	大英博物館	霍爾本郵局	[寄信]	不詳	旅寓
970305	12.10	旅寓	霍爾本郵局	[寄信]	不詳	康德黎家
970306-09		偵探交白卷				
970311	上午	旅寓	霍爾本郵局	[寄信]	不詳	旅寓
970312-15		偵探交白卷				
970317	11.15	旅寓	霍爾本郵局	[寄信]	不詳	維多利亞博物館
970320	11.40	旅寓	霍爾本郵局	[寄信]	不詳	里昂斯餐館
970322	12.35	旅寓	霍爾本郵局	[寄信]	不詳	康德黎家
970324	10.30	旅寓	霍爾本郵局	[寄信]	不詳	大英博物館
970326	13.40	旅寓	霍爾本郵局	[寄信]	不詳	里昂斯餐館
970327	上午	旅寓	霍爾本郵局	[寄信]	不詳	大英博物館
970329	12.10	旅寓	霍爾本郵局	[寄信]	不詳	康德黎家
970330	11.45	旅寓	霍爾本郵局	[寄信]	不詳	大英博物館
970331-0401		偵探交白卷				
970402	10.35	旅寓	霍爾本郵局	[寄信]	不詳	柯林斯家
970406	11.45	旅寓	霍爾本郵局	[寄信]	不詳	大英博物館
970407	11.20	旅寓	霍爾本郵局	[寄信]	1	大英博物館
970409	11.20	旅寓	霍爾本郵局	[寄信]	1	大英博物館
970410	12.45	旅寓	霍爾本郵局	[寄信]	不詳	旅寓
970414	11.00	旅寓	霍爾本郵局	[寄信]	1	旅寓
970415-18		偵探交白卷				
970422	不詳	偕南方熊楠	霍爾本郵局	發電報	1	與南方熊楠分手
970423-0609		偵探報告闕如				
970613-0615		偵探報告闕如				
970619-0624		偵探交白卷				
970625-0701		偵探報告闕如				

　　從這個表可以看出，孫逸仙旅英期間，發信確實非常頻密，有時候簡直是一天一封信。這種現象，該如何解釋？他寫信給誰？目前史學界已經掌握了其中的兩封信，第一封是發給那位在1895年廣州起義失敗而逃亡香港的區鳳墀；第二封是他回覆劍橋大學漢學教授翟理斯[27]。這兩封信提供了兩條重要線索，以供探討：因為，竊以為它們代表了當時孫逸仙寫信的兩大對象：第一、革命同志；第二、同情他的、或好奇的英國人。若按情理推，還該有第三個對象，那就是家人。試想：倫敦蒙難，消息傳到夏威夷時，高堂、兄長、妻子，無不擔心死了。若不竹報平安，以及此後魚匯常通，就大反倫理之常。

　　下面對孫逸仙發信給這三大組別的人之情況，進行探索：

　　第一、家書：家人，應該是他脫險後，用第一時間發信的對象。因此，一直監視著他的私家偵探，發覺他脫險後第一次發信的1896年10月27日，一口氣就發了好幾封（posted some letters）信[28]。其中肯定有家書。至於以後家書有多頻密，就見仁見智了。若他與盧夫人屬新婚燕爾，情書可能就多些[29]。但是到了1896年，他們盲婚啞嫁已超過12年，而兩人又並不以

27　均見本書第四章「孫逸仙旅英期間的談話、書信、著作」。

28　見表9.2「孫逸仙寄信統計表」，其中第971027條。

29　盧夫人的知識水平有多高？能看懂孫逸仙的信？2006年3月4日筆者專程到翠亨村的孫中山研究所訪查，研究室黃健敏副主任認為她可能識字，但識字不會太多。若看不全孫逸仙的信，可求助於他人。黃君又指引筆者看孫科的回憶錄，則孫科說：「記得在［茂宜島孫眉］農場最初那二、三年都沒有書讀，母親先是教我念三字經，千字文，幼學詩，唐詩三百首等，又要我臨摹字帖。最後伯父才到火奴魯魯請了一位三、四十歲的老師來……可以說真正念中國古書……即大學、中庸、論語、孟子、詩、書、禮、易、春秋等。」見孫科，〈孫院長哲生先生［第一次］談話〉，1969年3月15日，載吳任華（編纂）曾霽虹（審閱），《孫哲生先生年譜》（台北：孫哲生先生學術基金會，1990），頁445-449：其中頁447-448。又說：「我最初在先伯的農莊，開始念中國的古書，當時找了一位姓黃的私塾教師……因為我從小就念了那幾年的古書，所以很小就會看中文報紙。」見孫科，〈孫院長哲生先生［第四次］談話〉，1969年5月3日，同書，頁463。孫科似乎在說，當初是隨跟母親隨口背誦那些本來就是為兒童背誦而專門設計的三字經，千字文，後來要認真地讀書識字，就只能靠私塾老師。而盧夫人自己年幼時隨母背誦三字經等也不必識很多字，她讓孩子臨摹字

恩愛見稱。結婚後更多了個自由戀愛而結合的陳粹芬。而陳粹芬後來又在廣州起義中陪他出生入死，可謂紅顏知己。故竊以爲他寫給盧夫人的信不會多。至於高堂、兄長，則平安的話說過以後，就沒更多的共同語言了，因爲母、兄都反對他去冒險[30]。竊以爲家書寫了一兩封以後，可能就再沒什麼話題了。

　　第二、革命同志：本書第四章，推斷出孫逸仙寫給區鳳墀的那封信，極可能也是他在1896年10月27日所發出的那幾封信之中，其中的一封[31]。區鳳墀者，基督教倫敦傳道會在廣州河南福音堂的宣教師（preacher）[32]。1895年，孫逸仙在廣州策劃起義時，區鳳墀暗中給予支持。事敗逃亡香港，受聘於香港政府而當華文秘書，並被倫敦傳道會在香港培養起來的道濟會堂選爲長老。孫逸仙用第一時間發信給他，目的至爲明顯：他希望這位同志繼續支持革命。結果區鳳墀也沒有讓他失望，繼續以敎會作掩護來幫助他的革命事業[33]。

　　1895年廣州起義前，革命同志分布在廣州、香港、檀香山。舉義失敗後，孫逸仙從香港經日本逃回檀香山時，又在橫濱發展了一些革命同志。1896年自檀香山赴英而途經三藩市時，有鄺華汰等數人加盟。準此，前後共有革命同志分布在廣州、香港、檀香山、橫濱和二藩市。各地情況如何？

　　廣州方面：原班人馬已是死的死（如陸皓東、朱貴全），逃的逃（如陳少白、鄭士良）。即使那些沒有參加起義而只是同情孫逸仙的教會中人諸如區

（續）─────────────

　　帖也不能證明她識字甚多。故竊以爲她眞的識字不多。故孫逸仙若給她多寫
　　信，也屬徒勞。
30　見拙著《中山先生與英國》（台北：學生書局，2005），第三章，第1、2節。
31　均見本書第四章「孫逸仙旅英期間的談話、書信、著作」，961027致區鳳墀函。
32　Rev. Thomas .W. Pearce (Canton) to Rev. R. Wardlaw Thompson (London, LMS Foreign Secretary), 5 April 1889, CWM, South China, Incoming correspondence 1803-1936, Box 11 (1887-92), Folder 3 (1889).
33　見拙著《中山先生與英國》（台北：學生書局，2005），第二章「培養之情」。

鳳墀，及區鳳墀之女婿伊文楷，亦已逃往香港。紅顏知己陳粹芬也躲起來，失去聯繫[34]。而且，陳粹芬似乎是不識字的，蓋香港博物館現在存有她的兩封信，信箋都印有職業代筆人的姓名地址。孫逸仙儘管探得她的蹤影，也不能給她寫信。因為，萬一她拿著信請人念給她聽，就可能危害到她的性命。

香港方面：原來與孫逸仙的興中會合併了的輔仁文社社員，楊衢雲已遠走高飛，有條件留下來的諸如謝纘泰，已翻臉成仇，不斷在英文報章上撰文攻擊孫逸仙[35]。孫逸仙不會再寫信爭取他們。原興中會員諸如陳少白、鄭士良，則先是隨孫逸仙逃亡日本，後來鄭士良潛回香港，候機行事，孫逸仙多了一個寫信對象。此外，就只有區鳳墀了。從他給區鳳墀的信之內容來看，則除了竹報平安、感謝神恩、重申反清之志以外，就沒什麼別的可談了。若他寫信給鄭士良，內容也難超出此範圍。以後再寫信，也沒有什麼具體事情可談，多寫反而暴露目標，危害同志安全。所以，竊以為此後孫逸仙不會多給他們寫信。

檀香山方面：1895年底孫逸仙由於廣州新敗而逃回檀香山時，已吃盡一些原興中會員之白眼。孫逸仙雖當面力鼓彈簧之舌，而迄無成效。現在若寫信鼓吹，恐也自討沒趣。故竊以為孫逸仙也不會為檀香山方面多費筆墨。

橫濱方面：陳少白隨孫逸仙從香港逃到橫濱以後，一直留在那裡，是孫逸仙寫信的明顯對象。內容也可能比寫給區鳳墀的信多樣化，因為孫、陳年紀相若，又是八拜之交。但陳少白身處險地：1895年廣州新敗而逃到日本時，孫逸仙就是怕滿清駐日本公使要求引渡，而斷髮洋服，趕快逃離日本。陳少白隱祕身分留下來，也不是絕對安全。孫逸仙若多給他寫信，就會暴露他，智者不為。至於孫逸仙在橫濱新成立的興中會，「迨總理離日未久，各會員供給月費者漸少。鏡如等以經費無著，遂將會所取

---

34 見拙著《中山先生與英國》(台北：學生書局，2005)，第二、三章。
35 同上，第四章，第一節。

消」[36]。人走了，茶還不涼？故竊以爲儘管孫逸仙寫了信，則除了馮鏡如以外，其他的人都不會回信，以致孫逸仙不會繼續寫信。至於馮鏡如本人，孫逸仙又能找到多少新話題？寫多少封信？

剩下來就是三藩市了：同樣地，孫逸仙能給鄺華汰寫多少封信而不流於自我重複？

總的來說：竊以爲孫逸仙給各地革命同志所寫的信，不會太多。

第三、英國方面：情況就完全不同了。倫敦蒙難，舉國震撼。他被釋後，寫信給他的人就多了。君不見，貴如牛津大學[37]和劍橋大學的教授[38]，都主動與他聯繫。劍橋大學的漢學教授翟理斯(Herbert Giles)，過去曾受僱於英國外交部而在中國當過翻譯及領事，他之接觸孫逸仙，是因爲倫敦蒙難而聲名大噪，希望孫逸仙寫篇自傳以便收入他正在編寫的《中國名人詞典》(*Chinese Biographical Dictionary*)。但更多的英國人，會像牛津大學國際法教授賀藍(Professor Holland)那樣，希望知道更多有關中國的信息。因爲，滿清的外交人員，在光天化日之下，罔顧國際法而在倫敦街頭綁架一個人進入公使館，把他幽禁起來準備偷運出境，是不可思議的事情[39]。倫敦《晚間新聞》的評論，相信道出很多英國人的心聲：「客寓倫敦之官吏尚且如此，北京宦海不問可知。」[40]有文化的人，欲從孫逸仙那兒多知道中國的具體情況，於是紛紛寫信給他，是意料中事。孫逸仙爲了擴大影響，不斷優先回信，亦不在話下。這就是爲什麼，他每天在日上三竿之後才出門，出門後通常第一件事就是寄信，因爲他似乎選擇在清晨精神最好的時候回信也。有時候到了中午甚至下午才從旅寓出來寄信。寄信後才到大英博物館看書或幹其他事情，可見他對回信之重視。

倫敦蒙難，雖轟動一時；好奇之信，卻難長久。惟觀諸表9.2，則發信

36　馮自由，《中國革命運動二十六年組織史》(上海：商務印書館，1948)，頁25。
37　見本書第第二章「日誌」，第970131條及註釋。
38　見本書第四章，961114覆翟理斯函。
39　見拙著《孫逸仙倫敦蒙難：從未披露的史實》(台北：聯經，1998)。
40　*Evening News,* 24 October 1896, p. 2, col. 3.

記錄似乎歷久不衰。這種現象該如何解釋？竊以爲孫逸仙回答同類的問題多了，商諸恩師康德黎，恩師就建議他找位合作夥伴，有系統地寫篇介紹文章，結果就與柯林斯合寫了〈中國的現在和未來〉一文[41]。此文一出，又引起第二輪好奇熱潮，讀者來信，像雪片般紛飛而至，促使他又與柯林斯進而合寫了〈中國法制改革〉一文[42]。結果，孫逸仙離開英國之前，寫了一封公開信，刊登在《地球報》[43]，「與廣大讀者辭行」[44]。察其目的之一，不外是爲了避免筆友誤會其有信不回也。

近三十年前，筆者第一次閱讀跟蹤孫逸仙的偵探報告，並注意到孫逸仙頻頻寄信時，第一個反應是：他可能是寫給陳少白和鄭士良。因爲：陳、鄭是孫逸仙當時最親密的、碩果僅存的兩位戰友；孫逸仙如欲繼續革命，這兩位不容或缺的助手，就必須與其魚雁常通，保持他們的士氣。現在，筆者爲孫逸仙旅英時期做了起居注，並在這基礎上開列了發信統計表，思路和結論就完全改觀。一掃過去孫逸仙生活圈子局限於大英博物館那種拘束的感覺，反而感到他至低限度在書信上交遊甚廣，海闊天空。可見重建歷史時，把每一條史料都處理得越是徹底，重建起來的歷史就越靠近歷史眞相。

更重要的是：筆者從統計表9.2所衍生出來的結論是：孫逸仙當時至少在書信上交遊廣闊，有力地證明了他「結交朝野賢豪」[45]之言不虛。孫逸仙與筆友神交日久，長期在思想上互相啓發，豐富了他的知識和思路，大大有助於他構思其三民主義。

最後，孫逸仙強調他三民主義之所由完成，是基於他在倫敦的「所見

41　見本書第四章，970301條。

42　見本書第四章，970701條。

43　*Globe,* 30 June 1897, p. 3, col. 5.

44　見本書第四章，970629條。

45　孫中山，〈建國方略：孫文學說第八章「有志竟成」〉，載《國父全集》
　　(1989)，第一冊，頁412。

所聞」[46]，而不是看過多少書。他並沒有爲他曾在大英博物館看書之事多費唇舌。而他「所見」過的東西，筆者已發掘出甚多，並挑選了部分有關圖片收入本書第三章「圖錄」。至於他「所聞」過的東西，則同樣發現了不少，讀者可在本書第二章「日誌」中尋寶。總之，竊以爲應該適當地重視孫逸仙在倫敦「所見所聞」於感性上對他的啓發，而不是光著眼於他具體看過多少書。這樣一想，反而會更加珍惜目前推斷出來的那15本有關政治理論的書籍[47]。

此外，一個人的思想，是有多個源頭的，三民主義思想也不例外。倫敦是其中的一個源頭。現在我進而研究孫逸仙的成長，發覺翠亨、檀島、香港是另外三個源頭，而且發掘出來的證據非常具體。至於孫逸仙離開倫敦以後，肯定還有其他源頭。從這個廣義來說，用「倫敦」「探源」等詞作爲書名的一部分，想還可以。而且正如上述，在孫逸仙心目中，倫敦那個源頭，似乎最具關鍵性，蓋從他鄭重地說「三民主義之所由完成也」[48]。可見端倪。

三、內容

1.「三民主義」

本書有一個特點，那就是沒有充分注意三民主義思想的演進，而把許多精力花在對孫逸仙英倫經驗的神遊冥想上。筆者這樣做的理由有二：第一、本書之目標在「探源」，不在「跟進」。若要跟進，那就是另外一本

46　孫中山，〈建國方略：孫文學說第八章「有志竟成」〉，載秦孝儀主編，《國父全集》（台北：近代中國出版社，1989），第一冊，頁412。以後簡稱《國父全集》（1989）。

47　見本書第六章第二節。

48　孫中山，〈建國方略：孫文學說第八章「有志竟成」〉，載秦孝儀主編，《國父全集》（台北：近代中國出版社，1989），第一冊，頁412。

書了，且必須再花至少三十年的時間、用三倍以上的篇幅才行。若天假我年，將來可能還會跟進。第二、若不作神遊冥想，就連探源也做不好，沒法達到撰寫本書的目標。因此，只好恭請讀者諸君饒恕我任性狂想了。

至於如何展開探索，則三民主義並沒有1897年的版本，普通讀者能隨時應用上的完整版本，只有收入《國父全集》或《孫中山全集》的1924年1月27日[49]到同年8月24日[50]之間，孫逸仙有系統地講述三民主義時的現場記錄。捨此1924年之版本，筆者很難展開探源[51]。

筆者從一開始就認識到，1924年的三民主義某些具體內容已經不是1897年的思想內容了。但竊以爲發展到1924年的三民主義，不會遠遠超越1897年構思的大框框。就是說，其總體的指導思想沒有改變。否則就不是演進發展，而是另起爐灶了。任何認真研究過三民主義的人，都不會認爲1924年的三民主義嚴重地違反1897年的基本構思。故竊以爲用1924年的版本來探索三民主義的源頭，是可行的，因此才投資了近三十年的青春去摸底。事後證明筆者當初的想法是對的，詳見本節下文，以及題爲「萬能政府」一則。

由於筆者用1924年的三民主義版本來探索1897年三民主義的源頭，很容易引起誤會，誤會筆者可能將1924年三民主義講稿中的思想，附會到孫逸仙在英倫的九個月見聞中。這種可能發生的誤會，使筆者聯想到，在很長的一段時間，共產黨人曾堅稱有「舊三民主義」和「新三民主義」之分。其大意是說：1924年1月國共決定合作以後，孫逸仙在共產黨人幫助

---

49 孫逸仙，「民族主義第一講」，1924年1月27日，載秦孝儀(編)，《國父全集》(台北：近代中國出版社，1989)，第一冊，頁3第3行。以後簡稱《國父全集》(1989)。

50 孫逸仙，「民生主義第四講」，1924年8月24日，《國父全集》(1989)，第一冊，頁170-181：其中頁170第17行。

51 至於何謂「完整」，就見仁見智了。《民報》發刊詞之類，也可稱爲「完整」的版本，惟甚爲分散，且普通讀者難得一見。另一方面，1924年的演講，孫逸仙也沒講完。結果民族、民權各有六講，民生則只有四講而已。

下，改變了他三民主義的指導思想而構思了新的三民主義[52]。

　　我從來就不相信三民主義有這種新舊之分野，因為第一、持此說的人能夠拿出來的證據，並不足以說服我。第二、國共合作之政策在1924年1月20-30日國民黨第一次全國代表大會在廣州召開期間討論，1月31日發表宣言[53]。就在這段期間的1924年1月27日，孫逸仙有系統地開始演講三民主義，是為第一講[54]。以後共15講，都是在國民黨一大宣言之後進行的。若說這三民主義共16講、這被國民黨很長一段時間奉為聖經的16講，是在共產黨人幫助下而重新構思的所謂「新三民主義」，是不可思議的。

　　後來我應中央研究院近代史研究所前所長陳三井先生邀請，撰寫《中山先生與英國，1883-1925》，就把本書的寫作暫時擱下。待研究和撰寫了《中山先生與英國，1883-1925》之後，發現1924年的孫逸仙，既有依靠俄共、中共的一面，也有與其激烈鬥爭的一面。所謂依靠者，純屬權宜之計，自知猶如飲鴆止渴[55]。若說懷著這樣心情來與俄共、中共合作的孫逸仙，竟然聽信中共之言而摒棄了他畢生功力所在的三民主義原有指導思想，並在共產黨人的幫助下重新構思並設計了「新三民主義」，同樣是不可思議。

　　再待我完成了本書的寫作之後，而恢復《孫逸仙的成長，1866-1895：

52　尚明軒，《孫中山傳》(北京：北京出版社，1981)，頁222，250-251，265。這種見解，似乎是受到毛澤東的指導思想所影響。見毛澤東，〈新三民主義論〉，載《毛澤東選集》(北京：人民出版社，1991)，第2卷，頁690。周恩來也說：國民黨在1924年「依靠我們，復活和發展它的三民主義」，見周恩來，〈關於1924年至1926年黨對國民黨的關係〉，載《周恩來選集》(北京：人民出版社，1980)，上卷，頁112。

53　羅家倫、黃季陸(主編)，秦孝儀、李雲漢(增訂)，《國父年譜》一套二冊(台北：中國國民黨中央黨史委員會，1994)，下冊，頁1455-1456，1924年1月31日條；又見陳錫祺(主編)，《孫中山年譜長編》一套二冊(北京：中華書局1991年)，下冊，頁1829-1830，1924年1月31日條。

54　孫逸仙，「民族主義第一講」，1924年1月27日，載《國父全集》(1989)，第一冊，頁3第3行。

55　黃宇和，《中山先生與英國》(台北：學生書局，2005)，第八、九章。

翠亨、檀島、香港》的研究之時，又發覺從翠亨到檀島到香港到倫敦到
1924年他在廣州演講，三民主義從逐步構思到發表，其指導思想是一貫
的，並沒有反覆。誠然，在1897年的倫敦與1924年的廣州之間，1906-1907
年同盟會的《民報》與保皇黨的《新民叢報》之論戰，以及1911年辛亥革
命以後中國的慘局對孫逸仙的激發，分別豐富了其民生主義和民族主義的
內容。但這畢竟只是豐富了內容，沒有令其指導思想改弦易轍。

現在大陸不少學者已不再堅持新、舊三民主義之說了[56]，爲慰。

2. 至於孫逸仙自言在倫敦期間「三民主義之所由完成」句，該 如何解釋？

過去，我覺得對該句的解釋可能有二：第一、他在倫敦期間，把民
族、民權、民生等主義的主導思想都基本構思好了，過去沒完全想通的，
現在也想通了，故說「完成」，所指乃「完成」的程度問題。第二、三民
主義當中，他抵英前已經構思好了民族主義和民權主義的基本思想，三民
主義處於三缺一的狀態；抵達倫敦後「所見所聞」[57]，啓發他把過去已經
注意到的民生問題，經思考後昇華到主義的層次，三者再不缺一，故說
「完成」，所指乃圓缺的問題。

待我完成了本書的撰寫並開展了《孫逸仙的成長，1866-1895：翠亨、
檀島、香港》的研究之後，再回頭衡量「三民主義之所由完成」這句話的
具體所指，則覺得上述兩個可能性，兼而有之。世事很少是那麼黑白分
明、界線清楚的；尤其是人的思想，瞬息萬變，灰色地帶極多。但重要的
是：倫敦經歷對孫逸仙的震撼，比他過去任何時候都要鉅大深遠。譬如，
被幽禁在公使館期間，惡狠狠的死神，日夜瞪著眼睛，死死地盯著他，在

56　參考楊天石：〈關於孫中山「三大政策的形成及提出」〉，《近代史研究》，
　　總115期(2000年1月，第1期)，頁1-19。
57　孫中山：〈建國方略：孫文學說第八章「有志竟成」〉，載《國父全集》
　　(1989)，第一冊，頁412。

精神上對他的極度煎熬，以及他從中而得到的啓發，比起乙未廣州起義失敗後，隻身逃亡之驚險，則我重溫拙著《中山先生與英國，1883-1925》（台北：學生書局，2005）第三章第三節「倫敦蒙難，曾益其所不能」近30頁的分析，和第二章第九節從廣州「逃出生天」僅4頁的描述，就深感對照之強烈。倫敦蒙難觸動了孫逸仙靈魂深處既有的民權思想、民族思想，高深莫測乎？總之是震盪無與倫比！處於這種鋪天蓋地之震盪的孫逸仙，其對三民主義思想體會的深刻程度，實非筆墨所能形容。若他因此而說三民主義的基本指導思想達到了完成之階段，完全可以理解：有哪種經歷比此更爲刻骨銘心？

3. 民權主義中的「萬能政府」

在筆者展開三民主義研究之前，曾籠統地認爲民權主義是提倡西方式的民主政治。待我完成本書的寫作後，才發覺他民權主義的中心思想，是要建立一個萬能政府，因而大吃一驚。因爲，竊以爲孫逸仙所構思的「萬能政府」，有流於獨裁的危險。他所設想的：對人則進行選舉、罷免，對法律進行創制、複決等方案，對於掌握了軍權的「萬能政府」，是監督無力制衡無方。君不見，民主之如英國，其士兵宣誓服從上司命令之誓詞，有效期只有一年。爲什麼？爲了防範軍官攬權亂政甚至發動軍事政變也。設計了這樣的誓詞，則理論上萬一軍官眞的發動政變，一年以後其士兵再不必服從其命令，政變軍官就變成光棍司令，束手就擒。試想，孫逸仙所構思的「萬能政府」控制著軍隊，卻不受有效的監督和制衡，後果會怎樣？

缺乏有效監督和制衡的「萬能政府」，只會變成獨裁。這種現象，歷史上屢見不鮮。有鑑於此，目前西方民主政制中，沒有一個政府是萬能的。在不同程度上，它們通通受到監督和制衡，尤其是受法律的監督和制衡，這就是法治社會的精髓。在法治的香港、英國、和澳洲度過了共五十個寒暑的我，拜和平穩定賜福，故特別強調法治的重要性，並對「萬能政

府」望而生畏。

　　爲何孫逸仙要構思一個「萬能政府」？這與1924年孫逸仙演講三民主義時，處境非常兇險有關。我在撰寫《中山先生與英國》的第八章〈現實抉擇，1924-1925〉和第九章〈挑戰英國，1924-1925〉時，一邊寫書一邊爲他捏把汗。當時他困於廣州一隅，市內有滇軍、桂軍、湘軍、豫軍等各路客軍，在不同程度上拒絕接受孫逸仙政府的節制，橫徵暴斂，無法無天。近在咫尺的東江，又有陳炯明的軍隊，隨時準備對廣州發起攻擊。省外有北洋軍閥虎視眈眈。市內更有廣州商團這心腹大患，必欲置他於死地而後快。當時商團的陰謀若得逞，孫逸仙就眞的死無葬身之地。正史曰：三民主義之講述，「原定每週一次」，「至八月二十四日後因北伐督師韶關而停止」[58]。說得輕鬆！實際情況是：當時廣州太危險了，他迫得藉北伐美名，體面地忍痛離開廣州這唯一的心肝寶貝根據地，連三民主義的演講也中斷了。在如此兇險的情況下，談什麼自由民主都是廢話，救亡要緊。而救亡最有效的辦法，是促請國人犧牲小我的自由，服從「萬能政府」的命令，以成全大我。其邏輯是：沒有大我的自由，就沒有小我生存的空間。所謂覆巢之下，焉有完卵？孫逸仙民權主義有關「萬能政府」的演講，是在這種情況之下面世的。至於成全了大我以後，應該組織怎麼樣的一個政府，則孫逸仙從來無暇顧及。

　　那麼，1924年民權主義講述中的「萬能政府」，與1897年構思的民權主義，可有衝突？竊以爲兩者的基本指導思想是一貫的。爲什麼？1897年孫逸仙處境之兇險，不亞於1924年。自從1895年廣州起義失敗後，孫逸仙逃亡海外，清廷全球通緝，結果身陷倫敦公使館。雖賴恩師多方營救而終於脫險，惟此後必須提心吊膽地過日子。但他仍矢志推翻滿清。惟赤手空拳，儘管再加上陳少白和鄭士良，也只有三頭六臂。用這三頭六臂去撼滿清的千軍萬馬，若無必死之決心，那就別想有絲毫成功的希望。又即使推

58　《國父年譜》(1994)，下冊，頁1441，1924年1月27日條。

翻了滿清，則中國仍然是「強鄰環列，虎視鷹瞵，久垂涎於中華五金之富，物產之饒，蠶食鯨吞，已效尤於接踵，瓜分豆剖，實堪慮於目前」。[59]若國人無必死之決心，團結一致抵抗列強，中國終有亡國滅種的一天！在這鋪天蓋地般壓力下受孕的民權主義，呱呱落地者若不是「萬能政府」這怪嬰，就匪夷所思了。1897年在胎盤裡已是如此，1924年誕生時當然也是如此。因為懷孕期間，中國形勢沒有翻天覆地般好轉而讓這怪胎流產也。形勢甚至每況愈下，孫逸仙在1924年，若對當時的國內外形勢作估計，他會醒悟到，在1924年以後很長的一段時候，中國的處境仍然非常兇險。這就是為什麼我說，從1897年孫逸仙不同程度地「完成」了其民權主義的構思，到1924年他有系統地講述民權主義的理論，其基本指導思想是一貫的，即建立一個「萬能政府」來對付當時中國極為嚴重的內憂外患。

那麼，孫逸仙「萬能政府」構想的源頭在哪裡？很可能在民主議會政治的發源地英國。我不是故意聳人聽聞，請容我預告目前我研究《孫逸仙的成長，1866-1895：翠亨、檀島、香港》的一些驚人發現。孫逸仙在香港中央書院讀書(1884-1886)時，1885年1月的大考試題中，包括下面這道聽寫(Dictation)題：

These words were scarcely spoken before that signal was made which will be remembered as long as the language, or even the memory of England, shall endure-Nelson's last signal! 「England expects every man to do his duty」. It was received throughout the fleet with a shout of answering acclamation, made sublime by the spirit it breathed and the feeling which it expressed. 「Now」, said Lord Nelson, 「I can do no more. We must trust to the Great Disposer of all events, and the justice of our cause. I thank God for this great

59　《國父年譜》(1994)，上冊，頁79-81；其中第80，1894年11月24日條，引馮自由，《革命逸史》，第四集，頁5-6。

opportunity of doing my duty.」 [60]

全文的精神都集中在一個字：duty(責任)。這責任是什麼？保衛祖國。話說1805年，法國拿破崙的大軍已橫掃西歐，所向披靡。進而對英倫三島虎視眈眈。他命令法國海軍糾集西班牙海軍，積極籌備護送大軍橫渡英倫海峽去攻打英國，以致英國上下，憂心忡忡；沿海防線，一日數驚。惟英國皇家海軍主動出擊，1805年4月21日，在西班牙海面的的特拉法加角 (Cape of Trafalgar)，阻擊法西聯合海軍。英軍司令納爾遜的總攻擊令，就是用各色訊號旗所組成的字句：「英倫期待著每一個人都盡忠職守！」在那種情況下盡忠職守，就是絕對服從命令，不怕犧牲地奮勇作戰。結果英軍大勝，但納爾遜也因重傷而犧牲了。臨終前接到勝利的喜訊，納爾遜併出最後一句話：「感謝上帝，我完成了任務！」[61]英國終於逃過了亡國滅種的厄運。

1885年1月香港中央書院大考之日，乃中法戰爭正酣之時。1884年8月23日，過去曾被英國皇家海軍打得落荒而逃的法國海軍，突然襲擊福州馬尾港之中國軍艦，又把馬尾造船廠夷爲平地。10月，法軍進攻台灣，侵占基隆，封鎖台灣海面。攻打台灣時受創的法國軍艦到香港要求修理，華工拒絕爲其服務。法國船隻到香港採購，華商不與交易。法國商船到達香港，艇戶拒絕爲其卸貨[62]。香港殖民政府強迫華工、華商合作，衝突中又發生流血事件。香港的《循環日報》評論說：「中法自開仗之後，華人心

---

60 Dictation, Tables and Examination Papers of the Prize Examination held at the Government Central School in January, 1885, Government Notification No. 174, 25 April 1885, *Hong Kong Government Gazette, 25 April 1885*, pp. 357-360: at p. 359.

61 "Thank God I have done my duty" were his last words. He died at 4.30p.m. "Broadside. Battle of Trafalgar," http://www.nelsonnavy.co.uk/battle-of-Trafalgar, accessed on 22 February 2006.

62 陳錫祺(主編)，《孫中山年譜長編》，一套二冊(北京：中華書局1991年)，上冊，頁38，8月、10月條，引中國近代史資料叢刊《中法戰爭》(上海：新知出版社，1955)，第5冊，頁24-39。

存敵愾，無論商賈役夫，亦義切同仇…此可見我華人一心爲國，衆志成城，各具折衝禦侮之才，大有滅此朝吃[食]之勢。」[63]孫逸仙耳聞目染，大受影響。他會問：爲何1805年的英國皇家海軍能打敗法國海軍？他會想：因爲當時的英國戰士都「絕對服從命令，不怕犧牲地奮勇作戰」。若中國要生存，能不效法納爾遜及其部下般，上下都豁出性命去保衛祖國？「萬能政府」的構思，很可能因此油然而生。

　　上述1885年1月中央書院的聽寫考試，雖然在香港舉行，但所述歷史卻在英國發生。又鑑於孫逸仙在1896年9月30日晚到達倫敦後，其出租馬車就必須經過以特拉法加戰役而命名的特拉法加廣場，在高入雲霄的納爾遜紀念碑旁走過，才能到達赫胥旅館(Haxell's Hotel)下榻[64]。這個第一印象，有多深刻？翌日早上往訪恩師康德黎醫生，他步行橫過該廣場時，在紀念碑下緬懷古人，又會得到什麼啓發？此後他在倫敦九個月的活動範圍，都是在該廣場附近[65]，一抬頭就能看到納爾遜高大的形象，能不引他深思？1897年6月26日，孫逸仙仍旅居倫敦時，適逢其會地觀看了爲慶祝維多利亞女王登基60週年而舉行的海軍檢閱。當他聽到英國海軍戰士那震撼人心的山呼萬歲時，心靈會泛起什麼激蕩[66]？準此，若說「萬能政府」構思的源頭在英國，也不過份。

　　應該指出，孫逸仙約於1884年11月，應乃兄急召赴檀[67]，約1885年4月才自檀返港[68]，故上述1885年1月的聽寫考試，他並沒有參加，難怪成績公

63　香港《循環日報》1884年10月9日。所謂「滅此朝吃」者，源自「滅此而朝食」：《左傳‧成公二年》載：晉軍在早晨前來進攻齊國、「齊侯曰：『余姑翦滅此而朝食。』不介馬而馳之。」又，朝食：吃早飯。消滅掉這些敵人再吃早飯。形容急於取勝的心情和高昂的鬥志。《漢語成語詞典》(成都：四川辭書出版社2000年10月再版)。
64　這是筆者騎自行車沿著當年孫逸仙走過的路而得出的結論。
65　這也是筆者一步一腳印地跟蹤孫逸仙當年每天走過的路而得出的結論。
66　詳見本書第五章。
67　《國父年譜》(1994)，上冊，頁41，1884年11月條。
68　《國父年譜》(1994)，上冊，頁42，1885年4月條。

布時他也榜上無名[69]。但試題是奉輔政司命令印刷發行的[70]，中央書院圖書館肯定有藏，以便學生溫習。想孫逸仙回到香港復課後，不會忽視這些「教材」。

4. 筆者在本書中強調：「民族主義這種思想，過去中國是沒有的」

民族主義這怪物，起源於十九世紀的歐洲。若從西方思想史的標準來衡量，嚴格地說，的確「過去中國是沒有的」[71]。過去中國華夷之分，主要是以文化爲標準，故華可以變夷，夷也可以變夏，因此才產生了「漢人盡作胡兒語，卻向城頭罵漢人」[72]這名句。此外，民族主義之中的極端成分，諸如「My country right or wrong」（無論我的祖國是錯是對，我都全力支持她）這種盲目性，並由此而產生的Nazism（納粹主義）及ethnic cleansing（種族大屠殺）那種極度狹隘的心胸，皆爲寬容的華夏文化所難以想像的。

後來，由於中國備受歐洲民族主義發展而成的新帝國主義百般欺凌，孫逸仙才構思了他的民族主義，企圖救亡。儘管如此，孫逸仙所構思的民族主義，只是把華夏文化之仁義禮信、濟弱扶傾的思想[73]，結合愛國主義而成。絲毫沒有當時歐洲民族主義那種狹隘心腸。一言蔽之，孫逸仙的民

69　Morrison Scholarship and General Prize List, Tables and Examination Papers of the Prize Examination held at the Government Central School in January, 1885, Government Notification No. 174, 25 April 1885, *Hong Kong Government Gazette, 25 April 1885*, pp. 357-360： at p. 357.

70　"The following Tables and Examination Papers of the Prize Examination held at the Government Central School in January, 1885, are published for general information." Government Notification No. 174, 25 April 1885, *Hong Kong Government Gazette, 25 April 1885*, pp. 357-360：at p. 357.

71　見本書第五章「民權思想探源」。

72　唐朝司空圖詩〈河湟有感〉，詩曰：「一自蕭關起戰塵，河湟割斷異鄉親；漢人盡作胡兒語，卻向城頭罵漢人。」

73　孫逸仙，「民族主義第六講」，1924年3月2日，載《國父全集》（1989），第一冊，頁45-54：其中頁53，第12-17行。又見《孫中山全集》一套11卷（北京：中華書局，1981-6），第九卷，頁241-254：其中頁253。

族主義基本是中國傳統思想的王道，並以此來抵抗歐洲民族主義的霸道[74]。從這個角度看問題，能說中國過去有歐洲式的民族主義？過去沒有，現在沒有，想將來也沒有。因爲，十九世紀歐洲式的民族主義那種強調單民族國家的狹隘心腸，會爲多民族的中國帶來無窮災難！

　　在探索1897年孫逸仙民族主義思想的形成時，筆者所用的學理，盡量利用有關孫中山那個時代民族主義的理論框框，譬如英國史學家額日・霍布斯班（Eric Hobsbawn），在研究1780年以來，歐洲民族主義發展過程[75]。歷史，是史家把過去所發生過的事情重建起來並加分析，就如本書有「重建歷史」和「分析歷史」兩大部分。民族主義這種歷史現象，1897年孫逸仙在倫敦的時候，方興未艾，還沒有史家出來對它重建和分析，筆者曾求諸1897年出版的有關書籍，果如所料地一無所獲。孫逸仙雖然不是歷史學家，但在1897年已經探索此問題，可說開這方面研究之先河。

5. 本書的另一個特點

　　是沒有重點探討孫逸仙在英倫的時候，何以沒有網羅同志、發展革命組織。惟本書目標在探索三民主義在倫敦的源頭，不在探討他在倫敦如何網羅同志——那是另外一個課題。儘管如此，本書第二章「孫逸仙旅英日誌」，就曾把他每天與什麼人見過面，都盡量探求。其中蛛絲馬跡，可爲進一步探索鋪路。我對這些蛛絲馬跡的初步分析是：當時旅英華人，大致有兩種。第一是留學生，人數極少。我們不要忘記，當時是1897年。第二是一般華僑，人數同樣極少，他們聚居在倫敦東部碼頭區，開設了一兩家雜貨店和唐人餐館，顧客都是遠洋船上的華人水手。爲何華僑如此稀少？須知後來到英國謀生的華人，大多數是香港新界的村民。1897年，英國還

74　見本書第五章「民族主義思想探源」。

75　Eric Hobsbawn, *Nations and Nationalism since 1780* (Cambridge University Press, 1992), p. 10.

未租借新界[76]，何來華僑？儘管孫逸仙非常渴望「網羅同志」，也是巧婦難爲無米之炊。

四、小結

　　若說治史者有「以史載道」之責，則本書所載何道？曰：三民主義道出中國近代災難的癥結所在，探其源頭可略知關鍵所在。若繼續忽視該等癥結，則悲劇還會重來。當道宜慎之。

　　論史學方法，則本書爲三民主義1897年之虛擬版本探源，屬晚清思想史。卻不同程度地涉獵政治、外交、經濟、憲法、政制，社會、殖民、歐美民主主義、歐美民權主義、歐美社會主義運動、基督敎等等歷史；帝國、中國，英國、美國、法國、德國、義大利、俄國、日本、香港、印度、非洲等各地歷史。若只專注於晚清思想史而不把它熔化在各種歷史所共同組成之世界大熔爐來研究、思考、探索，則無論將水井鑽得如何之深，所見仍屬井蛙。又本書雖屬晚清思想史，但涉獵所及，中國則脫離不了經典著作之遠如四書、五經，近如明末清初黃梨洲之《明夷待訪錄》。歐美則思潮代表諸如英國達爾文之《進化論》、穆勒之《自由論》；法國拉馬克對生物學之創見；美國赫斯特之《美國憲法史暨政治史》等[77]。若只專注於咀嚼三民主義本身之文字以求微言大義，或盲目地對其忠貞，就難怪皓首窮經而無出色了。願與同行共勉之。

　　本書秉承拙著《鴆夢：鴉片煙、帝國主義、「亞羅」戰爭，1856-60》之作風[78]。《鴆夢》既有中國史、帝國史、英國史、法國史、美國史、俄

76　On 9 June 1898, the Treaty of Peking was signed, leasing the New Territories to Britain for ninety-nine years. See Peter Wesley-Smith, *Unequal Treaties, 18981997: China, Great Britain, and Hong Kong's New Territories* (Oxford University Press, 1980)，p. 19.

77　所及各書，見本書第二部分。

78　John Y. Wong, Deadly Dreams: *Opium, Imperialism, and the "Arrow" War in*

國史、印度史、非洲史、南美史、香港史；也有政治史、外交史、經濟
史、軍事史、科技史、法律史、社會史、思想史。其中思想史部分又牽涉
到中國傳統價值觀、官場文化、民間習氣；歐洲民族主義、現代帝國主
義；英國自由主義及自由貿易主義；法國天主教復興等等。如此鳥瞰歷
史，可知第二次鴉片戰爭眞不是英法聯軍那麼簡單，而是一場準世界大
戰。所以，英國劍橋大學歷史學院院長爲拙著寫書評時說：「黃宇和的
《鴆夢》，是 *histoire totale*（全方位的歷史），是繼 Fernand Braudel（布羅岱
爾）的 *Mediterranean*（《地中海文明》）之後又一傑作。《鴆夢》爲歷史研
究樹立了新標準，在未來很長的歲月裡，學術界將惟此馬首是瞻。」[79]

　　本書《三民主義思想探源》，繼拙著《孫逸仙倫敦蒙難》和《中山先
生與英國》之後，開《孫逸仙的成長》之先。在這批研究成果的基礎上再
接再勵，將來研究和撰寫《列強與孫逸仙，1866-1925》，可望超越《鴆
夢》乎？

(續)────────────────

　　China, 1856-60（Cambridge University Press, 1998）.
79　Eugenio Biagini，*The Historical Journal.*，45.3（2002）: 679-687.

英中對照表
(如名詞出自日誌，則注明日期)

Aberdeen University 阿巴顛大學961112, 961125, 961206

Aberdeen Park Road 阿巴顛公園路26號970211

Acts of Parliament 國會法案

Afrikaners 出生於南非的歐洲人(尤其是荷蘭人)

Agricultural Hall 皇家農業展覽館961208

Albany Street 奧賓利街970325

Albert Road 艾爾伯特路961027

All Souls College, Oxford 牛津大學諸靈學院

Anderson, Benedict 濱乃迪・安德遜

Anderson, Mr. 安德遜先生961105

Angles 盎格魯·Saxons(撒克遜)

Anglican Church 聖公會

Anglo-Saxon Israelite 盎格魯・撒克遜以色列民族

Anglo-Saxon 盎格魯、撒克遜民族

Aramaic 阿拉米語961027

Arrowsmith, J. W. 阿羅史密斯(出版社), 961221

Arroyo, President Gloria 阿羅約(菲律賓總統)

Arundel Street, Strand 阿潤禱爾街6號970123, 970126

Aryans 雅利安人

Asquith, Henry Herbert 阿斯區夫(英國總理)

Assembly 議會（See Parliament）

Assyria 阿斯里亞970326

at home 小吃聚會961126

Babylon 巴比倫970326

Bagehot, Walter 沃爾特・白哲格特

Bailiffs 法警

Baners，Lord 巴納斯勛爵961208

Banqueting House 宴會樓（1648年1月30日英王查理士一世被砍頭的地方）

Barclay-Brown, Mrs. 巴克利-布朗太太（康德黎夫人的母親），961119

Barker, Mr. J. Ellis 巴卡先生

Barnes 巴恩斯961105, 961223

Baronet 男爵

Barrister 大律師

Batford, B.T., Bookseller 鰲佛特書店970327

Bedford, the Dukeof 貝德福德公爵961208

Biology 生物學

Birbeck Bank 伯北克銀行970413

Bishop Street 主教街970413

Bishop 主敎

Bismarck，Otto von 俾斯麥

Blacker, Dr. Carmen 卡門・比力加博士

Boadicea 博迪西亞961027

Bombay Army 孟買駐軍961112

Bombay University 孟買大學961112

Braudel, Fernand 布羅岱爾（法國年鑑學派歷史學家，著有《地中海文明》）

Bristol 布里斯托（市）961221

British Israel 英以色列信仰

British Israelite 英以色列信徒

British Museum 大英博物館961205

British Tea Table Company 英國茶卓公司970316

Brown, Hary 哈利・布朗先生961124

Bruce, Dr. Mitchell 米切爾・布魯斯醫生961025,961206

Buckingham Palace 英國王室居住的白金漢宮(圖961010)

Buckingham Palace 白金漢宮

Bulowayo 布魯維奧961025

Bulowayo 布魯維奧961025

Burgess 英國中世紀自治市選出來的議員

Bury Street 貝利街970409

Butlers Head Public House 畢特勒核酒肆970310

Cantlie, Colin 柯林・康德黎(次子)961001n

Cantlie, Colonel Kenneth 肯訥夫・康德黎上校(四子)961001

Cantlie, Dr. Audrey 奧德麗・康德黎博士(康德黎醫生的孫女)961119

Cantlie, Dr. James 康德黎醫生961001

Cantlie, Keith 克夫・康德黎(長子)961001n

Cantlie, Mrs. Mabel 梅布爾・康德黎夫人

Cantlie, Neil 倪理・康德黎(三子)961001n

Carnarvon 卡蘭凡

Cattle Show 牛類展覽961208

Caucasian 高加索人

Caucasus Mountains 高加索山脈

Cecil Hotel 塞西爾酒店961218

Celts 塞爾特人

Central CriminalCourt 中央刑事法庭961022

Chancery Lane 司法大臣街961113, 970114

Queen Anne Street 安妮皇后街961009, 961027

Queen Victoria Street 維多利亞皇后街97號970316

Queen's Hall 女王音樂廳970203

Queen's Procession, the 皇家大遊行(1897年6月22日)

Race 種族

Racism 種族歧視

railway omnibus 有軌馬拉車960930

Read, Mr. 里德先生970508

Regent Circus 攝政親王迴旋處961001, 961112

Regent Street Polytechnic 攝政親王街理工學院970126

Regent Street 攝政親王街961001

Regent's Park 攝政親王公園

Regulations 規則

Richard , Timothy 李提摩太970211, 970218

Richardson, Miss 李查森小姐961105

Root, Senator Elihu 爾理胡‧魯特(美國國務卿1909)

Roscoe, Mrs. 羅斯科太太961027

Rose, Captain and Mrs. 熱斯上尉暨夫人970405

Royal Agricultural Hall 英國皇家農業館

Royal Horticultural Society 英國皇家園藝協會961003

Royal Institute of British Architects 英國皇家建築設計師協會

Royal Palace of Justice 皇家公正之殿(圖961001)

Royal Palace of Justice 英國皇家最高法院961001

S. S. *Numidian* 「紐米地安」號,970701

S.S. *Majestic* 《雄偉》號960930

Saisho 稅所先生970326

Salisbury, Marquess of 沙士勃雷侯爵961019

Stone Buildings 白石大樓961113

Strand 河濱(路)960930

Sub-human 次人

Subject 臣民

Swastika 印度敎敎徽——那十字型加小尾巴的徽章

Tajima 田島970616, 970619, 970626, 970627, 970628, 970629

Telegraph Street 電報街970310

Tennyson, Lord Alfred 丁尼遜(英國大文豪)

Teuton 條頓民族

Thames 泰晤士河960930

Things Chinese 「中國講座」970311

Thom, Mrs. Teresa 特雷莎‧湯姆夫人961123

Tidal Basin Stations 太度卑鮮車站970310

Tilbury Docks 蒂爾伯里碼頭970310, 970403, 970413

Times《泰晤士報》970113

Timothy Richard 李提摩太970211, 970218

Tokugawa, Prince 德川世子970524

Tomlin, Mr. A.J. 唐林先生

Tooth, Dr. and Mrs. 杜夫醫生暨夫人961112

Tottenham Court Road 托騰奴肯路970327, 970616

Tower of London 倫敦塔961005

Trafalgar Square 特拉法加廣場961001, 961004

Traill, Professor 特熱爾敎授(阿巴顚大學)971206

Treasury Solicitor 財政部首席律師961003, 961104, 961231

Trenthan House 特熱恩罕屋970211

Trevor-Roper, Hugh 核‧特瓦若柏

Trocadero Restaurant 特洛克德魯餐廳961208, 961215

參考資料及書目

一、未刊及已刊檔案資料

Archival Materials

(Unpublished and Published)

In the Chinese Mainland（中國大陸）

1.   Beijing Palace Museum Archives 中國第一歷史檔案館：

外務部536號，有關龔照瑗公使的文件；

外務部870號，駐倫敦公使館財務報告；

外務部871號，有關張德彝公使的文件。

2. Beijing Palace Museum Archives 兩廣總督譚鍾麟奏稿，載中國第一歷史檔案館（編）：《光緒朝硃批奏摺》第118輯（北京：中華書局，1996），頁137-139。

3. Chinese Legation（London）Archives，載羅家倫：《中山先生倫敦蒙難史料考訂》（南京：京華印書館，1935年重版）。

Reports by Slater's Detective Association

Letters and Telegrams to and from the Legation.

4. Du, Yongzhen杜永鎮（編）：《近代史資料專刊——陸海軍大元帥大本營公報選編》（北京：中國社會科學出版社，1981）。

5. Guangdongsheng廣東省檔案館藏，粵海關檔案全宗號94目錄號1案卷號1572秘書科類《收回粵海關》1919-1921。

6. Guangdongsheng廣東省檔案館藏，粵海關檔案全宗號94目錄號1案卷號1580-1586秘書科類《各項事件傳聞錄》1917-1925。

7. Guangzhou廣州「軍政府公報」，收入《南方政府公報》第一輯(石家莊：河北人民出版社，1987年12月影印出版)。

8. Guangdongsheng廣東省檔案館藏，廣東「軍政府公報」，第1號，廣州：1917年9月17日，收入《南方政府公報》線裝書共一套3輯(石家莊：河北人民出版社，1987年12月影印出版)，第一輯(共78冊)「軍政府公報」，第一冊，第4頁，廣東省檔案館藏，編號政類1359-1436：其中第1359。

9. Guohui《國會非常會議紀要》(廣州：1917-1918)。

10. Zhongguo, di er lishi dangan guan中國第二歷史檔案館編：《中華民國史檔案資料彙編》(南京：江蘇古籍出版社，1986年)。

11. Zhongguo, di er lishi dangan guan中國第二歷史檔案館藏：袁世凱特授孫文「籌劃全國鐵路全權」，1912年9月9日，《政府公佈》民國元年134號。

12. Zhongshan, guju jinianguan中山市翠亨村中山故居紀念館藏：(1)孫氏《批墾合約》，1864年3月19日。(2)孫氏《列祖生沒紀念簿》。(3)《安樂堂記事簿》。(4)孫滿(編)《翠亨孫氏達成祖家譜》。

In Taipei（台北）

1. Academia Historica Archives 國史館大溪(蔣中正)檔案。

2. Academia Historica Archives 國史館藏：國民政府訓令，渝字第第319號，1940年4月1日，載《國民政府公報》(重慶：國民政府文官處印鑄局，1940年4月3日)，渝字第第245號，頁11。

3. KMT Archives 中國國民黨黨史館檔案。

In Hong Kong（香港）

1. Hong Kong Annual Administrative Reports, 1841-1941, v. 2, 1887-1903. Edited by R.L. Jarman. Archive Editions, 1996.

2. Hong Kong Annual Administrative Reports, 1883-1895, deposited at the Public Record Office, Hong Kong.

3. Hong Kong Legislative Council Sessional Papers 1896, Hong Kong University Libraries http://lib.hku.hk/Digital Initiatives/Hong Kong Government Reports/Sessional Papers1896/College of Medicine.

4. Minute-book of the Senate, College of Medicine for Chinese, in the Registrar's Office, University of Hong Kong.

5. Minute-book of the Court, College of Medicine for Chinese, in the Registrar's Office, University of Hong Kong.

6. History and Records of the Diocesan Boys School, Part 3a-Year by Year(1860-1947), p. 29, year 1883, typescript, HKMS88-294, Hong Kong Public Record Office.

In the UK（英國）

1. Aberdeen University Records:
   U1 Student Register, v. 1, 1860/1-1890/1
   U11 Bursary Competitors, 1860-79
   Medical Schedule, 1873

2. All Souls College Library, Oxford:
   Portrait of Professor T. E. Holland
   Papers of Professor T. E. Holland

3. British Library Records:
   BL Add.39168/138-141: Sun Yatsen's letters to G.E. Musgrove.

Central Archives: Reading Room Register

Central Archives: Minutes of the Standing Committee of the British Museum Trustees, 10 October 19114

Central Archives: Douglas' application to be First Class Assistant in the Department of Oriental Printed Books and MSS, 1 February 1865.

4. Cantlie Family Papers(see also Wellcome Institute):

Diaries of Lady Mabel Cantlie, in the custody of Dr. James Cantlie

Sir Keith Cantlie's memoirs(typescript)

5. Cambridge University Library: Records of the College of Medicine for Chinese in Hong Kong, deposited at the Royal Commonweal Society Library within the Cambridge University Library.

6. Charing Cross Hospital Records:

A brief history of the Hospital(typescript)

A resume of Sir James Cantlie's history and achievements(typescript)

7. Church Missionary Society Archive: Section I: East Asia Missions, Parts 10-14(Marlborough Wiltshire: Adam Matthew Publications, 2002).

8. Greater London Council Records:

Map 143 J.St.M. 1864

Map 1495 J St M 1890

9. Hongkong and Shanghai Banking Corporation: Group Archives, depside at the HSBC Head Office, London

10. King's College, London

KA/1C/D60 Papers relating to Douglas' Application to be Professor of Chinese in 1873

KA/C/M11 Council Minutes, v. 50, entry 488, Douglas elected Professor of Chinese

11. Liverpool Modern Record Centre, Maritime House, Liverpool:

Voyage Book of the SS Glenfarg

Wage Book of the SS Glenfarg

12. London Missionary Society Records(deposited at the School of Oriental and African Studies, University of London):

CWM/LMS, South China, Incoming letters 1803-1936, Box 11 (1887-92); Box 12(1893-94); Box 13(1895-97); Box 22(1920-1922); Box 23(1923-1924), Box 24(1925-1927);

CWM/LMS, South China, Reports 1866-1939, Box 2(1887-97).

13. National Archives of the UK, Kew, London:

CO129 British Colonial Office Records

FO 17 British Foreign Office Records: General Correspondence, China, FO 228 British Foreign Office Records: Embassy and consular reports, China, FO 371 British Foreign Office Records: General Correspondence, China.

14. Wellcome Institute Library, London:

Western ms 1488: Dr. James Cantlie's lecture on Hong Kong (incomplete)

Wester ms 2934: Sun Yatsen's examination script, 1887

Western ms 2935: Examination scripts for 1887: names of students

In the USA(美國)

1. Archives of the American Board of Commissioners. ABC 16: Missions to Asia, 1827-1919. IT 3 Reel 260, 16.3.8: South China, Vol. 4(1882-1899) Letters C-H: Hager. Charles Robert Hager: 3-320, deposited at the Houghton Library, Harvard University.

2. Boothe Papers, Hoover Institution, Stanford University

3. Power Papers, Hoover Institution, Stanford University.

4. Wellington Koo Papers, Columbia University, New York.

5. Yale Divinity School Archives.

二、西文參考書目

1. Anon, "Beginnings of Representation in Parliament," *Encyclopaedia Britannica,* nineth edition(Edinburgh: Adam and Charles Black, 1875-1889), v. 8, p. 307 col. 2 to p. 308, col. 1.

2. Anon, "The Great Charter," *Encyclopaedia Britannica,* nineth edition(Edinburgh: Adam and Charles Black, 1875-1889), v. 8, p. 308, cols. 1-2.

3. *A Brief History of the Metropolitan Police*(London, 1983).

4. Aberdeen University Calendar, 1870-1871, and 1871-1872.

5. Aberdeen University Review, Vol.13, 1925-1926.

6. Aberdeen University, *Preliminary Record of the Arts Class, 1866-1870* (Murray, Aberdeen, 1901).

7. *Aberdeen University, Records of the Arts Class, 1868-1872.* 1st edition, edited by P. J., Anderson(Aberdeen University Press, 1892); 2nd edition, edited by Stephen Ree(Aberdeen University Press, 1930).

8. *Aberdeen University, Roll of Graduates 1860-1900.* Edited by Johnston, Col. William(Aberdeen: Aberdeen University Press, 1906).

9. Aberdeen University, Roll of Service(Aberdeen University Press, 1921).

10. Adcock, St John(ed). Wonderful London: The world's greatest city described by its best writers and picture by its finest photographers. 3 volumes. London: Fleetway House, n.d.

11. *Adelaide Advertiser.* Adelaide, Australia.

12. Aitken, W. Francis. "The Museums and Their Treasures," in Adcock, St John(ed), *Wonderful London: The world's greatest city described by its best writers and picture by its finest photographers.* 3 volumes.(London: Fleetway House, n.d.), pp. 1096-1109.

13. Aitken, W. Francis. "The Museums and Their Treasures," in *Wonderful London*, Vol.2, p. 1103.

14. Alcock, Leslie. *Arthur's Britain: History and Archaeology, A.D. 367-634*(London: Allen Lane the Penguin Press, 1971).

15. Altman, A.A. and Schiffrin, H.Z. "Sun Yat-sen and the Japanese, 1914-1916," *Modern Asian Studies,* Vol.6(Apr 1972), pp. 129-149.

16. Amann, Gustav. *The Legacy of Sun Yat-sen: A History of the Chinese Revolution.* Translated from the German by F. P. Grove(New York: Carrier, 1929. [Fisher 951.041/11]).

17. Anderson, Benedict. *Imagined Communities: Reflections on the Origin and Spread of Nationalism*(London: Verso, 1983).

18. Anderson, Benedict. *Imagined Communities: Reflections on the Origin and Spread of Nationalism*(London: Verso, 1983).

19. Anderson, Benedict. *Imagined Communities: Reflections on the Origin and Spread of Nationalism*(London: Verso, 1983).

20. Anderson, Benedict. *Imagined Communities: Reflections on the Origins and Spread of Nationalism.* 1st edition, 1983. Revised and extended edition(London: Verso, 1991).

21. Andressen, Curtis. *A Short History of Japan from Samurai to Sony* (Harcourt, 2002).

22. Andressen, Curtis. A Short History of Japan from Samurai to Sony (Harcourt, 2002).

23. Andrew, Donna T. Philanthropy and Police: London Charity in the Eighteenth Century(London: 1989).

24. Anon, "Beginnings of Representation in Parliament," *Encyclopaedia Britannica,* nineth edition(Edinburgh: Adam and Charles Black, 1875-1889), v. 8, p. 307 col. 2 to p. 308, col. 1.

25. Anon, "The Great Charter," *Encyclopaedia Britannica*, nineth edition(Edinburgh: Adam and Charles Black, 1875-1889), v. 8, p. 308, cols. 1-2.

26. Anschel, Eugene. Homer Lea, Sun Yat-sen and the Chinese Revol-ution(New York: Praeger, 1984.

27. Armstrong, Martin. "Leafy London: In Park and Pleasaunce," in Adcock, St John(ed), *Wonderful London: The world's greatest city described by its best writers and picture by its finest photographers*. 3 volumes(London, Fleetway House, n.d.), pp. 367-378.

28. *Arrowsmith, 1854-1954, 1954-1979* J.W. Arrowsmith, Bristol. 1st edition, 1955; 2nd edition, 1979.

29. Aurora Borealis Academica: Aberdeen University Appreciations, 1860-1889(Aberdeen: Aberdeen University Press, 1889).

30. Ayres, G. M. England's First State Hospitals and the Metropolitan Asylums Board(London: 1971).

31. Bagehot, Walter. *The English Constitution*(New York, 1867).

32. Bahya IBN Yusuf. *The Duties of the Heart...* Translated with an introduction by Edwin Collins(Oriental Press, London, 1904).

33. Baildon, W. Paley. The Quin-Centenary of Lincoln's Inn, 1422-1922 (London, 1922).

34. Baines, T. History of Town and Commerce of Liverpool. 1852.

35. Balme, Harold. *China and Modern Medicine*. Edinburgh House, 1921.

36. *Banffshire Journal*(Banffshire, Scotland).

37. Banks, J. A. *Prosperity and Parenthood*(London: 1954).

38. Barclay, William. The Schools and Schoolmasters of Banffshire (Banff, 1925).

39. Barnett, Suzanne Wilson. "National Image: Missionaries and Some Conceptual Ingredients of Late Ch'ing Reform," in Paul A. Cohen and John E.

Schrecker(eds.), *Reform in Nineteenth-Century China*(Camb., Mass.: Harvard East Asian Research Center, 1976), pp. 160-169.

40. Barry, Jonathan, and Colin Jones. *Medicine and Charity Before the Welfare State*(London: 1991).

41. Beasley, W.G. *The Meiji Restoration*(Stanford: Stanford University Press, 1973).

42. Beier, A. L., and R. Finlay(eds.). *London 1500-1700, the Making of the Metropolis*(London: 1986).

43. Bergere, Marie-Claire. *Sun Yat-sen*. Translated from the French edition of 1994 by Janet Lloyd(Stanford: Stanford University Press, 1998).

44. Bergere, Marie-Claire. *Sun Yat-sen*. Translated from the French edition of 1994 by Janet Lloyd(Stanford: Stanford University Press, 1998).

45. Biagini, Eugenio F. and Alastair J. Reid(eds.). Currents of Radicalism: popular radicalism, organised labour, and party politics in Britain, 1850-1914(Cambridge University Press, 1991).

46. *Bible*. Revised standard version, Catholic edition(London: Catholic Truth Society, 1966).

47. *Bibliographical Dictionary of Japanese History*. Compiled by Seiichi Iwao and translated by Burtan Watson. Tokyo, Kodansha Internat-ional Ltd., 1978.

48. Birmingham Post(Birmingham).

49. Black and White(London).

50. Blake, Robert Lord. *A History of Rhodesia*(London: Eyre Methuen, 1977).

51. Bland, J.O.P. *Li Hung-chang*(London, 1917).

52. Bland, J.O.P. and Backhouse, E. *China Under the Empress Dowager* (London, 1910).

53. Bluntschli, John Kasper. *The Theory of the State*(1895).

54. Bolt, Christine. *Victorian Attitudes to Race*(London: Routledge & Kegan

Paul, 1971).

55. Boorman, Howard L(ed). *Biographical Dictionary of Republican China*(New York: Columbia University Press, 1967).

56. Booth, William. *In Darkest England and the Way Out*(London: Salvation Army, 1890).

57. Bosanguet, Helen. *Social Work in London 1869-1912*(London: 1914).

58. Boulger, Demetrius C. The Life of Sir Halliday Macartney K.C.M.G. (London, 1908).

59. Boyce, D. Geroge. *Nationalism in Ireland*(London: Croom Helm, 1982).

60. Braden, Charles. *These also Believe*(New York: Macmillan, 1957).

61. Braden, Charles. *These Also Believe*(New York: MacMillan, 1957).

62. Brewer, John. The Sinews of Power, War, Money, and the English State(London: 1989).

63. Briggs, Asa. *Victorian Cities*(London: 1968).

64. Brinton, Crane. English Political Thought in the Nineteenth Century (London, 1933).

65. Brinton, Crane. *The Anatomy of Revolution*(New York, 1957).

66. *Brisbane Courier*(Brisbane, Australia).

67. *Brisbane Telegraph*(Brisbane, Australia).

68. British Review(London).

69. Britton, Roswell S. The Chinese Periodical Press, 1800-1912(Shan-ghai, 1933).

70. Broom, Herbert. *A Selection of Legal Maxims*(London, 1884).

71. Brown, J. M. *Hong Kong's Transition, 1842-1997*(Basingstoke: Macmillan, 1997).

72. Bruce, Maurice. *The Coming of the Welfare State*(London: 1961).

73. Brundage, Anthonoy. The Making of the New Poor Law-the Politics of

inquiry, Enactment and Implementation, 1832-1839(London: 1978).

74. Brundage, Anthony. England's "Prussian Minister" -Edwin Chadwick and the Politics of Government Growth, 1832-1854 (Pennsylvania: 1988).

75. Brunnert, H.S. and Hagelstrom, V.V. *Present Day Political Organ-ization of China.* Translated by A. Beltchenko and E.E. Moran (Shanghai, 1912).

76. Bruun, Geoffrey. Nineteenth Century European Civilization, 1815-1914(New York, 1960).

77. Bunker, Gerald E. "The Kidnapping of Sun Yatsen in London, 1896," Seminar paper(Harvard University, 1963).

78. Burgess, John William. Political Science and Comparative Constit-utional Law(1890).

79. Burnett, J. Poverty and Want: A Social History of Diet in England from 1815(London: 1979).

80. Cadbury, W.W. and Jones, M.H. At the Point of a Lancet: One Hundred Years of the Canton Hospital, 1835-1935(Shanghai: Kelly and Walsh, 1935).

81. Cambray, Philip G. Club Days and Ways: The Story of the Constit-utional Club, London, 1883-1962(London: the Constitutional Club, 1963).

82. Cantlie, James and Jones, C. Sheridan. *Sun Yat-sen and the Awak-ening of China*(London: John Murray, 1912).

83. "Cantlie, James," Aberdeen University Preliminary Record of the Arts Class, 1866-70(Murray, Aberdeen, 1901), p. 10.

84. "Cantlie, James," *Aberdeen University Records of Arts Class, 1866-1870*(Aberdeen University Press, 1930), pp. 19-20.

85. "Cantlie, James," *Aberdeen University Roll of Graduates 1860-1900,* edited by Johnston, Col. William(Aberdeen, 1906), p. 76.

86. "Cantlie, James," *Aberdeen University Roll of Service*(Aberdeen University Press, 1921), p. 147.

87. "Cantlie, James: An Obituary," *Aberdeen University Review,* Vol.13,(1925-26), pp. 283-284.

88. Cantlie, Neil and Seaver, George. *Sir James Cantlie.* London, 1939.

89. *Cape Argus.* Cape Town (South Africa).

90. Carnoy, Martin. *Education as Cultural Imperialism*(New York: David McKay, 1974).

91. Chadwick, Owen. *The Victorian Church*(London: 3rd edition, 1971).

92. Chamberlain, M.E. *The Scramble for Africa*(Harlow: Longman, 1999).

93. Chamberlain. M.E. *The Scramble for Africa*(Harlow: Longman, 1999).

94. Chan, Mary Man-yue. "Chinese Revolutionaries in Hong Kong, 1895-1911," (Master's thesis, University of Hong Kong, 1963).

95. Chandler, George. *Liverpool Shipping: A Short History*(London: Phoenix House, 1960).

96. Chang, Hao. "Liang Ch'i-ch'ao and Intellectual Changes in the Late Nineteenth Century," *Journal of Asian Studies,* Vol.29, No. 1,(Nov 1969).

97. Ch'en, Jerome. *Yuan Shi-k'ai, 1859-1916: Brutus Assumes the Purple*(London: eorge Allen & Unwin, 1961).

98. Chen, Leslie H. Dingyan. Chen Jiongming and the Federalist Movement: Regional Leadership and Nation Building in Early Republic China(Ann Arbor: University of Michigan Center for Chinese Studies, 1999).

99. Chen, Stephen and Payne, Robert. *Sun Yat-sen, a Portrait*(New York: John Day, 1946).

100. Chen, Yuan-chyuan. "Elements of an East-West Synthesis in Dr. Sun Yatsen's Concept of the 'Five-Power Constitution' and in the Chinese Constitution of 1946," in Kindermann, G.K.,(ed.), *Sun Yat-sen: Founder and Symbol of China's Revolutionary Nation-Building*(Munchen, 1982), pp. 143-172.

101. Cheng, Chu-yuan. *Sun Yat-sen's Doctrine in the Modern World*(Boulder: Westview Press, 1989).

102. Chere, Lewis. "The Hong Kong Riots of October 1884: Evidence of Chinese Nationalism," *Journal of the Hong Kong Branch of the Royal Asiatic Society*. V. 20(1980).

103. Chien, Tuan-sheng(1964). "The Kuomintang: Its Doctrine, Organiz-ation, and Leadership," In Albert Feurerwerker(ed.). *Modern China*. Englewood Cliffs: Prentice Hall, 1964. pp. 70-88.

104. Chin, Hsiao-yi. "The Influence of Chinese Confucian Political Theory and Cultural Tradition on Sun Yatsen's Ideology of Synthesis," in G.K. Kindermann(ed.), *Sun Yat-sen: Founder and Symbol of China's Revolutionary Nation-Building.*(Munchen, 1982), pp. 97-110.

105. *China Mail*(Hong Kong).

106. *Chinese Biographical Dictionary*. Compiled by H.A. Giles, 1898.

107. Chiu, Ling-yeong. "The Debate on National Salvation: Ho Kai versus Tseng Chi-tse," *Journal of the Hong Kong Branch of the Royal Asiatic Society*. V. 11(1971).

108. Choa, G.H. *The Life and Times of Sir Kai Ho Kai*(Hong Kong: Chinese University Pres, 1981).

109. *Christchurch Press.* Christchurch(New Zealand).

110. Chung, Stephanie Po-yin. Chinese Business Groups in Hong Kong and Political Change in South China, 1900-25(London: Macmillan, 1998).

111. Church, R. A. The Great Victorian Boom, 1850-1873(London: 1973).

112. Clark, J.C.D. English Society 1660-1832: Religion, Ideology and Politics during the Ancien Regime(Cambridge University Press, 2000).

113. Clarke, Desmond M. and Charles Jones(eds.). *Rights of Nations: Nations and Nationalism in a Changing World*(Cork: Cork University Press, 1999).

114. Clerk of the Corporation of London. *Charities Linked with the City of London*(London: 1979).

115. Cohen , Paul A. and John E. Schrecker(eds.), *Reform in Nineteenth-Century China*. Camb.(Mass.: Harvard East Asian Research Center, 1976).

116. Cole, John. *Down Poorhouse Lane*(Littleborough: 1984).

117. Coleman, B. I.(ed.). The Idea of the City in Nineteenth Century Britain(London: 1973).

118. *Concise Dictionary of National Biography,* 1901-1970.

119. Connell, Jim Alexander, A.L.A.(comp.) *The Royal Agricultural Hall*(London: Islington Libraries, 1973).

120. Cook, Chris. The Longman Companion to Britain in the Nineteenth Century, 1815-1914(Harlow: Longman, 1999).

121. Cowherd, R. *Political Economists and the Poor Laws*(Athens, Georgia: 1977).

122. Crowther, M. A. The Workhouse System, 1834-1929. The History of an English Social Institution(London: 1981).

123. *Daily Chronicle*(London).

124. *Daily Graphic*(London).

125. *Daily Mail*(London).

126. *Daily News*(London).

127. *Daily Telegraph*(London).

128. Darwin, Charles. The Decent of Man, and Selection in Relation to Sex(London: John Murray, 1871).

129. Darwin, Charles. The Origin of Species of Natural Selection; or the Preservation of Favoured Races in the Struggle for Life(London: John Murray, 1859).

130. Davies, Norman. *The Isles: A History*(London: Macmillan, 1999).

131. Davies, Stephen, with Elfed Roberts, *Political Dictionary for Hong Kong*(Hong Kong: MacMillan, 1990).

132. Davils-Cox, Emme and Angel Smith(eds.). The Crisis of 1898: Colonial Redistribution and Nationalist Mobilization(London: Macm-illan, 1999).

133. Davis, John. Reforming London: The London Government Problem, 1855-1900(Oxford: 1988).

134. Davis, Norman. *The Isles: A History*(London: Macmillan, 1999).

135. *Dictionary of South African Biography,* Vols.1-4, edited by W.J. de Kock *et al.* Johannesburg, Cape Town, Pretoria and Durben, 1968-1981.

136. Digby, Ann. *Pauper Palaces*(London: 1978).

137. Digby, Ann. The Poor Law in Nineteenth Century England and Wales(Historical Association, 1982).

138. Diplomaticus. "Lord Salisbury's New China Policy," *Fortnightly Review*(new series), 65.388(April 1, 1899), pp. 539-550.

139. Dougan, David. *The Great Gun-Maker: The Life of Lord Armstrong.* First published by Frank Graham in 1970. Reprint at Warkworth(Northumberland: Sandhill Press, 1991).

140. "Douglas, Sir Robert Kennaway," in *Who Was Who, 1897-1916,* p. 205.

141. Driver, Felix. Power and Pauperism, the Workhouse System, 1834-1884(Cambridge: 1993).

142. Dyos, H. J. Exploring the Urban Past: Essays in Urban History (Cambridge: 1982).

143. Dyos, H. J. and M. Wolff(eds.). *The Victorian City: Images and Realities*(London: 1973).

144. *Echo*(London).

145. Eddey, Keith. *The English Legal System.* 3rd edition(London: Sweet & Maxwell, 1982).

146. Edsall, Nicholas C. *The Anti-Poor Law Movement, 1834-1844*(Manchester: 1971).

147. Ellison, T. Gleanings and Reminiscences of Cotton Trade(1905).

148. *Encyclopaedia Britannica,* nineth edition, 25vs(Edinburgh: Adam and Charles Black, 1875-1889).

149. Endacott, G.B. *A History of Hong Kong*(London, 1958).

150. *English and Empire Digest, The.* Replacement volume 16, 1981 reissue(London: Butterworth & Co., 1981).

151. Ensor, R.C.K. *England 1870-1914*(Oxford University Press, 1936).

152. *Evening News*(London).

153. *Evening Standard*(London).

154. *Everyman's Encyclopadia.*(Ed.) D.A. Girling. 6th edition(London, J.M. Dent & Sons, 1978).

155. Faure, David. "The Common People in Hong Kong History," a paper presented to the International Conference on the History of Hong Kong and Modern China, held at the University of Hong Kong on 3-5 December 1997.

156. Fee, Elizabeth and Roy Acheson(eds.). *A History of Education in Public Health*(Oxford: 1991).

157. Finer, S. E. The Life and Times of Sir Edwin Chadwick(London: 1952).

158. "Finlay, Robert Bannatyne," in *Who Was Who, 1929-1940* , p. 446.

159. Fletcher, G. S. *The London Dickens Knew*(London: 1970).

160. Floud, Roderick and Donald McCloskey(eds.). *The Economic History of Britain Since 1700*(Cambridge: 2 edition, 1994).

161. Foldman, David and Gareth Stedman Jones(eds.). *Metropolis London: Histories and Representations since 1800*(London: Routledge, 1989).

162. Ford, J.F. "An Account of England, 1895-1986-Bu Fung Ling, Naval Attache at the Imperial Chinese Legation in London," *China Society*

Occasional Papers, No. 22(London, 1982).

163. *Foreign Office List, 1896*(Harrison and Sons, London, 1896).

164. *Foreign Office, List, 1897*(Harrison and Sons, London, 1896).

165. Foster, Joseph. *Men at the Bar*(London, 1885).

166. Foucault, Michel. *The Birth of the Clinic: An Archaeology of Medical Perception*. Translated from the French by A. M. Sheridan Smith(New York: Vintage Books, 1975).

167. Franke, Wolfgang. *The Reform and Abolition of the Traditional Chinese Examination System*(Harvard University, Centre for East Asian Studies, 1960).

168. Fraser, Derek(ed.). *Municipal Reform and the Industrial City* (Leicestr: 1982).

169. Fraser, Derek. The Evolution of the british welfare State (Basingstoke: 1984).

170. Fraser, Derek. The New Poor Law in the Nineteenth Century (London: 1976).

171. Fraser, Derek. *Urban Politics in Victorian England*(Leicester: 1976).

172. Frazer, Derek. Power and Authority in the Victorian City(Oxford: 1979).

173. Frazer, W. M. A History of English Public Health, 1834-1939 (London: 1950).

174. Friedman, O. Michael. *Origins of the British Israelites: The Lost Tribes*(New York: Edwin Mellen Press, 1993).

175. Fuller, S. D. *Charity and the Poor Laws*(London: 1901).

176. Gaster, Michael. "The Republican Revolutionary Movement," In Denis Twitchett and John K. Fairbank(eds.). *The Cambridge History of China, Vol. 11: Late Ch'ing, 1800-1911, Part 2*(Cambridge: Cambridge University Press, 1980), pp. 463-534.

177. George Benard Shaw, *Man and Superman*(1947).

178. George, M. Dorothy. *London Life in the Eighteenth Century* (London: 1925; reprinted, 1992).

179. Gildea, Robert. *Barricades and Borders: Europe 1800-1914*, 2nd edition(Oxford: Oxford University Press, 1996).

180. Gildea, Robert, *Barricades and Borders: Europe 1800-1914*, 2nd edition(Oxford University Press, 1996).

181. Gildea, Robert. *Barricades and Borders: Europe 1800-1914*, 2nd edition.(Oxford University Press, 1996).

182. Gildea, Robert. *Barricades and Borders: Europe 1800-1914*, 2nd edition.(Oxford University Press, 1996).

183. Gildea, Robert. *Barricades and Borders: Europe 1800-1914*. 2nd edition.(Oxford: Oxford University Press, 1996).

184. "Giles, Herbert Allen," in Venn, J.A.(comp.) Alumni Cantabrigienses: A biographical list of all known students, graduates, and holders of office at the University of Cambridge from the earliest times to 1900. Part 2, from 1752-1900, Vol.3.(Cambridge University Press, 1947), p. 49.

185. "Giles, Herbert Allen," in *Who Was Who, 1929-1940* , p. 512.

186. Glasgow Herald(Glasgow).

187. Glass, Stafford. *The Matabele War*(Longmans, London, 1968).

188. Globe(London).

189. Gluck, Carol. *Japan's Modern Myths: Ideology in the Late Meiji Period*(New Jersey: Princeton University Press, 1985).

190. Gneist, Heinrich Rudolf Hermann Friedrich von(1816-1895). *History of the English Constitution*. 2 vs. Translated by P. A. Ashworth(London, 1891).

191. Gneist, Heinrich Rudolf Hermann Friedrich von(1816-1895). *History of the English Parliament*(London, 1895).

192. Goodnow, Frank Johnson. *Comparative Administrative Law*(New York, 1893).

193. Gore's Official Directory(1897).

194. Gottfried-Karl Kindermann. "The Imperialist Challenge to Nineteenth Century Chia". In Gottfried-Kaqrl Kindermann(ed.). *Sun Yat-sen: Founder and Synbol of China's Revolutionary National-Building* (Munich: Gunter Olzog Verlag, 1982).

195. Granshaw, Lindsay, and Roy Porter(eds.). *The Hospital in History* (London: 1989).

196. Granshaw, Lindsay. St Mark's Hospital, London: A Social History of a Specialist Hospital(London, 1985).

197. Graphic(London).

198. Grayer, M.H. *The Heritage of the Anglo-Saxon Race*. Haverhill (Mass.: Destiny Publishers, 1941).

199. Green, D. "The Metropolitan Economy: Continuity and Chang, 1800-1939," In K. Hoggart and D. Green(eds.), *London: A New Metropo-litan Geography*(1991).

200. Grey, Edward(Viscount Grey of Fallodon, K.G.). *Twenty-Five Years, 1892-1916*. Two Vs(London: Hodder and Stoughton, 1925).

201. Hackett, Roger F. "Chinese Students in Japan, 1900-1910," *Papers on China,* 3: 134-169. Harvard University, Committee on International and Regional Studies, 1949.

202. Hager, Charles R. "Dr. Sun Yat Sen: Some Personal Reminiscences," *The Missionary Herald*(Boston, April 1912). Reprinted in Sharman, *Sun Yat-sen*, pp. 382- 387.

203. Halevy, Elie. The Growth of Philosophical Radicalism(London: 1972).

204. Harnack, E.P. "Glen Line to the Orient," *Sea Breezes,* new series,

Vol.19(April 1955), pp. 268-292.

205. Harold Z. Schiffrin, *Sun Yat-sen: Reluctant Revolutionary*(Boston: Little Brown, 1980).

206. Harrison, Brian. Peacable Kingdom: Stability and Change i n Modern Britain(Oxford: 1982).

207. Harrison, Royden. Life and Times of Sidney and Beatrice Webb, 1858-1905: The Formative Years(London: Macmillan, 1999).

208. Hartt, Julian. "Americans Plot for Chinese Revolt Revealed: Letters at Hoover Tower Tell of 1908 Conspiracy," *Los Angeles Times*, 13 Oct 1966.

209. Hayne, M.B. "The Quai D'Orsay and French Foreign POlicy, 1891-1914," Unpublished Ph.D. thesis, University of Sydney, 1985

210. Hearnshaw, E.J.C. The Centenary History of King's College, London, 1828-1928. London: George Harrap & Co., 1929.

211. Hennock, E. P. "The Measurement of Urban Poverty: From the metropolis to the nation, 1880-1920," *Economic History Review* v. 40(may 1987), no. 2, 208-227.

212. Hennock, E. P. "Concepts of Poverty in the British Social Surveys from Charles Booth to Arthur Bowley," *Social Survey in Historical Perspectives, 1880-1940*. Martin Bulmer, et al.(eds.). Cambridge(Cambridge University Press, 1991).

213. Hennock, E. P. "Poverty and social theory in England: The experience of the eighteen-eighties," *Social History*, v. 1(1976), 67-91.

214. Henriques, Ursula. Before the Welfare State: Social Administration in Early Industrial Britain(London: 1979).

215. Heuston, R.F.V. *Lives of the Lord Chancellors 1885 to 1940*(Oxford University Press, 1964).

216. Hilton, Boyd. *The Age of Atonement*(Oxford: 1988).

217. Himmelfarb, Gertrude. Poverty and Compassion: The Moral Imagin-ation of the Late Victorians(New York: 1991).

218. Himmelfarb, Gertrude. The Idea of Poverty: England in the Early Industrial Age(London and Boston: 1984).

219. Hindley, Geoffrey. *The Book of Magna Carter*(London: Constable, 1990).

220. Hindley, Geoffrey. *The Book of Magna Carter*(London: Constable, 1990).

221. *Hobart Mercury*(Hobart, Australia).

222. Hobsbawn, Eric. *Nations and Nationalism since 1780*(Cambridge University Press, 1992).

223. Hobsbawn, Eric. *Nations and Nationalism since 1780.* Cambridge University Press, 1992. Reprinted from the British Academy Proce-edings, vol. 30.

224. Hobsbawn, Eric. *Nations and Nationalism since 1780.* Cambridge University Press, 1992. Reprinted from the British Academy Proce-edings, vol. 30.

225. Hocking, Charles. *Dictionary of Disasters at Sea, 1824-1962.* 2 vols., Lloyd's Register of Shipping(London, 1969).

226. Hodgkinson, Ruth. The Origins of the National Health Service: The Medical Services of the New Poor LawThe Origins of the National Health Service: The Medical Services of the New Poor Law (London: 1967).

227. Hofbauer, Imre. *The Other London.*

228. Hollis, P. Ladies Elect: Women in English Local Government, 1865-1914(Oxford: 1987).

229. Holst, Hermann Eduard von. *The Constitution and Political History of the U.S.* 8 vs(Chicago, 1885-1892).

230. *Honourable Society of Gray's Inn, The.* London, 1st edition, 1969; 2nd edition, 1976.

231. Hope, Valerie. My Lord Mayor: 800 Years of London's Mayoralty(London: 1989).

232. Hostettler, John. Voting in Britain: A History of the Parliamentary Franchise(London: Bary Rose, 2001).

233. Howard, Richard C. " K'ang Yu-wei(1858-1927): His Intellectual Background and Early Thought," in Wright, A.F. and Twitchett, D.(eds.), *Confucian Personalities,* pp. 294-316(Stanford: Stanford University Press, 1962).

234. Howard, Richard C. "The Chinese Reform Movement of the 1890s: A Symposium," *Journal of Asian Studies,* Vol. 29, No.1,(November 1969).

235. Howell, Julia. "Religious Traditions in Asia," in Colin Mackerras (ed.), *Eastern Asia*(Melbourne: Longman, 1995), pp. 61-78.

236. Howell, Julia. "Religious Traditions in Asia," in Colin Mackerras (ed.), *Eastern Asia*(Melbourne: Longman, 1995), pp. 61-78.

237. Hsiao Kung-ch'uan. A Modern China and a New World: K'ang Yu-wei, Reformer and Utopian, 1858-1927(Seattle: University of Wash-ington Press, 1975).

238. Hsiao, Kung-chuan. A Modern China and a New World: K'ang Yu-wei, Reformer and Utopian, 1858-1927(Seattle: University of Wash-ington Press, 1975).

239. Hsiao, Kung-chuan. "K'ang Yu-wei and Confucianism," *Monumenta Serica* 18(1959), 96-212.

240. Hsiao, Kung-chuan. *Rural China: Imperial Control in the Nineteenth Century*(Seattle: University of Washington Press, 1960).

241. Hsu, Chi-wei. "The Influence of Western Political Thought and Revolutionary History on the Goals and Self-Image of Sun Yatsen and the Republican Revolutionary Movement in China, " in Kindermann, G.K.(ed.), *Sun Yat-sen: Founder and Symbol of China's Revolutionary Nation-Building.*(Munchen, 1982), pp. 111-127.

242. Hsueh, Chun-tu. "Sun Yat-sen, Yang Ch'u-yun, and the Early Revolutionary Movement in China," Journal of Asian Studies, Vol. 19, No. 3(May 1960), pp. 317-318.

243. Hsueh, Chun-tu. *Revolutionary Leaders of Modern China*(New York: Oxford University Press, 1971. [Fisher 951.040922/2]

244. Hu Sheng. *Imperialism and Chinese Politics*(English translation) (Beijing, 1955).

245. Huang, Philip C. Liang Ch'i-Ch'ao and Modern Chinese Liberalism (Seattle, 1972).

246. *Huddersfield Examiner*(Huddersfield, Britain).

247. Hummel, Arthur W.(ed.). *Eminent Chinese of the Ch'ing Period.* 2 vols(Washington D.C., 1943, 1944).

248. Humphreys, Robert. No Fixed Abode: A History of Responses to the Roofless and the Rootless in Britain(London: Macmilan, 1999).

249. Hutchinson, John and Anthony D. Smith(eds.). *Nationalism*(New York: Oxford University Press, 1994).

250. Hutchinson, John. *Modern Nationalism*(London: Fontana Press, 1994).

251. Ignatieff, Michael. *Total Institutions*(London: 1983).

252. *Illustrated London News*(London).

253. Inazo, Nitobe. "Bushido, The Way of the Warrior," in Theodore McNelly(ed.), *Sources in Modern East Asian History and Politics*(New York: Appleton Century Crofts, 1967), pp. 51-31.

254. *Irish Times*(Dublin).

255. *Islington* Gazettee.

256. Jansen, Marius B. *The Japanese and Sun Yat-sen*(Harvard Historical Monographs, 27. Camb., Mass., 1954).

257. John Unger(ed.). *Chinese Nationalism*. Armonk(NY: M. E. Sharpe, 1996).

258. Jones, G. Stedman. Languages of Class: Studies in English Working Class History, 1832-1982(Cambridge University Press, 1983).

259. Jones, G. Stedman. Outcasts London: A Studey in the Relationship Between Classes in Victorian Society(Oxford: 1971).

260. Jordan, W. K. The Charities of London, 1480-1660(London: 1948).

261. *Judges and Law Officers (1897).*

262. Kamenka, Eugene. "Political Nationalism-The Evolution of An Idea," in Eugene Kamenka(ed.), *Nationalism*(London: Edward Arnond, 1976).

263. Kamenka, Eugene. "Political Nationalism-The Evolution of An Idea," in Eugene Kamenka(ed.), *Nationalism*(London: Edward Arnond, 1976).

264. Kamenka, Eugene. "Political Nationalism-The Evolution of An Idea," in Eugene Kamenka(ed.), *Nationalism*(London: Edward Arnond, 1976).

265. Kamm, Antony. *The Israelites: An Introduction*(London: Routledge, 1998).

266. Keeton, G. W. and G. Schwarzenberger(eds.). *Jeremy Bentham and the Law*(London: 1948).

267. *Kelly's Post Office London Directory (1897).*

268. Kennedy, Joseph. *Asian Nationalism in the Twentieth Century.* (London: Macmillan, 1968). Harold Z. "Sun Yat-sen: His Life and Times," In Cheng, Chu-yuan. *Sun Yat-sen's Doctrine in the Modern World*(Boulder: Westview Press, 1989).

269. Kidd, A. J. and K. W. Roberts. *City, Class and Culture: Studies of Cultural Production and Social Policy in Victorian Manchester* (Manchester: 1985).

270. Kidd, Alan. *State, Society and the Poor in Nineteenth-Century England*(London: Macmillan, 1999).

271. Kiernan, V.G. *The Lords of Human Kind: European attitudes towards the outside world in the Imperial Age*(London: Weidenfeld and Nicolson, 1969).

272. Kindermann, G. "Sunyatsenism-Prototype of a Syncretistic Third World Ideology," Kindermann, G.(ed.). *Sun Yat-sen: Founder and Symbol of China's Revolutionary Nation-Building*(Munchen, 1982), pp. 79-96.

273. Kindermann, G.(ed.). *Sun Yat-sen: Founder and Symbol of China's Revolutionary Nation-Building*(Munchen, 1982).

274. Kirkman-Gray, B. *A History of English Phlanthropy*(New York: 1967).

275. "Kitto, The Late Reverend Prebendary," in *St Martin-in-the-Fields Monthly Messenger,* No.158(May 1903), pp. 9-13.

276. Klapper, Charles. *The Golden Age of Tramways*(London: Routledge & Kegan Paul, 1961).

277. Knott, John. *Popular Opposition to the 1834 Poor Law*(London: 1967).

278. L. "The Future of China," *Fortnightly Review*, New Series, Vol.60(1Aug 1896), pp. 159-174.

279. Laitinen, Kauko. *Chinese Nationalism in the Late Qing Dynasty: Zhang Binglin as an Anti-Manchu Propagandist*(London: Curzen, 1990).

280. Lambert, Royston. *Sir John Simon, 1816-1904 and English Social Administration*(London: 1963).

281. Lauterpacht, Hersh(ed.). *L.F.L. Oppenheim, International Law: A Treatise.* 8th edition(London, 1957).

282. Lees, Lynn Hollen. *Exiles of Erin: Irish Migrants in Victorian London*(Manchester: 1979).

283. Lees, Lynn Hollen. *Poverty and Pauperism in Nineteenth Century London*(Ceicester: 1988).

284. Legge, James. *The Chinese Classics.* Originally published by Oxford University Press, Reprinted in Taipei by SMC, 1991.

285. Levenson, Joseph R. *Liang Ch'i-ch'ao and the Mind of Modern China.* Harvard Historical Monographs, No.26(Camb., Mas., 1953).

286. Levi, Leone. *International Law-with materials for a code of international law*(London, 1887).

287. Levinger, Mathew Bernard. *Enlightened Natinalism: The Transfor-mation of Prussian Political Culture, 1806-1848*(Oxford University Press, 2002).

288. Levy, Leon S. *Nassau W. Senior, 1790-1864*(Newton Abbot: 1970).

289. Lewis, R. A. *Edwin Chadwick and the Public Health Movement, 1832-1854*(London: 1952; reprinted, 1968).

290. Li Chien-lung. *The Political History of China,1840-1928.* Translated by Teng, Ssu-yu and Ingalls, Jeremy(Princeton, New Jersey, 1956).

291. Linebarger, Paul. *Sun Yat-sen and the Chinese Republic*(New York, 1925).

292. Linebarger, Paul. *The Political Doctrines of Sun Yatsen*(Westport, Conn.: Hyperion Press, 1937).

293. *Liverpool Echo*(Liverpool).

294. Lo, Hui-min(ed.). *The Correspondence of G.E. Morrison, Vol.1, 1895-1912*(Cambridge University Press, 1976).

295. *London and China Express*(London).

296. London County Council, *Names of Streets and Places in the Admini-strative County of London, 1955*(London: Loncon County Council, 1955).

297. Longmate, Norman. *The Workhouse*(London: 1974).

298. Lubenow, William C. *The Politics of Governmoent Growth: Early Victorian Attitudes Towad State Intervention, 1833-1848*(Newton Abbot: 1971).

299. MacDonagh, O. Early Victorian Government, 1830-1870(London: 1977).

300. Macfarlane, Alan. The Origins of English Individualism(Oxford: 1978).

301. MacNaghten, Sir Melville L. *The Days of My Years*(London: Edward Arnold, 1914).

302. Manchester Guardian(Manchester).

303. Mandler, Peter(ed.). *The Uses of Charity: The Poor on Relief in the*

Nineteenth Century Metropolis(Pennsylvania: 1990).

304. Mao, Tse-tung, Soong Ching-ling, et al. Dr. Sun Yat-sen: Comme-morative Articles and Speeches(Peking, 1957).

305. Marshall, Dorothy. The English Poor in the Eighteenth Century (London: 1926).

306. Marshall, T. H. The Right to Welfare and Other Essays(New York: 1981).

307. Martin, Bernard. *Strange Vigour: A Biography of Sun Yat-sen* (London: William Heinemann, 1944).

308. Martin, Bernard. "Sun Yat-sen's Vision for China," *China Society Occasional Papers*, No. 15(London, 1966).

309. Martin, E. W.(ed.). *Comparative Development in Social Welfare* (London: 1972).

310. Massingham, H.J. "A Look at the Zoo," in Adcock, St John(ed), *Wonderful London: The world's greatest city described by its best writers and picture by its finest photographers*. 3 volumes.(London: Fleetway House, n.d.), pp. 154-165.

311. May, Thomas Erskine. *The Constitutional History of England, 1760-1860.* 3 vs(London, 1875-1878).

312. McNelly, Theodore(ed.). *Sources in Modern East Asian History and Politics*(New York: Appleton Century Crofts, 1967).

313. McVeigh, Brian J. *Nationalism of Japan*(New York: Rowman and Littlefield, 2004).

314. McVeigh, Brian J. *Nationalism of Japan*(New York: Rowman and Littlefield, 2004).

315. Megarry, Rt. Hon. Sir Robert. *An Introduction to Lincoln's Inn* (London, 1st edition, 1971; revised, 1980).

316. Michael Weiner, *Japan's Minorities: The Illusion of Homogeneity* (London

and New York, 1997).

317. Michael, Franz. *The Taiping Rebellion: History and Documents, Vol.1 History*(Seattle: University of Washington Press, 1966).

318. Midwinter, Eric. Social Administration in Lancashire, 1830 to 1860: Poor Law, Public Health and Police(Manchester: 1969).

319. Midwinter, Eric. The Development of Social Welfare in Britain (Buckingham, 1994).

320. Mill, John Stuart . *On Liberty*(London: Longmans and Green, 1878).

321. Mill, John Stuart. *Considerations on Representative Government* (London：Longmans and Green, 1860).

322. Miltoun, Francis. *All About Ships and Shipping. A Handbook of Popular Nautical Information.* 4th edition, revised and edited by E.P. Harnack. 1930.

323. Miners, Norman. *The Government and Politics of Hong Kong*, 5th edition(Hong Kong: Oxford University Press, 1991).

324. *Morning Advertiser*(London).

325. *Morning Leader*(London).

326. Morning Post(London).

327. *Morning: The People's Daily*(London).

328. Morris, James. *Pax Britannica: The Climax of an Empire*(London: Harmsworth, 1979).

329. Morrison, G.E. *An Australian in China*(London, 1902).

330. Morse, Hosea Ballou. *The International Relations of the Chinese Empire.* 3 vols(London, 1910-1918).

331. Morse, Hosea Ballou. *The Trade and Administration of the Chinese Empire*(London, 1908; reprinted in Taipei, 1966).

332. Mosse, George L. *Toward the Final Solution: A History of European Racism*(London: Dent, 1978).

333. Mosse, George L. *Toward the Final Solution: A History of European Racism*(London: Dent, 1978).

334. Mosse, George L. *Toward the Final Solution: A History of European Racism*(London: Dent, 1978).

335. Muramatsu, Yuji. "Some Themes in Chinese Rebel Ideologies," in Wright, Arthur F.(ed.), *The Confucian Persuasion.*(Stanford, 1960), pp. 241-267.

336. Namier , Sir Louis. *1848: The Revolution of the Intellectuals*, The Raleigh Lecture on History, British Academy 1944(Oxford Univer-sity Press, 1946).

337. Namier , Sir Louis. *1848: The Revolution of the Intellectuals*, The Raleigh Lecture on History, British Academy 1944(Oxford Univer-sity Press, 1946).

338. Namier, Sir Louis. *1848: The Revolution of the Intellectuals*, The Raleigh Lecture on History, British Academy 1944(London: Oxford University Press, 1946), Reprinted from the British Academy Proce-edings, vol. 30.

339. Nath, Marie-Luise. "China in World Politics: Sun Yatsen's Views on International Relations," in Kindermann, G.K.(ed.), *Sun Yat-sen: Founder and Symbol of China's Revolutionary Nation-Building.* (Munchen, 1982), pp. 301-309.

340. *New Issue of the Abridged Statistical History of Scotland Illustrative of its Physical, Industrial, Moral, and Social Aspects, and Civil and Religious Institutions, from the Most Authentic Sources, arranged Parochially with Biographical, Historical, and Descriptive Notices.* Edited by James Hooper Dawson(Edinburgh: W.H. Lizars, 1857).

341. *New Statistical Account of Scotland by the Ministers of the Respective Parishes, under the Superintendence of a Committee of the Society for the Benefit of the Sons and Daughters of the Clergy. Vol.13, Banff-Elgin-Nairn*(Edinburgh and London: William Blackwood and Sons, 1845).

342. *New Zealand Herald.* Auckland(New Zealand).

343. Ng, Lun Ngai-ha. "The Hong Kong Origins of Dr. Sun Yat-sen-Address to Li Hung-chang," *Journal of the Hong Kong Branch of the Royal Asiatic Society*. V. 21(1981).

344. Ng, Lun Ngai-ha. "The Hong Kong Origins of Dr. Sun Yat-sen-Address to Li Hong-chang," *Journal of the Hong Kong Branch of the Royal Asiatic Society*. V. 21(1981).

345. Ng, Lun Ngai-ha. "The Role of Hong Kong Educated Chinese in the Shaping of Modern China," *Modern Asian Studies*. V. 17, pt. 1(1983), pp. 137-163.

346. Nikiforov, V.N. *Sun Iat-sen, Oktiabr 1896; dve nedeli iz zhizni kitaiskogo revoliutsionera*(Sun Yatsen, October 1896; two weeks in the life of a Chinese revolutionary)(Moscow: Nauka, 1977).

347. Nivison, David S. and Wright, Arthur F(eds.). *Confucianism in Action*(Stanford, 1959).

348. Norman Davis, *The Isles: A History*(London: Macmillan, 1999).

349. Norman Davis, *The Isles: A History*(London: Macmillan, 1999).

350. *Notes on the Constitution, Administration, History and Buildings of the Inner Temple*(London, 1962).

351. Novak, Tony. Poverty and the State: An Historical Sociology(Milton Keynes, 1988).

352. *Observer*(London).

353. Offer, Avner. Landownership, *Law, Ideology and Urban Development in England*(Cambridge University Press, 1981).

354. Olsen, Donald. *The Growth of Victorian London*(London: 1976).

355. *Otago Press*. Otago(New Zealand).

356. *Overland China Mail*(Hong Kong).

357. *Overland Mail*(London).

358. Owen, David. *English Philanthropy, 1660-1960*(Cambridge, Mass.: 1982).

359. Owen, David. *The Government of Victorian London, 1855-1889*. Edited by Roy MacLeod(Cambridge, Mass: 1982).

360. Oxley, Geoffrey W. *Poor Relief in England and Wales, 1601-1834* (Newton Abbot: 1974).

361. *Pall Mall Gazette*(London).

362. Parry, J. P. *Democracy and Religion: Gladstone and the Liberal Party, 1867-1875*(Cambridge University Press, 1986).

363. Pelling, Margaret. *Cholera, Fever and English Medicine, 1825-1865* (Oxford: 1978).

364. Peterson, M. Jeanne. *The Medical Profession in Mid-Victorian London*. Berkeley(California: 1978).

365. Pollock, Frederick. *Essays in Jurisprudence and Ethics*(London, 1882).

366. Porter, Roy. *London: A Social History*(London: 1994).

367. Poynter, J. R. *Society and Pauperism: English Ideas on Poor Relief, 1795-1834*(London: 1969).

368. Prochaska, Frank. *Women and Philanthropy in Nineteenth Century England*(Oxford: 1980).

369. *Public Opinion*(London).

370. Pyle, Kenneth B. *The Making of Modern Japan*, 2nd edition(Lexing-ton MA: D.C. Heath, 1996).

371. Pyle, Kenneth B. *The Making of Modern Japan*, 2nd edition(Lexing-ton MA: D.C. Heath, 1996).

372. *Queen's London: A pictorial and Descriptive record of the great metropolis in the last year of Queen Victoria's reign*(London: Cassell, 1902).

373. Ranger, T.O. "The nineteenth century in Southern Rhodesia," in Ranger, T.O.(ed.) *Aspects of Central African History*(London: Heinemann, 1968),

pp. 112-153.

374. *Records of the Honourable Society of Lincoln's Inn: The Black Books, Vol.5, 1845-1914.* Edited by Roxburgh, Sir Ronald(London, 1968).

375. Restarick, Henry B. *Sun Yat Sen, Liberator of China*(New Haven, 1931).

376. Rhoads, Edward J. M. *China's Republican Revolution-The Case of Kwangtung, 1895-1913.* Camb.(MA: Harvard University Press, 1975).

377. Richard, Tiimothy. *Forty Years in China*(New York: Stokes, 1916).

378. Richard, Timothy. *Forty-five Years in China*(New York, 1916).

379. Richardson, Ruth. *Death, Dissection and the Destitute*(London: 1978).

380. Roach, John. *Social Reform in England, 1780-1880*(London: 1978).

381. Roberts, David. Paternalism in Early Victorian England(London: 1979).

382. Roberts, F. D. *Victorian Oigins of the British Welfare State*(Nerw Haven, Conn.: Yale University Press, 1960).

383. Rose, Michael E. *The Relief of Poverty, 1834-1914*(London: 1986.

384. Rose, Michael E.(ed.). *The English Poor Law, 1780-1930*(Newton Abbot: 1971).

385. Rose, Michael E.(ed.). *The Poor and the City: The English Poor Law in its Urban Context, 1834-1914*(Leicester: Leicester University Press, 1985).

386. Rowntree, B. S. *Poverty: A Study of Town Life*(1901).

387. Rowntree, S. *Poverty: A Study of Town Life.* 2nd edition(1902).

388. *Royal Court of Justice.* London(1983).

389. Sabin, A. K. *The Silk Weavers of Spitalfields and Bethnal Green* (London, 1931).

390. Scalapino, Robert A. and Harold Schiffrin "Early Socialist Currents in the Chinese Revolutionary Movement: Sun Yat-sen versus Liang Ch'i-ch'ao," *Journal of Asian Studies,* Vol.18, No.3,(May 1959).

391. Scalapino, Robert A. and Yu, George T. *The Chinese Anarchist*

Movement(University of California, Centre for Chinese Studies).

392. Schiffrin, and Sohn, Pow-key. "Henry George on Two Continents: A Comparative Study in the Diffusion of Ideas," *Comparative Studies In Society and History,* 2(Oct 1959), 85-108.

393. Schiffrin, Harold Z. "Sun Yat-sen's Early Land Policy: The Origin and Meaning of 'Equalization of Land Rights'," *Journal of Asian Studies,* Vol.16(Aug 1957), pp. 549-564.

394. Schiffrin, Harold Z. *Sun Yat-sen: Reluctant Revolutionary*(Little Brown, Boston, 1980).

395. Schiffrin, Harold Z. *Sun Yat-sen and the Origins of the Chinese Revolution*(University of California Press, Berkeley & Los Angeles, 1968).

396. Schiffrin, Harold. "Sun Yat-sen: A Leadership Model for Developing Countries," In Eto Shinkichi and Harold Schiffrin(eds.). *China's Republican Revolution*(Tokyo: Tokyo University Press, 1994). pp. 153-168.

397. Schopflin , George. *Nations, Identity, Power*(London: Hurst, 1999).

398. Schopflin , George. *Nations, Identity, Power*(London: Hurst, 1999).

399. Schopflin, George. *Nations, Identity, Power*(London: Hurst, 1999).

400. Schopflin, George. *Nations, Identity, Power*(London: Hurst, 1999).

401. Schwartz, Benjamin. *In Search of Wealth and Power: Yen Fu and theWest*(Harvard University Press, Camb., Mass., 1964).

402. Scott, Carolyn. *Betwixt Heaven and Charing Cross: The Story of St Martin-in-the-Fields*(Robert Hale, London, 1971).

403. Scull, Andrew T. *Museums of Madness: The Social Organzation of Insanity in Nineteenth Century England*(London: 2nd edition, 1982).

404. Seaman, L.C.B. *Life in Victorian London*(London, B.T. Batsford, 1973).

405. Seaman, L.C.B. *Life in Victorian London.* London, B.T. (Batsford, 1973).

406. Seamen, L. C. B. *Life in Victorian London*(London: 1973).

407. *Sell's Dictionary of the World's Press, 1897.*

408. Selwood, Dominic. *Knights of the Cloister: Templars and Hospitallers in Central-Southern Occitania, c. 1100-c. 1300*(London: Boydell, 1999).

409. Seton-Watson, Christopher. *Italy: From Liberalism to Fascism* (London: Methuen, 1967).

410. Seton-Watson, Christopher. *Italy: From Liberalism to Fascism* (London: Methuen, 1967).

411. Seton-Watson, Christopher. *Italy: From Liberalism to Fascism* (London: Methuen, 1967).

412. Seton-Watson, Hugh. *Nations and States: An Enquiry into the Origins of Nations and the politics of Nationalism.* Voulder (Colorado: West View Press, 1977).

413. Seton-Watson, Hugh. *Nations and States: An Enquiry into the Oritins of Nations and the politics of Nationalism.* Voulder (Colorado: West View Press, 1977).

414. Seton-Watson, Hugh. *Nations and States: An Enquiry into the Oritins of Nations and the politics of Nationalism.* Voulder (Colorado: West View Press, 1977).

415. Sharman, Lyon. *Sun Yat-sen: His Life and its Meaning*(New York, 1934).

416. Sheppard Francis. "London and the Nation in the Nineteenth Century," *Royal Historical Society Transactions* No. 35(London, 1985), pp. 51-74.

417. Sheppard, Francis. *London, 1808-1870: The Infernal Wen*(London: 1971).

418. Shinkichi, Eto and Harold Schiffrin(eds.). *China's Republican Revolution*(Tokyo: Tokyo University Press, 1994).

419. Shore, Heather. *Artful Dodgers: Youth and Crime in Early Nineteenth-Century London*(London: Royal Historical Society, 1999).

420. Shore, Heather. *Artful Dodgers: Youth and Crime in Early Nineteenth-

Century London(London: Royal Historical Society, 1999).

421. Shore, Heather. *Artful Dodgers: Youth and Crime in Early Nineteenth-Century London*(London: Royal Historical Society, 1999).

422. *Shorter Oxford English Dictionary on Historical Principles,* 3rd edition(Oxford: Clarendon Press, 1970).

423. *Shorter Oxford English Dictionary on Historical Principles,* 3rd edition(Oxford: Clarendon Press, 1970).

424. Simpson, W. Douglas. *The Fusion of 1860: A Record of the Centenary Celebrations and a History of the University of Aberdeen 1860-1960*(Edinburgh: Oliver and Boyd, 1963).

425. Sinclair, Robert. *East London*(Loncon, Robert Hale, 1950).

426. Sinn, Elizabeth. "The Strike and Riot of 1844: A Hong Kong Perspective," *Journal of the Hong Kong Branch of the Royal Asiatic Society*. V. 22(1982).

427. Slack, Paul. Poverty and Policy in Tudor and Stuart England (London: 1988).

428. Smellie, K. B. *A History of Local Government*. London(1968).

429. Smith, F. B. *The People's Health, 1830-1910*(London: 1979).

430. Smith, Richard J. *China's Cultural Heritage: The Qing Dynasty, 1644-1912*(Boulder: Westview Press, 1994).

431. Snyder, Louis L. *The Meaning of Nationalism*(London: Longman, 1977).

432. Soothill, William E. *Timothy Richard of China*(London, 1924).

433. South African Dictionary of National Biography,(ed.) Eric Rosenthale(London, 1966).

434. *Speaker*(London).

435. *St James Gazette*(London).

436. *St Martin-in-the-Fields Monthly Messenger,* No.82(Oct 1896); No. 83(Nov

1896); No.84(Dec 1896); No.90(June 1897); No.158(May 1903).

437. *Standard*(London).

438. Stansky, Peter(ed.). *The Victorian Revolution: Government and Society in Victoria's Britain*(New York: 1973).

439. *Star*(London.

440. Stedman Jones, G. *Outcast London*. Oxford University Press, 1971.

441. Steele, David. *Lord Salisbury: A Political Biography*(London: University College London Press, 1999).

442. Stephen, James Fitzjames. *A General View of the Criminal Law of England*(London, 1890).

443. Stevens, Sylvester K. *American Expansion in Hawaii, 1842-1898* (Harrisburg, Penn., 1945).

444. Stewart, Jean C. *The Quality of Mercy: The Lives of Sir James and Lady Cantlie*(George Allen & Unwin, London, 1983).

445. *Straits Times*(Singapore).

446. *Strand Magazine*(London).

447. Summerson, John. *Georgian London*(London: 3rd edition, 1978).

448. Sun Yatsen. "China's Present and Future: The Reform Party's Plea for British Benevolent Neutrality", *Fortnightly Review* (New series), Vol.61, No.363(March 1, 1897), pp. 424-440.

449. Sun Yatsen. "Judicial Reform in China," *East Asia,* Vol.1, No.1.(Jul 1897).

450. Sun Yatsen. *Kidnapped in London*. Bristol, 1897.

451. Sun Yatsen. "My Reminiscences," *The Strand Magazine,*(Mar 1912), pp. 301-307.

452. Sun Yatsen. *Prescriptions for Saving China: Slected writings of Sun Yat-sen*, edited by Julie Lee Wei, Ramon H, Myers and Donald G. Gillin(Stanford,

California: Hoover Institution Press, 1994).

453. Sun Yat-sen. *The Teachings of Sun Yat Sen: Selections from his Writings*. Compiled and introduced by Professor N. Gangulee. (London: Sylvan Press, 1945).

454. *Sun* (London).

455. Swift R. and S. Gilley(eds.). *The Irish in the Victorian City* (London: 1985).

456. Sydney Morning Herald(Sydney, Australia).

457. T'ang Leang-li. *The Inner History of the Chinese Revolution* (London: Routledge, 1930).

458. Talmud. *The Wisdom of Israel: being extracts from the Babylonian Talmud and Midrash Rabboth*. Translated from the Aramaic and Hebrew with an introduction by Edwin Collins(London, 1904).

459. *Tatler*(London).

460. Taylor, A.J.P. *English History, 1914-1945*(Oxford University Press, Oxford, 1965).

461. Taylor, Geoffrey. *The Problem of Poverty, 1660-1834* (London: 1969).

462. Teng, Ssu-yu, and Fairbank, John K. China's Response to the West: A Documentary Survey, 1839-1923(Camb., Mass., 1954).

463. Thane, Pat(ed.). The Origins of British Social Policy(London: 1978).

464. Thane, Pat. The Foundations of the Welfare State(London: 1985).

465. *The Age*(Melbourne, Australia).

466. *The Times*(London).

467. Thomas, Donald. *The Victorian Underworld*(London: John Murray, 1998).

468. Thomas, William. *The Philosophical Radicals: Nine Studies in Theory and Practice*(Oxford: 1979).

469. Thompson, E. P. and E. Yeo. *The Unknown Mayhew*(London: 1973).

470. Thompson, F. M. L.(ed.). *The Cambridge Social History of Britain, 1750-1950*(Cambridge University Press, 1990).

471. Thompson, Phyllis. A Place for Pilgrims: The Story of the Foreign Missions Club in Highbury, London(London, 1983).

472. *Time and Tide*(London).

473. Tipton, Elise K. *Modern Japan: A Social and Political History*(London and New York: Routledge, 2002), p. 67.

474. Tipton, Elise K. *Modern Japan: A Social and Political History* (London and New York: Routledge, 2002).

475. Tomlinson, H.M. "Down in Dockland," in Adcock, St John(ed). *Wonderful London: The world's greatest city described by its best writers and picture by its finest photographers*. 3 volumes(London, Fleetway House, n.d.), pp. 147-154.

476. Tompson, Richard. *The Charity Commission and the Age of Reform* (London: 1979).

477. *Toronto Star*(Toronto, Canada).

478. Treble, James H. *Urban Poverty in Britain, 1830-1914*(London: 1983).

479. Trefalt, Beatrice. "War, Commemoration and National Identity in Japan," In Sandra Wilson(ed.), *Nation and Nationalism in Japan* (London: Routledge Curzon, 2002), pp. 114-134.

480. Trevelyan, George Macaulay. *History of England*(London: Longmans, Green and Co., 1926).

481. Trevelyan, Marie. *Britain's Greatness Foretold. The Story of Boadicea, the British Warrior Queen...* With an introduction, "The Prediction Fulfilled," by Edwin Collins, etc. J. Hogg, London, 1900.

482. Tsai, Jung-fang. *Hong Kong in Chinese History: Community and Social Unrest in the British Colony, 1842-1913*(New York: Columbia University

Press, 1993).

483. Tsang, Steve. *Hong Kong: An Appointment with China*(London: Tauris, 1997).

484. Tse Tsan Tai. *The Chinese Republic: Secret History of the Revolution*(Hong Kong, 1924).

485. Twitchett, Denis and John K. Fairbank(eds.). *The Cambridge History of China, Vol. 11: Late Ch'ing, 1800-1911, Part 2*(Cambridge University Press, 1980).

486. *University College London Calendar, 1877-1978.*

487. Venn, J.A.(comp.)*Alumni Cantabrigienses: A biographical list of all known students, graduates, and holders of office at the University of Cambridge from the earliest times to 1900.* Part 2, from 1752-1900, Vol.3(Cambridge University Press, Cambridge, 1947).

488. Wakeman, Frederic Jr. *Strangers at the Gate: Social Disorder in South China, 1839-1861*(Berkeley and Los Angeles, 1966).

489. Walker, D.M. *The Oxford Companion to Law*(Oxford University Press, Oxford, 1980).

490. Walker, Pamela J. *Pulling the Devil's Kingdom Down: The Salvation Army in Victorian Britain*(Berkeley: University of California Press, 2001).

491. Walkowitz, Judith R. *City of Dreadful Delight: Narratives of Sexual Danger in Late-Victorian London*(Chicago: University of Chaicago Press, 1982).

492. Walton, John K. and Alastair Wilcox(eds.). *Low Life and Moral Improvement in Mid-Victorian England*(Leicester: 1990).

493. Wang Ke-wen. *Modern China: An Encyclopedia of History, Culture and Nationalism*(New York: Garland, 1998).

494. Wang, Gung-wu. "Sun Yatsen and Singapore," *Journal of the South Seas Society,* 15(Dec 1959), pp. 55-68.

495. Wang, Y.C. *Chinese Intellectuals and the West: 1872-1949*(Chapel Hill, 1966).

496. Weale, B.L. Putman. *The Fight for the Republic in China*(New York, 1917).

497. Webb, Sidney and Beatrice. *English Local Government: English Poor Law History*(London: 1927).

498. Webb, Sidney and Beatrice. *English Local Government: The Manor and the Borough*(London: 1908).

499. "Webster, Richard Everard", in *Concise Dictionary of National Biography, 1901-1970,* p. 710.

500. Weiner, Michael . *Japan's Minorities: The Illusion of Homogeneity* (London and New York, 1997).

501. Wesley-Smith, Peter. *Unequal Treaty, 1898-1997: China, Great Britain, and Hong Kong's New Territories*. Revised edition(Hong Kong: Oxford University Press, 1998).

502. *Western Daily Press*(Bristol).

503. *Westminster Gazette*(London).

504. White, Jerry. *Rothschild Buildings: Life in an East End tenement block 1887-1920*(London: Routledge and Kegan Paul, 1980).

505. *Who Was Who, 1929-1940.*

506. Wilbur, Martin C. *Sun Yat-sen: Frustrated Patriot*(New York, 1976).

507. Williams, Karel. *From Pauperism to Poverty*(London: 1981).

508. Wilson, Sandra.(ed.), *Nation and Nationalism in Japan*(London: Routledge Curzon, 2002).

509. Wilson, Sandra. "Rethinking Nation and Nationalism in Japan," in Sandra Wilson(ed.), *Nation and Nationalism in Japan*(London: Routledge Curzon, 2002).

510. Wilson, Sandra. "Rethinking Nation and Nationalism in Japan," in Sandra

Wilson(ed.), *Nation and Nationalism in Japan*(London: Routledge Curzon, 2002), pp. 1-20.

511. Wohl, Anthony. *Endangered Lives: Public Health in Victorian Britain*(London: 1983).

512. Wong, J. Y. and D. L. Michalk, "Sino-Australian Relations: A Study of the Sister State/Province Relationships, with Special Reference to New South Wales and Guangdong," in H. A. Dunn and E. S. K. Fung(eds), *Sino-Australian Relations: The Record, 1972-1985.*(Griffith University: Centre for the Study of Australian-Asian Relations, 1985), pp. 262-271.

513. Wong, J.Y. "Three Visionaries in Exile: Yung Wing, K'ang Yu-wei and Sun Yatsen, 1894-1911," *Journal of Asian History*(1986 forthcoming).

514. Wong, J.Y. "The Future of Hong Kong," in J. E. Hunter(ed.), *Hong Kong and the People's Republic of China*(London: London School of Economics, 1996), pp. 1-36.

515. Wong, J.Y. *Anglo-Chinse Relations, 1839-1860: A calendar of Chinese documents in the British Foreign Office Records*(Published for the British Academy by Oxford University Press, 1983).

516. Wong, J.Y. *Yeh Ming-ch'en: Viceroy of Liang-Kuang, 1852-1858* (Cambridge, Cambridge University Press, 1976).

517. Wood, Ethel M. *A History of the Polytechnic*(Macdonald, London, 1965).

518. Wood, Peter. Poverty and the Workhouse in Victorian Britain (Stroud: 1991).

519. Woodruffe, K. From Charity to Social Work in England and the United States of America(London: 1968).

520. Woods, R. and J. Woodward(eds.). *Urban Disease and Morotality in 19th Century England*(London and New York: 1984).

521. Woolf, S. *The Poor in Western Europe in the 18th and 19th Centuries*

(London and New York: 1986).

522. Woolsey, Theodore Dwight. *Political Science*(New York, 1886).

523. Wright, Arthur F and Twitchett, D.(eds.). *Confucian Personalities* (Stanford, 1962).

524. Wright, Arthur F.(ed.). *The Confucian Persuasion*(Stanford, 1960).

525. Wright, Mary(ed.). *China in Revolution: The First Phase, 1900-1913*(New Haven: Yale University Press, 1968).

526. "Wright, Sir Robert Samuel," in *Who Was Who, 1897-1916*, pp. 782-783.

527. Yim, Kwan-ha. "Yuan Shih-k'ai and the Japanese," *Journal of Asian Studies*. V. 24, no. 1(1964).

528. Young, Ernest P. *The Presidency of Yuan Shih-k'ai, 1859-1916* (University of Michigan Press, Ann Arbor, 1977).

529. Young, Ernest P. "Ch'en T'ien-hua(1875-1905): A Chinese Nationalist," *Papers on China*, No.13, pp. 113-162. Harvard University(East Asian Research Centre, 1959).

530. Young, G. M. *Early Victorian England, 1830-1865*(London, 1934).

531. Young, K. and P. L. Garside. *Metropolitan London: Politics and Urban Change, 1837-1981*(London, 1982).

532. Yung Wing. *My Life in China and America*. Henry Holt(New York, 1909).

533. Yu, Ying-shih. "Sun Yat-sen's Doctrine and Traditional Chinese Culture" in Cheng Chu-yuan(ed.). *Sun Yat-sen's Doctrine in the Modern World*(Boulder: Westview, 1989).

534. Zheng, Yong-nian. *Discovering Chinese Nationalism in China: Modernization, Identity, and International Relations*(Cambridge University Press, 1999).

三、中、日文參考書目

中文書目

1. Anon佚名：《孫逸仙傳記》（上海：民智書局，1926）。

2. Anon佚名：《楊衢雲略史》（香港：1927）。

3. Cai, Degen柴德庚等（編）：《中國近代史叢刊——辛亥革命》，一套8冊。（上海：人民出版社，1981）。

4. Chen, Guting陳固亭（編）：《國父與日本友人》（台北：幼獅1977年再版）。

5. Chen, Jianan陳劍安，〈廣東會黨與辛亥革命〉，載《紀念辛亥革命七十周年青學術討論會論文選》（北京：中華書局，1983），上冊，頁23-72。

6. Chen, Jianming陳建明：〈孫中山與基督教〉，《孫中山研究論叢》第五集(廣州市中山大學出版社，1987)，頁5-25。

7. Chen, Jianming陳建明：〈孫中山早期的一篇佚文——「教友少年會紀事」〉。《近代史研究》，總39期(1987年第3期)，第185-190頁。

8. Chen, Jianhua陳建華：《「革命」的現代性——中國革命話語考論》(上海：上海古籍出版社，2000)。

9. Chen, Sanjing陳三井：〈中山先生歸國與當選臨時大總統〉，載教育部主編《中華民國建國史：第一編，革命開國（二）》（台北：國立編譯館，1985）。

10. Chen, Sanjing陳三井：《中山先生與國美》（台北：學生書局，2005）。

11. Chen, Sanjing陳三井：《中山先生與法國》（台北：台灣書店，2002）。

12. Chen, Shaobai陳少白：〈興中會革命史別錄——楊衢雲之略史〉，轉載於《中國近代史資料叢刊——辛亥革命》（上海：上海人民出版社，1981），第1冊，頁77。

13. Chen, Shaobai陳少白，〈興中會革命史要〉(南京，1935)，收入柴德賡編，《辛亥革命》第一冊，頁21-75。

14. Chen, Shnurong陳樹榮：〈孫中山與澳門初探〉。《廣東社會科學》。1990年第4期。

15. Chen, Xiqi陳錫祺(主編)：《孫中山年譜長編》一套二冊(北京：中華書局1991年)。

16. Chen, Xiqi陳錫祺：〈關於孫中山的大學時代〉，載陳錫祺：《孫中山與辛亥革命論集》(廣州：中山大學出版社，1984)，頁35-64。

17. Chen, Xiqi陳錫祺：《孫中山與辛亥革命論集》(廣州：中山大學出版社，1984)。

18. Chen, Yinke陳寅恪：〈馮友蘭中國哲學史上冊審查報告〉，《金明館叢稿二編》(上海：古籍出版社，1982)，頁247。

19. Duan, Yunzhang段雲章：《放眼看世界的孫中山》(廣州：中山大學出版社，1996)。

20. Felber, Roland羅·費路：〈孫中山與德國〉。《孫中山和他的時代》(北京：中華書局，1990年10月)，(上)，頁471-499。

21. Feng, Ziyou馮自由：《華僑革命開國史》(台北：商務印書館，1953重印)。該書後來又收入《華僑與辛亥革命》(北京：中國社會科學出版社，1981)。

22. Feng, Ziyou馮自由：《中國革命運動二十六年組織史》(上海：商務印書館，1948)。

23. Feng, Ziyou馮自由：《革命逸史》，一套6冊(北京：中華書局，1981)。

24. Gao, Liangzuo高良佐：〈總理業醫生活與初期革命運動〉，《建國月刊》(南京1936年1月20日版)。

25. Ge, Zhiyi戈止義：〈對「1894年孫中山謁見李鴻章一事的新資料」之補正〉，《學術月刊》(上海：上海人民出版社，1982)第8期，頁20-22。

26. Guangdong, sheng廣東省社會科學研究所歷史研究室編：《朱執信集》

(北京：中華書局，1979)。

27. Guo, Tingyi郭廷以：《中華民國史事日誌》一套四冊(台北：中央研究院近代史研究所，1979)。

28. Hager, Rev. Robert喜嘉理：〈美國喜嘉理牧師關於孫逸總理信教之追述〉，載馮自由：《革命逸史》，一套6冊(北京：中華書局，1981)，第二集12-17頁。該文另目〈關於孫逸仙(中山)先生信教之追述〉而轉載於《中華基督教會公理堂慶祝辛亥革命七十週年特刊》，第5-7頁。又另目〈孫中山先生之半生回觀〉而轉載於尚明軒、王學莊、陳松等編《孫中山生平事業追憶錄》(北京：人民出版社，1986)，頁521-524。

29. Hao, Ping郝平：《孫中山革命與美國》(北京：北京大學出版社，2000)。

30. He, Ruebi何汝璧：〈辛亥革命時期孫中山與法國〉。《陝西師大學學報》(哲社)1991年第4期。

31. He, Yuefu賀躍夫(譯)：〈孫中山倫敦蒙難獲釋後與記者的兩次談話〉。《中山大學學報》(社哲)1985年第4期。

32. Hong, Yongshan and Shuxihua洪永珊、舒斯華：〈翠亨孫氏源出東莞之說不能成立——與李伯新、邱捷同志商榷〉，南昌《爭鳴》，1987年第4期，轉載於孫中山故居紀念館編：《孫中山的家世——資料與研究》(北京：大百科全書出版社，2001)，頁471-478。

33. Hu, Bin胡濱(譯)：《英國藍皮書有關辛亥革命資料選譯》，上、下兩冊(北京：中華書局，1984)。

34. Hu, Chunhui*et al.*胡春惠等(編)：《近代中國與亞洲》學術討論會論文集，(上)(下)兩冊(香港：珠海書院亞洲研究中心，1995)。

35. Huang, Fuqing黃福慶：《清末留日學生》(台北：中央研究院近代史研究所，1975)。

36. Huang, Yuhe(Wong, J.Y.)黃宇和：〈英國對華「炮艦政策」剖析：寫在「紫石英」號事件50週年〉，《近代史研究》，(北京：中國社會科學

院近代史研究所，1999年7月），總112期，頁1-43。

37. Huang, Yuhe(Wong, J.Y.)黃宇和：〈葉名琛歷史形象的探究–兼論林則徐與葉名琛的比較〉，《九州學林》（香港城市大學和上海復旦大學合編），第2卷(2004)，第1期，頁86-129。

38. Huang, Yuhe(Wong, J.Y.)黃宇和：〈孫中山第一次旅歐的時間和空間的考訂〉，載中國孫中山研究學會編：《孫中山和他的時代》，一套三冊（北京：中華書局，1990年10月），下冊，頁2298-2303。

39. Huang, Yuhe(Wong, J.Y.)黃宇和：《黃宇和院士系列之二：孫逸仙倫敦蒙難》（上海：上海書店出版社，2004）。

40. Huang, Yuhe(Wong, J.Y.)黃宇和：《孫逸仙倫敦蒙難眞相：從未披露的史實》（台北：聯經，1998）。

41. Huang, Yuhe(Wong, J.Y.)黃宇和：〈分析倫敦報界對孫中山被難之報道與評論〉，《孫中山研究》，第一輯（廣州：廣東人民出版社，1986年6月），頁10-30。

42. Huang, Yuhe(Wong, J.Y.)黃宇和：〈孫中山倫敦被難研究述評〉，《回顧與展望：國內外孫中山研究述評》（北京：中華書局，1986年7月），頁474-500。

43. Huang, Yuhe(Wong, J.Y.)黃宇和：〈中山先生倫敦蒙難新史料的發現與考訂〉，《近代中國》（台北：近代中國出版社，1995年6月，8月，10月），總107期：第174-95；總108期：頁278-289；總109期：頁49-72。

44. Huang, Yuhe(Wong, J.Y.)黃宇和：〈孫中山先生倫敦蒙難史料新證與史事重評〉，《中華民國建國八十週年學術討論集》（台北：近代中國出版社，1991年12月），第一冊，頁23-63。

45. Huang, Yuhe(Wong, J.Y.)黃宇和：〈孫中山的中國近代化思想溯源〉，《國史館館刊》（台北：國史館，1997年6月），復刊第22期，頁83-89。

46. Huang, Yuhe(Wong, J.Y.)黃宇和：〈孫逸仙，香港與近代中國〉，《港澳與近代中國學術研討會論文集》（台北：國史館，2000），頁149-168。

47. Huang, Yuhe(Wong, J.Y.)黃宇和：〈微觀研究孫中山芻議〉，《近代史研究》，總87期(北京：中國社會科學院近代史研究所，1995年5月)，頁195-215。

48. Huang, Yuhe(Wong, J.Y.)黃宇和：〈興中會時期孫中山先生思想探索〉，《國父建黨一百週年學術討論集》(台北：近代中國出版社，1995年3月)，第一冊，頁70-93。

49. Huang, Yuhe(Wong, J.Y.)黃宇和：〈三民主義倫敦探源芻議〉，中國史學會編：《辛亥革命與20世紀的中國》，一套三冊(北京：中央文獻出版社，2002年8月)，上冊，頁521-575。

50. Huang, Yuhe(Wong, J.Y.)黃宇和：〈英國對孫中山選擇革命的影響〉，林家有、李明(主編)：《孫中山與世界》(長春：吉林人民出版社，2004)，頁250-314。

51. Huang, Yuhe(Wong, J.Y.)黃宇和：〈跟蹤孫文九個月、公私隱情盡眼簾〉《近代中國》(台北：近代中國出版社，2003-2004)，總152期，頁93-116；總153期，頁65-88；總154期，頁3-33；總155期，頁140-168；總156期，頁167-190。

52. Huang, Zhen黃振：〈法國大革命的歷史經驗與辛亥革命道路的選擇〉。《華中師範大學學報》(哲社)1989年，第4期，頁50-57。

53. Huang, Zijin黃自進：〈利用與被利用：孫中山的反清革命運動與日本政府之關係〉。《中央研究院近代史研究所集刊》第39期(2003年3月)，頁107-152。

54. Huang, Zijin黃自進：《北一輝的革命情結：在中日兩國從事革命的歷程》(台北：中央研究院近代史研究所，2001)。

55. Huang, Zijin黃自進：《吉野作造對近代中國的認識與評價，1906-1932》(台北：中央研究院近代史研究所，1995)。

56. Huo, Qichang霍啓昌：〈幾種有關孫中山在港策進革命的香港史料試釋〉。《回顧與展望：國內外孫中山研究述評》(北京：中華書局，

1986年7月），頁440-455。

57. Huo, Qichang霍啓昌：〈孫中山先生早期在香港思想成長的初探〉，載《孫中山和他的時代》（北京：中華書局，1990年10月），（中），頁929-940。

58. Ji, Naiwang紀乃旺：〈試論孫中山的聯德活動〉。《南京大學學報》（哲社）。1991年第1期。

59. Jian, Yihua姜義華，〈民權思想淵源——上海孫中山故居部分藏書疏記〉，載姜義華著：《大道之行——孫中山思想發微》（廣州：廣東人民出版社，1996），頁108-123。

60. Jiang, Yongjing蔣永敬：〈孫中山對中國統一的主張〉。載胡春惠等（編）：《近代中國與亞洲》學術討論會論文集(上)(下)兩冊（香港：珠海書院亞洲研究中心，1995）。（上），頁14-25。

61. Jiang, Zhongzheng蔣中正：《總統蔣公思想言論總集》一套40卷，（台北：中國國民黨黨史委員會，1984）。

62. Jing, Sheng京聲、QiQuan溪泉(編)：《新中國名人錄》（南昌：江西人民出版社，1987）。

63. Jinhe金禾：〈英國的公學〉，《抖擻》第2期(1969)。金禾是當時筆者的筆名。Zhuang, Zheng莊政：《孫中山家屬與民國關係》（台北：臺正中書局，1989）。Zhuang, Zheng莊政：《國父生平與志業》（台北：中央日報，1982）。

64. Jue, Chu厥初：〈孫政府圖擢商團槍彈之解剖〉，香港《華字日報》，1924年8月14日，頁3。

65. Kindermann, Gottfried-Karl金姆·曼荷蘭德(著)，林禮漢(譯)：〈1900年至1908年的法國與孫中山〉。《辛亥革命史叢刊》第4輯。

66. Laozi，老子：《老子道德經》，制惑第七十四，載《文淵閣四庫全書》（台北商務印書館影印）。

67. Li, Ao李敖：《孫逸仙和中國西化醫學》（台北：文星書店，1965）。

68. Li, Ao李敖：《孫中山研究》(台北：李敖出版社，1987)。

69. Li, Boxin李伯新：《孫中山史蹟憶訪錄》中山文史第38輯(中山市：中國人民政治協商會議廣東省中山市委員會文史學習委員會，1996)。

70. Li, Guolin李國林：〈孫中山先生巴黎遭竊記〉。《民國春秋》1990年第5期。

71. Li, Jikui李吉奎：《孫中山與日本》(廣州：廣東人民出版社，1996)。

72. Li, Jinxuan李進軒：《孫中山先生革命與香港》(台北：文史哲出版社，1989)。

73. Li, Wanqiong黎玩瓊：〈談談道濟會堂〉，1984年1月6日，載王誌信《道濟會堂史》，頁86。

74. Li, Xiaosheng李曉生所遺稿，收入佚名(著)：〈辛亥年間同盟會員在倫敦活動補錄〉，未刊稿。

75. Li, Yunhanand WangErmin李雲漢、王爾敏：《中山先生民族主義正解》中山學術文化基金叢書(台北：台灣書店，1999)。

76. Li, Yunhanand WangErmin李雲漢、王爾敏：《中山先生民生主義正解》中山學術文化基金叢書(台北：台灣書店，2001)。

77. Li, Jiannong李劍農：《中國近百年政治史》一套二冊(湖南：藍田師範學院史地學會，1942；上海：商務印書館，1947)。

78. Li, Shuhua李書華：〈辛亥革命前後的李石曾先生〉，載《傳記文學》(台北，1983)，第24卷第2期，頁42-46。

79. Liang, Fagnzhong梁方仲(遺稿)：〈關於孫中山家族的兩件地契約文書釋文〉，中山大學歷史系編：《中山大學史學集刊》第2輯(廣州：廣東人民出版社，1994)，轉載於孫中山故居紀念館編：《孫中山的家世—資料與研究》(北京：大百科全書出版社，2001)，頁663-667。

80. Liang, Jingchun梁敬錞：〈一九一一年的中國革命〉，載張玉法(主編)：《中國現代史論集：第三輯、辛亥革命》(台北：聯經，1980)。

81. Lin, Jiayou林家有、LiMing李明(主編)：《孫中山與世界》(長春：吉林

人民出版社，2004）。

82. Lin, Qiyan林啓彥：〈近三十年來香港的孫中山研究〉。《回顧與展望——國內外孫中山研究述評》（北京：中華書局，1986年7月），頁534-538。

83. Lin, Wenjing林文靜：〈法國著名小說家比埃・米爾對孫中山的回憶〉，載中國人民政治協商會議浙江省委員會文史資料研究委員會（編）：《浙江文史資料》，第32輯（杭州：浙江人民出版社，1986）。

84. Linebarger, Paul林百克（著），徐植仁（譯）：《孫中山傳記》（上海：新華書局，1927）。

85. Liu, Jiaquan劉家泉：《孫中山與香港》（北京：中央文獻出版社，2001）。

86. Liyun《禮運・大同篇》，載《十三經注疏》（阮元刻本)/禮記注疏/禮運/卷二十一（1987年），下冊，頁1414。

87. Lu, Danlin陸丹林：〈總理在香港〉，載陸丹林（著）《革命史譚》（重慶，1944）。

88. Lunyu《論語》第二〈爲政〉，第三章。載James Legge, The Chinese Classics(Originallypublishedby Oxford University Press, Reprintedin Taipeiby SMC,1991), V.1, p. 146.

89. *Luo, Jialun et al.*羅家倫、黃季陸（主編），秦孝儀（增訂）：《國父年譜》一套二冊（台北：中國國民黨中央黨史委員會，1985）。

90. *Luo, Jialun et al.*羅家倫、黃季陸（主編），秦孝儀、李雲漢（增訂）：《國父年譜》一套2冊（台北：中國國民黨中央黨史委員會，1994）。

91. Luo, Jialun羅家倫：《中山先生倫敦蒙難史料考訂》（南京：京華印書館，1935年重版）

92. Luo, Xianglin羅香林：《國父與歐美之友好》（台北：中央文物供應社，1979再版）。

93. Luo, Xianglin羅香林：《國父之大學時代》（重慶：獨立出版社，1945）。

94. Luo, Xianglin羅香林：《國父家世源流考》(重慶：商務印書館，1942年)。

95. Ma, Yansheng馬兗生：《孫中山在夏威夷：活動和追隨者》(北京：世界知識出版社，2003)。

96. Mei, Shimin梅士敏：〈孫中山先生在澳門〉，載中國人民政治協商會議上海委員會文史資料研究委員會(編)：《上海文史資料選輯》，第57輯(上海：上海人民出版社，1987)。

97. Miao, Xinzheng繆鑫正等(編)：《英漢中外地名詞匯》(香港：商務印書館，1977)。

98. Miyazaki, Torazo(Toten)宮崎寅藏(著)，林啓彥(譯)：《三十三年之夢》(廣州：花城出版社)。

99. Mo, Shixiang莫世祥：〈孫中山香港之行——近代香港英文報刊中的孫中山史料研究〉。《歷史研究》。1997年第三期(總247)，頁19-31。

100. Mo, Shixiang莫世祥：《護法運動史》(台北：稻禾出版社，1991)。

101. Pan, Ruyaoand Li Hongran潘汝瑤、李虹冉：〈孫中山是客家人、祖籍在紫金——評「關於孫中山的祖籍問題」〉，《客家史與客家人研究》，第1期，華東師範大學出版社，1989版，轉載於孫中山故居紀念館編：《孫中山的家世——資料與研究》(北京：大百科全書出版社，2001)，頁519-550。

102. Pan, Ruyao潘汝瑤：〈再論孫中山是客家人、祖籍在紫金——並答「再談關於孫中山的祖籍問題」〉，閩西客家研究會編《客家縱橫》，第2期，1993年版，轉載於孫中山故居紀念館編：《孫中山的家世——資料與研究》(北京：大百科全書出版社，2001)，頁596-626。

103. Pan, Ruyao潘汝瑤：〈孫中山祖籍問題爭論的始末〉，廣州《嶺南文史》，1993年第2期，轉載於孫中山故居紀念館編：《孫中山的家世——資料與研究》(北京：大百科全書出版社，2001)，頁627-643。

104. Qiu, Jieand Li Boxin邱捷、李伯新：〈關於孫中山的祖籍問題——羅

香林教授《國父家世源流考》辯誤〉，廣州市中《山大學學報》(哲社版)，1986年第6期。

105. Qiu, Jie邱捷：〈「孫中山先生家世源流續考」所考證的並非孫中山的先世〉，《江西社會科學》，1987年第6期。轉載於孫中山故居紀念館編：《孫中山的家世——資料與研究》(北京：大百科全書出版社，2001)，頁509-511。

106. Qiu, Jie邱捷：〈中山先生祖籍問題爭論的由來〉，台北國立國父紀念館編：《第二屆孫中山與現代中國學術研討會論文集》(台北：國立國父紀念館，1999年)。轉載於孫中山故居紀念館編：《孫中山的家世——資料與研究》(北京：大百科全書出版社，2001)，頁670-681。

107. Qiu, Jie邱捷：〈也談關於孫中山祖籍問題的爭論〉，廣州《嶺南文史》，1993年第4期。轉載於孫中山故居紀念館編：《孫中山的家世——資料與研究》(北京：大百科全書出版社，2001)，頁644-657。

108. Qiu, Jie邱捷：〈再談關於孫中山的祖籍問題-兼答「孫中山是客家人、祖籍在紫金」一文〉，廣州市中《山大學學報》(哲社版)，1990年第3期。轉載於孫中山故居紀念館編：《孫中山的家世——資料與研究》(北京：大百科全書出版社，2001)，頁560-578。

109. Qiu, Jie邱捷：〈關於孫中山家世源流的資料問題〉，中山大學學報編輯部編：《孫中山研究論叢》，第5集1987年版。轉載於孫中山故居紀念館編：《孫中山的家世——資料與研究》(北京：大百科全書出版社，2001)，頁490-508。

110. Rao, Zhanxiong饒展雄、Huang Yanchang黃艷嫦：〈孫中山與香港瑣記〉，載中國人民政治協商會議廣東委員會文史資料研究委員會(編)：《廣東文史資料》，第58輯(廣州：廣東人民出版社，1988)。

111. Sang, Bing桑兵：〈日本東亞同文會廣東支部〉，廣州《中山大學學報：社會科學本版》，總42期(2002年第1期)，頁1-16。

112. Schiffrin, Harold Z.史扶鄰：〈孫中山與英國〉，《孫中山和他的時代》

（北京：中華書局，1990年10月）（上），頁411-419。

113. Shang, Mingxuanetal.尚明軒、王學莊、陳松等編《孫中山生平事業追憶錄》（北京：人民出版社，1986）。

114. Shen, Weibin沈渭濱：〈1894年孫中山謁見李鴻章一事的新資料〉，《辛亥革命史叢刊》，第1輯（北京：中華書局，1980），頁88-94。

115. Sheng, Yonghua盛永華（等）：〈一個巨人在外開門戶和活動舞台──圖錄《孫中山與澳門》導言〉。《廣東社會科學》。1990年第2期。

116. Sheng, Yonghua盛永華、Zhao Wenfang趙文房、Zhang Lei張磊（合編）：《孫中山與澳門》（北京：文物出版社，1991）。

117. Shu, Xihuaetal.舒斯華、王延、張祝強、蔣作紹：〈孫中山先生家世源流考證〉，載紫金縣各界人士紀念孫中山先生誕辰120週年大會秘書組編：《載紫金縣各界人士紀念孫中山先生誕辰120週年會刊》，1986年11月12日鉛印本。轉載於孫中山故居紀念館編：《孫中山的家世──資料與研究》（北京：大百科全書出版社，2001），頁465-470。

118. Song, Qingling宋慶齡：《宋慶齡書信集（上）》，趙樸初編，（北京：人民出版社，1999）。

119. Song, Shuipei宋水培等（編）：《漢語成語詞典》（成都：四川辭書出版社，2000）。

120. Sulian, Daxue蘇聯大學：〈孫中山倫敦蒙難記〉。《黑龍江青年》。1981年第7期。

121. Sun, Wenfang孫文芳：〈友誼佳話──在倫敦採訪孫中山先生當年蒙難和獲救經過〉。《光明日報》。1981年9月7日。

122. Sun, Yixian孫逸仙：〈三民主義與中國民族之前途──在東京《民報》創刊週年慶祝大會的演說，1906年12月2日〉，載《國父全集》（1989），第三冊，頁8-16。又見《孫中山全集》，第一卷，頁323-331。

123. Sun, Yixian孫逸仙：〈上李傅相書〉，原載上海《萬國公報》1894年第

69、70，轉載於《孫中山全集》第一卷(北京：中華書局，1981)，頁8-18。

124. Sun, Yixian孫逸仙：〈建國方略、孫文學說第八章「有志竟成」〉，《國父全集》，第一冊，頁409-422。《孫中山全集》，第六卷，頁228-246。

125. Sun, Yixian孫逸仙：〈革命思想之產生——1923年2月19日在香港大學演講〉，載《國父全集》(1989)第三冊第323-325頁。《孫中山全集》第七卷，頁115-117。

126. Sun, Yixian孫逸仙：《國父全集》，第一至十二冊(台北：近代中國出版社，1989)。

127. Sun, Yixian孫逸仙：《孫中山全集》，第一至十一卷(北京：中華書局，1981-6)。

128. Sun, Yixian孫逸仙：《孫中山藏檔選編》(北京：中華書局，1986)。

129. Sun, Yixian孫逸仙：《孫中山集外集》(上海：上海人民出版社，1990)。

130. Sun, Yixian孫逸仙，〈在東京民報創刊周年慶祝大會的演說〉，載《孫中山全集》卷1，頁329-330。

131. Sun, Zhongquan孫忠泉：〈孫中山三次蒙難經過〉。《歷史教學》，(1989年第3期)，頁50-51。

132. Tang, Zhijun湯志鈞(編)：《章太炎政論集》(北京：中華書局，1977年)。

133. Tao, Huaizhong陶懷仲：《三民主義的比較研究》(台北：三民書局，1978)。

134. Tian, Zhili田志立：〈孫中山倫敦蒙難〉，《中國青年》，1981年第10期。

135. Wang, Ermin王爾敏：〈孫中山先生在二十世紀的歷史地位〉，《近代中國》，總156期(2004年3月31日)，頁3-27。

136. Wang, Licheng王立誠：《美國文化與近代中國教育：滬江大學的歷史》（上海：復旦大學出版社，2001）。

137. Wang, Lixin王立新：《美國對華政策與中國民族主義運動（1904-1928）》（北京：中國社會科學出版社，2000）。

138. Wang, Lixin王立新：《基督教教育與中國知識分子》（福州：福建教育出版社，1998）。

139. Wang, Lixin王立新：《美國傳教士與晚清中國現代化》（天津：天津人民出版社，1997）。

140. Wang, Xiaoqiu王曉秋：〈評康有為的三部外國變政考〉。《北方評論》（哈爾濱師範大學學報）。1984年第6期。

141. Wang, Xing-rui王興瑞：〈清朝輔仁文社與革命運動的關係〉，《史學雜誌》（重慶，1945年12月）第1期第1號。

142. Wang, Zhixin王誌信（編著）：《道濟會堂史——中國第一家自立教會》（香港：基督教文藝出版社，1986）。

143. Wilbur,C.Martin韋慕廷：《孫中山——壯志未酬的愛國者》（廣州：中山大學出版社，1986）。

144. Wong, J.Y.-See Huang Yuhe黃宇和。

145. Wong, J.Y.黃宇和（編著）：《兩次鴉片戰爭與香港的割讓——史實和史料》（台北：國史館，1998）。

146. Wu, Deduo吳德鐸：〈吳宗濂記孫中山倫敦蒙難〉，載中國人民政治協商會議上海委員會文史資料研究委員會（編）：《上海文史資料選輯》，第31輯（上海：上海人民出版社，1980）。

147. Wu, Deduo吳德鐸：〈孫中山倫敦蒙難〉，《人民日報》，1981年9月14日。

148. Wu, Deming吳明德：〈我國現行憲政體制中國會發展之取向——以五權憲法理論為基礎〉，國立台灣師範大學三民主義研究所碩士論文（1997年6月）。

149. Wu, Lun Nixia吳倫霓霞：〈孫中山早期革命運動與香港〉，《孫中山研究論叢》，第三集(廣州：中山大學，1985)，頁67-78。

150. Wu, Lun Nixia吳倫霓霞：〈孫中山先生在香港所受教育與其革命思想之形成〉，載香港《珠海學報》，第15期(1985年)，頁383-392。

151. Wu, Lun Nixia吳倫霓霞：〈興中會前期(1894-1900)孫中山革命運動與香港關係〉，《孫中山和他的時代》(北京：中華書局，1990年10月)，(中)，頁902-928。

152. Wu, Lun Nixia吳倫霓霞：〈興中會前期(1894-1900)孫中山革命運動與香港的關係〉，《中央研究院近代史研究所集刊》(台北：1990年6月)，第19期，頁215-234。

153. Wu, Renhuaand ZengJihong吳任華(編纂)曾霽虹(審閱)：《孫哲生先生年譜》(台北：孫哲生先生學術基金會，1990)。

154. Wuf Xiangxiang吳相湘：《孫逸仙先生傳》一套兩冊，(台北：遠東圖書公司，1982)。

155. Xin, YingHancidianbianxiezu新英漢辭典編寫組：《新英漢辭典》增訂本(香港：三聯，1975)。

156. Xu, Zhiwei許智偉：〈國父孫逸仙博士之教育思想及其在香港所受教育之影響〉，載《孫中山先生與辛亥革命》(民國史研究叢書)(台北：1981)上冊，頁315-330。

157. Xue, Qiaoand Liu Jingfeng薛翅、劉勁峰：〈孫中山先生家世源流續考〉，《江西社會科學》，1987年第4期，轉載於孫中山故居紀念館編：《孫中山的家世——資料與研究》(北京：大百科全書出版社，2001)，頁479-487。

158. Yang, Tianshi楊天石：〈關於孫中山「三大政策的形成及提出」〉，《近代史研究》，總115期(2000年1月，第1期)，頁1-19。

159. Yang, Yunsong楊允松：〈孫中山倫敦被綁是何人所為？〉，《團結報》，1991年12月7日。

160. Ye, Shangzhi葉尚志：《民生經濟學》（台北：三民書局，1966）。

161. Ye, Xiasheng葉夏聲：《國父民初革命紀略》（廣州：孫總理侍衛同志社，1948）。

162. Yu, Qizhao余齊昭：《孫中山文史圖片考釋》（廣州：廣東省地圖出版社，1999）。

163. Yu, Shengwu余繩武、Liu Shuyong劉蜀永（合編）：《20世紀的香港》（北京：中國大百科全書出版社，1995）。

164. Yu, Xinchun俞辛淳：《孫中山與日本關係研究》（北京：人民出版社，1996）。

165. Yu, Yanguang余炎光：〈近代中國人物與香港——中共建國前數年概況之分析〉。載胡春惠等編：《近代中國與亞洲》學術討論會論文集（上）（下）兩冊（香港：珠海書院亞洲研究中心，1995），（下），第890-984頁。

166. Yuan, Honglin袁鴻林：〈興中會時期的孫楊兩派〉，載《紀念辛亥革命七十周年青年學術討論會論文選》（北京：中華書局，1983），上冊，頁1-22。

167. Yuan, Runfang袁潤芳：〈孫中山平定廣州商團叛亂述略〉。《歷史檔案》（1984年，第1期），頁109-114。

168. Zhang, Fang張方：〈「紫金說」與「東莞說」孰是孰非–孫中山祖籍何處？〉，香港《新晚報》，1987年10月18日，轉載於孫中山故居紀念館編：《孫中山的家世——資料與研究》（北京：大百科全書出版社，2001），頁488-489。

169. Zhang, Guoxiong張國雄等（編）：《老房子：開平碉樓與民居》（南京：江蘇美術出版社，2002）。

170. Zhang, Junmin張軍民：〈從《新生命》月刊看國民黨理論界對三民主義本體的討論〉。《中山大學學報論叢》（社科）。第20卷，第3期（2000年6月），頁26-34。

171. Zhang, Kaiyuan章開沅：〈法國大革命與辛亥革命〉。《歷史研究》。1989年第4期。

172. Zhang, Taiyan章太炎：〈宣言之九〉，《民國報》(1911年12月1日)，收入湯志鈞編：《章太炎政論集》(北京：中華書局，1977年)，第2卷，頁529。

173. Zhang, Yongfu張永福：〈孫先生起居注〉，載尚明軒、王學莊、陳崧(合編)：《孫中山生平事業追憶錄》(北京：人民出版社，1986)，頁820-823。

174. Zhang, Yufa張玉法：《清季的革命團體》(台北：中央研究院近代史研究所，1975)。

175. Zhang, Zhenkun張振鵾：〈辛亥革命時期的孫中山與法國〉。《近代史研究》1981年第3期。後收入《孫中山研究論文集(1949-1984)(下)》。

176. Zhang, Leietal.(eds.)張磊，盛永華，霍啓昌(合編)：《澳門：孫中山的外向門戶和社會舞台》(澳門，版權頁上沒有注明出版社是誰，1996)。

177. Zheng, Zhao鄭照：〈孫中山先生逸事〉，載尚明軒、王學莊、陳松等編《孫中山生平事業追憶錄》(北京：人民出版社，1986)，頁516-520。

178. Zheng, Ziyu鄭子瑜：〈總理老同學江英華醫師訪問記〉，載孟加錫《華僑日報》1940年1月26日，剪報藏中國國民黨黨史會，檔案編號041·117。《近代中國》第61期(1987年10月31日出版)第112-114頁又轉載了鄭子瑜先生的文章。

179. Zhong, Huixiang鍾徽祥：〈孫中山先生與香港——訪吳倫霓霞博士〉。《人民日報》(海外版)，1986年11月5日。

180. Zhong, Zhuoan鍾卓安：《陳濟棠》(廣州：廣東省地圖出版社，1999)。

181. Zhongguojinshiminrenxiaoshi《中國近世名人小史》(1927)。

182. Zhongguojinxiandaishidashiji《中國近現代史大事記》（上海：知識出版社，1982）。

183. Zhongguoxinhaigemingyanjiuhui中國辛亥革命研究會、湖南歷史學會編，《紀念辛亥革命七十周年青年學術討論會論文選》（2冊）（北京：中華書局，1983）。

184. Zhongguo, renminzhengzhixieshanghuiyiquanguoweiyuanhui中國人民政治協商會議全國委員會（編）：《辛亥革命回憶錄》，一套8冊，（北京：文史資料出版社，1981）。

185. Zhongguo, shehuikexueyuanetc.中國社會科學院近代史研究所中華民國史研究室（編）：《中華民國史資料叢稿——大事記》（北京：中華書局，1975）。

186. Zhongguo, shehuikexueyuanjindaishiyanjiusuofanyishi中國社會科學院近代史研究所翻譯室（編）：《近代來華外國人名辭典》（北京：中國社會科學出版社，1981）。

187. Zhonghua, Jidujiaohui《中華基督教會公理堂慶祝辛亥革命七十週年特刊》（香港：中華基督教會公理堂，1981）。

188. Zhonghuaminguokaiguowushinianwenxian《中華民國開國五十年文獻：興中會》（上）、（下）（台北，1964）。

189. Zhongshan, daxue中山大學孫中山研究所、香港中文大學聯合書院（合編）：《孫中山在港澳與海外活動史跡》（香港：1986）。

190. Zhongwendacidian《中文大辭典》（40冊）（台北，1968）。

191. Zhou, Hongran周弘然，〈國父上李鴻章書之時代背景〉，載《中華民國開國五十年文獻：興中會，上》，頁270-280。

192. Zhou, Xingliang周興樑：〈孫中山平定廣州商團叛變前後的佚文〉。《團結報》，1988年6月28日。

193. Zhou, Zhuohuai周卓懷：〈四十二年前國父經過香港盛況〉，載台北《傳記文學》第7卷第5期（1965年11月），頁21-22。

194. Zhuang, Zheng莊政：《孫中山的大學生涯》（台北：中央日報，
1995）。

195. Zou, Lu鄒魯《乙未廣州之役》，載柴德庚等（編）：《中國近代史叢
刊——辛亥革命》，一套8冊（上海：人民出版社，1981），第1冊，頁
225-234。

196. Zou, Lu鄒魯：《中國國民黨史稿》（上海：民智書局，1929；重慶：商
務印書館重印，1944；北京：中華書局，1962年重印）。

197. Zou, Nianzhi鄒念之（編譯）：《日本外交文書選譯——關於辛亥革命》
（北京：中國社會科學出版社，1980）。

日文書目

1. Anon, 「Okamoto, Ryuunosuke岡本柳之助」，《國史大辭典》（東京，
1980），冊2，頁759。

2. HaraTakashiKankeibunsho《原敬關係文書》（東京：日本放送出版協會，
1984）。

3. Kasai, Kiyoshi笠井清，《南方熊楠》（東京，1967）。

4. Kobeyushinnippoo《神戶又新日報》（神戶）。

5. Kokkagakkaizasshi《國家學會雜誌》（東京）。

6. Minakata,Kumagusu南方熊楠，《南方熊楠全集》（補篇2）（東京，
1975）。

7. Miyazaki,Torazoo(Tooten)宮崎寅藏（滔天，《三十三年の夢》（東京，
1902，1926，1943）。

8. Nakamura, Tadashi中川義，〈「EastAsia」いっいつご〉（論《東亞》），
載《辛亥革命研究》第2本，1982年3月，頁44-48。

9. Nakamura, Tadashi中川義，〈既刊全集未收錄の孫文論文〉，載《辛亥
革命研究》第3本，1983年3月，頁99-104。

10. Osakaasahishinbun《大阪朝日新聞》。

11. Yasui, Sankichi安井三吉，〈「支那革命黨首領孫逸仙」考——孫文最初の來神に關する若干の問題いっいてご〉，載《近代》57期，1981年12月，頁49-78。

索引

孫逸仙在倫敦，1896-1897：三民主義思想探源

2007年8月初版   定價：新臺幣680元

有著作權·翻印必究

Printed in Taiwan.

著　　者	黃　宇　和
發 行 人	林　載　爵

出 版 者	聯經出版事業股份有限公司	
台 北 市 忠 孝 東 路 四 段 ５ ５ ５ 號		叢書主編　沙　淑　芬
編 輯 部 地 址：台北市忠孝東路四段561號4樓		校　　對　陳　龍　貴
叢 書 主 編 電 話：(02)27634300轉5226		封面設計　胡　筱　薇

台 北 發 行 所 地 址：台北縣汐止市大同路一段367號

電 話：(０ ２) ２ ６ ４ １ ８ ６ ６ １

台北忠孝門市地址：台北市忠孝東路四段561號1-2樓

電 話：(０ ２) ２ ７ ６ ８ ３ ７ ０ ８

台北新生門市地址：台北市新生南路三段９４號

電 話：(０ ２) ２ ３ ６ ２ ０ ３ ０ ８

台 中 門 市 地 址： 台 中 市 健 行 路 ３ ２ １ 號

台中分公司電話：(０ ４) ２ ２ ３ １ ２ ０ ２ ３

高 雄 門 市 地 址： 高 雄 市 成 功 一 路 ３ ６ ３ 號

電 話：(０ ７) ２ ４ １ ２ ８ ０ ２

郵 政 劃 撥 帳 戶 第 ０ １ ０ ０ ５ ５ ９ - ３ 號

郵 撥 電 話： ２ ６ ４ １ ８ ６ ６ ２

印 刷 者 雷 射 彩 色 印 刷 公 司

行政院新聞局出版事業登記證局版臺業字第0130號

聯經網址：www.linkingbooks.com.tw

電子信箱：linking@udngroup.com

國家圖書館出版品預行編目資料

孫逸仙在倫敦，1896-1897：三民主義
思想探源/黃宇和著 . 初版 . 臺北市：聯經 .
2007 年（民 96）；624 面；17×23 公分 .
ISBN　978-957-08-3138-2（精裝）

1.三民主義-哲學, 原理

005.121　　　　　　　　　　　96004222

聯經出版事業公司信用卡訂購單

信用卡號： □VISA CARD □MASTER CARD □聯合信用卡
訂購人姓名： _____
訂購日期： _____年_____月_____日 （卡片後三碼）
信用卡號： _____ _____ _____ _____
信用卡簽名： _____(與信用卡上簽名同)
信用卡有效期限： _____年_____月
聯絡電話： 日(O)_____夜(H)_____
聯絡地址： □□□_____
訂購金額： 新台幣_____元整
（訂購金額 500 元以下，請加付掛號郵資 50 元）

資訊來源： □網路 □報紙 □電台 □DM □朋友介紹
□其他_____

發票： □二聯式 □三聯式
發票抬頭： _____
統一編號： _____
※如收件人或收件地址不同時，請填：
收件人姓名： _____ □先生 □小姐
收件人地址： _____
收件人電話： 日(O)_____夜(H)_____

※茲訂購下列書種，帳款由本人信用卡帳戶支付．

書名	數量	單價	合計
		總計	

訂購辦法填妥後
1. 直接傳真 FAX(02)2648-5001、(02)2641-8660
2. 寄台北縣(221)汐止大同路一段 367 號 3 樓
3. 本人親筆簽名並附上卡片後三碼(95 年 8 月 1 日正式實施)
電 話：(02)26422629 轉.241 或 (02)2641-8662
聯絡人:邱淑芬小姐(約需 7 個工作天)